新世纪法学教材

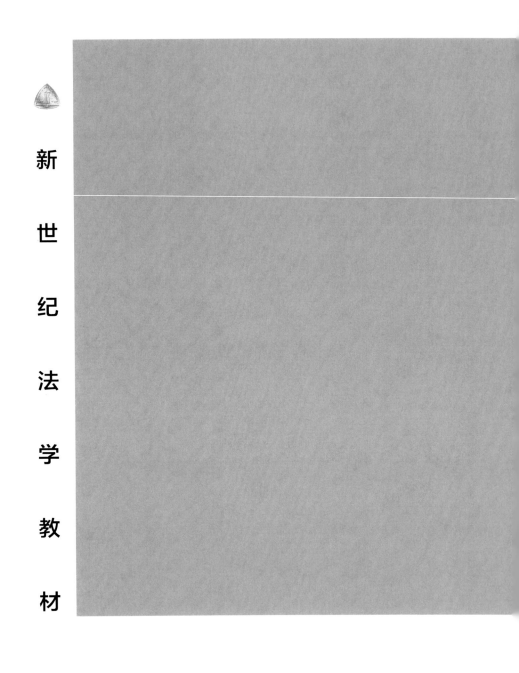

国际公法学

（第四版）

主　编　王虎华
副主编　丁成耀
参　编　（按参编章节先后为序）
　　　　王虎华　丁成耀　王　勇　司平平
　　　　管建强　张　磊　李伟芳

Guoji Gongfaxue

北京大学出版社
PEKING UNIVERSITY PRESS

图书在版编目(CIP)数据

国际公法学/王虎华主编. —4版. —北京：北京大学出版社，2015.2
（新世纪法学教材）
ISBN 978-7-301-25259-8

Ⅰ.①国… Ⅱ.①王… Ⅲ.①国际公法—高等学校—教材 Ⅳ.①D99

中国版本图书馆 CIP 数据核字(2014)第 305007 号

书　　　名	国际公法学（第四版）
著作责任者	王虎华　主编
责 任 编 辑	尹　璐　朱梅全
标 准 书 号	ISBN 978-7-301-25259-8
出 版 发 行	北京大学出版社
地　　　址	北京市海淀区成府路 205 号　100871
网　　　址	http://www.pup.cn　新浪微博：@北京大学出版社
电 子 邮 箱	zpup@pup.cn
电　　　话	邮购部 010-62752015　发行部 010-62750672　编辑部 021-62071998
印 　刷　 者	北京虎彩文化传播有限公司
经 　销　 者	787 毫米×1092 毫米　16 开本　37 印张　789 千字 2005 年 8 月第 1 版　2006 年 9 月第 2 版 2008 年 7 月第 3 版 2015 年 2 月第 4 版　2024 年 6 月第 11 次印刷
定　　　价	66.00 元

未经许可，不得以任何方式复制或抄袭本书之部分或全部内容。
版权所有，侵权必究
举报电话：010-62752024　电子邮箱：fd@pup.cn
图书如有印装质量问题，请与出版部联系，电话：010-62756370

前　言

　　法与国家是基于同一原因和同一过程而产生的,国际法作为法,当然也不例外。有了国家,就有了国家之间的交往,也就形成了国家之间交往的行为规范。这便是最早的国际法。具有独立体系的近代国际法始于17世纪初的欧洲社会,它以威斯特伐里亚公会的召开和《威斯特伐里亚和约》的签订为标志。现代国际法的起点则以旧金山制宪会议和联合国的成立作为标志。国际法发展到今天,其涉及范围已经上达外层空间,下至公海海底,覆盖南北两极。

　　国际法主要是国家之间的法律。国家具有主权,即国家主权;国家或国家主权在国际关系上是最高权威并不得侵犯。然而,国家主权不是绝对权威,国家主权是互相的,即相互尊重主权;国家之间是平等的,而平等者之间无管辖权。这是国际关系的基本准则。国家主权还意味着责任,即保护本国人民是国家的首要责任。实践中的国家关系是合作与斗争的关系。当今世界正向多极化迈进,世界各国更加注重运用国际法推行其对外政策。在错综复杂的国际关系中,国际法既是国家之间合作与斗争的行为规则,也是国家应对瞬息万变之国际关系的法律武器。可以说,国际法在国际关系中无时无刻不在发挥其影响和作用。同样,国家之间的国际法实践也有力地促进了国际法的发展。

　　在中国法律的历史长河中,中国与国际法的关系可以追溯到春秋战国时期;而具有独立体系的第一部国际法著作是19世纪60年代由美国传入中国的。1949年新中国的成立使中国对外关系进入了一个新的阶段,标志着中国与国际法的关系发生了根本性的变化。

　　1949年9月29日,中国人民政治协商会议第一届全体会议通过了具有宪法性质的《中国人民政治协商会议共同纲领》,确定了中国外交政策的原则。对于原国民党政府与外国政府所订立的各项条约和协定,中国政府应加以审查,按其内容,分别予以承认,或废除,或修改,或重订。在国家关系上,中国政府在平等、互利及互相尊重领土主权的基础上与之谈判,建立外交关系以及恢复并发展通商贸易关系。然而,新中国成立以后,由于受到1957年"反右"、1958年"大跃进"和1959年"反右倾"等政治运动的影响,特别是1966年爆发的"文化大革命",中国的法制进程遭到了严重的破坏,国际法在中国陷于长时期的停滞。

1978年中国共产党召开了十一届三中全会，中国开始改革开放，并继续坚持独立自主的和平外交政策。从此，中国国际法学迎来了发展和繁荣的春天，国际法学及其研究逐步得以恢复，并取得了可喜的成就。1980年，新中国第一个全国性的国际法学术团体——中国国际法学会成立。1981年，王铁崖先生主编的全国第一部《国际法》教科书出版，劳特派特修订的《奥本海国际法》第八版中译本重印，以及周鲠生教授的遗著《国际法》再次印刷，这些具有理论体系的国际法论著，奠定了中国国际法教学和研究的基础。1982年，中国第一本国际法专业性学术书刊——《中国国际法年刊》创刊。同时，全国各大高等院校先后恢复或开设了国际法专业。2001年，中国加入世界贸易组织，加快了国内法与国际法的接轨以及国际法向国内法的转化。目前，中国法律几乎都规定了国际法在国内的适用，甚至规定了国际法在国内的优先适用。可见，中国与国际法的关系越来越紧密。2010年，中国特色社会主义法律体系形成，中国国际法教学和研究也已经取得了长足的发展。

这本《国际公法学》教材共十八章，着重论述了国际法的理论学说、法律制度及其司法实践；力求完整、准确地阐明国际法的基本原理、基本制度和国家实践；全面反映国际法最新的理论学说和动态，专题阐述中国国际法在各个领域的理论与实践。本教材的编写，参考了由曹建明、周洪钧、王虎华主编的《国际公法学》（1998年出版），并得到了曹建明教授和周洪钧教授的大力支持。在此，谨向他们表示感谢！

本教材第三版曾于2011年获得上海市高校优秀教材二等奖。为了及时反映国际法的最新发展，我们对本教材第三版作了全面的修改和补充，完成了第四版的编著。

本教材第四版各章节的分工和作者如下（以参编章节先后为序）：

王虎华：第一章，第十五章，第十六章，第十七章，第十八章；
丁成耀：第二章（1～2节），第五章，第十三章（1～4节）；
王　勇：第二章（3～4节），第九章，第十一章，第十二章，第十三章（第5节）；
司平平：第三章；
管建强：第四章，第十四章；
张　磊：第六章，第七章；
李伟芳：第八章，第十章。

本教材由王虎华教授任主编，丁成耀教授任副主编，全书由主编统稿和定稿。现将《国际公法学》第四版奉献给大家，谨请专家和学者批评指正。

编　者
2014年12月

目　　录

第一章　国际法导论 ··· 1
　　第一节　国际法的概念和特征 ·· 1
　　第二节　国际法的渊源 ··· 12
　　第三节　国际法的编纂 ··· 24
　　第四节　国际法与国内法的关系 ·· 27
　　第五节　国际法的形成和发展 ·· 38
　　第六节　中国与国际法 ··· 42

第二章　国际法基本原则 ·· 47
　　第一节　国际法基本原则概述 ·· 47
　　第二节　和平共处五项原则 ··· 52
　　第三节　现代国际法的其他基本原则 ·· 63
　　第四节　中国与国际法基本原则 ·· 67

第三章　国际法主体 ··· 74
　　第一节　国际法主体概述 ··· 74
　　第二节　国际法的基本主体——国家 ·· 78
　　第三节　国际组织和争取独立的民族 ·· 89
　　第四节　国际法上的承认 ··· 92
　　第五节　国际法上的继承 ··· 98
　　第六节　中国关于国际法主体的理论与实践 ····························· 102

第四章　国际法上的居民 ·· 107
　　第一节　国籍 ··· 107
　　第二节　外国人的法律地位 ··· 116

第三节　引渡和庇护 ………………………………………………………… 121
　　第四节　难民 ………………………………………………………………… 126
　　第五节　外交保护 …………………………………………………………… 132
　　第六节　中国对国际法上居民的管辖与实践 ……………………………… 135

第五章　国际法律责任 …………………………………………………………… 142
　　第一节　国际法律责任概述 ………………………………………………… 142
　　第二节　国家责任 …………………………………………………………… 148
　　第三节　国家责任的免除 …………………………………………………… 156
　　第四节　国家责任的形式 …………………………………………………… 159
　　第五节　国际损害责任 ……………………………………………………… 164
　　第六节　中国关于国际法律责任的理论与实践 …………………………… 166

第六章　领土法 …………………………………………………………………… 171
　　第一节　国家领土概述 ……………………………………………………… 171
　　第二节　内水及其法律制度 ………………………………………………… 176
　　第三节　国家领土的变更 …………………………………………………… 180
　　第四节　边界和边境制度 …………………………………………………… 185
　　第五节　南极和北极 ………………………………………………………… 189
　　第六节　中国的领土边界问题 ……………………………………………… 194

第七章　国际海洋法 ……………………………………………………………… 203
　　第一节　海洋法概述 ………………………………………………………… 203
　　第二节　海洋内水 …………………………………………………………… 206
　　第三节　领海 ………………………………………………………………… 208
　　第四节　毗连区、专属经济区和大陆架 …………………………………… 213
　　第五节　公海及其他特殊海域 ……………………………………………… 219
　　第六节　国际海底区域 ……………………………………………………… 226
　　第七节　中国的海洋立法与实践 …………………………………………… 229

第八章　国际航空法 ……………………………………………………………… 234
　　第一节　航空法概述 ………………………………………………………… 234
　　第二节　1944年《国际民用航空公约》 …………………………………… 240
　　第三节　华沙国际航空运输责任体制 ……………………………………… 246
　　第四节　航空器对地面第三者的损害责任 ………………………………… 254
　　第五节　国际航空安保公约 ………………………………………………… 256
　　第六节　中国在航空法领域的立法与实践 ………………………………… 261

第九章 外层空间法 ································ 267
第一节 外层空间法概述 ···························· 267
第二节 外层空间的法律体系 ························ 271
第三节 外层空间的法律原则和制度 ·················· 277
第四节 外层空间活动的法律问题 ···················· 280
第五节 中国在外层空间法领域的理论与实践 ·········· 288

第十章 国际环境法 ································ 296
第一节 国际环境法概述 ···························· 296
第二节 海洋污染控制的法律制度 ···················· 307
第三节 空间环境的法律制度 ························ 312
第四节 保护生物多样性及世界遗产的法律制度 ········ 316
第五节 国际环境其他领域的法律制度 ················ 320
第六节 中国与国际环境法 ·························· 323

第十一章 外交关系法 ······························ 326
第一节 外交关系法概述 ···························· 326
第二节 外交机关和外交人员 ························ 332
第三节 外交特权与豁免 ···························· 342
第四节 中国在外交关系法领域的理论与实践 ·········· 349

第十二章 领事关系法 ······························ 354
第一节 领事制度概述 ······························ 354
第二节 领事机关和领馆人员 ························ 357
第三节 领事职务及其终止 ·························· 360
第四节 领事特权与豁免 ···························· 361
第五节 外交关系和领事关系的比较 ·················· 370
第六节 中国在领事关系法领域的理论与实践 ·········· 372

第十三章 国际条约法 ······························ 376
第一节 国际条约概述 ······························ 376
第二节 条约的缔结程序 ···························· 382
第三节 条约的效力 ································ 390
第四节 条约的解释和修订 ·························· 397
第五节 中国关于条约法的理论与实践 ················ 400

第十四章　国际组织法 ……… 407
第一节　国际组织法概述 ……… 407
第二节　联合国及其机构 ……… 417
第三节　区域性国际组织 ……… 432
第四节　中国与国际组织 ……… 439

第十五章　国际人权法 ……… 445
第一节　国际人权法概述 ……… 445
第二节　国际人权与国际法 ……… 451
第三节　国际人权法的条约体系 ……… 459
第四节　国际人权的基本内容及其实施制度 ……… 466
第五节　中国在国际人权法领域的理论与实践 ……… 476

第十六章　国际刑法 ……… 482
第一节　国际刑法概述 ……… 482
第二节　国际犯罪及其刑事责任 ……… 487
第三节　国际犯罪的种类 ……… 491
第四节　国际刑法的适用 ……… 498
第五节　国际刑事法院 ……… 503
第六节　中国国际刑法的理论与实践 ……… 507

第十七章　国际争端法 ……… 518
第一节　国际争端法概述 ……… 518
第二节　解决国际争端的政治方法 ……… 523
第三节　解决国际争端的法律方法 ……… 526
第四节　国际组织与国际争端的解决 ……… 538
第五节　中国和平解决国际争端的理论与实践 ……… 542

第十八章　战争法 ……… 547
第一节　战争与战争法 ……… 547
第二节　战争的法律状态 ……… 558
第三节　限制和禁止作战手段和方法的规范 ……… 562
第四节　国际人道法 ……… 568
第五节　战时中立法 ……… 573
第六节　战争犯罪及其责任 ……… 577
第七节　中国关于战争法的理论与实践 ……… 582

第一章
国际法导论

国际法是一个特殊的法律体系,它主要是国家与国家之间的法律,而国家具有主权,这就决定了国际法是平等者之间的法。国际法调整的对象主要是国家与国家之间的关系,因此,国际法的主体主要是国家。国家之间是平等的,而平等者之间无管辖权与被管辖权,国家在国际关系上是最高权威,国家之上不存在超国家的权威,因此,国际社会没有一个统一的立法机构,国际法是由国家之间通过签订国际协议和各国公认的国际习惯而形成的。国际法的渊源主要是国际条约和国际习惯以及各国法律体系中共有的一般法律原则。国际法效力的根据是协调各国意志的协议,而各个国家的协调意志正是国际法阶级性的表现。国际法没有超国家的统一的执法机构,它是由国家单独或集体地采取强制措施来保证实施的。国家制定国内法,同时又参与制定国际法,因此,国际法和国内法之间是互相渗透、互相补充,并在一定条件下互相转化的。我国《宪法》对于国际法在国内的适用效力没有明文规定,但是,根据我国《民法通则》以及其他一些单行法律的规定,我国承认国际法的效力和地位,并对其在国内的适用作了明确的规定。在国际法实践中,我国坚持国际法基本原则,尊重国家主权,正确处理国家与国家之间的关系,在各类国际组织和区域合作中发挥着日益重要的作用。

第一节 国际法的概念和特征

一、国际法的名称

国际法(International Law)是近代国际关系上的一个通用名称,也是法律科学体系中的一个独立的法律部门。国际法的名称从其产生到确立,经历了一个漫长的演变过程。

(一) 从"万民法"到"万国法"

在古代罗马的法律中,有市民法(jus civile)和万民法(jus gentium)之分。市民法适用于罗马市民之间的关系,而万民法则调整罗马市民与外国人之间以及外国人与外国人之间的关系。"国际法"这一名称在最初的西方文献中是以拉丁文"jus gentium"的名称出现的,中文翻译为"万民法",是市民法的对称。当时的万民法并不是国际法,它与市民法一样属于罗马的国内法,但从万民法调整的关系看,它具有涉外因素。

近代国际法的奠基人格劳秀斯(Hugo Grotius,1583—1645)于1625年出版了其经典著作《战争与和平法》,[①]书中也采用了"jus gentium"这个"万民法"的名称,但是,格劳秀斯对万民法作了全新的解释。他认为,万民法的范围比国内法广泛,万民法是从所有民族或许多民族的意志中获得法律义务感的法律。[②] 可见,格劳秀斯所使用的"万民法"名称接近了近代意义上的国际法名称。之后,虽然有不少法学家使用"jus gentium"的名称来说明国际法,但是,"jus gentium"的名称毕竟不是一个表达国际法的恰当词语,因此,这一名称没有得到国际社会的正式采用。

1650年,英国牛津大学教授苏支(Richard Zouche,1590—1661)在他的《国际法与法院》一书中采用了"jus inter gentes"一词,而这个词语中的"gente"具有民族和国家的含义,相当于后来在英文中出现的"law of nations"(万国法或称万国公法)的名称,更为接近近代意义上的国际法名称。但是,由于万国法的名称也不能准确地表达"国际法"这个调整国家之间关系的特殊法律体系的含义,而且这个名称容易被误认为是凌驾于国家之上的法律,因此,这一名称也未能得到国际社会的正式采用。

(二) 边沁的"国际法"名称

国际法学界普遍认为,首先提出"international law"作为国际法名称的是英国哲学家和法学家边沁(Bentham)。1789年,边沁在其著作《道德与立法原理绪论》(*An Introduction to the Principles of Morals and Legislation*)中,第一次使用了这个名称。由于这个名称包含了"inter"(之间)的意思,体现了近代国际法的特征,因此,"international law"作为国际法的名称被国际社会广泛地采用。边沁提出的"国际法"名称,比较客观地反映了国际法作为调整国家之间关系的特殊法律体系的含义和特征,即它是国家之间的法律,而不是国家之上的法律。

(三) 中国"国际法"的名称

当国际法最早被介绍到中国的时候,使用的名称是"万国公法"。1864年(同治三年),美国传教士丁韪良(William M. P. Matin)将美国著名国际法学家亨利·惠顿(Henry Wheaton)于1836年出版的《国际法原理》(*Elements of International Law*)一书译成中文,并刊印发行。丁韪良将此译著取名为《万国公法》。《万国公法》是中国历史上翻译和引进的第一部西方国际法著作,它从框架体系、结构内容、原则制度、概念

[①] 格劳秀斯,著名的荷兰法学家,被称为"国际法之父"。1625年出版了其经典著作《战争与和平法》(*De jure belli ac pacis*),该书根据正义战争的理论极力主张禁止和限制战争,基本上形成了国际法学的理论体系。

[②] See Hugo Grotius, The Law of War and Peace, the Clarendon Press, 1925, p.44.

术语乃至思想观念等各个方面,将西方国际法移植到了中国。① 第二年,这部著作传到日本,成为日本最早接受的国际法书籍。因此,在中国和日本,国际法最初的名称是"万国公法"。

1873年(明治六年),日本学者根据英文"international law"一词,开始使用"国际法"的名称。到清朝末年,"国际法"的名称从日本传到中国,便成为普遍使用的中文名称。应当指出,中文的"国际法"名称比较恰当,因为,无论是"万国公法"还是"国际法",都涉及国家的"国",充分体现了国际法作为国家之间法律的特征。

二、国际法的概念

几乎所有的国际法学者都试图为国际法下一个定义,以概括国际法的基本含义和本质特征。综观古今中外的国际法定义,在不同程度上反映出不同国家及其学者对国际法的不同理解和立场。

(一)《奥本海国际法》的定义

对中国国际法影响较大的西方国际法著作是劳特派特②修订的《奥本海国际法》(第八版)。③ 该书认为:"万国法或国际法是一个名称,用以指各国认为在它们彼此交往中有法律拘束力的习惯和条约规则的总体。"④詹宁斯和瓦茨修订的《奥本海国际法》(第九版)⑤同样认为:"国际法是对国家在它们彼此往来中有法律拘束力的规则的总体。"⑥

以上概念指出了国际法的法律拘束力。同时,在对国际法概念的阐述中,学者们又认为:"国家并不是国际法的唯一主体,国际组织以及某种程度上的个人可以是国际法所给予的权利和设定的义务的主体。"⑦

应当指出,以上概念关于国际法主体的说明与现代国际法理论和实践是不相符合的。首先,个人不能脱离国家而独立地参与国际交往,也不能直接承受国际法的权利和义务,因而个人不是国际法的主体;其次,正在形成国家的民族,在国际法实践

---

① 参见〔美〕亨利·惠顿:《万国公法》,〔美〕丁韪良译,何勤华点校,中国政法大学出版社2003年版,第6页,第10页。
② 劳特派特(H. Lauterpacht,1897—1960),英国人,剑桥大学惠威尔国际法讲座教授,晚年曾担任联合国国际法委员会委员和国际法院法官。劳特派特修订了奥本海的《国际法》(也称《奥本海国际法》)第1版至第8版。参见〔英〕劳特派特修订:《奥本海国际法》上卷第一分册"译者前言",王铁崖、陈体强译,商务印书馆1981年版。
③ 奥本海(Oppenheim,1858—1919),原籍德国,后移居英国。1908年任剑桥大学惠威尔国际法讲座教授。其主要著作《国际法》上下两卷本,于1905年和1906年首次出版。该著作经多次修订,被西方法学界奉为国际法权威著作和教科书。
④ 〔英〕劳特派特修订:《奥本海国际法》上卷第一分册,王铁崖、陈体强译,商务印书馆1981年版,第3页。
⑤ 罗伯特·詹宁斯爵士(Sir Robert Jennings),1955年任剑桥大学惠威尔国际法讲座教授,1982年当选为国际法院法官,并曾当选为国际法院院长。其与瓦茨修订《奥本海国际法》(第九版),1992年出版。
⑥ 〔英〕詹宁斯、瓦茨修订:《奥本海国际法》,王铁崖等译,中国大百科全书出版社1995年版,第3页。
⑦ 〔英〕劳特派特修订:《奥本海国际法》上卷第一分册,王铁崖、陈体强译,商务印书馆1981年版,第4页;〔英〕詹宁斯、瓦茨修订:《奥本海国际法》,王铁崖等译,中国大百科全书出版社1995年版,第3页。

中,也是国际法的主体,但是,《奥本海国际法》的定义却忽略了其国际法的主体地位。

(二) 周鲠生的国际法定义

我国已故著名国际法学者周鲠生①将国际法定义为:"国际法是在国际交往过程中形成的,各国公认的,表现这些国家统治阶级的意志,在国际关系上对国家具有法律拘束力的行为规范,包括原则、规则和制度的总体。"②

周鲠生的国际法定义指出了国际法的阶级性,即国际法"表现这些国家统治阶级的意志"。但是,其对国际法的阶级性的阐述,则机械地套用了国内法上对阶级性的表述。对此问题,王铁崖先生③认为,国际法是国家之间的法律,因而如何确定这个法律的阶级性,无论在理论上还是在实践中都是一个无法解决的难题。④

我们认为,国际法的阶级性体现的是各国统治阶级的协调意志。

(三) 国际法的科学定义

在我国国际法学界,王铁崖先生认为,要把国际法的主要内容包括在一个完整而简明的定义里,是不易做到的。为了对国际法有一个初步的概念,把国际法视为主要调整国家之间关系的有法律拘束力的原则、规则和制度的总体,也就够了。⑤

基于这个观点,在我国国际法学界,关于国际法的定义普遍地趋于简单化。例如,有的学者认为,国际法是对国际社会成员具有法律拘束力的行为规范。同时也承认,这一定义仅仅概括了国际法的若干基本特征,而没有揭示国际法的全部内涵。⑥又如,有的学者将国际法定义为:国际法,简言之,是国家之间的法律,或者说,主要是国家之间的法律,是以国家之间的关系为调整对象的法律。⑦ 这一定义虽然前后重复地强调了国家是国际法的主体,国际法调整国家关系,但是显然过于简单,也没有揭示国际法的内涵和本质。

根据现代国际法的理论与实践,我们对国际法作如下定义:国际法主要是国家之间通过协议或国际习惯形成的,协调各国意志的,由国家单独或者集体的强制力保证实施的原则、规则和制度的总体。我们认为,这一概念比较全面和科学地阐明了现代国际法的本质特征。

---

① 周鲠生(1889—1971),湖南长沙人,曾先后留学日本、英国和法国,历任北京大学教授、武汉大学教授和校长等职。周鲠生著有《国际法》上下两册,脱稿于1964年,后因健康原因未作修改。该遗著于1976年初版,因"文化大革命"而未能传播。该书于1981年10月由商务印书馆第2次印刷发行。参见周鲠生:《国际法》上册"出版说明",又参见武汉大学出版社2009年版扉页上的说明。
② 周鲠生:《国际法》上册,商务印书馆1976年版,第3页。
③ 王铁崖(1913—2003),福建福州人,北京大学教授,曾担任中国国际法学会会长、国际常设仲裁法院仲裁员、联合国前南斯拉夫国际刑事法庭法官、国际法研究院院士。王铁崖主编了新中国第一本《国际法》作为高等学校的法学教材(法律出版社1981年7月出版)。王铁崖曾与陈体强教授合作翻译了劳特派特修订的《奥本海国际法》(第八版),并组织翻译詹宁斯、瓦茨修订的《奥本海国际法》(第九版)。参见王铁崖:《国际法引论》,北京大学出版社1998年版,扉页和第1页"序"。
④ 参见王铁崖主编:《国际法》,法律出版社1995年版,第2页。
⑤ 同上书,第2页。
⑥ 参见赵建文主编:《国际法新论》,法律出版社2000年版,第3—4页。
⑦ 参见王铁崖主编:《国际法》,法律出版社1995年版,第1页。

三、国际法的特征

国际法是法律,因为它具有规范性、阶级性和强制性等一切法律所共有的特性。然而,国际法又是一个特殊的法律体系,国际法相比于国内法而言,具有其自身的特征。

(一) 国际法的主体主要是国家

首先,国家是国际法主要的或基本的主体。国际社会主要是由国家组成的,国际关系说到底就是国家关系。国际法主要是国家与国家之间的法律,国家具有主权,而主权是平等的,这就决定了国际法是平等者之间的法。在这个法律体系中,国家是国际法的基本主体,因此,国际法调整的对象主要是国家之间的关系。其次,除了国家是国际法主体之外,在国际关系中,政府间的国际组织和争取独立的民族(又称正在形成国家的民族)也是国际法的主体。国际法除了调整国家关系之外,同时也调整国家与其他国际法主体之间以及其他国际法主体相互之间的关系。

关于国际组织的国际法主体地位,早在1948年国际法院发表的咨询意见中就作了肯定。1948年12月,联合国大会通过决议,请求国际法院发表咨询意见:联合国作为一个组织,一旦其人员在涉及一个国家责任的情况下因执行职务而受到损害时,能否向该国提出国际赔偿要求。对此,国际法院作了肯定的答复,并确认了联合国的国际法律人格和提出国际求偿的能力。[①] 1986年3月21日,国际社会在维也纳签订的《关于国家和国际组织间或国际组织相互间条约法的维也纳公约》明确规定了国际组织的缔约权。

关于正在争取独立的民族的国际法主体地位,虽然未能得到西方国家的承认,但是,其国际法主体的地位,事实上已经得到了国际社会的普遍承认。自第二次世界大战以后,民族解放运动蓬勃开展,许多殖民地的民族为独立而斗争,并在斗争中建立了自己的政治组织。这些政治实体在形成国家的过程中积极参与国际事务,包括与其他国际法主体谈判和缔结条约等。

综上,国际法的主体主要是国家,包括国际组织和正在形成国家的民族;而国内法的主体主要是自然人和法人。在国内法上,权利和义务的直接承受者主要是自然人和法人,所以,国内法调整的对象是自然人与自然人之间、法人与法人之间以及自然人与法人之间的关系。但是,自然人和法人都不是国际法的主体。

(二) 国际法由国家之间的协议和国际习惯形成

如上所述,国际法主要是国家之间的法律,而国家与国家之间是平等的,平等者之间无管辖权与被管辖权,国家在国际关系上是最高权威,在国家之上,再没有超国

[①] 参见〔德〕马克斯·普朗克比较公法及国际法研究所主编:《国际公法百科全书》第二专辑《国际法院、国际法庭和国际仲裁的案例》,陈致中、李斐南译,中山大学出版社1989年版,第470—473页。

家的权威。①

据此,在国际社会没有一个超国家的立法机构,国际法是通过国家之间签订国际协议,或者由各国公认的国际习惯而形成的。其一,国际法是在国家与国家的相互交往过程中,通过国家之间签订协议的方式制定的,通常这是指国际条约;其二,国际法是在国家与国家的相互交往过程中,经过多次反复的实践而逐步形成的,并得到国际社会的公认,通常这是指国际习惯。

而国内法是由国家统一的立法机关来制定的。国家只要不违背其所承担的国际义务,就有权制定本国的各种法律和法令,而无须经过他国的同意或认可。由于国际法与国内法的制定方式不同,因而国际法的渊源主要是国际条约和国际习惯,而国内法的渊源主要是各项国内立法或国内法院的判例。

(三) 国际法体现了国家之间的协调意志

法律是国家意志的体现,这是法学的基本原理。国际法作为一个特殊的法律体系,同样也体现国家意志。但是,国际法主要是国家与国家之间的法,是由两个或者两个以上国家制定或者认可的法律规范;因此,无论是国际条约,还是国际习惯,都不可能体现所有国家的意志,也不可能只体现一个国家的意志。这就要求国家在参与制定国际法的过程中求同存异,以最大程度地体现其国家意志。

国际法的形成过程就是国家与国家之间相互合作与斗争的过程,也是国家为了体现其国家意志,与其他国家之间相互协调的过程。1982年《联合国海洋法公约》的制定过程就说明了国际法体现的是各个国家的协调意志。在该公约的谈判过程中,关于国家的领海宽度,由于各国海上力量对比悬殊,英美国家提出了3海里的领海主张,我国提出了12海里的领海主张,而拉丁美洲国家则提出了200海里的领海主张。关于公海海底的开发制度,英美国家提出了自由开发的原则,我国以及许多发展中国家则坚持全人类共同继承财产的原则。最后,公约以"一揽子解决"的方式,规定了领海的宽度是从测算领海的基线量起,不超过12海里,依此规定,协调了3海里的领海主张和12海里的领海主张。同时,为了协调拉丁美洲国家提出的200海里的领海主张,公约规定了崭新的"专属经济区"制度,即从测算领海的基线量起,不超过200海里的区域作为其沿海国的专属经济区。为了协调两种截然不同的开发公海海底区域的主张,公约安排了"平行开发制"作为过渡期,后经缔约国协商和修改,又取消了过渡期的安排。

从理论上讲,国际法的阶级性表现各个国家统治阶级的协调意志。而由于国内法是由国家统一的立法机关来制定的,所以,一国的国内法体现的只是该国的国家意志。

(四) 国际法由国家单独或集体的强制措施保证实施

在国际社会,既没有超国家的立法机构,也没有超国家的司法机构或执法机构。

---

① 参见王虎华:《论国家主权与国际人权的辩证关系》,载《华东政法学院学报》2002年第5期。

国际法的实施和执行，是由国家单独或集体地采取强制措施来保证的。虽然，联合国有国际法院作为其专门的审判机构，但它以国家自愿接受其管辖为前提，与国内法院的强制管辖权有本质的区别。虽然联合国安理会可以组建和派遣"维持和平部队"，但它是争端（冲突）当事国自愿接受的，并不具有强制性质。① 因此，国际法的实施和执行具有独特的方式。

所谓国家单独的强制措施，主要是指当国家遭到外来侵略的时候，国家以自身的武装力量进行自卫，反击侵略行为，以保证国际法的实施。例如，1962年，当印度军队突然向我国边境武装进攻时，我国军队被迫自卫反击。又如，1979年，越南当局侵犯我国边境，我国边防部队奋起自卫并进行反击。

所谓国家集体的强制措施，主要是指当国家遭到外来侵略而无力抵抗的时候，其他国家或国家集团进行武装反击，制止侵略行为，以保证国际法的实施。例如，1990年8月，伊拉克悍然出兵入侵科威特并宣布吞并科威特。对于伊拉克的侵略行为，联合国安理会先后作出决议，授权联合国会员国对伊拉克使用一切必要的手段，维护和执行有关决议，恢复海湾地区的和平与安全。据此，以美国为首，有英国、法国和意大利等28个国家组成了多国部队，于1991年1月17日对伊拉克采取了称为"沙漠风暴"的军事行动，制止了伊拉克的侵略行径。

应当指出，国际法并不排除国家单独或集体地采取其他方式的强制措施以保证和实现国际法的强制性。而国内法的实施和执行，一般通过国家内部的军队、警察、法庭和监狱等强制机构来实现其法律的强制力。

四、国际法的法律性质和规范体系

（一）国际法的法律性质

国际法是法律，国际法是法律的一个特殊部门，这是国际社会公认的。但是，早期的个别西方学者质疑甚至否定国际法的法律性质。

19世纪的英国法学家奥斯汀（Austin）把国际法称为"实在道德"（Positive Morality），对国际法持否定的态度。受奥斯汀观点的影响，在早期的英美法院的判例中，把国际法称为"国际礼让"（International Comity）。于是在早期的西方学者的著作中，关于国际法的法律性质，一度成为他们讨论的问题。英国国际法学者阿库斯特（Michael Akehurst）在他的《现代国际法概论》教科书中直接发问："国际法真的是法律吗？"阿库斯特认为，实际上，各国承认国际法是法律，而且通常遵守它。有时国际法遭受破坏，但是，任何法律体系都存在这种情况。其实，破坏是例外的，遵守才是经常发生的，只是未被人们所注意。各国是有种种理由遵守国际法的。②

西方学者否定或怀疑国际法的法律性质，原因在于对法律的定义存有误解。人

---

① 参见刘恩照：《联合国维持和平行为》，法律出版社1999年版，第9页。
② 参见〔英〕阿库斯特：《现代国际法概论》，汪瑄等译，中国社会科学出版社1981年版，第1—3页。

们习惯上把法律和国内法等同起来,认为只有国内法才是法律。这是因为国内法形成在先,而且人们在国内经常接触到的是国内法律,从而国内法成为普遍注意的对象。因此,法学家所考虑的问题自然就集中在国内法上,国内法成为法学著作的主要内容。于是,国际法就很容易被排除在法律之外并被否定为法律,毕竟国际法在许多方面是与国内法不相同的。但是,法律是对社会成员的行为有拘束力的规则的总体,所以,法律不限于国内法。英国学者劳伦斯(T. J. Lawrance)早在1884年就发表了《有没有一个真正的国际法?》的文章。劳伦斯认为,一切取决于我们选择采用的法律的定义,他批评奥斯汀关于法律就是国内法从而否定国际法是法律的观点。①

国际法是法律,国际法的法律性质关键在于国际法作为法律被各国所遵守。首先,世界各国政府毫无例外地都承认国际法是对国家有拘束力的法律。没有一个国家和政府公然宣布不受国际法的拘束,即使在违反国际法的场合,也要从法律的角度为自己的违法行为作辩护,尽管这种辩护是掩饰性质的。其次,在国家之间的关系中,国际法原则规则和制度是经常被遵守的,而如果不被遵守,国家之间的关系就无法维持,特别是在国家之间越来越相互依存的情况下,遵守国际法就显得更加迫切。再次,国际法遭到重大的破坏的情况,如武装侵略或侵略战争,只是少数的例外。在国际法上,对于违法行为,违法的国家不仅应负法律上的责任,而且还可能受到严厉的制裁,尽管在有的时候,此等制裁也许不具强制力或者不令人满意。

应当指出,国际法作为法律与国际礼让是有区别的。国际法规则是有法律拘束力的,而国际礼让是国家交往之中的礼貌、便利和善意的规则。这样的行为规则对于国家是没有法律拘束力的。国际礼让的规则有时可以演变成为国际法规则,从而使其具有法律拘束力。例如,关于外交官的关税豁免本来是国际礼让,后来通过1961年《维也纳外交关系公约》被确立为国际法规则。

早期的个别西方学者怀疑甚至否定国际法的法律性质,将国际法称为"国际礼让"或"国际道德规范",或是将国际法称为"弱法"等,这是对国际法的错误认识。如果称国际法是"弱法",那么,国内法就一定是"强法"吗?众所周知,国内法遭到破坏的现象比比皆是。例如,司法机关的腐败或徇私舞弊的现象、执行难的现象等,在各国国内法上也层出不穷,严重地损害了国内法的强制性。无论是国际法还是国内法,都存在或强或弱的现象,这是法治进程中的必然现象。

(二)国际法的规范体系

《奥本海国际法》(第八版)认为,在国际习惯和国际条约中,对一切国家具有普遍拘束力的规则,如关于使节权和条约的法律,被称为普遍国际法,以区别于只对两个或少数国家有拘束力的特殊国际法。但普遍国际法也必须与一般国际法相区别,一般国际法应当指对于很多国家,包括主要国家在内的具有拘束力的规则的总

---

① 参见王铁崖:《国际法引论》,北京大学出版社1998年版,第7—10页。

体。一般国际法有成为普遍国际法的趋势。①

从国际法的适用范围来划分，国际法是由普遍国际法、一般国际法和区域国际法以及特殊国际法构成的规范体系。诚然，国际法对国家具有拘束力，然而，由于上述国际法规范体系的不同，国际法对国家适用的效力范围也不同。但是，无论何种国际法规范体系都是国际法的组成部分。

1. 普遍国际法和一般国际法

所谓普遍国际法，就是各国公认的国际法，指国际习惯和国际条约中对所有国家都有法律拘束力的国际法规范(即编纂为条约的国际习惯法规则)。1970年《国际法原则宣言》指出，每一国家均有责任诚意履行其依公认的国际法原则与规则所负的义务。所谓"公认的国际法原则与规则"即指普遍国际法。普遍国际法的渊源主要是国际习惯法规则，其对世界各国都有拘束力。

所谓一般国际法，是指世界上大多数或绝大多数国家参加的国际条约规则的总体。《德国基本法》第25条规定，国际法的一般规则构成联邦宪法的一部分。其中，所谓"国际法的一般规则"，就是指一般国际法(或称一般国际法规则)。从理论上讲，这类国际法规则可能因少数国家没有参加条约而不受其拘束，所以，它们不具有普遍适用的效力。

根据《奥本海国际法》的理论，因为普遍国际法包括了很大部分的国际习惯法，所以对于一切国家具有拘束力；而由于一般国际法因主要是国际条约，所以，其效力可能会排除少数没有参加条约的国家。据此，将普遍国际法与一般国际法加以区分。

一般认为，世界上绝大多数国家参加的普遍性的造法性条约，由于包含了大量的国际习惯法规则，因而都是普遍适用的国际法规范。因此，在实践中，要想认定一项国际法规范是一般适用的国际法还是普遍适用的国际法，甚为困难，通常情况下也没有必要。因此，我们可以在相同意义上使用上述两个概念。

2. 区域国际法

所谓区域国际法，是指世界某个区域的国家，在它们彼此关系中发展起来的适用于该区域的原则规则和制度的总体。区域国际法不同于普遍国际法或一般国际法，它只能在特定区域内的国家之间适用，不能拘束区域外的国家关系。

区域国际法在美洲和拉丁美洲地区比较发达，形成了所谓的"美洲国际法"和"拉丁美洲国际法"。美洲国家很早就开始了区域性的国际法编纂，订立了很多区域性的国际条约，被称为"美洲国际法"。同样，在拉丁美洲地区，则形成了"拉丁美洲国际法"这样的区域性国际法。

在现代国际法上，欧洲地区的区域性国际法最为发达。依据1957年《罗马条约》，欧洲煤钢共同体、欧洲原子能共同体和欧洲经济共同体合并了它们的机构，成立了"欧洲共同体"。从此，欧洲共同体大量发展了适用于各成员国的法律原则、规则和

---

① 参见〔英〕劳特派特修订：《奥本海国际法》上卷第一分册，王铁崖、陈体强译，商务印书馆1981年版，第3页。

制度,被称为"共同体法"或"欧洲共同体法"。特别是在1992年《欧洲联盟条约》签订之后,欧洲区域性国际法的发展又前进了一步。

综观区域国际法的立法和实践,区域国际法并不否定普遍国际法及其普遍适用性。区域国际法提出的一些特殊的主张为数不多。这些主张所形成的规则,有的可能被纳入一般国际法,而有的规则因争议较大而逐渐失去意义。无论如何,区域国际法所包含的特殊规则不能对一般国际法的原则规则和制度加以限制,而只能拘束该区域的国家关系。

3. 特殊国际法

特殊国际法,是指两个或两个以上的国际法主体通过签订双边条约的形式制定的仅适用于缔约双方的国际法规则。

根据《国际法院规约》第38条的规定,国际法院应当依据国际法裁判案件,裁判时应当适用:普通或特别国际协议,确立诉讼当事国明白承认之规则者。可见,所谓"普通或特别国际协议",包括了普遍适用的国际条约和特殊的国际条约。所谓特殊的国际条约,就是双边形式的特殊国际法。

综上所述,普遍国际法或一般国际法、区域国际法和特殊国际法,作为国际法的规范体系,共同发挥着调整国际关系的作用。普遍国际法或一般国际法具有拘束世界各国或大多数国家的效力,是国际法的主要部分。区域国际法和特殊国际法在本质上都属于特殊国际法,没有普遍或一般的约束力,但是,它们在特定的区域和特定的国家之间存在和发展并发挥着作用。

五、国际法效力的根据

国际法效力的根据是国际法的一个基本理论问题。研究国际法效力的根据,就是要说明,为什么国际法对国家和其他国际法主体具有法律拘束力?或者说,为什么国家和其他国际法主体必须遵守国际法?对此问题,国际法学界颇有争议,形成了各种理论和学派。早期的国际法学界对于这个基本的理论问题,形成了两大派别:自然法学派和实在法学派,而且在这两个学派之间又形成了所谓的"折中学派"(格劳秀斯学派)。

(一) 国际法学派的理论学说

1. 自然法学派

自然法学派(Naturalists),在早期的国际法学中曾经一度占优势。自然法学派主张,国际法效力的根据是自然法,国际法就是自然法,或者是自然法的一部分,或者是自然法对国家间关系的适用;法,是从自然现象所抽象出来的一些概念,如人类良知、人类理性、人类的共同法律意识等;国际法规则根植于人类理性表现的普遍同意,最终将人类理性作为法的根据和强制力的基础。

自然法学派盛行于17至18世纪的欧洲,其代表人物是德国海德堡大学自然法和国际法教授普芬道夫(Pufendorf)。该学派强调"人类理性"等抽象的概念作为国际法的基础和根据,其理论缺乏确定性。到了19世纪,自然法学派的理论学说越来越遭到抨击,最终被实在法学派所替代。

应当指出,第一次世界大战之后,曾一度消沉的自然法学派在西方又呈现出复兴的趋势,出现了社会连带法学派和规范法学派两个所谓的新自然法学派。

(1) 社会连带法学派(Solidarists)认为,一切法律的根据来自社会连带关系,国际法也不例外。国际法效力的根据在于从国际社会的连带关系中产生的"各民族的法律良知",国际法效力的根据也是以国际社会的连带关系为基础的,从维持国际社会连带关系的必要性中产生了国际法的根据和内容。社会连带法学派的代表人物是法国学者狄骥(Duguit)。

(2) 规范法学派(Normativists),又称为纯粹法学派,其理论力图避免与抽象的自然法相联系,而限于在法律体系之中寻找法律效力的根据。规范法学派主张,国际法和国内法属于同一个法律体系。其中的法律规范有不同等级,每一等级的规范的效力根据来自于上一等级的规范。最上级的是国际法规范,国际法规范高于国内法规范。但是,其中的"最高规范"或称"原始规范",既是法律规范,又是伦理规范,它是从人类的"正义感"或"法律良知"中产生的规范,即"约定必须遵守"的法律原则。规范法学派的代表人物是美籍奥地利学者凯尔逊(Hans Kelsen)。规范法学派的要害是不能证实其所谓的"最高规范"自身的效力根据,把国际法置于世界法或超国家法的地位,其实质是否定国家主权。

2. 实在法学派

实在法学派(Positivists),是自然法学派的对立面。到了19世纪,实在法学派取代了自然法学派的优势地位。实在法学派否定从自然法中抽象出来的概念作为国际法效力的根据,主张在现实世界中起作用的是国家的意志,从而国家的同意是国际法效力的根据。国家的意志可以是明示的,表现为国家之间的条约,也可以是默示的,表现为国家对国际习惯的默认。实在法学派设想各国的意志可以合成为"共同意志",强调每个国家的意志是国际法效力的决定因素。

应当指出,实在法学派否定抽象的理性等不确定概念,强调国家意志的重要作用,与自然法学派的理论学说相比是进步的。但是,在国际社会,各主权国家的意志不可能合成为"共同意志",因此,实在法学派的基本理论是错误的。实在法学派的代表人物是英国哲学家和法学家边沁,还有英国国际法学家奥本海。

在新自然法学派出现的同时,也出现了新实在法学派。新实在法学派主要有两种学说:其一是权力政治学说。该学说认为,国际政治支配着国际法,而国际政治的核心是国家权力,主张国际法效力的根据是各国权力的均衡,认为"势力均衡"是国际法存在的基础。这一学说把国家权力作为国际法的效力根据,从而将国际法等同于国家的权力。其二是政策定向学说。这个学说把国际法视为国家对外政策的表现,国际法的效力取决于国家的对外政策。而在国际关系中,有些国家的政策处于支配的地位,从而在国际法的效力上起了主要的作用。这一学说把国家的对外政策作为国际法的效力根据,从而将国际法等同于国家的对外政策。

3. 格劳秀斯学派

格劳秀斯学派,介于自然法学派和实在法学派之间,被称为"折中学派"。格劳秀斯一直被奉为欧洲近代国际法的奠基人。格劳秀斯学派主张,国际法的效力根据具有两重性,既是人类理性,又是国家的共同意志。但是,这一折中的理论学说也没有正确说明国际法效力的根据。格劳秀斯学派的代表人物是德国学者沃尔夫(Wolff)和瑞士学者瓦特尔(Vattel)。

(二) 国家之间的协调意志是国际法效力的根据

如上所述,西方学者关于国际法效力的根据,虽然有各种各样的理论学说和学派,但是,均不能正确地说明国际法效力的根据。

国际法主要是国家与国家之间的法律,国家受国际法的拘束,同时,国家又是国际法的制定者,因此,国际法效力的根据应在于国家本身,即在于国家的意志。当然,所谓"国家的意志",并不是指个别国家的意志,也不是指各国的所谓"共同意志",而是指国家之间的协调意志,或者说协调各国意志的国际协议。

条约之所以对国家有拘束的效力,是因为条约乃国家之间的协议;国际习惯的拘束力则在于它既是各国的重复类似的行为,同时又被各国公认为具有法律拘束力的不成文的规范;而即使是作为国际法渊源的一般法律原则也是"文明各国所承认者"。因此,各国之间的协议,或者说协调各国意志的协议,构成了国际法效力的根据。

第二节 国际法的渊源

一、国际法渊源的含义

(一) 国际法渊源的理论学说

"法律渊源"一词,英语为"sources of law",法语为"sources du droit",都出自拉丁文"fontes juris"。"渊源"是指泉源或水源,应该解释为一股水从地面流出。水从地面自然流出的地方就是渊源。追溯国际法的渊源,首先必须准确把握"渊源"一词的含义。"渊源"与"根据"不同,法律的根据是指法律效力的依据;"渊源"与"起因"也不同,"起因"是指法律产生和发展的政治、经济、文化等因素;"渊源"又与"证据"不同,"证据"是指证明法律所在的资料。上述"根据""起因"和"证据"都与"渊源"有密切的关系,但是它们与"渊源"是有区别的。[①]

---

① 参见〔英〕劳特派特修订:《奥本海国际法》上卷第一分册,王铁崖、陈体强译,商务印书馆1981年版,第17页。另参见王铁崖主编:《国际法》,法律出版社1995年版,第7页。

《奥本海国际法》(第八版)认为,我们找到这些法律规则发生的地方,那就是它们的渊源。因此,"法律渊源"是一个名称,是指"行为规则"所以发生和取得法律效力的历史事实。① 王铁崖认为,法律渊源是指法律原则、规则和制度第一次出现的地方。② 以上两个概念实际上是一致的。

《奥本海国际法》(第九版)认为,国际法的形式渊源与我们更为有关,它是指国际法规则产生其有效性的渊源。而国际法的实质渊源,则表明该国际法规则的实质内容的出处。例如,某一规则的形式渊源可以是国际习惯,而它的实质渊源可能在于许多年以前缔结的一项双边条约或某个国家的单方声明。③ 周鲠生《国际法》认为,所谓国际法的渊源可以有两种意义:其一,是指国际法作为有效的法律规范所以形成的方式或程序;其他是指国际法的规范第一次出现的处所。同时认为,前一意义的渊源才是国际法的渊源,后一意义的渊源只能说是国际法的历史渊源。④ 以上概念的表述虽然不尽相同,但其内容是一样的。周鲠生《国际法》所指的"国际法作为有效的法律规范所以形成的方式或程序",与《奥本海国际法》(第九版)所指的形式渊源基本相同;周鲠生《国际法》所指的"国际法的规范第一次出现的处所",又与《奥本海国际法》(第九版)所指的实质渊源基本相同。

在我国国际法学界,关于国际法渊源概念的表述各种各样。有的学者采用周鲠生《国际法》关于国际法渊源的第一种含义,认为国际法渊源是国际法作为有效的法律规范所以形成的方式或程序。⑤ 有的学者综合了国际法的形式渊源和实质渊源两个方面,将国际法渊源归纳为:国际法规范的形成方式,特别是国际法的原则、规则和制度第一次出现的地方。⑥ 也有的学者认为,在国内法上,形式渊源是造法的宪法机构,由宪法确定法律规则的地位,但在国际社会中则没有造法的宪法机构,因此,国际法不可能有所谓的"形式渊源",因此,在国际法上也没有所谓"形式渊源"和"实质渊源"的区分。⑦

我们曾认为,就国际法目前的发展现状看,国际法渊源是指国际法作为有效规范之所以形成的方式或程序。这种国际法规范形成的方式或程序,能够客观地说明当今国际法的渊源。例如,国际条约作为国际法产生的方式是国家之间的协议,并经过一定的甚至是严格的缔约程序;而国际习惯作为国际法产生的方式则是国家多次重复的类似实践,并被各国公认为法律(法律确信)。⑧

---

① 参见〔英〕劳特派特修订:《奥本海国际法》上卷第一分册,王铁崖、陈体强译,商务印书馆1981年版,第17页。
② 参见王铁崖主编:《国际法》,法律出版社1981年版,第25页;又见王铁崖主编:《国际法》,法律出版社1995年版,第7页。
③ 参见〔英〕詹宁斯、瓦茨修订:《奥本海国际法》,王铁崖等译,中国大百科全书出版社1995年版,第14页。
④ 参见周鲠生:《国际法》上册,商务印书馆1976年版,第10页。周鲠生在其引注中指明,这一观点援引自法国公法学家福希叶的理论。
⑤ 参见赵建文主编:《国际法新论》,法律出版社2000年版,第23页。
⑥ 参见曹建明、周洪钧、王虎华主编:《国际公法学》,法律出版社1998年版,第9页。
⑦ 参见王铁崖主编:《国际法》,法律出版社1995年版,第7页。
⑧ 参见王虎华主编:《国际公法学》(第二版),北京大学出版社、上海人民出版社2008年版,第13页。

随着国际法学界对国际法渊源问题研究的深入,关于国际法渊源的概念,我们更倾向于是指国际法作为有效法律规范的表现形式。具体而言,国际法渊源作为有效的法律规范,表现为国际条约、国际习惯和一般法律原则。应当指出,目前,关于国际法渊源的理论观点莫衷一是,尚未在学界达成共识。

(二) 国际法渊源的权威说明

尽管国际法学者对于国际法渊源的概念有不同的理解,但是,国际条约和国际习惯一般被认为是国际法的主要渊源。[①]

王铁崖认为,国际法的渊源是条约、习惯和一般法律原则,同时又认为《国际法院规约》第38条并不是关于国际法渊源的详尽规定。[②] 王铁崖先生还认为,尽管国际法学者对于国际法渊源的含义有不同的见解,但一般都认为,国际法的渊源主要有两种:条约和习惯。[③]

根据《国际法院规约》第38条的规定,国际法院在裁判案件时,除了适用国际条约和国际习惯外,还有其他应当适用的法律和依据。《国际法院规约》第38条第1款规定:"法院对于陈诉各项争端,应依国际法裁判之,裁判时应适用:(子)不论普遍或特别国际协约,确立诉讼当事国明白承认之规条者。(丑)国际习惯,作为通例之证明而经接受为法律者。(寅)一般法律原则为文明各国所承认者。(卯)在第59条规定之下,司法判例及各国权威最高之公法学家学说,作为确定法律原则之补助资料者。"[④]

规约的以上各项规定,虽然没有直接提及国际法的渊源,但它列举的是国际法院在裁判案件时应当适用的法律或依据,因而国际法学界普遍认为,这项规定是对国际法渊源最具权威性的说明。然而,规约规定的这些法律或依据,并不全都是国际法的渊源。例如,它所列举的司法判例和权威最高之公法学家学说,规约明确规定是作为"确定法律原则之资料",说明这不是国际法的渊源。

二、国际条约

所谓国际条约,是指两个或两个以上国际法主体依据国际法而缔结的规定其相互之间权利和义务的书面协议。1969年《维也纳条约法公约》第2条规定,国际条约是两个或两个以上国际法主体之间的具有法律拘束力的协议。所有符合条约特征的

---

① 《奥本海国际法》(第八版)认为,习惯和条约是国际法的两个主要渊源,但却不是仅有的渊源。1981年王铁崖主编的《国际法》教科书认为,大家都承认的国际法渊源主要是两个,即条约和习惯。国际法是否还有其他渊源,是有争论的。周鲠生《国际法》认为,在前一意义上的国际法渊源,应该说只有惯例和条约两种。还认为,许多国际法权威对此意见基本相同。而在后一意义上的国际法渊源,则可以说除了惯例和条约之外,尚有各式各样的渊源。
② 参见王铁崖主编:《国际法》,法律出版社1995年版,第8页。
③ 参见王铁崖:《国际法引论》,北京大学出版社1998年版,第51页。
④ 根据《国际法院规约》第59条的规定,法院之判决除对于当事国及本案外,无拘束力。

一切国际协议,不论其特定名称为何,均称为国际条约。① 公约还明确要求各缔约国承认"条约为国际法渊源之一"②。可见,凡是合法有效的条约,都是国际法的渊源。

《奥本海国际法》(第八版)对条约定义为:国际条约是国家间或国际组织间订立的在缔约各方之间创设法律权利和义务的契约性协定。③ 这里的"契约性协定",是在强调条约(协定)是一种有拘束力的协定,而不是指契约性条约。王铁崖认为,条约是指两个或两个以上国际法主体依据国际法而缔结的确定其相互之间权利和义务的一致意思表示。④ 这里的"一致意思表示",主要是指"书面协议",关于口头协议是否属于条约,在国际法上是有争议的。

根据《国际法院规约》第38条第1款的规定,国际条约列在首位,说明国际法院裁判案件时首先应适用国际条约。按照"条约必须遵守"的国际法原则,条约对于国家有拘束力,国家必须遵守条约,而且条约是国家之间的明示协议。在这个意义上,国际条约是国际法最主要的渊源。

应当指出,根据《国际法院规约》第38条第1款(子)项的规定,国际法院裁判案件应适用"不论普遍或特别国际协约,确立诉讼当事国明白之规条者"。因此,不论是双边条约或多边条约,只要是确立诉讼当事国所明示承认的规则,都是国际法院应当适用的法律或依据。

在国际法理论上,根据条约的实质内容来划分,条约可以分为"造法性条约"和"契约性条约"。

(一) 造法性条约

所谓造法性条约,是指确认和创设新的国际法原则和规则,或变更现存国际法原则和规则的条约。

《奥本海国际法》认为,所有条约分为两类。其中,"一类是为了在相当多的国家中订立一般行为规则而缔结的。这类条约可以称为造法性条约"⑤。可见,《奥本海国际法》定义的"造法性条约",是指"相当多的国家"参加制定的"一般行为规则"。这个定义对"造法性条约"设定了两个条件,其一是有相当多的国家参加;其二是创设或制定了"一般行为规则"。这个所谓的"一般行为规则",就是"一般国际法行为规则",又称"一般国际法规则"。它是相对于普遍行为规则(普遍国际法)和特殊行为规则(特殊国际法)而言的。根据国际法的规范体系来划分,国际法是由普遍国际法、一般国际法、区域国际法和特殊国际法构成的,这些不同的国际法规范适用的效力范围也不同。其中,"一般国际法"或称"一般国际法行为规则",是指世界上大多数或

---

① 参见1969年《维也纳条约法公约》第2条"用语"第1项。
② 1969年《维也纳条约法公约》"前言"第3行。
③ 参见〔英〕劳特派特修订:《奥本海国际法》上卷第二分册,王铁崖、陈体强译,商务印书馆1981年版,第310页。
④ 王铁崖主编:《国际法》,法律出版社1995年版,第293页。
⑤ 〔英〕劳特派特修订:《奥本海国际法》上卷第二分册,王铁崖、陈体强译,商务印书馆1981年版,第311页。

绝大多数国家参加的国际条约规则。因为有大多数或绝大多数国家参加,所以,这种条约规则一般会创设(制定)具有普遍拘束力的"一般国际法"。

王铁崖在阐述"造法性条约"时认为:"作为国际法的渊源,重要的是大多数国家参加的多边条约,即多边的国际公约","是那些以创设新的国际法原则、规则和规章、制度或变更现有的国际法原则、规则和规章、制度为目的的多边条约"。① 可见,王铁崖对"造法性条约"的定义同样强调了"大多数国家参加"和"创设新的国际法",其与《奥本海国际法》的定义是一致的。

理论上讲,多边条约或称多边公约,② 是相对于双边条约而言的。国际条约按照其缔约国数量的多少,划分为多边条约和双边条约。多边条约,即多边的国际公约,因多数国家的参加而具有普遍的拘束力。这类国际条约很容易形成一般适用的国际法规则而表现为一般国际法。③ 因为多边条约能够形成一般适用的国际法规则,所以,多边条约一般又是造法性条约;同样,造法性条约大多又是多边条约,故称造法性的多边条约。④

(二)契约性条约

所谓契约性条约,是指两个或多个国家为了解决某个或某些具体问题或特定事项而缔结的双边条约。双边条约的一方是一个国家,另一方既可能是一个国家,也可能是一个以上的国家。双边的契约性条约,如有关贸易、投资、环保、文化、科技、交通、邮电、旅游等方面的事务性协定。契约性条约只对缔约方有拘束力,构成有关国家之间的行为规则。它只能在缔约国之间形成"特殊国际法",不具有普遍的拘束力。

然而,在契约性条约中,如果某些确认和创设国际法新的原则或变更国际法原则的双边条约,逐步发展成为国际社会普遍接受的法律原则,那么,这种契约性条约也能转化为造法性条约。例如,我国和印度共同倡导的"和平共处五项原则"第一次出现在 1954 年《关于中国西藏和印度之间的通商和交通协议》中,而这个协议是中印两国之间双边的契约性条约,只拘束中印两个国家。但是,自 20 世纪 50 年代中期开始,在我国与其他国家签订的双边建交条约中,以协定、声明、宣言、公报等形式,载入和平共处五项原则的条款多达数百次。⑤ 1974 年《各国经济权利和义务宪章》确认了和平共处五项原则。迄今为止,世界上许多国家在其相互间的外交文件中接受了和平共处五项原则。如今,和平共处五项原则已经成为国际法的基本原则。可见,该双边的契约性条约创设了国际社会普遍承认的国际法规则,并逐渐转化成了造法性条约或条款。

---

① 王铁崖认为:"多边的国际公约可以说构成了各国之间的一般国际法,即我们说的国际法"。参见王铁崖主编:《国际法》,法律出版社 1981 年版,第 27 页。
② "公约"也是条约,它是条约的一种名称。
③ 参见王铁崖主编:《国际法》,法律出版社 1995 年版,第 9 页。
④ 参见王虎华:《契约性条约问题的理论辩证》,载《法学》2013 年第 12 期。
⑤ 参见王虎华主编:《国际公法学》(第三版),北京大学出版社、上海人民出版社 2008 年版,第 65 页。

(三) 造法性条约与契约性条约的关系

应当指出,契约性条约和造法性条约的区别有时并不明显。如果有许多双边条约对同一事项作同样的规定,那么,该规则可能因获得普遍接受而变成国际习惯法规则,从而具有普遍的拘束力。而多边的造法性条约所规定的原则和规则,也并不是所有的国家都接受,所以,其对非缔约国也没有拘束力,除非这些原则和规则构成国际习惯而成为普遍适用的国际法规则。

李浩培先生认为,任何条约,不论是契约性条约还是造法性条约,都是为当事国创立国际法规则。其内容表现为缔约一方或几方承担法律上的义务,缔约他方享有相应的法律上的权利。这些法律义务和权利产生于该条约,在缔结该条约以前是不存在的。所以,条约规定各当事国的权利义务,实际上就是规定它们必须遵守的法律规则。① 实际上,所谓造法性条约,通常是指数目较多的国家用以制定一般国际法规则以便相互遵守的条约,而其他条约则通常是两个国家用以制定个别国际法规则以便相互遵守的条约。② 所以,两者都是立法性条约(造法性条约)。凡是条约都是立法性的,只是所立的法有一般规则和个别规则的不同而已。③ 这实际上就是一般国际法与特殊国际法的区别,但二者都是国际法。

三、国际习惯

国际习惯,是在国际交往中,经国家反复多次的实践,被世界各国公认为法律而逐渐形成的不成文的行为规则。《国际法院规约》第38条第1款(丑)项规定:"国际习惯,作为通例之证明而经接受为法律者。"

国际习惯是国际法最古老、最原始的法律渊源,在国际条约出现之前,国际习惯就已存在了。国际条约往往是由国际习惯编纂而成的,因此,有些学者认为,国际习惯应当在国际法的渊源中居于首要的地位,是一项最重要的国际法渊源。④ 虽然,在当代国际法中国际条约数量巨大,但在一般国际法的规范中,国际习惯仍然占有很大的比重,而且新的国际习惯规则还在不断地形成。由于条约对非缔约国没有拘束力,因此,在国际法实践中,国际习惯仍然起着重要的作用;同时,国际条约也往往要以国际习惯为背景来加以理解和解释。所以,无论国际条约如何发达,仍需要国际习惯法来补充其内容的不足。正是在这个意义上,国际习惯也可以说是最重要的国际法渊源。

应当指出,国际习惯是"不成文的",因此,为了查明国际习惯法的存在,必须寻找

---

① 参见李浩培:《条约法概论》,法律出版社2003年版,第28—29页。另参见李浩培:《国际法的概念和渊源》,贵州人民出版社1994年版,第42页。
② 这里的"其他条约",指的是双边的契约性条约。
③ 参见李浩培:《条约法概论》,法律出版社2003年版,第30页。另参见李浩培:《国际法的概念和渊源》,贵州人民出版社1994年版,第43页。
④ 参见端木正主编:《国际法》,北京大学出版社2000年版,第22页。

其根据。确认国际习惯存在的证据主要表现为三种情况：其一，国家之间的外交关系，表现为条约、宣言以及各种外交文书；其二，国际组织和国际司法机构的实践，表现为国际组织的决议和国际司法机构的裁判等；其三，国家内部的行为，表现为国内法律、法规、行政命令以及国内法院的判决。

1947年《联合国国际法委员会规约》第24条作出规定，要求国际法委员会"考虑使国际习惯法的证据易于查找的方式和方法"。有了可靠的国际法的证据，才能确认国际习惯法的原则、规则和制度。在1926年的"荷花号案"中，常设国际法院认为，因为找不到证据证明在公海发生的碰撞事件中船旗国享有排他的管辖权，所以驳回了法国的主张。在1969年"北海大陆架案"中，国际法院认为，《大陆架公约》第6条所载的中间线原则并没有成为国际习惯法规则，因为，从各国的划界实践中找不到这样的证据。可见，要想确认国际习惯法规则，必须查明国际习惯法存在的证据。

（一）国际习惯与国际惯例

有的学者将"国际习惯"称为"惯例"或"国际惯例"。① 由于这种混淆的现象，使"国际习惯"与"国际惯例"以及"通例""常例"经常被混用，造成了概念上的误解。

国际习惯与国际惯例是两个不同的概念。国际惯例，又称通例或常例，是指在国家实践中尚未形成法律拘束力的通常做法。《国际法院规约》第38条第1款（丑）项明确规定："国际习惯，作为通例之证明而经接受为法律者。"这里的"通例"就是国际惯例。根据规约的规定，通例要成为国际习惯，必须被接受为法律。可见，通例并不是国际习惯，只有当通例被接受为法律时，才能成为"国际习惯法"或称"习惯国际法"。

应当指出，并不是所有的国际惯例都会成为国际习惯法。一般说来，国际惯例是在国家反复多次的实践中，经过较长的时间才转化为国际习惯的。现代国际法上关于外交代表特权的规定，就是由最早的惯例演变而来的。早在我国春秋战国时期，国家之间为了古代战争的需要，从斩杀敌国的信使发展到优待敌国的使者，曾经历了一个漫长的过程。经过较长时间的国家实践，形成了"两国交兵，不斩来使"的通例或常例。各国反复多次的实践，使这种做法成了国家间的惯例。最后，各国将此惯例公认为相互间交往的行为规则，这就形成了"外交代表不得侵犯"的国际习惯。到了1961年，国际社会将这一国际习惯编纂在《维也纳外交关系公约》之中。但是，这并不等于说每一项国际习惯的形成都要经过那么长的时间。对此，在1969年"北海大陆架案"中，国际法院指出，不能因为时间短暂就认为不能形成新的国际习惯规则；如果有关国家的习惯做法频繁且一致，即使时间短暂，也能形成国际习惯法。但是，如果通例只有部分国家重复实践，而其他国家采取反对通例的行为，则该通例就很难形成国际习惯。

---

① 参见周鲠生：《国际法》上册，商务印书馆1976年版，第9—14页。

(二) 国际习惯的形成要件

国际习惯的形成，必须具备两个要素：一是物质要素，即通例的产生；二是心理要素，即通例被接受为法律，理论上称法律确信。

1. 物质要素——通例的产生

通例，从字面上可理解为通常的做法，也就是常例、惯例，即惯常的做法，这些都是同义词。从国家的第一次实践（即通例的出现）到各国的通常做法，最后形成国际习惯，这是一个国际习惯法规则形成的过程。通例来自国际社会成员在相当长的时期内反复多次和前后一致的实践，即各国的多次重复的类似行为。如果许多国家在一段相当长的时期内对同一种国际法律关系反复采取同样的、前后一致的处理方法，通例便产生了。这是国际习惯形成的物质要素（要件）。确认国际习惯法规则，必须查找国际法的证据，这就需要考查通例形成和演变的过程。通例的产生，包括时间、数量和实践的同一性三项要求。

其一，通例产生的时间。通例产生的时间，是指一项通例从出现到演变为国际习惯的时间。一项通例的产生需要多长时间，不能一概而论。

一般认为，通例或惯例需要经过较长时间的国家实践才能演变为国际习惯。20世纪以前，许多规则往往要经过几十年甚至上百年的时间才得到确认。例如，"海洋自由"原则在17世纪提出，19世纪才得到普遍确认并成为习惯法规则。但是，有的通例或惯例，即使时间短暂，如果有关国家的频繁实践且前后一致，就能形成国际习惯法。如上述"北海大陆架案"，国际法院就指出，不能因为时间短暂就认为不能形成新的国际习惯规则。在现代，有些国际法习惯规则可以在较短的时间内得到确认。例如，"和平共处五项原则"是在20世纪50年代初提出的，到了60年代，这些原则已被许多国家接受了。又如，海洋法中的大陆架、专属经济区制度，还有外空法中的外空法律地位等，由于许多国家相继迅速地采取类似行动而得到普遍的承认，从而成为国际习惯法。这样形成的国际习惯法曾被称为"即时"国际习惯法。

其二，通例产生的数量。通例产生的数量，是指一项通例从出现到演变为国际习惯的国家实践的次数，这是量变的过程。国家实践的次数或数量不是绝对的。一般说来，采取同样实践的国家越多，通例就越容易获得普遍接受；只在一国重复不能形成国际习惯法。在1969年"北海大陆架案"中，国际法院认为，形成国际习惯的实践应包括众多国家的参与。但要求众多国家参与，并不是要求全世界所有的国家参与。例如，有关外空活动的国际法主要是通过美国和苏联的实践形成的，国际社会只是予以承认而已。然而，如果通例只是在部分国家之间重复实践，而其他国家采取反对通例的行为，则该通例就很难形成国际习惯。总之，通例得以形成国际习惯的关键在于国家的普遍承认。

其三，实践的同一性。实践的同一性，是指一项通例从出现到演变为国际习惯，国家的实践须前后持续一致。实践的同一性虽然也不是绝对的，但非常重要。如果国家的先后行为互不相同，则通例就很难形成国际习惯。在1950年"庇护权案"以及

1960年"印度领土通行权案"中,国际法院认为,"持续一致的实践"形成习惯法上的权利义务。

2. 心理要素——通例被接受为法律

国际习惯的形成,还需要各国在实践中逐步认为其重复的实践出于法律义务感。国际法理论上称之为"法律确信"。这是国际习惯形成的心理要素(要件)。

这就要求,国际法主体在重复实践通例时,确信这种行为规则是国际关系所必需的,从而相约接受通例的拘束。在1969年的"北海大陆架案"中,国际法院区分了国际习惯和国际礼让,认为国家要有与履行法律义务相一致的意识,单纯以某种行为频繁或具有习惯性就认定其为国际习惯还不够充分。国际礼让虽然重复着一定的国际行为,但国家只是考虑礼让的恰当性和传统性等因素,并非出于法律义务感,这就不是国际习惯。

"法律确信"的存在与否,可以作为一项通例是否已被接受为国际习惯法的验证,但证明其存在却很困难。首先,法律确信并非客观外在的表示;其次,在国家行为中,法律因素和政治因素经常复杂地交织在一起,因此,要想证明国家的重复行为是出于法律义务感,这是很微妙的问题。所以,国际法院在确定了物质因素后,通常推定国家存在心理因素(法律确信)。在1960年"印度领土通行权案"和1959年"国际工商业投资公司案"中,国际法院就是采取了这种立场和方法。

通例在一定时期内经国家多次反复和前后一致的实践,并逐渐被各国公认为法律时,就演变为国际习惯,从而成为国际法的渊源。

四、一般法律原则

一般法律原则,是指各国法律体系所共有的原则。《国际法院规约》第38条第1款(寅)项规定:"一般法律原则为文明各国所承认者"。

根据规约第38条的规定,当一般法律原则被文明各国所"承认"时,才能作为国际法院裁判案件时适用的法律依据。此外,一般法律原则毕竟是存在于国内法上的原则,因此,学界对它是否作为国际法的渊源颇有争议。事实上,规约第38条对于国际法院适用国际条约和国际习惯同样也附了条件。因此,不能以规约对一般法律原则附有适用的条件作为评判其是否成为国际法渊源的标准。应当指出,当一般法律原则被文明各国所"承认"时,实际上它正在成为或者已经成为国际习惯法规则。

(一) 一般法律原则的含义

"一般法律原则"在1920年的《常设国际法院规约》第38条已经作了规定,1945年《国际法院规约》第38条又作了同样的规定。但是,"一般法律原则"作为国际法院裁判案件所应适用的法律或依据,具体是指哪些法律原则?这个问题在国际法学界曾经也有争议。关于一般法律原则的含义,学术界主要有三种不同的理论学说。

1. 一般法律原则是指国际法的一般原则,或者是指国际法的基本原则。① 我们认为,国际法当然包括国际法的一般原则或者基本原则,而这种学说把"一般法律原则"指向国际法的一般原则或者基本原则,显然是错误的。其一,将"一般法律原则"称为一般原则,没有实际意义,无非是变换了名称;其二,把"一般法律原则"等同于国际法基本原则,实际上扩大了国际法基本原则的内涵。

应当指出,《国际法院规约》第 38 条既然在国际条约和国际习惯之外,又规定了一般法律原则作为国际法院裁判案件所应适用的法律或依据,这足以说明一般法律原则不同于国际条约和国际习惯。国际法的一般原则或基本原则包含在国际条约和国际习惯中,规约单独规定了一般法律原则,恰好说明了一般法律原则不可能等同于国际法的一般原则或基本原则。

2. 一般法律原则是指"一般法律意识"或所谓"文明国家的法律良知"所产生的原则。这种观点认为,国际社会如同国内社会一样,有一种共同的法律意识,从这种共同的法律意识中,可以引申出来一些原则从而构成一般法律原则。② 这是抽象的自然法的见解。事实上,作为国际社会的成员,各主权国家的政治、经济、文化、社会等制度不同,其法律制度也各不相同,因此,各国之间不可能有一种"一般法律意识"或"共同的法律意识",因而也无法引申出具体的一般法律原则。

3. 一般法律原则是指各国法律体系所共有的原则。虽然,各国的政治、经济和社会制度不同,法律制度和法律体系也各不相同,但是,各国的法律体系之间毕竟还有一些相同的原则,这些各国共有的原则就构成一般法律原则。我们认为,这是一般法律原则的正确含义。

(二) 一般法律原则的作用和地位

一般法律原则作为国际法院裁判案件所应适用的法律或依据,在规约的规定中作为第三项内容排在条约和习惯之后。众所周知,在各国的法律体系中,确实存在着一些共同的法律原则,如时效、善意、定案、禁止翻供等原则。这些原则在各国法律体系中都有明文规定,只不过是具体条文和解释有所不同。在国际法实践中,一般法律原则也是国际司法机构裁判案件所应适用的法律依据。例如,常设国际法院在 1927 年的"霍茹夫工厂案"中,以"定案"原则判定霍茹夫工厂的财产转移是合法的;国际法院在 1962 年的"隆端寺案"中,根据"禁止翻供"原则,驳回了泰国认为地图存在错误的主张。

事实上,各国国内法上规定相同内容的一般法律原则为数不多,因此,一般法律原则在国际法上并不占有重要的地位,在国际关系上也很少单独适用。在国际法实践中,国际法院和国际仲裁法庭在裁判或裁决案件时,即使适用一般法律原则,也是为了弥补国际条约和国际习惯的空白。

---

① 参见〔英〕阿库斯特:《现代国际法概论》,汪瑄等译,中国社会科学出版社 1981 年版,第 41—42 页。
② 参见〔法〕胡夫:《重新考虑国际法渊源》,1983 年英文版,第 137 页。转引自王铁崖主编:《国际法》,法律出版社 1995 年版,第 11 页。

《国际法院规约》第38条对于适用"一般法律原则"的附加条件是"为文明各国所承认者"。所谓"文明各国",在现代国际法上,是指国际社会中的主权国家。应当指出,各国的国内法律体系乃是各国国家意志的体现,各国对自己的法律体系的"承认"已经体现在其国内法律规定中,并依此法律体系进行司法实践和国家实践,这就不需要各国另作承认的表示。

五、确定法律原则的补助资料

根据《国际法院规约》第38条的规定,司法判例以及各国具有最高权威之公法学家学说,在国际法院裁判案件时作为确定法律原则的"补助资料"。国际法院适用司法判例需遵循该规约第59条之规定,即司法判例除对于当事国和本案外,无拘束力。

(一) 司法判例

司法判例,主要是指国际法院等国际性司法机关的判决和裁决。国际司法判例包括国际仲裁法院或法庭的裁决。有的学者认为,司法判例包括国际司法判决和国内司法判决,但是,这两者作为确定法律原则的补助方法是不同的。[①] 有的学者认为,国际司法判例主要指国际法院的判例和咨询意见,此外,也应当包括国际仲裁法庭的判例。[②] 也有学者认为,国际司法判例主要是指国际法院的判例,也包括各种形式的国际仲裁机构的重要裁决,但不包括各国国内法院或国内仲裁机关的判决或裁决。[③]

我们认为,司法判例应当是指国际司法机构的判例。这种国际司法机构包括国际法院、常设国际仲裁法院,还包括常设的国际法庭、仲裁庭和临时的国际法庭、仲裁庭,但是不包括国内法院或国内仲裁机构。

司法判例具有确定国际法原则和规则的作用。国际法院或国际仲裁法庭在审理案件和适用国际法时,总要对国际法的原则、规则和制度加以证明和确认。一般地说,国际司法判例虽然不直接表现为国际法,但是,它有助于证明和确认国际法的原则、规则和制度,有助于国际法的发展。因为,这种证明和确认不仅为审理本案提供了补助资料,也能为审理以后的案件提供有益的参考。国际法院是联合国主要的司法机关,其法官都是世界各大法系的权威公法学家,国际法院的判决对于证明和确认法律原则具有十分重要的证据作用。在这个意义上讲,国际司法判例是"确定法律原则之补助资料"。

根据《国际法院规约》第59条的规定,国际法院的判决只对当事国和本案有拘束力,它对以后发生的类似案件,并无拘束力。这表明,国际法院或国际仲裁庭只有选择适用法律的职权,而没有创设法律的职能。规约的这一规定,排除了国际法院的判决成为"判例法"的可能性。

---

① 参见王铁崖主编:《国际法》,法律出版社1995年版,第12页。
② 参见周忠海主编:《国际法》,中国政法大学出版社2004年版,第119页。
③ 参见曹建明、周洪钧、王虎华主编:《国际公法学》,法律出版社1998年版,第14页。

（二）权威最高之国际公法学家的学说

权威最高之公法学家学说，是指代表各国最高水平的国际公法学家的权威性论著。权威最高之公法学家的学说，从理论上阐述了国际法原则、规则和制度，包括国际法的历史沿革及其发展，为确定国际法原则的存在提供了有力的证据。

权威公法学家的理论学说对国际法原则的形成，往往会产生重大的影响，如格劳秀斯的《战争与和平法》一书，其本身并非法律，但这部著作影响了整个国际法领域。他们的理论学说和研究成果可能被采纳，并通过法定程序成为国际法的一部分。有些国际公约最早就是由国际法权威学者起草的。

实践中，国家的外交文件与国际和国内的司法判例中，经常会引用国际公法学家的学说，以此来确定某些国际法原则的存在，或者据此进行解释。然而，任何一位国际公法学家的学说，不管具有多大的权威性，毕竟是个人的理论著述，不能代表国际法的原则、规则和制度。因此，权威最高之国际公法学家的学说只能是作为"确定法律原则之补助资料"，其相当于国际法的证据。

（三）国际组织的决议

国际组织的决议也应该是"确定法律原则之补助资料者"。《国际法院规约》第38条未能涉及和规定"国际组织的决议"，是因为订立《国际法院规约》时，第二次世界大战刚结束不久，国际组织尚未蓬勃发展，国际组织的决议在国际法规范的形成中尚未发挥作用。然而，随着国际组织的大量增加及其作用的不断扩大，引发了国际组织的决议在国际法渊源中的地位问题。

特别是像联合国这样重要的世界性国际政治组织，其主要机关的决议，如联合国大会的决议，不仅在国际政治上有重大的影响，而且在国际法上也有重要的意义。它的某些决议，按其目的和内容，可能全部或部分地反映出现有的或正在形成中的国际法原则规则和制度，这类决议无疑就成为确定国际法原则的补助资料。如联合国大会1960年《关于给予殖民地国家和人民独立的宣言》、1963年《关于外层空间法律地位的宣言》以及联合国大会特别会议于1974年通过的《各国经济权利和义务宪章》等，都对国际法具有重大的影响力。可见，联合国大会的决议可以用来确定国际法原则的存在。其与司法判例和国际公法学家学说并列为"确定法律原则之补助资料"，而且其法律价值应当在司法判例和国际公法学家学说之上。

按照《联合国宪章》的规定，联合国大会只有讨论和建议的职权，因此，联合国大会的决议只有建议的性质，一般不具有法律拘束力。但这并不是说，联合国大会的决议一概没有法律的拘束力。按照《联合国宪章》的规定，联合国大会关于其组织内部的行政、财政等方面的决议可以有法律的拘束力。

有的学者认为，联合国安理会的决议带有规则性。有些"规则"在决议通过之时尚不是有效的国际法规则，而安理会以一种具有法律拘束力的决议来通过这些规则,使安理会的这种决议在本质上构成了"国际造法"。例如,2001年安理会1373号关于"不得为恐怖分子提供任何安全庇护"的决议,虽然在1999年通过的《制止资助恐怖主义国际公约》中也有相同规定,但该公约在安理会通过1373号决议之时,只有4个国家递交了批准书。换言之,安理会在通过1373号决议之时,该规则虽然已经写进了有关国际公约,但由于公约尚未生效,因而还没有演变成为普遍有效的国际法规则,而安理会通过决议的方式使其成为对各国普遍有效的规则,显然构成国际立法。又如,2004年安理会1540号决议通过之时,国际社会已经存在一系列有效的防止核生化武器扩散的条约,它们是1968年《防止核武器扩散条约》、1972年《禁止生物武器公约》和1993年《禁止化学武器公约》。但这些条约只有禁止国家之间扩散的规定,却没有禁止向非国家行为者扩散的规定。安理会的1540号决议正好填补了这一空白,在本质上也构成国际造法。[①] 我们认为,对此理论观点值得研究和探讨。

第三节 国际法的编纂

国际法的编纂,就是法典编纂,即国际法的法典化,就是把国际法全部或一部分的原则、规则和制度系统地用类似法典的形式编纂出来。其目的是使国际法成为一个国际成文法。

关于国际法编纂的法律依据,最早规定在《联合国宪章》中。宪章第13条第1款规定:"大会应发动研究,并作成建议,以促进政治上的国际合作,并提倡国际法的逐渐发展与编纂。"联合国大会为了执行这项规定,于1947年11月21日通过了《联合国国际法委员会章程》,设立了国际法委员会。按照该章程第15条的规定,国际法委员会的职责包括"逐渐发展国际法"和"国际法的编纂"。

所谓逐渐发展国际法,是指就国际法各领域尚未订立规章或国际惯例尚未充分发展成法律的各项主题,拟订国际公约草案。国际法的编纂,是指更精确地制定并系统整理广泛存在的国际惯例、司法判例和国际法原则规则。可见,从理论上讲,国际法编纂与逐渐发展国际法是有区别的。但严格意义上讲,国际法编纂包含了逐渐发展国际法。联合国国际法委员会在长期的工作中都没有把国际法的编纂和逐渐发展国际法截然分开,而是合在一起进行的。

任何法律体系都有编纂法典的工作,但是,国际社会没有集中的立法机构来统一制定法律,因此,国际法的编纂在其制定、程序和效力上都与国内法不同。国际法的原则规则和规章制度散见于大量的国际法文件和国际习惯之中,所以,将这些国际法的原则规则和制度加以编纂,使之便于使用,就显得特别重要。

---

① 参见简基松:《对安理会"决议造法"行为之定性分析与完善建言》,载《法学》2009年第10期。

一、国际法编纂的形式

国际法编纂的形式是多种多样的,根据国际法编纂的内容、主体和范围的不同,可以将国际法的编纂分为三种形式。

(一) 全面的国际法编纂和个别的国际法编纂

根据编纂的国际法的内容不同,国际法编纂可分为全面的国际法编纂和个别的国际法编纂。

所谓全面的国际法编纂,是把整个国际法规范编纂为一个法典,将国际法的全部原则、规则和制度编纂在一个法典中。全面的国际法编纂都是早期的私人编纂。例如,奥地利法学家多明-贝特鲁舍维史(Alfono von Domin-Petruschivez)于1861年所做的国际法编纂,就是对国际法的第一次全面编纂。

所谓个别的国际法编纂,是把国际法规范中的部分原则、规则和制度分别编纂为法典。相比全面的国际法编纂而言,国际上较多采用的编纂形式通常是这种个别的国际法编纂。

(二) 民间的国际法编纂和官方的国际法编纂

根据编纂的主体不同,国际法的编纂可分为民间的国际法编纂和官方的国际法编纂。

所谓民间的国际法编纂,是指国际法学者个人或国际法学术团体对国际法的编纂。例如,瑞士国际法学家布伦奇理(G. G. Bluntschli)于1868年起草的《文明国家的现代国际法法典》;美国法学家费尔德(David Field)起草的《国际法法典大纲草案》;意大利法学家菲奥雷(Pasquale Fiore)于1890年起草的《国际法法典》;美国法学家巴西奥尼(M. Cherif Bassiouni)于1980年出版的《国际刑法·国际刑法典草案》等。此外,一些非官方的学术团体对国际法的编纂也较有影响,例如,1873年成立的国际法研究院和国际法协会在国际法的编纂方面也发挥了重要的作用。

所谓官方的国际法编纂,即政府间的国际法编纂,通常是国家与国家之间在国际会议上订立国际条约。通常所说的国际法编纂就是指官方的编纂。从1814—1815年的维也纳会议以来,官方的国际法编纂就开始了,至今已经有近两百多年的历史。这种官方的国际法编纂在国际法发展史上具有重要的意义。

(三) 全球性的国际法编纂和区域性的国际法编纂

根据编纂的范围不同,国际法编纂可分为全球性的国际法编纂和区域性的国际法编纂。

所谓全球性的国际法编纂,是指适用于全球范围内的国际法编纂。通常所说的国际法编纂主要是指全球性的国际法编纂。联合国国际法委员会的工作范围就包括全球性的国际法编纂。就全球性的国际法编纂而言,在联合国主持下或以其他方式召开外交会议,并在外交会议上订立有关国际条约就是这种编纂的具体表现。由于全球性的国际法编纂通常是在国家之间的外交会议上进行的,所以,全球性的国际法编纂又经常表现为官方的国际法编纂。

所谓区域性的国际法编纂,是指仅适用于某个区域的编纂。如美洲地区的国际法编纂。早在1826年巴拿马公会时,美洲各国就开始了国际法的编纂工作。"美洲法律委员会"作为美洲国家组织的主要机构,在这方面做了大量的工作,而且它与联合国国际法委员会有着经常的联系。欧洲理事会也在国际法的编纂活动中制定了一些属于国际法编纂性质的区域性国际法。

二、外交会议的国际法编纂

如上所述,在国际法编纂活动中,通常采用的形式是国家与国家之间在外交会议或其他形式的国际会议上订立国际条约,因此,外交会议对国际法的编纂具有重要的作用。因为参加外交会议的通常是各个国家的代表,所以,外交会议的国际法编纂,通常是官方的国际法编纂,即政府间的国际法编纂。此外,因为外交会议通常是全球性的国际会议,所以,在外交会议或其他形式的国际会议上订立国际条约的活动,又可视为全球性的国际法编纂。

外交会议的国际法编纂,可以追溯到1814—1815年的维也纳会议和1818年的亚琛会议。上述会议所产生的法律文件中包括了禁止贩卖黑奴、建立国际河流自由航行制度、瑞士中立制度和确定外交使节的等级等内容。1856年,国际社会在巴黎签订了著名的《海战宣言》,确立了一些关于海战的法律原则。1864年日内瓦会议又制定了《改善战地武装部队伤员境遇公约》。应当指出,在外交会议所进行的国际法编纂中,1919年巴黎和会所签订的《国际联盟盟约》和1945年旧金山联合国制宪会议所制定的《联合国宪章》,在国际法编纂历史上堪称是最重要的国际法编纂成果。

(一) 海牙和平会议的国际法编纂

大规模的国际法编纂活动是从1899年第一次海牙和平会议开始的。包括中国在内的26个国家参加了这次海牙和平会议,会议上通过了关于和平解决国际争端、陆战法规与惯例以及海战中适用的1864年日内瓦公约等3个公约,还通过了关于战争中禁止使用某些武器的3个宣言。1907年召开的第二次海牙和平会议,参加会议的国家有44个(包括中国),会议上签订了13个公约和1个宣言。其中,除了修订第一次海牙和平会议所签订的公约以外,还签订了一些新的公约,规定了有关和平解决国际争端、限制使用武力索债、陆战和海战以及战时中立的规则。

(二) 国际联盟的国际法编纂

1930年3月13日至4月12日,在国际联盟的主持下,国际社会在海牙举行了第一次正式的国际法编纂会议,这也是国际法编纂史上的第一次国际法编纂会议。此次会议通过了有关国籍问题的国际法文件,包括:《关于国籍法冲突的若干问题的公约》《双重国籍兵役议定书》《无国籍议定书》以及《无国籍特别议定书》。会议原定再次召开,但在第二次世界大战之前,国联没有再举行国际法编纂会议。

三、国际法委员会的国际法编纂

第二次世界大战后,国际法的编纂主要是在联合国的主持下进行的。1947年11月21日,联合国大会通过《国际法委员会章程》,据此设立了国际法委员会,作为联大之下的负责国际法编纂的机构。该委员会于1948年经联大选举产生了34名委员,并于1949年4月举行了第一届会议。国际法委员会设主席1名,报告员1名,每一专题设特别报告员1名。委员的任期为5年,可连选连任。委员会应代表世界各大文化体系和各主要法系,委员人选应为公认胜任的国际法律界人士,由联合国各会员国提名,不得有两人为同一国家的公民。

按照《国际法委员会章程》,国际法委员会的工作有两方面:"逐渐发展国际法"和"国际法的编纂"。虽然《国际法委员会章程》对这两方面的工作分别加以规定,但是国际法委员会在工作中对两者并不严格加以区分,而一般地采取下述的工作程序:委员会对有关题目制订工作计划;指定特别报告员;请各国政府提供数据和情报,并请联合国秘书处提供研究项目、专题、情况概览和资料汇编;在全体大会上讨论特别报告员提交的报告;在大会和委员会设立的起草委员会上讨论建议的条文草案;阐明条文草案及所附评释并提请各国政府予以评论;参照各国政府的书面和口头评论对临时条文草案加以修改;向联合国大会提交最后草案及所附评释。

国际法委员会在1949年第一届会议上拟定了14个临时的项目表,以供国际法编纂时选择,后来又增加了一些项目。截至1994年底,委员会就所有项目所进行的绝大部分工作已经完成。国际法委员会在46年的工作期间,共有15项国际公约是在委员会制定的条文草案的基础上,由联合国大会或联合国主持召开的外交会议上讨论、通过和签订的。可见,国际法委员会的国际法编纂工作是卓有成效的。

第四节 国际法与国内法的关系

国际法与国内法,两者究竟是同属于一个法律体系,还是分属不同的法律体系?它们之间的具体关系如何?长期以来,这个问题在国际法理论上颇有争议。同时,由于它涉及国际法的法律性质、法律效力等重大方面,因而成了国际法的基本理论问题之一。

必须指出,国际法与国内法的关系问题,又是一个无法回避的实践问题。例如,中美两国于1979年1月1日签署了《关于建立外交关系的联合公报》,美国承认中华人民共和国政府是中国唯一合法政府,台湾是中国的一部分。但在同时,美国又在国内公然制定和颁布与上述中美联合公报相抵触的国内法《与台湾关系法》,并将该国内法生效的时间追溯到1979年1月1日。美国在与中国签订了作为国际法的双边条约并已经正式建交的情况下,又根据《与台湾关系法》继续向中国的台湾地区提供武器,这是公然违背国际法的行径,同时也反映了国内法与国际法的强烈碰撞。可见处理国际法与国内法的关系问题何等重要。

一、西方学者的理论学说

自19世纪以来,西方国际法学界关于国际法与国内法的关系问题,存在着三种不同的学说,并形成了两大派别。一派为一元论,主张国际法与国内法属于同一个法律体系;另一派为二元论,认为国际法与国内法是两个不同的法律体系。

(一) 国内法优先说

国内法优先说,是指国内法优先于国际法的理论学说。该学说认为,国际法作为法律,其与国内法属于同一个法律体系。在这个法律体系中,国际法是依靠国内法才获得其效力的。由于国际法的效力来自国内法,所以国际法就成了国内法的一部分,堪称国家的"对外公法"。这是一元论的学说。

国内法优先说于19世纪末和20世纪初,在德国法学界曾经盛行一时。其代表人物为耶利内克(Jellinek)、佐恩(Zorn)和考夫曼(Kanfmann)等。此学说源自黑格尔的绝对主权观念,其实质是无限地扩大国家主权。它反映了当时后起的德国国家主义的政治动向,为了对外争夺和扩张,不惜粗暴地破坏国际法准则。20世纪30年代,这种学说在法西斯德国曾一度被推崇。第二次世界大战后,这种学说已经被国际法学界逐步抛弃。这一学说鼓吹国际法受制于国内法,其实质是完全否认国际法的拘束力,否定国际法的存在。

(二) 国际法优先说

国际法优先说,是指国际法优先于国内法的理论学说。该学说认为,在国际法与国内法的统一的法律规范体系中,国际法与国内法的冲突是较高规范与较低规范之间的冲突。国内法的效力低于国际法,因此,国内法就应该绝对服从于国际法。它也属于一元论的理论派别。

国际法优先说出现在第一次世界大战之后,其代表人物是规范法学派的凯尔逊(Hans Kelsen)。凯尔逊理论的一个主要特征就是主张法律统一性,而在统一的法律体系之中,法律规范是有层次之分的,形成了一种所谓的金字塔式的规范体系。在这个规范体系之内有不同等级,每一等级的规范的效力根据来自于上一等级的规范。最上级的是国际法规范,而国际法规范高于国内法规范。此外,菲德罗斯(Verdross)和孔兹(Kunz)等人也是该学说的代表人物。国际法优先说在西方国家的国际法学界影响甚大,英国学者劳特派特和美国学者杰塞普(Jessup)等也都倾向于这种学说。

国际法优先说的错误在于,它否认国际法与国内法属于两个不同的法律体系,而把两者看作同一个法律体系的两个部分。由于它主张国际法在各个方面都优先于国内法，国内法应无条件地从属于国际法，因而抹杀了国内法的作用，否定国家制定和实施国内法的权利，从而贬低甚至否定国家主权，使国际法蜕变成"超国家法"或"世界法"。

(三) 国际法与国内法平行说

国际法与国内法平行说，简称"平行说"，认为国际法与国内法属于两个不同的法律体系，这两个法律体系互不隶属，地位相等。国际法和国内法都是法律，都是国家主权意志的体现。国内法是国家的主权意志的对内表现，其对象是国家之内的人民，而国际法是国家主权意志的对外表现，其对象是国际关系中的国家。因此，国际法和国内法处于对等地位。国际法与国内法平行说属于二元论的派别。

这一学说于19世纪末问世后，一度在国际法学界占有优势，至今仍有一定的影响力。其代表人物是德国的特里佩尔(Triepel)和意大利的安齐洛蒂(Anzilotti)等，英国的奥本海也是一个典型的"平行说"学者。

"平行说"把国际法与国内法的区别绝对化，认为两者处于截然分开和完全对立的状态，从而抹杀了国际法与国内法的内在联系。所以，这种学说在理论上是错误的，在实践中也是行不通的。

二、中国学者的理论学说

(一) 周鲠生《国际法》的学说

周鲠生《国际法》认为，从法律和政策的一致性来说，只要国家认真履行国际义务，国际法和国内法的关系总是可以自然调整的。① 这种学说被我国学者称为"自然调整论"。② 自然调整论强调国家在执行国际法时，国际法与国内法的关系会自然地调整。国家制定国内法，同时也参与制定国际法，国家的对外政策和对内政策都有密切的联系。而法律是为政策服务的，国家的对外政策自然影响它对国际法的态度和立场。因此，国际法和国内法按其实质看，不应该有谁属优先的问题，也不是彼此对立的。

国际法和国内法的关系问题，归根到底，是国家如何在国内执行国际法的问题，也就是国家履行国际法义务的问题。按其性质，国际法约束国家而不直接约束国家的机关和国内人民，即使国内法违反了国际法，其国内法庭仍须执行，但国家因此要承担违反国际义务的法律责任。所以，国家有义务使它的国内法符合国际法的规定。

(二) 国际法与国内法的辩证关系

"自然调整论"局限于国家如何在国内执行国际法的问题，而事实上，因为国家制

---

① 参见周鲠生：《国际法》上册，商务印书馆1976年版，第20页。
② 参见曹建明、周洪钧、王虎华主编：《国际公法学》，法律出版社1998年版，第22页。

定国内法,同时又参与制定国际法,所以国际法与国内法之间的关系不仅可以自然调整,而且它们之间还有着更为密切的联系,它们是互相渗透、互相补充,并在一定条件下互相转化的。

首先,国家在制定国内法时,一方面应当遵守国际法原则、规则和制度,遵守国际义务,自觉地避免国内立法与国际法相冲突;国家还应当自觉地将国际法规范接纳和转化为国内法。国际法实践已经证明了这一点。另一方面,当国际条约只有原则规定时,国家就应当在国内法上作出具体的规定,由此,国际法的原则、规则和制度可以在国内立法中具体化。例如,国际法上通过的国际人权公约要求各国保护人权,这就需要国家通过国内立法,将国际人权公约规定的内容转化为国内法的具体规定,来实现对人权的保护。

其次,国家在参与制定国际法时,必须尊重他国主权和他国的国内法律制度,而且还应当根据国内法的规定,尽可能避免国家参与制定的国际法与自身的国内法发生冲突。如国籍问题,国家有权根据本国特点和实际情况制定其国籍法,但在制定国内法时必须遵守国际法上有关国籍问题的原则和规则。又如,国际法规定要保障妇女平等权利,妻子的国籍不随丈夫国籍的改变而改变,国家在制定国籍法时就应遵循这些原则。

综上所述,国内法为一国的对内政策服务,而国际法则为国家的对外政策服务。两者既有分工,又须保持一致。国家在参与制定国际法时应考虑到国内法的制度,而国内法又可以从国际法的原则和规则中得到充实和发展。一旦国际法和国内法之间发生了矛盾和冲突,国家应当予以调整和协调。

三、国际法与国内法关系的国家实践

国家如何在国内实施国际法,即国家如何承担其国际法上的义务,本质上是由国内法加以规定的。采取什么方式解决国际法与国内法的关系问题,应当根据国家的宪法或法律有关国际法在国内适用的规定。国际法只有在国内得到施行,才能在实践中与国内法真正地发生联系,才能发挥其调整各国之间关系的作用。如果一国的国内法规定与国际法不符,而国内法庭只执行国内法,那么,国际法就无法在该国国内得到实施和执行,也就无法发挥其调整国际关系的作用。这时,违反国际义务的国家就要承担国际法律责任。

国家如何在国内实施(或称适用、执行)国际法的问题,各国的国家实践不尽相同。绝大多数国家在宪法中作了原则规定,我国虽然在宪法中没有规定,但在单行法中作了具体规定。由于国际法本身既有成文的国际条约,又有不成文的国际习惯,致使国际法在国内的适用问题更为复杂。从各国实践看,国际法在国内发生效力,或者更确切地讲,国际法(条约和习惯)在国内的适用模式或方式主要有两种。

其一是"直接适用",这是指对一国生效的国际法无须再通过国内立法机关相应的国内立法,而直接对该国产生法律拘束力的执行模式。在这种适用方式下,国际法

(主要是条约)经过国家批准后就可以直接在国内取得法律效力,其国际法的形式和内容不加以改变。

其二是"间接适用"(又称转化适用),这是指通过国内立法程序,把国际法转化为国内法律体系的执行模式。在这种适用方式下,国际法(主要是条约)不能直接在本国国内法上取得法律效力,而必须经过相应的国内立法行为将其转化为国内法,才能在本国适用。

(一)英国的国家实践

在英国,按照普通法的规则,国际法是本国法的一个部分。但是,国际习惯和国际条约在其国内的适用是不同的。

英国将国际习惯法规则看作国内法的一部分。国际习惯法规则在英国具有法律效力,可在英国法院直接适用,但以不能与现行或今后的国内成文法相冲突为限。国际习惯的适用效力和范围由英国终审法院予以确定,一经确定而成为英国判例,则对所有的英国法院均具有拘束力。但是,国际法作为英国法律的一部分,并不意味着英国法律承认国际法的最高效力。在实践中,英国法院如果遇到国内法与国际法有冲突时,仍然适用国内法,即国内制定法优先于国际法。

在条约方面,英国宪法规定,条约的缔结权属于英王的特权,条约一经签订和批准,便对英国发生拘束力。但条约不能直接适用于英国国内法院,条约只有经过议会的立法程序,并转化为国内法后才能在国内适用,即英国议会具有立法垄断权。假如英王签署和批准的条约自动成为英国法,那么,英王可不经议会同意而改变英国法,这就违背了英国的宪法原则。同时,条约的效力还可以被以后制定的议会法令所废除,由此而产生的违约后果,由国家承担国家责任。

英国国内法(普通法)并没有等级的问题,将国际法作为普通法的一部分,其地位依赖于普通法在英国宪法中的地位。在英国,国际法与普通法一样服从于议会的修正。因此,国际法的等级地位低于制定法。英国的议会处于最高地位,它可以制定与国际法不一致的法律。

在英国,也并不是每一项条约都必须通过立法行为才能将条约转化为国内法。其间接适用的方式是多样的,并非每一个条约都必须制定一个几乎包含全部条约内容的国内法。转化适用也可以是一个简单的命令,或者说一项执行某条约的法令。通常由国会通过一项指名为实施某个条约的法案,或者是为了实施条约,通过一项旨在修改或废止与条约抵触的国内法或法律条款,以便于条约在英国国内的执行。

(二)美国的国家实践

美国与英国一样,视国际法为本国法的一部分。美国《宪法》第6条规定,本宪法和依本宪法制定的美国法律,以及依美国之权利缔结的条约,均为全国之最高法律,即使与任何州的宪法或法律有抵触,各州法院之法官均应遵守并受其约束。

美国宪法明确规定了条约的地位:美国缔结和参加的条约被确定为美国的法律,与美国国会制定的其他联邦法律处于同等的地位,都是美国的最高法律,对联邦的每一个州均有拘束力,其效力置于各州法律之上。但是,美国宪法没有一般地规定国际法的地位,也没有规定条约在美国法律体系中的等级地位。从美国最高法院的判决和宪法的规定看,国际法如同其他联邦法一样,成为美国国内法的一部分,而且效力高于各州的法律。国际习惯法规则和美国缔结的条约以及美国国内法具有同样的地位。但是,在彼此发生冲突时,以最后制定或确认的法为优先,所谓"后法优于前法"。国际法虽然可自动成为美国法律的组成部分,但是,国际法或国际条约须遵从美国宪法,当发生国内法与国际法抵触时,美国国会后来制定的法律优先。①

在美国的国家实践中,将条约分为自动执行的条约和非自动执行的条约。前一类条约无须通过国内立法就发生效力,而后一类条约则必须经过国内立法才有效力。

自动执行的条约(Self-executing Treaties),是指条约规定得十分清楚和明确,无须国内另行立法,国内法院即可直接援引和适用。在美国,判断一项条约在国内可以"自动执行"时,通常会考察以下标准:一是条约不需国内法立行为即可执行或有效;二是条约规范表述清楚、明确,具有确定性,可在国内产生具体的法律后果;三是条约赋予了个人的权利和义务。自动执行的条约实际上就是直接适用条约。

非自动执行的条约(Non-self-executive Treaties),是指那些只规定一般性义务,而法院无法直接适用的条约,必须通过一项补充性立法才能确保其在国内法院的适用。例如,《关于防止及惩治灭绝种族罪公约》,美国参议院对外关系委员会在审议该公约时认为,该公约是"非自动执行"的条约。因为该公约第5条规定,缔约国各国承诺,依其本国宪法,采取必要的立法措施,以确保本公约各项规定的实施。这就要求美国国会制定法律,规定灭绝种族罪及其具体行为之后,才能实施。② 因此,这是非自动执行的条约。

又如,1952年,美国加利福尼亚州最高法院审理了"塞弗吉诉加利福尼亚州案"。原告塞弗吉为日本人,早在1948年就已取得加州一块土地的所有权。但是,根据当时加州的法律规定,无资格取得美国国籍的外国人不能获取土地所有权。原告不能成为美国公民,于是,原告的土地被政府没收。为此,原告诉请加州地方法院,要求判决该法律无效。原告诉称,加州的法律违背了《联合国宪章》第55、56条有关人权保护的规定,因而该加州的法律无效。加州地方法院认为,美国宪法规定,美国参加的条约也是美国的最高法律,各州法院之法官均应遵守并受其约束,于是判决原告胜诉。后本案被诉至美国最高法院,美国最高法院认为,《联合国宪章》只是规定了会员国须普遍尊重人权,而这些条款不够清楚,也不够明确,是非自动执行的条款,法院不能直接适用。因此,不能认为加州的法律与之相抵触而使国内法无效。但是,按照美国《宪法》第11修正案关于"平等保护"的条款,加州的法律专横地歧视日本人,因而该法是无效的。③

---

① 参见〔美〕路易斯·亨金:《国际法:政治与价值》,张乃根等译,中国政法大学出版社2005年版,第98—101页。
② 参见李浩培:《条约法概论》,法律出版社2003年版,第9页。
③ 同上书,第320—321页。

(三) 法国和德国的国家实践

法国1958年《宪法》在序文中重申对国际法规则的承认,这表明,国际法在法国的法律体系中具有法律效力。法国《宪法》第53条规定,某些条约(包括商务条约或涉及国家财政、修改立法或关于人身地位的条约)应由国内法律加以批准或核准。宪法法院可以宣告条约违反宪法。经过合法批准或核准的条约或协定在公布后,具有高于法律的权威,但是,以缔约他方同样实施该条约或协定为条件。可见,法国虽然确定了条约高于法律的效力,但是,因规定了相互实施的条件,使得条约的效力处于不确定的状态。

德国《基本法》第25条规定,国际法的一般规则构成联邦法律的一部分,并优先于联邦法律,而且对联邦领土内的居民直接创设权利和义务。这项规定适用于国际习惯法规则。关于条约,国际条约在德国没有优先地位,在德国国内法中,条约与法律处于同等的地位。德国《基本法》第59条规定,德国的政治关系或涉及联邦立法事项的条约应由联邦法律加以规定。

(四) 比利时和荷兰的国家实践

在比利时,国际习惯法规则不优于比利时国内法律。关于条约,比利时《宪法》第86条规定,商务条约和对国家和个人可能设定义务的条约,只有在取得国会同意后才有效力。未经获得国会同意的条约,在比利时法律上没有效力,比利时法院不予适用。

在荷兰的实践中,国际习惯法在国内具有法律效力,法院应予适用。但是,如果有的法律规定与国际习惯法发生冲突时,法院将优先适用国内法的规定。关于条约,荷兰1953年修正后的宪法规定,条约不仅优于一般国内法,而且也优于宪法。条约经过公布后对任何人都有拘束力。荷兰正在施行的法律,如果与国际条约相抵触,则该国内法不予适用。

(五) 意大利和瑞士的国家实践

意大利1948年《宪法》第10条规定,意大利的法律体系符合公认的国际法原则。按照这条规定,意大利法院适用公认的国际习惯法,因而在通常情形下,国际习惯法优于国内法律。关于条约,条约要在国内发生效力,通常需要有立法或行政行为,将条约的规定纳入意大利法律体系之内,特别是涉及变动意大利立法的条约需要经过批准。

在瑞士,国际习惯法具有直接的法律效力,法院可以直接适用,而不需要任何明示的采纳,也不需要转化为瑞士法律。瑞士《宪法》第113条规定,瑞士联邦法庭应按照联邦议会批准的条约行事。可见,国际条约在瑞士需要正式批准后才具有法律效力,且优先于国内立法。

(六) 日本和韩国的国家实践

日本《宪法》第98条规定,凡日本国家所缔结的条约及已经确定的国际法应诚实遵守。按照这条规定,国际习惯和国际条约在日本国内都有法律效力。但是,国际习惯和国际条约与日本法律的关系和等级地位则不明确。

韩国《宪法》第5条规定,按照本宪法正式批准和公布的条约和公认的国际法规则与大韩民国的国内法具有同等的效力。

四、中国关于国际法与国内法关系的实践

我国宪法和宪法性法律,包括《立法法》《缔结条约程序法》对于国际条约和国际习惯在国内的效力没有明文的规定,但是,根据我国1986年《民法通则》以及其他很多单行法律的规定,我国承认国际法在我国国内的效力和地位,并对国际条约和国际习惯在我国国内法中的适用作了明确的规定。我国《民法通则》第142条第2、3款规定:"中华人民共和国缔结或者参加的国际条约同中华人民共和国的民事法律有不同规定的,适用国际条约的规定,但中华人民共和国声明保留的条款除外。中华人民共和国法律和中华人民共和国缔结或者参加的国际条约没有规定的,可以适用国际惯例。"

我国《民法通则》的这条规定说明:其一,我国缔结或者参加的国际条约与我国国内的民事法律有不同规定或者有抵触的,应当适用国际条约的规定,即国际法优先。其二,我国国内法和我缔结或者参加的国际条约均没有规定的,可以适用国际惯例。

应当指出,由于我国宪法和宪法性法律对于国际法在我国的适用问题均无规定,所以,国际法在我国国内的执行和适用问题比较特殊。目前,国际法在我国国内的执行和适用有两种模式(方式),即直接适用和间接适用。

(一)国际条约在我国的适用

如上所述,由于我国宪法和宪法性法律没有规定条约与国内法的关系,因此国际条约在我国法律体系中的地位并不明确。但是,从我国宪法有关缔结条约程序的规定和我国缔结条约程序法的规定看,条约的缔结和国内法的制定在程序上是基本相同的,重要的国际条约和协定必须经过全国人大常委会的批准。据此,条约在我国法律体系中与我国国内法具有同等的效力。在许多法律领域,条约具有优先适用的地位。

1. 条约的直接适用

所谓条约的直接适用,是指对于我国生效的条约无须经过我国立法机关的立法而直接对我国产生法律拘束力的执行和适用模式。

从我国立法的情况看,我国大部分法律法规都规定了条约在我国的直接适用,甚至还规定,当条约与我国法律规定不一致时,优先适用国际条约,如上述我国《民法通则》第142条,规定了条约在我国民事法律领域直接适用和优先适用。此外,1991年我国《民事诉讼法》(第238条)、1989年我国《行政诉讼法》(第十章"涉外行政诉讼"

第72条)、1992年我国《海商法》(第268条)等基本法律与我国《民法通则》第142条的内容一样,都规定有条约的直接适用和优先适用。可以说,关于国际条约在我国直接适用甚至优先适用的规定,几乎覆盖了我国所有的基本法律。

在我国,较早规定适用条约的是我国1982年《民事诉讼法(试行)》,其中第五编"涉外民事诉讼程序"涉及条约的直接适用。该法第189条规定,我国缔结或者参加的国际条约同本法有不同规定的,适用该国际条约的规定;第188条规定,对享有司法豁免权的外国人、外国组织或者国际组织提起的民事诉讼,人民法院根据我国法律和我国缔结或者参加的国际条约的规定办理。这些规定表明,国际条约在我国民事诉讼法领域具有直接适用的效力。我国1982年《商标法》第9条规定,外国人或者外国企业在中国申请商标注册的,应当按其所属国和中华人民共和国签订的协议或者共同参加的国际条约办理,或者按对等原则办理。"按国际条约办理",就是直接适用条约。

我国的其他一些法律也采取了上述类似的规定,如1985年《外国人出入境管理法》第6条和第32条;1986年《渔业法》第8条;1986年《国境卫生检疫法》第25条;还有《行政诉讼法》《外交特权与豁免条例》《领事特权与豁免条例》以及《野生动物保护法》等。

特别是1985年《继承法》第36条第3款的规定更为简明:"中华人民共和国与外国订有条约、协定的,按照条约、协定办理。"这一规定说明,与继承有关的事项应直接适用国际条约。

此外,我国国内机关,包括行政机关和司法机关,特别是国务院及其所属的政府部门也制定了许多行政法规,对直接适用国际条约作了规定。除法律和行政法规外,最高人民法院颁布的权威性司法解释,有的也含有要求各级人民法院直接适用国际条约的规定。

王铁崖认为:"在中国的法律制度中,对中国有效的条约在原则上是直接适用于国内的。"[①]有的学者认为:"可以看出,《民法通则》关于适用条约规定的原则(即直接适用条约的原则),并不限于民事法律,实际上是中国国内法关于条约适用问题的一项基本原则。"[②]还有的学者认为:"国际条约在我国基本上是以直接适用为主。"[③]

我们认为,以上观点并不符合我国条约适用的实际情况及其司法实践。事实上,我国的法律法规并未真正确立以直接适用条约为主的立法模式。直接适用条约要求国内的司法机关和行政机关在任何案件中,特别是在涉外案件中,都能直接地和自主地援引条约的规定处理相关问题。但在实践中,我国的法律法规关于条约直接适用的规定,局限在非常狭小的领域内,而且还受到种种条件的限制。这不是严格意义上的直接适用条约。在我国现阶段,条约在我国的直接适用,必须在我国单行法律、行政法规和司法解释等明确规定可以适用的条件下才能适用。也就是说,国际条约在

---

① 王铁崖:《国际法引论》,北京大学出版社1998年版,第210页。
② 李适时:《中国的立法、条约与国际法》,载《中国国际法年刊》(1993年),第265页。
③ 江国青:《国际法与国际条约的几个问题》,载《外交学院学报》2000年第3期。

我国的直接适用是在我国法律法规明确指引下的适用。因此,条约在我国的直接适用与严格意义上直接适用并不一致,其与美国的自动执行条约更是不同。

2. 条约的间接适用

所谓间接适用,又称转化适用,是指通过国内立法程序,把国际条约的内容规定在国内法中,以此转化为国内法律规范,使国际条约在国内执行和适用的模式。

根据我国缔结或参加的国际条约规定,当我国现行法律没有相应的规定,或者我国现行法律与条约规定不一致的情况下,我国根据条约的规定进行国内立法,将国际法转化为国内法,或者对国内法作出相应的修改和补充,使国内法与国际条约保持一致,以达到执行和适用国际法的目的。这是我国间接适用条约的一种模式,也是世界各国的普遍实践。

其一,通过国内立法将国际法转化为国内法。国际公约一般都有规定,要求缔约国进行国内立法将条约的内容转化为国内法。当缔约国缔结或参加了一项国际条约,而在国内并无相应的立法时,作为条约的缔约国就有义务进行国内立法,以执行和适用国际法。

例如,1980年,我国参加了1979年的《消除对妇女一切形式歧视公约》,公约要求各缔约国根据本国的情况制定相关法律以保障条约所规定的妇女权益。为此,我国1982年颁布的《宪法》,确认了妇女与男子法律地位上的完全平等,强调了对妇女权益实行特殊保护。1992年我国又制定颁布了《妇女权益保障法》。2005年,我国又通过了全国人民代表大会常务委员会《关于修改〈中华人民共和国妇女权益保障法〉的决定》,再次完善了对妇女权益的保障。又如,1984年《中英关于香港问题的联合声明》第12条规定,关于中华人民共和国对香港的上述基本方针政策和本联合声明附件一对上述方针政策的具体说明,中华人民共和国全国人民代表大会将以中华人民共和国香港特别行政区基本法规定之,并在50年内不变。为此,我国承诺的有关香港的方针、政策等,通过制定《香港特别行政区基本法》在香港转化适用。再如,我国1982年《宪法》第18条关于对外国投资保护的规定,第32条关于外国人法律地位的规定,以及对寻求政治避难的外国人的庇护权的规定等,都是我国通过国内立法的形式将国际法转化为国内法的国家实践。又如,我国《领海及毗连区法》和《缔结条约程序法》等法律,都不同程度地将国际法规则转化为国内法。此外,在我国立法实践中,许多法律的起草和制定直接参照了有关国际法,从整体上保证了我国立法符合国际法的要求。我国1990年的《著作权法》就是参照了《保护文学艺术作品伯尔尼公约》和《世界版权公约》的规定而制定的。

其二,根据国际条约修改和补充国内法。缔约国缔结或参加了一项国际条约,而其国内法与条约规定不同时,作为缔约国有义务对其国内法作出相应的修改或补充,使其国内法与国际条约保持一致,以执行和适用国际法。

例如,我国于1982年制定了《商标法》,并于1985年加入了《保护工业产权的巴黎公约》(以下简称《巴黎公约》)。但是,《巴黎公约》规定对服务商标也提供保护,而我国《商标法》仅对商品商标提供保护;《巴黎公约》规定缔约国国民在另一缔约国申请商标注册,具有优先权,而我国《商标法》对此没有规定。为了保证全面履行该公约的义务,我国国务院于1985年制定了《关于申请商标注册要求优先权的暂行规定》,对我国《商标法》作了重要补充。1993年,全国人大常委会作出了修改《商标法》的决定,将注册商标的保护范围扩大到服务商标。又如,我国1985年《专利法》对药品和化学物质不提供保护。这一规定与《巴黎公约》及其他有关国际公约的规定不一致,为此,全国人大常委会于1992年作出了修改《专利法》的决定,规定了对药品和化学物质等可授予专利,提供保护。

再如,在国际刑事管辖方面,我国于1987年加入了《关于防止和惩处侵害应受国际保护人员包括外交代表的罪行的公约》和一些类似的防止和惩治国际恐怖主义活动的公约。这些公约都要求缔约国对有关国际罪行行使普遍管辖权。为了全面履行公约义务,同年,我国国务院提请全国人大常委会通过了《关于对缔结或者参加的国际条约所规定的罪刑行使刑事管辖权的决定》,第一次明确规定:"对我国缔结或者参加的国际条约所规定的罪行,我国在承担条约义务的范围内行使刑事管辖权。"这将国际条约规定的义务转化为国内法。1997年,我国《刑法》第9条又将这种转化适用条约的规定,直接规定在新刑法中:"对于中华人民共和国缔结或者参加的国际条约所规定的罪行,中华人民共和国在所承担条约义务的范围内行使刑事管辖权,适用本法。"这是我国刑法典首次明确规定了这一原则。

(二) 国际习惯在我国的适用

我国国内立法已经承认国际习惯法在我国的效力和地位,并对其在国内法中的适用作了明确的规定。我国《民法通则》等一些法律规定表明,我国从立法上承认国际习惯法在国内法中的法律效力。国际习惯法是对成文法的补充,因此,只有当国内立法和国际条约都没有规定时,方可适用习惯国际法规则。这种规定与多数大陆法系国家的实践是一致的。

首先,根据我国《民法通则》的规定,国际习惯在我国是"可以"适用,也就是说,对于国际习惯也可以不适用。即使适用国际习惯,在我国也是附条件的适用,当我国法律和我国缔结或者参加的国际条约没有规定时才可以适用。

其次,从我国的一些法律规定看,我国对于国际习惯法的适用,也是在具体单行法中作了明确规定时才能适用。例如,我国1982年《商标法》第9条规定:"外国人或者外国企业在中国申请商标注册的,应当按其所属国和中华人民共和国签订的协议或者共同参加的国际条约办理,或者按对等原则办理。"这里所指的"对等原则"就是国际习惯法的一项重要规则。我国《民事诉讼法》和《行政诉讼法》等法律都规定了外国国民在中国进行有关诉讼时,享受国民待遇。而国民待遇也是国际习惯法规则。

(三) 国际法与我国国内法冲突的解决

从理论上讲,国家在制定国内法和缔结国际条约时,应充分照顾到国际条约和国内法的协调,尽量避免两者的冲突。但是,由于缔结条约和制定法律的出发点并不总是完全一致的,实践中经常会出现冲突。

关于条约与国内法的冲突问题,我国宪法没有明文规定,但是,参照宪法的有关规定,条约与我国法律具有同等的地位和效力。条约与国内法相冲突时,一般适用条约规定。自1982年我国《民事诉讼法(试行)》出台以后,我国相继颁布了一系列国内法对条约与国内法的冲突问题作出规定。例如,1989年《行政诉讼法》和1992年《海商法》等,都以几乎相同的条款规定,我国缔结或者参加的国际条约与国内法有不同规定时,适用国际条约的规定。这些规定表明,在国际条约与我国国内法发生抵触时,国际条约优先于国内法。

应当指出,由于我国宪法和宪法性法律关于国际法与国内法的关系以及条约和习惯在我国的效力均没有明文规定,因此,条约与国内法冲突时,条约优先于国内法的原则在我国尚未确立起来。

第五节　国际法的形成和发展

根据马克思的法学理论,法的产生与国家的形成是紧密联系在一起的,法与国家是基于同一原因而产生的,在国家最终形成的同时,法也最终形成。①

国际法当然也不例外。有了国家,就有了国家之间的交往,国家之间的交往就必然会形成一些有拘束力的行为规范,这就是最早的国际法。早在古代和中世纪的国际社会,国家之间就形成了一些原始的国际习惯规范,但古代的国际法并不发达,没有形成独立的法律体系。具有独立体系的近代国际法始于17世纪初的欧洲社会,以威斯特伐里亚公会的召开和《威斯特伐里亚和约》的签订作为标志,而现代国际法的起点应当以旧金山制宪会议及联合国的诞生作为标志。

一、古代国际法

从古代国家产生之日起也同时产生了国际法。当然,古代国家不是近代意义上的主权国家,它们之间的来往和关系不多,而且往往处于战争状态,因而也难以产生完整的国际法规范。但是,古代国家的产生也注定了国家与国家之间必然会有来往,而只要存在国家间的关系,就会存在类似近代国际法的一些规范。这就是古代国际法。

在古代埃及,很早就有订立条约的记载,其中有结盟条约、边界条约和通婚条约。最典型的是公元前1296年,埃及法老和赫梯王国皇帝订立的同盟条约。为了订立条约,派遣外交使节和使团也是常见的事例。

古代希腊分为许多城邦,这些城邦都是独立自主的政治实体,相互之间关系密切。它们经常互派使节,从事贸易,订立条约,建立联盟,实行仲裁来解决纠纷,甚至

---

① 参见卢云主编:《法学基础理论》,中国政法大学出版社1999年版,第85页。

还订立关于战争的规则。古代希腊有相当发达的使节和战争制度。古代希腊的使节主要是临时的,但也有常驻使节的例外。使节的使命主要是缔结条约,有时也递交宣战文书。使节在执行其使命时享有不可侵犯权,同时,还享有许多尊荣。古代希腊城邦之间承认战争有合法与不合法的区别。

为了保护国家不受侵犯、保护宗教圣地、履行同盟义务而发生的战争是合法的战争。为了解决纠纷和避免战争,设立公断庭实行公断在古代希腊也相当流行。

古代罗马的国际法规范有了进一步的发展,特别是在使节和战争方面。使节的不可侵犯原则得到了充分的承认。在战争方面,古代罗马的战争程序更加复杂,出现了最后通牒,还有宣战仪式,还出现了军事占领、征服和投降,以及休战协定等类似于近代战争法中的表现形式。

在罗马帝国时期,国际法得到了进一步的发展,在"市民法"之外形成了一套称为"万民法"的规范,适用于罗马市民与外国人之间以及外国人与外国人之间的关系,对于后来的国际法有相当大的影响。这个"万民法"的范围还逐渐扩大,包括领土、海上航行、战争等问题。因此,"万民法"被认为是国际法的前身,"万民法"这一名称转而成为"万国法"。

除古代埃及、希腊和罗马之外,古代中国、印度以及阿拉伯世界都有一些类似近代国际法的原则、规则和制度。例如,在印度,使节、条约以及战争等规则都有相当大的发展。这些规则,早在《摩奴法典》中就有了记载。[①]

二、近代国际法

1648年,欧洲三十年战争(1618—1648年)终于结束,之后,欧洲国家召开了结束战争的威斯特伐里亚公会(1643—1648年),签订了《威斯特伐里亚和约》。这是国际关系史上划时代的事件,它标志着国际法发展的新阶段——近代国际法形成了。

近代国际法的形成是以主权国家的建立为标志的。威斯特伐里亚公会承认了罗马帝国统治下的许多城邦国是独立的主权国家地位。于是,在欧洲出现了为数众多的独立的主权国家。威斯特伐里亚公会以及在会议上签订的和约确立了国家主权平等、领土主权等原则,从而为近代国际法奠定了基础。

与威斯特伐里亚公会及《威斯特伐里亚和约》相呼应,在这一时期,欧洲国家的一些法学家、神学家相继发表了与国际法有关的论著,其中,特别重要的是荷兰法学家格劳秀斯于1625年出版的《战争与和平法》。格劳秀斯的这本著作以战争为重点,涉及神学、历史等方面,系统地论述了国际法的主要内容,概括了国际法的范畴,为近代国际法发展成为一个独立的法律体系奠定了基础,对于后来国际法学的发展产生了重大的影响。

18世纪的资产阶级革命对于国际法的发展影响很大,特别是1789年法国资产阶

---

① 参见王铁崖主编:《国际法》,法律出版社1995年版,第25页。

级革命开创了国际法发展的新阶段。在这一时期,法国提出了国家的基本权利和义务的概念。主张国家主权原则,其中包括国家对领土的主权和对公民的管辖权;宣布民族自决的权利和不干涉内政原则;废除了一些关于战争的旧规则和制度,主张在战争法上贯彻人道主义精神。这些原则直到现在仍然是国际法的重要组成部分。

到了19世纪后期,资本主义发展到帝国主义阶段,国际关系中充满着强国欺侮弱国、掠夺别国领土、争夺殖民地的现象。帝国主义国家对外实行政治压迫、经济剥削和武装侵略的政策,破坏了国际法中进步的原则、规则和制度,也产生了一些与帝国主义政策相适应的反动的原则、规则和制度。尽管如此,国际法在某些方面还是得到了发展,具体表现为:国际法的领域从欧洲扩大到美国乃至整个美洲,扩大到了土耳其以及亚洲和非洲的一些国家;国家之间开始签订一系列的国际公约,建立了不少的国际行政联合,成为后来建立世界性国际政治组织的影响因素。在这时期,各国还召开了多次国际会议,如1814—1815年维也纳会议、1856年巴黎会议、1878年柏林会议等。特别是连续不断的战争以及战争的残酷性引发了人们对于制定战争法规的要求,从而在1899年和1907年的两次海牙和平会议上签订了一系列公约。这些会议和会议所签订的公约推动了国际法的发展。

从威斯特伐里亚公会到第一次世界大战,近代国际法经历了两个阶段。第一阶段是在1815年维也纳会议之前,欧洲各国积极对外扩张,从事殖民战争。与此相对应,国际法的原则和规则主要与领土的取得和海洋权利有关,还包括了海战法规、中立国的权利与义务、国际河流和海峡的航行以及消除奴隶贸易等内容,并签订了一些相关的条约。第二阶段是从1815年维也纳会议到1919年巴黎和会。维也纳会议及其以后的巴黎会议、1899年和1907年两次海牙和平会议,对国际法的编纂和逐渐发展起到了一定的作用,而且两次海牙和平会议还促成了国际性的常设仲裁法院的建立。第一次世界大战的爆发破坏了近代国际法所确立的各项原则、规则和制度。战后召开的巴黎和会及其签订的《国际联盟盟约》,表明了近代国际法的漫长历程终告结束。

三、现代国际法

西方的国际法学者,有的把资本主义时期以来的国际法笼统地称为现代国际法,从而抹杀了近代国际法与现代国际法的分界和区别;有的则把第一次世界大战之后,特别是国际联盟诞生以来的国际法,都称为现代国际法,但人们从《国际联盟盟约》中却看不到多少与传统国际法(即近代国际法)不一致的地方。因此,现代国际法的起点应当确定为二战结束前后旧金山制宪会议(1945年4月25日至6月25日)和联合国成立(1945年10月24日)。

第一次世界大战结束到第二次世界大战结束期间(1919—1945年),只是近代国际法向现代国际法过渡的特殊时期,它既不是近代国际法的最后阶段,也不是现代国际法的正式开始阶段,只能称为"交替阶段"或"转变阶段"。

(一) 现代与近代"交替阶段"的国际法发展

第一次世界大战虽然破坏了国际法,但是,国际法并没有消亡,战后的国际关系仍然需要国际法的原则、规则和制度,而且经历了战争的考验,国际法又有了新的变化。这一时期的国际法处于"交替阶段"或"转变阶段"。

在战争期间发生的俄国十月社会主义革命,对于国际法的变化起了重要的作用。它提出了"不兼并和不赔款"的民主口号,宣布侵略战争为反人类罪行,提出了废除秘密外交和废除不平等条约的主张,强调了民族自决原则。1917年《和平法令》明确地体现了这些概念和原则。第一次世界大战后签订了《国际联盟盟约》和《常设国际法院规约》,据此成立了国际联盟和常设国际法院。国际联盟作为历史上第一个世界性国际政治组织,虽然有过许多失败的教训,但是,它树立了一些重要的国际法原则,进行了有计划的国际法编纂,发展了有关和平解决争端和战争法的国际法规范。常设国际法院裁判了一些重要的案件,丰富了国际法的内容。

在第一次世界大战后出现的另一个重要的国际法律文件是1928年《巴黎非战公约》(《关于废弃战争作为国家政策工具的一般条约》),公约规定:"废弃战争作为实行国家政策的工具"。虽然公约实际上并没有能够阻止战争的发生,但在法律上明文废弃了战争,对国际法的发展起了重要的作用。

第二次世界大战的爆发又一次大规模地破坏了国际法。但是,国际法在国际关系中的作用并没有消失。二战后,《联合国宪章》的签订和联合国的成立,标志着国际法又有了新的发展,进入了另一个崭新的阶段——现代国际法产生了。现代国际法的产生,表明了传统的以欧洲为中心的近代国际法逐渐被现代的以普遍性为特色的国际法所替代。国际法的领域,无论是它适用的对象还是它所包括的内容,都随之增加和扩大了。国际法在第二次世界大战后得到了很大的发展。

(二) 现代国际法的发展

现代国际法是现代国际关系的产物。现代国际关系发生了深刻的变化,促使国际法也有了迅猛的发展,基本表现在以下几个方面:

其一,民族独立运动蓬勃兴起。由于民族独立和民族解放运动的蓬勃发展,新独立的国家在国际关系中形成了一股巨大的力量,国际法也因此受到了重大的影响。新独立的国家并不否定原有的国际法原则、规则和制度,而是要求改革和更新。1954年提出的和平共处五项原则和1955年提出的万隆十项原则,都体现了《联合国宪章》的宗旨和原则。1970年,联合国大会在新独立国家的推动下,通过了《关于各国依联合国宪章建立友好关系及合作之国际法原则之宣言》。宣言中的七项原则,与上述和平共处五项原则以及万隆十项原则一起,构成了现代国际法基本原则的坚实基础。在新独立国家的要求下,一些旧的国际法原则、规则和制度被废止,殖民统治被推翻,殖民主义制度也逐步消失,战后成立的托管制度实际也不复存在。在新独立国家的推动下,出现了一些新的国际法原则、规则和制度,使国际法各个领域得到了充实和发展。

其二,国际经济法体系形成。国际关系发生了明显的变化,国际法越来越深入地涉及国际经济关系。1947年签订了《关税及贸易总协定》,国际货币基金组织、国际复兴开发银行和其他国际经济组织也相继建立,1995年世界贸易组织成立等,都表明了国际法关于国际经济关系的法律原则、规则和制度已经成为现代国际法的一个主要部分,并在国际法上形成了国际经济法这个新的法律部门。

其三,国际组织猛增。国际组织的数量在近几十年里急剧增加,它们在国际关系中发挥着重要的作用,使国际法受到深刻的影响。在联合国的周围,有18个与联合国有联系的专门机构,形成了一个"联合国大家庭"。在联合国及其有关国际组织之外,还有许许多多国际组织,包括全球性和区域性的国际组织、一般性和专门性的国际组织、政府间和非政府间的国际组织等。而国际组织法已经成为国际法的一个重要法律部门,而且有关国际组织和国际组织法的专门研究方兴未艾。

其四,科学技术突飞猛进。科学技术的突飞猛进推动了国际法的发展。由于航空技术的迅速发展,形成了有关航空活动的国际法原则、规则和制度,国际航空法律体系形成。由于人类对空间的探索和利用超越了空气空间,达到了外层空间以及宇宙空间,促使国际法上形成了一个新的部门法,即外层空间法。另外,为了保护人类环境不受污染和破坏,需要对环境污染进行预防、控制和处理,于是形成了国际环境法。

总之,现代国际法的内容越来越丰富,范围越来越广泛。国际法发展到今天,其涉及范围已经上达外层空间,下至公海海底,覆盖南北两极。现代国际法及其实践正在不断地丰富和发展。

第六节 中国与国际法

中国与国际法的关系可以追溯到古代春秋战国时期,但是,一般认为,具有独立体系的国际法是西方近代文明的产物,它是19世纪40年代以后传入中国的。1949年新中国的建立使中国的对外关系进入一个新的阶段,也标志着中国与国际法的关系发生了根本性的变化。

一、中国与古代国际法

中国是世界文明古国之一。早在春秋战国时期,各诸侯国之间就已经形成了一些共同遵守的国际法规范。如国家之间互通使节,订立同盟,缔结条约,召开国际会议以及斡旋、调停、仲裁等解决争端的制度。关于战争的规则,还产生了谴责非正义战争、优待俘虏等原则和规则。①

应当指出,在春秋战国时期,虽然各诸侯国林立,但仍然是在周朝天子名义的统治之下,这些诸侯并不是独立的主权国家。因此,古代中国不可能产生近代意义上主权国家之间的国际法规则和制度。

公元前221年,秦始皇统一中国,"普天之下,莫非王土;率土之滨,莫非王臣",周围的国家都成了藩属,向中国进贡,受中国册封。在这种"一统天下"的情况下,也很难产生近代意义上的国际法规则和制度。汉代以后,中国与邻国和遥远的外国曾经有过使节往来和通商贸易的关系,例如,汉代张骞通西域,不仅加强了与中亚各国的政治关系,而且打通了商品贸易的"丝绸之路"。我国唐代与日本的交往达到了高潮,日本遣唐使者纷纷来华,中国鉴真等人也络绎东渡。到了明代,郑和七下西洋,曾到过许多国家,最远到了东非索马里。到了清朝初期,中国与俄国以及西方国家进行过交往,例如,1789年英国曾派马戛尔尼出使中国,与乾隆皇帝会晤。总体而言,中国古代的对外交往是若断若续的,是不全面的,因此,也就不可能形成近代意义上的国际法规则和制度。由于中国古代长期闭关自守,商品经济不发达,因此,中国古代的一些国际法规范也未能演变成具有中国特征的近代国际法。但是,无论如何,古代中国已经有了国际法的萌芽。

二、中国与近代国际法

虽然早在中国古代春秋战国时期就已经有了国际法的萌芽,但是,具有独立体系的国际法是西方近代文明的产物,它是19世纪40年代以后传入中国的法律部门。中国传统的大一统的封建社会中没有孕育国际法的政治、经济和文化基础,因此,就中国近代国际法的整个法域来说,几乎都是从西方移植进来的。从鸦片战争至辛亥革命的半个多世纪,正是中国移植西方国际法的过程。其中,最重要的就是《万国公法》在中国的翻译出版,以及在此前后,西方列强迫使中国签署一系列不平等的条约。

1864年(同治三年),美国传教士丁韪良(William M. P. Matin,1827—1916)将美国著名国际法学家亨利·惠顿(Henry Wheaton,1785—1848)于1836年出版的《国际法原理》一书译成中文并刊印发行。丁韪良将此译著取名为《万国公法》。《万国公法》是中国历史上翻译和引进的第一部西方国际法著作,它从框架体系、结构内容、原则制度、概念术语乃至思想观念等各个方面,将西方国际法比较系统完整地移植到了中国,并全面地把近代国际法介绍到中国。《万国公法》在中国近代国际法的诞生和发展史上具有重要的地位。《万国公法》给中国人带来了一个全新的关于国际法的体系,该书共有四卷,22章,231节,基本上涵盖了近代西方国际法的全部内容,从国际法的主体、客体、渊源,国际法和国内法的关系,条约,外交与领事关系,领土和海洋法,到国际争端的和平解决、战争法、战时中立法等各项内容均有涉及。

---

① 参见端木正主编:《国际法》(第二版),北京大学出版社1997年版,第16页。

《万国公法》引进了中国未曾接触和了解的西方近代国际法的基本原则。其一，尊重各国主权原则。各个国家所享有的独立自主的权力就是主权。国家主权主要包括保护本国（包括领土、人民和财产）的权力，对自己的领土、财产、人民的支配权，以及独立的立法、行政、司法权等等。其二，国家与国家之间平等往来原则。从尊重国家主权原则引申出来，各个国家，不分大小，均应享有平等交往权。虽然，世界各个国家在国体、政体等方面各有差异，因而在交往中出现一些不同的称号，也显现一些不同的礼节，但各个国家的国际地位平等是不容置疑的。为了较好地处理各个国家之间的关系，《万国公法》还提出了一些可操作的方法。其三，遵守国际公约和双边条约原则。在国与国之间进行交往时，两国或多国之间往往会制定一些公约或条约。为了维持国家间的秩序和稳定，国际社会一般都要求各个缔约国能够严格遵守这些公约或条约。①

近代国际法被介绍到中国之后，并没有充分适用的机会。在西方国家看来，国际法是西方国家的专利，而中国被污蔑为"非文明国家"。从1840年鸦片战争一直到1949年中华人民共和国成立的109年中，中华民族一直处在帝国主义和封建势力的压迫之下，遭受了帝国主义的侵略，沦为半殖民地、半封建社会。衰弱、腐败的旧中国政府先后签订了许多不平等条约。第一个强加于中国的不平等条约是1842年8月29日在英国炮舰上签订的中英《南京条约》。其后，西方列强通过战争和武力威胁，迫使中国签订了一批又一批的不平等条约。

西方国家在对待与中国的关系上，从来就无视国际法，而是依靠赤裸裸的武力。它们在中国侵占领土，夺取租借地，设立租界，划分势力范围，驻扎军队；剥夺中国关税自主权，控制铁路、邮电事业，攫取种种经济特权；建立片面的领事裁判权制度等。它们强迫中国签订不平等条约，攫取帝国主义特权。这些不平等条约和帝国主义特权，完全违反国际法。一百多年来，为了废除不平等条约和取消帝国主义特权，中国人民进行了不懈的斗争。

三、新中国与国际法

一百多年来，中国人民反对帝国主义和废除不平等条约的斗争，终于在1949年取得最后的胜利。1949年中国新政府的成立使中国对外关系进入一个新的阶段，也标志着中国与国际法的关系发生了根本性的变化。

1949年9月29日，中国人民政治协商会议第一届全体会议通过了具有宪法性质的《中国人民政治协商会议共同纲领》，这是一份具有国家宪法地位和作用的文件。该共同纲领确定了我国外交政策的原则：为保障本国独立、自由和领土主权的完整，拥护国际的持久和平和各国人民间的友好合作，反对帝国主义的侵略政策和战争政

---

① 参见〔美〕亨利·惠顿：《万国公法》，〔美〕丁韪良译，何勤华点校，中国政法大学出版社2003年版，第6、10页。

策。同时还规定:对于原国民党政府与外国政府所订立的各项条约和协定,中华人民共和国中央人民政府应加以审查,按其内容,分别予以承认,或废除,或修改,或重订。在国家关系上,规定了中国政府可在平等、互利及互相尊重领土主权的基础上,与之谈判,建立外交关系以及恢复并发展通商贸易关系。然而,新中国建立以后,由于受到1957年"反右派"、1958年"大跃进"和1959年"反右倾"等政治运动的影响,特别是1966年爆发的"文化大革命",使中国的法制进程遭到了严重的破坏,国际法在中国陷于停滞。

1978年,中国共产党召开了十一届三中全会。中国开始实行改革开放,并继续坚持独立自主的和平外交政策。从此,中国国际法学迎来了发展繁荣的春天。改革开放后,中国国际法学及其研究逐步得以到恢复,并取得了可喜的成就。1980年,中国成立了第一个全国性的国际法学术团体——中国国际法学会。1981年,王铁崖先生主编的全国第一部《国际法》教科书出版,劳特派特修订的《奥本海国际法》第八版中译本重印,以及周鲠生教授的《国际法》遗著再次印刷,这些具有理论体系的国际法论著,奠定了中国国际法教学和研究的基础。1982年,中国第一本国际法专业性学术书刊——《中国国际法年刊》创刊。同时,全国各大高等院校先后恢复或开设了国际法专业。2001年,中国加入世界贸易组织,加快了中国国内法与国际法的接轨以及国际法向国内法的转化。目前,中国法律几乎都有关于国际法在国内适用的规定,其中有很多法律甚至规定了国际法在国内的优先适用。由此可见,中国与国际法的关系越来越紧密。2010年,随着中国特色社会主义法律体系的形成,中国国际法教学及研究也取得了长足的发展。

在国际关系上,中国接受并遵循国际法原则和规则。1954年,中国与印度和缅甸率先倡导并提出了和平共处五项原则。中国正确处理了中美、中日、中俄和中欧关系,同时有力地促进了中国同广大发展中国家的友好关系。此外,中国在各类国际组织和区域合作组织中发挥着日益重要的作用。中国还通过和平谈判的方法,采取"一国两制"的方针,正确处理了历史遗留下来的香港和澳门问题。中国在国际事务中发挥着愈来愈重要的作用。2002年10月,朝鲜核计划问题公开化之后,在中国政府的大力斡旋之下,于2003年4月促成了由中国、美国和朝鲜参加的三方会谈。2003年8月,也是在中国政府的积极斡旋下,在北京举行了由朝、美、韩、中、日、俄参加的六方会谈。在谈判中,中国政府不但为当事国创造了有利于谈判的环境,并且积极参加到朝核问题的谈判与协商中,为和平解决朝核问题提出了具体的建议,发挥了积极的调停作用。直至今日,中国政府仍在积极地斡旋和调停,以促成朝核问题的六方会谈取得成果。可以说,在现代国际法实践中,中国为促进世界和平与发展,作出了重要贡献。

【本章小结】 国际法是近代国际关系上的一个通用名称,也是法律科学体系中的一个独立的法律部门。国际法主要是国家之间通过协议形成的,或者在国际交往中各国公认的,协调各国意志的,由国家单独或集体的强制力保证实施的原则规则和规章制度的总体。国际法是法律,因为它具有规范性、阶级性和强制性等一切法律所共有的特性。但是，国际法是一个特殊的法律体系，与国内法相比，具有不同的特征。国际法的规范体系，表现为普遍国际法(或一般国际法)、区域国际法和特殊国际法。国家制定国内法，同时又参与制定国际法，因此，国际法效力的根据应在于国家之间的协调意志。国际法的渊源是指国际法作为有效的法律规范所以形成的方式或程序，主要是国际条约和国际习惯以及经国家承认的一般法律原则。国际法与国内法是互相渗透、互相补充，并可以互相转化的关系。国际法与国内法相互关系的国家实践，依照各国的法律规定是各不相同的。我国宪法对于国际法和条约在国内的效力没有明文规定，但是，根据我国《民法通则》的规定，我国立法承认国际习惯和国际条约的效力和地位，并对其在国内法中的适用作了明确的规定。法与国家是基于同一原因而产生的，国际法也不例外。在古代和中世纪的国际社会，国家之间就已经形成了一些原始的国际习惯，但作为具有独立体系的近代国际法始于17世纪初的欧洲社会，现代国际法的起点应当以旧金山制宪会议和联合国的成立为标志。中国与国际法的关系可以追溯到古代春秋战国时期，但具有独立体系的国际法是西方近代文明的产物，是19世纪40年代以后传入中国的法律部门，1949年新中国的成立使中国对外关系进入一个崭新的阶段，也标志着中国与国际法的关系发生了根本性的变化。

思考题

1. 简述国际法的科学定义。
2. 为什么说国际法是一个特殊的法律体系？
3. 如何划分国际法的规范体系？
4. 国际法效力的根据是什么？
5. 如何理解国际法渊源的确切含义？
6. 试述国际习惯的形成要件。
7. 试论国际法与国内法关系的理论与实践。
8. 论我国国际法与国内法关系的国家实践。
9. 试述近代和现代国际法的形成和发展。

第二章
国际法基本原则

国际法基本原则是国际法中最为重要的核心原则,是构成整个国际法体系的基石。自1648年《威斯特伐里亚和约》提出"国家主权平等原则"以来,各国在长期的国际交往中通过不断的归纳总结,逐渐推出了许多重要的国际法原则,如"不干涉内政原则""和平解决国际争端原则""不侵犯原则""民族自决原则"。尤其值得注意的是,第二次世界大战以后,在国际社会的共同努力下,通过对历史上提出的各项基本原则的整理和提炼,形成了举世闻名的《联合国宪章》七项原则及"和平共处五项原则"。宪章七项原则及"和平共处五项原则"为世界各国广泛接受,它们对国际法的发展、对国际社会秩序的稳定、对维护国际和平与安全都起到了积极的作用。

第一节 国际法基本原则概述

一、国际法基本原则的概念和特征

国际法是由一系列指导和处理国际关系的原则、规则、规章制度组成的规则体系。在该体系中,各项原则、规则所处的地位和所起的作用是不同的,学者们通常将那些被各国普遍承认的、在整个国际法体系中具有基础作用的原则称作"国际法基本原则"。

从比较精确和规范的角度界定,所谓国际法基本原则,是指各国公认的、适用于国际法一切领域的、构成国际法基础的重大法律原则。按照这个定义,可以确定国际法基本原则应该具有下列三个特征:

(一) 公认性

作为国际法基本原则,它首先必须是对所有国家都有约束力的原则,也就是能够被世界各国普遍遵守的原则。由于在国际社会并不存在一个超越国家之上的权力机构制定法律并强迫各国遵守,国际法实际上是国家之间的法律,它是由国家通过彼此间达成的协议而形成的,而且国际法的特点之一就是其约束力的相对性,也就是国际法规则的效力一般说来仅及于接受者,因而一项原则要在国际社会取得普遍的约束力,基本条件就是被各国普遍接受,或者说它具备了"公认性"。

然而,"公认"并非意味着一项原则得到了全世界所有国家的一致承认和接受,其实这根本就做不到。所谓"公认",只能是说一项原则在某种情形下大致达到了被普遍接受的程度。从国际实践看,一项原则大致达到"公认"程度的情形主要有三种:

第一,世界上绝大多数国家参加的国际条约中的规则达到了被普遍接受的程度。例如,《联合国宪章》的缔约国几乎涵盖了世界上绝大多数的国家,因此,该宪章中的规则被普遍认为是具有公认性的。

第二,一项原则最初被少数国家提出,但在以后的实践中逐渐被各国承认和接受,则具有公认性。如"和平共处五项原则",它最初由中国、印度、缅甸三个国家提出,在今天已成为被世界各国所普遍接受的原则。

第三,国际组织的重要决议,尤其是联合国大会的重要决议中的规则,应该被认为是具有公认性的。尽管国际法学界对国际组织的决议的性质和价值有不同的看法,有的认为其构成国际法渊源,有的认为其并非国际法渊源,但有一点是不可否认的:一些重要的国际组织决议对国际法规则的形成起到了极其重要的作用。如1970年联合国大会通过的《国际法原则宣言》和1974年通过的《各国经济权利和义务宪章》,都起到了对国际法基本原则的解析和深化的作用。由于国际组织的重要决议,尤其是联合国大会的重要决议,都是由与会国绝大多数代表赞成通过的,能够充分表达与会国的共同意志和共同愿望,因而其"公认性"是显而易见的。正因为如此,《国际法原则宣言》所阐述的七项原则和《各国经济权利和义务宪章》所归纳的十五项原则,也被国际社会普遍承认为处理国际关系中应当遵循的基本原则。

（二）普遍性

所谓"普遍性",是指国际法基本原则所具有的普遍适用性。这就是说,国际法基本原则不是那种仅在国际法个别领域中运用的具体原则或个别原则,而应是在国际法所有领域都能运用并都能起到指导作用的全面性原则。例如,"海洋自由原则"是海洋法中的一项原则,但它不是国际法的基本原则,因为该项原则只能适用于国际法的领域之一——海洋法,并不能适用于国际法的所有领域。与之不同的是,国家主权原则就可以适用于国际法的所有领域,在国际法的各个方面都能起到指导作用,因而该项原则被认为是国际法的基本原则。

（三）基础性

所谓"基础性",主要是指国际法基本原则是整个国际法体系形成和发展的法律基础。国际法基本原则的"基础性"具体表现为三个方面:

第一,国际法基本原则是国际法体系存在的基础。例如,自1648年《威斯特伐里亚和约》提出"国家主权平等原则"以后,近现代国际法体系正是建立在这一基础上而逐渐形成和发展起来的,如果曲解、否定甚至任意地破坏这项基本原则,必然导致整个国际法体系丧失其存在的基础。因此,有人也将国际法基本原则称作国际法体系的"基石"。

第二,国际法基本原则是国际法其他规则的"母体"和源泉。换言之,国际法的其他规则都是从国际法基本原则中不断引申和派生出来的。例如,从主权原则中可以直接引申出国家的管辖权,从管辖权中可以进一步引申出属地管辖权与属人管辖权等。正是这种引申和派生关系,才使得国际法规则围绕着基本原则形成了极其庞大的规则体系,并在国际实践中不断得到丰富和充实。

第三,国际法基本原则也是国际法其他规则是否合法有效的重要判断标准。换言之,任何一项国际法规则都必须符合国际法基本原则的精神,否则它将失去"合法存在"的依据和条件。例如,传统国际法上曾有过所谓"领事裁判权""保护国""附属国"等制度,这些制度之所以在今天被认定为非法,并被逐渐淘汰,正是因为它们不符合国家主权原则等国际法基本原则。

总的说来,上述三个特征是国际法基本原则的必备要素,只有同时具备了这三个特征的国际法规则才能成为国际法基本原则。

二、国际法基本原则与强行法

从某种角度分类,法律规范可以分为强行法与任意法两种。所谓"强行法",又称"强制法"或"绝对法",是指法律主体必须绝对服从和执行的法律规范。所谓"任意法",则是指法律主体可以选择服从或适用的法律规范。

"强行法"及"任意法"原先是国内法上的概念。在国内法中,如宪法、刑法规则均属强行法的范畴;而民商法中有不少规则属于任意法的范畴。

1937年,奥地利学者菲德罗斯最先将"强行法"的概念引入国际法。他认为:"在每个法律秩序中,都有一些原则属于公共秩序,因而构成它的强行法。"①言下之意,"强行法"并非国内法独有的概念,而应是一切法律体系共有的概念,因此,国际法上当然也应存在强行法规范。

1969年签订的《维也纳条约法公约》首次以条约的形式肯定了强行法的存在。该公约第53条引入了"一般国际法强制规律"的概念,学者们普遍认为,它指的就是国际法中的强行法。根据《维也纳条约法公约》的规定,所谓"一般国际法强制规律",是指国家与国际社会全体接受并公认为不许损抑,且仅由以后具有同等性质之一般国际法规律始得更改之规律。该公约同时称,条约在缔结时与一般国际法强制规律抵触者无效。显然,这里所称之"一般国际法强制规律"应指效力高于一般国际法规则,且具有绝对服从性的强行法规范。

虽然《维也纳条约法公约》从内涵上对"一般国际法强制规律"(即"强行法")作出了明确的界定,但该公约并未从外延上对强行法作出进一步的说明。从概念上看,公约所称的"一般国际法强制规律"应当具有三个特点:(1)公认性,即国际社会全体

---

① 〔奥〕菲德罗斯:《国际法》上册,李浩培译,商务印书馆1981年版,第163页。

接受;(2)绝对服从性,即公认"不许损抑";(3)不得随意更改,即只有以后同等性质的规则才能对之进行更改,而非当事国可以通过一般的约定随意对之进行变更。

从上述特点看,国际法基本原则应当属于强行法的范畴,而强行法的范畴应比国际法基本原则更为广泛。因为,强行法的三个特征国际法基本原则都具备。除了国际法基本原则是强行法外,在那些仅适用于国际法个别领域的具体原则中也可能存在着强行法规则。例如,"政治犯不引渡原则"并非国际法基本原则,但它仍属于各国必须普遍遵守的强行法规则。

三、国际法基本原则的形成和发展

国际法基本原则是近代国际法体系形成的产物,并在第一次世界大战及第二次世界大战后,随着国际格局的不断变化而逐渐发展。学者们通常将国际法基本原则发展的历史分为三个阶段。

(一) 17世纪至20世纪初

在近代社会,资产阶级学者很早就开始传播"主权"观念了,并最终推动了欧洲三十年战争后《威斯特伐里亚和约》的签订、主权国家的诞生以及近代国际法体系的形成。《威斯特伐里亚和约》最早确立了"国家主权平等原则",在此基础上,一些新兴的资本主义国家在对外交往实践中不断提出和倡导了一些国际法基本原则。

1776年,美国《独立宣言》庄严宣告成立"独立的合众国",并宣布该合众国"享有全权去宣战、媾和、缔结同盟、建立商务关系,或采取一切其他凡为独立国家所理应采取的行动和事宜"。1793年,法国宪法的《人权宣言》部分第25条首次以国内法形式提出了"国家主权原则"和"不干涉内政原则"两项极为重要的国际法基本原则。1823年,美国总统门罗为抵制俄、奥、普三国神圣同盟对美洲事务的干涉,发表了著名的"门罗宣言",宣布美国奉行不干涉政策,即美国不干涉欧洲事务,也不允许欧洲国家干涉美洲各国的事务。

从总体上看,自17世纪至20世纪初,西方新兴的资本主义国家为摆脱欧洲封建势力对其内部事务的干涉,强化国家的独立地位,提出了一些指导国际关系的原则。但当时这些原则主要反映在这些国家的国内立法之中,还未被完全吸收进国际条约,而且该时期所提出的基本原则在内容上也十分有限,仅为"国家主权""主权平等""不干涉内政"等少数几项,因此,有学者也称该时期为国际法基本原则的"倡导、传播和形成时期"。[①]

(二) 第一次世界大战前后

在第一次世界大战前后,国际格局发生了很大的变化。在这个时期,对国际法基本原则的形成和进一步发展产生了重大影响的因素有二:其一,资本主义演变为帝国

---

① 参见端木正主编:《国际法》(第二版),北京大学出版社1997年版,第41页。

主义;其二,俄国十月革命后诞生了社会主义国家。

在早期,虽然资本主义国家及其学者曾倡导了一些进步的、民主的国际关系准则,但在帝国主义时期,这些原则已成为它们对外扩张的巨大障碍,因此,它们反过来又千方百计地企图限制和抵消这些原则。在这一时期,一方面,帝国主义国家拼命抢夺殖民地,侵略、奴役弱小国家,将种种不平等条约强加给亚、非、拉国家,公然践踏一些已被确立的国际法基本原则;另一方面,帝国主义国家为争夺殖民地,彼此间的矛盾冲突也日趋加剧,战争与和平成为当时国际社会的首要问题。在此背景下,1899年和1907年在荷兰海牙召开了两次和平会议,先后签订了两项关于和平解决国际争端的条约,提出了"和平解决国际争端"的国际法原则。

在第一次世界大战中,在帝国主义的薄弱环节俄国发生了十月革命,诞生了世界上第一个社会主义国家。之后,列宁签署了《和平法令》,提出了列强为瓜分弱小民族而进行的侵略战争为"反人类的莫大罪行",呼吁在交战国间实行"不割地、不赔款"的全面和平,还提出了"民族自决"及不同社会制度国家"和平共处"的主张。

在第一次世界大战后,国际社会出现了第一个普遍性国际组织——国际联盟。《国际联盟盟约》首次提出了"限制战争权"的主张。1923年,国际联盟大会通过了《互助条约草案》,更明确宣布反对侵略战争。1928年,十五个西方国家在法国巴黎签署了著名的《巴黎非战公约》,提出了"废止战争"的主张,反对以战争作为解决国际争端的手段。

归纳起来看,在第一次世界大战前后,随着国际格局的变化,产生了诸如"和平解决国际争端""反对侵略战争""民族自决""和平共处"等原则,使得国际法基本原则的内容得到了很大的扩充和发展,而且其中有不少原则直接规定在条约之中,成为真正意义上的国际法基本原则。

(三) 第二次世界大战以后

第二次世界大战后,国际社会开始对国际法基本原则进行整理、归纳和总结,通过制定一些重要的国际条约和国际文件提出并确认了系列性的国际法基本原则,其中最为有名的是《联合国宪章》的七项原则及"和平共处五项原则"。

1945年签订的《联合国宪章》是联合国的组织约章,也是当今最为重要的造法性条约。该宪章第2条明确提出了联合国组织与其会员国之间以及会员国相互间应予严格遵守的七项原则:(1)会员国主权平等原则;(2)善意履行宪章义务原则;(3)和平解决国际争端原则;(4)不得以武力相威胁或使用武力原则;(5)对联合国依宪章的行动予以集体协助原则;(6)确保非会员国遵守宪章原则之原则;(7)不干涉内政原则。

《联合国宪章》确立七项原则的意义主要表现为两个方面:其一,《联合国宪章》是世界上第一个对国际法基本原则进行全面系统确认的国际文件,它对以后的国际实践起到了极好的示范作用。在其后,国际社会又制定出多项国际文件对国际法基本原则进行了总结和归纳,如1955年《亚非会议最后公报》提出的十项原则、1970年

《国际法原则宣言》提出的七项原则、1974年《各国经济权利和义务宪章》阐述的关于建立国际经济新秩序的十五项原则等。其二,《联合国宪章》是当今拥有会员国最多的全球性国际组织的组织法,因此,该宪章所确立的国际法基本原则最具普遍性和权威性,它们被各国公认为是当代国际法体系的核心和基础。

20世纪50年代,中国、印度、缅甸共同倡导了举世闻名的"和平共处五项原则",即互相尊重主权和领土完整、互不侵犯、互不干涉内政、平等互利、和平共处原则。"和平共处五项原则"以精炼的语言概括了国际法基本原则的精神实质和深刻内涵,在整个国际社会,尤其是在广大第三世界国家引起了极大的反响和共鸣,对国际法的发展和国际社会的和平与安全发挥了巨大的作用。就连西方学者也不得不承认,和平共处五项原则"成为现代最受称颂的概念之一"。[1]

第二节 和平共处五项原则

一、互相尊重主权和领土完整原则

这是和平共处五项原则的第一项,也是最为重要的一项。它包含两方面的内容,即"互相尊重主权"和"互相尊重领土完整"。概括起来说,互相尊重主权和领土完整原则,就是指各国在彼此关系上必须互相尊重国家所固有的对内最高权和对外独立权,尊重国家的领土主权,不损害他国领土的完整性。

(一)主权的含义及性质

"主权"(Sovereignty),即国家主权,是指国家独立自主地处理其一切内外事务的最高权力,具体表现为国家对内最高权和对外独立权两个方面。所谓"对内最高权",是指国家对其领域内一切人、事、物及对领土外的本国人所享有的统治权力,而且这种权力在其特定管辖领域内是"至高无上"的;所谓"对外独立权",是指国家独立自主处理其内外事务,并排除任何外来侵犯和干涉的权力。主权的最高性与独立性是相辅相成、互相印证的,最高权力也就意味着具有排斥干涉的独立性,反之亦然。

主权作为国家的一项最根本的权利,具有两个特点:首先,主权是国家的根本属性。也就是说,主权是国家的基本构成要素,是衡量国家和非国家的根本标志。凡属国家必然具有主权,凡不具有主权因素的地域,哪怕一时具有所谓"独立的治权",也不因此成为国家。如中国的台湾、菲律宾的阿布沙耶夫反政府武装控制区、斯里兰卡的泰米尔反政府武装控制区,都未被国际社会承认为主权国家。其次,主权是国家的固有权利。也就是说,这种权利并非源于他方的授权,而是国家作为国际法基本主体

---

[1] 参见端木正主编:《国际法》(第二版),北京大学出版社1997年版,第46页。

"本应"享有的权利。国家享有主权,恰如人享有人权,它是一种与主体资格密不可分、紧密结合的权利。因此,主权具有不可侵犯性、不可分割性、不可转让性和排他性四大特征。

虽然主权对于国家有着极其重要的作用和意义,但也不能将主权绝对化,国家主权也是受限制和约束的。其实,从理论和实践上看,任何国家主权的行使应当受到三方面因素的制约:其一,受到"互相尊重"要求的限制。在国际实践中,一些国家也坚持主权原则,但通常是要求别国尊重它的主权,至于它是否尊重别国主权则另当别论。像这种重自己的主权而轻别国的主权,将本国主权绝对化的做法,是对主权原则的曲解和滥用。其二,受到国际法规则的限制。国际法的功能,除了为国家规定和确认权利外,同时也对国家权利规定了各种限制因素。例如,国际法承认各国对其领域内一切人、事、物拥有主权和属地管辖权,但同时也规定外国元首、政府首脑、政府官员、外交人员以及领事官员在东道国享有特权与豁免,外国的国家行为及国家财产也享有豁免权,这种关于豁免权的国际法规则无疑是对主权的一种限制。其三,国家也可以在特定情形下对主权行使进行自我限制。例如,在两个国家未签订双边引渡条约的情形下,被请求国"自愿"将请求国要求引渡的罪犯移交给对方审判和处罚。

(二)主权概念的提出及演变

国家主权概念产生于16世纪。1577年,法国学者博丹(J. Bodin)发表《论共和国》一书,最早提出了主权概念。博丹认为,主权是国家的特殊属性,是国家的一种绝对和永久的权力。[①] 在君主制国家中,君主是主权者,享有对其臣民的最高权力。博丹主张"主权在君"是有其历史背景的,当时法国国内资本主义生产方式已经萌芽,而法国社会却处在封建割据的状态之中。博丹力主将国家权力集中于皇帝手中,无非是想通过建立中央集权,来统一法国的国内市场,以满足资本主义生产方式的基本要求——商品自由流通。因此,博丹的"主权在君"论在当时是有进步意义的。

17世纪,荷兰国际法学者格劳秀斯也论述了他的主权学说。格劳秀斯认为,主权就是国家的最高统治权,主权行为不受其他权力的限制,不从属于其他任何人的意志。[②] 格劳秀斯提出主权观念的主旨是反对罗马教皇的王权,强调和论证国家的独立性,因此,他的主张也可以称为"主权独立"论。格劳秀斯的主权观念无疑对近代国际法体系的创立起到了理论导向的作用,他也因之被尊为"近代国际法之父"。

18世纪,随着资本主义经济基础的巩固,资产阶级民主制度取代了封建专制制度,国家主权学说中渗入了更多的民主精神。1762年,法国学者卢梭(Rousseau)发表了《社会契约论》一书。卢梭在该书中强调,国家主权属于人民,是一个国家公共意志的运用。他同时认为,主权是不可转让的、不可分割的、绝对的、至高无上的和神圣不

---

① 参见〔英〕劳特派特修订:《奥本海国际法》上卷第一分册,王铁崖、陈体强译,商务印书馆1981年版,第98页。
② 参见曹建明、周洪钧、王虎华主编:《国际公法学》,法律出版社1998年版,第44页。

可侵犯的。① 卢梭的主权观念可以简略概括为"主权在民",他关于主权的论述至今仍对国际法及国际社会有着极大的影响。

应该说,博丹、格劳秀斯、卢梭等资产阶级学者的主权理论反映了资产阶级革命及资本主义国家创立时期的民主思想,对推翻封建统治,巩固新兴资本主义政权有着积极和进步的意义。但在19世纪末,随着资本主义发展到了帝国主义阶段,卢梭等人的主权思想已不再适应垄断资本主义和殖民主义的需要了,于是,西方学者开始提出了种种反主权的学说和理论,比较有代表性的有:(1)主权可分论。法国学者福希叶认为,国家主权可以分为"对内事务主权"和"对外事务主权"。国家可以转让部分主权,国家也可以因之分为"完全主权国家"和"部分主权国家"。② 显然,福希叶的理论是为帝国主义、殖民主义利益服务的。(2)否定主权论。英国学者劳特派特认为,主权与国际法是相互对立及相互排斥的,两者只能取其一。为了维护国际社会的秩序,应当舍主权而取国际法。③ (3)联合主权论。美国学者杰塞普认为,可以用联合主权来取代每一个国家所拥有的单一主权,这样可以避免国际法与国家主权之间的矛盾。④ 总而言之,这些学说的共性就是千方百计地否定或弱化国家主权的作用,为西方国家推行强权政治提供理论依据。

我们认为,对主权及主权原则必须有个正确的认识。首先,主权原则是现代国际法体系的基础,主权观念已深入人心,已被国际社会所普遍接受。否定国家主权等于否定国际法本身。主权是国家的根本属性,没有主权,就不存在国家,不存在国际社会。其次,也不能将主权予以绝对化,认为主权是一种不受任何限制的权利。其实,国际法一方面肯定了国家享有主权,但在另一方面也对国家主权的行使作出了一定的限制,以防止某些国家滥用主权,损害他国利益或国际社会的整体利益。再次,国际法规则不是一成不变的,主权原则也要随着国际关系的发展而不断发展,逐渐演变为适应当代形势需要的、更合理、更符合国际社会整体利益的基本原则。强调主权原则的发展性,绝不是否定主权的作用,而是在肯定主权在国际法体系中核心作用的基础上,为主权的正确行使和运用设置合理的条件及规范,使之发挥更大的作用和效力。最后,应当正确地认识主权与国际法的关系。虽然主权与国际法确有相互矛盾和相互制约的一面,但它们也有相互联系、相互依存的一面。它们的依存性主要表现在,主权是当代国际法的基础,而国际法又是维护国家主权的保障,两者实际上是密切联系、相互配合、相互作用的。

(三)尊重主权与尊重领土完整的关系

领土是国家行使主权的特定空间,是国家生存和发展的物质基础。尊重一国主权,首先应当尊重他国的领土主权,尤其要尊重他国领土的完整性。国际法不允许任

---

① 参见曹建明、周洪钧、王虎华主编:《国际公法学》,法律出版社1998年版,第44页。
② 参见周鲠生:《国际法》上册,商务印书馆1976年版,第75页。
③ 同上书,第183页。
④ 同上书,第182—183页。

何国家以任何手段对他国领土进行蚕食、占领或肢解。但是，互相尊重主权和互相尊重领土完整不能完全等同。领土完整只是主权的一个方面，国家主权的含义要比领土完整的含义更宽。不破坏他国领土的完整性，而用其他方式干涉别国的内政，如未经许可在他国境内捉拿罪犯，同样也是侵犯他国主权的行为。从这一角度看，互相尊重主权与互相尊重领土完整是有区别的，后者只是前者部分内容之一。但是，和平共处五项原则将两者结合在一起是有其特殊意义的，这就是要凸显领土完整在主权中的重要性，坚决反对任何侵略别国领土和鼓动分离、肢解别国领土的行为或图谋。

二、互不侵犯原则

互不侵犯原则，是指各国在相互交往中，不得以违反国际法的任何方式使用武力或以武力威胁，侵犯他国的主权、领土完整或政治独立，不得以战争作为解决国际争端的手段。

（一）互不侵犯原则的提出

互不侵犯原则是直接从国家主权原则中引申出来的一项重要原则，其形成和发展经历了一个相当长的过程。

在传统国际法上，国家是享有战争权的，因此，在历史上，国家以武力或武力威胁手段解决与他国的争端并不为国际法所禁止。由于第一次世界大战给人类带来了深重的灾难，战后国际社会反对侵略战争的呼声日益高涨，在这种背景下，国际联盟在其组织约章——《国际联盟盟约》中开始对战争权作了限制。该盟约第11条规定，会员国间发生争端，应将此争端提交国际仲裁或司法解决，或交由国际联盟行政院审查，"非俟仲裁员或法庭判决，或行政院报告3个月届满以前，不得从事战争"。这个条款并未完全禁止战争，而是规定发生争端的当事国在一定时间内、一定条件下不得从事战争，因此有人也称之为"冷却条款"。但无论如何，《国际联盟盟约》是国际社会历史上最早对战争权作出限制的一项条约。

1923年，国际联盟大会通过了《互助条约草案》和《关于侵略战争宣言》。这两项文件都明确提出，侵略战争是国际罪行。但它们都不是条约，不具有法律约束力。

1928年，英、美、法、德、日等15国在法国巴黎签订了《巴黎非战公约》（或称《白里安—凯洛格公约》）。该公约首次提出了"禁止战争"的国际法原则，为不侵犯原则的产生奠定了法律基础。该公约第1条规定，废止以战争作为推行国家政策的工具。第2条同时规定，缔约国有义务以和平方式解决彼此间的争端。《巴黎非战公约》虽然明确宣布"废止战争"，但没有区分正义战争和侵略战争，也未明确它废止的是侵略战争，这无疑是一个缺陷。

1945年，第二次世界大战中反法西斯联盟所签订的《联合国宪章》首次明确提出了"禁止非法使用武力的原则"。该宪章在序言中提出，非为公共利益，不得使用武力。第2条则规定，各会员国在其国际关系上不得使用武力或武力威胁，或以与《联合国宪章》不符的任何其他方法,侵害任何会员国的领土完整或政治独立。1954年,中、印、缅三国倡导的"和平共处五项原则"则明确提出了"互不侵犯原则"。

(二) 侵略的定义

不侵犯原则的核心内容是禁止非法使用武力,尤其是禁止侵略行为。关于什么是"侵略行为",过去一直缺乏一个明确的、具有权威性的定义,致使在实践中很难判别侵略行为。1967年,联合国大会为弥补这一缺陷,专门设立了"侵略定义特设委员会"。该委员会经过长达七年的研究,最终在1974年向联合国大会提交了一份《侵略定义》。该定义由一个序言和八个条款构成,从内涵和外延各个方面对武装侵略行为进行了全面的规定。

该定义第1条规定,侵略是指一国使用武力侵犯他国的主权、领土完整或政治独立,或以该定义所宣示的与《联合国宪章》不符的任何其他方式使用武力。该条款主要是从内涵上揭示了"侵略行为"所具有的两个基本特征:其一,非法使用武力;其二,侵害了别国的主权、领土完整或政治独立等合法权益。

该定义第2条规定,首先使用武力构成侵略的明显证据。该条款主要解决在两国发生武力冲突的情形下如何判别侵略方的问题。很明显,《侵略定义》将首先使用武力者判定为侵略方。

该定义第3条规定,下列七种行为,无论是否经过宣战,均构成侵略行为:(1)侵入或占领别国领土;(2)对别国领土进行轰炸或使用任何武器;(3)封锁别国的港口或海岸;(4)武力攻击别国的陆、海、空军或商船、民航机;(5)违反条约规定,使用驻扎于他国的军队或不按期撤回军队;(6)允许另一国使用其领土攻击第三国;(7)派遣非正规军队或雇佣军进攻别国。该条款主要是从外延上概括了几种典型的侵略行为,为具体适用不侵犯原则提供了比较清晰的标准。

该定义第4条特别规定,上述列举的七种侵略行为"并非详尽无遗",联合国安理会可以断定某些其他行为也构成侵略行为。该条款的实际意义有二:其一,它提供了进一步拓宽"侵略行为"范围的可能性。的确,在国际实践中,尽管某些国家的行为并不属于上面所列举的七种行为之一,但其性质恰恰符合《侵略定义》第1条所描述的特征,且其侵害性远比上述七行为更为严重,那么,该行为自然也须纳入侵略行为。因此,该条款为将某些"新类型"侵略行为纳入《侵略定义》提供了可能性。其二,该条款明确规定判断新类型侵略行为的职权属于联合国安理会,从而避免了在国际实践中因判断侵略行为的职权问题而产生争议的可能。

虽然《侵略定义》比较清楚地规定了"侵略行为"的特征及其具体表现,为互不侵犯原则的实施和运用提供了明确的标准,但该定义在性质上仍属于联合国大会的决议,对各国并无法律约束力。然而,它至少表达了国际社会对"侵略行为"的一种基本认识,以及广大爱好和平的国家反对侵略行为的强烈愿望,也为以后就界定侵略行为制定国际条约奠定了基础。

(三) 合法使用武力的情形

互不侵犯原则要禁止的是非法使用武力的行为,但并不禁止任何国家合法使用武力的行为。从有关国际文件及国际实践看,下列行为应属于合法使用武力的范畴:

1. 根据联合国安理会的授权而采取的武力行动。《联合国宪章》第42条规定,在安理会认为根据本宪章第41条规定所采取的针对侵略国的非武力制裁措施为不足或已经证明为不足时,可以采取必要的海陆空军行动,以维护或恢复国际和平及安全。

2. 武装自卫。《联合国宪章》第51条规定,联合国任何会员国受到武力攻击时,在安理会采取必要办法,以维持国际和平及安全以前,本宪章不得禁止行使单独或集体自卫的自然权利。宪章的这一规定被认为是授予被侵略国进行武装自卫权最明确的理由。

3. 殖民地、半殖民地人民为争取民族独立而进行的武装斗争。《联合国宪章》以及一些重要的国际文件都充分肯定了一切被压迫民族争取独立的自决权利,并要求国际社会普遍承认并支援为反对殖民统治、外国压迫及民族歧视而进行的武装斗争,因此,殖民地、半殖民地人民为争取民族独立而进行的武装斗争也被认为属于具有合法性的武力行为之一。

三、互不干涉内政原则

互不干涉内政原则,是指国家在国际关系上不得以任何借口、以任何方式介入别国的内部事务,不得将自己的立场、意志或者社会制度强加于别国。

(一) 互不干涉内政原则的提出

不干涉内政原则最早是由法国政府提出的。法国资产阶级革命胜利以后,法国政府为反对欧洲封建势力对其内部事务的干涉,在1793年法国《宪法》中规定了不干涉内政原则。该《宪法》第119条规定,法国人民不干涉其他国家政府事务,也不允许其他民族干涉法国的事务。以后,这项原则被各国普遍接受,并逐渐成为处理国际关系的基本准则。

1823年,美国总统门罗发表国情咨文,宣布美国奉行不干涉政策,即美国不干涉欧洲事务,也不允许欧洲国家干涉美洲各国的事务。所不同的是,美国政府奉行不干涉政策的主旨是把美洲圈入其独家控制的势力范围,为它以后干涉美洲各国事务埋下伏笔。因此,一般认为,美国的"不干涉政策"与我们所说的"不干涉内政原则"在含义上还是有所差异的。

第一次世界大战后,《国际联盟盟约》首次以条约形式肯定了不干涉内政原则。该盟约第15条规定,按诸国际法纯属国内管辖之事件,行政院应据情报告,而不作解决该争议的建议。这就是说,一旦某项争议属于国内管辖事项,国际联盟就不得介入。

1945年签订的《联合国宪章》将"不干涉内政原则"列为其七项基本原则之一。该宪章第2条第7款明确规定,本宪章不得认为授权联合国干涉在本质上属于任何国家国内管辖之事件。

1954年,中、印、缅三国共同倡导的和平共处五项原则将之称为"互不干涉内政原则",尤其突出了在实施该项原则过程中的对等义务和责任,使得该项原则的表达更趋于合理。

1965年和1970年,联合国大会分别通过了《关于各国内政不容干涉及其独立与主权之保护宣言》和《国际法原则宣言》,对不干涉内政原则进行了详细的解释。

(二) 内政与干涉的含义

要正确理解和运用互不干涉内政原则,首先必须要弄清"内政"及"干涉"两个最基本的概念。

所谓"内政",是指未经国际法确定为某国的国际义务,而可由该国自由处理的任何事项。关于"内政",我们不能简单地将之理解为发生于一国境内的任何事件,因为在一国境内发生的侵害他国权益的事件就有可能属于"非内政"。我们也不能简单地将之解释为"属于国内管辖事件",因为,这种称法仍不能在"内政"与"非内政"之间划清界限。从严格意义上说,划分"内政"与"非内政"的界限应该是看有关国家在相关事务上是否已承担了"国际义务"。如果一国在某事项上已承担了相关国际义务,该事项就不属于内政。例如,一国在已参加了《禁止酷刑公约》的情况下,其司法部门仍然在国内对嫌疑犯或被告进行刑讯逼供,这是明显违背其所承担的国际义务的,该国就不能将之归入"内政"的范畴而反对他国对之采取措施。相反,由于在国际社会尚不存在限制各国生育制度的国际法义务,因此,一国为限制人口过快增长而采取的"计划生育"制度就属于该国的内政。

所谓"干涉",是指一国以直接或间接的非法手段迫使他国在某些内政事项上接受自己的立场或意志的行为。干涉的最大特征就是以非法手段向对方施加压力。在国际实践中,主要的干涉形式有:(1)武装干涉,即通过使用武力或武力威胁的手段迫使他国接受自己的意志和立场。武装干涉实际上就是侵略行为。(2)经济干涉,即通过经济渗透,控制他国经济命脉,从而操纵别国内政的行为。例如,通过跨国公司对东道国政府施加压力就属于经济干涉。(3)外交干涉,即通过贸易禁运或施加外交压力的方式迫使他国接受自己的意志和立场。另外,像通过派遣特工,或通过收买、纠合代理人,在他国策动内战和颠覆政权等也属干涉内政的行为。

(三) 西方国家的干涉理论

在国际实践中,西方一些国家经常干涉别国的内政。为了使其干涉行为合法化,西方学者提出了各种各样的所谓"干涉的法律依据"。他们一般认为,下列几种干涉行为应属于合法行为:(1)依据权利的干涉,即根据条约所规定的权利而对他国所实施的干涉。这类干涉主要运用于保护侨民的过程中,也就是本国侨民在他国遭到侵害时,本国政府采取一定的手段来压制对方接受自己提出的解决方案。(2)应邀干涉,即受他国政府邀请而介入他国内政的行为。(3)人道主义干涉,即在他国严重侵犯基本人权的情形下,对该侵害国施加一定强制措施。这些所谓的干涉理论是否合法,我们必须对此作具体分析。

首先,西方国家所谓的"依据权利的干涉",一般是按照强加于弱国的不平等条约中的所谓"权利"而实施的,因此,这种干涉在本质上就是违反国际法的。至于为保护侨民而对他国能否采取一定的措施,就要看是否符合国际法规定的条件。目前,国际法对实施外交保护主要规定有两项条件:一是"国籍继续原则",即被保护对象必须连续地具有保护国的国籍;二是"用尽当地救济原则",即本国侨民在东道国遭受不法侵害时,首先应在东道国寻求司法保护,只有在用尽了东道国一切救济措施,仍不能得到合理保护的情形下,本国政府才能通过一定方式与东道国政府进行交涉。显然,国际法对于保侨干涉是有严格条件的,任何违反这些条件的保侨行为均不属合法行为。

其次,所谓"应邀干涉"的行为是否合法,关键要看是否真的应一国合法政府之邀请。如果一国政府在他国遭遇到危难或紧急状态的情形下,受他国合法政府的邀请帮助其采取一定的措施,受邀国的行为应当属于"援助行为",在国际法上应属合法行为。如果一国出于侵略别国或谋取自身利益的目的,使用武力先在别国扶植傀儡政府,再受该傀儡政府之邀请采取任何行动或措施,这就属于非法行为。

再次,所谓"人道主义干涉"是否能实施,关键要看被干涉的国家是否违背了其所承担的国际义务,侵害了受国际法保护的基本人权。一般说来,如果某国根据国际条约或国际习惯已承担了保护某些基本人权的国际义务,但它却违背这些义务而去侵害这些基本人权,或纵容侵害这些基本人权,这种行为或事项从严格意义上讲已不属"内政",而是国际法上的问题。此时,他国对于这种违反国际义务的行为进行声讨,乃至采取一定措施的干涉实属正义及合法行为。如果某些国家假借维护人权之名,在别国并不存在违背相关国际义务的情形下实施干涉行为,这就属于违法行为。

在实施所谓"人道主义干涉"过程中,还必须弄清两个问题:其一,以什么标准来判断有关国家是否侵害基本人权。通常说来,这必须按照明确的条约规定来判断,而非以某国的立场和观点来判断。例如,"种族清洗"及"种族屠杀"行为按战争法的规定应当属于在战争中(包括内战),一方出于消灭一个民族或种族之目的,对他方所实施的不分男女老幼、不分交战人员与平民的滥杀行为,如果把在内战中异族武装人员之间的交战行为也解释为"种族清洗"及"种族屠杀"就属不合理。其二,由谁来判断有关国家是否侵害基本人权。一般认为,应当由权威的国际机构来判断一国行为是否属于侵害基本人权,而非由任何国家自行判断,只有这样才能确保"人道主义干涉"运用的正当性。

四、平等互利原则

平等互利原则,是指各国在相互交往中应当尊重彼此在国际法上所享有的平等地位,任何国家均不得以损害他国权益的方式来谋求自己的片面利益。

(一) 平等互利原则的提出

主权平等原则最早可以追溯至1648年《威斯特伐里亚和约》。该和约是欧洲三十年战争的产物,其诞生的重要意义之一就是宣告了欧洲所有邦国摆脱了罗马教皇的控制,真正成为独立的主权国家,为近代国际法体系的形成奠定了社会和法律基础。与此同时,该和约明确规定了"主权平等原则"是处理国际关系的基本准则。

1793年法国《宪法》和1795年格雷瓜尔神甫代表法国国民公会所起草的《国家权利宣言》均明确规定,各国不论人口多少、领土大小,都是主权的、独立的。以此,法国政府表达了与他国平等交往的愿望和立场。

十月革命胜利后,苏俄政府为了实现真正的国家平等,曾提出废除帝俄时代强加于东方国家的种种不平等条约,为推行主权平等原则作出了极大的努力。

第二次世界大战后,《联合国宪章》正式确立了"国家主权平等原则"。该宪章第2条明确规定,本组织系基于各会员国主权平等之原则。

1954年,中、印、缅三国共同倡导的和平共处五项原则将该项原则称作"平等互利原则",主要强调了在实施该项原则过程中的权利义务的对等性。

(二) 对平等互利原则的阐释

平等互利原则是一项内容十分丰富的国际法原则,要全面理解其深刻内涵,必须从三个角度进行剖析。

1. 关于"平等"的含义

在现代国际法上,所谓"平等"至少有三方面的内容:

首先,"平等"是指在国际社会,不论大国还是小国、强国还是弱国,它们的法律地位是完全平等的。在目前情形下,国与国之间在领土、人口、综合实力上是有很大差距的,但它们都是平等的成员,应当具有平等的法律地位。在国际社会既不应存在特权国家,也不应存在无权国家。在国内法上,侏儒与巨人的地位是平等的;在国际法上,微型国家与超级大国的地位也是平等的。应该说,主权国家平等的因素源自于国家是主权实体这一根本点。既然国家不论大小,都属于彼此独立的主权实体,它们相互间的关系就必然属于平等者之间的关系,国际社会的秩序和法律也就必须建立在平等关系的基础之上。

其次,"平等"主要是指国家在享有主权之固有权利上的平等,而非享有非固有权利上的平等。这里所称的"主权之固有权利",就是国家所享有的直接源于主权的基本权利,如国家的独立权、平等权、自保权及管辖权等。这些权利是国家作为主权实体所必须拥有的权利,因此,国家在享有此等权利上不应有所或缺和差异。至于那些非主权之固有权利,即国家按相互间签订之条约所特别规定的"派生权利",则彼此可以在享有权利上有所差异和区别。因此,我们不能将主权平等绝对地理解为国与国在享有一切权利上完全相同。在享有权利上要做到绝对平等,既不可能也不现实,在特定情形下甚至不利于维护国际社会的整体利益,不利于国际法的有效实施。

再次,现代国际法所强调的"平等",是指国与国之间的实质平等,而非形式平等。

在传统国际法上,主权平等往往注重的是一种形式上的平等。例如,双边条约的签字要采用"轮换制",即任何一方均在自己保存的条约文本上签首位,对方签副位,反之亦然。又如,双边条约的两国文字均为作准文字,在条约解释中效力相同。其实,这种平等只是一种形式平等,而非实质平等。所谓实质平等应当追求双方或各方在利益上的平等。在实践中,形式上的平等并不能代表实质上的平等,甚至会掩盖实质上的不平等,这种情形经常发生。例如,甲国与乙国签订一项"通商航海条约",为体现平等采用了"轮换制"签署方式,强调了两国文字的同等效力,并进一步约定:甲国的一切内河和港口向乙国一切船舶开放,乙国的一切内河和港口向甲国一切船舶开放。但如果甲国是具有海上庞大船队的强国,而乙国是并无海上船队的弱国,那么显然,这项貌似平等、公平的条约,在实质上是很不平等的。然而,现代国际法所追求的平等恰恰是实质的平等。中国政府在确立这项原则时特别将"平等"与"互利"结合在一起,其目的就是要追求国与国交往中的实质平等。如果在国与国之间实现了"互利"基础上的平等,则这种平等一定是实质的平等。

2. 关于"互利"的含义

我们不能简单地将"互利"理解为经济上的互利关系,"互利"应该是全方位的互利关系。有学者认为,平等主要从政治着眼,互利主要从经济着眼。[①] 其实,这种见解是有局限性的。国与国交往不仅能实现经济上的互利,在政治、文化乃至其他一切方面实际上都能实现互利。例如,甲国与乙国签订一项双边条约,甲国承诺支持乙国的领土完整,乙国承诺支持甲国的反恐怖主义行动,相互间就形成了政治利益上的互利关系。因此,在平等互利原则这项国际法的基本原则中,我们必须全面地领会和理解"互利"的实际含义。

3. 关于"平等互利原则"与"公平互利原则"的差异

应该说,这两项原则是在内容上有所不同的国际法原则。有些著作在论述国际法基本原则时直接以"公平互利原则"取代"平等互利原则",将"公平互利原则"作为一项国际法基本原则。其实,这种见解是有失偏颇的。"公平互利原则"是在20世纪50年代由发展中国家在联合国贸易及发展会议上提出的一项原则,该原则普遍被认为是发展中国家要求享有"特惠制"的法律依据。所谓"特惠制",是指考虑到历史因素,要求发达国家在与发展中国家的经济交往中,单方面给予发展中国家以特别优惠。这些优惠主要表现在:发达国家给予来自发展中国家的商品以关税的特别减让,减免发展中国家的债务,以及以合理商业价格向发展中国家转让技术或无偿给予技术援助等。

(三)源于平等互利原则的国际法规则

在国际实践中,从平等互利原则中引申出的国际法规则主要有:

1. 各国具有平等的国际组织及国际会议的参与权与表决权。在国际组织中和

---

① 参见曹建明、周洪钧、王虎华主编:《国际公法学》,法律出版社1998年版,第49页。

国际会议上,国家不论大小,一般都具有平等的议事权和表决权,所投一票的含金量也应当是相等的。

2. 各国具有平等的缔约权。在签订过程中,双边条约为了表示缔约国的平等,采用"轮换制"签署方式,两国文字在解释条约上具有同等效力;多边条约为表示缔约国的平等,采用按国名在工作用语中的字母排序,依次签署。

3. 各国国家元首、政府首脑及其他政府官员享有平等的礼仪权。

4. 各国国家元首、政府首脑、外交部长以及代表国家之外交代表及领事官员享有特权与豁免,国家财产及国家行为在他国均享有司法豁免权。

五、和平共处原则

所谓"和平共处原则",是指国际社会之各国应该和平地共同存在下去,和平地进行交往,并以和平的方式解决彼此之间发生的各种争端。

(一) 和平共处原则的提出

和平共处原则的最早提出者是苏俄政府。第一次世界大战中,社会主义首先在俄国取得了胜利。十月革命后,新生的苏俄政府宛如资本主义世界汪洋大海中的一个"孤岛",西方国家时刻梦想着要把新生的苏俄政府扼杀在摇篮之中。1920年,西方国家曾组织14国对苏俄进行干涉。面临这种局势,苏俄政府提出了"和平共处原则"作为其对外政策中贯彻的重要原则。

第二次世界大战中,英、美等西方国家由于面临德国法西斯侵略势力的威胁,不得不与苏联结成反法西斯联盟。战后,在国际正义力量的推动下,《联合国宪章》第一次将"和平共处原则"写进了序言。《联合国宪章》庄严宣告:力行容恕,彼此以善邻之道,和睦相处。

其后,和平共处原则在一系列国际文件中得到反复确认。20世纪50年代,中、印、缅三国所倡导的"和平共处五项原则"将"和平共处原则"作为其中的一项,并以此项原则作为对五项原则所追求的总目标的高度概括。

(二) 对和平共处原则的分析

和平共处原则主要包括两项核心内容:一是国与国的"共存"关系;二是国与国之间的"合作"关系。

所谓"共存",就是要求国家在相互交往中,彼此尊重对方的政治、经济及社会制度,不得以任何手段来颠覆或消灭自己认定的"异己国家"。

在当今国际社会,各种形式的国家彼此并存。各国在政治经济体制、思想意识形态、宗教、法律、文化方面都存在着很大的差异,但这种差异的存在绝对不是任何国家侵略别国或干涉别国内政的理由。从国际法角度看,任何一个主权国家都享有处理其内政、外交的最高权和独立权,只要不存在相关的国际义务,就有权自由处置任何事项,别国无权过问。从目前国际社会的实践看,一国由谁来组成政府及该政府实行怎样的社会制度,均属它的内政。因此,和平共处原则实际上是与主权原则和不干涉内政原则互通的,是该两项原则内容的自然延伸。目前,某些西方国家力图将其所谓的"民主制度"强加于别国而进行军事干涉,或对别国进行思想、文化渗透,或者策动所谓的"和平演变"等,显然都属于违反国际法基本原则的行为。

所谓"合作",就是要求国家在尊重国际法的基础上,相互谅解与信任,加强彼此间在经济、社会、科学、文化等方面的合作,以促进人类社会的共同进步。

在国际社会,社会制度不同的各国间虽然存在着彼此竞争的因素,但同时也存在相互联系和相互依存的因素。这种"依存关系"主要表现在各国在经济、文化、科技各个方面的彼此需求关系。例如,在经济交往中,发达国家需要来自发展中国家的原材料和各种初级产品,需要发展中国家的商品市场;发展中国家则需要来自发达国家的资金、技术和工业制成品,同时也需要发达国家的商品市场。在这种背景下,各国只有彼此合作才能在一体化的世界经济格局中有效地谋求各自的繁荣,最终实现共同发展的目标。因此,在立足"共存"的基础上,进一步强调各国间合作,应当是和平共处原则的必备因素。

第三节　现代国际法的其他基本原则

一、国际合作原则

国际合作原则是指各国应当在经济、政治、科技、文化等方面相互交流,在和平共存中进行广泛合作,在国际合作中求得共同发展。随着当今世界经济一体化的日益深入发展,各国的分工越来越细密,合作越来越广泛。目前,没有任何一个国家能够在完全封闭的环境中自给自足,国际合作原则的重要意义也日益凸显。

作为现代国际法的一项基本原则,国际合作原则已经在很多重要的国际法律文件中得到了体现。首先,第一次世界大战之后的《国际联盟盟约》曾规定会员国必须"增进国际合作并保证其和平与安全"。但那时的合作主要是大国间为安排彼此间的利益或为应付突发事件而进行的有限的政治合作。其次,《联合国宪章》的序言和第1条都涉及有关国际合作的规定。该宪章的序言要求各会员国为达到宪章的目的"务当同心协力,以竟厥功"。该宪章第1条第3款规定,联合国的宗旨之一为:"促成国际合作,以解决国家间属于经济、社会、文化以人类福利性质之国际问题,且不分种族、性别、语言或宗教,增进并激励全体人类之人权及基本自由之尊重。"为了贯彻序言及第1条所作的规定,该宪章第九章以"国际经济及社会合作"为题,从第55条到第60条专门阐述了关于国际合作的问题。由于《联合国宪章》是当今世界最重要的多边条约,《联合国宪章》所规定的重要原则无疑具有重要的法律地位。再次,1970年《国际法原则宣言》继承、发展了《联合国宪章》的上述内容,把国际合作明确规定为各国的义务。该宣言提出：(1) 各国有义务在国际合作的各个方面彼此合作，以维持国际和平与安全，并促进国际经济安定与进步；(2) 实行各国之间的合作，应不问其政治、经济和社会制度之差异如何；(3) 各国应按照主权平等及不干涉内政原则，处理其在经济、贸易、社会、文化、教育、技术方面的合作关系；(4) 各国应当加强合作，以促进全世界特别是发展中国家的经济增长；(5) 联合国会员国均有义务依照《联合国宪章》相关规定，采取共同行动以及个别行动，与联合国合作。可见，1970年《国际法原则宣言》不仅细化了国际合作原则的具体规定，而且还大大推动了该原则向前发展。再次，1974年《各国经济权利和义务宪章》在其序言确认，需要在维持国际和平与安全，发展各国间友好关系，解决经济、社会领域的问题等方面加强合作。所有国家应在共同利益和彼此合作的基础上，促进建立新的国际经济秩序。这份文件的第一章"国际经济关系的基本原则"列举了指导国际经济关系的15条原则，其中之一就是"国际合作以谋发展"，并在第二章"各国的经济权利与义务"中对这一原则作了详细的规定。最后，1975年欧洲安全会议的最后文件也规定了国际合作原则具体适用于欧洲的情况。

从传统意义上说，国际合作原则是指各国在经济、政治、科技、文化等方面的相互交流合作。但随着国际社会中的恐怖主义、海盗、环境资源、疾病防控等新问题的不断涌现，国际合作原则也增添了不少新的内容。例如，各国都在强调和积极落实打击恐怖主义和海盗、保护环境、防控疾病方面的国际合作。此外，国际合作的形式也日益多样，除了传统的双边和多边合作外，还有区域性合作、集团化合作和全球性合作的平行发展；国际合作的层次也越来越多，除国家间的合作外，国际法还特别强调国家与有关国际组织进行合作的义务。

总之，尽管各国所处的地理位置不同，政治制度各异，经济发展水平不一，但都需要依法进行国际合作。只有国际社会成员真诚合作，建立和完善国际合作的法律制度，人类才能在同一个地球上和平相处，共同发展。

二、民族自决原则

民族自决原则是指受到外国奴役和殖民统治的被压迫民族，有自主决定自己命运，摆脱殖民统治，建立本民族独立国家的权利。虽然，西方国家普遍认为所有人民都享有"人民自决权"，但是，中国政府以及很多发展中国家对此持有完全不同的立场，即认为特定的人民才享有自决权。

国际法上的民族自决权与国内法上的民族自治权是两个截然不同的概念。后者只是主权国家内部各民族聚居区域的管理形式和权限的问题。此外，两者的目标也完全不同。民族自决权的目标是实现民族独立，建立主权国家；而民族自治权是在统一主权国家范围内，实现各民族团结与共同繁荣。

作为国际法的一项基本原则，民族自决权是在第一次世界大战中提出来的，并在第二次世界大战后，随着民族解放运动的高涨和殖民主义体系的瓦解，得到完全确立。《联合国宪章》第 1 条宣告,联合国的宗旨之一是"发展国家间以尊重人民平等权利及自决原则为根据之友好关系"。实际上,这是在重要的国际条约中确认了民族自决原则。1955 年召开的亚非会议在民族自决原则的发展史上具有一定的意义。《亚非会议最后公报》重申,一切形式的殖民主义都是应该迅速根除的祸根。亚非会议表示,支持被压迫民族的独立事业,并要求有关国家给予殖民地人民以独立。1960 年是民族自决原则发展史上关键的一年。17 个获得独立的非洲国家加入了联合国,在这种情况下,同年 12 月 24 日,联合国大会通过了《给予殖民地国家和人民独立的宣言》。该宣言要求立即无条件地结束一切形式的殖民主义,呼吁所有国家支持被压迫民族争取独立的事业。1966 年通过的《公民权利和政治权利国际公约》和《经济、社会和文化权利国际公约》第 1 条都规定:"一、所有人民都有自决权。他们凭这种权利自由决定他们的政治地位,并自由谋求他们的经济、社会和文化的发展。二、所有人民得为他们自己的目的自由处置他们的天然财富和资源,而不损害根据基于互利原则的国际经济合作和国际法而产生的任何义务。在任何情况下不得剥夺一个人民自己的生存手段。三、本公约缔约各国,包括那些负责管理非自治领土和托管领土的国家,应在符合联合国宪章规定的条件下,促进自决权的实现,并尊重这种权利。"关于民族自决的另一重要文件是 1970 年的《国际法原则宣言》,它把民族享有平等和自决原则列为现代国际法的七项主要原则之一。它还进一步规定,民族解放斗争,包括民族解放战争,是实现民族性自决权的合法手段,并把支援被压迫民族实现民族自决规定为国际社会成员应尽的义务。1974 年《各国经济权利和义务宪章》,将各民族平等和民族自决原则作为指导国际经济关系的准则之一,这充分反映了发展中国家人民的愿望,使得民族自决原则更加富有时代的特征。此外,根据联合国国际法委员会 2001 年关于《国家对国际不法行为的责任的条款草案》第 26 条的评注,自决权是为数不多的已经从国际法院的判决和国际法委员会的文件中明确出来的一般国际法强制性规范之一。

当前,老殖民主义虽然大势已去,但并不甘心完全退出历史舞台,同时,新殖民主义正在成为阻扰民族自决原则实施的主要问题。另外,西方国家和广大发展中国家关于民族自决原则内涵的争议仍然存在,有时还产生了激烈的矛盾冲突。但是,广大发展中国家一定要警惕西方发达国家以民族自决原则为"借口"推行干涉他国内政,甚至颠覆他国政权的做法。因此,正确地理解自决原则仍然具有非常重要的现实意义。

三、真诚履行国际义务原则

真诚履行国际义务原则是指每一个国家都应该真诚履行《联合国宪章》规定的各项义务,真诚履行由公认的国际法原则和规则所产生的各项义务,真诚履行其作为缔约国所参加的双边条约或多边条约应承担的各项义务。众所周知,国际社会的稳定和发展有赖于各国积极有效地履行其应该承担的各项义务,任何国家都不能背离其应该承担的国际义务。假如国家不履行其所承担的国际义务,那么,国家之间的协议就形同空文,国际社会就没有了正常的秩序,国际法本身也将陷于崩溃。可见,真诚履行国际义务原则之所以成为国际法的一项基本原则,完全是由国际法本身的特点所决定的。另外,当今世界,某些国家奉行霸权主义和强权政治,对别国进行侵略、干涉、控制,甚至使用武力或以武力相威胁,从而严重破坏了真诚履行国际义务原则。因此,真诚履行国际义务原则在当今世界具有重要的意义。

真诚履行国际义务原则是国际法最古老的原则之一,它是由"条约必须遵守"这一古老的国际习惯法规则发展演变而来的。该原则已经得到了众多国际法律文件的确认。首先,《联合国宪章》的序言规定,各会员国"俾克维持正义,尊重由条约与国际法其他渊源而起之义务"。该宪章第2条第2项又规定:"各会员国应一秉善意,履行其依本宪章所担负之义务,以保证全体会员国由加入本组织而发生之权益。"《联合国宪章》的上述规定,说明真诚履行国际义务原则已被确认为国际法的基本原则之一。其次,1946年的《国家权利义务宣言草案》第13条规定:"各国有一秉诚信履行由条约与国际法其他渊源而产生之义务,并不得借口其宪法和法律之规定而不履行此种义务。"再次,1970年的《国际法原则宣言》对该原则作出了更加具体的规定:(1)每一国均有责任一秉诚意履行其依《联合国宪章》所负之义务;(2)每一国均有责任一秉诚意履行其依公认之国际法原则与规则所负之义务;(3)每一国均有责任一秉诚意履行其依公认之国际法原则与规则系属有效之国际协定下所负之义务。当然,《国际法原则宣言》也指出,使用强迫手段而缔结的不平等条约在国际法上是无效的,也就谈不上履行它所规定的义务的问题。

四、和平解决国际争端原则

和平解决国际争端原则是指国家之间在交往合作的过程中,如果发生争端或纠纷,则应该采取和平的政治方法或法律方法加以解决,而不能采取武力或武力威胁的方法来解决。该原则既与互不侵犯原则联系密切,又包含了和平解决国际争端的具体要求。

从该原则的产生和发展历程看,和平解决国际争端原则在经历了较长时期的酝酿之后,终于确立成为现代国际法的一项基本原则。首先,1899年和1907年的两次海牙会议制定的《和平解决国际争端公约》规定了应该通过和平的政治方法和法律方法来解决争端,该公约对于批判"诉诸战争权"以及倡导和平解决国际争端具有重要意义。其次,1919年的《国际联盟盟约》、1925年的《和平解决国际争端日内瓦议定书》以及1928年的《巴黎非战公约》,都强调了要通过和平的方法解决国际争端,但是也都没有彻底禁止传统国际法所允许的使用武力方法来解决国际争端。再次,第二次世界大战后,《联合国宪章》把和平解决国际争端规定为其会员国必须遵守的一项原则,并对和平解决国际争端的方式和程序作了系统的规定,这才确定了和平解决国际争端原则作为国际法基本原则的地位。《联合国宪章》第33条概括并列举了和平解决国际争端的方法:"任何争端之当事国,于争端之继续存在足以危及国际和平与安全之维持时,应尽先以谈判、调查、调停、和解、公断、司法解决、区域机关或区域办法之利用,或各该国自行选择之其他和平方法,求得解决。"最后,1982年,联合国大会的特别委员会通过了《和平解决国际争端宣言草案》(又称为《马尼拉宣言》),使得该原则更趋丰富和完善。

当今世界,各国由于历史传统、政治主张以及国家利益等方面的不同,难免会产生争端或纠纷。有了争端或纠纷并不可怕,关键是要找到解决争端的正确方法。如果动辄采用武力或武力相威胁的方法,不仅不能从根本上解决争端,而且对于世界的和平和安全是一种巨大威胁。因此,各国应该采取包括政治方法和法律方法在内的和平方法解决争端。只有这样,才能缓解国家之间的对立,消除正常国际交往的障碍,并减少战争或武装冲突的可能性。

第四节 中国与国际法基本原则

一、中国与和平共处五项原则

中国是和平共处五项原则的倡导国之一。和平共处五项原则的最早提出是为了解决新中国与周边新兴民族国家之间的问题。1953年12月31日,中国政府代表团与印度政府代表团开始就中印两国在中国西藏地方的关系问题进行谈判。当晚,周恩来总理兼外交部长在招待印方人员的宴会上指出:"新中国成立后就确立了处理中印两国关系的原则,那就是互相尊重领土主权、互不侵犯、互不干涉内政、平等互惠和和平共处的原则。"①1954年4月29日,中印两国签订的《关于中国西藏地方和印度之间的通商和交通协定》的序言中全部载入了这几项原则。同年6月28日,中国周恩来总理和印度尼赫鲁总理在新德里发表声明,重申了这五项原则,并指出:"在我们与亚洲以及世界其他国家的关系中,也应该适用这些原则。如果这些原则不仅适用于各国之间,而且适用于一般国际关系之中,它们将形成和平与安全的坚固基础。"同年6月29日,中、缅两国总理在发表的联合声明中也确认了这些原则。1954年中国把"平等互惠"改为"平等互利";1955年中国又把"互相尊重领土主权"改为"互相尊重主权和领土完整"。从此,和平共处五项原则的内容完全确定了。

在这之后,和平共处五项原则的运用逐渐从处理中国与周边新兴民族国家之间的关系,推广到处理不同社会制度国家之间的关系;从双边关系延伸到多边领域;从处理中国与周边地区的国家关系扩大到亚、非、拉地区国家,最后一直到全世界。首先,在双边条约领域,1958年1月12日,中国同当时的也门王国签订了《中也友好条

---

① 刘海山主编:《国际法》,法律出版社1992年版,第96页。

约》，这是第一次以条约的形式确认了和平共处五项原则。① 之后，在中国和其他国家签订的大量双边协议，尤其是一系列中外友好条约中，都有必须遵守和平共处五项原则等国际法基本原则的规定。特别是1979年《中美建交公报》和1978年《中日和平友好条约》也都明确地规定：缔约双方应在尊重主权和领土完整、互不侵犯、互不干涉内政、平等互利、和平共处五项原则的基础上发展两国间持久的和平友好关系。1988年12月23日《中印联合公报》，1991年4月《中国秘鲁联合公报》，同年7月6日《中国埃及联合公报》，7月7日《中国伊朗联合公报》，7月11日《中国沙特联合公报》，7月14日《中国叙利亚联合公报》和7月14日《中国科威特联合公报》，都表示支持以和平共处五项原则为基础建立国际政治、经济新秩序。1995年，在和平共处五项原则确立40周年之际，印度总理指出，"和平共处五项原则经受了时间的考验"，"对今天建立国际政治经济新秩序具有指导意义"。② 据中国学者统计，自50年代中期起，在与中国建交的国家中，中外双方以双边条约、协定、声明、宣言、公报等形式，提到应遵循和平共处五项原则的达一百余次。③ 其次，在多边条约领域，印度尼西亚于1955年4月在万隆举行了有29个国家和地区参加的万隆会议，会上发表了《关于促进世界和平与合作的宣言》，其中包括了这五项原则的全部内容。1970年25届联大通过的《关于各国依联合国宪章建立友好关系及合作的国际法原则宣言》明确把和平共处五项原则包括在内。1974年的《各国经济权利和义务宪章》所提出的国际经济关系的各项原则，无论在提法上还是措辞上都更加接近于和平共处五项原则。1990年4月在北京举行的第十四届世界法律大会上通过的《北京宣言》和1996年3月亚欧22国会议发表的《主席声明》，都强调了各国以和平共处五项原则指导国际关系基本准则的承诺。④

20世纪末期，邓小平进一步发展了这一思想，强调在对外关系中，要在和平共处五项原则的基础上发展同世界所有国家的友好合作关系，使五项原则涵盖的领域更广泛，更加具有时代特色。1988年，邓小平提出以和平共处五项原则为准则，建立国际政治经济新秩序的主张。1989年，中苏发表联合公报，申明两国将在和平共处五项原则的基础上发展相互关系，从而使两国关系恢复正常。

中国长期以来积极贯彻执行和平共处五项原则。对于互相尊重主权和领土完整的原则，中国尤其给予高度的重视。中国坚持，主权国家不分大小、强弱，在国际法面前是完全平等的。只有互相尊重主权，才可能有正常的国际交往与合作。例如，中国已与缅甸、尼泊尔、巴基斯坦、阿富汗、蒙古等邻国在20世纪60年代就通过签订边境条约的方式解决了边境问题。20世纪90年代以来，中国又同俄罗斯、哈萨克斯坦、吉尔吉斯斯坦、塔吉克斯坦、老挝等国缔结了边境协定。

目前，中国正在通过谈判，妥善解决历史遗留的中印、中越边境（包括海域划界）

---

① 参见魏敏等编：《国际法概论》，光明日报出版社1986年版，第42页。
② 参见赵建文：《论和平共处五项原则》，中国社会科学出版社1996年版，第121—123页。
③ 参见赵理海：《当代国际法问题》，中国法制出版社1993年版，第36页。
④ 参见赵建文：《论和平共处五项原则》，中国社会科学出版社1996年版，第84、85页。

问题。中国维护本国主权和领土完整的立场也是坚定不移的。凡侵犯中国主权和领土完整者,中国一贯予以及时、有效而又适度的自卫反击。中国一再声明,台湾是中国领土不可分割的一部分,南海诸岛、钓鱼岛是中国领土神圣的组成部分,中国反对将上述问题国际化。

中国高度重视互不侵犯原则。按照传统国际法,国家有所谓的"战争权",不论战争的性质如何,交战双方都享有同等的权利和义务,这种规定实际上有利于侵略者。中国参与倡导的互不侵犯原则,不使用"禁止战争"的词语,而是说"互不侵犯",就能更确切地表明"侵犯者"与"被侵犯者"的法律地位不同。前者犯有国际罪行,应受制裁;后者是被害者,享有自卫的权利。中国对于一切侵略者进行了正义的自卫反击。从抗美援朝战争、中印边界自卫反击战、中苏边界自卫反击战、西沙之战到中越边境自卫反击战,都是中国对入侵中邻国的集体自卫战争和入侵中国本土的单独自卫战争。

中国也高度重视互不干涉内政、平等互利等其他和平共处原则。例如,中国既否定军事干涉,也否定各种以隐蔽方式进行的政治、经济干涉,包括借口"依据权利的干涉""人道主义干涉"等所谓的"合法干涉"。中国主张在人权领域开展对话与合作,反对利用人权干涉别国的内政,这一立场代表了广大发展中国家的意愿,在国际上赢得了广泛的支持。中国推行对外开放政策,积极参与全球性和区域性的经济合作,力争体现平等互利,优势互补,抵制贸易保护主义和动辄实施制裁的错误做法。中国认为,不仅社会制度不同的国家可以和平共处,而且社会制度相同的国家之间亦应做到和平共处。

总之,和平共处五项原则是一个相互联系、相辅相成、不可分割的整体。互相尊重主权和领土完整、互不侵犯、互不干涉内政这三项是处理各国政治关系的最基本的行为准则,和平共处则是基本目标。几十年来,和平共处五项原则经受了国际风云变幻的考验,显示了强大的生命力,在促进世界和平与国际友好合作方面发挥了巨大作用。中国不仅是和平共处五项原则的倡导者,而且是其忠诚的奉行者。在这五项原则的基础上,中国与绝大多数邻国解决了历史遗留的边界问题,与世界上大多数国家建立了外交关系。由此而言,和平共处五项原则不仅成为中国奉行独立自主和平外交政策的基础,而且也被世界上绝大多数国家接受,成为规范国际关系的重要准则。

二、中国与其他国际法基本原则

(一) 中国与国际合作原则

早在新中国成立之初,中国就非常强调国际合作原则。1949年9月29日,在新中国诞生前夜通过了曾作为"临时宪法"的《中国人民政治协商会议共同纲领》。其中第54条规定:"中华人民共和国外交政策的原则为保障本国独立、自由和领土主权的完整,拥护国际的持久和平和各国人民的友好合作,反对帝国主义的侵略政策和战争政策。"第57条规定:"中华人民共和国可在平等互利的基础上与各外国的政府和人民恢复并发展通商贸易关系。"1954年,第一届全国人大审议通过的《中华人民共和国宪法》规定:"我国根据平等、互利、互相尊重主权和领土完整的原则,同任何国家建立和发展外交关系的政策,已经获得成功,今后将继续贯彻。"

新中国成立之后,中国也一直积极贯彻执行国际合作原则。例如,周恩来总理在1960年访问非洲七国时,提出过中国对外援助、开展国际经济合作的八项原则。1981年10月22日,中国领导人在墨西哥坎昆举行的关于合作与发展的国际会议上发言,提出关于国际合作的五项原则:第一,积极支持发展中国家发展民族经济、实现经济上的独立自主以及实行集体自力更生的一切努力。第二,按照公平合理和平等互利的原则改革现存的国际经济秩序。第三,把建立国际经济新秩序这一根本目标和解决发展中国家当前的紧迫问题正确地、密切地结合起来。第四,发展中国家有权采取适合本国国情的发展战略;发达国家不应该以发展中国家的国内改革作为建立国际经济新秩序的前提。第五,积极推动旨在改善发展中国家经济地位的南北谈判,以利于发展世界经济和维护世界和平。自1992年以来,中国领导人每年都出席亚太经合组织国家元首级非正式会议,并参加亚欧首脑会议、联合国环境与发展首脑会议、联合国社会发展首脑会议和世界粮食首脑会议。迄今为止,中国已经与其他各国及国际组织在政治、经济、文化交流、教育合作、环境保护、禁毒、军事合作、科技等各领域开展着全面广泛而深入的合作。不仅如此,中国还为上述合作提出了许多指导原则。例如,2000年10月11日,中国在泰国曼谷召开的国际禁毒会议上提出了禁毒国际合作需遵循的四原则:(1)必须以各国政府为主体,各国政府应对禁毒负有首要责任。(2)必须以《联合国宪章》的宗旨和原则为指导,各国应相互尊重主权,互不干涉内政,在平等互利的基础上加强禁毒努力,确保共同受益。(3)必须坚持非政治化、非歧视性原则。(4)必须提倡全社会广泛参与。又如,2004年10月27日,中国在第五届绿色中国论坛提出中国在国际环境合作中的四项原则:(1)尊重各国根据本国国情和自身发展状况所选择的可持续发展道路,既要在解决全球和地区性环境问题上采取协调一致行动,也要尊重各国多样化的发展;(2)坚持共同但有区别的责任原则,发达国家应更多地承担全球环境保护责任;(3)加强环境技术的国际传播与合作,在保护知识产权的同时,消除交流障碍,建立合理的转让机制;(4)发达国家应进一步消除过高的环境标准形成的贸易壁垒,促进环境保护与国际贸易同步发展。再如,中国在2008年《中国的能源状况与政策》白皮书中提出了国际能源合作的原则,即按照世界贸易组织规则和加入世界贸易组织的承诺,中国将继续开展能源进出口贸易,完善公平贸易政策,逐步改变目前原油现货贸易比重过大的状况,鼓励与国外公司签订长期供货合同,促进贸易渠道多元化;支持有条件的企业对外直接投资和跨国经营,鼓励企业按照国际惯例和市场经济原则,参与国际能源合作,参与境外能源基础设施建设,稳步发展能源工程技术服务合作。上述具体的合作原则可以更好地指导中国与他国及国际组织开展国际合作。

(二) 中国与民族自决原则

中国自近代以来长期致力于实现本民族自决权的斗争。中国是一个多民族的国家。在近代沦为半殖民地半封建的社会,外受帝国主义压迫,国内又存在民族压迫和民族不平等。旧中国民族问题包括两个方面:一方面是中国各民族从帝国主义压迫下解放出来;另一方面是消灭国内民族压迫,实现民族平等。到了新民主主义革命时期,中国各民族在中国共产党领导下,在平等的基础上联合起来,共同进行反对帝国主义、封建主义和官僚资本主义的革命,终于推翻了三大敌人对中国各民族的统治和压迫。在人民革命胜利以后,中国共产党领导中国各民族又共同建立统一的中华人民共和国,在统一国家内实行民族区域自治,并逐步走上社会主义道路。这就是中国各民族近百年来特别是六十多年来为争取和实现民族自决权而斗争的伟大历史内容。不仅如此,中国长期以来旗帜鲜明地支持被压迫民族摆脱殖民统治的正义斗争,曾经给予阿尔及利亚的民族解放战争、津巴布韦和纳米比亚等国人民的独立运动以力所能及的支援。

中国还坚持行使民族自决权主体的特殊性。具体来说,民族自决权的主体包括三种:一是处于殖民统治之下、正在争取民族解放和国家独立的民族;二是处于外国军事侵略和占领下的民族;三是主权国家的全体人民。对于单一民族国家来说,民族自决权的主体是单一的民族;对于多民族国家来说,民族自决权的主体则指一定领土范围内多民族构成的整体。在多民族国家中,少数民族享有与同一国家内其他民族平等的权利,但一般意义上的少数民族不是民族自决权的主体,个人也不能因为属于某一民族而随意主张所谓的自决权。①

中国还坚决反对各种滥用民族自决权的做法。例如,中国代表于2005年3月18日在联合国人权委员会第61届年会关于民族自决权议题的讨论中发言指出,民族自决权是一项重要而不可替代的人权,但民族自决权不是也更不能成为分裂主权国家、煽动民族仇恨的幌子和借口。实践中,中国在各种场合对于"藏独分子""疆独分子"和"台独分子"盗用民族自决权进行分裂祖国的行为进行彻底的揭露、批判和回击。

(三) 中国与真诚履行国际义务原则

作为联合国的创始会员国,中国不仅历来诚实履行《联合国宪章》所规定的各项义务,而且还积极履行已经加入的双边和多边条约规定的义务,以及国际习惯法所包含的义务。同时,中国强调那些根据不平等条约强加给弱小国家的义务,不能强迫其履行。1949年《中国人民政治协商会议共同纲领》第55条规定:"对于国民党政府与外国政府所订立的各项条约和协定,中华人民共和国中央人民政府应加以审查,按其内容,分别予以承认,或废除,或修改,或重订。"该规定实际上体现了中国对于不同性质的条约区别对待的态度。

新中国成立六十多年来,中国在文化交流、经济合作、环境保护、反恐合作、维和行动、打击跨国犯罪等各个领域诚实且积极地履行国际义务,并且在有些方面表现突出。例如,中国支持并积极参加联合国维和行动。截至2012年12月,中国是联合国

---

① 参见中国人权研究会:《什么是民族自决权》,载《人民日报》2005年5月18日第9版。

安理会五个常任理事国中派遣维和军事人员最多的国家,是联合国115个维和出兵国中派出工兵、运输和医疗等保障分队最多的国家,是缴纳维和摊款最多的发展中国家。① 再如,中国一贯并将继续积极承担和履行在打击跨国犯罪和国际有组织犯罪中的责任和义务。中国一直十分重视解决犯罪问题,通过制定和严格执行刑事法律和其他相关法律,加大预防和惩治犯罪的力度,保护人权,维护国家安全和社会稳定。中国在相互尊重主权和平等互利原则下与世界各国和地区,建立刑事法制建设的交流机制,相互学习,取长补短;建立刑事司法机构领导人的会晤机制,相互磋商,扩大共识;建立刑事司法领域的合作机制,相互协助,形成合力。

需要明确的是,中国仍然是发展中国家,只能在力所能及的范围里发挥作用。中国正在为履行自己的国际义务作出更大的努力,也在取得更多的、积极的成果。中国在尽自己国际责任和义务的同时,把中国自己的事情办好,就是为创造一个更加美好的世界作贡献。

(四) 中国与和平解决国际争端原则

中华民族自古以来就追求和平、和谐与和睦。新中国成立以后,在借鉴中国传统的和平主义思想和国际法上和平解决国际争端制度以及各国解决国际争端实践的基础上,中国对和平解决国际争端制度的理论大力发展,并在实践中积极运用。首先,中国对于和平解决国际争端原则的发展,主要体现在提出并大力推动和平共处五项原则作为处理国与国之间的关系准则,提出了"主权归我,搁置争议,共同开发"作为处理中国与周边邻国重大领土争端的原则,提出"一国两制"作为解决台湾、香港和澳门问题的重要原则这三个方面。其次,中国在国际场合积极阐述和平解决国际争端问题的原则立场,包括:(1) 主张"对话"是和平解决国际争端的有效方式;(2) 重视联合国体制对预防冲突的作用;(3) 反对使用武力或武力威胁解决国际争端;(4) 反对联合国维和行动代替政治解决国际争端。再次,中国主要采取政治方法解决国际争端,并且取得了积极的效果。其中,应用最广泛的是谈判和协商的方法。例如,中国分别与英国、葡萄牙通过和平谈判的方式,成功地解决了香港问题和澳门问题,并在1997年7月1日顺利地对香港恢复行使主权,澳门也在1999年12月20日实现回归,从而在全世界树立了和平解决国际争端的典范。中国还通过谈判的方法与东南亚各国解决了大批华侨的双重国籍问题;与周边国家解决了很多历史遗留的边界问题;与美国解决了"炸馆事件"与"撞机"事件。

中国也重视采取斡旋和调停的方法解决国际争端。例如,1997年5月和7月,关于韩国向朝鲜援助粮食的问题,中国以斡旋、调停者的身份,在北京举行了多次会谈。尤其是中国以高度的责任感和耐心多次参加了朝鲜核问题的斡旋和调停,获得了国际社会的广泛好评。另外,中国还积极参与了在联合国主持下,由安理会五个常任理事国和其他国家参加的集体调停活动,如1992年10月,关于柬埔寨问题的巴黎会议

---

① 参见国务院新闻办公室2013年4月16日发表的《中国武装力量的多样化运用》白皮书。

的召开和柬埔寨和平条约的签订,最终解决了长达13年之久的柬埔寨问题。①

总之,在国际关系中,中国历来严格遵守和忠实履行国际法的各项基本原则。第二次世界大战后的历史和现实充分证明,国与国之间的关系,往往不取决于社会制度和意识形态的差别,而是取决于是否恪守和平共处五项原则等国际法的基本原则。

【本章小结】 国际法基本原则是指各国公认的,适用于国际法一切领域的,构成国际法基础的重大法律原则。在当今国际社会,被各国普遍承认为具有重大影响的国际法基本原则主要有《联合国宪章》七项原则和"和平共处五项原则"。《联合国宪章》是联合国的组织约章,它提出了联合国组织与其会员国之间以及会员国相互间应予严格遵守的七项原则:会员国主权平等原则、善意履行宪章义务原则、和平解决国际争端原则、禁止使用武力或武力威胁原则、集体协助原则、确保非会员国遵守宪章原则之原则和不干涉内政原则。20世纪50年代,中国、印度、缅甸共同倡导了"和平共处五项原则",其内容包括:互相尊重主权与领土完整、互不侵犯、互不干涉内政、平等互利和和平共处。这些原则在国际实践中不断被各国接受,已成为举世公认的国际法原则。另外,从一些国际文件的内容看,国际社会还存在着国际合作、民族自决、和平解决国际争端和真诚履行国际义务等原则。

思考题

1. 试述国际法基本原则的概念和特点。
2. 试述国际强行法及其与国际法基本原则的关系。
3. 试述《联合国宪章》七项原则的内容及其意义。
4. 试述和平共处五项原则的内容及其意义。

---

① 参见王铁崖主编:《国际法》,法律出版社1995年版,第611页。

第三章
国际法主体

国际法是调整其主体之间的关系的法律体系,因此,确定国际法的主体就成了国际法学科中的根本问题之一。尽管学术界对国际法主体的内涵和外延存在着争议,但是,国家作为国际法的基本主体却是毫无疑问的。按照国际法,作为国际法基本主体的国家有其固有的权利和义务,也有从这些固有的权利和义务中派生出来的权利和义务。纵观国际社会发展史,作为国际法基本主体的国家往往会发生外部或者内部的变化。前者源于国家领土的变化,包括新国家的产生;后者则由于政府的更迭。这些变化往往会导致国际法上权利和义务的产生、消灭或变化。

第一节 国际法主体概述

一、国际法主体的概念及构成条件

所谓国际法主体,是指能够独立地参加国际关系并直接在国际法上享受权利和承担义务的国际法律人格者。换言之,其行为直接受国际法规范者才是国际法主体。

从上述定义出发,一个国际法主体必须具备以下条件:

第一,具有独立地参加国际关系的能力。作为一个国际法主体,它不但能够而且必须是独立地以自己的名义参与国际关系。如果不能以自己的名义参与国际关系,一般也就不是国际法的主体。香港也有能力参加国际关系,但是,它不是独立地参加,而是附属于中国,以"中国香港"的名义参加国际关系,因此,它不是一般国际法的主体。

第二,具有直接承受国际法上权利和义务的能力。首先,国际法主体具有承受国际法上权利和义务的能力。是否能够承受国际法上的权利和义务,决定了一个实体是不是国际法主体。只能承受国内法上的权利和义务的实体就只是国内法的主体。国际法主体的权利义务必须由国际法而非国内法设定。一般而言,这类权利和义务主要包括：缔结国际条约；提起国际求偿；对外交往并享受外交特权和管辖豁免等。①国际法院1952年在"英伊石油公司案"中认定，该石油公司与伊朗政府的特许协议不是一项国际条约而是一个政府与外国法人之间的特许合同。② 这意味着该石油公司在该协议中所享有的只是伊朗国内法上的权利，因而只是一个国内法的主体。其次，国际法主体是国际法上权利和义务的直接承受者，即国际法主体的权利和义务是由国际法直接规定的，而不是间接地通过国内法规定的。许多国际法规则包含着个人应享有的权利，但这些规则并不直接地为个人设定权利。1966年联合国《公民及政治权利国际公约》及《经济、社会、文化权利国际公约》虽然列举了个人应享有的基本权利和自由，但它们只是规定了缔约国国家的义务，即在缔约国各自的国内法体系中采取必要措施保护公约所列举的个人权利，缔约国的居民只是间接地从国内法而不是直接地从公约享受到公约所规定的权利，因为，这种权利是由国家通过国内法来实施保护的。所以，就该两项公约而言，其主体只能是国家而不是个人。③

二、国际法主体的范围

如何确定国际法主体的范围，是国际法学者们长期讨论的一个问题。在传统国际法时代，占主导地位的学说认为国家是唯一的国际法主体。英国学者奥本海在他编写的教科书中强调："因为国际法是根据国家的公认，而不是根据个人的公认，只有国家才是国际法的主体。"欧洲大陆的学者李斯特指出，国际法之构成权利和义务的渊源，只是就国家本身而言。④ 这种主张反映了当时国际关系的状况，因为，那时只有国家才是国际关系的参加者。

随着国际组织越来越多地出现在国际关系舞台，以及《联合国宪章》和联合国大会有关殖民地和非自治领土自决权决议的通过，国家的唯一国际法主体的地位受到了强有力的挑战。国际组织和正在争取独立的民族参加国际关系并直接在国际法上承受权利和义务的实践使得学者们普遍地将它们接受为国家以外的国际法主体。⑤然而，除国家、国际组织和正在争取独立的民族外，个人或公司（法人）在个别情况下可否成为国际法主体，仍是一个争论中的问题。

三、个人和法人国际法主体资格的争论

很早就有人主张个人是国际法的主体。第一次世界大战前后，一些社会连带学

---

① 参见〔美〕亨金：《国际法：案例和资料》（英文版），1993年版，第241页。
② 参见〔德〕马克斯·普朗克比较公法和国际法研究所编：《国际法院、国际法庭和国际仲裁案例》（中译本），中山大学出版社1989年版，第539页。
③ 许多国家的学者都持有这一观点。参见〔英〕詹宁斯、瓦茨修订：《奥本海国际法》，王铁崖等译，中国大百科全书出版社1995年版，第12页；〔英〕阿库斯特：《现代国际法概论》（英文版），乔治·爱伦和安文出版有限公司1985年版，第72页；〔奥〕阿·菲德罗斯：《国际法》，李浩培译，商务印书馆1981年版，第230页。
④ 参见周鲠生：《国际法》，商务印书馆1976年版，第62—63页。
⑤ 参见〔美〕亨金：《国际法：案例和资料》（英文版），1993年版，第241页。

派的学者主张只有个人才是国际法主体。其代表人物狄骥、塞尔等认为，国家是一个抽象体，它是由个人组成的；正如一切法律规范的最后目的是个人，国际法的规范不是适用于作为抽象人格者的国家，而是适用于个人，特别是一国的统治者。他们从社会连带关系出发，认为不同国家的个人相互间存在着连带关系，作为个人的统治者最适宜于促成这种连带关系。因此，国际法主体不是国家而是组成国家的那些个人。

与社会连带学派不同，较多的学者主张国家是基本的或正常的国际法主体，在这一前提下，主张个人在特定条件下也是国际法主体。著名学者凯尔逊认为，国家是国际法主体并不意味着个人不是国际法主体，而是意味着个人以特殊方式作为国际法主体。① 西方的许多国际法学者都不同程度地主张个人的国际法主体资格。另外，由于现代跨国经济交往的发展，许多学者认为跨国公司也可以成为国际法主体。

主张个人是国际法主体的学者往往举出国际法对个人基本权利和自由的保护，国际法对海盗和战争罪犯的惩罚，以及个人参加国际诉讼程序等事例，以说明个人能够承受国际法上的权利和义务。但是，这些事例不能证明个人的国际法主体资格。

个人不能直接地承受一般国际法上的权利义务。个人既无认可国际习惯和缔结国际条约的资格，也无执行国际习惯和条约的能力，更没有以自己名义享受特权和管辖豁免的资格。在一般国际法上，提起国际求偿的一般是国家，并且国家对于是否提起国际求偿具有自由裁量的权利。此外，个人在一般国际法上也无承担义务的能力。如前所述，国际人权保护的公约不是直接地规范个人的行为，而是为其缔约国设定义务，即通过各自的国内法实现公约所列举的个人的基本权利和自由。因此，多数学者否定个人在一般国际法上的主体资格。菲德罗斯认为："个人原则上不是国际法主体，因为国际法虽然保护个人利益，却并不使个人本人享受权利和负担义务，而只是他们的本国享受权利和负担义务。"②英国学者詹宁斯和瓦茨在他们修订的《奥本海国际法》（第9版）中也指出，"国际法通常不是直接对一个个人……设定权利义务"，按照国际法给予个人的权利义务，通常不是国际的而是国内的权利义务。③

个人能否例外地承受一般国际法上的权利义务，或者说个人可否成为特别国际法上的主体，则是一个存在争议的问题。凯尔逊主要以海盗和运送战时禁止品的商船作为例证，来说明个人的国际法主体地位。对此，一些知名学者如菲德罗斯，作了否定的回答。他们认为，海盗和运送战时禁止品的船舶不是国际法主体，而是国际法的客体。④ 事实上，对海盗的惩罚是国际法授予国家的权利。虽然，《联合国海洋法公约》对海盗行为直接作出了规定，但只有国家的军舰、政府船舶或军用飞机才能对海盗加以惩罚。交战国对向敌方运送战时禁止品的商船加以没收，也是基于交战国自己的法律。

---

① 参见周鲠生：《国际法》，商务印书馆1976年版，第62—63页。
② 〔奥〕阿·菲德罗斯等：《国际法》，李浩培译，商务印书馆1981年版，第262—263页。
③ 参见〔英〕詹宁斯、瓦茨修订：《奥本海国际法》，王铁崖等译，中国大百科全书出版社1995年版，第10页。
④ 参见〔奥〕阿·菲德罗斯等：《国际法》，李浩培译，商务印书馆1981年版，第263—265页。

然而，一些学者却认为战争罪犯是战争法上的主体，因为战争法直接地为个人设定义务，又直接地规定对战争罪犯的惩罚。与海盗或运送战时禁止品的商船不同，对战争罪犯的惩罚不需要国内法的依据。① 二战以后纽伦堡和东京两个军事法庭，以及20世纪90年代设立的前南斯拉夫战犯法庭和卢旺达战犯法庭的实践，特别是1998年通过的《国际刑事法院规约》，似乎都可以支持这种观点。同时，这些学者认为，个人可以是某些地区性人权保护公约和世界性投资公约的主体，因为这些公约直接地赋予个人或公司在这些公约所设立的国际法庭起诉的权利。例如，欧共体条约直接规定了个人或公司在某些情况下可以在欧洲人权法院起诉的权利，甚至规定个人可以对其作为国民所属的国家提起诉讼。又如，根据《国家与他国国民投资争端公约》，外国投资者可以在该公约所设的仲裁法庭向作为公约缔约国的东道国提出求偿。② 此外，一战后的《凡尔赛和约》所设立的混合仲裁法庭也允许少数民族国民以当事人资格出席法庭。③ 二战以后，于1952年签订的《解决因战争及占领所引起事项的专约》设立了一个仲裁委员会，规定缔约国的个人可以直接向仲裁委员会提出求偿。此外，伊朗—美国求偿仲裁法庭也允许美国和伊朗两国国民直接提出求偿。

持不同观点的学者认为，对战犯的处罚是有关国家根据条约而具有的权利义务，有关国家根据条约行使处罚战犯的权利，战犯的本国有义务承认这种处罚，并在必要时予以协助。有学者认为，国际刑事法院以及其他处理战争或其他反人道主义犯罪的法庭行使的实际上是其成员国的普遍性管辖权，仅仅是由于其成员国将普遍性管辖权有条件地授权，才使这种法庭对战争罪犯拥有管辖权。④ 至于混合仲裁法庭的规定，学者们认为，权利的主体不是享有直接出诉权的个人，而是他们背后的国家，因为个人不能直接得到这种仲裁法庭的赔偿裁决。安齐洛蒂甚至认为，这种仲裁法庭也不是真正的国际法庭，而是相关国家的共同机关。⑤ 对于欧共体条约关于个人或公司诉讼权的规定，阿库斯特认为，这不是个人或公司国际法主体资格的适当事例，因为欧共体法不是国际法，而是国际法和联邦法之间的混合物。⑥

虽然，《国家与他国国民投资争端公约》授予投资者直接在仲裁法庭对东道国提起申诉的权利，但依据该公约，一则仲裁法庭在双方未选择法律的情况下适用东道国的法律；二则若东道国不履行裁决，除该外国国民的本国可以直接提起外交保护外，该外国国民是无能为力的。有学者以公司与国家在合同的某些争端解决中适用国际法为由，主张跨国公司的国际法主体资格。例如，上述公约规定，在双方未选择法律的情况下，也可以适用普遍的国际法原则。但是，仲裁机构将国际法适用于公司与东

---

① 参见〔奥〕阿·菲德罗斯等：《国际法》，李浩培译，商务印书馆1981年版，第263—265页。
② 参见〔英〕阿库斯特：《现代国际法概论》（英文版），乔治·爱伦和安文出版有限公司1985年版。
③ 参见〔奥〕阿·菲德罗斯等：《国际法》，李浩培译，商务印书馆1981年版，第263—265页。
④ See Kenneth S. Gallant, Jurisdiction to Adjudicate and Jurisdiction to Prescribe in International Criminal Courts, Villanova Law Review, 2003, pp.763—841.
⑤ 参见周鲠生：《国际法》，商务印书馆1976年版，第62—63页。
⑥ 参见〔英〕阿库斯特：《现代国际法概论》（英文版），乔治·爱伦和安文出版有限公司1985年版，第72—73页。

道国政府的合同,或合同双方在协议中选择适用国际法规则,与国际习惯或条约本身直接规定公司的行为是不同的。正如国际法院在"英伊石油公司案"中确定的那样,外国公司与东道国政府的协定只是国内法上的合同,而不是条约。

布朗利教授在讨论个人或公司是否属于国际法主体时,明确指出:"习惯国际法依然维持下述规则:只有国家才有能力提出国际求偿。"他认为:第一,有关个人或公司的国际法主体资格的讨论在实践中并无多大意义。第二,个人都是生活在有组织的共同体之中,因此,他个人的状况将取决于那个共同体在社会与经济方面总的发展状况。例如,国家在国有化时给予外国投资者完全的补偿,作为对外国投资者"人权"的保护,可能会以牺牲整个国家共同体的人权为代价。第三,必须注意的是,联合国大会的许多成员国认为人权问题与自决权这种集体权利有着密切关系。[①]

我们认为,国家是国际法的基本主体,国际组织和某些正在争取独立的民族也是国际法的主体,而个人或公司(法人)一般不是国际法的主体。

第二节 国际法的基本主体——国家

一、国家是国际法的基本主体

虽曾受到挑战,国家的国际法主体地位却从未被动摇过。这不但归因于学者们的睿智,更重要的是由于国家本身的性质,因为国家是基本的国际法主体。这体现在以下几个方面:

(一) 国家是国际法的基础

国家是国际法的主要制定者,又是国际关系的主要参加者。近代国际法正是随着近代主权国家的出现而产生和发展的。作为国际法主体的国际组织主要由国家组成,是国家间进行多边交往的形式;正在争取独立的民族之所以被视为国际法主体,是因为民族独立的实现意味着国家的建立。离开了国家,国际法就失去了存在的依据和调整的对象。

(二) 国家是当然的国际法主体

国家是主权者,因而是当然的国际法主体。国家的缔约权、国际诉讼权、求偿权和司法豁免权等国际法上的基本权利为国家所固有,而不是由外来力量赋予的。国家以外的国际法主体,如国际组织的主体资格则是由其成员国创设的。

---

① 参见〔英〕布朗利:《国际公法原理》,曾令良、余敏友等译,法律出版社2003年版,第648页。

(三) 国家是完全的国际法主体

由于是唯一的主权者,国家原则上不受限制地承受国际法上的权利义务。它可以独立自主地进行国际交往而不必经过外来力量的授权。国际组织的国际法主体资格只是国家为特定目的而创立的,它只能在其章程或赖以建立的条约的目的和宗旨的范围内才能承受国际法上的权利义务。作为国际法主体的某些民族也只是在实现民族独立的范围内才具缔约能力。①

(四) 国家是确定其他国际法主体的基础

其他的实体,如国际组织和正在争取独立的民族,正是具备国家的某些国际法上的能力才被视为国际法主体。赞成或否定个人国际法主体资格的学者也正是从个人是否具备国家的某些能力出发,来论证他们的观点的。②

二、国家的概念和要素

根据国际法的观念,国家是居住在特定领土上的人民在一个主权政府下组成的实体。因此,一个国际法上的国家必须具备以下四个要素:

(一) 有定居的居民

国家是人的集合体,人民是国家的基本要素。构成人民的个人或群体可以分属不同的种族、具有相异的肤色或宗教信仰,只要他们组成一个共同的社会,就具备了成为国家的基本条件。至于居民人口的多少则是无关紧要的。世界上所谓的"微型国家"不在少数。瑙鲁人口只有八千左右,但仍是一个国家。

(二) 有确定的领土

领土是国家的物质基础,也是国家行使权力的基本空间范围。在国际社会,现存国家之间的边界纠纷时常发生,其相互间的边界是否划定并不影响争端各方的国家资格。同时,国际法上也没有领土大小的规定。摩纳哥领土只有1.5平方公里,但这并不影响其国家资格。

(三) 有一个政府

国家是一个政治单位,必须由一个管理者按照法律进行治理。至于这个政府的连续性中断,或者暂时处在国外,如二战时的波兰和捷克政府,并不影响国家的存在。索马里于1992年出现无政府状态,由美国军队在联合国安理会的授权下帮助该国建立稳定秩序,向饥民分配粮食和其他人道主义援助物资,这并不妨碍索马里继续作为一个国家存在。

---

① 参见李浩培:《条约法概论》,法律出版社1987年版,第8页。
② 参见〔奥〕阿·菲德罗斯等:《国际法》,李浩培译,商务印书馆1981年版,第241页。

(四) 享有主权

这是国家最本质的属性和最重要的特征。主权意味着最高的权威,这一权威独立于世界上任何法律权威。只具备上述三个条件的实体可以是一个国家的地方行政单位,但绝不是国家。国家和主权不可分离:国家是主权者,主权者即国家。①

三、国家的类型

国家都是国际法主体,但却有不同的类型。根据国家结构形式,可分为单一国和复合国;按照主权受限制的情况,可分为完全主权国、半主权国和永久中立国。历史上曾有政合国和身合国的联合形式,但这些都已成为历史。

(一) 单一国

单一国(Single State),是指由中央政府统一行使主权的国家。它有统一的宪法,并根据宪法确立统一的立法、司法和行政权。对外则由中央政府代表国家统一行使外交权。单一国的地方政府不享有任何主权,非经中央政府特许,无权对外交往。中央集权是单一国的基本特征。

(二) 联邦

联邦(Federation),是指其成员依照宪法或条约构成的复合体。依据宪法或条约,联邦的各成员将一部分权力交给联邦政府,而将一部分权力保留给自己。从某种意义上说,联邦宪法正是联邦与其成员之间分配权力的法律。一般而言,联邦有对各成员的居民直接行使权力的立法、司法和行政机构,有统一的军队和统一的财政税收,其人民有单一的联邦国籍。在对外关系上,只有联邦政府才能对外宣战、媾和、缔结政治性条约、派遣和接受外国使节。因此,联邦本身是一个国家,一个国际法主体。至于联邦各成员的国际法地位,则依各联邦宪法的不同而存在差异。

以美国为例。按照美国宪法,内部权力由联邦和各州分享,对外关系则由联邦统一行使,各州没有外交权。因此,一些美国法官认为,各州在内部事务上拥有部分主权。② 以美国为模式建立的联邦国家大致与此相同。

与美国不同的是,德国宪法允许各州在它们有立法权的范围内,经联邦政府核准可以与外国缔结非政治性条约。瑞士的各州则具有"次要"事项的缔约权。

西方一些学者正是以联邦和其成员分享权力的事例来论证主权是可分的理论。③

---

① 《美国对外关系法重述(第3次)》所列的第四个条件是"与其他国家一起通过国际习惯和国际条约制定国际法的能力"。
② 根据美国宪法,任何州不得缔结条约,但同时又允许州在国会同意下与外国政府缔结"协定和公约",例如,纽约州与加拿大于1957年订立了布法罗与休伦港之间公共桥梁的协定。参见〔美〕亨金:《国际法:案例和资料》(英文版),1993年版,第433—434页。
③ 参见〔英〕詹宁斯、瓦茨修订:《奥本海国际法》,王铁崖等译,中国大百科全书出版社1995年版,第163—164页。

确实,无论各联邦的体制有何差异,联邦与单一制国家的根本区别在于分权。

(三) 邦联

邦联(Confederation),是指主权国家为特定的目的依据条约建立的联合体。邦联不是一个国家,因而也不是一个国际法主体。相反,邦联的成员却是国家。邦联没有直接对各成员国国民行使权力的立法、司法和行政机关,没有统一的军队和财政税收,各成员国国民只有本国的国籍而无邦联国籍。邦联虽有自己的机关,但这些机关的权力只能针对成员国国家而非成员国的国民。因此,邦联是一个国际社会而不是国内社会。现存的邦联如 1982 年开始生效的塞内加尔—冈比亚邦联。

(四) 被保护国

被保护国(Protected State),是指依据条约将其重要的外交事务交由一个强国处理,而处于该强国保护之下的国家。《奥本海国际法》指出,一个强国通过条约将一个弱国置于自己的保护下,就形成了保护关系。① 前者是保护国,后者是被保护国。一般而言,被保护国保留国内问题的决定权,重要的对外事务则交由保护国处理。视条约规定的不同,有些被保护国或多或少地保留了某些方面的外交权。被保护国并不是保护国的一部分,它仍然保持着国际法主体的地位。法国和西班牙共同保护的安道尔共和国即为一例。②

(五) 永久中立国

永久中立国(Permanent Neutralized State),是指依据条约承担永久中立义务的国家。永久中立国是完全独立国家,中立条约担保它们的领土完整,它们则作出永久中立的承诺。必须把中立国与国家一部分领土的中立化、根据特别协定在战争期间对某项建筑物的特殊保护、单方面宣布的中立声明以及战时中立区别开来。现在的永久中立国主要有瑞士和奥地利。瑞士永久中立地位的依据是 1815 年维也纳公会宣言及其公约。奥地利的永久中立地位不是依据条约,而是依据苏联 1955 年的《莫斯科备忘录》,后经美、英、法三国通过外交照会宣布承认。因此,周鲠生将瑞士式的永久中立称为"被保障的中立",而将奥地利式的中立称为"被承认的中立"。③ 永久中立国虽是完全主权国家,但它自愿地通过条约或宣告对自己主权的某些方面作出限制。根据永久中立国的实践,这些限制主要包括以下几个方面:

1. 战争权的限制

永久中立国不得对他国进行战争,也不得参加他国之间的战争,但遇他国进攻时有权进行自卫。瑞士由于这方面的限制,长期不是联合国的成员国。奥地利虽是联合国的成员国,但它几次向联合国声明,关于奥地利是否自动地受联合国安理会有关

---

① 也有例外情况:埃及成为英国的被保护国,完全是由于英国的单方面声明。参见〔英〕詹宁斯、瓦茨修订:《奥本海国际法》,王铁崖等译,中国大百科全书出版社 1995 年版,第 322 页。
② 同上书,第 71 页。
③ 周鲠生:《国际法》,商务印书馆 1976 年版,第 92 页。

强制制裁决定拘束的问题，只能考虑到奥地利的联合国成员资格和奥地利的永久中立地位所应承担的义务，根据具体情况决定。

2. 缔约权的限制

永久中立国不得订立与中立地位不相称的条约，如军事同盟条约、共同防御协定、保障条约。奥地利与欧洲联盟的关系是否符合奥地利的永久中立地位，已经引起学者们的质疑。

3. 领土主权的限制

永久中立国不得在其领土内作出与其中立地位不相称的行为，即不得对战争任何一方提供援助，也不得允许外国为战争目的利用其领土，如军队的过境、建立军事基地。例如，奥地利1955年的《联邦条例》宣布奥地利将不参加任何军事同盟或允许在其领土上建立外国军事基地。

在对主权作出限制的同时，永久中立国也享受中立的权利。这些权利主要包括：领土不受侵犯；承认其中立地位的国家不得对永久中立国作任何有损于其中立地位的行为。

永久中立国的中立地位虽称"永久"，但历史上永久中立国的中立地位遭受破坏的事例却屡见不鲜。随着国际关系的发展，现存的两个永久中立国也正在经历新的变化。奥地利加入欧盟一事已经引起人们对该国的永久中立地位的质疑，瑞士的永久中立地位也因其成为联合国成员国而面临着挑战。

四、国家的基本权利和义务

国家作为主权者，其权利可以分为两类：一类是基本权利（Fundamental Rights），另一类是派生的权利（Secondary Rights）。基本权利是国家作为主权者所固有的；派生的权利则产生于基本权利，是由国家行使基本权利而引起的权利，如缔约的权利。至于哪些是国家的基本权利，学者们却无一致见解，但是，国家在享有基本权利的同时，也更有尊重他国享受基本权利的义务。

1970年，联合国大会采用鼓掌的方式无异议地通过了《关于各国依联合国宪章建立友好关系及合作的国际法原则宣言》（简称《国际法原则宣言》）。由于其被普遍接受的性质，该宣言受到国际法学界的普遍重视。该宣言列举了七项原则，即各国在其国际关系上应避免为侵害任何国家领土完整或政治独立的目的或以与联合国宗旨不符的任何其他方式使用威胁或武力；各国应以和平方法解决其国际争端，避免危及国际和平、安全及正义；依照宪章不干涉任何国家国内管辖事件；依照宪章彼此合作；各民族享有平等权利与自决权；各国主权平等；各国应一秉诚意履行其依宪章所负的义务。

根据这一宣言及学者们的意见，国家的基本权利至少包括独立权、平等权、自保权和管辖权这四项权利。

(一) 独立权

独立权(Right of Independence),是指国家自主地处理本国的内外事务,排除任何外来干涉的权利。独立是主权最基本的内容,而且在许多方面与主权是同义词。《奥本海国际法》(第9版)指出,就其排斥附从另一国家的权威而言,主权就是独立。① 根据独立权,国家对内部的立法、司法和行政事务具有最高的权威,凡在一国领土的人、物、事均从属于这个权威。除受国际法约束外,国家完全自主地决定自己的对外政策。

(二) 平等权

平等权(Right of Equality),是指国家在国际社会享有平等地位的权利,它是直接从主权引申出来的一项权利。国家是主权独立的,因而是平等的。尽管在国际组织的实践中,因国家的大小或强弱存在着不平等的状况,如联合国安理会的否决权制度,但国家平等的原则已为国际法所确立。国家平等,不仅是《联合国宪章》的基本原则之一,而且在其他一些国际法文件中也得到确认。《国际法原则宣言》宣告:"各国一律享有主权平等。各国不问经济、社会、政治或其他任何性质有何不同,均有平等权利与责任,并为国际社会的平等会员国。"

主权平等在法律上主要表现为:对国际法规则的接受以国家的同意为依据,以及一国一票的投票制度,即除另有约定外,不论国家的大小和强弱,每一票都具有同样的法律效果。但这只是形式上的平等。中国、印度、缅甸共同倡议的"和平共处五项原则"将平等与互利相结合,反对大国利用其优势地位,以平等的形式获取片面的利益。这是具有积极意义的努力。

(三) 自保权

自保权(Right of Self-preservation),是指国家保卫自己的生存和独立地位不受侵犯的权利。它包括两个方面:一是国家在平时从事武装力量建设的权利;二是在受到外来侵犯时武装自卫的权利。但是,这两项权利都须受到限制。根据《联合国宪章》第2条的规定,第一项权利的行使不能构成对他国的武力威胁;第二项权利的行使只是在遭受外来武装进攻的情形下才是合法的。所谓"假想的防卫"很可能是非法行为。国际实践中有许多以自卫为由侵犯他国领土的事例。例如,1965年,以色列以阿拉伯国家即将发动攻击为由,袭击了在埃及的阿拉伯突击队基地;20世纪80年代,美国以集体自卫为由对尼加拉瓜采取军事行动。因此,学者们都主张对自卫权作出限制。国际法实践也肯定了对自卫权的限制。国际法院在1986年的"准军事行动案"中,驳回了美国为了集体自卫而对尼加拉瓜采取军事行动的主张。② 美国于2003年

---

① 参见〔英〕詹宁斯、瓦茨修订:《奥本海国际法》,王铁崖等译,中国大百科全书出版社1995年版,第291页。
② 参见中国政法大学国际法教研室编:《国际公法案例评析》,中国政法大学出版社1995年版,第209—225页。

以自卫为名入侵伊拉克,这也被国际法学界和大多数国家指责为侵略行为。

(四) 管辖权

国家的管辖权(Right of Jurisdiction),是指国家通过立法、司法、行政等各种手段,对其领域内的一切人、事、物以及领域外的本国人所施行的统治权。具体而言,管辖权包括立法、司法和行政的管辖。国家对一事项是否拥有管辖权,取决于国际法;而国家是否实际上行使这种管辖权,则由国内法决定。国际法承认的管辖权主要有:

1. 属地管辖权

属地管辖权(Territorial Jurisdiction),又称属地优越权或领土最高权,是国家对其领土内一切事务的最高权力。属地管辖权适用的范围是国家领土,其对象是国家领土内的居民,包括本国人、外国人和无国籍人,以及发生在该国领土内的行为和有关的人、物、事。为管辖的目的,发生在一国船舶和航空器内的行为一般被视为发生在船舶或航空器所属国境内,因而也受制于国家的属地管辖权。例如,我国《刑法》第6条第2款规定:"凡在中华人民共和国船舶或航空器内犯罪的,也适用本法。"根据常设国际法院对1926年"荷花号案"的判词,除非国际法有许可性的规则,一个国家只能在自己的管辖范围内执行其法律。从这个意义上说,管辖权本质上是属地的。根据"荷花号案"的判词,属地管辖权还可以由行为结果地国家主张,是为"客观属地管辖"。

2. 属人管辖权

属人管辖权(Personal Jurisdiction),是国家对在外国的本国人行使管辖的权力。属人管辖权以国籍为依据,因而又称为国籍管辖权。根据属人管辖权,在外国的本国国民必须对其本国效忠,遵守本国的法律;国家也具有对在外国的本国国民行使管辖和提供外交保护的权力。与属地管辖权相比,属人管辖权的行使往往较为宽松。在采用刑法属地原则的国家中,如英国,国外侨民的行为构成其本国法上刑事犯罪的情形是不多的。大陆法系国家对其侨民在外国的犯罪,在规定属人管辖权的同时,还附有一定的条件。我国《刑法》第7条第1款规定,中国公民在外国所作行为触犯我国刑法的,适用我国刑法,但是,依刑法最高刑在有期徒刑3年以下者可不予追究。

3. 被动国籍管辖权

被动国籍管辖权(或称消极人格管辖权)(Passive Personality Jurisdiction),是属人管辖原则的延伸,它指的是对外国人在外国针对本国国民的犯罪行使的管辖权。在"荷花号案"中,土耳其以受害者的国籍为由主张管辖权(当时称为"保护性管辖"),但这一主张未获法庭的认可。之后,被动国籍原则是否作为国际法上的管辖原则问题在学者中一直是存在着争论,当然,越来越多的学者对此采取支持的立场。在实践中,许多国家,如法国、西班牙、比利时等,都在国内立法中将被动国籍管辖作为刑事管辖的原则之一。我国《刑法》第8条也主张对外国人在中国境外针对中国人犯罪的行为行使管辖权。有些国家(如美国)虽然没有把被动国籍管辖作为其刑事管辖的一般原则,但近年来美国在针对劫持人质或有组织的国际犯罪行为时也开始主张被动国籍管辖。20世纪后半期缔结的一些刑事公约也开始认可被动国籍管辖原则,如《劫持人质公约》。

4. 保护性管辖权

保护性管辖权(Protective Jurisdiction),适用于外国人在外国所作的对管辖国造成损害的行为。保护性管辖权成为国际法上的一个管辖原则,有赖于近几十年的国际法实践。例如,根据《奥地利刑法》第40节,奥地利对外国人在外国所犯的共同犯罪行使管辖权。其他国家也有类似的规定。我国《刑法》第8条在两个条件下主张保护性管辖权。这两个条件是:依刑法处以3年以上刑罚;依行为地法也是犯罪行为。在实践中,保护性管辖权的实现有赖于外国犯罪人进入管辖国,当外国人不在管辖国的场合,则依赖于外国人所在国的同意。

5. 普遍性管辖权

普遍性管辖权(Universal Jurisdiction),是指对国际法上的犯罪行为行使管辖的权力。"普遍性"意为管辖权的普遍性,即任何国家都享有管辖权。与前面几种管辖权不同,引起普遍性管辖权的是违反国际法的犯罪行为,包括战争犯罪、海盗、贩卖奴隶,等等。

6. 效果原则

效果原则是美国法院在反托拉斯案的裁判中发展起来的管辖原则,即国家对外国人在外国所作的,对本国的商业造成影响的行为享有管辖权。因为这一原则针对的是外国人而被认为是属地管辖原则的延伸;又由于它的目的是保护国家的重大利益而与保护性管辖原则相似。美国学者从常设国际法院对1926年"荷花号案"的判词中寻找效果原则的依据。[①] 在该案中,法院确认,一国不仅可以将其法律适用于在其领土内发生的行为,而且可以将其法律适用于外国人在外国作出的在该国领土内产生效果的行为。然而,"荷花号案"所采用的原则仅仅适用于在一国领土内开始而在另一国领土内造成肉体或物质影响的行为。而美国法院在反托拉斯案件中却将发生在外国的、对美国经济造成"影响"的行为适用美国的反托拉斯法。美国的做法引起了许多国家的反对和抵制,一系列法律相继在各个国家出台,如1980年英国的《贸易利益保护法》、1996年加拿大的《外国域外措施法》、1997年欧盟的《免于受到第三国法律域外适用影响的规则》和1997年墨西哥的《保护贸易和投资免于适用与国际法抵触的外国规则法》。但是,实践的发展却显示出这一管辖原则逐渐被接受的趋势。例如,德国《反限制竞争法》第98条规定,本法适用于所有在(德国)领土内产生效果的限制竞争行为,即使这种效果由领土外的行为所致。欧共体法院也在1988年"Re Wood Pulp Cartel 案"中实际适用了与效果原则相似的管辖原则。[②]

---

① See Louis Henkin, International Law: Politics and Values, Kluwer Academic Publishers, 1995, pp. 241—242.
② See Martin Dixon & Robert McCorquodale, Cases and Materials on International Law, Blackstone, 2000, pp. 294—303.

(五) 外国国家的司法豁免权

外国国家的司法豁免权(Judicial Immunities),是指一国不受另一国的司法管辖。它包括:(1)诉讼豁免。未经外国国家同意,一国法院不能受理以该外国为被告或以该外国国家财产为标的的案件。但是,法院可以受理外国国家作为原告,或者对作为原告的外国国家提出直接反诉的案件。(2)诉讼保全豁免。非经外国国家同意,法院不得对该外国的国家财产采取诉讼保全程序。(3)强制执行豁免。当外国国家败诉时,法院未经该外国的明确同意,不能对该外国国家执行判决。

主权平等的原则是主权豁免的理论依据。国家是主权独立的,因而是平等的,所以,一国的行为或财产不受另一国的支配。就该另一国即法院地国而言,给予外国主权豁免就是对本国属地管辖权的明示或默示的放弃。有些学者认为,法院地国放弃属地管辖不是基于法律义务,而是出于礼让或发展友好关系的需要。但正如英国上诉法院1938年在"克里斯蒂娜号案"的判词中所说的,"尊严、主权和独立是外国国家享受豁免的基础"①。《奥本海国际法》(第9版)在总结了一二百年来国家实践的基础上正确地指出:"国际习惯法承认有一项一般规则……即:外国国家不能被诉。"因此,外国主张豁免权,以及法院地国放弃属地管辖权,都因为存在着外国国家豁免的习惯规则,而这项习惯规则是国家平等这一法律原则的必然结果。

国家司法豁免成为国际习惯规则,是基于各国的实践。美国法院在1812年对"交易号案"的判决中认定,一国法院不能期望将外国主权者及其主权权力作为自己的管辖对象,因而拒绝对被法国充作公船的"交易号"行使管辖权。此后,英、德、美、比等国的法院分别自1820年、1815年、1827年、1840年开始遵循主权豁免的原则。②但是,对于外国国家主权豁免适用的范围,换言之,对外国国家主权豁免是否应有限制的问题,却历来有两种主张:一是绝对豁免说;二是有限豁免说。

根据绝对豁免说,决定是否给予豁免的唯一标准是财产或行为的归属而不论其性质和目的,即只要是国家的财产或行为,一律给予豁免。到第一次世界大战时,这一主张为大多数国家的实践所接受。在1880年"比利时国会号案"的判决中,英国上诉法院认为,一个主权国家是不能在外国被诉的,否则"将不符合主权者的尊严,也就是不符合崇高权威的独立性",从而拒绝了初审法院法官菲利莫尔关于不应给予从事商业活动的外国国家船舶豁免权的主张。这体现了英国司法实践中的绝对豁免主义。法国最高法院在1849年"西班牙政府诉卡索案"中也指出:"一个政府不能因为缔结了协定而服从于一个外国的管辖。"之后德国、奥地利等国的判例一直遵循绝对豁免的原则。日本甚至在1928年"松山诉中华民国案"中认为,即使外国国家同一日本商人订有同意日本法院管辖的协议,日本法院也不具有当然的管辖权。而美国直至1949年在"俄罗斯号案"的判决中还是坚持绝对豁免主义。③ 总之,虽有个别反

---

① 倪征燠:《关于国家豁免的理论与实践》,载1983年《中国国际法年刊》,第4页。
② 参见黄进:《论限制国家豁免理论》,载1986年《中国国际法年刊》,第279页。
③ 参见〔英〕莫里斯:《法律冲突法》,李东来等译,中国对外翻译出版公司1990年版,第277页。

复,欧洲大陆国家在第一次世界大战前,以及英美在60年代前占优势的实践是遵循绝对豁免主义。

有限豁免主义则不但考虑财产和行为的归属,而且区分财产和行为的不同性质或目的。该主张将国家行为分为公法性质和私法性质的行为、主权行为和非主权行为、政治行为和商业行为或统治权行为和管理权行为等,认为在各种分类中,都只有前者才能享受司法管辖豁免权,而后者如同私人行为,不能享受豁免。

然而,对于如何确定一项行为或财产是私法或商业的还是公法或统治权的问题,主张有限豁免主义的国家或学者曾有过不同的观点。常设国际法院法官魏斯建议,一个交易是公法行为还是私法行为,决定于其性质而不是目的。根据这一标准,只要一项行为既可以由政府,也可以由私人作出,则该项行为就是私法行为。这种说法引起了激烈的争论。一些学者指出,国家为维持国家经济而购买粮食等行为都是因其目的和用途而成为公法行为,因而不能由于私人也能为这种行为而否定国家司法豁免权。正如倪征噢教授批判的那样,以行为的性质决定是否给予豁免,"其结果不是限制豁免,而是绝对'不豁免'"。尽管如此,这种"性质说"在国家实践中一直占据主导地位。

有限豁免主义的理论是在对绝对豁免主义的批判过程中发展起来的。一些学者认为,绝对豁免主义适用于19世纪的情况,那时国家的活动主要在政治领域。随着国家活动在政治领域以外的发展,尤其是进入了经济领域后,绝对豁免主义的缺点就暴露出来了。这种缺点在苏俄实行国有化由政府直接管理经济,成为西方学者眼中的"经商国家"后,表现得尤其明显。国家越来越多地涉足一般的民事关系,却处于优越于对方当事人的地位,这不符合民事关系中当事人平等的原则,对交易的另一方是不公平的。正如法国学者马南所说:在法国,最高法院似乎正是鉴于苏联国家的商业活动,而不得不放弃绝对豁免的。哈里斯在他所编的《国际法案例与资料》一书中也指出:在20世纪,社会主义国家和其他国家既从事商业活动(管理行为),又履行传统上的国家公共职能(统治权行为)。其结果是,大多数国家现在都在它们的实践中遵循限制豁免学说,只允许给予统治权行为以豁免。

有限豁免主义得到了学术界的有力支持。1891年,国际法学会决议建议对外国国家经营工商业或铁路的行为不予豁免。1932年,哈佛大学法学院《关于法院对外国国家的权限的公约草案》第11条规定:"如果一国在另一国领域内从事私人可从事的工业、商业、金融或其他企业,或在那里为某种与这种企业经营有关的行为,该国可以在该他国法院的诉讼中充当被告,只要诉讼是基于这种企业的经营或这类行为的。"作为政府性组织的"亚非法律协商委员会"在1960年就采用限制豁免主义作出了建议。①

有限豁免主义的国家实践可以追溯到19世纪末。1886年,意大利那不勒斯法院在判决中确立了外国国家对纯粹私法范围内的问题不能主张司法豁免的原则。次

---

① 参见〔英〕莫里斯:《法律冲突法》,李东来等译,中国对外翻译出版公司1990年版,第277页。

年,意大利法院就开始将"统治权"和"管理权"相区别,以处理主权豁免问题。比利时法院在1903年也有类似的判决。第一次世界大战前后至60年代,其他的欧洲大陆国家如法国、德国、奥地利、罗马尼亚、瑞士、希腊,经过一段时间的反复之后也逐步地由绝对豁免主义转向了有限豁免主义。英国和美国虽然在司法实践中较晚地向有限豁免主义转化,但在英国,有限豁免的思想早在上述"比利时国会号案"中就由初审法官菲利莫尔表达了出来,并最终在1976年"菲律宾海军上将号案"中得到了明确的肯定。美国则从1945年"墨西哥共和国诉霍夫曼案"起,开始逐渐地、有反复地向有限豁免主义转变,直至1976年通过立法彻底抛弃绝对豁免主义。至80年代,原来主张绝对豁免主义的国家,如澳大利亚、新西兰、加拿大、印度、巴基斯坦、日本以及许多南美国家,均完成了向有限豁免主义的转变。①

与欧洲大陆国家不同的是,许多英美普通法国家虽然较晚抛弃绝对豁免主义,但都进行了有限豁免主义的立法,如美国1976年《外国国家主权豁免法》、英国1978年《国家豁免法》以及加拿大、南非、新加坡、巴基斯坦等国的主权豁免立法。其中,美国的立法较为典型,也是其他国家立法的样板。该法在确定外国国家司法豁免原则的前提下,具体列举了不予豁免的情形。这些情形包括:自愿放弃豁免、商业活动、没收财产、位于美国的不动产权利、由于侵权行为而在美国所造成的损害赔偿请求权,以及基于外国国家的商业活动而发生对外国船舶或货物的海事留置权。该法所指的国家,包括外国中央政府所属的各部门和地方政府,以及外国国家的代理或服务机构。同时规定,一项行为是否构成商业行为,取决于其性质而不是目的。

除国内判例和立法外,一些国际条约也作出了有关有限豁免的规定。这些条约包括1926年关于国有船舶豁免的《布鲁塞尔公约》和1972年《欧洲国家豁免公约》等。这些公约不同程度地对国家的司法豁免权作出了限制。

在越来越多的国家实践和学者意见主张有限豁免主义的情况下,仍有许多学者对有限豁免主义提出了批评。英国学者菲茨英里斯和美国学者海德曾明确指出,主权国家不因做了私人可做的行为就不再是一个主权国家;一个国家即使在参加通常由私人进行的活动时,也从不因此而以私人资格行事。一些学者进而指出对国家行为作公法和私法的区分是不科学的,因为每个国家行为都直接间接地、或远或近地涉及政府、公共行政的事务,或一般地说,涉及对有关国家公民利益的关心。事实上,一个行为在一个国家是私法行为,在另一个国家就可能是公法行为。例如,同样是购买军鞋,法国和美国法院认为是公法行为,而意大利法院却认为是私法行为;购买烟草在罗马尼亚是私法行为,而到了美国法院则成了公法行为。虽然一些国家的法院和学者认为可以依照大多数国家的区别标准,但什么是大多数国家的标准仍是十分模糊的。②

为总结在外国国家及其财产豁免方面国家实践的发展,联合国大会于2000年12

---

① 参见〔英〕亨金:《国际法:案例和资料》(英文版),1993年版,第1126—1129页。
② 同上。

月通过决议设立了"国家及其财产的管辖豁免问题特设委员会",以起草《联合国国家及其财产豁免公约》。该委员会于2004年3月向联合国大会提交了该公约草案,同年12月2日获得通过。我国于2005年9月14日签署了该公约。公约在第5条确认了国家及其财产管辖豁免的国际法原则。在这一前提下,公约第10条确立了有限豁免的原则。该条第1款规定:"一国如与外国一自然人或法人进行一项商业交易,而根据国际私法适用的规则有关该商业交易的争议应由另一国法院管辖,则该国不得在该商业交易引起的诉讼中援引管辖豁免。"至于何为"商业交易"的问题,该公约在第2条第1款c项作了界定,即:(1)为销售货物或为提供服务而订立的任何商业合同或交易;(2)任何贷款或其他金融性质之交易的合同,包括涉及任何此类贷款或交易的任何担保义务或补偿义务;(3)商业、工业、贸易或专业性质的任何其他合同或交易,但不包括雇用人员的合同。至于"商业"与否,按照该条第2款的界定,主要应考虑一项合同或交易的性质,而目的只是在与确定非商业性质有关时才予以考虑。因此,公约在确定一项交易是否属于"商业"时,将财产的性质优先于财产的目的作为判断依据。此外,公约还对其他有关的实体和程序问题作出了统一的规定。

第三节 国际组织和争取独立的民族

一、国际组织

国际组织被普遍接受为国际法主体,是国际关系演变的结果,也是近六七十年来国际法的重要发展之一。第一次世界大战以前,虽然成立了国际电信联盟和万国邮政联盟,但国际组织的出现还只是个别现象,对国际关系影响甚微,因而其国际法主体的资格还只是少数学者议论的话题。自一战后建立了国际联盟这一普遍性的国际组织以来,尤其是二战后,国际组织如雨后春笋般地出现在国际舞台上,它们作为国家之间多边交往的有效形式,在国际关系中正发挥着越来越重要的作用。这使得国际组织的国际法主体资格不但为学者们所普遍接受,而且国际法院在"关于为联合国服务而受损害的赔偿案"(1949年)的咨询意见中,也明确否定了只有国家才是国际法主体的陈旧观念,确认了国际组织的国际法主体资格。[①] 事实上,国际组织若在国际法上无行为能力,则不能实现其目的和宗旨。

然而,并不是所有的国际组织都是国际法主体。一般而言,国家或政府之间以条约设立的国际组织是国际法主体。非政府间国际组织一般不是国际法主体,它们是由个人或者民间团体依据一国国内私法建立的组织,主要作用是协调各国国内同类

---

① 参见〔英〕詹宁斯、瓦茨修订:《奥本海国际法》,王铁崖等译,中国大百科全书出版社1995年版,第11—12页。

型国际组织的活动。当然,某些国际性非政府组织在国际关系上起着十分重要的作用,并且有些还对国际关系有着较大的影响,如议会间联盟、国际法学家委员会、国际法研究所、国际奥林匹克委员会等。例如,根据《联合国宪章》第71条,经济及社会理事会"得采取适当办法,俾与各非政府组织会商有关本理事会职权范围内之事件",这使得几百个非政府间国际组织具有了"会商"资格。① 1986年4月4日,一些欧洲国家还签订了《关于承认国际非政府间组织法律人格的欧洲公约》。但是,在国际关系中发挥作用或影响力与国际法主体的资格并不完全等同。正如一些德国学者所指出的,国际性非政府组织不能行使国家权利,因而不受国际法调整,而是受国内法的约束。② 这并不意味着国际性非政府组织就不能成为国际法主体,而是强调国际组织成为国际法主体的根据。政府间国际组织成为国际法主体的根据是它们所赖以建立的条约,因而国际性非政府组织要成为国际法主体,也必须经条约授权。由于条约的规定而成为国际法主体的国际性非政府间组织可以国际红十字会为例。国际红十字会原本是私法上的组织,后来根据日内瓦红十字条约和日内瓦公约第二补充文件的规定,它具有救援、救护战俘、在战争及自然灾害中提供人道主义救助、进行国际人道主义的职能和权利。③ 因此,国际红十字会在这些条约规定的有限范围内取得了国际法主体的资格。④ 所以,非政府间国际组织是否成为国际法主体,取决于条约的规定。

国际组织因其在国际法上享有权利和承担义务的事实而被承认为国际法主体。根据国际组织的实践,其承受国际法的权利义务主要体现在下述三个方面:

其一,国际组织在一定范围内具有参加国际交往的能力,承受国际法上的权利义务,特别是具有享受特权和豁免的资格。国际组织可以向其成员国或非成员国派遣代表机关,接受其成员国派遣的常驻代表机关。一些国际组织还接受非成员国为其观察员,如联合国大会。这表明国际组织具有直接地进行国际交往的能力。同时,国际组织及其职员还享受通常只有国家及其外交代表才能享受的特权和豁免。根据《联合国宪章》第105条规定,联合国"于每一会员国领土内,应享受于达成其宗旨所必需的特权和豁免";对于联合国的有关人员,该条又规定,"联合国会员国的代表及本组织的职员,亦应同样享受于其独立行使本组织职务所必需的特权和豁免"。1995年生效的《世界贸易组织协定》第8条第2款规定,其成员方应赋予该组织为履行其职能所必要的优惠和豁免;该条第3款又赋予其官员在独立执行该组织有关职能时所必要的特权和豁免。

---

① 参见〔奥〕阿·菲德罗斯等:《国际法》,李浩培译,商务印书馆1981年版,第234页;〔英〕亨金:《国际法:案例和资料》(英文版),1993年版,第345—346页。
② 参见〔德〕沃尔夫刚·格拉夫·魏智通主编:《国际法》,吴越、毛晓飞译,法律出版社2002年版,第357页。
③ 参见〔奥〕阿·菲德罗斯等:《国际法》,李浩培译,商务印书馆1981年版,第234页;〔英〕亨金:《国际法:案例和资料》(英文版),1993年版,第345—346页。
④ 参见〔德〕沃尔夫刚·格拉夫·魏智通主编:《国际法》,吴越、毛晓飞译,法律出版社2002年版,第223、885页;〔奥〕阿·菲德罗斯等:《国际法》,李浩培译,商务印书馆1981年版,第234页。

其二,国际组织在一定范围内具有缔约权。《关于国家与国际组织间及两个或多个国际组织相互间缔结条约的维也纳公约》第6条规定:"国际组织的缔约能力取决于该组织的相关规则。"这种"相关规则"意指国际组织的"宪法性法律",即国际组织赖以建立的条约。这种条约明文地或隐含地规定国际组织的缔约能力。明文的规定如《联合国宪章》第43条,该条明文规定,联合国得为维持国际和平部队事宜而与各会员国缔结特别协定。同时,国际组织的缔约能力也可以从这种条约所规定的国际组织的宗旨和目的中推断出来,这就是所谓"隐含的授权"。例如,1950年联合国等六个国际组织与英国缔结的协定,规定了这六个国际组织向利比亚的昔兰尼加和的黎波里塔尼亚两个英国管理地区提供技术援助的基本原则。虽然宪章未明文规定联合国对技术援助事项具有缔约权,但为了实现联合国"促成国际合作,以解决国际上属于经济、社会、文化及人类福利性质的国际问题"的宗旨,联合国就必须具备缔结有关条约的能力。国际法院在"为联合国服务所受损害的赔偿问题"的咨询意见中指出:"按照国际法,该组织必须被认为具有下述权利;这些权利虽未明文规定在宪章中,然而由于必要的隐含,作为对它履行义务是必不可少的权利,授予了它。"①

其三,国际组织具有国际求偿权。在上述咨询意见中,国际法院将国际组织是否具有国际求偿权与国际组织的国际法主体资格相联系,认为这是一个"国际组织到底是不是国际法主体"的问题。法院进而对"作为一个国际组织,联合国在其雇员履行其职责时遭受伤害并且该伤害涉及一个负有责任的国家的场合,是否具有为联合国及其雇员所受损害而向负有责任的政府提起国际求偿的资格"这一问题,给予了肯定的回答。法院指出:"不容置疑的是,国际组织具有对由于违反国际法而对该国际组织造成损害的成员国提起国际求偿的资格。"根据该意见,国际求偿权属于上述"隐含的授权"范围。② 这一咨询意见使得国际组织的国际求偿资格获得了普遍的承认。

然而,国际组织的主体资格与国家不同。国家作为国际法主体的依据是主权,而国际组织作为国际法主体的依据则是国家间所设立的条约。除特别约定外,国家承受国际法上权利义务的范围不受限制。国际组织是由国家为特定目的以条约创设的,因而国际组织只能在条约规定的目的和宗旨范围内承受国际法上的权利义务。国际组织的上述三项主要权利也都是在为完成该组织的任务所必需的范围内才享有的。因此,国际组织只是有限的或不完全的国际法主体。

二、争取独立的民族

正在争取独立的民族,主要是指反对殖民统治,争取民族独立,进行解放斗争的民族。其中包括在两次世界大战中战败国的殖民地或附属地建立起来的委任统治地和托管领土上的民族。这些领土的主权或属于宗主国,或虽已脱离原宗主国但主权

---

① 李浩培:《条约法概论》,法律出版社1987年版,第7—8页。
② 参见〔英〕亨金:《国际法:案例和资料》(英文版),1993年版,第349—355页;〔英〕阿库斯特:《现代国际法概论》(英文版),乔治·爱伦和安文出版有限公司1985年版,第70—71页。

的归属还未确定。根据布朗利的见解,从《联合国宪章》第十一章"关于非自治领土之宣言"的含义中可以推导出正在争取独立的民族的国际法主体资格。① 实际上,由于民族自决权的确立,正在争取独立的民族的国际法主体资格才得到普遍承认。

《联合国宪章》第1条第2项将实现人民平等及自决作为联合国的宗旨之一。为具体实现这一宗旨,联合国大会于1960年通过了《给予殖民地国家和人民独立宣言》。该宣言将"迅速和无条件地结束一切形式和表现的殖民主义"作为其宗旨之一,并宣告"所有的人民都有自决权"。该宣言关于民族自决权的规定被广泛地视为源于《联合国宪章》的义务。国际法院在"关于西撒哈拉问题的咨询意见"中也确认了民族自决原则的国际法上的效力。于是,正如《奥本海国际法》(第9版)所指出的,民族自决权明确地取得了法律权利的性质。

殖民地和其他附属领土人民要取得国际法主体的地位,就必须正在从事民族独立,建立自己国家的事业,并且建立了代表全民族的政治机构。只有这样一个政治机构才能代表本民族在国际法上承受权利和义务。

国际实践表明,正在争取民族独立的民族,在有关方面具有独立进行国际交往和缔结条约的能力。例如,独立前的印度是联合国的创始会员国;巴勒斯坦解放组织向八十多个国家或国际组织派遣了代表或常驻观察员。② 又如,原阿尔及利亚民族解放阵线与法国政府于1962年缔结了《埃维昂协定》,该协定规定,双方停火并在对公民自决投票的结果表示满意的条件下实现阿尔及利亚独立和与法国合作的办法。再如,莫桑比克自由阵线和葡萄牙于1974年缔结的协定规定,在1975年6月25日宣告莫桑比克完全独立,并由葡萄牙逐步将其对该领土的权力移转给莫桑比克。③

争取民族独立的民族之所以被承认为国际法主体,是因为这种民族正在争取实现民族自决。民族自决的真正实现,就意味着一个国家的出现。国际社会将这种民族视为国际法主体,是对它们实现民族自决运动的有力支持。然而,它们毕竟还未完全成为独立的国家,因而只是在有限的范围内,即在与争取民族独立有关的事项上才能承受国际法上的权利义务。

第四节 国际法上的承认

一、承认的概念和性质

国家的国际法主体资格发生变化时,就产生了承认的问题。这些变化大致可分

---

① 参见〔英〕布朗利:《国际公法原理》,曾令良、余敏友等译,法律出版社2003年版,第72页。
② 参见刘海山:《国际法》,法律出版社1992年版,第122—123页。
③ 参见李浩培:《条约法概论》,法律出版社1987年版,第7—8页。

两种:一种是国家领土的改变导致了一个新国家的产生;另一种是国家领土未变,但该国的内部,即政府发生了更替。前者导致对国家的承认,后者则导致对政府的承认。此外,当一国发生内战或领土转移时,也会产生对交战团体或领土转移合法性的承认问题。本书不讨论对领土转移合法性的承认问题。

根据国际实践,承认(Recognition)一般是既存国家对新国家或新政府产生的事实所作的任意行为,是彼此国际关系的法律基础。作为一种国际法的制度,承认的性质至少可以从下述两个方面来说明:

第一,承认是任意性的行为。在新国家或新政府已经确定地建立起来的场合,是否承认该新国家或新政府、何时承认,完全取决于既存国家。换言之,既存国家没有承认的法律义务。然而,有些国际法学者却持相反的观点。例如,劳特派特在《国际法上的承认》一书中主张,新国家如果具备了国际法规定的条件,既存国家就有义务给予承认。① 但是,布朗利在其《国际法基础》一书中指出,劳特派特的上述说法由于不符合国家实践而受到激烈的批评。布朗利认为,承认作为一种国家行为是任意性的,在这方面没有法律义务。② 在国际实践中,至今没有一个国家因为不承认一个新国家或新政府而被指责为违法。

第二,承认是承认国与被承认国或政府之间关系的法律基础。从法律的观点看,承认消除了对新国家或新政府事实上或法律上存在的任何疑虑,因而确认了两国之间存在的权利义务。尽管承认是一种任意性行为,但这种行为一旦作出,即在承认国与新国家或新政府之间产生一系列国际法上的权利义务。例如,承认被承认者在承认国国内法院的出诉权,法律、法令的效力及国家行为和财产的豁免权等。

承认究竟是政治行为还是法律行为? 这在国际法学界尚有争论。劳特派特和凯尔逊等学者认为承认是法律行为。但大多数学者则认为承认是政治行为。事实上,国家往往根据本国的政治经济利益、价值观念作出是否承认的决定,而不是出于法律上的义务。尽管有些国家如美国、英国等在考虑承认一个新国家或新政府时,往往对该新国家是否具备国际法上国家构成的条件,新政府是否对本国领土实行了有效控制,以及新国家或新政府是否牢固地建立等问题作出判断,但即使作出肯定的判断,这些国家也不负担承认的义务。中国过去不承认以色列也并不是因为它不具备国家的构成要素,而是出于当时的政治立场。必须指出的是,新国家既然具备了国家的各项要素,它的基本权利就受国际法的保护,他国必须尊重这些权利。

承认是"构成性的"还是"宣告性的"? 这一问题主要涉及国家的承认。赞成构成说的学者中,有人认为,一个自称国家的实体只有被国际社会承认,才具有国家的资格;也有人认为,国家的存在不依赖于承认,但其国际法主体的资格却必须经过国际社会的承认才能获得。这些学者都认为,承认具有构成一个国家或国际法主体的性质。赞成宣告说的学者则主张,国家由于享有主权而成为国际法主体,其存在或国

---

① 参见周鲠生:《国际法》,商务印书馆1976年版,第112页。
② 参见〔英〕亨金:《国际法:案例和资料》(英文版),1993年版,第255—256页。

际法主体资格并不依赖他国的承认。承认只是对新国家或国际法主体存在的事实加以确认,并愿意接受这个事实所引起的法律后果。① 原国际法院法官詹宁斯爵士在他修订的《奥本海国际法》(第9版)中也认为,从承认的各方面来说,都是某些事实存在的宣告。1933年美国等美洲国家参加的《蒙得维的亚公约》第3条和第6条规定,"一国的政治存在并不依靠他国的承认","对国家的承认,仅仅意味着承认对方的国际人格,并承认其具有国际法所规定的一切权利和义务"。其实,新国家国际法主体资格的唯一依据就是主权,而不是他国的承认。一个新国家即使未获得国际社会承认,也应当具有国家的基本权利。因此,布朗利总结道:"有说服力的原则辩论与国家实践在数量上所占的优势倾向于宣告说。"② 当然,新国家国际法权利的实现,的确依赖于他国的承认。法国学者福希叶正确地把权利的享有和权利的行使相区别,认为国家一旦产生就具有对外关系的主权,但只有经过承认,新国家才有行使这种权利的可能。事实上,新国家往往致力于争取国际社会的承认,以切实地参加国际关系,实现自己的国际法权利。在国家的一部分从其母国独立的场合,国际社会的承认也往往被用来证明该部分是否已经成功地独立而具有国家的资格。承认的这些作用使得一些学者将承认看作构成性的。

二、国家的承认

(一) 新国家的产生

国家的承认发生在领土变动的场合,但并不是所有领土的变动都产生国家的承认问题。只有领土变动导致了新国家的建立,才发生承认的问题。根据国际实践,新国家可以在下列几种情况下产生:

1. 两个或几个国家合并为一个国家。例如,非洲的坦噶尼喀与桑给巴尔于1964年合并,组成坦桑尼亚共和国。

2. 一国的一部分分离而成立新国家。例如,1903年,巴拿马从哥伦比亚分离后独自立国;1971年,东巴基斯坦从巴基斯坦分离,宣告成立孟加拉国;20世纪90年代,波罗的海三国从苏联分离。

3. 一国分立为数国。例如,一战后,奥匈帝国一分为三,建立了奥地利、匈牙利和捷克斯洛伐克;20世纪90年代,捷克与斯洛伐克分立为两个国家;1992年,南斯拉夫解体。

4. 殖民地或其他附属领土的独立。例如,1962年,阿尔及利亚从法国的殖民统治下独立。

(二) 不承认的义务

依照国际法,国家没有承认的义务,却有不承认的义务。当一国的一个部分欲从

---

① 参见周鲠生:《国际法》,商务印书馆1976年版,第123—124页。
② 〔英〕布朗利:《国际公法原理》,曾令良、余敏友等译,法律出版社2003年版,第100页。

该国分离,而又没有最后真正地建立起国家的时候,既存国家若是不适当地或过急地对之作出了承认,则是对该国内政的干涉。《奥本海国际法》(第9版)将之指责为对母国尊严的冒犯,构成了干涉。1903年美国在巴拿马宣布独立后立即予以承认,以及1971年印度对孟加拉国的承认等,都被认为是一种干涉行为。

当一个所谓的国家违反国际法而建立时,既存国家也负有不承认的义务。按照"不法行为不产生权利"的原则,"违反国际法的行为不能成为违法者获得法律上权利的根源"①。例如,1931年,所谓的"满洲国"在日本操纵下建立,美国政府认为"满洲国"的建立是以违反1928年《非战公约》的方法所造成的情势,因而不予承认;1965年,当南罗得西亚在种族主义基础上宣布为独立国家后,联合国安理会要求所有国家不承认"这个非法的种族主义少数政权"。1970年,联合国大会通过的《国际法原则宣言》声明,对于使用武力或以武力相威胁而取得的领土不得承认为合法。

三、政府的承认

在国家领土未变,但国家内部产生了政府的新旧更替,使得国家这一国际法主体产生了新的对外代表时,就可能产生政府承认的问题。

(一) 政府承认的对象

新政府的产生,可以基于国内的宪法程序,可以由于政变,也可以因为社会变革。一般而言,由宪法产生的政府不引起承认的问题。由政变产生的政府,则须视具体情形而定:如果政变导致国家整个法统的改变和新的国家元首产生,一般引起承认的问题;而那种不推翻原来的法统和元首的政变则不导致承认的问题。由于社会革命而产生的新政府,一般是承认的对象。如1949年的中华人民共和国政府,法国大革命后的政府,以及俄国十月革命后建立的苏维埃政府。

(二) 新政府获得承认的条件

一个新政府要得到外国的承认,必须具备两个条件:

一是事实上控制了这个国家,即取得了"有效统治"(Effective Control)。在国际法上,与关于国家承认的宣告说相似,在政府承认问题上也有"事实说",即新政府只要在事实上成为中央政府,它就具有获得承认的资格。有效控制与新政府的中央政府资格相吻合。若是一个政权未取得对全国的有效控制,则这个政权只能被承认为交战团体或所谓的叛乱团体。

二是不具有国际法上的违法情势。取得了有效控制的新政府,如果是由于违反国际法的手段建立的,则不应被承认为中央政府。"有些所谓新政府只是在表面上对其领土实行'控制',而实际上是外国在进行这种控制。"②对这种政府的承认,就是默

---

① 〔英〕詹宁斯、瓦茨修订:《奥本海国际法》,王铁崖等译,中国大百科全书出版社1995年版,第122页。
② 〔英〕亨金:《国际法:案例和资料》(英文版),1993年版,第241页。

认了一个国际违法行为。

除上述条件外,西方学者往往为新政府加上另外一些条件,如人民对于变革是否赞同,大部分居民对新政府是否习惯于服从。许多国家还以是否愿意履行国际义务作为承认新政府的标准之一,并以《联合国宪章》第 4 条关于履行宪章的义务的规定来支持这一标准。1963 年,加拿大政府将越南政府是否承诺履行以前历届政府承担的国际义务,作为承认该新政府的考虑之一。① 实际上,由于历史上西方国家往往将不平等条约强加于发展中国家,因而这种条件只是有利于西方国家保持与发展中国家的不平等条约关系。需要指出的是,即使一个新政府满足了这些条件,对之是否承认也是由既存国家自由决定的。

(三) 托巴主义和艾斯特拉达主义

1907 年,厄瓜多尔外长托巴主张,凡是以违反宪法的手段掌握政权的政府不应该被承认,这就是托巴主义。这一主张在同年缔结的中美洲《五国条约》中得到体现。根据该条约,各国承担义务,直至"自由选出的人民代表……依据宪法改组国家的时候为止,不承认任何以革命手段建立起来的政府"。托巴主义有干涉他国内政之嫌。正如《奥本海国际法》(第 9 版)指出的那样:"国家实践并不拒绝承认不合宪法手段产生而一旦有效建立的政府,而且符合宪法的合法性不能认为是承认政府的一个确定的条件。"与托巴主义相对立的,是 1930 年墨西哥外长艾斯特拉达的主张,即外国国家应尽可能与发生革命的国家继续保持外交关系,而不必在乎它的革命变动。但在实践上,既存国家既未按照托巴主义,也未按照艾斯特拉达主义处理承认的问题。②

四、交战团体和叛乱团体的承认

对交战团体的承认是在一国发生内战的场合,外国为保护自己的利益和承认内战双方国际法上的权利而承认非政府一方为交战团体的行为。实践表明,非政府一方要取得外国的承认,必须符合一些条件,即:(1) 已发生全面的敌对行为,或内战状态已经形成;(2) 非政府一方占领了相当大的一部分领土;(3) 非政府一方对所占领的国土实施着有效的管理;(4) 非政府一方遵守战争规则。对交战团体的承认引起承认国的中立义务,以及交战团体在自己控制地区内保护承认国利益的义务。非政府一方一旦被承认为交战团体,即在其与该外国之间适用战争法和人道主义法。在这一意义上,交战团体具有有限的国际法主体资格。

对叛乱团体的承认是一种事实上的承认。当叛乱还未达到内战的程度,叛乱者还未占领相当的国土时,外国不宜将其承认为交战团体。有关的外国如认为他们是

---

① [英]亨金:《国际法:案例和资料》(英文版),1993 年版,第 210 页。
② 参见[美]亨金:《国际法:案例和资料》(英文版),1993 年版,第 108 页;周鲠生:《国际法》,商务印书馆 1976 年版,第 144 页。

所占领的国土内的事实上的权威,并为了保护本国国民、商业往来及其他正当利益,与他们维持必要的关系,则叛乱者对该外国就具有叛乱团体的地位。

五、承认的方式和效果

(一) 承认的方式

国际法上没有关于承认的统一方式。根据国际实践,承认可以通过明示和默示的方式表达。

明示的方式可以通过:(1) 函电、声明或照会知会被承认者。如中国对阿尔及利亚临时政府的承认。(2) 通过条约宣告。这种条约可以包括被承认者,如1919年《凡尔赛和约》声明,德国承认捷克斯洛伐克和波兰独立;也可以不包括被承认者,如1830年《伦敦议定书》承认希腊的独立。

默示的承认通常有:(1) 正式建立外交关系;(2) 建立领事关系并发给领事证书;(3) 与新国家或新政府订立有关双边条约,如通商、航海和友好条约;(4) 在国际组织中投票赞成接纳该国或该政府为成员国或具有代表其本国的资格。至于共同参加国际会议甚至国际组织,或作为条约当事国,相互进行谈判等,一般均不构成承认。

墨西哥外长艾斯特拉达曾于1930年的声明中提出,鉴于承认的给予被一些国家认为是"一项侮辱性的实践,意味着对外国主权的侵犯,又意味着对他国内部事务的评价",因而墨西哥今后只限于继续保持或不保持与外国政府的外交关系。近年来,对政府承认的国际法实践与这一主张极为相似。如1979年伊朗发生政变后,丹麦外长宣布,丹麦的政策是承认国家而不是承认政府,当新政府已经明显地对伊朗领土继续有效控制时,承认问题就自动解决了。1975年,日本政府仅以照会通知孟加拉国政府,日本今后将"保持与它的友好关系"。①

(二) 承认的效果

根据承认的效果,承认可分为法律上的承认和事实上的承认。法律上的承认是正式的、稳定的、全面的承认,它往往通过正式的文书表达,一般是不可撤销的,它直接导致双方包括政治、经济、文化等全面的关系;事实上的承认则是非正式的、临时的、有限的承认,它通过具体的行为表达,可以撤销,它只导致双方政治、军事和外交以外的关系。

事实上的承认往往是法律上的承认的先导。英国1921年与苏俄政府订立的贸易协定被认为构成事实上的承认,三年之后,英国便给予苏俄政府法律上的承认。美国对巴拿马的承认也是如此。一般而言,既存国家由于不能确定新国家或新政府是否能永久地建立,或出于政治观念的对立而不愿承认它们,但又有与之交往的实际需要,才作出事实上的承认的。

---

① 参见陈体强:《中华人民共和国与承认问题》,载1985年《中国国际法年刊》,第13页。

承认意味着承认新国家具有国际法主体的全部权利,或新政府具有在国际法上代表其国家的资格。因此,承认是承认国自我拘束的行为。承认的法律后果主要有下述几个方面:

1. 新国家或新政府取得在承认国法院出庭诉讼的权利。对于承认国而言,在没有作出承认之前,新国家或新政府在法律上是不存在的。只有经过承认,新国家或新政府才能在承认国法院出诉。在"光华寮案"中,在1972年日本承认中华人民共和国之前,原告是以所谓"中华民国"的名义在日本法院进行诉讼的,1972年之后,原告的名称不得不改为"管理委员会",这就是1972年日本对中华人民共和国承认所引起的效果之一。

2. 承认新国家或新政府自成立之日起的行政、立法和司法权的效力。①

3. 承认新国家或新政府享有行为和财产的主权豁免。

4. 承认新政府取得接管前政府在承认国境内的国家财产的权利。

事实上承认与法律上承认在法律效果方面有一定差别。在事实上承认的场合,承认国一般不给予新国家或新政府完全的主权豁免,双方的关系局限在非政治的范围内。此外,法律上承认导致承认者与被承认者建立外交关系,而事实上承认则没有这种效果。

第五节 国际法上的继承

一、继承的概念

国际法上的继承(Succession),是指国际法上的权利义务从一个承受者转移给另一个承受者。与国内法上的继承相比,国际法上的继承有其自身的特点。第一,继承的主体是国家、政府或国际组织,而不是个人;第二,继承的对象是国际法上的权利义务,而不是国内法上的权利义务;第三,继承的原因是领土的变动、政府的更替或国际组织的相互取代,而不是自然人的死亡。

显然,国际法上的继承须受制于国际法。遗憾的是,国际实践在许多问题上的做法并不一致,因而关于继承的习惯法规则是十分模糊的。在联合国的努力下,1978年通过了《关于国家在条约方面继承的维也纳公约》(以下简称"78年公约"),1983年又通过了《关于国家对财产、档案和债务的继承的维也纳公约》(以下简称"83年公约"),但它们并不具有普遍的拘束力。同时,国际社会至今还未制定关于政府或国际

---

① 承认的追溯效力主要为英美国家的法院所认可,但许多学者认为这不是法律原则。参见〔英〕布朗利:《国际公法原理》,曾令良、余敏友等译,法律出版社2003年版,第104页。

组织继承问题的公约。①

二、国家继承

国家继承的原因是领土的变更。当一国的一部分领土转让给另一国,一国的全部领土为他国吞并,两个以上的国家共同组成一个新国家,国家的一部分或几部分领土与该国分离而组成一个国家,国家解体并在原来的领土上建立起两个或两个以上的国家,或者原先的殖民地或其他附属地脱离宗主国而建立独立的国家时,就发生国家的继承。

按照"78年公约"和"83年公约"的规定,国家继承指"国家对领土的国际关系所负责任由别国取代"。在继承关系中,前者是被继承国,后者则为继承国。

按对象不同,国家继承可分为条约的继承、财产的继承、债务的继承和档案的继承等;根据领土变动的不同情况,国家继承又可分为全部继承和部分继承两类,前者包括领土的合并和吞并的情形,后者则涉及其他的领土变动状况。

(一)条约的继承

在国家继承的情况下,被继承国在继承之日所承担的条约权利和义务是否保持对继承国的效力,须结合继承的不同原因进行考查。一般而言,与国际法主体资格直接关联的条约,又称人身条约或属人条约,如友好条约、同盟条约、仲裁条约等政治性条约,是不予继承的;而那些与特定的地域相联系的条约,又称属地条约或地方性条约,如边界、河流、交通运输等方面的条约,则属继承的范围。这两种条约以外的条约,如经济性的条约是否继承,则无统一的国家实践。在国际法实践中,往往由继承国与被继承国或第三国协商而定。然而,由于引起继承的原因不同,具体的做法视不同的继承关系而有各自的特点。"78年公约"对此作了一定的总结。

1. 全部继承的情形。在国家合并或吞并的情况下,被继承国缔结的商务条约或引渡条约及其他类似的非政治性条约是否继承,应视具体情形而定。在吞并的情况下,一般是不予继承的。例如,在得克萨斯州并入美国后,美国不认为得克萨斯州以前所订的类似条约有效。但是,在合并的情况下,被继承国以前所订的条约至少对该被继承国原先的领土有效。②

2. 部分继承的情形。在国家分裂的场合,被继承国的非政治性条约对各继承国都有效,如果条约只对某一继承的领土有效,则由该继承国继承。当一国的一部分与该国分离时,因分离而建立的新国家对非政治性的条约并无遵守的义务。在一部分领土转移给他国的情况下,被继承国的条约一般不予继承。在殖民地或附属地独立的情况下,原则上对宗主国的任何条约均不予继承,但视具体情况对这一原则有所限

---

① 参见〔英〕詹宁斯、瓦茨修订:《奥本海国际法》,王铁崖等译,中国大百科全书出版社1995年版,第151页以下。
② 同上书,第139页。

制。新独立国家对独立之前其母国专门为该独立领土所订的条约应予继承,或其宗主国所定的特别扩展适用于这种领土的条约,新独立国家在实践中也应予以继承。对于多边条约的继承,则视新独立国家的意志而定。

(二) 国家财产的继承

根据"83年公约"的规定,国家财产是指在国家继承之日按照被继承国国内法的规定为该国所拥有的财产、权利和利益。国家财产的继承在全部继承和部分继承的情况下存在着不同的做法。

1. 在吞并或合并这样全部继承的场合,被继承国不复存在,因而原属被继承国的国家财产全部转属继承国。

2. 在部分继承的场合,被继承国依然存在,因而不能把被继承国的财产全部转移给继承国。"83年公约"将国家实践总结为:(1) 位于被继承国境内的国家不动产随领土转属继承国;(2) 与被继承国对国家继承所涉领土的活动有关的被继承国的国家动产应转属继承国。除此以外的国家动产应按照公平的比例在被继承国和继承国之间进行分配。对殖民地或其他附属地独立的国家而言,即使被继承国处在继承所涉领土之外的不动产或其他动产,附属领土曾为其创造作出贡献的,也应按照附属领土所作贡献的比例转移给继承国。

(三) 国家债务的继承

"83年公约"将国家债务定义为:"一个被继承国按照国际法而对另一国、某一国际组织或其他国际法主体所负的任何财政义务"。根据国际惯例,债务的继承依债务的合法性而定。

对非法的债务,又称战债或恶债,不予继承。例如,二战后的南斯拉夫对占领国在其领土上所设立的"傀儡政权"克罗地亚所负的债务,不负清偿责任。一些西方学者也支持这一做法。[①]

至于合法债务,则视不同的情形决定是否继承。根据国际实践和"83年公约",债务的继承也须区分全部继承和部分继承两种不同的情形:

1. 在全部继承的场合,被继承国的债务应转属继承国。

2. 在部分继承的场合,除被继承国和继承国另有协议外,一般应按照公平的比例将被继承国的债务转属继承国,同时应特别考虑到转属继承国的与国家债务有关的财产、权利和利益。当继承国是新独立国家时,除另有协议外,被继承国的债务不应转属新独立国家。如果新独立国家与被继承国订有协议的,则该协议不应违反各国人民对其财富和自然资源享有永久主权的原则,协议的执行亦不应危及新独立国家经济上的基本均衡。

---

① 参见〔英〕詹宁斯、瓦茨修订:《奥本海国际法》,王铁崖等译,中国大百科全书出版社1995年版,第29页。

(四) 国家档案的继承

根据"83年公约"的规定,国家档案是"被继承国为执行其职能而编制或收到的而且在国家继承之日按照被继承国国内法的规定属其所有并出于各种目的作为档案直接保存或控制的各种日期和种类的一切文件"。在全部继承的场合,被继承国的国家档案转属继承国。在部分继承的场合,档案的转移应依照被继承国和继承国间的协议解决。如无协议,被继承国国家档案中为了对国家继承所涉领土进行正常的行政管理而应交由获得有关领土的国家支配的部分,应转属继承国;其他被继承国档案中完全或主要与国家继承所涉领土有关的部分,应转属继承国。

当继承国为新独立国家时,原属国家继承所涉领土所有并在领土附属期间成为被继承国国家档案的档案,应转属新独立国家;被继承国国家档案中为了对国家继承所涉领土进行正常的行政管理而应留在该领土内的部分,应转属新独立国家;其他被继承国国家档案中完全或主要与国家继承所涉领土有关的部分应转属继承国。同时,被继承国和新独立国家之间就被继承国的国家档案缔结的协定不应损害两国人民对于发展和对于取得有关其历史和文化遗产的权利。

三、政府继承

政府继承是在领土不变,国家的国际法主体资格依旧的情形下,国家的内部发生了某种变动,因而旧政府为新政府所取代,旧政府代表国家参与国际关系而承受的权利义务转移给新政府。新政府所继承的是代表国家承受国际法上的权利义务的资格。

政府继承的原因是社会变革或某种推翻整个法统的政变。与国家继承不同的是,在国际法主体不变的情况下的政府继承一般是全部继承,因为新政府作为中央政府,是国家的唯一代表,新政府的建立意味着旧政府不复存在。中华人民共和国政府关于继承的实践,可以作为政府继承的一个典型例子。

四、国际组织的继承

国际组织的继承虽也包括条约、财产、债务和档案的继承,但它不同于国家或政府的继承。因为国际组织存在的依据是其成员国之间的条约,而且其解散也往往根据条约。例如,1946年国际联盟解散后,《国际法院规约》规定将常设国际法院的职责转移给联合国国际法院;又根据《联合国宪章》的规定,将国际联盟对委任统治地的责任转移给联合国。因此,国际组织的继承取决于特别的协定。[①]

---

① 参见端木正主编:《国际法》,北京大学出版社1989年版,第107页。

第六节 中国关于国际法主体的理论与实践

一、中国的国家类型与香港特别行政区

中国历来是中央集权的单一国。作为国际法主体,中华人民共和国是旧中国的延续,因而中华人民共和国的成立并不改变中国的国家类型。中华人民共和国具有统一的宪法。根据中国宪法,中央政府对内统一行使立法、司法和行政权,对外统一行使外交权。中华人民共和国的地方政府没有独立的国际地位,非经中央政府的同意不得对外交往。

中华人民共和国单一国的国家类型并不因香港和澳门特别行政区的设立而改变。换言之,现在的香港特别行政区(以下简称香港)以及澳门特别行政区不是联邦的成员,它们仍然是单一国体制内的地方政府。

以香港为例。香港特别行政区是中央政府以《中华人民共和国宪法》第31条为依据,通过《中华人民共和国香港特别行政区基本法》(以下简称《基本法》)设立的。根据《基本法》第2条,香港具有高度的自治权。这种高度自治权对内表现为:(1) 独立的行政权,包括行政长官和政府的产生方式;财政独立,包括财政收入不上缴中央政府,中央政府不在香港征税;独立的海关及关税制度;独立的货币和货币金融制度等。(2) 独立的立法权,包括与内地不同的法律渊源和立法机关产生的方式。(3) 独立的司法权,包括与内地不同的司法机关的产生方式,特别是司法审判方面的终审权。对外方面,香港的自治权体现为:(1) 香港可以单独地与各国、各地区以及各国际组织保持和发展关系,并签订和履行有关协议;(2) 在与香港有关的事项上,特别行政区可以中国香港的名义参加国际组织和国际会议,并发表意见;(3) 在中华人民共和国参加的国际组织内,香港可以适当的形式保持或建立其地位;(4) 中华人民共和国缔结的国际协议,除政治、外交、国防的条约外,并不当然地适用于香港,中央政府须在征询香港的意见后,决定对其是否适用;(5) 香港的居民持有香港的护照;(6) 香港有权在外国设立官方或半官方的经济、贸易机构等。

《基本法》授予香港的权力,在许多方面都类似于甚至高于一般的联邦成员,但这并不说明中国转变为联邦国家了。如前所述,联邦与单一国的根本区别在于分权,即联邦成员在组成联邦时将自己权力的一部分通过宪法的形式分给联邦,联邦只能在其成员授予的权限内行使权力,在其成员的同意下才能进行权力的再分配。香港的情形与联邦有本质的区别。

第一,香港在《南京条约》缔结之前是中国这一中央集权的单一国的一部分,那时香港并没有自治权。而联邦一般是在其成员与联邦分权的基础上建立的。

第二,香港的高度自治权来源于中央政府的授权,而不是由于香港的自我保留。

特别是中央政府的授权有一定的期限,因而香港只是在特定的期限内享有高度的自治权。而联邦宪法规定的分权制却是没有期限的。

第三,香港的行政首长和行政机关的主要官员虽经香港居民选出,但须由中央政府任命。而在联邦国家中,却从未有过联邦成员的首长由联邦政府任命的事例。

由此可见,香港享有高度自治权并未改变中华人民共和国单一国的国家类型。

二、中国关于国家司法豁免的理论与实践

关于外国国家的司法豁免,中国大多数学者主张绝对豁免主义。认为绝对豁免主义已是国际习惯法的原则,一些国家以国内法否定国际法的义务,则是国际法上的违法行为。但国家可以主动就某些事项放弃豁免,这正是国家主权的体现。

除外交特权与豁免领域外,中国没有关于外国国家司法豁免方面的直接立法。然而,从中国在豁免案件中的主张和条约的实践中可以看出中国政府对司法豁免问题的态度。

首先,中国政府坚持外国国家司法豁免原则。在有关中国政府的司法豁免案件中最有影响的,当数"湖广铁路债券案"。1979 年 11 月 13 日,美国公民杰克逊等在美国亚拉巴马州联邦地区法院东部法庭控告中华人民共和国,诉请法院判令中华人民共和国偿还清政府为向上海的四国财团筹款建造湖广铁路,而于 1911 年发行的债券本利及诉讼费一亿多美元。在中华人民共和国拒绝接受"传票"并将其退回后,该法庭于 1982 年 9 月 1 日作出判决,判令中华人民共和国赔偿原告损失 41 313 038 美元,外加利息和诉讼费。美国的判决以发行债券是商业活动为由主张管辖权。中国政府对该判决拒绝接受,认为它违反国际法,因而是无效的。而外国国家司法豁免正是中国政府所聘律师提出的意见之一。该律师还指出,发行债券不属美国 1976 年《外国主权豁免法》所指的商业活动。在美国国务院的干预下,该案最终由该法院予以撤销。又如,中国政府因在瑞典首都购买不动产而于 1957 年在该市法院被诉,中国政府主张豁免,从而使得该国法院放弃了管辖权。

其次,在坚持司法豁免的前提下,中国政府通过协商或缔结条约的方式,在某些问题上放弃司法豁免。前者可以 1982 年对上海远洋运输公司船舶"建德"号与苏联船舶"日涅兹诺沃斯克"号这两艘国有船舶碰撞案的处理为例。中苏两国政府为有利于争议的解决,协议放弃了司法豁免。后者如中国参加的 1969 年《国际油污损害民事责任公约》。根据该公约,缔约国承诺对它们所有的用于商业目的的船舶,放弃一切以主权地位为根据的抗辩。2005 年 9 月 14 日,中国签署了《联合国国家及其财产豁免公约》。除普遍性公约外,中国缔结的一些双边条约也有放弃国家司法豁免的约定。

如上所述,中国在司法豁免问题上的态度是:(1)坚持外国国家的司法豁免;(2)在对等条件下可以放弃国家司法豁免。

三、中华人民共和国与承认

自新中国建立以来,中国通过取得外国的承认和承认外国新国家或新政府的实践,形成了对承认问题的一贯态度,这种态度既包括对外国承认中华人民共和国政府的立场,也包括中华人民共和国对新国家或新政府承认的原则。

(一) 对中华人民共和国的承认

在国际法上,中华人民共和国的成立并不意味着一个新的国际法主体的诞生,中华人民共和国是旧中国的合法延续。事实上,中华人民共和国政府是在推翻了旧政府的基础上建立起来的一个新政府。因此,对中华人民共和国的承认属于对新政府承认的范畴。

在争取外国承认的问题上,中华人民共和国政府首先坚持相互尊重主权和领土完整,要求外国承认中华人民共和国政府为中国的唯一合法政府,以实现对中华人民共和国政府的完全承认。由于建立外交关系是承认的默示方式,中华人民共和国政府在与外国就建立外交关系的谈判中,坚持外国对中国新政府的承认必须是完全的,即不允许在承认中华人民共和国政府的同时,继续同台湾的所谓"中华民国政府"保持官方关系,在此基础上,中华人民共和国才与该外国建立外交关系。例如,1954年,英国虽然与中华人民共和国建立了代办级外交关系,但未完全承认中华人民共和国政府为中国唯一合法政府。它在台湾还保留着领事馆,又在联合国大会讨论中华人民共和国政府在联合国的代表权问题上投弃权票。因此,中华人民共和国政府直至英国政府承认中华人民共和国政府为中国唯一合法政府,台湾是中华人民共和国不可分割的一部分之后,才同意与英国建立完全的外交关系。在与美国等其他西方国家谈判建立外交关系时,中国政府也将外国与台湾国民党政府断绝外交关系作为先决条件之一。

(二) 中华人民共和国对新国家或新政府的承认

在承认新国家或新政府的问题上,首先,中国政府坚决支持殖民地和其他附属地人民的民族自决权。当阿尔及利亚临时政府在开罗成立时,中国政府立即发电表示承认该临时政府为阿尔及利亚人民的唯一合法政府。其次,在外国发生政府更替时,中国政府坚持不干涉内政,尊重各国人民选择政府的意志。例如,伊拉克于1958年发生革命,推翻国王,建立共和国,1960年该国又发生军事政变建立了新政府,中国政府对这先后两个新政府都立即给予了承认。在东欧一些国家解体后,产生了一些新国家,中国本着尊重他国人民决定自己政治前途的权利的原则,即时地承认了这些新国家,并与它们建立了外交关系。再次,在承认问题上坚持国际合法性的原则,对违反《联合国宪章》原则建立的所谓新国家或新政府承担不承认的义务。例如,20世纪70年代初,东巴基斯坦在印度等国的支持下建立了孟加拉国,中国政府只是在外国军队完全撤出孟加拉国的情况下,才承认了它。又如,中国政府曾在联合国作出实质性努力,反对由越南军队扶持上台的韩桑林政权取得柬埔寨在联合国的代表权。

四、中华人民共和国与继承

在国际法上,1949年成立的中华人民共和国是旧中国的延续,中国的国际法主体地位未变。因此,新中国的继承是政府的继承而非国家继承。新中国政府在继承问题上的基本立场可以归纳如下:

(一)条约的继承

1949年的《中国人民政治协商会议共同纲领》确定了中华人民共和国政府在继承问题上的立场。该文件宣告:"对于国民党政府与外国政府所订的各项条约和协定,中华人民共和国中央人民政府加以审查,按其内容分别予以承认,或废除、或修改、或重订。"这表明,中国政府对旧政府所订条约,既不一概继承,也不全部废除,而是根据条约的内容决定是否予以继承。事实上,新中国政府对旧政府所订条约,既有接受,也有经修订后继续适用,更有不予继承的实践。

(二)国家财产的继承

对于财产的继承,新中国政府的立场是:对于旧政府掌管的国家财产,均应转归中华人民共和国政府名下,并且新中国政府对财产的继承具有域外效力,不论财产处在中国或外国,一律由新中国政府继承。新中国政府的这一立场,在1949年12月30日就香港"两航公司案"发表的声明、1950年3月18日交通部关于中国留在新加坡和香港的商船的产权发表的声明,以及80年代末学者们关于"光华寮案"的论文中得到了明确的阐述。

(三)债务的继承

新中国政府对债务问题的态度是:对债务加以区别,对合法的债务予以偿还;对所谓的"恶债"则不予承认。在上述"湖广铁路债券案"中,中国政府主张的理由之一便是"恶债不还"。

总的说来,中华人民共和国政府在政府继承问题上的做法,完全有国际实践上的依据,为政府继承方面国际实践的发展作出了应有的贡献。

【本章小结】 国际法的基本主体是国家,国家或政府间的国际组织和正在争取独立的民族是有限的国际法主体。交战团体主要在战争法、中立法和国际人道主义法方面具有国际法主体的资格,而非政府间国际组织在条约规定的有限范围内才是国际法主体。国家的基本权利是国家的固有权利,国际法认可国家根据属地、属人、保护性和普遍性原则行使管辖权,外国国家司法豁免是习惯国际法的一项原则。在国家领土或政府发生变化时,既存国家没有国际法上的义务承认这种新国家或新政府,但一旦作出承认,则须承担由此引起的国际法义务。国家或政府的继承也是由国家领土或政府发生变化所引起的。中华人民共和国的继承是政府的继承,因而台湾及澎湖地区是中华人民共和国领土不可分割的一部分。

思考题

1. 试述国家、国际组织和争取独立的民族的国际法主体资格的区别及其原因。
2. 试述单一国与联邦的主要区别及其原因。
3. 国家的基本权利是什么性质的权利?
4. 属地管辖权、属人管辖权、保护性管辖权和普遍性管辖权相互之间的关系如何?
5. 外国国家司法豁免的依据是什么?
6. 中华人民共和国在承认和继承方面有哪些实践?如何确定这些实践的合法性和合理性?

第四章
国际法上的居民

传统国际法上,个人并不是国际法调整的对象。关于个人地位和权利的国际法规则原则上是通过国家而适用于个人的,国际法直接适用于个人是例外。第二次世界大战后,有关人权的国际法得到了飞越发展,甚至在学术上出现了个人可被视为国际法主体的议论。然而,个人在国际法上的资格归根结底是国家间的条约所赋予的。今天国际法上保护个人地位和权利的规范,原则上依赖于主权国家的管辖权。在许多领域国家间缔结的条约和国际习惯法规则依然通过国家的国内制度对个人进行适用。因各国国籍法的规定不同,往往形成国籍的冲突,因而国籍问题又具有国际性,成为国际法调整的对象之一。国家拥有属地和属人管辖权,国家在其管辖的领域内,对于外国人在什么范围内履行保护义务,以及对于在外国的本国人可以行使何种保护等问题,由相应的国际法规则加以调整,以协调国家间在行使这类权利与义务时的冲突。长期以来,在国际法的实践中,基于主权平等、平等互惠的原则以及结合人权和人道主义的考虑,关于国际法上的居民问题已经形成了十分丰富的国际法原则、规则和制度。本章从国籍、外国人的法律地位、庇护和引渡、难民以及外交保护等方面论述了与个人国籍问题有关的国际法原则、规则和制度以及我国对国际法上居民的管辖实践,旨在让读者充分了解国籍、国籍法、双重国籍、无国籍、外国人、国民待遇、最惠国待遇、引渡、庇护、双重犯罪原则、难民、不推回原则、外交保护等基本概念、基本知识和基本理论。

第一节 国 籍

一、国籍的概念

在一个国家之内,有本国人、外国人和无国籍人,区别本国人和外国人的依据是个人的国籍(Nationality)。国籍在确定居民与国家的关系和居民的法律地位上具有重要的意义。因此,研究国际法上的居民(Inhabitant)问题,首先必须了解什么是国籍。

国籍是随着国家的产生而产生的。但是,国籍作为各国立法的重要内容则是自18世纪末、19世纪初才开始的。对于国籍,曾经有一些学者从不同角度提出过各种各样的定义。概括地说,所谓国籍,是指一个人属于某一个国家国民或公民的法律资格,是一个人同某一特定国家的固定法律关系。基于这种法律关系,该个人应服从其国籍国的属人优越权,对国家负有效忠义务,同时,这种法律关系也是国家对其(本国国民)实行外交保护的法律依据。

一般而言,国籍与公民资格具有相同含义,正如国民与公民具有相同含义一样。在新中国成立初期,《中国人民政治协商会议共同纲领》中曾用过"国民"一词。1954年中华人民共和国第一部宪法改用"公民"。但是,有些国家通过国内法对本国的各种不同居民加以区别,造成国民与公民在政治地位上的差别。例如,1940年《美国国籍法典》第101条的规定,公民和国民的区别是:凡是出生于美国本土受美国管辖的人,是美国的公民;凡是出生于美国海外属地的人,则是美国的国民而非公民。1954年《美国移民和国籍法》,仍然保留了这种区别。法国也是如此,法国殖民地的土著人虽然具有法国国籍,被认为是法国国民,但不是法国公民。① 这种不同的规定,虽然具有国内法上的意义,即公民享有完全的政治权利,而国民只享有部分的政治权利,但是,从国际法的观点看,凡是具有一国国籍的人,都是该国的国民(National),在国际法上同样受其国籍国的保护。各国国籍法上关于国籍的用语不尽相同,如臣民、公民、国民。但是,国际公约一般采用意义比较广泛的"国民"一词。例如,1919年《凡尔赛和约》、1930年《关于国籍法冲突的海牙公约》、1951年《难民地位公约》以及1980年《国际儿童诱拐民事事项海牙公约》。因为,"臣民"属于君主国家的传统用语,"公民"这一名词在有些国家又不适用于所有的人,而"国民"的称呼则可以包括公民和非公民在内。为了用语和观念的统一,我们对于具有一国国籍的人,一般使用概括性的"国民"这一名词。

在现代社会中,每一个人都应有一个国籍,这不仅是国内法所要求的,也是国际法所要求的。就国内法来说,一个人取得某一国籍后,他就可以以一个国民的资格在该国享受和承担法律规定的权利和义务;就国际法来说,侨居国外的某国国民,有义务忠于本国并承担一定责任,他的国籍所属国有权行使国籍管辖和外交保护的权利,并有义务接受其回国。《世界人权宣言》第15条规定:"人人有权享有国籍。"因此,享有国籍是个人的基本权利之一,也是个人与国际法发生联系的必要纽带。

国籍问题涉及国家的主权和重要利益,主要是国内法的范畴,每个国家都有权根据自己的法律决定谁是它的国民。这种确定谁具有它的国籍因而是它的国民的法律称为国籍法,它涉及国籍的取得、丧失或变更等事项。

国籍法虽然属于国内法,但由于各国国籍法的规定不同,在国家之间人员来往和

---

① 参见李浩培:《国籍问题的比较研究》,商务印书馆1979年版,第18—19页。

人口流动日益频繁的情况下,往往形成国籍的冲突,因而国籍问题又具有国际性,成为国际法调整的对象。

第二次世界大战前,比较重要的有关国籍的公约有:1930年4月12日在海牙签订的《关于国籍法冲突的若干问题的公约》《关于某种无国籍情况的议定书》《关于双重国籍某种情况下兵役义务的议定书》,1933年12月26日在蒙得维的亚签订的《美洲国家间国籍公约》和《美洲国家间关于妇女国籍的公约》等。联合国成立以后,在国际法委员会的主持和推动下,1954年签订了《关于无国籍人地位的公约》,1957年签订了《已婚妇女国籍公约》,1961签订了《减少无国籍状态公约》等。这些公约对于解决国家间国籍冲突问题有着积极的意义。至于解决国籍冲突的双边条约和协定,在国际上则更是大量存在。

国籍在法律上的作用和意义表现为:其一,国籍是国家确定某人为其国民的根据。国家给予某人国籍,即此人具有作为该国公民或国民的法律资格,与该国具有固定的法律联系。其二,国籍是确定一个人法律地位的依据:(1)给予本国人与外国人不同地位的法律依据,例如,本国人享有政治权利,承担服兵役的义务;(2)给予不同的外国人不同法律地位的依据,例如,根据国家间双边条约的内容不同,不同国家的人的权利和义务也不尽相同。其三,国籍是国家行使管辖权的依据。例如,国家有权保护在国外具有其国籍的国民,即外交保护,国家可以根据国籍行使其司法、行政等管辖权。其四,国籍是国民在其国籍国境内行使居住权的依据。理论上国籍国有权召回在境外的本国国民归国服兵役,但是不得以任何理由强制本国国民离境或拒绝本国国民入境。

二、国籍的取得

国籍的取得是指一个人取得某一国家的国民或公民的资格。一个人是否取得一国的国籍,纯属该国的国内事项,国际法对此没有一般的规则。依据各国的国籍立法,国籍的取得主要有两种方式:一种是因出生而取得一国国籍;另一种是因加入而取得一国国籍。

(一)由于出生而取得国籍

因出生而取得的国籍称作原始国籍(Original Nationality)或出生国籍。世界上绝大多数人都是由于出生这一事实而取得国籍的,因此这是取得国籍的最主要方式。但是,各国对因出生而取得国籍所采取的原则是不尽相同的,主要有以下三种:

1. 血统主义

血统主义(jus sanguinis),是指一个人以其出生时的父母的国籍为其国籍,而不管他出生于何地。血统主义理论又分为单系血统主义和双系血统主义。

单系血统主义,通常是指以父亲的国籍决定其子女的国籍,故单系血统主义又称为父系血统主义。例如,1924年《伊拉克国籍法》规定:"任何人出生时其父为伊人者,不论出生在何地,都应认为是伊拉克国民。"日本1950年《国籍法》也采取了以父系血统为主的原则,该法第2条第2款规定,出生前其死亡的父亲死亡时是日本国民的,其子女为日本国民。

双系血统主义,是指以父母的国籍决定其子女国籍。现在大多数国家的趋向是采取双系血统主义原则。例如,匈牙利1957年《国籍法》规定:"父母一方属于匈牙利国籍者,子女是匈牙利人。"法国1945年以前的《国籍法》采取了父系血统主义,而1973年1月9日修正的国籍法则采取了体现男女平等的双系血统主义原则,该法第17条规定:"子女,不论婚生或非婚生,至少其双亲之一是法国人者,为法国人。"一般而言,具有悠久封建历史文化的国家,都维护血统主义的传统。

2. 出生地主义

出生地主义(jus soli),是指一个人的国籍决定于他出生的地方,而不论其父母的国籍如何。在历史上曾经大量吸收移民的美国和拉丁美洲国家,为了使大批移民子女在出生时成为出生地国家的国民或公民,增加本国人口,均采取了出生地主义原则。

3. 混合主义

混合主义,是将血统与出生地相结合以确定一个人的原始国籍,被称为"混合制"。采取"混合制"的国家中,有的以血统主义原则为主、出生地主义原则为辅,有的以出生地主义原则为主、血统主义原则为辅。以传统上采取出生地主义原则的美国为例,其《宪法》第14条第1款规定:"凡出生或归化于合众国并受其管辖之人,皆为合众国及其所居之州的公民。"1952年《美国移民与国籍法》第301条规定:"出生在美国境外及其在外领地的人,其双亲中一人是外国人,而另一人是美国公民,而且后者在该人出生前曾在美国或其在外领地居住至少10年,其中至少5年是在自己年满14岁以后居住在那里者,在出生时即为美国国民和公民。"混合主义原则的直接目的是防止和消除国籍的抵触,减少国家间在管辖权方面的冲突。

(二) 由于加入而取得国籍

因加入取得国籍(Acquired Nationality),是指根据本人的意志或某种事实,并在具备入籍国立法所规定的某些条件之后取得国籍。通过加入而取得国籍的主要情况有:申请入籍、婚姻和收养。入籍有广义和狭义之分,狭义上的入籍是指个人自愿申请并经过批准而取得该国国籍;广义上的入籍还包括由于婚姻、收养、领土变更等原因而取得某国国籍。狭义上的入籍是出于当事人自愿;广义上的入籍不是出于当事人主动的意思表示,而是由于发生了法律规定的事实,依法产生了入籍的效果。

《世界人权宣言》第15条第2款规定:"任何人的国籍不得任意剥夺,亦不得否认其改变国籍的权利。"尽管从理论上说,每个人都有权通过某种方式改变自己的国籍,但是,一个国家是否允许本国人放弃本国国籍或允许外国人加入本国国籍,以及在什么条件下允许这样做,是属于一国国内法的问题,也是国家主权的体现,别国无权干涉,所以,个人并没有绝对的出籍权或入籍权。然而,由于国际政治、经济、文化交往的发展和人员往来的频繁以及移民的增加,对于个人来说,可以由于各种原因要求改变国籍。在国际实践中,绝对不允许改变国籍的做法已经不再被采用。

1. 申请入籍

各国国籍法均有经过自愿申请而取得本国国籍的制度,这被称为入籍或归化(Naturalization)。多数国家规定入籍必须具备一定的条件,如年龄、居住期限等。有的国家还规定了文化程度、财产状况、行为能力、宗教信仰等方面的要求。历史上也曾有过以种族、肤色以及政治信仰为入籍条件的。例如,美国国会于1882年5月6日颁布法律,禁止美国法院批准华人、日本人和马来西亚人加入美国国籍,并且禁止马克思主义者入籍。直到1952年,美国才以新的法令取消了入籍方面的种族歧视。美国现行国籍法规定,外国人必须符合下列条件才有资格申请入籍成为美国公民:(1)年满18岁;(2)在美国连续居住至少达5年之久;(3)道德品质良好(在5年居住美国期间犯有严重罪行的人,不得申请入籍);(4)有一般阅读和写作英语的能力;(5)理解和拥护美国政治体制和美国宪法上的各项原则。

申请入籍一般须经特定机关审查并批准。有的国家规定申请人获得批准入籍时,要经过效忠宣誓手续。

关于申请入籍的效力,各国的国籍立法并不一致。例如,匈牙利1948年《国籍法》第8条规定:"(1)男子之归化及于提出归化申请书时婚姻存续中同居之妻;(2)父母归化之效力及于在亲权之下的他的(她的)子女,不论该子女系婚生或非婚生。"而波兰1962年《国籍法》第3条第2款规定:"配偶之一方改变国籍时,不影响配偶之另一方的国籍。"

关于入籍的人在法律地位和政治权利上是否与原来的国民一样,各国并无统一的原则,不少国家对此作出差别的规定。例如,按照美国宪法的规定,在美国归化的人不得被选为美国总统。

当一个人取得外国国籍后是否自动丧失原有的国籍,这也是各国有分歧的问题。有关国际公约亦未对此作出明确规定,国际法上不存在普遍承认的统一原则。

2. 因婚姻而取得国籍

是指一国公民与另一国公民结婚而取得新的国籍。一般来说,男子的国籍不受婚姻的影响,而妇女的国籍却经常由于婚姻而发生变更,可以取得其丈夫的国籍或自动丧失原来的本国国籍。

婚姻对女子国籍的影响,各国的不同规定可分为以下几种情形:

(1)无条件的妻随夫籍。即凡是与本国男子结婚的外国女子即取得本国国籍,凡是本国女子与外国男子结婚的即丧失本国国籍。这种妻从夫的国籍原则,开始于1804年《法国民法典》,盛行于19世纪。现在,在各国的国内立法中虽不多见,但仍有些国家采用这一原则。例如,海地1987年《国籍法》规定:"同海地男子结婚的外国女子依从其丈夫的地位。"在国籍法中有类似规定的,还有印度尼西亚、伊拉克、约旦、阿富汗、埃塞俄比亚等国。

(2)有条件的妻随夫籍。即外国女子与本国男子结婚,原则上取得本国国籍,但要有一定条件。通常条件是女方本国不要求其本人保留本国国籍。例如,法国1945年国籍法规定,同法国人结婚的外国女子,在结婚时取得法国国籍,但如果该女子本国法律准许她保留国籍时,她可以在婚前声明拒绝取得法国国籍。

(3) 无条件对外,有条件对内。即规定外国女子与本国男子结婚,无条件地取得本国国籍;而本国女子与外国男子结婚,则有条件丧失本国国籍。在国家的立法实践中,日本1922年国籍法、秘鲁1933年国籍法、奥地利1949年国籍法、瑞士1954年国籍法和泰国国籍法等,均采取此原则。

但现在大多数国家立法的倾向是,根据男女平等和妇女国籍独立的原则,规定婚姻不影响国籍,即本国人与外国人结婚,双方可以保有原来国籍;外国女子与本国男子结婚的,如该女子愿意取得本国国籍,可以通过申请经批准而加入本国国籍。

3. 因收养而取得国籍

是指一国公民收养另一国籍的或无国籍的儿童,使被收养者取得收养者的国籍。各国立法对收养是否必然引起国籍变更的规定并不一致。有的规定收养关系建立便引起国籍变动,被收养人即取得收养者的国籍。采取这种规定的国家为数不多,主要有英国、比利时、爱尔兰、苏联等国。有的规定被收养的子女并不当然取得养父母的国籍,如奥地利、墨西哥、罗马尼亚等国的国内立法有过此类规定。有的规定收养虽不影响被收养人的国籍,但被收养人可以在较优惠的条件下申请并取得养父母的国籍。例如,日本1950年国籍法规定,日本国民的养子女只要在日本有住所,连续居住1年以上,并且在被收养时依其本国法尚未成年,即可成为日本国民。而一般人须在日本连续居住5年以上并具备其他诸如财产状况等条件才能加入日本国籍。

因加入而取得国籍,除以上三种主要情况外,还可以由于认领(对非婚生子女)、领土转移、选择国籍、取得住所等实现。

三、国籍的丧失与恢复

(一) 国籍的丧失

国籍的丧失,是指一个人丧失某一特定国家的国民或公民资格。各国国籍法一般都有关于国籍丧失的规定。一般地说,取得新的国籍与丧失旧的国籍有着密切联系,取得国籍的几种情况(入籍、婚姻、收养及其他方式)均可能引起国籍的丧失。在性质上,丧失国籍可以分为自愿与非自愿两种类型。

1. 自愿丧失国籍

这是指基于当事人意愿而丧失国籍。各国立法均规定在一定条件下才允许公民放弃(Release)国籍。从理论上说,个人没有绝对的出籍权,国家也没有允许本国人出籍的义务。例如,瑞士1952年国籍法规定,瑞士公民如不居住在瑞士境内,年龄满20岁,且已取得或保证能取得一个外国国籍者,经过申请,得被解除其国籍。又如,法国1945年国籍法规定,非出生法国境内者,婚生子女只有在父亲是外国人,非婚生子女只有在父母亲一方为外国公民的条件下才能声明放弃国籍。

2. 非自愿丧失国籍

这是指由于入籍、婚姻、收养、认领等原因而丧失原有国籍。某些国家的法律还有剥夺(Deprive)国籍的规定。例如，法国1945年《国籍法》第9条规定："取得法国国民资格的个人为外国的利益从事于与法国国民资格不相容且损害法国利益的行为者，得予剥夺法国国籍。"又如，苏联1978年《国籍法》第18条规定："剥夺苏联国籍只能在特殊情况下，对有败坏苏联公民的崇高称号和危害苏联威望或国家安全的行为者，由苏联最高苏维埃主席团决定执行之。"

(二) 国籍的恢复

国籍的恢复，即丧失原来国籍以后重新取得该国籍。各国一般规定，国籍的恢复必须由当事人提出申请，经有关机关审查、批准。有的国家则规定履行登记或声明手续即可。例如，利比亚1954年国籍法规定，允许那些符合一定条件的人以通知利比亚外交部长的方式恢复利比亚国籍。还有的国家根据推定原则，规定出生于本国但后来离境选择外国国籍的人，在重新入境时即予复籍。例如，危地马拉1935年《外国人法》规定，一个出生于危地马拉的人选择了外国国籍后，当他进入危地马拉境内，并表示了定居意向时，可以当然恢复本国国籍，且经过24小时后即可恢复危地马拉公民权。

四、双重、多重国籍的产生与解决

双重国籍(Dual Nationality)是指一个人同时具有两个国家的国籍，即同时具有两个国家的公民或国民的身份。多重国籍是指一个人同时具有两个以上国家的国籍。上述两种现象均构成了国籍的抵触。发生双重、多重国籍的现象，称为国籍的积极抵触(Active Conflicts)。双重(多重)国籍现象主要是由于各国国籍法对国籍的取得和丧失的规定不同而产生的。

(一) 双重、多重国籍的产生

1. 由于出生。由于各国对因出生而赋予国籍所采取的原则不同就产生了双重国籍。例如，采取血统主义原则国家的公民在采取出生地主义原则的国家境内所生子女，一出生就具有双重国籍。如果父母国籍不同，父母各自的国家采取血统主义原则，他们在采取出生地主义原则的国家所生子女，一出生就具有三重国籍。

2. 由于婚姻。由于各国对女子与外国人结婚是否影响其国籍的问题采取不同的立法原则，妇女就可能由于婚姻取得双重国籍。例如，甲国女子与乙国男子结婚，按乙国国籍法规定，外国女子与本国男子结婚自动取得其夫的国籍，而按甲国国籍法规定，本国女子与外国男子结婚不因婚姻而自动丧失本国国籍，这样甲国女子就可因与该乙国男子结婚而具有双重国籍。

3. 由于收养。有些国家法律规定，外国人被本国人所收养，即取得本国国籍。另一些国家的法律则规定，收养并不对国籍产生影响，即本国人如被外国人收养，仍可以具有本国的国籍,那么,一个被收养的儿童就有可能成为具有双重国籍的人。

4. 由于入籍。由于各国对入籍的规定不同,也会产生双重国籍。例如,一个人在外国申请入籍,其本国法律规定,本人退籍必须经过批准,而该外国的法律规定,接受入籍不以退出本国国籍为条件。这个人在未退出本国国籍的情况下获准入籍,就具有双重国籍。

具有双重国籍的人,从国籍国的立场和法律规定看,都可以认为属于本国国民,在国内并不把他作为外国人对待,在国外也可以给予外交保护,这是被国际实践所肯定的。例如,1930年《关于国籍法冲突的若干问题的公约》第3条规定:"除本公约另有规定外,凡具有两个以上国籍的人,得被他所具有国籍的每一个国家视为该国家的国民。"第4条规定,一国对于它的一个国民的外交保护不得对抗该国民的另一个国籍所属的国家。

关于第三国怎样认定具有双重国籍者的国籍问题,1930年《关于国籍法冲突的若干问题的公约》第5条规定,具有一个以上国籍的人,在第三国境内,应被视为只有一个国籍。第三国在不妨碍适用本国法律以及任何有效条约的情况下,就该人所有的各国籍中,应在其领土内只承认该人经常及主要居住地所在国家的国籍。

(二) 双重、多重国籍的解决

双重国籍不仅是一种不正常的国籍现象,而且还会造成严重的不良后果。对于双重国籍人来说,双重国籍使个人陷入困难境地。双重国籍者与两个国籍国都有固定的法律关系,他可以享受两个国籍国赋予的权利,但他应同时效忠于两个国籍国,同时承担两个国籍国法律规定的义务。例如,他应在两个国籍国履行服兵役的义务。如果双重国籍人的两个国籍国是战时敌国,他无论在哪一方服役参战,都将被对方视为叛国者。另外,对于第三国来说,双重国籍给第三国对外国人的管理带来不便。例如,在刑事或民事案件中,首先应确定当事人的国籍,如果当事人为双重国籍人,那么,就会给第三国处理这类案件带来困难。

现今在解决双重国籍问题上,通常是借助于各国国内立法、国际公约和双边条约。

防止和减少双重国籍产生的有效办法是国内立法。各国在制定国籍法时,应避免制定可能产生双重国籍的条款,或从积极方面制定避免产生双重国籍的条款。例如,双重国籍的儿童在成年时可以自愿放弃某一国籍;外国女子与本国人结婚可以取得本国国籍,但如果本国法允许该女子保留本国国籍(即不因结婚而丧失国籍),她就可以放弃丈夫的国籍;本国人在外国自愿取得他国国籍时,则当然丧失本国国籍。目前,许多国家的国籍法都已作了这样的规定。例如,日本1950年国籍法规定,自愿取得外国国籍者即丧失日本国籍。我国国籍法也有类似的规定。

通过国际公约解决国籍的积极抵触虽是最理想的方法,但实际上却往往难以奏效。如1930年的《关于国籍法冲突的若干问题的公约》和《关于双重国籍情况下的兵役义务的议定书》。由于各个国家的国情和利益不一致,批准和加入有关公约的国家为数不多,有的国家即便加入或批准了有关公约,也提出了保留,因而这些公约只是在一定程度上对防止和消除双重国籍起到了一些作用而已。

通过有关国家订立双边条约以解决它们之间的双重国籍问题是较为有效的一种方法。例如,早在1879年7月23日,法国与瑞士之间就缔结过一项专约,该专约规定,法国人自愿加入瑞士国籍的,其未成年子女年满22岁的,在一年内有权就法、瑞两国国籍选择其一;若未选择,他仍是法国国民。1956年,朝鲜、南斯拉夫分别与苏联签订了解决双重国籍的条约。我国与东南亚国家之间也有这方面的实践。这种在平等的基础上通过协商达成的协议往往能使问题得到合理的解决。

五、无国籍的产生与解决

无国籍人(Stateless Person)是指任何国家根据其法律均不认为是其公民的人,或者说是不具有任何国家国籍的人。这也是由于各国的国籍法抵触而产生的另一种不正常的现象,被称作国籍的消极抵触(Passive Conflicts)。

(一) 无国籍产生的原因

1. 由于出生。一对无国籍的夫妇在采取纯血统主义原则的国家所生的子女,或者一对采取出生地主义原则的国家的夫妇,在采取纯血统主义原则的国家所生的子女,就是无国籍人。

2. 由于婚姻。一个采取婚姻影响国籍原则的国家的女子与一个采取婚姻不影响国籍原则的国家的男子结婚,就会产生无国籍人。当事人可以通过申请加入外国国籍,但在批准入籍之前,她仍是无国籍人。

3. 由于剥夺。某些国家的国籍法和有关法律规定有剥夺国籍的条款。如果一个人由于某种原因被剥夺了国籍,在未取得新国籍之前,他就是一个无国籍人。

4. 其他原因。诸如偷越国境,没有合法的护照或其他证件,护照过期而不去更换新证等,都可能导致无国籍。

无国籍人不具有任何国家的国籍,当他的利益遭到侵害时,他无法请求任何国家给予外交保护,而任何国家也不会给予其外交保护。现在多数国家对无国籍人通常给予一般外国人待遇,但是无国籍人是不能享受根据互惠原则给予某些特定国家公民的优惠待遇的。因此,国际社会和各主权国家都正在努力解决无国籍的问题。

(二) 无国籍问题的解决

解决无国籍问题,通常采取国内立法和签订国际公约两种方法。通过国内立法来减少和消除无国籍现象,是解决无国籍问题的基本方法。各国制定国籍法,应避免作出可能产生无国籍问题的规定,并从积极方面规定无国籍人可取得本国国籍。

无国籍人在国际上不享有任何国家的外交保护。为了减少无国籍状态和消除、解决由于无国籍状态所造成的种种问题,国际社会也注意通过订立国际公约来改善无国籍人的地位,防止与消除无国籍状态。这类公约主要有:1930年《关于国籍法冲突的若干问题的公约》、1933年《美洲国家间国籍公约》、1954年《关于无国籍人地位的公约》和1961年《减少无国籍状态公约》。以《减少无国籍状态公约》为例，其第1条规定："缔约国对在其领土出生，非取得该国国籍即无国籍者，应给予该国国籍。"第5条规定："缔约国的法律规定个人身份的变更，如结婚、婚姻关系消灭、取得婚生地位、认领或收养足以使其丧失国籍者，其国籍的丧失应以具有或取得另一国国籍为条件。"这些规定对解决无国籍问题起到了一定的作用。但现有的国际公约规定尚不完善，参加国为数不多，即使参加这些公约的国家，也有待通过国内立法，将公约的内容付诸实施。因此，防止和消除无国籍现象，仍是世界各国长期面临的任务。

第二节 外国人的法律地位

一、国家对外国人的管辖权

外国人（Alien），是指居住在一国境内，并接受该国管辖，不具有所在国的国籍而具有外国国籍的人。国际法上通常把无国籍人也当作外国人对待。这里所说的外国人不包括外交代表、领事官员、驻国际组织代表等享有外交特权与豁免的人，这是因为，这类外国人具有特殊的法律地位，与一般外国人不同，因而不包括在一般外国人的范围之内。从广义上说，外国人除指自然人外，还包括外国法人，如外国的公司、企业等。因此，国际条约也往往将自然人的保护与法人的保护联系在一起。

按照国际法，处在一个国家境内的外国人都受所在国的管辖，外国人进入一国境内后必须遵守所在国的法律和法令。国家对其领域内的外国人的管辖权称为属地管辖权，同时，国家也有保护其在外国的本国国民合法权益的权利，通常被称为属人管辖权。处于一个国家境内的外国人既要服从所在国的属地管辖，也要服从其国籍国的属人管辖。

一国规定给予外国人何种法律地位，这是一国的主权，别国无权干涉。但是，居留国在规定外国人的法律地位时，必须顾及以下两点：（1）关于外国人法律地位的国内法不能与本国承担的国际义务相违背；（2）关于外国人法律地位的国内法不能违反国际法的基本原则和国际习惯法规则。此外，还应顾及外国人本国的属人管辖权。例如，外国人被召回其本国服兵役，所在国不得阻止。

国家也有义务保护外国人的合法权益。外国人在合法权益受到非法侵害时，有权享受所在国的法律救济；反之，他们违反所在国的法律法令，造成他人或所在国国家的损害时，也有义务作为被告，受到法律的追诉。另外，外国人在居留期间，也同时处于国籍国的属人管辖之下，他仍然负有效忠本国的义务。当他的合法权益受到侵害而用尽当地救济办法未获解决时，可以获得本国的外交保护。

二、对外国人入境、居留和出境的管理

按照国际法,一国有权对外国人的入境、居留和出境的管理作出规定。一国是否允许外国人入境,在什么条件下允许外国人入境,对于居留的外国人给以何种待遇,以及对离境的外国人应办理何种手续,属于一国的内政问题,别国无权干涉。

(一) 外国人的入境

除有条约义务外,国家可以拒绝外国人入境,也可以为外国人入境规定有关的条件,这是从国家主权原则引申出来的权利,也是一项一般国际法的准则。在现代国际社会里,各国都是在互惠的基础上允许外国人为合法的目的而入境的。但是,一般都要求持有护照和经过签证。也有些国家,在互惠的基础上,通过协议,互免签证。

一国为了本国的安全和利益,有权拒绝某些外国人入境。例如,对于精神病患者、某种传染病患者、刑事犯等,各国通常是禁止入境的。虽然国家有权限制某些外国人入境,但根据《公民及政治权利国际公约》第26条规定的"应防止因种族、肤色、宗教等原因对任何人造成歧视"的精神,凡以种族、民族、宗教歧视等因素而拒绝外国人入境的,均属违反国际法的做法。历史上,美国曾经于1904年通过排华法案,禁止华人入境,该法案于1943年废除。这种由于种族原因而限制或禁止外国人入境的做法,自始就是违反国际法原则的,因此从来就受到国际公正舆论的谴责。

虽然在理论上,一国可以完全拒绝外国人入境,但事实上,并没有国家把这种权利行使到如此极端的程度。一般的原则是国家对入境的外国人要求有一定的条件。如果一国完全拒绝与该国已经建立外交关系的某一特定国家的国民入境,在外交上可以被认为是一种敌对的或至少是对该国不友善的行为。

(二) 外国人的居留

外国人可根据居留国的法律法令和有关的国际条约或协定的规定,在该国作短期、长期或永久居留。但是,任何外国人没有主张接受国必须准予居留的权利,任何国家也不能主张它的国民有在外国领土内居留的权利。外国人未经请求并获得许可,是不能在一国领土内长期居留的。

外国人在居留期的权利和义务由居留国的法律规定。按照国际实践,外国人的人身权、财产权、著作权、发明权、劳动权、受教育权、婚姻家庭权和继承权以及诉讼权等,一般都受到居留国的保护,其地位与当地的公民相同。不过,常见的情形是外国人没有选举权,不能从事某种职业。外国人在居留期,必须遵守居留国的法律法令,交纳捐税,接受居留国的属地管辖。但是,外国人在居留国一般没有服兵役的义务。

(三) 外国人的出境

外国人只要符合所在国有关出境的规定,所在国就应允许其出境。各国法律一般都规定,外国人出境,必须没有未了的司法案件或债务、交清他应交纳的捐税、办理

了出境手续。如果外国人的民事纠纷或刑事案件尚未了结，或者债务尚未清偿，或者未付清捐税，即可阻止其出境。合法出境的外国人，可以携带居留国法令允许其带走的合法财产。

根据国际法，一国不得无理禁止或阻碍外国人离境。但在特定情况下，可以限令外国人离境，或将他驱逐出境（Deportation）。国家通常被认为有权驱逐、遣送或强制外国人出境，这与国家拒绝外国人入境一样，属于国家领土主权的权利之一。强制出境一般不同于对普通外国人的驱逐（限期离境），它是由警方将外国人强行护送至边界。需要注意的是，出于人道的考虑，外国人不应被遣送到由于其宗教信仰、种族、国籍或政治见解而使其安全遭受威胁的国家或地区。[①] 不过，在限制外国人出境或驱逐外国人出境方面，国家不应滥用这种权利，否则将招致当事人本国的抗议或报复，并引起国际法律责任。

三、外国人的待遇

通常国家对其领域内的人进行管理，负有保护的权利与义务。外国人负有遵守在滞留国法令的义务，此外，原则上与滞留国国民负有同样的义务，但是某些以国籍为根据的义务，如服兵役、义务教育等，原则上不适用于外国人。在权利方面，国家对于外国人应当给予通常生活中必要程度的权利能力。在公职的限制，社会保障权、财产取得等经济活动方面，除非受条约的约束，各国根据属地管辖权，是可以自由裁量设定某种程度的限制的。

原则上，外国人不享有政治权利。例如，外国人在所在国没有选举权和被选举权，不得参加政治性组织，不得参加政治性的集会、结社和游行等。各国一般承认对外国人的民事权利及法律诉讼权利给予保护，保证他们享有必需的待遇。例如，享有人身权（包括生命权、姓名权、名誉权、肖像权）及劳动权、婚姻家庭权、继承权、受教育权等，有参加所在国的法律诉讼的权利和义务，所在国的法律程序应向外国人开放。这些民事权利和法律诉讼权利是对外国人的人身自由和财产权的基本保护，是外国人的生活所不可缺少的，因此，所在国有义务保障外国人享有这些权利。

一个国家对于合法入境的外国人，不论是暂时的或长期的或永久居住的，都应依法予以保护。但是，就具体事项而言，对外国人的待遇，各国法律的规定和实践不尽相同。另外，由于暂时和短期居住与长期居住不同，各国给予这几种情况的外国人的待遇也不完全相同。外国人的待遇主要是指对长期居住的外国人的待遇，国家可以自由决定给予外国人何种待遇。根据各国的实践，给予外国人的待遇大致有以下几种标准：

（一）国民待遇

所谓国民待遇（National Treatment），也称平等待遇原则（Doctrine of Equality of

---

① 参见1951年《关于难民地位公约》第33条的规定。

Treatment),是指给予外国人的待遇和给予本国人的待遇一样,即在同样条件下,外国人和本国人所享受的权利和承担的义务相同。

这项原则早在19世纪初期的《法国民法典》中就作了规定,目前几乎所有国家都通过国内立法或国际条约,在互惠的条件下实行这一原则。例如,1995年《欧洲居留公约》第4条规定:"缔约各方国民在其他各方领土内关于民事权利的享有和行使,无论是个人方面或财产方面,享有与国民待遇同等的待遇。"依据我国的法律和我国缔结的有关国际条约的规定,我国境内的外国人也享有与我国公民相同的待遇。我国《民法通则》第8条规定:"中华人民共和国领域内的民事活动,适用中华人民共和国法律,法律另有规定的除外。本法关于公民的规定,适用于在中华人民共和国领域内的外国人、无国籍人,法律另有规定的除外。"此外,我国的《民事诉讼法》《刑事诉讼法》和《行政诉讼法》都作了类似的规定。

从国际实践看,给予外国人的国民待遇是有一定范围的,而不是在一切方面都与本国人的待遇完全相同。首先,国民待遇主要是一种民事权利方面的待遇,不包括所在国公民政治权利中的有些待遇。乌拉圭1934年宪法允许在该国住满15年的外国人享有选举权,这只是一种例外。其次,即使在民事权利方面也是限于一定范围和程度之内,各国一般在外国人对不动产的取得以及外国人谋求职业或行业上加以限制。例如,许多国家规定不准许外国人充任律师,有的国家禁止外国人经营军事、银行、铁路、矿山等。在中国,外国人不得取得对土地、矿藏、水流、森林、山岭、草原、荒地、滩涂等自然资源的所有权;不得充任中国国家工作人员、引水员、律师和公证员;不得在中国从事渔业生产、渔业调查、矿山资源的勘探开发及水资源的开发利用;不得从事沿海江河湖泊及其他通航水域的水路运输等;不得从事古文化遗址或古墓的开发。对外国人的民事活动的各种限制是国民待遇的例外,这既是各国的普遍实践,也是国际法所允许的。

国家有义务就境内外国人的生命、财产以及某种权利给予保护。一方面,应防止侵害结果的发生;另一方面,在侵害结果发生后,为了进行补救而采取行政或司法的救济措施。无论是哪一方面,都涉及保护程度的问题,于是就产生了国际标准与国内标准的矛盾。

一些西方学者认为,外国人的待遇应该符合"文明世界"的"国际标准"(International Standard of Treatment)或"最低标准"。也就是说,国家不是仅仅给予外国人国民待遇就可以避免国际责任的,对外国人的待遇,还必须符合国际标准。但是,如果国际标准高于个别国家所给予的国民待遇标准,其结果必然是使外国人享有比本国公民更大的保护,从而使外国人居于特权地位;同时,国际标准主义本身也是很抽象的,没有具体的客观标准。

正确认识和理解外国人待遇标准,需要各国在遵守一般国际法原则的基础上,通过签订条约或其他形式,承担有关外国人待遇的国际义务。这些义务的承担就是确定外国人待遇的标准。

(二) 最惠国待遇

最惠国待遇(Most Favourable National Treatment),是指给予某个外国的个人或法人的待遇,不低于现时或将来给予任何第三国的个人或法人在该国享受的待遇。联合国国际法委员会拟定的《关于最惠国条款的条文草案》第5条规定:"最惠国待遇是授予受惠国或与之有确定关系的人或事的待遇不低于授予国给予第三国或与之有同于上述关系的人或事的待遇。"

最惠国待遇一般是通过条约中的最惠国条款给予的。根据最惠国条款的规定,缔约各方承诺,在条约规定的范围内,给予对方国民或法人的待遇,不低于现时或将来给予任何第三国国民或法人的待遇。最惠国待遇通常也是国家之间在互惠的基础上互相给予的。签订最惠国待遇条款后,受惠国可自动取得条款规定的某种优惠和豁免,无须就此再向施惠国履行任何申请手续,而施惠国在缔约前已给予、现在仍然存在的以及将来可能给予第三国的优惠和豁免,应自动给予受惠国。最惠国待遇的适用范围通常包括:关税及附加税的税率和海关手续;船舶出入停泊所需燃料、淡水食品供应;船舶修理、旅客、行李或货物过境;铁路、水路、公路的使用;法人、自然人的法律地位;商标权、发明权等。

最惠国待遇原则的实行,使受惠国国民或法人不仅在条约规定的范围内享有施惠国在同样事项上给予任何第三国国民的权利、利益和优惠,还可以不被要求承受任何第三国国民所不承担的义务和限制。

最惠国待遇的适用也有例外情形。根据各国间缔结的有关国际条约以及联合国《关于最惠国条款的条文草案》的规定,归纳起来,一般以下情形不适用最惠国待遇:(1)施惠国给予其邻国的优惠;(2)关税同盟内的优惠及自由贸易区或经济共同体内的优惠;(3)发达国家给予发展中国家的优惠,其他发达国家不得要求这种优惠;(4)国际条约规定的其他不适用的情形。

最初,要求最惠国待遇的目的在于防止本国公民或法人在外国或在与外国的经济交往中处于不利地位,避免使本国的公民或法人的地位低于第三国的公民与法人在该国的地位。可是在19世纪到20世纪的一百余年间,帝国主义列强在与旧中国和其他一些东方国家所签订的不平等条约中规定了概括性的、无条件的、单方面的最惠国待遇,使最惠国待遇成了帝国主义在旧中国和其他东方国家所享受的一种特权。这种片面的、不平等的最惠国待遇条款是完全违反国际法的平等互惠原则的。

(三) 差别待遇

差别待遇(Differential Treatment),是指国家给予外国人不同于本国公民的待遇,或给予不同国籍的外国人不同的待遇。具体包括两种情形:

其一,国家给予外国公民与法人的民事权利,在某些方面少于本国公民和法人。如规定某种企业只能由本国人经营,某种职业只能由本国人担任,某种财产只能由本国人拥有等。例如,阿富汗1931年宪法规定,外国人在阿富汗绝对没有拥有土地的权利;美国多数州的法律不允许外国人充任律师;泰国1974年宪法规定,外国人在泰国没有办报的权利。

其二,对不同国籍的外国公民和法人给予不同的待遇。由于历史、民族、地理等方面的原因,有些国家或国家集团之间的关系更密切一些,因而根据条约或习惯,给予对方国民或法人在某些方面以较优惠的待遇。例如,欧洲共同体国家对成员国的国民或法人和对非成员国的国民或法人的待遇就有一定的差别。相邻国家间在关税、人员往来和边境贸易等方面,也常有一定的优惠待遇。但需要指出的是,合理的差别待遇与因种族、民族、性别的差别待遇性质是不同的,后者是违反国际法原则的歧视性待遇,是应该受到谴责的。

第三节 引渡和庇护

一、引渡

(一) 引渡的概念

引渡(Extradition),是指一国将处在该国境内而被他国追捕、通缉或判刑的人,根据他国的请求移交给请求国审判或处罚的行为。请求国在这种情形下必须被认为具有审判被控罪行的管辖能力。

引渡属于一个国家主权范围内自由决定的事项。根据国际法,国家有权驱逐外国人,但没有必须引渡的义务。是否接受引渡的请求,决定权是在被请求国,除非根据互惠原则或该国负有条约上的引渡义务。

通常这种被控的罪行必须发生于请求引渡国境内或在境外悬有该国国旗的船舶之上,而且该被控罪犯已经在被请求国的境内。

现代意义上的引渡制度源于18世纪的欧洲。在此之前,对于普通罪犯的引渡一直非常有限,欧洲国家的君主之间通常相互引渡反对统治者的政治犯、宗教犯和逃兵,以进行政治交易,维护封建统治的利益。在当时法国的君主体制下,政治犯罪被认为是最严重的犯罪,犯人被处以特别的重刑。因此,作为统治者来说,将逃往他国的政治犯进行引渡就显得尤为必要。

1789年的法国大革命从根本上打破了旧的思想和制度。1830年七月革命和1848年二月革命,更是催生了政治犯享有完全的自由和对于政治犯宽容的新思想。在法国,随着革命的不断爆发,政治犯一时成了新政权的英雄。

法国革命极大地冲击了实行封建专制的邻近各国。它们害怕革命波及自身,便镇压那些意图推翻本国政治制度的人。因此,很多政治犯逃往法国。他们在法国被看成是值得尊敬的自由战士,是应该予以庇护的人。这就产生了政治犯不引渡的原则,而引渡的基本性质也变成了对普通罪犯的引渡。

18世纪末,在近代资产阶级法制改革的推动下,引渡逐渐形成为一项法律制度。

1794年,英美两国签订了具有现代引渡内容的《杰伊条约》。该条约第27条规定:"双方同意,应各自大臣或专门授权的官员提出的请求,陛下和合众国将遣送一切被指控在各自管辖范围内的杀人或伪造罪并向另一国寻求庇护的人。"为了进一步摆脱古代引渡的政治色彩,同时也使引渡事务规范化并便于操作,19世纪以后,许多国家先后以国内立法的形式对引渡罪行的种类和引渡程序作出明确规定,如比利时1833年《引渡法大纲》和英国1870年《引渡法》。此外,各国之间还订立了许多双边的引渡条约或司法协助条约、公约和国际文件。前者如1924年《美国和罗马尼亚间引渡条约》、1953年《匈牙利和保加利亚间司法协助条约》、1957年美国和加拿大之间的引渡条约,后者如1957年《欧洲引渡罪犯公约》、1983年《美洲国家间的引渡公约》。但这些都是地区性的公约,普遍性的引渡公约至今尚未订立,只是在有些公约中包含了某些引渡条款。这些条款只涉及个别领域问题,如1970年关于空中劫持的《海牙公约》第7条和第8条,该两项条款只涉及空中劫机罪犯的引渡问题。

(二) 政治犯不引渡原则

政治犯不引渡原则(Principle of Non-extradition of Political Offenders),是法国资产阶级革命以后,通过西欧一些国家的国内立法和各国间的引渡条约的规定,逐渐形成的一项原则。1793年法国《宪法》第120条规定,允许给予"为了自由"而从本国逃亡到法国的外国人以庇护。这是关于庇护政治犯的立法的开端,也为政治犯不引渡原则的形成奠定了基础。1833年,比利时制定了第一个禁止引渡政治犯的法令。政治犯不引渡的原则,经过无数个双边条约的认可和多边公约的承认,目前已成为一项得到普遍承认的习惯规则。但是,何谓政治犯,国际上并无统一定义。由于有的政治活动兼犯普通罪行,即所谓相对的或混合的政治犯罪,因此,如何适用这一原则,就存在某些困难。有的学者把出于政治动机而犯的罪行称为"政治罪";有的学者把由于政治目的而犯的罪行称为"政治罪";有的学者则认为,兼有政治动机和政治目的的罪行才是"政治罪";还有的学者将"政治罪"仅限于以变更特定国家的政治形态为目的的犯罪,如叛国等。到目前为止,国际社会尚未形成普遍接受的"政治罪"的概念。应当指出,尽管各国对政治犯概念的认识并不统一,但是,政治犯不引渡原则在国际法上已经确立。此外,在实际中,军事犯和宗教犯也不予引渡。

政治犯罪一般分为纯粹的(绝对的)政治犯罪和相对的政治犯罪。纯粹的政治犯罪,是指阴谋革命和组织非法的政治结社等专门侵害政治秩序的行为。相对的政治犯罪,是指犯有与侵害政治秩序有关联的普通犯罪,它又分成复合罪与结合罪两种。前者如为推翻君主制而暗杀君主,只有一个行为,却同时构成政治罪和普通罪;后者如参加革命暴动并进行放火,有两个以上的行为,分别构成了政治罪和普通罪。应当指出,有的政治犯罪,虽然其行为可能有政治动机或政治目的,但不应视为政治罪。早在1856年,比利时就制定了一部法律,修正了原先的引渡法。修正后的法律特别规定,谋杀外国政府元首或其家属的行为不应被认为是政治罪。这一规定称为"行刺条款"(Attentat Clause),或称"比利时行刺条款"。不仅如此,下述犯罪行为,不论是否具有政治动机或目的,均不应视为政治犯:(1) 战争犯罪;(2) 空中劫机犯罪;(3) 灭绝种族及有关行为的罪犯;(4) 侵害受国际保护人员包括外交人员的罪犯等。

(三) 引渡的规则

从国家间签订的引渡条约和各国的引渡法以及各国的引渡实践看,在引渡问题上,已经逐渐形成了一些为各国普遍接受的原则和做法。

1. 请求引渡的主体

请求引渡的主体,是指有权请求引渡的国家。主要有以下三类国家:

(1) 罪犯本人所属国。根据国家的属人管辖权,国家对于本国人在外国的犯罪行为具有管辖权。因此,罪犯的所属国有权要求引渡。

(2) 犯罪行为发生地国。根据国家的属地管辖权,不管罪犯是不是本国人,只要犯罪行为发生在该国,该国就有权请求引渡。

(3) 受害国。根据国家属地管辖权的延伸原则,国家享有保护性管辖权。因此,尽管犯罪行为发生地不在本国,甚至罪犯也不属于本国人,但是犯罪行为的后果及于该国,该国就可以行使管辖权,因而有权请求引渡。

以上三类国家对罪犯都有权提出引渡要求。但是,如果这三类国家同时对同一罪犯提出引渡要求时,在原则上,被请求国有权决定把罪犯引渡给任何一个请求国。值得注意的是,拉丁美洲区际国际法在这个问题上已形成了颇有特色的规则。1933年《美洲国家间引渡条约》第 7 条规定,如果有几个国家为同一罪犯请求引渡时,犯罪发生地国有优先引渡权;如果这个人犯了几项罪行而被请求引渡时,则按被请求国法律,罪行最重的犯罪地国有优先引渡权;如果各项罪行被请求国认为同样严重时,优先权依请求先后而定。

2. 引渡的对象

引渡的对象,是指被某国指控为犯罪或判刑的人。他可以是请求引渡国家的国民,也可以是被请求引渡国家的国民,还可以是第三国的国民。但是,根据许多国际条约的规定,引渡罪犯原则上只限于外国人,本国国民一般不予引渡,这称作"本国国民不引渡原则"。2000 年 12 月 28 日颁布和生效的《中华人民共和国引渡法》第 8 条规定,外国向中华人民共和国提出的引渡请求,被请求引渡人具有中华人民共和国国籍的,应当拒绝引渡。按照各国实践,大陆法系的国家一般拒绝引渡本国国民,除非受到条约的限制。而英美法系的少数国家,由于有刑罚属地主义的法律传统,不处罚在外国犯罪的本国人,因而允许引渡本国国民,除非受到相反的条约的限制。现代英美法系国家的实践表明,引渡本国国民的做法一般需建立在互惠的基础之上。

3. 相同原则

相同原则,又称罪名同一原则(Principle of Identity),或双重犯罪原则,是指依照国际实践,构成引渡的理由必须是引渡请求国和被请求国双方的法律都认为是犯罪的行为,而且这种罪行必须能达到判处若干年有期徒刑以上的程度;反之,则不能引渡。为此,有些国家在国内立法中具体列举了可以引渡的犯罪行为。例如,英国

《1870年引渡法》规定,英国与外国订立的引渡条约中列举的罪名,必须与该法一致;1924年《美国与罗马尼亚间引渡条约》第1条列举了谋杀罪、重婚罪、放火罪等24项罪名,作为应予引渡的犯罪。

4. 罪行特定原则

罪行特定原则,又称罪名专用原则或专一原则(Principle of Speciality),此原则要求引渡请求国将某人引渡回国后,只能就作为引渡理由所提出的罪名予以审判或处罚,请求国须承担不审理、不惩处不同于引渡罪名的任何其他罪行的义务。这项原则是为防止一些国家将从事政治犯罪的人以普通刑事犯名义引渡回国,然后以其他名义任意予以惩罚。例如,1924年《美国与罗马尼亚间引渡条约》第4条规定:"任何人不应以被引渡理由以外的其他轻、重罪行而加以审判。"如果请求引渡国违反了这一原则,被请求国可以提出抗议。但英国法院在1931年"英王诉科尔力根案"中表示了不同见解,即对英国法院而言,只需依据的事实相同即可。

5. 引渡的程序

引渡通过外交途径进行。引渡请求书由各自外交代表制作,如无外交代表,则由领事代表转达,或者由各国政府直接通知,请求引渡罪犯的国家,还须附送关于罪犯个人犯罪的证明材料。被请求国司法部门对请求文件中的情况进行审查并作出决定,交由行政机关批准,如果请求被接受,被请求国应通知请求国有关移交罪犯的事宜,请求国须派员前往接收。一旦罪犯移交完毕,引渡程序即告结束。

二、庇护

(一) 庇护的概念

庇护(Asylum),是指国家对于遭受追诉或政治迫害的外国政治犯给以政治避难,并拒绝将其引渡的制度。庇护是以国家的属地管辖权为依据的。每一个国家对于在其领土内的人,不管是本国人或外国人,都享有属地管辖权。当它与别国对其本国公民行使的属人管辖权相冲突时,便排除了别国对在外国领土内的本国公民可以行使的权力。因此,任何东道国对于因被本国追诉而进入其国境的外国人来说,就可以成为一个庇护所。如果没有引渡条约上的规定,任何国家都没有义务将他驱逐或交给追诉的国家。

庇护权是各国自主处理和决定给予外国人庇护事项的权利。这种权利完全属于庇护的国家,非个人享有。是否给予某个人以庇护,完全由一国自主作出决定。庇护的依据是属地管辖权,因此,庇护只能在庇护国的领土范围内进行,国际法上称之为"领域庇护"(Territorial Asylum)或"域内庇护"。

(二) 庇护的对象

庇护的对象主要是从事政治或科学活动而受到迫害的人,所以,一般把庇护称为政治避难。对于一般民事不法行为者、刑事罪犯和战争罪犯则不能给予庇护。

现代庇护规则的发展与18、19世纪的欧洲资产阶级革命有关。那时,欧洲有些封建君主制国家的反封建人士,常常遭受其本国政府的迫害,因而逃往他国寻求避难。对此,法国资产阶级革命时期,通过国内立法首先提出了庇护政治犯的原则。例如,1793年法国宪法明确宣布,法国对于为争取自由而从其本国流亡到法国的外国人给予庇护,但对专制者则不给予庇护。此后,19世纪上半叶,又通过西欧一些国家的国内法规定和各国间签订的引渡条约逐渐形成了这一公认的原则。近几十年来,庇护对象的范围有了新的发展,包括一切致力于正义事业而受迫害的人。

受庇护人的法律地位与一般外国人相同,处于所在国属地管辖权之下,应服从所在国的法律。其待遇原则上与外国人相同,国家可以根据具体情况,按照个人的地位不同,区别待遇。受庇护的人不被引渡,也不被驱逐,可在境内安居。同时,受庇护人在庇护国境内的活动受到一定的限制,不得参与庇护国的政治活动,并负有义务不得在庇护国境内从事反对其国籍所属国或其他国家的活动。如果受庇护者在庇护国庇荫之下仍然从事反对其国籍所属国或其他国家的活动,无疑就等同于庇护国本身在干涉他国的内政,而干涉他国内政是为现代国际法所禁止的行为。

(三) 庇护的法律依据

目前,有关庇护的依据,主要是各国的国内宪法和引渡法。如苏联1936年宪法、法国1946年宪法、保加利亚1947年宪法、中国1982年宪法和1985年《外国人入境出境管理法》等,都作出了关于国家行使庇护权的明确规定。国际上也有一些有关庇护的国际公约。例如,1928年美洲国家在古巴的哈瓦那签订了《关于庇护的公约》,1933年美洲国家在乌拉圭的蒙得维的亚订立了《关于政治庇护权的公约》。但这些都是地区性的公约,全球性的公约至今尚未订立。

1948年《世界人权宣言》第14条规定:"人人有权在其他国家寻求和享受庇护以避免迫害。"但是,对于宣言所谓的"人人",绝大多数学者的理解是指像政治犯那样受追诉的人或受政治迫害的人。对于受庇护人是否属于政治性的犯罪,其性质的认定权属于行使庇护权的国家。1967年联合国大会通过的《领土庇护宣言》第1条第3款规定:"庇护之给予有无理由,应由给予庇护国酌定之。"根据国际实践,国家完全可以自由决定是否给予庇护,因此,个人可以提出避难申请,但没有绝对的受庇护的权利。

《领土庇护宣言》规定,如一国行使主权给予外国人庇护,首先,其他各国应予尊重(第1条第1款)。其次,遇一国难以给予或继续给予庇护时,其他国家本着国际团结之精神,应各自或共同或经由联合国,考虑采取适当措施,以减轻该国的负担(第2条第2款)。再次,对寻求庇护者,不得使之遭受在边界拒斥,或在其已进入请求庇护的领土后使其遭受驱逐或强迫遣返其可能受迫害的任何国家等之类的处置;国家仅因国家安全的重大理由,或为保护人民方能对上述原则例外办理,在这种情况下,该国应考虑在其认为适当的条件下,以暂行庇护或其他方法给予关系人前往另一国的机会(第3条)。

应指出的是,《领土庇护宣言》在国际法上不具有法律拘束力,它所规定的内容和精神仅仅对有关国家起着指导性的作用。尽管国家根据属地管辖权,可以给予政治避难者以庇护,但是,国家同时还应当尊重别国的内政。

(四) 域外庇护

域外庇护(Extra-territorial Asylum),即在本国的军舰、军用航空器、使馆以及领馆内庇护政治犯。支持这种域外庇护的理论根据无非是传统国际法上的治外法权,该理论将军舰、军用航空器、使领馆馆舍视作本国领土的延伸。但是,治外法权说未得到国际习惯法的佐证和支持,并被现代国际法摒弃。利用使馆庇护政治犯亦称为外交庇护,这实际上是利用外交豁免权作为庇护的保障。由于庇护权本身是以国家的属地管辖权为依据的,因而使领馆并不具有行使庇护的权利。《维也纳外交关系公约》第41条第3款规定:"使馆不得充作……与使馆职务不相符合之用途。"《维也纳领事关系公约》第55条第2款规定:"领馆馆舍不得充作任何与执行领事职务不相符合之用途。"可见,使馆职务并无外交庇护的内容。

《维也纳外交关系公约》规定,享有外交特权的人不得干涉接受国的内政,并应遵守接受国的法律。但是,如果给予庇护的权利和领土国尊重这种庇护权的义务在条约中明文规定的话,情况就不同。外交庇护在拉丁美洲国家之间曾一度流行。拉丁美洲有些国家因政局不稳,经常发生政变,统治者一旦被推翻,最便捷的方法就是在外国使馆寻求避难。于是,拉美国家间缔结了一系列关于庇护的区域性公约。如1928年的哈瓦那《关于庇护的公约》、1933年的蒙得维的亚《关于政治庇护权的公约》等,都规定了使馆可以行使庇护权。1954年在委内瑞拉的加拉加斯签订的《关于外交庇护的公约》进一步把外交庇护具体化。但这种区域性公约并未获得世界各国的普遍承认。这种在拉美国家间的外交庇护的做法,只适用于作为缔约国的拉美国家,不仅不具有普遍性,而且是与国际公约的规定相矛盾的。

军营、军舰也同样不具有庇护权。在逃亡者进入外国的军营、军舰的情况下,虽然当地国不能强行到军营、军舰上拿捕逃亡者,但军方长官必须应当地国的要求,交出该逃犯。当地国也可向军队或军舰所属国的外交使节提出移交政治犯的请求或向该国提出抗议。商船和民用飞行器,不得在他国境内庇护政治避难者,如果其在一国领水、港口、机场内非法地给予外国人以庇护,当地国可采取强制措施,到商船或飞行器上缉拿逃亡者。

第四节 难 民

一、难民及其国际保护的沿革

第一次世界大战后,在欧洲产生了大量的难民,使得难民的保护成了国际性问题。当时大规模人员流动主要与俄国革命和奥斯曼帝国的崩溃有关。1921年国联设立了俄国难民事务高级专员公署,由挪威人弗里德约夫·南森博士担任高级专员。其任务是:规定俄国难民的法律地位;遣返或把难民"分配"给能够接纳的国家;在"慈善机构"的协助下承担救济工作。以上高级专员的权限后来又扩大到其他难民群体,如1924年扩大到亚美尼亚人,1928年扩大到亚述人、亚述—迦勒底人和土耳其人。[①] 1931年南森逝世后,成立了"国际南森难民署",作为国联领导下的一个自治机构,该署主要从事人道主义救助的工作。1938年,国联将上述两个机构合并,另行任命了一名难民高级专员,高级专员署设在伦敦。然而,该机构的作用有限,已于1946年停止活动。1938年,在举行关于"从德、奥非自愿移民"问题会议之后,成立了"政府间难民委员会"(The Intergovernmental Committee on Refugees)。该委员会的工作范围在第二次世界大战期间扩展到所有难民群体,1947年被国际难民组织取代。1943年,同盟国创立了"联合国善后救济总署"(The United Nations Relief and Rehabilitation Administration)。在它的组织下,数百万人返回本国或原居住地。但是,由于战后本国被新的意识形态所统治,许多人越来越不愿回国。这样便出现了战后保护难民的一大难题。

1946年第一届联合国大会将难民问题作为优先审议的议题之一,并确立了以下原则:(1)难民问题属于国际范围内的事务,具有国际性质;(2)任何难民或流离失所者,在完全自由的情况下最终以正当理由拒绝返回原籍国时,不得强迫他们回国;(3)此类难民和流离失所者应受即将成立的一个国际机构的关注,该国际机构主要的任务是以各种可能的途径鼓励并协助难民和流离失所者早日返回家园。

1947年"国际难民组织"成立,作为联合国的一个专门机构,负责处理二战后遗留下来的难民问题。这是一个全面处理各种难民问题的国际机构。这些问题包括:登记、确定地位、遣返、重新安置、法律和政治保护等。该组织的活动持续至1951年。

1951年1月,联合国难民事务高级专员公署(The Office of the United Nations High Commissioner for Refugees)(以下简称"联合国难民署")正式成立。根据《联合国宪章》第22条的规定,难民署属于联合国大会的附属机构。规范联合国难民署的法律文件是《联合国难民署章程》。该章程共分三章,明确规定:难民署的工作纯属"非政治"以及"人道和社会"性质;高级专员必须按照联合国大会经社理事会的政策指导行事;难民署是临时性机构。该组织成立时原定为期3年,尔后每期延长为5年,直至今日。

1951年,联合国就难民和无国籍人地位问题召开外交会议,通过了《关于难民地位的公约》。这被认为是国际难民法的一个里程碑。[②] 1967年,联合国又通过了《难民地位的议定书》,该议定书取消了1951年《关于难民地位公约》中关于地域和时间上的限制。

---

① 参见联合国难民署北京办事处提供的资料:《难民的国际保护》,1995年(北京),第3—4页。
② 参见联合国难民署北京办事处提供的资料:《难民署简介》,1996年(北京),第5页。

联合国难民署在最初的为期3年的任务中,帮助安置了120万由于世界大战而无家可归的欧洲难民。但是,由于世界难民危机的迅速加重,该组织的任务也以5年为期不断延续下来。今天,联合国难民署已经是世界上最大的人道主义组织之一。其半个世纪的工作,至少为5000万人提供了救助。联合国难民署在1954年和1982年曾两次荣获诺贝尔和平奖。

联合国难民署的工作计划、方针及针对难民的保护由68个成员国组成的执行委员会批准,该委员会每年在日内瓦举行年会,高级难民事务专员通过联合国经社理事会向联合国大会汇报难民署工作。①

国际社会对难民的保护,最初仅限于保护某个国家的难民,此后逐渐发展到不限国家并取消地域和时间上的限制。一些区域性的公约甚至扩大了1951年《关于难民地位的公约》中难民产生所限定的原因。由于20世纪六七十年代国际社会难民大规模出现,一些区域性国际组织也开始采取保护难民的行动并通过了相应的条约或宣言。例如,非洲统一组织于1969年通过了《关于非洲难民问题具体方面的公约》;中美洲1984年通过了《卡塔赫纳难民宣言》;欧洲理事会1959年通过了《关于取消难民签证的协定》、1980年通过了《关于转移对难民责任的协定》、1984年通过了《关于保护按1951年公约未能正式被承认为难民者的建议》等。以上国际难民法的发展历史,展示了人类社会在保护难民和维护人类自身尊严方面的不懈努力和成就。

二、难民的定义

为了争取各国支持难民高级专员的工作并承认他所颁发的旅行证件——"南森护照"(Nansen passport),国际上出现了一些关于颁发难民证件的专门协定。② 在这些专门协定中出现了难民的最初定义。各种协定、条约对于难民的定义并不相同。其中,1951年在日内瓦订立的《关于难民地位的公约》(1954年生效)与1966年联合国大会通过的《关于难民地位的议定书》(1967年生效)较全面、准确地归纳了难民的定义。

1951年《关于难民地位的公约》(以下简称"51年公约")对"难民"一词作了基本定义,使其不再限于特定群体。该公约的"难民"是指:"由于1951年1月1日以前发生的事情并因有正当理由畏惧由于种族、宗教、国籍、属于某一社会团体或具有某种政治见解的原因遭受迫害留在其本国之外,并由于此项畏惧而不能或不愿受该国保护的人;或者不具有国籍并由于上述事情留在他以前经常居住国家以外而现在不能或者由于上述畏惧不愿返回该国的人。"

在"51年公约"起草时,一些国家坚决反对承担无法预见的某些义务,为此,公约列入了1951年的时间限制。同样为了满足某些国家的愿望,"51年公约"还允许缔

---

① 参见联合国新闻部编:《联合国手册》(第十版),中国对外翻译出版公司1987年版,第309页。
② 参见王铁崖主编:《国际法》,法律出版社1995年版,第188页。

约国将它们对公约的义务限制在由于发生在欧洲的事情而成为难民。① 该公约第1条(二)款(甲)项规定:"本公约第1条(一)款所用'1951年1月1日以前发生的事情'一语,应理解为:(子)'1951年1月1日以前发生在欧洲的事情';或者(丑)'1951年1月1日以前发生在欧洲或其他任何地方的事情';各国在成为公约缔约国时,为了承担本公约的义务,对这一用语应作出解释。"匈牙利、马达加斯加、马耳他、摩纳哥和土耳其等国曾发表过声明,将"1951年1月1日以前发生的事情"限定理解为"1951年1月1日以前发生在欧洲的事件"。②

从20世纪50年代后期到整个60年代,出现了新的难民群体,特别是非洲的难民。因此有必要使公约适应新的难民形势。为此目的,1967年《关于难民地位的议定书》(以下简称"67年议定书")取消了"51年公约"中关于时间方面的限制,使难民保护真正具有普遍性。

"67年议定书"是一项独立的文书,各国可以加入而不必成为"51年公约"的缔约国。加入"67年议定书"的国家在承担义务方面,可使"51年公约"条款适用于符合"51年公约"定义但无"1951年1月1日以前"的时间上的限制。如果一国只加入"67年议定书",则不可能实行地理位置的限制。③

1969年非洲统一组织《关于非洲难民问题具体方面的公约》(以下简称"非统组织公约")将难民的定义扩展为:难民不仅指因为遭受迫害被迫离开自己国家的人,而且还指"由于外国侵占、占领、外来统治以及在其本国或国籍国部分或全部领土内出现严重干扰公共秩序的事件,而被迫离开其本国的人"。这意味着逃离国内动乱、暴力和战争的人有权在本公约缔约国要求获得难民地位,而无论其是否具有正当理由担心遭受迫害。

1984年《卡塔赫纳难民宣言》特别建议,该区域使用的难民定义应包括因以下原因逃离本国的人:"由于普遍化的暴力、外国侵略、国内冲突、大规模侵犯人权或其他严重扰乱公共秩序的环境等原因,他们的生命、安全或自由受到威胁。"该定义类似"非统组织公约"中的定义,但附加了"大规模侵犯人权"的标准。

被联合国难民署"关注的人"的范围,随着世界各地形势的发展,也早已经超越了"51年公约"中的定义。难民署帮助并保护过相当一部分离开本国的"流离失所者",他们不一定符合"51年公约"中的难民定义,但由于本国发生的事件,使他们"处于像难民一样的境地"。在联合国大会和秘书长的要求下,难民署还帮助过在本国的流离失所者。这些人不能被看作难民,也不能被看作"处于像难民一样的境地"的流离失所者,但难民署仍然有可能将他们作为自己的工作对象。

---

① 参见联合国难民署北京办事处提供的资料:《甄别难民地位的程序与标准手册》,1995年(北京),第30页。
② 同上书,第98页。
③ 参见联合国难民署北京办事处提供的资料:《难民的国际保护》,1995年(北京),第15页。

三、难民的确定

依据国际法,获得难民地位的人可以享受国际社会的特定保护和援助。因此,难民地位的甄别与确定具有重要意义。依据"51年公约"和"67年议定书",作为难民,要获得难民地位必须具备四项基本条件:(1) 已经离开其原籍国;(2) 具有正当理由担心遭受迫害;(3) 这种担心必须基于以下五种原因之一:种族、宗教、国籍、属于某社会团体、政治见解;(4) 由于担心受迫害,不能或不愿受该国保护,或者返回该国。①

所谓"由于担心受迫害",要求这种担心或畏惧不能是假想的或虚构的;所谓"具有正当理由担心遭受迫害",要求这些理由须有客观事实,是可以被证明的。然而,难民的定义并未要求申请人所称迫害已经到相当程度或已经实际发生,只要"有正当理由畏惧遭受迫害",即使迫害对某一特定的申请人尚未发生,也不影响申请人寻求并获得难民的地位。

"51年公约"所称的"迫害"是由于种族、宗教、国籍、属于某一社会团体或具有某种政治见解的原因,因此,这一迫害通常被称为"政治迫害"。从严解释公约的定义,就使这五种理由以外的所有加害行为均不能构成寻求难民地位的理由。因此,因经济原因而移居国外的人不是难民,因自然灾害原因逃离本国的人也不具有难民地位,甚至受到战争灾难波及而背井离乡的人也不符合该公约所规定的难民条件。但前述"非统组织公约"和《卡塔赫纳难民宣言》已将这种客观因素扩大到战乱、遭受外来侵略、严重危害公共秩序的事件等。尽管联合国难民署近年来把自己的关注对象扩大到一国内的"流离失所者",但是,在国际法上此类人并不被称为"难民"。

"51年公约"除了规定难民必须符合上述接纳性条款的标准外,还规定了终止性条款和排除性条款。终止性条款明确了难民如获得国籍国保护或受迫害情况不再存在,则不再享受难民地位。排除性条款规定了一个人即使符合难民定义中的标准,但属于下列情况,则不能给予难民地位:已接受联合国保护或援助的人;因为享有庇护国国民的权利和义务而被认为不需要国际保护的人;犯有破坏和平罪、战争罪、危害人类罪的人;在以难民身份进入庇护国前曾在庇护国以外犯过严重的非政治罪行的人;曾有违反联合国宗旨和原则的行为并经认为有罪的人。②

确定某人是否具有难民资格,可以由某人的所在国政府进行,也可以由负责难民保护和援助的国际机构进行。

如果一国是关于难民地位的"51年公约"和"67年议定书"的签署国,则由该国政府负责给予难民地位。取得此种难民地位的人被称为"公约难民"(Convention Refugees),不仅可以保证不被"推回",而且还可以获得"51年公约"与"67年议定书"中规定的多项经济权利和社会权利,包括获得旅行证的权利。

---

① 参见联合国难民署北京办事处提供的资料:《难民的国际保护》,1995年(北京),第21页。
② 参见联合国难民署北京办事处提供的资料:《甄别难民地位的程序与标准手册》,1995年(北京),第30—46页。

联合国难民署也可以依其章程确定难民,取得此种难民地位者被称为"章程难民"(Mandate Refugees)。联合国难民署执行委员会制定了一系列非约束性政策指导方针。另外,联合国难民署的《甄别难民地位的程序与标准手册》被认为是由许多国家共同作出的对于"51年公约"的权威性解释和说明。在某些情况下,联合国难民署可确定一个人的难民身份。例如,在一些没有参加任何关于难民问题的国际公约或协议的国家的政府当局向联合国难民署提出要求确定一个人的难民身份的时候,或者在联合国难民署认为有必要的时候。难民署对于"章程难民"给予保护,使其不被"推回"并享受人道主义待遇,但"章程难民"不能要求享有与"公约难民"完全一样的权利。

四、难民的待遇

"51年公约"明确规定了难民在避难国应得到妥善的处置。根据该公约第32条、第33条的规定,除了影响到"国家的安全"或有违"公共秩序"的情况外,缔约国不得强行驱逐合法在留的难民。该公约第33条规定:"任何缔约国不得以任何方式将难民驱逐或送回(推回)至其生命或自由因为他的种族、宗教、国籍、参加某一社会团体或具有某种政治见解而受威胁的领土边界。"一旦难民被强行送回其遭受迫害的国家,对他的任何保护与援助便都无从谈起。因此,"不推回原则"(Principle of Non-refoulement)是保护难民的基本前提,也是难民所享有的最起码的待遇。该公约第33条的义务规定也被称为"禁止驱逐、送还原则"。这项原则对于合法入境的难民以及非法入境的难民都适用。

虽然"禁止驱逐、送还原则"只是对"51年公约"缔约国有拘束力的一种条约上的义务,但该原则在公约公布后已经逐渐为大多数新兴独立的国家所接受。相当多国家的宪法以及外国人法中,都规定了难民的庇护条款;不少国家的判例也有认可该原则的倾向。特别是1967年联合国大会一致通过的《关于领域庇护的宣言》第3条和《世界人权宣言》第14条,都强调了"禁止驱逐、送还原则"的精神。不少国际法学者甚至认为,该原则已经成为一般的国际习惯法的原则,所有的国家都受其拘束。

《世界人权宣言》指出:"家庭是天然的和基本的社会单元,并应受社会和国家的保护。"《关于难民和无国籍人地位的联合国全权代表会议最后文件摘要》进一步指出:"会议一致通过以下建议:根据'无国籍人及有关问题特设委员会'的正式评论,赋予难民的权利延伸至他的家庭成员,建议各国政府采取必要措施保护难民的家庭,目的在于:(1)确保难民的家庭团聚得以维护,特别是在一家之长符合被某国接纳的必要条件的情况下;(2)保护未成年的难民,尤其是只身的儿童和少女,且特别关注对他们的监护与收养。"上述联大最后文件的建议得到了大多数国家的支持和遵守。

根据"51年公约"的规定,难民在受庇护国内享有高于无国籍人而又低于本国人的待遇。这些待遇主要表现为法律上的地位,即个人身份受到住所地国家的法律支配,他的动产与不动产、知识产权、结社权利和向法院申诉权利均受到保护。在经济活动方面,应保护他的就业、自营职业的活动,以及在社会福利方面的有关权利。同时,难民应有获得身份证件的权利,以便其旅行。在入籍方面,"51年公约"规定,各缔约国应尽可能便利难民的入籍和同化,加速办理难民的入籍程序,降低此项程序的费用。

尽管如此,在实践中,一般最终认定难民资格的仍是接纳国,或者说接纳国有重新甄别难民资格的权利,这是国家主权所派生的权利,个人只能提出难民地位的申请。

然而,难民并不像逃亡他国的政治犯那样为数个别,难民所反映的本国的"政治迫害"具有该国家社会的一定的普遍性,因此,难民必然具有人数众多的特点。一旦某经济发达国家作出接纳难民的姿态或决定,就有可能导致更多的难民涌入该国。无疑,这在一定程度上会造成对接纳国的社会经济负担的压力。所以,在实践中,大多数国家在对待难民问题上,总是本着本国的利益为上,采取极为慎重的态度,严守国门。因此,轻易地接纳他国难民的现象在现代国际社会中已极为罕见。

第五节 外交保护

一、外交保护的概念和条件

外交保护(Diplomatic Protection),是指当本国国民在国外的合法权益受到所在国国际不法行为的侵害,且用尽了当地救济办法仍得不到解决时,国家对该外国采取外交行动以保护本国国民的国家行为。

国家根据其属人优越权对本国在外国的侨民进行外交保护,这是国家的主权行为。对此,1961年《维也纳外交关系公约》第3条和1963年《维也纳领事关系公约》第5条均有规定,使馆和领馆的职务之一是"于国际法许可之限度内,在接受国中保护派遣国及其国民之利益"。外交保护是早已确立的国际习惯法规则。实践中,国家可以为了本国国民或法人的合法权益行使外交保护,也可以为了国家本身的利益而行使外交保护。国家有权决定是否行使外交保护。当然,国家行使外交保护的权利应当符合一定的原则和条件。

(一) 国籍连续原则

国籍连续原则(Doctrine of Continuous Nationality),是指受保护的对象必须具有保护国的国籍,而且必须是在遭受侵害时起直至得到外交保护为止,连续地具有保护国的国籍。

首先,受保护的对象必须具有保护国的国籍。国籍是外交保护的核心,是国家为本国国民行使外交保护、提出求偿的法律连接点。之所以强调必须具备保护国国籍,是因为外交保护权的基础源自于国家的属人管辖权。

其次,受保护的对象必须连续地具有保护国的国籍。国家行使外交保护的对象在遭受侵害时起直至得到外交保护为止,必须连续地具有保护国的国籍。国籍的连续性能够有效地防止个人通过改变国籍随意选择保护国的现象。1955年国际法院在"诺特波姆案"(列支敦士登诉危地马拉)的判决中确认了这一规则。但是,将国籍连续性原则绝对化也不利于对个人权利的保护,特别是可能使个人在因国家继承、结婚、收养等原因而真实地改变了国籍的情况下,得不到任何国家的外交保护,因此不能排除国籍连续原则的适用例外。

最后,在双重国籍或多重国籍的情况下,国籍国之间不能援引外交保护权。1930年《关于国籍法冲突的若干问题的公约》第4条规定,国家不得对同时拥有对方国家国籍的本国国民行使外交保护权。在1912年"卡纳瓦罗案"中,常设仲裁法院排除了意大利为同时拥有意大利和秘鲁国籍的个人针对秘鲁提起的外交保护。但是,任何国籍国均可向第三国援引外交保护权。

(二) 用尽国内救济原则

用尽国内救济原则(Exhaustion of Local Remedies),是指受害者本人应用尽在居留国的所有救济程序(如司法、行政等),如此还不能实现其合法权利时,其国籍国即可为其行使外交保护权。

行使外交保护权前,应先用尽负有责任的国家的国内救济程序,其根据主要是:

(1) 如个人前往外国,应看作他表示同意接受外国国内法的约束。因此,在该国领土上的本国国民或外国人当然有权利首先利用该国的救济程序。但是,如果有明确的证据认为无须期望该国的国内救济程序,则可以直接行使外交保护权。

(2) 在国际社会各国相互平等,应相互合作。因此,有必要相互信任对方国家的国内救济程序。只有确实认为该国的国内救济程序明显不合理之后,方可行使外交保护权。《关于国家责任的条文草案》确认了这项原则,该文件第22条规定,只有受害者事前全部用尽负有责任的国家的国内救济程序或者无法利用时,国家方可行使外交保护权。

此外,还应当指出,外交保护应当采取和平的方式,禁止使用武力或武力威胁作为外交保护的手段;只有当本国国民在国外的合法权益受到了所在国的国际不法行为侵害时,即该外国构成了国家责任时,国家对本国国民才能行使外交保护。

二、外交保护的依据

外交保护是国家的主权行为,其根据是国家对具有本国国籍的人所享有的属人管辖权。属人管辖权包括两个方面的内容:一方面,国家有权要求其国民服从其管辖,要求他们效忠本国,承担公民的义务,如服兵役等;另一方面,国家有责任保护其国民的合法权益。国家的属地管辖权虽然优先于属人管辖权,但它并不排斥外国国民所属国的属人管辖权。劳特派特修订的《奥本海国际法》指出:"虽然外国人在进入一国的领土时立即从属于该国的属地最高权,但是,他们仍然受他们本国的保护,根据这一普遍承认的国际法习惯规则,每一个国家对于在国外的本国公民有保护的权利。"[①]国家保护其在外国的本国国民的权利还为1961年《维也纳外交关系公约》所确认。根据该公约第3条第2款的规定,使馆的职务有:"于国际法许可之限度内,在接受国中保护派遣国及其国民之利益。"中国现行《宪法》第50条规定:"中华人民共和国保护华侨的正当的权利和利益。"国家对在国外的侨民具有外交保护权,是一项公认的国际法准则。

依据国际法习惯规则,每一个国家对于在国外的本国公民享有属人管辖权,与这项权利相对应的就是每一个国家对其领土内的外国人有依照某些法律规则和原则给予一定待遇的义务。每个国家至少必须保证外国人在人身和财产安全方面和本国人民在法律面前平等。一个外国人的人身和财产不应当受当地国家的官吏或法院的侵害。例如,警察如果无正当理由就不能逮捕外国人;海关官员对待外国人必须有礼貌;法院对外国人必须公平合法。

三、外交保护与卡尔沃条款

所谓卡尔沃条款(Calvo Clause),是指在国家与外国人所签订的契约中,插入一个条款,依据该条款,该外国人同意,因该契约所发生的任何要求或争执应由当地法院处理,而不应作为"国际求偿"问题,以此表示该外国人放弃请求其本国外交保护的权利。

身为阿根廷外交部长的法学家卡尔沃主张,涉及外国人的请求应当由关系国的国内法院最终管辖,外国人不具有向本国政府要求外交保护的权利。拉丁美洲各国将卡尔沃提出的理论观点规定在各国的国内法中,并在与外国人所签订的协议中加入了包含此内容的条款。因此,上述条款被称为"卡尔沃条款"。

卡尔沃条款是在一定历史背景下产生的。19世纪至20世纪初,拉丁美洲各国与欧洲及美国的投资者之间缔结了关于经济开发的特别许可协定,意在大规模地引进外国资本。然而,这些外国投资者经常以拉丁美洲国家未能履行债务为由,不经拉丁美洲国家国内救济程序而直接请求本国政府进行外交保护,于是,其本国政府对拉丁美洲国家进行干涉,甚至是武力干涉。这遭到了拉丁美洲国家的普遍反对。拉丁美洲国家在阻止大国滥用外交保护权的过程中,形成了卡尔沃主义(Calvo Doctrine),并据此产生了卡尔沃条款。

卡尔沃条款最大的问题在于它是否具有国际法上的效力。关于这一问题也存在着有效说、无效说和折中说等见解。拉丁美洲国家学者认为,这种条款是以当事人的

---

① 〔英〕劳特派特修订:《奥本海国际法》上卷第二分册,王铁崖、陈体强译,商务印书馆1981年版,第173页。

合意为基础的,经过相互间确认后使其条约化的卡尔沃主义完全具有国际法上的效力。而欧洲国家和美国的学者则认为,外交保护权是国家的权利,是否给予保护不属于个人的权利。个人在与外国缔结协定之际,尽管承诺不寻求本国的外交保护,但是对该条款的承诺无法拘束其本国。因为国家是否行使外交保护权是专属于国家自身判断的事项,与受损害的个人意愿没有关系,所以卡尔沃条款是无效的。

以上两种学说都过于极端,而第三种见解则产生于美国—墨西哥一般请求委员会在1926年对北美疏浚公司(North American Dredging Company)所作的国际仲裁的裁决。该裁决对卡尔沃条款基本认可。裁决认为,卡尔沃条款的目的是防止外交保护权的滥用,而不是消灭这项权利。只要外国投资者所在国实施了司法拒绝,就不得剥夺本国行使外交保护权。卡尔沃条款仅仅是要求外国投资者应求助于其所在国的国内法院的救济,在此问题上,外国投资者不向本国寻求援助,而与其投资的所在国达成的合意是有拘束力的,国家的外交保护权并没有因此受到损害。①

卡尔沃条款就其发生的历史背景和所根据的理论看,在原则上是不容反对的。因为它是以对抗帝国主义、殖民主义国家的干涉政策为目的,维护国家平等原则,主张外国人和本国人待遇平等,反对外国人特权地位的要求,强调国家属地管辖权的完整性。

第六节　中国对国际法上居民的管辖与实践

一、中国国籍法

新中国成立以前,在中国的历史上曾经颁布过三部国籍法。第一部是1909年(宣统元年)清政府颁布的《大清国籍条例》;辛亥革命后,袁世凯政府于1914年颁布了《民国三年修正国籍法》;1929年,国民党政府又公布了《民国十八年修订国籍法》。这三部国籍法均规定,"生时父为中国人者"和"生于父死后,其父死时为中国人者"具有中国国籍。由此可见,这几部国籍法都采取了父系血统主义原则,反映了男女不平等的封建主义法律观念。

新中国成立后,废除了旧中国的国籍法,制定和施行了处理国籍问题的一系列规定和政策,采取了双系血统主义和男女平等的原则,并且同有关国家缔结了若干条约,为减少和逐步消除双重国籍问题作出了努力。

1980年9月10日,中华人民共和国第五届全国人民代表大会第三次会议审议通过了新中国的国籍法,即《中华人民共和国国籍法》(以下简称《国籍法》)。这部国籍法的基本原则和主要内容是:

---

① 参见〔日〕田畑茂二郎、石本泰雄:《国际法》(第二版),有信堂1990年版,第240页。

(一) 在出生国籍上采取血统主义和出生地主义相结合的原则

我国《国籍法》第4条规定:"父母双方或一方为中国公民,本人出生在中国,具有中国国籍。"第5条规定:"父母双方或一方为中国公民,本人出生在外国,具有中国国籍;但父母双方或一方为中国公民并定居在外国,本人出生时即具有外国国籍的,不具有中国国籍。"这说明我国国籍法采取的是血统主义原则。第6条又规定:"父母无国籍或国籍不明,定居在中国,本人出生在中国,具有中国国籍。"这说明我国国籍法是兼采出生地主义的。综合起来看,我国国籍法采用了以血统主义为主、出生地主义为辅的原则。

此外,我国《国籍法》规定,子女出生时,其父母双方或一方为中国公民,出生时即具有中国国籍。同时,我国《国籍法》并无关于妇女因结婚而丧失或取得国籍的规定。这些体现了社会主义男女平等的原则。

(二) 不承认双重国籍

这是我国国籍法的一项基本原则。我国《国籍法》第3条规定:"中华人民共和国不承认中国公民具有双重国籍。"根据这一原则,我国《国籍法》规定:(1) 定居外国的中国公民,自愿加入或取得外国国籍的,即自动丧失中国国籍(第9条)。(2) 父母双方或一方定居在外国的中国公民,本人出生在外国,具有中国国籍。但本人出生时即具有外国国籍的,不具有中国国籍(第5条)。(3) 中国公民申请退出中国国籍获得批准的,即丧失中国国籍(第11条)。(4) 外国人申请加入中国国籍获得批准的,即取得中国国籍,但不得再保留外国国籍(第8条)。(5) 曾有过中国国籍的外国人被批准恢复中国国籍的,不得再保留外国国籍(第13条)。以上前三项规定,是为了避免中国公民在取得外国国籍的同时又具有中国国籍;后两项规定,是为了避免外国人在取得中国国籍的同时又具有外国国籍。

解决双重国籍问题,是我国处理国籍问题的重点。新中国成立以来,中国政府十分重视解决华侨的双重国籍问题。中国政府与邻近国家政府曾在平等互利和互不干涉内政的基础上,共同就华侨的国籍问题进行了友好协商,先后在1953年与印度尼西亚、1973年与菲律宾、1974年与马来西亚、1975年与泰国就华侨国籍问题签订条约或发表联合公报,确认了不承认双重国籍的原则。

(三) 减少和消除无国籍现象

我国《国籍法》第6条的规定,改变了过去实践中采取的关于无国籍侨民的子女也是无国籍人的做法。此外,按照我国有关立法的规定和做法,中国公民与外国人通婚,并不自动取得外国国籍和丧失中国国籍,而有关的外国人也不因此而丧失其原国籍和取得中国国籍。这些规定对于推动解决无国籍人的问题起到了积极的作用。

同时,为了防止和减少在中国产生无国籍现象,我国《国籍法》对于无国籍人作了特别的规定,只要无国籍人愿意遵守我国宪法和法律,具备了一定条件,经本人申请,主管机关审查批准,可以加入中国国籍。这些条件是:中国人的近亲属,或者定居在中国,或者有其他正当理由。同时规定,父母无国籍或国籍不明,定居在中国,本人出生在中国,具有中国国籍。另外,《国籍法》不以任何理由剥夺我国公民的国籍。

此外,我国《国籍法》还对收养、入籍、出籍和落籍等方面的原则和手续都作了规定。

二、外国人在中国的法律地位

在旧中国,由于帝国主义强加给中国的不平等条约,使外国人在中国享有种种特权,这严重侵犯了中国的主权。

新中国成立后,废除了过去外国人在中国的种种特权,维护了国家主权和民族尊严。我国《宪法》第32条规定:"中华人民共和国保护在中国境内的外国人的合法权利和利益,在中国境内的外国人必须遵守中华人民共和国的法律。"

新中国成立以来,我国先后制定了一系列关于外国人在我国的法律地位的法律和法令。1951年11月28日,政务院发布了《外国侨民出入及居留暂行规则》;1954年8月10日,经政务院批准,公安部发布了《外国侨民居留登记及居留证签发暂行办法》《外国侨民旅行暂行办法》《外国侨民出境暂行办法》;1964年4月13日,国务院宣布废除上述四个法令,同时又发布了《外国人入境出境居留旅行管理条例》。

1985年11月22日,为了适应开放政策和更有利于发展国际交往的需要,第六届全国人民代表大会常务委员会第十三次会议,又制定和通过了新的《外国人入境出境管理法》,该法于1986年2月1日正式施行。为了具体执行该法,国务院于1986年12月3日制定了《外国人入境出境管理法实施细则》。1994年7月3日,国务院修订了《外国人入境出境管理法实施细则》,更新了1986年实施细则的内容与规定。2012年6月30日第十一届全国人民代表大会常务委员会第二十七次会议通过《出境入境管理法》,同时废止《外国人入境出境管理法》和《公民出境入境管理法》。

根据我国法律规定,外国人入境,应当向中国的外交代表机关、领事机关或者外交部授权的其他驻外机关申请办理签证。中国政府在国内受理外国人入境、过境、居留、旅行申请的机关,是公安部或公安部授权的地方公安机关和外交部、外交部授权的地方外事部门。

我国以边防检查机关对于下列外国人有权阻止其入境或者出境:(1)未持有效护照、证件或者签证的;(2)持伪造、涂改或者他人护照、证件的;(3)拒绝接受查验证件的;(4)公安部或者国家安全部通知不准入境、出境的。

外国人在中国居留,应在规定时间内到当地公安机关缴验证件;如变更居住地点,必须按规定办理迁移手续。为了给在中国投资以及与中国企业进行经济、科技、文化合作的外国人提供方便,经中国政府主管机关批准,这类外国人可以获得长期居留或永久居留资格。同时,对不遵守中国法律的外国人,中国政府主管机关可以缩短其在中国停留的期限或者取消其在中国居留的资格。

未取得居留证件的外国人和来中国留学的外国人,未经中国政府主管机关允许,不得在中国就业。为了促进我国改革开放,维护我国公民的就业权利为目标,在积极鼓励外国专家及高级技术人员和管理人员来中国就业的同时,严格控制外国一般劳务人员来中国就业。对来中国就业的外国人实行严格的就业许可制度。

外国人出境须凭有效护照或其他有效证件。但是,下列三种人不得出境:(1)刑事案件被告人和公安、司法机关认定的犯罪嫌疑人;(2)我国法院通知有未了结民事案件的;(3)有其他违反我国法律的行为,尚未处理,经有关主管机关认定需追究的。另外,对持伪造、假冒他人、无效、涂改的出境证件的外国人,我国边防机关有权阻止其出境,并依法处理。

三、中国引渡和庇护的立法与实践

(一) 引渡

新中国成立后,我国与邻国和友好国家签订过一些刑事司法协助条约,但一般限于送达法律文书、调查取证方面的合作,未曾具体涉及引渡问题。根据我国有关法律和政策规定,对依照我国国内法给予居留权的外国人,不得向外国引渡。对于依照我国法律规定犯有罪行的外国人,外国要求引渡的,在原则上按照我国参加的国际公约或者双边协定办理;对不具备上述条件而外国要求引渡的人,则由我国有关部门根据具体情况决定是否予以引渡。由于当时没有引渡条约,我国在司法实践中,对于外逃的罪犯和犯罪的外国人一般通过与有关国家间的友好合作,采取遣返方法达到相互引渡罪犯的目的。1990年,我国通过外交途径,成功地将劫机犯张振海从日本引渡回国。1989年12月16日,中国公民张振海以暴力劫持一架中国国际航空公司的客机到日本。中国向日本方面提出了引渡要求。在中日间没有引渡条约的情况下,中国政府根据对等原则,承诺在今后类似案件中向日方提供协助,并声明中方将不对张振海以劫机罪以外的罪行处罚。日方在确认张振海的劫机不具有政治动机后,于1990年4月28日接受中方的请求将张振海引渡给中国。[①]

在没有引渡条约的情况下,是否引渡外国人属于国家的主权。1985年12月19日,一名叫阿利穆拉多夫的苏联民航飞机副驾驶员在执行飞行任务时,将一架安-24型苏联民航国内班机劫持到中国境内。苏联向中国政府提出了引渡请求。尽管中国和苏联都参加了《海牙公约》,劫机罪在中苏之间是一种可以引渡的犯罪,但由于中国和苏联之间没有引渡协定,所以,中国也就没有引渡义务。最终,我国没有把阿利穆拉多夫引渡给苏联,而是根据《海牙公约》对劫机犯"或引渡或起诉"的法律原则,由哈尔滨市人民检察院于1986年1月23日对阿利穆拉多夫提起公诉。同年3月4日,哈尔滨市中级人民法院开庭审理,依照我国刑法,判处该劫机犯有期徒刑8年。[②] 我国司法机关严格按照国际公约的规定,正确处理了案件,使劫机犯受到了应有的惩

---

① 参见中国政法大学国际法教研室编:《国际公法案例评析》,中国政法大学出版社1995年版,第310页。
② 参见涂亚杰、王浩等:《中国外交事例与国际法》,现代出版社1989年版,第128页。

罚,而苏联事后对本案的处理也没有表示异议。

1994年3月5日,全国人民代表大会常务委员会批准了中国政府与泰国政府签订的《中华人民共和国和泰王国引渡条约》,这是新中国签订的第一个引渡条约。此后,我国政府又分别与白俄罗斯、俄罗斯联邦、保加利亚、罗马尼亚、哈萨克斯坦、蒙古国、吉尔吉斯、乌克兰、柬埔寨、乌兹别克斯坦、韩国、菲律宾、秘鲁、突尼斯、南非、老挝、阿拉伯联合酋长国、立陶宛、巴基斯坦、莱索托、巴西、阿塞拜疆、西班牙、纳米比亚、安哥拉、阿尔及利亚、葡萄牙、法国、澳大利亚、墨西哥、印度尼西亚等国签订了引渡条约。同时,在专项打击和引渡犯罪方面,我国政府与吉尔吉斯、哈萨克斯坦、塔吉克斯坦、乌兹别克斯坦、巴基斯坦、土库曼斯坦签署了《关于打击恐怖主义、分裂主义和极端主义的合作协定》。此外,我国政府还和许多国家签署了司法协助条约。

2000年12月28日,第九届全国人民代表大会常务委员会批准了《引渡法》,从此在引渡跨国罪犯的领域中,我国政府有了具体操作的法律依据。

除了双边引渡条约和国内的立法以外,在引渡罪犯以及国际司法协作的领域中,我国还积极参加了一系列国际公约。

在制止危害国际民航安全的非法行为的国际公约方面,《海牙公约》和《蒙特利尔公约》都规定,非法劫持航空器、危害国际民用航空安全和危害用于国际民用航空机场安全的罪行是可引渡的罪行。1980年9月10日,我国同时加入了《海牙公约》和《蒙特利尔公约》。

在全球化加快的背景下,跨国有组织犯罪正呈现出明显增长和日趋复杂的势头。跨国有组织犯罪对当今各国社会安定、经济发展和人民生活构成严重威胁。这种犯罪的跨国性质,决定了只有加强国际合作才能予以有效的打击和控制。我国于2000年12月12日签署了《联合国打击跨国有组织犯罪公约》,该公约于2003年9月29日正式生效。根据公约的要求,各缔约国应健全国内相关立法,建立司法、执法机关之间富有成效的合作与协助,加强打击和预防跨国有组织犯罪的经验、信息和资料的交流与分享。

我国对《联合国打击跨国有组织犯罪公约》的签署和批准,表明了我国愿意与国际社会一起,共同为预防和打击跨国有组织犯罪而努力的决心。成为缔约国之后,该公约将会对我国追捕跨国犯罪分子提供有力的法律保障。我们一方面可以享受公约规定的权利,如在侦查、追捕有关犯罪分子时,得到相关缔约国的协助和配合;另一方面,我们也有义务在国内立法、执法和制度建设上落实公约的各项要求,依法向别的缔约国提供司法协助。

2003年12月10日,我国政府签署了《联合国反腐败公约》。我国政府参与了谈判的全过程,并为公约的制定提出了很多积极的建议。该公约是联合国历史上通过的第一项用于指导国际反腐败斗争的法律文件,对各国加强国内的反腐败行动、提高反腐败成效、促进国际反腐败合作具有重要意义。

(二) 庇护

庇护与引渡有直接的联系。不将因政治原因而受通缉、追捕的外国人引渡给其本国,而给予政治庇护的原则,已被各国的立法和实践所公认。

庇护的法律根据主要是国内立法,许多国家的宪法中订有庇护条款。我国1954年《宪法》规定,对于任何由于拥护正义事业、参加和平运动、进行科学工作而受到迫害的外国人,给以居留的权利。1975年《宪法》和1978年《宪法》也有同样的规定。1982年《宪法》第32条规定:"中华人民共和国对于因为政治原因要求避难的外国人,可以给予受庇护的权利。"

我国政府在引渡、庇护的立法和实践方面,严格遵循国际惯例和有关国际公约,把引渡制度作为与刑事罪犯、战争罪犯进行斗争的工具以及国家间友好合作以维护国际和平的手段,并正确利用庇护政治避难者原则以维护世界和平与人类进步事业。在反对一些西方国家干涉别国内政,滥用引渡和庇护原则来反对民主、正义斗争和民族解放运动方面作出了自己的贡献。

四、中国保护难民的国际实践

对于难民问题,中国政府认为,只有公正合理地解决地区冲突,消除"热点"问题,才能从根本上解决由于种族主义、殖民主义、外国侵略和占领而引起的大规模难民问题,并主张包括难民输出国在内的整个国际社会加强国际团结和合作,努力消除产生难民问题的政治根源,共同分摊保护和援救难民的负担,同时共同解决因自然灾害而产生的难民问题。

1971年新中国恢复其在联合国的合法席位以后,便开始积极参加联合国大会关于联合国近东巴勒斯坦难民救济和工程处工作议题的审议工作,并从1981年正式开始向该工程处认捐。1979年,中国恢复了在难民署执委会中的活动,同年,联合国难民署在中国建立了它的办事处。1982年9月24日,中国分别签署并加入了"51年公约"(同年12月23日公约对中国生效)及"67年议定书"(加入当日议定书对中国生效),同时,对公约第14条的后半部分、第16条第3款和议定书的第4条作出保留。从广义上说,中国现行《宪法》和2012年《出境入境管理法》中有关庇护的规定可以作为保护政治难民的法律依据,但是,目前在中国还没有严格意义上的关于难民的立法和确认难民身份的法定程序。为此,驻北京的联合国难民署地区办事处暂时负责对来华的难民进行难民身份的确认和持久解决方案的确定。此后,联合国难民署在中国政府民政部接纳与安置印度支那难民事务办事处的协助下,开展了旨在帮助难民融入社会和自立的各项工作,其中包括安排难民前往接纳他们的国营农场和工作单位。

1997年,联合国难民署驻北京办事处正式成为地区办事处,负责中国及蒙古有关难民的事项。1997年7月1日起,联合国难民署驻香港公署成为驻北京区域办事处的分办事处并向其汇报工作。从1978年至1980年初期,超过28万名印度支那难民前往中国,他们被安置在中国南部的云南、广西、广东、福建、海南和江西六个省和自治区的大约190个国营农场。在1981和1982年,中国又接受了大约2500名印度支那难民。紧随着这些难民涌入中国南部之后,中国政府着手进行了一个大型的基础设施建设和新的住房建筑项目,以接纳这些难民。在最近几年仍有少量但是接连不断的个别寻求避难者从不同的国家来到中国寻求避难。自1992年以来,已经有5000多名老挝人以及一些柬埔寨人,在中国政府和联合国难民署的帮助下,从中国自愿返回其国家。

【本章小结】 本章介绍了与国际法上的居民问题相关的国籍和国籍冲突的解决方法、外国人的法律地位、引渡和庇护的国际法规则、关于难民的法律问题以及外交保护的基本概念和基本理论。需要指出的是,虽然关于国际法上居民的问题已经形成了十分丰富的国际法原则、规则和制度,但是,国际法总是在不断发展和完善,关于国家对国际法上的居民的管辖和保护等问题,无论国际法如何发展和完善,都应当遵循主权平等、平等互惠的原则以及结合人权和人道主义的考虑。学习本章,需要理解和掌握国籍的含义,国籍的取得、丧失与恢复,国籍的抵触,各国对外国人入境、居留和出境的管理,外国人的待遇,外国人在中国的法律地位,引渡的概念,引渡的规则,庇护的概念,庇护的对象,政治犯不引渡原则的概念,受庇护人的地位,难民的概念,难民的法律地位,外交保护的概念和要件。在此基础上,应当了解和掌握我国国籍法的基本原则以及我国对国际法上居民的管辖与实践。

思考题

1. 简述国籍的取得方式和丧失方式。
2. 简述双重国籍和无国籍问题的产生和解决。
3. 简述《中华人民共和国国籍法》的主要原则。
4. 简述外国人在中国的法律地位。
5. 简述有关引渡的原则和规则。
6. 简述确定难民身份的条件。
7. 简述国家行使外交保护的条件。

第五章
国际法律责任

国际法律责任制度是国际法的重要内容之一。任何一项国际法规则除了要说明国家的某种行为是否违背国际义务或对他国造成损害外,还必须进一步说明行为国是否需要为这种行为承担责任,以及以什么方式来承担责任。因此,国际责任规则是国际法中不可或缺的组成部分。国际法律责任制度经历了漫长的发展过程,可是直到今天还未在此领域形成一项明确的、有约束力的国际公约。目前关于国际责任制度的研究,一般都从联合国国际法委员会起草的《关于国家责任的条款草案》和《国际法不加禁止行为的损害性后果所引起的国际责任的条款草案》两项国际文件以及国际实践着手,精心探究该领域国际习惯法的演进和发展。本章主要概述了国际法律责任的概念和特征、国家责任的构成要素、国家责任的免责因素、国家责任的承担方式以及国际损害责任等国际法律责任制度的基本内容。

第一节 国际法律责任概述

在国内法上,自然人或法人对违法行为或损害行为必须依法承担法律责任。同样,在国际法上,国际法主体对其国际不法行为或损害行为也要承担法律责任。在国际法上,这类法律责任可统称为"国际法律责任"或"国际责任"(International Responsibility),包括"国家责任"和"国际损害责任"两大类。

一、国际法律责任的发展和演变

所谓"国际法律责任制度",或称"国际责任法",是指关于国际法律责任界定、构成因素确立、免责条件、责任承担形式以及责任实施的法律原则、规则、制度的总体。在国际法中,国际法律责任制度是发展变化较明显的领域之一,也是国际法学界及各国间颇具争议的命题之一。在国际法律责任制度发展和演变的过程中,曾有三次编纂活动颇具影响。

(一) 海牙国际法编纂会议

国际法律责任制度是19世纪后半叶随着资本主义世界市场的建立而发展起来的，最初主要反映在双边条约中，其核心内容是外国人的待遇。因此，最早的国际法律责任制度编纂的内容集中于东道国对外国人造成人身伤害或财产损失的责任方面。1930年，在国际联盟主持下召开的海牙国际法编纂会议上，国际联盟第三委员会给"国家责任"下的定义是："如果由于国家的机关未能履行国家的国际义务，而在其领土内造成对外国人的人身或财产的损失，则引起该国的国家责任。"很明显，该定义所表达的是传统国际法对国际法律责任的看法，即国际法律责任仅指"国家责任"，而且是国家（东道国）对外国侨民人身和财产保护的责任，这充分反映了近代国际法制度维护帝国主义、殖民主义既得利益的特点和立场。

但是，由于欧美国家坚持所谓的"最低文明标准"待遇与拉美、亚洲、东欧国家主张的"国民待遇主义"产生激烈的对立，会议并未就国际责任问题达成具体的协议。

(二)《关于国家责任的条款草案》

1. 1979年《关于国家责任的条款草案》

第二次世界大战后，随着国际关系和国际法的发展，国际法律责任制度的内容和规则有了很大的发展。

1945年联合国成立后，为了推动"国际法之逐渐发展与编纂"，于1948年设立了国际法委员会。国际法委员会在1949年第1届会议上，将国家责任问题列为其优先编纂项目之一，并在1955年第7届会议上决定开始对这一问题进行深入研究，指定了加西亚·阿马多先生担任该专题的特别报告员。自1956年至1961年，阿马多先生连续向国际法委员会提交六项报告，但其主要内容仍然只涉及对外国人人身及其财产造成损失的责任问题，与1930年海牙国际法编纂会议所界定的"国家责任"并无实质性的变化，因此，该报告受到了国际法委员会中来自发展中国家及社会主义国家的代表的质疑。

随着国际法实践的不断发展，各国普遍认为，国际责任制度已不能再局限于对外国人的保护，而应针对更为广泛的国际不法行为，如侵犯别国领土主权、干涉别国内政、不履行国际条约义务等行为。1963年，国际法委员会决定从全新的角度来编纂关于国际责任的一般规则，并指定罗伯特·阿戈教授为特别报告员。阿戈先生从1969年至1979年先后提交了八份报告。国际法委员会于1975年第27届会议上通过了专家提交的关于"国家责任"专题条款草案的大纲。该大纲将整个条款草案设计为三部分：第一部分为国际责任的起源；第二部分为国家责任的内容、形式和程度；第三部分为争端的解决和国际责任的履行。国际法委员会在1980年第32届会议上一读通过了条款草案的第一部分，即有关国家责任起源的部分，这也就是我们通常所称的1979年《关于国家责任的条款草案》。

1979年《关于国家责任的条款草案》由5章共34项条款构成，其内容涉及国家责任的概念、国际不法行为的构成因素、归因于国家的行为、违背国际义务之不法行为的含义以及国家责任的免除因素等。该条款草案具有十分重要的意义,它在内容上突破了原来的"对外国人责任"的局限,将国家责任拓展至"对违背国际义务的一切行为的责任"。尤其是,它还进一步将国家的不法行为分为"国际罪行"和"一般国际不法行为"两类,特别强调了侵略战争、破坏和平、危害人类、殖民统治、灭绝种族、种族隔离和集体屠杀等行为所引起的国际责任。这说明,1979年《关于国家责任的条款草案》在总体上反映了广大第三世界国家对建立公平合理的国际责任制度的愿望,标志着国际法律责任制度逐步趋于完善。

2. 2001年《关于国家责任的条款草案》

由于阿戈先生当选为国际法院的法官,1979年国际法委员会又任命了威廉·里普哈根为该专题特别报告员。在此后的二十多年间,国际法委员会又收到了里普哈根等专家提交的十多份报告,对完善《关于国家责任的条款草案》提出了许多建议和设想。最终,在特别报告员詹姆斯·克劳福德教授的努力下,一些长期争论的问题得到了解决。于是,在2001年第53届会议上通过了一个比较完整的《关于国家责任的条款草案》,也就是我们所称的2001年《关于国家责任的条款草案》。

2001年《关于国家责任的条款草案》由四个部分共59项条款组成,其主要内容包括:国际不法行为的构成和认定标准、构成国家行为的要素、违背国际义务的行为、一国介入他国的国际不法行为的情形及处理、免除国家责任的因素、国家对其国际不法行为应承担的法律后果以及国家责任履行的程序和手段等。

与1979年条款草案相比,2001年条款草案主要有两点变化:其一,将原来"国际罪行"和"一般国际不法行为"的分法,变更为"严重的国际不法行为"和"一般国际不法行为"的分法;其二,增加了国家责任承担方式、国家责任履行程序等重要内容。因此,2001年《关于国家责任的条款草案》实际上是对1979年条款草案的进一步充实和完善,代表了当代国际法律责任制度的发展方向。

尽管2001年《关于国家责任的条款草案》还不是一项有法律效力的国际条约,但该条款草案的绝大部分内容反映的是在长期国际实践中所形成的国际习惯法,因此,它对阐释当前的国际法律责任制度是有一定价值的。

(三) 1998年《国际法不加禁止行为的损害性后果所引起的国际责任的条款草案》

现代科学技术的发展和国际法领域的拓宽促使国际法律责任制度增加了新的内容。自第二次世界大战以来,各国在工业生产、原子能利用、外层空间探索以及海底开发等活动中常常会给别国带来一些损害性后果。例如,苏联的"宇宙954号"核动力卫星坠落对加拿大造成放射性污染事件,以及苏联的切尔诺贝利核电站泄漏对北欧国家造成核污染事件,这些都引起了国际社会对一种新的国际法律责任因素,即"国际法不加禁止的行为所产生的损害性后果的国际责任"的高度关注。由于这种损害行为的责任在本质上与原先的不法行为的责任有很大的区别,因此,从1978年起,联合国国际法委员会将其作为一个新的、独立的专题进行研究并编纂相应的国际法规则。1998年,国际法委员会一致通过了《国际法不加禁止行为的损害性后果所引起的国际责任的条款草案》。但该草案只是对这种新的国际法律责任制度进行了初步的探索,有关的责任规则还有待于进一步发展与完善。

从总体上看,国际法律责任制度的发展是国际关系以及国际法本身发展的结果,同时也是国际社会各种政治势力斗争与妥协的结果。目前,广大发展中国家强调,反对侵略战争、反对干涉内政、维护国家主权、建立国际经济新秩序应该成为国际法律责任制度的核心内容。与此相反,西方国家学者一方面固守传统立场,继续宣扬保护外国侨民的人身和财产安全为国际法律责任制度的主要内容;另一方面又极力倡导将维护基本人权纳入国际法律责任制度之中。将国家责任分为国家对外国人的责任与国家对本国人的责任两个方面,显然,西方国家是极力希望将维护人权的责任升级为硬性的国际法律责任,将人权问题"标准化",并以此与发展中国家进行较量,以抵消来自发展中国家的压力。所以,今后国际法律责任制度的进一步发展仍取决于这两类国家的力量对比关系。

二、国际法律责任的特点

(一)国际法律责任的主体是国际法主体

国际法律责任的主体应该是国家、正在形成国家的民族、政府间国际组织这些国际法主体。在理论上,只有主体才是法律权利和义务的承受者。显然,国际法律责任的承受者必须是国际法主体。

由于传统国际法将国际法主体局限于国家,所以,传统国际法认为,国际法律责任的主体就是国家,因而把国家责任等同于国际法律责任。但是,现代国际法已扩大了主体范围,包括了政府间国际组织和正在形成国家的民族,所以,国际法律责任的主体也不仅限于国家。

国际组织作为国际法律责任的主体,是有条约依据的。例如,1972年签订的《空间实体造成损失的国际责任公约》第22条规定,若任何从事空间活动的国际政府间组织声明接受本公约所规定的权利和义务,其一半成员系本公约及《外层空间条约》[①]的缔约国,本公约除第24条至第27条外,对所称国家的一切规定完全适用于该组织;若国际政府间组织根据本公约的规定对损害负有责任,该组织及其成员国中的本公约缔约国,应承担共同及个别责任。这些规定说明了国际组织如同国家一样是有承担国际法律责任能力的。

至于正在形成国家的民族承担国际法律责任的能力问题,虽没有相关的条约规定,但从国际实践看,其承担国际法律责任的能力还是为国际社会普遍承认的。

只有国际法主体才能成为国际法律责任主体,这就意味着自然人和法人不是国际法律责任的主体。事实上,处于一国主权支配下的任何个人、法人、机关、社会团体

---

① 全称为《关于各国探索和利用包括月球和其他天体在内外层空间活动的原则条约》,签订于1967年。

都不是国际法律责任的直接承担者,即便某些具有代表国家身份的个人,如国家元首、政府首脑、外交代表,或某些政府机构,如一国的法院、警察部门,代表国家作出了违背国际义务的行为或对他国的损害行为,这些个人和机构本身并不直接承担国际法律责任,而真正应当承担责任的是他们所代表的国家。二战后,由战胜国组织的国际军事法庭对德国、日本的战犯进行审判,追究他们战争犯罪的刑事责任,于是有学者认为,个人在特定情况下也可以成为国际法律责任的主体。但是,对战犯所承担的刑事责任的性质,学界是存在着相当大争议的,尚不能肯定地说是个人在承担国际法律责任。

相反,那些属于由个人、法人、机关、社会团体自身承担的国内法律责任也不应升格为国际法律责任。例如,1984年发生于上海近郊的"三二四铁路撞车案"是一件典型的涉外民事案件,其法律责任应当由相关的法人承担,而不应由国家承担国际法律责任。

(二)国际法律责任的起因是国际不法行为或国际损害行为

所谓"国际不法行为",是指国际法主体违背其所承担之国际义务之任何行为。传统国际法一般只追究国际不法行为的责任,换言之,只有当国家作出违背国际义务的行为时才承担国际法律责任。

所谓"国际损害行为",是指国际法主体的行为虽为国际法不加禁止,但事实上却对他国造成了实际损害的情形。现代国际法已经将这类国际损害行为列入了国际法律责任制度调整的范围,这是对传统国际法律责任理论和实践的一种突破。

由于2001年《关于国家责任的条款草案》只涉及国家的不法行为,未涉及其他国际法主体的不法行为,而1998年起草的《国际法不加禁止行为的损害性后果所引起的国际责任的条款草案》恰恰涉及各类国际法主体的责任问题,因此,有学者将不法行为的责任直接称为"国家责任",而将国际法不加禁止行为的损害性后果所引起的国际责任称为"国际损害责任",以示两者的区别。

(三)国际法律责任是真正意义上的法律责任

在现实生活中,人们经常从报纸杂志上看到,甲国的冒犯行为引起了乙国的愤慨,于是乙国发表外交文件要求甲国对此事承担责任。这里所谓的"责任"既可能是一种法律责任,也可能仅是一种道义上的责任或政治责任,对此应作具体分析。法律责任与道义责任、政治责任的不同之处在于:前者要求加害国以法定形式承担责任,如限制主权、恢复原状、赔偿损失等;而后两者无须以法定形式承担责任。例如,甲乙两国由于意识形态的纷争,导致两国政治关系的恶化,于是两国开动宣传机器互相指责,但无论何方都不必为此以法定形式承担任何责任。

强调国际法律责任是一种真正的法律责任是非常重要的。曾有人认为,国际不法行为也可以道义形式或政治形式来承担,这在理论上是错误的。在实践中,明确法律责任与非法律责任的界限,可以促使各国认真遵守国际法规则,确保国际社会的有序状态。

三、国际法律责任的作用和意义

西方国家学者认为,国际法律责任规则从总体上看,与确定合法、非法的行为规则是不同的。后者通常被称作"首要规则"(Primary Rules),因为,只有违反了这种规则才会引起法律责任问题,它是产生法律责任的源泉和前提;而前者,即一般法律责任规则,只是一种"次级规则"(Secondary Rules)①,因为,它仅确定因违反首要规则所规定之义务而引起的责任问题。尽管如此区分,但二者是互相联系、密不可分的。按照一般法理,任何法律规范都是由假定、处理和制裁三部分构成的一个整体。"假定"就是确定合法与非法的规则部分,"处理"和"制裁"就是确定违法行为引起责任的规则部分。因此,"是非规则"(即所谓的"首要规则")与"责任规则"(即所谓的"次级规则")在法律规范中是一种因果关系,彼此相互依存,成为一个统一的整体。离开了是非规则,单纯的责任规则就是无源之水、无本之木;离开了责任规则,单纯的是非规则实际上成了毫无法律约束力的道德规范,不再是真正意义上的法律规范。因此,从某种角度说,责任规则是确定是非规则属性的决定性因素。

一般认为,在理论上和现实生活中,国际法律责任规则至少有下列意义和作用:

其一,国际法律责任规则是国际法规范中不可缺少的重要组成部分。换言之,任何国际法规范不仅有确定合法与非法的规则,而且必然也有确定违反了相关国际义务时应承担相应国际责任的规则。尽管在有些条约中责任规则并不像是非规则那么明确,但它应当被视为始终隐含在条约之中。对此,在1927年"霍佐夫工厂案"中,常设国际法院的法官认为,违反协议引起国际责任和以适当的方式予以补偿的义务,乃是一项国际法原则,因此补偿义务是未遵守公约的不可或缺的后果,这无须在公约中作出明确规定。这段话说明了这样一个事实:在有关条约没有规定责任规则的情形下,责任规则应是条约暗含的因素。

这里还必须区分"应当承担责任"与"实际承担责任"的界限。在现实生活中,某些国家(特别是某些强国)违背了国际义务,按国际法应当承担国际责任,而它却拒绝承担责任或逃避责任承担,但这不能作为否定责任规则存在或看轻这种规则的理由。其实,责任规则的作用只是说明违法者应当以某种形式来承担责任,它本身并不能确保违法者一定会实际承担这种责任。在国际社会中要保证违法国承担国际法律责任,最终还需依靠受害国的单独或集体的强制措施。

其二,国际法律责任规则是表明责任主体行为严重性的重要标准。尽管条约对此未作明确的规定,但在实践中,侵略行为会引起限制主权、恢复原状或赔偿的责任,而一般对外交代表的不礼貌行为只会引起赔礼道歉的责任。即严重的违法行为要以严重的方式来承担责任,轻微的违法行为则以轻微的方式承担责任。这说明,承担责任的方式表明了国际社会对某种违反国际法行为的态度,是衡量该行为严重性的一

---

① 也有些中国学者将 primary rules 称作"第一性规则",将 secondary rules 称作"第二性规则"。

种尺度。

其三,国际法律责任规则也是促使各国遵守国际法规则的外在动力。如果国际法中只有"是非规则"而没有相应的"责任规则",那么就只能依靠各国的自觉性来遵守这种规则了;而有了相应的"责任规则",并辅之以国际社会的制裁压力,那么违法国就不得不去遵守规则。因此,有无"责任规则"是国际法区别于国际道德规范的重要因素之一。

总而言之,国际法律责任规则对整个国际法体系的存在、完善和发展有着极为重要的意义。

第二节 国家责任

诚如前述,2001年联合国国际法委员会通过的《关于国家责任的条款草案》仅就国家责任问题作出了规定。在该条款草案下,"国家责任"是指国家就其国际不法行为所应承担的法律责任。

按此定义,要正确了解国家责任的内涵,就必须首先弄清什么是国际不法行为、哪些行为应由国家负责(即国际不法行为的主观要素)、行为在什么情况下具有"不法性"(即国际不法行为的客观要素)以及追究国家责任是否需要考虑行为者主观上有无过错(即国家责任的归责原则)等基本问题。

一、国际不法行为

所谓"国际不法行为",是指国家所作出的违背国际义务的行为的总称,它是引起国家责任的根据和前提。

1979年,联合国国际法委员会最初拟定的《关于国家责任的条款草案》曾将国际不法行为分为"国际罪行"和"一般国际不法行为"两类。在该条款草案下,"国际罪行",是指一国所违背的国际义务对于保护国际社会的根本利益至关紧要,以至于整个国际社会公认违背该项义务是一种罪行的行为。而"一般国际不法行为",则是指除国际罪行以外的其他国际不法行为。但是,在以后的实践中,不少国家对"国际罪行"的提法表示异议,因此,2001年国际法委员会通过的《关于国家责任的条款草案》取消了"国际罪行"和"一般国际不法行为"的两分法。

2001年《关于国家责任的条款草案》则将国际不法行为分为"严重的国际不法行为"和"一般国际不法行为"两种。

所谓"严重的国际不法行为",是指一国严重地或系统地违背了依强行法规范所承担的义务的行为(2001年草案第40条)。从其内容上看,这种"严重的国际不法行为"所违背的是国际社会公认的国际义务,而非单纯违背两国或者若干个国家间特别约定的义务;是依据强行法形成的强制性义务,而非依据任意法所形成的选择性义务。显然,"严重的国际不法行为"的严重程度要高于"一般国际不法行为",因此,行为国也须以特定的方式来承担这种责任。2001年草案特别规定,"严重的国际不法行为"所产生的后果是招致国际社会的合作制止措施。

对于一项引起国家责任的国际不法行为,无论是1979年条款草案还是2001年条款草案,都一致认为须满足两个基本要素:(1)该行为(作为或不作为)按国际法规定可以归因于行为国;(2)该行为违背该国的国际义务。学者们将前者称作国际不法行为的"主观要素",将后者称作国际不法行为的"客观要素"。一般而言,国际不法行为必须同时具备主观要素和客观要素,否则国家责任就不能成立。

二、国际不法行为的主观要素

国际不法行为的主观要素是指某一行为可以归因于国家而被视为国家行为。根据2001年《关于国家责任的条款草案》的规定,某一不法行为能否归因于国家,应当按照国际法作出判断,而不是按照各国国内法判断。因此,任何国家都不得以其国内法的特别规定或国内制度的特殊性来抗辩这种行为的归因性。那么,为何要研究不法行为的归因性呢?这是因为"国家行为"只是一个抽象的概念,它必须以一定的代表国家的个人或团体的行为表现出来。例如,国家侵害外交代表尊严的行为,一定是代表该国的某个人或某个机构所作出的侵害行为。但不是任何个人或团体的行为都可被视为国家行为,所以,国际社会需要用"归因性"来明确哪些个人或团体的行为可以归因于国家,而由国家承担法律责任。归因性规则在国家责任制度中非常重要,若无这种规则,就无法分清个人或团体的自身责任和国家责任的界限。

根据现行的国际法规则,国际不法行为可以是一国的国家行为,也可以是一国参与或介入他国的行为。对于前者,该行为所引起的责任应由行为国单独负责;对于后者,则可以由另一国负责或由它们共同负责。

(一) 可单独归因于国家的行为

按照2001年《关于国家责任的条款草案》的规定,国际不法行为可以归因于一国而成为该国国家行为的情况有下列几种:

1. 国家机关的行为

一国的国家机关的行为,依国际法可以直接归因于国家,视作国家行为。根据2001年《关于国家责任的条款草案》的规定,任何国家机关,不论行使立法、行政、司法职能,还是任何其他职能,不论在国家组织中具有何种地位,也不论作为该国中央政府机关或地方政府机关而具有何种特殊性,其行为都应视为国际法所指的国家行为。

可见,所谓的"国家机关",是指行使国家职能的一切机关,包括立法机关、司法机关、行政机关,包括一国的中央机关和地方机关,也包括一国的各个军事部门。

尽管在国内法上，各个国家机关的职能和地位有所不同，但在国际法上，一国的国家机关被视为一个整体，不论职能和地位如何，其不法行为一概可归因于国家，而由国家负责。在"光华寮案"中，日本地方法院公然无视国际法准则，侵犯我国合法政府对国家财产的继承权以及国家财产的司法豁免权，而日本政府却以其政体为"三权分立"，无法干预立法、司法机关的独立事务为由，拒绝承担因地方法院作出的不法行为而引起的国家责任，这在国际法上显然是站不住脚的。因为尽管该不法行为是由一地方法院作出的，但按国际法规则仍应视作国家行为，并不能以其国内政治、法律体制的特殊性来拒绝承担国家以整体应当承担的责任。这是2001年《关于国家责任的条款草案》所确立的一项原则，也是国际实践中各国普遍认同的准则。

当然，国家机关因其性质和职能的不同，它们所作出的违背国际义务的行为可能会有不同的表现形式，它们的行为与国家责任的关联程度也不相同。

行政机关是代表国家政府对外进行交往的重要机关，它与国际法实践联系最为密切，因此，其行为与国家责任的联系也最为直接。一般认为，行政机关的行为都应视为国家行为，而由国家直接承担责任。

立法机关是一国最高权力机关，其职能主要是为国家制定并解释法律。一般说来，各国立法行为多涉及其内部事务，属于内政的范畴，国际法也不干涉各国的立法行为，因此，各国的立法机关行为与国际法的联系不如行政机关行为那么密切。但是，从理论上讲，立法机关仍然是国家机关的组成部分，其行为如果违背了该国所承担之国际义务，仍然可以归因于国家，由国家承担责任。

立法机关违背国际义务的情形大致有两类：其一，立法机关制定了与该国所承担国际义务相抵触的法律或其他规范性文件；其二，立法机关没有制定为履行该国国际义务所必需的法律，形成所谓的"立法疏漏"，导致他国的合法权益得不到有效的保护。无论哪种情形，该国的国家责任均不可避免。

如同立法机关一样，司法机关的职能也主要涉及内部事务，与国家责任的关联度较低。但司法机关在实践中也可能会作出违背该国国际义务而应由国家承担责任的行为，其主要表现形式就是"司法拒绝"。所谓"司法拒绝"，是指司法机关拒绝给外国人提供应有的司法保护的行为。具体而言包括：一国司法机关拒绝外国人诉诸司法程序以保护其合法权益；虽让外国人进入司法程序，但不向外国人提供一般正常的审判中被认为是不可缺少的司法保障；严重地、故意地歪曲法律，判决明显不公，恶意拒绝或拖延强制执行等。如果一国的司法机关犯有上述"司法拒绝"，将引起该国的国家责任。

虽然从理论上讲，任何国家机关的行为一般均可归因于国家而由国家承担责任，但国际法对此也规定了一项条件，即只有当该机关在有关事件中系以此种资格行事，其行为才归因于国家而由国家负责。例如，警察局扣押外交代表的行为可以直接视为所属国的国家行为，但警察局伙房的职员在采办食物过程中殴打外交代表的行为则无法视为所属国的国家行为。

对于国家机关的越权行为或违背指示的行为是否引起国家责任的问题，2001年

《关于国家责任的条款草案》也作出了明确规定。该条款草案第 7 条规定,国家机关如以其资格行事,即使逾越权限或违背指示,其行为仍应视为国际法所指的国家行为,由所属国负责。例如,一国警察局人员冒充海关人员非法搜查外交代表的行李,这种冒犯行为可以归因于国家而由国家负责。

2. 国家官员的行为

所谓"国家官员",是指经法律授权或经特别任命,在国家机关中担任一定职务、拥有一定职权,并在某种程度上具有一定代表国家身份的官员。这里的国家官员从广义上讲指国家的一切官员,包括国家的立法官员、司法官员和行政官员,也包括各类高级和低级官员。

关于国家官员的行为因何而归因于国家,过去曾以其具有"实际上代表国家行事"的因素而论之,而今天则以其属于国家机关组成部分而定性。2001 年《关于国家责任的条款草案》第 4 条第 2 款明确规定,机关包括依该国国内法具有此种地位的任何个人。

在论及国家官员行为是否归因于国家而由国家负责时,还必须根据不同性质的官员和不同性质的行为分别予以探讨。国家元首、政府首脑、外交部长、外交代表属于一种特别的国家官员,在国际实践中,他们被普遍认为具有明确的代表国家的身份,因此,他们的行为都应视为国家行为。特别是由于他们具有特别的地位和身份,一般很难区分其行为是"官方的"还是"私人的",所以根据国际习惯法,他们的所有行为均视为国家行为。即便其私人行为侵害他国的权益,其所代表的国家也必须为此承担责任。除国家元首、政府首脑、外交部长、外交代表以外的普通国家官员,则一般以其官方身份所作的职务行为才归因于国家由国家负责,而他们的私人行为则不应视为国家行为。例如,某警察在执法过程中侵害外交代表,其所属国应当为之承担责任;而他下班后侵害外交代表的行为,则不能归因于所属国而由国家承担责任。

与国家机关相同,国家官员若以官方身份行事,即便逾越权限或违背指示,其行为仍然可以归因于国家而由国家负责。2001 年《关于国家责任的条款草案》第 7 条规定,经授权行使政府权力要素的个人,若以此种资格行事,即使逾越权限或违反指示,其行为仍应视为国际法所指的国家行为。

3. 经授权行使政府权力要素之实体的行为

在各国国内,某些实体或组织虽非国家机关的组成部分,但经法律规定或特别授权,实施着某些政府权力要素的行为,则它们的行为应归因于国家而由国家负责。2001 年《关于国家责任的条款草案》第 5 条规定,虽非第 4 条所指的国家机关,但经该国法律授权而行使政府权力要素的实体,其行为应视为国际法所指的国家行为,但以该实体在特定情况下以此种资格行事者为限。

这里所谓的"经授权行使政府权力要素的实体"主要包括以下几种:

(1) 政党派别以及其他政治团体,如一国的执政党在特定情况下具有代表国家发表声明、阐述对外关系立场的权利;

(2) 不具政治色彩但却行使政府权力的民间团体,如一国的行业协会在特定的

情况下可能获得国家授权,对商品质量进行监督,接受消费者投诉,对商品生产商或销售商进行管理;

(3) 国有公司或私营公司,如航空公司在特定的情况下可能被国家授权行使有关移民管制或卫生检疫的权力等。

与国家机关不同,这种实体只有在其行使政府权力方面所作的行为才可以归因于国家并由国家负责,并非包括其一切行为。但是,这种实体在其行使政府权力要素方面所作的行为,即使逾越权限或违反指示,仍应归因于其国家。

4. 别国或国际组织交由东道国支配的机关的行为

2001 年《关于国家责任的条款草案》第 6 条规定,别国或国际组织交由东道国支配的机关,如为行使东道国的政府权力而行事,其行为依国际法应视为支配国的行为。按照此项规定,这类机关的行为要归因于支配国。而由支配国负责,必须满足的前提条件是:该机关在东道国支配下行使东道国的政府权力要素。如果这类机关虽为东道国服务但仍受其派遣国支配,并不行使东道国的政府权力要素,则其行为不应视为支配国的行为。例如,甲国应乙国的邀请派一支特遣队帮助乙国剿匪,该特遣队按乙国政府指令所从事的行为,当然应归因于乙国而由乙国负责;但该特遣队受甲国指令而从事的行为,则不应归因于乙国而由乙国负责。国际组织的派出机构的情形与此相同。

5. 叛乱运动机关的行为

从理论上讲,在一国领土或其管理下的任何其他领土内成立的叛乱运动机关的行为,依国际法不应视为该国行为而由国家负责。因为,叛乱运动机关一般都独立于国家的机构和组织之外,国家无法有效地控制其活动。

然而,2001 年《关于国家责任的条款草案》第 10 条规定,在两种情形下叛乱运动机关的行为可以归因于国家而由国家负责:

(1) 叛乱运动机关已成为一国的新政府,或叛乱运动机关已成功地从母国分离组成了一个新国家,则其行为应视为国家行为。在这种情形下,由于新组成的政府或新形成的国家与原叛乱运动机关之间存在法律上的延续性,因此原叛乱运动机关在武装斗争中所为的行为自然应由其所形成的新政府或新国家负责。例如,阿富汗塔利班组织如果被某国承认为代表阿富汗的新政府,则塔利班组织所实施的"毁佛"行为,在承认国眼中应视为属于阿富汗新政府的行为。

(2) 国家在能够对叛乱运动机关行为进行控制或采取预防措施的情况下,却未采取这些措施,最终导致叛乱运动机关侵害了外国或外国公民的权益,则这类侵害行为可以归因于国家而由国家负责。例如,一国政府在明知反政府武装将对外国使馆实施武力攻击的情形下,却未能采取恰当的措施予以保护;又如,一国政府在获悉反政府武装绑架了外国人质的情形下,未采取积极的营救措施,而是一味地强攻强打,最终造成了外国人质在交火中被害。在这两个例子中,虽然直接的侵害行为是叛乱运动机关作出的,但该国政府也存在"未恰当保护"或"未采取得当措施"的因素,是政府行为因素与叛乱运动机关行为因素相牵连而侵害了他国的权益。在此情形下,侵害行为可以归因于国家而由国家负责。

6. 私人行为

一般而言,非代表国家行使的个人的行为(即所谓"私人行为")不应视为国家行为。但在下列情形下,某种私人行为仍具有归因性:

(1) 私人如果经国家授权行使政府权力要素,并在特定情况下以此种资格行事,则其行为应视为国家行为。例如,在一些国家,学校校长虽非官方身份,但依法可以代表国家行使教育权,可以颁发或撤销国家所承认的学历和学位证书。

(2) 私人行为如果实际上是按照国家的指示或在其指挥或控制下行事的,则其行为应视为国家行为。例如,国家机关招募的非官方编制的人员,按国家指令所从事的行为。

(3) 私人在官方当局不存在或缺席和需要行使政府权力要素时,实际上行使这种权力的行为应视为国家行为。例如,某一因战乱失控而处于无政府状态的地区,由当地知名人士代行政府权力而作出的行为。

(4) 如果国家对某种私人行为予以确认并当作其本身的行为,则该行为应视为国家行为。例如,民间人士非法占领别国的领土,并宣称代表其本国宣示所谓的"主权",而本国政府对此予以确认。

(5) 如果国家纵容或唆使私人对他国作出侵害行为,或未"适当注意"防止私人对他国作出侵害行为,则该国应承担责任。有人称这种行为为"消极的国际侵权行为",国家为此承担的责任为"间接的国家责任"。例如,一国政府在本国学生冲击外国使馆时袖手旁观,则该国应承担相应的国家责任。

(二) 一国牵连入他国的国际不法行为

一国牵连入他国的国际不法行为的情况主要有下列几种:

1. 援助或协助他国犯国际不法行为

2001年《关于国家责任的条款草案》第16条规定,一国对他国的援助或协助,如经确定是为了使该国犯国际不法行为,则该项援助或协助本身构成国际不法行为,应当由援助国或协助国承担国家责任,即使该援助或协助行为单独看并不构成违背国际义务。例如,甲国大举入侵乙国,丙国却对甲国的入侵行为提供经济援助,或允许甲国军队假道其境。单独看,一国给予他国经济援助或允许他国军队过境并不违反国际法,但由于甲国的入侵行为是违法的,这也就决定了丙国对入侵行为的援助或协助行为的非法性,丙国应对此负责。

2. 指挥或操纵他国犯国际不法行为

2001年《关于国家责任的条款草案》第17条规定,一国在其受他国指挥或控制权力支配的活动领域内犯国际不法行为时,行使指挥或控制权的支配国应负国家责任,但这并不妨碍受支配国按有关规则负其应负的责任。

3. 胁迫他国犯国际不法行为

2001年《关于国家责任的条款草案》第18条规定,一国受他国胁迫犯某项国际不法行为时,胁迫国应负国家责任,但这并不妨碍被胁迫国按有关规则负其应负的责任。

三、国际不法行为的客观要素

国际不法行为的客观要素是指一国行为已违背国际义务,也就是一国的行为不符合国际义务对它的要求。① 在讨论一国行为是否因违背国际义务而应承担责任时,有下列因素值得仔细分析:

(一) 一国国际义务的多样性

一国的国际义务既可以源于国际条约,也可以源于国际习惯法;既可以是一般性的国际义务,如源于公认的国际法原则和规则的义务,也可以是某种特定的国际义务,如从两国间双边条约中产生的义务。无论违背何种类型的国际义务,均构成国际不法行为。至于一国的国际义务能否从其单方承诺中产生,须视具体情况而定。一般说来,如果他国已经对这种单方承诺作出了回应或采取了相关立场,则该单方承诺应产生强制性的国际义务,违背这类国际义务同样构成国际不法行为。例如,在不扩散核武器领域内,"无核国"因"有核国"单方提供安全保证而采取了"非核化"立场,则"有核国"的这种单方行为应产生相应的国际义务。

(二) 一国只有违背了对其有效的义务才引起国家责任

所谓"有效义务"应包含两层含义:其一,是指在内容上对特定国家有效的义务。那些不平等条约、非法条约所形成的国际义务,对于特定国家而言就不是有效义务。其二,是指该国际义务应在有效期内。那些尚未生效的国际义务或已经失效的国际义务,对于特定国家而言也不是有效义务。只有当国家的行为违背了对其在内容上有效的国际义务,且是在该义务对该国有约束力的时期发生的,才会引起国家责任。②

(三) 一国违背国际义务的行为表现为"作为"或"不作为"

所谓"作为",是指一国以积极的、直接的方式作出了违反国际法或违背国际义务的行为。在国际实践中,"作为"的国际不法行为比较容易判别。所谓"不作为",是指一国以消极的态度不认真履行其应当承担的国际义务。无论是"作为"还是"不作为",只要一国的行为违背了其所承担的国际义务,均构成国际不法行为。

(四) 一国行为是否造成"实际损害"不影响国际不法行为的构成

在现实生活中,一国的行为虽违背了其所承担的国际义务,但并未给他国造成实际损害的情形比比皆是。例如,一国参加了《联合国海洋法公约》,却在国内立法中拒绝给予外国商船在其领海内的"无害通过权",这项拒绝给予"无害通过权"的立法与该国在《联合国海洋法公约》中所承担的义务是相违背的。但在他国船舶未进入该国

---

① 参见2001年《关于国家责任的条款草案》第12条。
② 参见2001年《关于国家责任的条款草案》第13条。

领海内航行时,这项立法对外国船舶的实际损害并未发生。只有他国船舶进入该国领海,依《联合国海洋法公约》主张"无害通过权",而该国却不让通过,实际损害才会真正发生。那么,在一国行为未对他国造成实际损害的情形下,是否构成国际不法行为呢?回答应该是肯定的,原因有二:其一,2001年《关于国家责任的条款草案》在论及国际不法行为时,并未将"实际损害"作为确定这种行为的衡量因素之一。其二,一国违背国际义务的行为虽在表面上未给他国造成实际损害,但其"潜在损害"始终存在。这种潜在损害表现为,由于该国违背国际义务行为,导致他国依国际法应当享有的权益遭到了"减损"。

(五) 用尽当地救济原则是确定国际不法行为的重要标准之一

所谓"用尽当地救济原则",是指外国人在东道国受到不法侵害后,应首先向东道国政府寻求司法救济,只有当他在用尽当地救济办法仍未得到补偿时,受害的外国人的本国方可对其进行外交保护。用尽当地救济原则在特定的情形下,是确定东道国行为是否构成国际不法行为的界限和标准。一般说来,若外国人在东道国受到普通不法分子的侵害,单纯这一事实不能构成东道国的国际不法行为,东道国也不因之承担任何责任。但是,当受害的外国人向东道国政府寻求法律救济,而东道国政府未按其所承担的国际义务(一般各国通过双边或多边条约相互给予对方国民在民事权利和诉讼权利上以"国民待遇")予以合理的法律救济,则东道国的国际不法行为由此而产生。换言之,在外国人遭受不法侵害的情况下,东道国政府拒绝按照其所承担的国际义务予以保护或"怠于"保护,使得个人的侵害行为转化为国家的侵害行为,东道国应对此负责。

四、国际不法行为的归责原则

关于国家责任,格劳秀斯曾以"无过失者,本质上不应受任何拘束"的罗马法原则为基础提出过失责任主义理论。他主张国家应像自然人一样,没有过失就不承担任何责任,也没有赔偿损失的义务。

受格劳秀斯理论的影响,传统国际法将行为国在主观上有过错作为构成国家责任不可缺少的重要因素之一。于是,要证明行为国是否犯有国际不法行为,是否应当承担义务,受害国须举证:(1)存在损害事实,即加害行为实际造成了损害后果;(2)加害行为违反了现行的法律规定或属于法律禁止的行为;(3)加害者在主观上有过错,即加害行为必须是行为国故意或过失造成的;(4)加害行为与损害后果之间存在着因果关系。

但是,在实践中要确定国家机关在从事某项行为时的主观心理状态并以此确定国家责任是件难事,也不易操作,唯有分析国家行为是否违背其所承担之国际义务并以此作为确定国家责任的基础,才是简便易行的。从目前国际社会的现状看,各国已普遍接受了结果责任主义。尤其值得注意的是,2001年《关于国家责任的条款草案》

也倾向于结果责任主义,因为它在确定国际不法行为构成要素时,并未将行为国主观状态的因素列入。

现在,随着当代科学技术的发展,在一些特别的领域,如空间活动、海上石油运输以及核能和平利用等领域中,还形成了所谓的"严格责任制"(或称"损害责任制")。按照这一制度,不论行为国主观上是否存在过错,也不论行为国从事的活动是合法还是非法,只要其行为对他国造成了实际损害,就必须承担责任。

从过失责任主义到结果责任主义,再从结果责任主义衍生出严格责任制,标志着国家责任制度不断进步和趋于完善。

第三节 国家责任的免除

国际不法行为是引起国家责任的重要起因之一。如果行为者的行为尽管在表面上都具备了承担国家责任的基本要求,但由于某种特殊情况的出现却排除了其行为的"不法性",那么也就不会产生国家责任问题,或者行为者可以免除承担国家责任。从国际实践及2001年《关于国家责任的条款草案》的规定看,可以排除行为不法性的因素主要有同意、对抗措施、不可抗力、危难和危急情况。

一、同意

所谓同意,是指受害国以有效的方式表示同意加害国实施某项与其国际义务不符的特定行为。2001年《关于国家责任的条款草案》第20条规定,一国以有效方式对另一国的某一特定行为表示同意,并且该行为没有逾越该项同意的范围,即解除该行为在与该国关系上的不法性。例如,一国允许他国军队在领土上驻扎或过境,一国放弃对他国债务的索偿权等就属于"因同意免责"的情形。从国际法实践看,以同意为由免除国家责任应符合下列条件:

第一,一国对他国违反国际法基本原则或国际强行法的行为所作出的同意无效。换言之,这种严重违反国际法的行为即便获得了某国的同意,也不能排除其不法性,不能免除加害国的法律责任。例如,甲国允许乙国军队入境进行种族屠杀的行为,不因同意而排除其不法性。

第二,一国获得的他国的同意必须是出于自愿的同意。一国采用胁迫、欺诈等手段所获得的"同意"是无效的同意,不能免除行为者的责任。

第三,一国获得的他国的同意必须是有效的同意。所谓"有效的同意",是指该同意应为他国合法的正式的权力机关所作出的同意。凡由外国使用武力扶植的傀儡政权所作出的"同意"应属无效。

第四,一国的行为只有在他国同意所限定的条件范围内作出方属有效,可以免除国家责任。事实上，一国对他国某种行为的同意并不会包括对行为所带来的一切损害后果的同意，总是有一定范围的。倘若加害国的行为后果"溢出"了受害国同意承受之后果的范围，则加害国仍须对"溢出"的后果负责。例如，甲国同意乙国的航空器飞越或飞入其境内指定的航道，这表明甲国同意免除乙国航空器飞入其境内所产生的侵犯其领空主权的责任，但不等于甲国同意免除乙国航空器对地面造成人身伤害和财产损失的责任。

二、对抗措施

所谓对抗措施，是指受害国针对加害国的国际不法行为而采取的相对措施。这种行为虽违背了行为者对他方所承担的国际义务，但因为该行为是为了抵消加害国的国际不法行为而作出的，所以应当排除这种行为的不法性。对抗措施按其性质，可以分为武装自卫和一般对抗措施两种。

武装自卫是指受害国在实际遭受到他国武力攻击或入侵时所采取的武力反击行动，它是《联合国宪章》及国际习惯法所承认的合法使用武力的情形之一。2001年《关于国家责任的条款草案》第21条也明确规定，自卫是国家不履行在国际关系中禁止使用武力威胁或使用武力原则的正当理由。当然，一国行使自卫权仍须受"必要性"和"适度性"以及国际人道法规则的限制。

一般对抗措施是指受害国使用除武力以外的其他违背其所承担之国际义务的手段来对抗加害国。2001年《关于国家责任的条款草案》第22条规定，一国不遵守其对另一国国际义务的行为，并且只在该行为满足一定条件而针对另一国采取的反措施时，其不法性才可消除。这里所谓的"条件"是指国际法对采取对抗措施所规定的限制性因素，如国际法要求受害国对加害国实施报复行为必须符合"相称性"的条件。

三、不可抗力

倘若一国不符合该国国际义务的行为起因于该国无法控制或无法预料的外界因素，以至于该国实际上不可能按照该项义务行事或不可能知悉其行为不符合该项义务，则应免除其国家责任之承担。例如，由于风暴的原因致使一国的军舰出现故障而漂入他国领海。又如，由于地震的原因引起大火，将某外国驻该国大使馆的馆舍全部烧毁。

以不可抗力为由主张免除国家责任也有一定的限制：其一，这种不可抗力的发生必须与援引国的行为无关。如果有关情况是由援引国的行为单独或与其他因素一并造成或引起的，或者它已经接受了发生不可抗力的风险，则不得援引不可抗力作为免责理由。例如，一国进行地下核试验，引起了地震，将某外国驻该国的大使馆建筑物毁坏，则该国就不能以不可抗力为由主张免责。其二，如果这种不可抗力仅导致援引国无法履行其部分国际义务，那么其余可履行之国际义务承担的责任并不因此而免除。

四、危难

所谓危难(Distress),是指一国政府机关或公务人员在遭到极端危险的情况下,为了挽救其自身的生命或受其监护的人的生命,在别无他法的情况下,作出的违背其所承担的国际义务的行为。例如,某国警察在执行公务的过程中遭到歹徒的追杀,在别无他法的情况下,未经许可避入他国驻该国的大使馆。以危难为由主张免除国家责任必须符合一定的条件:

第一,该机关或公务人员遭遇的是严重威胁其或受其监护的人生命安全的危险,而非一般的危险。例如,一场普通的暴雨不能成为执勤警察未经许可进入他国使馆的正当理由。

第二,该机关或公务人员必须是在除此别无他法的情形下才能作出这种违背国际义务的避险行为。换言之,该避险行为是唯一的选择,倘若存在其他的避险可能,行为者却选择采取了该违背国际义务的避险行为,则不可免除其责任。例如,警察在遭追杀时,除可以避入他国大使馆外,也可以避入就在附近的市政府大楼,他却选择了使得该国违背国际义务的避入使馆的行为,则不能免除该国的国家责任。

第三,危难必须产生于外来因素。如果危难是由避险者的行为单独或与其他因素一并导致的,或该行为可能造成类似的或更大的灾难,则不得援引危难作为免责理由。例如,警察因侮辱他人而遭到追杀,他因此而未经许可避入他国使馆的行为就不能免除该国的国家责任。

五、危急情况

所谓危急情况(Necessity),是指一国在遭到严重危及国家生存和根本利益的情况下,为了应付和消除这一严重紧急情况而采取的违背该国所承担的国际义务的措施。例如,一国的某城市遭到特大洪水的袭击,在万般无奈的情形下,市政府紧急将位于江边的某外国领事馆垒为堤坝,以挡洪水。以危急情况为由主张免除国家责任也必须符合一定的条件:

第一,有关行为是援引国为保护本国公共利益,并为了应付和消除客观存在的严重危险而实施的。至于哪些情形构成危急情况,则需视具体情形而定。在实践中,如洪水泛滥、森林火灾、海岸遭油污威胁、紧急疫情等,均属这类危急情况。

第二,援引国采取的行为必须是解决危急情况的"唯一"办法。换言之,如果还存在其他解决办法,即便是代价更高的办法,援引国却选择实施了违背其所承担国际义务的行为,则不能以危急情况为由主张免责。

第三,危急情况必须产生于外来因素,且对之援引并不为国际法所禁止。2001年《关于国家责任的条款草案》第25条明确规定,如果危急情况是由援引国促成的,或如果有关国际义务排除了此种援引的可能性,则不得以危急情况作为解除其行为不法性的理由。前者如,援引国的船舶在海上故意的排污行为造成了海岸受到油污的严重威胁;后者如,战争法明确规定交战方不得以"军事必要"作为其违背战争法规的理由。

第四节 国家责任的形式

国家责任是一种严格意义上的法律责任。国家责任一经确定,便在当事国间产生一定的法律关系,即加害国应当承担与其行为相适应的国际义务,受害国则因此而享有相应采取一定措施的权利。

国家责任的形式主要包括:限制主权、继续履行、终止不法行为、保证不重犯、恢复原状、赔偿、抵偿等。另外,当代国际实践还出现了追究侵略国战犯刑事责任的新的承担方式,这种形式已成为国际法学界研究的热门话题之一。

一、限制主权

所谓限制主权,是指在一国对他国进行武装侵略,侵犯他国主权和领土完整,或者严重破坏国际和平与安全而犯有严重国际不法行为的情况下,对加害国的国家主权施加一定限制的法律责任承担形式。限制主权是一种最为严重的国家责任形式。虽然2001年《关于国家责任的条款草案》对限制主权的责任形式未加规定,但国际实践对这种责任形式已给予了充分肯定。

限制主权分为全面限制主权和局部限制主权两种。全面限制主权是指在一定时期内由他国对加害国实行军事占领或军事控制,并代行国家的最高权力。例如,在第二次世界大战后,为了惩罚侵略国和防止侵略势力再起,经签订国际协议,由同盟国在一定时期内对德国和日本实行军事管制,并由同盟国组成的管制委员会代行这些国家的最高权力。局部限制主权是指通过制定条约的形式对加害国在某些方面的权利进行一定的限制。例如,1947年对意大利和约规定,意大利所拥有的武装力量的数量不得超过实行自卫所必需的限度。海湾战争后,联合国安理会就伊拉克入侵科威特的责任问题作出了一系列的决议,其中关于销毁和限制伊拉克生化武器的内容,实际上就是对伊拉克实施局部限制主权的一种措施。

二、2001年《关于国家责任的条款草案》规定的承担方式

联合国国际法委员会2001年起草的《关于国家责任的条款草案》主要规定了下列几种国家责任的承担方式:

(一) 继续履行

所谓继续履行，是指受害国要求违约国继续履行在条约下所承担的义务。当一国的行为系违背一般条约义务时，要求继续履行应是受害国的主要法律救济方式之一。《维也纳条约法公约》规定，只有当一方当事国犯有严重违约情势时，受害方才能终止其与违约国间的条约关系，或在缔约各方关系上完全终止条约。换言之，如违约国仅犯有一般违约行为，则不构成受害国终止条约或条约关系的理由。在这种情形下，受害国要求违约国继续履行条约义务便成为其必然的选择和自然的权利。另外，即便违约国的行为构成了严重的违约情势，受害国仍可选择不终止条约而要求违约国继续履行条约义务的方式。2001年《关于国家责任的条款草案》第29条明确肯定了这种要求违约国继续履行所违背的国际义务的原则。

(二) 终止不法行为

所谓终止不法行为，是指受害国要求加害国立即终止处于持续状态的侵害行为。2001年《关于国家责任的条款草案》第30条规定，当一国际不法行为处于持续性状态时，责任国有义务停止该行为，并在必要时提供不重复该行为的适当承诺和保证。

根据该条款的规定，终止不法行为适用的前提条件有二：其一，加害国不法行为具有持续的特征。例如，加害国非法占领受害国部分领土、加害国对受害国进行持续性的武力攻击、加害国非法扣押受害国的船舶和船员等。如果加害国的不法行为一经实施即告完成，则受害国无须采用要求终止的方式，而应寻求其他救济方式。例如，加害国击沉了在其领海内正常行驶的受害国商船，这种攻击行为一旦实施即告完成，在这种情况下，受害国无须要求加害国终止攻击行为，而应要求加害国给予赔偿，除非加害国打算继续对来自受害国的商船进行持续的武力攻击。其二，行为国所违背的国际义务仍处于持续有效的状态下。换言之，如果一国所违背的国际义务在行为实施后已被终止，则受害国也不能主张终止该行为。例如，甲国侵占了乙国的某岛屿，但事后两国已达成协议，将此岛割让给甲国，则乙国就不能要求甲国终止对该岛的占领。终止不法行为是制止加害国进一步侵害他国权益的必然要求，也是适用和平解决国际争端程序的前提条件，因此，其意义和作用是不言而喻的。

(三) 保证不重犯

所谓保证不重犯，是指受害国要求加害国承诺或保证不再实施过去从事过的国际不法行为。保证不重犯实际上是对加害国终止不法行为要求的进一步延伸，或者说是对终止不法行为的进一步"加固"。当然，保证不重犯在性质上与终止不法行为不完全相同。因为终止不法行为仅用于加害国持续性的侵害行为，而保证不重犯既可以用于加害国持续性的侵害行为，也可以用于加害国已实施完毕的非持续性侵害行为；终止不法行为是要求加害国终止正在实施中的加害行为，侧重于制止现行的国际不法行为，而保证不重犯则是要求加害国以后不再犯类似的加害行为，侧重于预防未来发生国际不法行为。

(四) 恢复原状

所谓恢复原状(Restitution),是指加害国负有责任将受国际不法行为侵害的事物恢复到未发生不法行为时的状态。例如,归还被侵占的领土、归还非法没收的或掠夺的财产、恢复被非法移动的边界界标、修复被不法行为损坏的外交使团馆舍等。

恢复原状是加害国在作出严重侵害行为时受害国首先考虑援引的措施。但是,国际法对恢复原状的援引也规定了两项限制条件:

其一,必须具备恢复原状的实际可能性。如果被侵害事物已不可能恢复原状,则无须援引这一请求,而应寻求补偿的方式。

其二,恢复原状不得使加害国承受不相称的、过重的负担。2001年《关于国家责任的条款草案》第35条规定,从促使恢复原状而不要求补偿所得到的利益须与加害国的负担成比例。如果受害国请求恢复原状对加害国所造成的负担,严重地超过了受害国因此项恢复原状所获得的实际利益,则受害国不得要求恢复原状,而应寻求经济赔偿方式。例如,受害国要求加害国修复一座已无实际价值的水坝,则这种恢复原状的请求是得不到支持的。

(五) 赔偿

所谓赔偿(Reparation),从广义上讲,是指加害国对它实施的国际不法行为所带来的损害性后果以各种方式进行弥补的措施,其目的在于重建该不法行为发生前的状态。其内容包括恢复原状、经济赔偿、抵偿等各种方式。2001年《关于国家责任的条款草案》第31条规定,加害国有义务对不法行为所造成的损害提供充分的赔偿。这里的"赔偿"应是指广义上的赔偿。

从狭义上讲,所谓赔偿(Compensation),应是指经济赔偿,即加害国以给付货币或其他实物的方式对受害国的物质损害所作的弥补。在恢复原状不能或不足以弥补不法行为所造成的损害时,以一定的替代物进行经济赔偿是十分自然的方式。经济赔偿既可以实物支付,也可以金钱支付,或者同时采用两种支付方式。

关于经济赔偿的性质,在国际法上尚无明确规定,学者们对此有不同看法。有人主张,赔偿只是补偿性的,而非惩罚性的,因此经济赔偿的数额不应超过实际损害。另有一些人认为,赔偿既具有补偿性又具有惩罚性,所以经济赔偿额不应受实际损害的数额限制,而应根据加害行为的性质和影响来确定实际赔偿数额。2001年《关于国家责任的条款草案》则明确规定,"比例性"是赔偿方式不可或缺的因素。从这项规定看,国际社会更倾向于赔偿属于"补偿性"的观点。

关于经济赔偿的范围,一般限于加害国的不法行为所造成的实际物质损失,而不涉及受害国的精神损失。国际法对经济赔偿所涉及的内容没有统一明确的规定,但一般说来,赔偿额应包含不法行为对受害国所造成的直接损失、受害国为应付侵害所支出的各种费用、受害国向在侵害事件中的受害人员支付医疗费用和抚恤金而产生的附带损失等。在特定情形下,这种补偿额还可以包括支付受害国的利润损失,或者向受害国支付的利息。另外,国际实践充分表明,赔偿既可针对受害国本身所承受的损失,也可针对受害国国民所承受的损失。

在国际实践中,赔偿与恢复原状并不互相排斥,通常是在适用恢复原状的同时,又采用赔偿的方式予以补充。例如,1947年签订的对意、匈、保、罗、芬五国和约既有恢复原状条款,又有实物赔偿条款。

赔偿是以行为国存在国际不法行为为前提的。倘若一国无任何国际不法行为,或因某种因素排除了行为的"不法性",它却自愿对某国遭受的损失给予一定的经济帮助,则不能算作承担国家责任。

(六) 抵偿

根据2001年《关于国家责任的条款草案》第37条的规定,所谓抵偿(Satisfaction),是指在恢复原状或经济赔偿尚不能充分弥补不法行为所造成的损失时,加害国以其他方式给予受害国的一种弥补。从这项规定看,抵偿主要针对通过恢复原状和赔偿尚不能弥补的损失,一般说来,这种损失应是指对受害国所造成的以金钱无法予以评估的精神损害或其他非物质损害。最常见的抵偿方式是正式道歉,除此而外,如表示遗憾、给予象征性金钱赔偿、对造成伤害或损害事件作出解释、对损害事件进行调查、对应负责任的个人采取纪律或刑事处罚等也属于抵偿的范畴。

(七) 道歉

正式道歉,是加害国因给受害国造成精神损害而予以精神上赔偿的法律责任形式。道歉主要用于加害国对受害国的尊严犯有侵害行为的场合,如侮辱他国国旗、侵犯外交使馆或外交人员的特权与豁免等。其实,一般的国际不法行为都会伴随着对他国尊严的一定损害。例如,入侵他国领土的行为既会给他国政府和人民带来物质损害,同时也会给他国主权尊严带来损害,因此,在此情形下,加害国不但要负物质损害的责任,同时也要负精神损害的责任,显然,由加害国以道歉方式附加承担责任是经常和普遍的现象。这里应当强调的是,法律上的道歉与我们日常生活中所说的道歉是有区别的,因为前者具有强制性,而后者无强制性。道歉的方式很多,可以采用口头方式表示,也可以采用书面方式表示。有时还采取派遣专使前往受害国当面表示道歉,或对受害国的国旗、国徽行礼,或表示惩办肇事者等。

三、国际刑事责任

在传统国际法上,国家是不负刑事责任的。与此同时,对于个人代表国家所作出的侵害行为,个人也不负刑事责任,这是因为他们的行为归因于国家,应当由国家承担责任。但在第一次世界大战后,这方面的理论与实践发生了变化。

第一次世界大战后签订的《凡尔赛和约》规定,要对发动战争的德国皇帝威廉二世及德国主要将领进行审判,从而第一次在国际条约中确立了对犯有战争罪行的国家首脑和战犯追究刑事责任的原则,由此产生了国际刑事责任的新概念。当然,由于种种原因,《凡尔赛和约》的这项规定并未得到真正实施。

第二次世界大战后,同盟国通过签订《伦敦协定》《欧洲军事法庭宪章》以及《远东军事法庭宪章》等国际文件,成功地进行了对德、日法西斯战犯的审判,使国际刑事责任制度在实践中得到了运用。尤其值得一提的是,1998年,联合国召开的外交代表会议通过了《国际刑事法院规约》(《罗马规约》),正式成立了一个常设性的国际刑事法院,对犯有灭绝种族罪、危害人类罪、战争罪和侵略罪的国际罪犯行使管辖权,追究其刑事责任。可以说,现在已无人怀疑国际刑事责任的存在了。目前,理论界争论的焦点是,这种国际刑事责任究竟是国家责任还是个人责任。有些学者认为,从国际法理论看,个人是不为国家行为直接承担责任的,而国际刑事责任是由个人承担的,所以,国际刑事责任在本质上是一种个人责任。也有的学者认为,国际刑事责任不像单纯的个人刑事责任那么简单,严格地说,它是以个人承担的形式表现出来的特殊国家责任。其理由有以下几点:

第一,追究国家的国际刑事责任的前提是该国犯有严重的国际不法行为,而非个人犯有国际罪行。国家所犯的严重国际不法行为与个人所犯的国际罪行在性质和表现形式上是有根本区别的。前者是国家机关或代表国家行事的人,为推行国家政策,而非为个人利益所作出的行为。例如,为争夺他国领土发动战争,为实施国家政策而进行种族隔离和屠杀等。这类行为是国家授权实施的,或代表国家实施的,因而可以归因于国家,由国家承担法律责任。而后者是个人为了自己的私利而实施的、被国际法确定为犯罪的行为,如空中劫持行为、走私毒品行为等。这类行为根本无法归因于国家,由国家承担法律责任,而只能由行为者个人负责。

第二,追究国际刑事责任的方式是由国际社会依据国际协议,采用国际法庭审判的形式进行的。倘若是单纯的个人犯罪行为,国际法庭不能受理,也无依据受理。即便某些个人所犯国际罪行是由国际协议确定的,那也并非意味着国际社会整体会直接惩处行为者。通常只是通过国际协议的形式,将惩处罪犯的特定义务施加于缔约国,最终还是由缔约国司法机关来审判和处理犯罪者。

第三,国家是集合体,它的行为是抽象的,必须通过国家机关、实体,最终通过具体的人的行为表现出来。例如,发动战争一定是由其统治者发布命令,动员其人民参与战争;进行战争一定是由其军事将领实施战役指挥,由其士兵投入战斗。同样,国家作为集合体,是无法直接承受法律责任的,最终也势必通过个人承担责任的形式表现出来。例如,国家承担赔偿责任,一定是由其人民提供物资来承担损害赔偿的。不过,国际刑事责任不可能由加害国全体人民一起来承担,而只能由某些直接代表国家实施严重国际不法行为的特定个人来承担。其实,这种由某些个人承担集体刑事责任的形式在各国法律中也普遍存在。有不少国家法律都规定,法人的刑事责任可以由代表法人行事的人来承担,而且这种刑事责任是集体的刑事责任。

第四,在关于追究国家刑事责任的国际条约中,一般都有要求被追究国放弃有关人员特权与豁免的规定,这更说明了国际社会在追究国际刑事责任时,突出强调了追究个人代表国家所为的国家行为,而非单纯的个人行为。

国际刑事责任制度的产生有着极其重要的作用,它给那些在旧国际法律责任体制下可以逃脱责任的国家领导人一个强烈的警示：今后，为国家利益而犯罪已不再是规避责任的借口了。这将有效地抑制那些严重危害他国利益和国际和平与安全的不法行为，对维护国际社会的根本利益和良好秩序有着十分积极和深远的意义。只是目前国际刑事责任体制尚不健全，在具体操作上还缺乏明确、统一的国际法依据，这有待于理论研究与国际实践的进一步发展。

第五节 国际损害责任

一、国际损害责任的概念和特点

所谓国际损害责任，是指国际法主体在从事了某些国际法不加禁止的行为或活动，而对他国造成实际损害时所承担的法律责任。国际损害责任是国际法律责任制度中较新的一项内容，因此有人也称之为"新国家责任"。

在第二次世界大战以后，随着工业化及科学技术的发展，国家从事的某些开发或试验性活动，如原子能的和平利用、宇宙空间的探索与开发、海洋资源的勘探和开发利用等，一方面给人类带来了巨大的利益，但在另一方面也隐藏着高度的危险，可能会对人的生命、财产以及环境造成意想不到的损害后果。

从实践上看，这类损害行为或活动具有下列特点：

第一，这种行为或活动都是行为者在受害国的领土或控制范围之外作出的，但其损害性后果却及于受害国境内，即具有跨国性。由于这种特点，一旦发生事故，其损害后果往往波及其他国家乃至全球，极易引发国家间的纷争。

第二，这种行为或活动具有潜在的和高度的危险性。所谓潜在的危险性，是指行为者从事的这种行为或活动只是可能会给他国带来损害后果，而非必然带来损害后果。如果某种行为或活动势必会带来损害后果，则国际社会早就予以禁止了。所谓高度的危险性，是指这种行为或活动一旦带来损害后果，其损害程度将是十分严重的。例如，在外层空间运行的核动力卫星，有可能在返回地面过程中解体散落，给地面国造成严重的核污染。

第三，这种行为或活动并不为现行国际法所禁止，它甚至可能是目前法律制度允许或鼓励从事的行为或活动。例如，从事外层空间的探索和研究、进行海上石油的勘探和开发等。所以，有人也称之为"国际法不加禁止行为"。

对于这类国际损害行为，传统的国际法律责任制度无法予以调整或制约，因为，传统的国际责任制度主要针对当事国的"国际不法行为"，也就是当事国违背其所承担的国际义务的行为，并不解决这类"国际法不加禁止行为"的责任问题。于是，国际社会就需要形成一种新的国际责任制度来调整这类新型的国际责任问题，以平衡行为国与受害国间的利益关系，这就是产生国际损害责任制度的历史背景。

目前,国际损害责任的规则散见于第二次世界大战后签订的一些国际责任公约以及部分国际公约的责任条款中,其中主要有:《关于核损害的民事责任的维也纳公约》《核动力船舶经营人的责任公约》《核能方面第三者责任公约》《关于油污损害的民事责任公约》《防止船舶造成污染的国际公约》《远程跨界空气污染公约》《及早通报核事故公约》《空间实体造成损害的国际责任公约》《联合国海洋法公约》等。此外,一些国家还签订了涉及国际损害责任问题的双边条约,国际实践和司法裁决中也有关于国际损害责任的一些实例。

总的说来,目前的国际损害责任制度还缺乏统一性和明确性,国际社会还没有一部全面的、系统性的关于国际损害责任的公约。正因为如此,1978年,联合国国际法委员会开始编纂有关国际损害责任的国际公约,并于1998年通过了该项公约的"条款草案"。该条款草案还不是一项有效的条约,但它是对该领域国际习惯法规则的初步总结,反映了国际社会在该领域的立法趋向,并为以后形成成熟的国际损害责任制度奠定了基础。

二、国际损害责任的性质

对于这种国际法不加禁止行为造成损害性后果所引起责任的性质,国际法学界还存在不同的看法。有人称之为"危险活动的责任"或"极度危险活动的责任",有人称之为"合法行为的责任",更多的人称之为"损害行为的责任"。这里有必要对这些称法作一定的分析,以便弄清这种责任的本质特征。

"危险活动的责任"的称法侧重于强调这种责任制度主要针对某些具有极度危险性的活动。的确,到目前为止,这种责任制度所涉及的活动,如原子能的和平利用、宇宙空间的探索与开发、海洋资源的勘探和开发利用等,都属于具有潜在的、高度危险性的活动。但是,"危险活动的责任"的提法可能会将这种制度局限于极少数的极度危险活动范围内,从而阻止这种制度向前发展。更何况,国际社会对"极度危险活动"与"非极度危险活动"也没有给出明确的判别标准。因此,"危险活动的责任"的提法是不准确的。

"合法行为的责任"的称法侧重于强调这种责任制度特点之一是针对某些"国际法不加禁止的行为或活动"。但是,如果将国际法不加禁止的行为或活动简单地解释为"合法行为"是有失偏颇的。在现实生活中,行为要具有"合法性"是有条件的。在各国的法律体制中,即便是不为法律所禁止的行为要具有"合法性"还是受到一定法律原则或规则限制的,至少这种行为不会给他人带来损害后果。在国际法领域内,国家以及其他国际法主体的行为具有合法性也是有条件的,它必须建立在不损害其他主体权益的基础之上。那些不为国际法所禁止的行为一旦给别国造成了实际损害,就很难称之为"合法行为"。倘若允许人们去追究合法行为的责任,这在法理上是说不通的。因此,"合法行为的责任"的称法是不符合逻辑的,同样是不正确的。另外,国际法虽不禁止此类行为或活动,但对此类行为的行使实际上还是有一些限制性要求的。1998年联合国国际法委员会通过的《国际法不加禁止行为的损害性后果所引起的国际责任的条款草案》就对有关国家规定了采取预防措施、通知及协商、合作、评估有害影响等方面的义务。如果当事国在从事这些国际法不加禁止的行为或活动的过程中,违反了此类限制性要求,则很难将其行为或活动视为"合法行为"。

"损害行为的责任"的称法,突出了这种责任承担的前提,即只有当行为国的行为对他国已经造成了实际损害,它才承担有关责任。但"损害行为的责任"的称法也不严密,不能将之与"国际不法行为的责任"区分开来。因为国际不法行为在本质上也会给他国造成一定的损害,尽管有时这种损害表现为一种"潜在的损害"。

为谨慎起见,1998年联合国国际法委员会通过的《国际法不加禁止行为的损害性后果所引起的国际责任的条款草案》将这种责任称为"国际法不加禁止行为引起损害性后果的责任"。虽然这个称法比较复杂,但它却是最为恰当的称法。

三、国际损害责任的适用范围

关于国际损害责任的适用范围,在理论上是有争议的,分歧点主要有两个方面:

其一,国际损害责任适用于哪类损害性后果?在国际实践中,损害性后果有"有形后果"与"无形后果"两种。所谓"有形后果",是指跨界活动给他国所造成的实际损害后果,如核动力卫星坠落后对地面国造成的核污染。所谓"无形后果",是指一国实行的某种政策、措施给他国所带来的经济性或社会性的无形损害。例如,一国实行贸易禁运、限制性金融政策、限制性关税给他国所带来的出口受阻、就业岗位减少、国民经济收入减低等影响。有的学者认为,国际损害责任仅适用于"有形后果";有的学者则认为,国际损害责任既适用于"有形后果",也适用于"无形后果"。

其二,国际损害责任是仅适用于国家本身从事的行为或活动,还是可以适用于国家管辖或控制范围内所从事的一切活动(包括个人和法人实体从事的行为和活动)?对此,联合国国际法委员会的看法是:原则上,国际损害责任适用于一国管辖或控制范围内从事的一切跨界损害性活动。按此解释,国际损害责任只能针对产生"有形后果"的损害性活动,但可以广泛涉及当事国管辖或控制范围内所从事的一切损害性活动。

第六节 中国关于国际法律责任的理论与实践

一、中国关于国际法律责任的理论

我国学者对国际法律责任的理论研究有一个逐步发展、深入和完善的过程。从总体上看,可以分为两个时期。

20世纪80年代中期以前,我国大多数国际法学者一般偏重于研究比较狭义的国际法律责任。首先,不少学者编著的著作或教科书都直接称"国家责任",有的也称"国际法上的国家责任"或"国际责任",其内容也仅限于讨论国家犯有国际不法行为时对他国的法律责任问题。未见有学者探讨国际组织和正在争取独立的民族的责任问题。其次,研究的侧重点是国家的过失责任,即传统意义上的国家责任,鲜见有学者研究当今比较热门的领域——国际损害责任。再次,大多数学者对国家责任形式的讨论局限于限制国家主权、赔偿、恢复原状和赔礼道歉。虽有学者论及国家的刑事责任问题,由于对此问题之性质存有很大的争议,所以很少有学者直接将国家的刑事责任列入国家责任形式之中,往往只是谨慎地在国家责任之外予以讨论。最后,大多数学者习惯于在国际法主体一章内讨论国家责任问题,而不像现在一些学者单独设一章予以专门探讨。

80年代中期以后,我国的一批学者开始从更广泛的角度探讨国际法律责任问题,给国际法学界带来了一股清新之风。1988年,一位国际法博士撰写的《合法活动造成域外损害的国际责任》一文率先研究了国际法不加禁止行为所引起的国际法律责任问题,在国际法学界产生了一定的影响。之后,有一批学者纷纷加入了"严格责任""危险责任"或"新国家责任"等问题的探讨行列。一些作者更是在他们的著作中设专题予以讨论。当然,对于这一问题,国际法学界仍有不同看法,但不管怎样,对于国际法不加禁止行为的责任问题的探讨拓宽了对国际法律责任的认识,其意义是积极的。90年代以后,一些新版的国际法著作或教科书开始了对国际组织和准国家实体责任问题的分析。尽管有人认为,国际组织和准国家实体承担法律责任的情形比较鲜见,但它们作为国际法主体追究其他实体责任的能力和事实是不容否认的,所以完全有必要予以讨论。只是至今尚未出台关于这两类实体责任的国际法规则,论述起来有一定的难度。另外,一些新版的国际法著作已开始将国家的刑事责任作为国际法律责任的形式之一。还有些学者则用专章来探讨国际法律责任问题,使之内容更加丰富。其实,严格地讲,法律在结构上应当是两个部分,即行为规则与责任规则,对于法律的研究应该对这两者同样予以重视。过去的国际法书籍将国际法律责任压缩在很小的一节中讨论,似有偏轻之嫌。从总体上看,80年代后,对国际法律责任的研究更趋广泛、合理,也更符合现实国际社会的需要。

我国学者对国际法律责任的研究还有两个与西方学者完全不同的特点:其一,我国学者一般都支持或赞同广大发展中国家的观点,特别强调侵犯国家主权、发动侵略战争、坚持殖民统治、实行种族主义的国际法律责任。其二,我国学者一般不认为国家对本国国民应承担什么国际法律责任。在理论上,国民处于国家主权控制之下,国家如何对待其国民是一国的内政,根本无法在国际法范围内予以讨论。即使在人权的范畴内,国家对其国民应承担什么样的责任依然是有待进一步确定的问题,目前尚不宜称国家对其国民负有国际法律责任。

二、中国在国际法律责任方面的实践

中国是世界文明古国之一,有着悠久的历史。中国曾在隋唐朝有过极为强盛辉煌的时期,但由于长达两千多年的封建社会历史凝滞了其发展的步伐,最终致使她逐步在政治经济上落后于欧洲国家,被西方国家排斥在"文明国度"之外。加上中国特有的、较封闭的地理因素,又限制了中国与国际社会的政治经济交往,致使中国与西方国家以及它们的国际法根本无法融合,所以,也谈不上如何利用国际法与他国交涉或追究他国责任的问题。鸦片战争爆发后,帝国主义的炮舰打开了中国的大门,把中国纳入国际社会的范畴(即纳入资本主义统一市场的范畴),西方传教士将国际法输入中国。但是,当时的中国已蜕变为半殖民地国家,西方列强将种种不平等条约强加给中华民族,他们想要让中国皇帝和官僚知道的只是"条约必须遵守"的义务,中国只是列强要追究法律责任的对象,而根本无权对外追究什么责任。在民国初期和国民党统治时期,中国同样没有国际法律责任方面的实践。

新中国建立以后,中国才真正成为国际社会独立平等的成员之一,才有了在国际社会主张、维护自身权利的能力和地位。所以,中国真正拥有国际法律责任能力,应当是从新中国建立后开始的。在中国,曾出现过一系列侵害中国主权和权益的国际实践,新中国政府都坚持据理力争,并以一定形式要求追究有关国家的法律责任。比较典型的有下列几例:

1949年,英国政府指示香港当局非法扣押我中央航空公司和中国航空公司留在香港的资产。同年的12月3日,中国政府总理周恩来向英国政府提出严正声明,指出:中央航空公司和中国航空公司为我中华人民共和国中央人民政府所有,受中央人民政府民航局直接管辖。我中央人民政府的此项神圣的产权,应受到香港政府的尊重。如有两航公司留港资财被非法侵犯、移动或损坏等情势,则香港政府必须负完全责任,并将引起相应的后果。①

1950年8月,美国侵朝飞机侵入中国领空,肆意扫射,杀伤我人民,击毁我车辆。中国政府总理周恩来立即致电美国国务卿艾奇逊,抗议美国的侵略行径,并要求美方负责赔偿中国方面所受的一切损失,同时保留继续提出要求的一切权利。

1950年,日本长崎发生了右翼分子侮辱中国国旗事件。中国外交部长立即向日本政府提出抗议,要求对方对由此产生的一切后果负完全的责任。

1956年,南越当局强迫华侨改变国籍,中国政府当即提出抗议,要求对方对此负责。

1973年,在韩国当局的怂恿下,一艘由美国海湾石油公司租用的巴拿马海底石油钻探船"格洛马四号"和几艘辅助船到黄海和东海海域进行一系列钻探活动。中国外交部在同年的3月15日发表一项严正声明:在中国与邻国就黄海和东海海域的管辖

---

① 参见《中华人民共和国对外关系文件集》(1949—1950)第1集,第88页。

范围划分问题尚未明确的情况下,韩国单方面引进外国石油公司在这些地区进行钻探活动,对于这种做法可能引起的后果,中国政府保留一切权利。①

长期以来,中国与日本就如何划分东海大陆架问题一直存有分歧。1974年1月30日,日本政府和韩国政府避开中国签订了所谓《共同开发大陆架协定》,该协定确定的"共同开发区"范围深入东海大陆架中部中日存有争议的区域。同年2月4日,中国外交部发言人郑重声明:日本政府和韩国政府背着中国在东海大陆架划定所谓的日韩共同开发区,这是侵犯中国主权的行为,中国政府决不能同意。如果日本政府和韩国政府在这一区域擅自进行开发活动,必须对由此引起的一切后果承担全部责任。②

另外,在中英之间就英国政府指使破坏"克什米尔公主号"飞机一案、中美之间就原国民党政府驻美大使馆馆舍归属的纷争、中日之间就"光华寮"学生宿舍归属的纷争等一些涉及中国权益的事件中,中国政府都毫无例外地与有关国家进行严正交涉,要求对方承担责任。这都反映了新中国政府坚决捍卫国家主权和民族利益的鲜明立场和不屈不挠的精神。

三、中国在国际法律责任方面的原则立场

从中国的外交实践看,中国对国际法律责任的基本态度可以归纳为下列几点:

第一,中国政府一贯主张维护国家和国际法的尊严,历来重视国际法律责任问题。对于违反了国际法或国际义务,对中国国家主权或其他权益犯有侵害行为的国家,不论大国还是小国、强国还是弱国,都要按其性质,以不同的方式追究它们的法律责任。

第二,中国政府从维护国际法尊严出发,不仅在涉及中国权益的事件中,主张追究侵害国的责任,而且在涉及任何第三国权益的案件中,也都站在正义的立场上,主张追究侵害国的法律责任。例如,对苏联入侵阿富汗事件、对伊拉克入侵科威特事件、对伊朗政府鼓动学生扣押美国使馆人质事件、对美国入侵巴拿马和尼加拉瓜事件、对北约轰炸南联盟事件等,中国政府都支持国际社会对侵害者的声讨和制裁。

第三,中国政府一贯严于律己,自觉遵守国际法,对自己因某种特殊原因或偶然的失误而作出的国际不法行为,从不回避责任,而是积极主动承担责任,予以妥善处理。例如,1954年,中国的巡逻军机在海南上空因误会而击落一架英国运输机,中国政府对此立即与英国政府交涉,予以赔偿。在"文革"动乱中,中国政府曾就发生火烧英国驻华代办处事件主动承担相关责任。

第四,中国政府对历史上遗留的他国对中国所负有的法律责任,曾经从睦邻友好关系的全局出发放弃追究其责任,但这决不意味着中国政府无视对方的法律责任,因

---

① 参见赵理海:《当代国际法问题》,中国法制出版社1993年版,第119页。
② 同上书,第120页。

而对方任何推卸或否认历史责任的行径必然遭到中国政府的抗议和反对。例如，1972年，中日政府在实现邦交正常化时签订了《中日联合声明》。按此声明，日本方面痛感日本国过去由于战争给中国人民造成的重大损害的责任，表示深刻的反省，而中国方面则放弃对日本国的战争赔偿要求。① 在这里，中国政府放弃索赔权是以确认日本国对中国的侵略责任为前提的，而不是对其责任的否认。日本文部省在修改教科书的过程中，歪曲历史事实，掩盖日军在侵华期间所犯的种种罪行，极力推卸日本的侵略责任，这种行为是对《中日联合声明》原意的曲解，当然要遭到中国政府和人民的强烈反对。

第五，中国政府支持广大发展中国家的立场，将国际法律责任的范围从原先对侵害外国人的责任扩大到对侵犯国家主权、发动侵略战争、坚持殖民统治、实行种族主义等行为所负的责任，而且认为，后者是一种更严重的国际法律责任。这可以从中国政府一贯支持南非人民反对种族隔离、种族歧视，一贯支持弱小国家反对帝国主义侵略势力的行动中得出结论。

【本章小结】 国际法律责任是国际法主体因其国际不法行为或损害行为所引起的法律责任。国际法律责任可以分为不法行为的责任和损害行为的责任两种。国际不法行为由两项因素构成：主观要素，即分析哪些实体的行为在何种情况下可以归因于国家而由国家负责；客观要素，即看国家行为是否违背了其所承担的国际义务。国际损害责任与不法行为不同，其特点是国际法主体从事了某些国际法不加禁止的行为或活动而给他国带来了损害性后果。国际法律责任可以因同意、对抗措施、不可抗力、危难、危急情况等因素而免除。国际法律责任的承担方式主要有：继续履行、停止侵害及保证不重犯、赔偿、限制主权。在现代，还出现了一种新的责任承担方式，即追究侵害国的刑事责任，这种刑事责任在本质上是以个人承担方式表现出来的国家责任。

思考题

1. 什么是国际法律责任？国际法律责任有何特点？
2. 什么是国际不法行为的责任？国际不法行为有哪些构成因素？
3. 什么是国际损害责任？国际损害责任有何特点？
4. 国际法律责任有哪些免除因素？
5. 承担国际法律责任的方式有几种？

---

① 参见赵理海：《当代国际法问题》，中国法制出版社1993年版，第115页。

第六章
领 土 法

领土是构成国家的物质基础。一个国家必须拥有领土,否则它就不可能成为一个国家。历史上逐水草而居的游牧部落虽有人民和政权机构,但由于没有领土,因此不是国家。国家领土包括国家主权管辖下的领陆、领水、领陆和领水之下的底土以及领陆和领水之上的领空。领土是国家行使权力的基本空间范围。国家主权在本质上是"属地的",国家在其领土内可以充分、独立而无阻碍地行使其权力。领土主权包括所有权和统治权两个方面。虽然国际法在某一时间或某一场合限制国家领土主权的行使,如共管、租借、势力范围、国际地役等,但国家领土主权的排他性是公认的,其他国家一般不得在一国领土内行使主权。内水是国家领土的组成部分,具体包括河流、运河与湖泊。传统国际法把国家领土变更的方式分为五种,即先占、时效、添附、割让和征服。现代国际法所允许的领土变更方式主要有全民投票、民族自决、交换领土和收复失地。国家之间在处理彼此领土范围的关系上演化出边界和边境制度。南极和北极在领土法上具有特殊地位,前者主要由南极条约体系支配,后者的法律地位尚未确定。中国与周边国家在领土边界上存在一定争议。中国一贯主张通过和平谈判的方式解决有关争端,但在涉及国家根本利益的情况下也绝不退让。

第一节　国家领土概述

一、国家领土的概念和意义

在国际法上,领土,即国家领土,主要是指国家所领有的土地,即在国家主权支配下的地球的确定部分。但国际实践的发展表明,一些不属于国家所领有或由整个国际社会所共有的土地也具有国际法上领土的含义,典型的如南极地区。①

对于领土的概念,我们应当重点把握以下几方面的内容:

---

① 参见王铁崖主编:《国际法》,法律出版社1995年版,第166页。

首先,领土是国家的构成要素之一。国家的领土可能很大,也可能很小,但不可能没有确定的领土。即使是像圣马力诺共和国和列支敦士登公国这样的袖珍国家,也都具有一定的领土。世界上任何国家都有自己确定的领土范围。没有领土的国家在国际法上是得不到承认的。

其次,国际法上的领土不是一个一般的地理概念,而是一个复杂的法律概念。这个概念不单单限于"土"。领土除了陆地和底土外,还包括领水和领空,即在外延上穷尽了其各个组成部分。因此,不能从字面上去理解"领土"这两个字的国际法含义,否则就是错误的和片面的。

最后,领土是处于国家主权之下,受国家主权的管辖和控制的。国家在确定的领土范围内行使主权,包括对领土范围内的一切人、物、事行使管辖权和对领土内的资源享有永久的所有权。这就是国家的领土主权。由此可见,领土和主权是两个相互联系、紧密结合的概念。领土决定了主权的行使范围,而主权必须以领土为基础和依托。

领土对于一个国家来说至关重要,具有不可替代的重要性。领土对国家的重要性可以有社会和政治两个方面的意义。就其社会意义来说,领土是国家的物质基础。就其政治意义来说,领土是国家权力自由活动的天地。这就意味着国家在自己的领土内可以充分独立而无阻碍地行使其权力,排除一切外来的竞争和干涉。[①] 因此,领土是任何国家的"立国之本"。正因为领土对国家的极端重要性,在中国、印度和缅甸共同提出和倡导的和平共处五项原则中将"互相尊重主权和领土完整"作为首要原则加以规定。

二、国家领土的构成

国家领土包括国家主权管辖下的领陆、领水、领陆和领水之下的底土以及领陆和领水之上的领空。

1. 领陆

领陆(Land Territory),国家领土的陆地部分,是指国家疆界以内的陆地,包括大陆(含飞地)和岛屿。领陆在国家领土的组成部分中是最基本的。领水和领空是陆地领土的附属部分,不能独立于陆地领土之外,世界上没有无领陆的国家。领陆因调整边界、买卖、交换或其他原因而发生变更,附属于领陆的领水、领空及底土也随之变更。[②]

2. 领水

领水(Territory Waters),是指在国家主权支配和管辖下,位于陆地疆界以内或与

[①] 参见周鲠生:《国际法》(上册),商务印书馆1981年版,第325页。
[②] 参见梁西主编:《国际法》,武汉大学出版社2000年版,第153页。

其陆地疆界连接的一定宽度的水域。它包括国家的内水和领海两部分。内水从广义上可以包括一国境内的河流、湖泊、运河、港口、内海湾、内海峡以及领海基线以内的海域。内水在法律上与领陆相同，完全受一国领土主权的支配，一般不允许外国船舶通过。领海是一国海岸或内水向外扩展到一定宽度，受国家主权支配和管辖的海水带。

3. 领空

领空（Air Space），是指一国领陆和领水之上处于国家主权管辖之下的一定高度的空间。它具体是指领陆和领水上的空气空间。领空是一国领土不可分割的一个部分。自从出现外层空间的概念后，地球表面的上空就分为空气空间和外层空间两个领域。国家的主权只能及于它所能控制的空气空间，故称为"领空"。[①] 在国际法上，国家对于领空具有完全的国家主权。

4. 底土

底土（The Subsoil Beneath State Territory），即领陆和领水的地下土层。至于地下层的深度，目前尚无定论。从理论上讲，其范围可直达地心。大部分学者主张，以现代科学技术能达到的深度为准。[②] 同领陆一样，底土在国际法上受主权的完全控制。

对于正确理解国家领土的构成，这里应当指出以下几点内容：

首先，国家必须具备领陆、领空和底土，但是不一定必须具备领水（内水和领海）。这是因为国家有沿海国和内陆国之分，内陆国为其他国家领土所包围，没有领海，如蒙古、尼泊尔、赞比亚等国。

其次，国家领土在地理上不一定是连成一体的。有的国家在不同地域都存在彼此不相连的领土。例如，美国的夏威夷和阿拉斯加分别位于太平洋中部和北极附近，与美国位于北美中部的大陆部分相隔甚远。此外，有时还存在着"飞地"（Enclave）的情况，即该领土处于他国领土包围之中，如西班牙位于法国境内的利维亚，德国位于瑞士境内的比辛根。但无论国家领土在地理上如何分布，从法律上看，国家领土仍是完整统一的。

最后，部分学者所谓的"虚拟领土"并不是真正意义上的领土。有一种观点认为，国家领土还有虚拟的部分。这个部分是在一些方面或为某些目的而被视为国家的领土。例如，在公海上以及在外国领水内的军舰和其他公有船舶，被视为国家的浮动领土；又如用作使馆馆舍的房屋在许多方面被认为是使节本国的领土。但是，这只是虚拟的说法，而不是真正的领土。[③] 此外，互联网上的虚拟空间也不属于国家领土，国家对互联网行使管辖权的依据要么是属人原则或者保护原则，要么是对位于本国现实领土范围内的网络服务器行使属地管辖权。

[①] 参见端木正主编：《国际法》（第二版），北京大学出版社1997年版，第149页。
[②] 参见梁西主编：《国际法》，武汉大学出版社2000年版，第154页。
[③] 参见王铁崖主编：《国际法》，法律出版社1995年版，第167页。

三、国家领土主权及其限制

(一) 国家领土主权的概念和意义

国家对领土享有主权,即国家在其领土范围内享有最高的、排他的权力。它是国家主权的主要内容和表现之一。国家的领土主权包括所有权和统治权两个方面。

国家对领土享有所有权。这是指国家对其领土范围内的一切土地和资源享有占有、使用和处分的永久权利。这具体表现在国家对领土可以实际占有,对领土范围内的一切自然资源,包括土地、森林、矿物、水资源等可以进行勘测和开发,也可以建立军队,设立国防,排除他国对本国领土的非法占领及其他妨害。此外,国家还可以自由处分其领土。国家可以在平等的基础上将领土让与他国或者将领土的一部分同他国领土进行交换。所有权意味着在这个范围内的一切土地和资源均属于这个国家占有、使用和支配,而不受外来侵犯。国家对领土享有统治权。这是指国家对其领土及其领土内的一切人和事物拥有的管辖权。这种管辖权不仅及于本国人,而且及于本国境内除享有外交特权与豁免权者外的外国人。

统治权和所有权是不可分割的,否则便会出现侵害他国领土主权的非法情形,诸如附庸国、被保护国等。有些西方学者主张应当将统治权和所有权分开,认为领土只是在统治权之下,而不是在所有权之下,国家对于领土只是统治者,而不是所有者。① 这种主张是没有国际法依据的。国家对自己的领土只有治权而没有主权显然是非常可笑和荒谬的说法。

根据以上关于国家领土主权概念的叙述,我们可以总结出领土主权包含三方面的意义:(1) 领土不可侵犯。领土是国家行使主权的空间和范围,任何国家不得侵犯他国的领土,这是现代国家的基本原则之一。《联合国宪章》第2条第4项规定:"各会员国在其国际关系上不得使用威胁或武力,或以与联合国宗旨不符之任何其他方法,侵害任何会员国或国家的领土完整或政治独立。"联合国大会于1970年通过的《国际法原则宣言》进一步把这项原则阐述为不得侵犯他国国界,不得组织武装力量侵入他国领土。国家领土不应成为违反国际法实行军事占领的对象。使用武力或武力威胁取得领土一概不得承认为合法。因此,任何侵犯他国领土的行为都是违反国际法的行为。(2) 国家在领土范围内享有属地管辖权。国家对于在其领土范围内的一切人、物或事件均享有管辖权。任何外国自然人和法人都必须受所在国的法律管辖,但国家在行使属地管辖权时,不应侵犯外国人本国的属人管辖权。发生在一国的事件应当由发生地国的主管机关处理。侵犯他国的属地管辖权也就是侵犯他国的领土主权。(3) 国家对领土内的自然资源享有永久权利。国家对在国家领土内的自然资源享有排他性的主权,非经该国同意,任何其他国家或者任何个人都不得加以侵犯。联合国大会在1974年5月1日通过的《建立新的国际经济秩序宣言》《建立新的

---

① 参见周鲠生:《国际法》(上册),商务印书馆1981年版,第320页。

国际经济秩序的行动纲领》和在同年12月12日通过的《各国经济权利义务宪章》均特别强调国家对其自然资源的永久权利。根据这个权利,国家有权对外国投资者加以管理,监督跨国公司的活动,有权把外国资产收归国有、征用或转移其所有权,但是应当予以适当的补偿。国家对自然资源的永久权利是建立新的国际经济秩序的重要原则。① 上述三点中,领土不可侵犯,即领土完整,是国家领土主权的根本表现。

(二) 对国家领土主权的限制

国家对领土享有主权,但它不是一项绝对的权利,并不排除国际法或国际条约对领土主权加以限制。对国家领土主权的限制,是指依据国际习惯和国际条约,国家主权的行使在某些方面受到限制,以至于不能完全行使的情况。一般认为,对领土主权的限制分为一般限制和特殊限制。

1. 一般限制

所谓一般限制,是指国际法对国家领土主权规定的、适用于一切国家的一般性限制。这类限制是国家旨在促进各国建立友好平等关系和巩固相互和平合作而自愿承担的,如关于外国商船享有无害通过领海的权利、外交代表在接受国享有外交特权与豁免、一国领土不能被用于颠覆邻国政府或实施其他犯罪活动的基地等。

2. 特殊限制

所谓特殊限制,是指依据条约在其特定范围内或特定方面对缔约国领土主权的限制。特殊限制又分为自愿限制和非自愿限制。前者如根据条约一国允许另一国公民在其领海内捕鱼,又如某国根据条约实行领土中立化,自愿承担不介入战事的义务。这类特殊限制为当代国际法所认可。而后者表现于传统国际法中,多为不平等条约所致,因而已为当代国际法所否定。在长期的历史实践中,对国家主权的特殊限制主要表现为以下几种情况:

(1) 共管

所谓共管(Condomina),是指由两个或两个以上国家对某块土地共同行使主权。例如,1898年英国和埃及根据两国协定对苏丹进行共管;1914年英国和德国共管太平洋上的新赫布里底群岛;1939年英美共管坎顿岛和恩德贝里岛。② 应当指出的是,国内立法和管辖权不会自动延伸到特殊的共管制度下的领土。一国在没有其他国家同意的情况下,不能转让该领土。③ 在国际实践中,共管主要适用于领陆,但也存在适用于河流和海湾的情况。

(2) 租借

所谓租借(Leases),是指一国根据条约从另一国租赁部分领土,并在规定的期限内用于条约所规定的目的行使管辖权的法律关系。租借有自愿租借和非自愿租借之

---

① 参见端木正主编:《国际法》(第二版),北京大学出版社1997年版,第159页。
② 同上书,第159—160页。
③ 参见〔英〕伊恩·布朗利:《国际公法原理》,曾令良、余敏友等译,法律出版社2003年版,第127—128页。

分。租借只有依据缔约双方自愿和平等原则才是合法的。历史上发生的租借,大多是根据不平等条约对一国领土主权所加的非法限制。租借最早的例子有1768年热那亚共和国将科西嘉岛租借给法国。19世纪末中国清朝政府曾经在帝国主义列强的武力威胁下通过一系列不平等条约,将胶州湾租借给德国,旅顺和大连租借给俄国,广州租借给法国,香港新界租借给英国。租借一般都是有期限的。依据国际惯例,租期常常为10年、25年、50年、70年和99年。

(3) 势力范围

所谓势力范围(Sphere of Influence),是指帝国主义列强凭借军事、政治、经济力量,控制殖民地或半殖民地国家的全部领土或部分领土,宣称它享有独占的权利,不许其他国家染指。势力范围最早见于欧洲列强瓜分非洲的1885年柏林会议。19世纪末,帝国主义列强开始在中国领土上划分势力范围。它们甚至背着中国私自订立协定,如英国和德国在1898年签订《伦敦协定》,擅自划出各自在中国的势力范围;1899年,英国和俄国又签订了类似协定,加之后来的一系列不平等条约,形成了近代帝国主义列强在华的势力范围。

(4) 国际地役

所谓国际地役(International Servitude),是指一个国家根据国际条约对其领土主权所设置的一种特殊限制。据此,该国的有关领土在一定范围内应为另一个国家的某种目的或利益服务。例如,根据国际条约,一个国家应允许邻国军队通过其领土或为邻国的利益不在边界附近的某一城镇设防。①

国际地役可以分为积极的和消极的两种。积极地役是国家依条约允许他国在其领土内从事某项行为而设立的地役。消极地役是国家依条约为他国利益不在其领土内从事特定行为而设立的地役。由此可见,积极地役的要素是"容忍",而消极地役的要素是"不作为"。

应当指出的是,国际地役产生的一个必要条件是该国自愿提供役地。同时,国际地役的主体只能是国家。国家给予外国自然人或法人的类似权利不构成国际地役。现代国际法理论对国际地役的解释始终存在着分歧。在实践中也是如此,如1923年常设国际法院在"温勃勒顿号案"中就没有接受基尔运河的通航构成国际地役的观点。

第二节 内水及其法律制度

内水(Internal Waters)是国家领水的构成部分,它是指国家领陆以内以及领海基线向陆一面的全部水域。

---

① 参见王铁崖主编:《国际法》,法律出版社1995年版,第175页。

国家的内水分为两大部分：第一部分是陆地内水，指国家领陆以内的全部水域，包括河流、运河、湖泊等；第二部分是海洋内水，指国家的领海基线向陆一面的全部水域，包括内海湾、历史性海湾、内海峡等。内水和国家陆地一样，处于国家主权管辖之下。外国船舶未经许可一般不得进入，国家有权对其内水加以利用和控制。本章仅介绍第一部分的水域，第二部分的内容将在"国际海洋法"中介绍。

一、内河和其他河流

国际法的理论和实践表明河流是沿岸国领土的一部分。根据河流所处的位置和流经的国家，它们可以分为内河、界河、多国河流和国际河流。

1. 内河

内河（Internal Rivers），是指一条从河源到河口全部位于一国境内的河流，如我国的长江、黄河和珠江等。内河完全在所在国管辖下，除非所在国同意或者国际条约另有规定外，外国船舶无权进入和航行。[①] 在我国，根据1983年4月20日《外国籍船舶航行长江水域管理规定》，外国船舶经过我国港务部门监督批准后，可以进入长江水域及其港口，但必须遵守我国一切有关的法律制度。

2. 界河

界河（Boundary Rivers），又称国界河流，是指流经两国之间、作为两国分界的河流，如鸭绿江、图们江是我国同朝鲜两国的界河。界河分属于两岸国家，沿岸国船舶可以在界河河道上航行，不受国界线的限制。界河的划定、利用、捕鱼及河道管理和维护等，由有关国家协商、签约作出规定。界河不论是否通向公海，一般不对非沿岸国开放。

3. 多国河流

多国河流（Non-national Rivers），即通过数国领土但不对非沿岸国开放的河流，如我国的澜沧江，流入老挝为湄公河；又如非洲的尼罗河流经坦桑尼亚、布隆迪、卢旺达、乌干达、苏丹、埃及六国。多国河流的各沿岸国，对流经其领土的一段水域享有主权，但在行使此项权利时，须顾及其他沿岸国的利益，不得滥用。沿岸国可禁止非沿岸国船舶在其水域航行，但根据平等互惠原则，沿岸国对同一河流的其他沿岸国的船舶应允许无害通过。

4. 国际河流

国际河流（International Rivers），即流经多国，有出海口，其法律地位由国家间协议决定的河流。属于这类河流的有多瑙河、莱茵河、尼日尔河、刚果河、圣劳伦斯河、亚马逊河等。

国际河流与多国河流的区别在于：第一，船舶能够直接通航至海洋；第二，具有专

[①] 参见端木正主编：《国际法》（第二版），北京大学出版社1997年版，第150页。

门的国际条约确立平时的航行自由。① 河流的国际化始于19世纪初,并相继通过了一系列的重要公约对国际河流的自由航行制度加以规定,如1815年《维也纳公会条约》、1856年《巴黎和约》、1921年《国际性可航水道制度公约》等。规定国际化河流法律地位的条约一般有如下共同规则:(1)流经各沿岸国的部分仍属各该国主权所有,但对一切国家的商船开放;(2)各国的国民、财产及其船舶享有平等待遇;(3)沿岸国对于通过其领土的那段河流行使管辖权,特别体现于警察、卫生、关税等事项;沿岸国负责管理和维护在其管辖下的河流部分,并得为维持和改善河道航运条件征收公平的捐税;(4)沿岸国保有"沿岸航运权",外国商船不得从事同一沿岸国各口岸间的航运业务;(5)非沿岸国的军舰不享有自由航行权;(6)由特别设立的国际委员会制定必要的、统一的管理规章,保障河流的航行自由。

二、内运河和通洋运河

运河(Canal),是一国领土内由人工开凿的水道,如我国的京杭大运河。一般运河的法律地位与自然内河相同,完全隶属于所属国管辖权之下。而在国际法上具有意义的是通洋运河(Inter-oceanic Canal),也就是沟通公海作为国际交通要道的运河。② 目前,国际上现存的通洋运河主要有苏伊士运河、巴拿马运河和基尔运河。

1. 苏伊士运河

苏伊士运河(Suez Canal)位于埃及境内,扼欧、亚、非三洲交通要道,沟通红海与地中海,使大西洋、地中海与印度洋联结起来,大大缩短了东西方航程,是一条在国际航运中具有重要战略意义的水道。苏伊士运河全长175公里,河面平均宽度为135米,平均深度为13米。苏伊士运河在1869年凿通后,先由法国后由英国控制。

1888年,英、法、德、土耳其(当时埃及属于土耳其)等九国签订了《关于苏伊士运河自由航行公约》(又称《君士坦丁堡公约》),规定运河实行中立化,无论平时或战时均对一切国家的商船和军舰开放。1956年,埃及政府宣布对苏伊士运河公司实行国有化。随后,埃及政府发表宣言,声明尊重1888年《君士坦丁堡公约》规定的运河自由航行的原则,保证一切国家的船舶自由航行,并设立运河管理局作为专门管理机构。运河自此成为埃及内水,由埃及对其行使完全的、排他的管辖权。

2. 巴拿马运河

巴拿马运河(Panama Canal)位于巴拿马境内,是横贯巴拿马海峡、连接太平洋和大西洋的重要国际水道,具有显要的经济价值和战略地位。运河的开通使美洲东西海岸航程缩短了7000至8000海里,亚洲到欧洲之间的航程缩短4000至5000海里。开通后的巴拿马运河极大地促进了世界海运业的发展。目前,巴拿马运河每年承担全世界5%的贸易货运。因此,巴拿马运河素有"世界桥梁"的美誉。

---

① 参见王铁崖主编:《国际法》,法律出版社1995年版,第232页。
② 参见慕亚平:《国际法原理》,人民法院出版社2005年版,第238页。

1903年11月3日巴拿马宣布独立,美国3天后即予承认。当年11月18日,巴美缔结《关于开凿通洋运河的条约》。作为美国保障巴拿马独立的条件,巴拿马将建造运河所需的地带及运河两岸各5英里宽的土地让给美国永久占有、使用和控制,以便修筑、管理和保护运河。1977年9月,美巴缔结了新的运河条约。该条约规定,自条约生效之日起至1999年12月31日止,由巴拿马逐步对运河区实行管辖;运河区的司法、移民海关、邮政等事项交由巴拿马管理;在区内升巴拿马国旗;巴拿马授予美国在条约生效期间经营管理、维修、保护运河与航行的必要权利;防务由巴拿马参与、美国负主要责任。新条约期满后,巴拿马自2000年开始完全控制运河及运河区。

3. 基尔运河

基尔运河(Kiel Canal)是连接波罗的海和北海、全部流经德国的水道,属于其内水。它开凿于1887年至1895年。1907年到1914年加以扩建,是闻名世界的第三大通航运河。基尔运河是波罗的海通往大西洋最短的通道,它使波罗的海和北海之间的航程,比绕行丹麦缩短了685公里。基尔运河的通航具有重大的军事、战略与经济价值。正因如此,在20世纪发生的两次世界大战期间,基尔运河都是战争双方拼死争夺的战略要点。

根据1919年6月28日签订的《凡尔赛和约》,基尔运河成为国际航道,平等地向所有与德国保持和平关系的国家的商船和军舰自由开放。但这一规定被希特勒于1936年废除。第二次世界大战后,这一规定再次生效。便利的通航条件使这条古老的运河直到今天依然是波罗的海至北海航运上的一条极为重要的通道。

三、内湖、界湖及国际湖泊

1. 内湖

内湖是指处在一国境内,由一国完全行使主权的湖泊,包括淡水湖和咸水湖,同河流连成统一的水系。国家对在一国境内的内湖享有绝对的、排他的权利,可以自由使用和管理而不对别国开放,如我国的太湖和青海湖。

2. 界湖

界湖是指分隔两个或两个以上国家的湖泊,如兴凯湖是我国与俄罗斯的界湖。除非国际条约另有规定,沿湖国家一般以湖的中心为界,如法国与瑞士之间的日内瓦湖。北美洲的五大湖则是美国和加拿大通过双边条约来划分两国边界的。

3. 国际湖泊

国际湖泊是指实际上对所有国家开放的湖泊,如美国和加拿大之间的安大略湖。又如黑海(Black Sea)的沿湖国家有土耳其、保加利亚、罗马尼亚、乌克兰、俄罗斯和格鲁吉亚。1856年的《巴黎和约》将黑海中立化,宣布黑海对所有国家的商船开放。1936年的《蒙特勒公约》则进一步规定了黑海的自由航行制度。因此,黑海也是国际湖泊。

第三节 国家领土的变更

领土变更(Territorial Change),是指由于某种法律行为和事件使得领土归属发生变动。国际法上的领土变更方式随着领土观念的变化而变化,变更的合法性标准也在发生转变。传统国际法援引罗马法中关于财产取得、丧失的概念和标准,作为领土变更的合法方式。之后所谓"文明社会"认可殖民扩张、战争结果作为领土变更的合法缘由,兼并和掠夺也被作为法律依据。

传统国际法主张的领土变更方式主要有:先占、时效、添附、割让和征服等。而现代国际法只将符合国家主权平等原则、民族自决原则以及其他国际法基本原则和国际法规则的领土变更视为合法变更。无论是在历史上还是在现代,基于复杂的政治、法律等因素,领土变更的情况时有发生。因此,领土的变更方式一直以来在国际法中占有重要的地位。

一、传统国际法上的领土变更方式

(一) 先占

《奥本海国际法》认为,占领是一个国家的占取行为,通过这种行为该国有意识地取得当时不在其他国家主权之下的土地的主权。[①]因此,先占(Occupation)是指国家有意识地取得无主地(Vacant Land)的领土主权。[②]

传统国际法认为,先占作为一种法律行为,必须具备以下几方面的条件:

1. 先占的主体必须是国家

即先占是一种国家行为,只能以国家名义进行。占领行为应于事先或事后经国家授权或认可。

2. 先占的客体必须是无主地

关于无主地的定义是有争议的。西方学者认为,无主地是指不属于任何国家的或为原属国放弃的土地,包括无人居住的荒岛、荒原、没有形成"文明国家"的土著人居住的土地。如果一块土地曾经一度属于一个国家而后来被放弃,它就成为其他国家占领的客体。[③]然而,一部分学者认为,上述定义中将"没有形成'文明国家'的土著人居住的土地"也归入无主地是在有意扩大无主地的涵盖范围。他们认为,只有在这

---

① 参见〔英〕詹宁斯、瓦茨修订:《奥本海国际法》第一卷第二分册,王铁崖等译,中国大百科全书出版社1998年版,第74页。
② 参见梁西主编:《国际法》,武汉大学出版社2000年版,第160页。
③ 参见〔英〕詹宁斯、瓦茨修订:《奥本海国际法》第一卷第二分册,王铁崖等译,中国大百科全书出版社1998年版,第75页。

块土地上确实没有任何居民的情况下,才是无主地。正如 1975 年国际法院关于西撒哈拉法律地位的咨询意见中所指出的那样:"国家实践表明:住有土著部落或具有一定社会或政治组织的人群的地方就不能认为是无主地。"

3. 先占必须是有效占领

所谓有效占领(Effective Occupation),是指国家不仅有占领的意思,而且有占领的行为,如建立行政组织、行使统治权力,而仅有象征性的占领是不够的。《奥本海国际法》就认为:简单的"发现"不产生主权,它只产生"不完全的权利",只起到暂时阻止另一国加以占领的作用。① 国际法院和国际仲裁法院在裁决有关先占引起的争端中,大多是首先根据是否存在连续地、平稳地对某块土地行使国家主权的事实来解决领土归属问题。② 这方面最著名的案例就是 1928 年美国与荷兰"帕尔马斯岛"仲裁案。在该案中,常设国际仲裁法院的瑞士法官麦克斯·胡伯指出:发现只产生一种"不完全的权利",这种权利必须在一个合理的期间内通过对该地区的有效占领来完成。③ 此外值得注意的是,按照常设国际法院对"东格陵兰案"的判决,有效占领除了必须有适当行使或表现主权的行为外,还必须有取得主权的意思。

应当指出,先占的范围必须以实际占领的土地为限,不能主张连带占有。例如,一国通过先占,获得了某一半岛沿海地区的主权,但是不能连带主张对半岛内陆腹地也享有了主权。在当今世界,除了南极洲等国际法进行特殊规定的地区外,几乎已经不存在无主地了。

(二) 时效

国际法上的时效(Prescription),是指一国对他国领土进行长期占有之后,在很长的时间内,他国不对此提出抗议或反对,或曾经有过抗议或反对,但已经停止了这种抗议或反对,从而使该国对他国领土的占有不再受到干扰,占有现状逐渐符合国际秩序的一种领土取得方式,而不论该国最初的占有是否合法或善意。④ 由此可见,根据传统国际法,时效的成立必须符合下列条件:(1) 国家占有他国领土,这与以无主地为占领对象的先占不同;(2) 国家对他国领土的占有没有受到干扰,即他国对这种占有默示承认;(3) 国家对他国领土的占有持续了一定的时期,而这段时期的长度在国际法上并没有明确规定。格劳秀斯主张以一百年为限,而奥本海则主张,关于时效创设所有权所需要的时期长短问题,不能订立一个一般规则,认为应视不同情况而定,一切取决于各个事件的实际情形。

由于非法占有和无确定期限这两个因素,时效的适用一向有争议。1928 年美国与荷兰之间的帕尔马斯岛案虽常被有些学者引证为国际判例承认时效的案例,但仲

---

① 参见〔英〕劳特派特修订:《奥本海国际法》上卷第二分册,商务印书馆 1981 年版,第 77—78 页。
② 参见梁西主编:《国际法》,武汉大学出版社 2000 年版,第 160 页。
③ See Philip C. Jessup, The Palmas Island Arbitration, The American Journal of International Law, Vol. 22, 1928.
④ 参见王铁崖主编:《国际法》,法律出版社 1995 年版,第 172 页。

裁员将该岛判归荷兰时并未认定荷兰是依时效而取得对该岛的主权。① 国际法院在1959年荷兰与比利时边境土地主权案中也显然排斥了时效概念,认为荷兰对应属于比利时所有的边境土地虽然不受干扰地进行了50年以上的有效占领,但仍然不能以时效为根据取得对该地的主权。②

(三) 添附

添附(Accretion),是指由于自然的或人为的因素而形成新土地。它包括两种形式:(1) 自然添附,如河口形成三角洲,领海内出现新岛屿以及海岸产生涨滩,这些都使沿岸国的领土范围扩展;(2) 人为添附,如填海造地而使领海向外延伸,从而增加领土。自然添附历来被视为取得领土的一种合法方式。人为添附只要不侵害相关国家的权利,也被视为合法。

按照习惯规则,由于添附而形成的领土增加,有关国家当然地取得该增加部分的主权而不必采取任何特别的步骤。例如,界河发生变位,如果变位是突然发生的,边界在没有重新决定之前仍然保留在原处,如果变位是逐渐变化的,应当按照一般的河流划界规则处理:通航河流以主航道中心线为界,不通航河流以原河的中心线为界。河流中心线两边所出现的新生岛屿或涨滩,分别属于两边的沿岸国,河口产生的新三角洲当然属于河口沿岸国。③ 1805年的安娜号案就是经常被引用来说明因自然添附而使领土增加的案例。

(四) 割让

割让(Cession),是指一国将其对国家领土的主权移转于另一国。一般来说,任何国家都可以将其领土的一部分割让给另一国,甚至通过全部领土的割让而与另一国合并。但是,在割让中需要注意三个方面:第一,如果一国宪法有关于对领土割让的限制,则该国必须受到这些限制的约束,否则其与别国缔结的割让条约是无效的;第二,割让的基本要素是被割让领土的主权移转;第三,割让是土地的割让,河流或海域如果没有土地伴随是不能割让的。④

割让有强制性和非强制性之分。强制性割让通常是战争的结果,战败国依和约无偿地将其领土转移给战胜国,如1895年日本以《马关条约》强迫中国割让台湾岛。历史上在以战争作为解决国家间争端的方式时,类似割让时有发生。1871年法国在普法战争中失败后,根据《法兰克福和约》将阿尔萨斯和洛林地区割让给普鲁士。强制性割让由于与《联合国宪章》所载的国际法基本原则不符,因此,在现代国际法中已经被认定为非法。非强制性割让是在自愿基础上的买卖、赠与或交换领土,如1867年沙俄以720万美元将阿拉斯加卖给美国;再如1866年,奥地利将威尼斯赠与法国;

---

① 参见中国政法大学国际法教研室编:《国际公法案例评析》,中国政法大学出版社1995年版,第13—14页。
② 同上书,第148页。
③ 参见端木正主编:《国际法》(第二版),北京大学出版社1997年版,第150页。
④ 参见王铁崖主编:《国际法》,法律出版社1995年版,第172页。

1960年,中国与缅甸签订边界条约,中国将中缅边境上的猛卯三角地与缅甸的班洪、班老部落地区进行了领土交换。

(五) 征服

征服(Conquest),亦称兼并,是指一国以武力占有他国部分或全部领土而取得主权。它与强制性割让的唯一区别在于无须缔结条约。如果事后缔结了国际条约,那么征服就成为割让。按照传统国际法,有效的征服必须满足两个条件:(1) 征服国有征服之意并宣告之;(2) 被征服国放弃收复失地或停止反抗。例如,第二次世界大战中,德国虽然吞并了波兰,但是由于波兰政府仍然在继续抵抗,因此德国并没有构成对波兰的征服。

在允许将战争作为推行国家政策的工具或手段的时代,征服被认为是合法的。现代国际法废止战争作为推行国家政策的手段,同时也否定征服是取得国家领土的合法方法。[①] 正如《国际法原则宣言》明确宣布的那样:使用威胁或武力取得之领土不得承认为合法。由此,征服而取得领土在国际法上是无效的。

上述五种领土变更方式多由民法制度转化而来,被传统国际法视为合法。然而,现代国际法奉行国家主权平等原则和不使用武力或武力威胁原则为国际法的基本原则,具有强行法的性质。因此,一切与之相抵触的方式均为非法无效。征服和强制性割让被当然废止。时效也不符合现代国际法,退一步讲,即便合法也不可能有一国领土被他国长期非法占有而不反抗的情况,如英国和阿根廷关于马尔维纳斯群岛的归属纠纷。先占、添附、非强制性割让虽然符合现代国际法,但在当今国际实践中已经很少发生了。因此,这五种方式大多已成为"历史遗迹",其现实意义只在于:当国家之间发生领土争端时,为了查明有关国家领土的来源,这些方式常被引用。在现代国际法理论和实践中,在处理领土归属问题时,对于当事国以历史上按照上述方式取得领土为法律根据的,也承认其效力。

二、现代国际法承认的领土变更方式

现代国际法主张:在承认领土的可变更性的同时,还要坚持领土的变更必须符合国际法的基本原则。在现代国际法承认的领土变更方式中,有的是从传统方式中继承的,有的是新提出的。这些方式主要有:全民投票、民族自决、领土交换和收复失地。

1. 全民投票

全民投票(Plebiscite),又称全民公决,是指某地区居民以全体投票的方式决定所在地区的领土归属。以公民投票变更国家领土始于18世纪末,在现代已经被广泛使用。就领土进行公民投票大多在三种情况下使用:(1) 独立与自治。政治上争取独立或其他政治地位的地区通过全民投票决定领土归属。(2) 归属争议。领土归属不

[①] 参见慕亚平:《国际法原理》,人民法院出版社2005年版,第235页。

明时,由当地居民投票公决决定。(3) 原战败国被占领领土的处理。如第一次世界大战后,根据《凡尔赛和约》处理敌国领土时就采取了全民投票的方式。①

全民投票是尊重居住于该领土上的人民意志的一种变更方式,在现代国际关系上也有不少这方面的实例。但应当指出的是,这种方式有时也被一些国家用来作为欺骗国际舆论的手段。20世纪70年代印度尼西亚在东帝汶炮制的公民投票被联合国大会决议两次否定就是例证。因此,公民投票作为领土变更的方式,其合法性决定于居民的意志是否得到自由表达。

合法有效的公民投票应具备三项条件:(1) 有合法和正当理由;(2) 没有外部干涉、威胁或操纵;(3) 应有国际社会监督投票。

2. 民族自决

民族自决(Self-determination of Peoples)是国际法的一项基本原则,也是现代国际法上主要的领土变更方式之一。一般地,民族自决所决定的领土,即殖民地人民因独立而取得的领土,分为两大类别:第一类是民族独立前所居住的地区,如苏丹等非洲国家在20世纪相继摆脱殖民统治,宣告独立。第二类是"非殖民化"以后的托管领土,如1947年联合国将密克罗尼西亚交给美国托管。1979年密克罗尼西亚宣布独立,并与美国正式签订《自由联系条约》。1990年,联合国安理会召开会议,结束了密克罗尼西亚的托管地位。

3. 领土交换

交换土地(The Exchange of Territory),是指有关国家在平等自愿的基础上协商交换一定的领土或对边界作某些调整,多发生在边境地区。这种正常的变更领土的方式,符合国际法上的国家主权平等原则,因而也是合法的。例如,1960年10月,中国同缅甸签订了边界条约,中国同意将猛卯三角地的220平方公里的土地移交给缅甸,成为它的领土的一部分;而缅甸将班洪、班老两部落地区的189平方公里的土地划归中国,成为中国领土的一部分。

4. 收复失地

收复失地(Reversionary Rights),是指国家为恢复其对某些领土的历史性权利而收回被他国侵占的领土。收复失地一般采取两种方式:一种是和平方式,即通过谈判并签订条约的方式收复失地,如中国通过与英国政府签订《中英联合声明》的方式在1997年7月1日恢复对香港行使国家主权;另一种是武装斗争方式,即通过武装斗争的方式夺回失地,如1961年印度通过武力收复了被葡萄牙长期占领的果阿等领土。又如通过第二次世界大战和中国人民的八年抗战,1945年中国收复被日本所窃取的中国领土——台湾、澎湖列岛。

---

① 参见慕亚平:《国际法原理》,人民法院出版社2005年版,第236页。

第四节 边界和边境制度

一、边界及其划定

(一) 边界的概念

《奥本海国际法》认为,国家领土的边界是地面上想象的界线,分隔着一个国家和另一个国家的领土,或一个国家的领土和未被占取的土地,或一个国家的领土和公海。① 也有学者认为,国家边界的作用在于确定各国之间的范围,它是一条划分一国领土与他国或与国家管辖范围之外区域的界线。② 实际上,领海的外部界线是国家领土的边界,毗连区、专属经济区和大陆架虽然也是国家管辖范围内的区域,但它们与公海或国际海底区域的边界并不是国家领土的边界。因此,国家边界(Boundaries of State Territory)是指分割一国领土与他国领土,一国领土与公海或专属经济区,以及一国领空与外层空间的界线。③ 由此可见,由于国家领土是由各个不同的部分所组成,因而边界可分为陆上边界、水上边界、空中边界和地下边界。

边界对任何一个国家都具有极大的重要性,它表示一个国家行使最高领土管辖权的范围,因而是不可侵犯的。侵犯一个国家的边界,就是侵犯它的领土主权和领土完整,是国际法所禁止的国际不法行为。

(二) 边界的形成与划定

1. 边界的形成

从国际实践看,边界的形成大体基于三种情况:

(1) 历史边界,即在长期历史过程中根据当事国双方历来行使管辖所及的范围而逐渐形成的边界,如中国和印度之间的边界就是历史边界,是通过两国在历史上长期共处而形成的。

(2) 条约边界,即依条约划定的边界。在大多数情况下,依条约划定边界比较确定而且可减少边界争端,因此它是近现代国家划定边界的趋势,如乌克兰和罗马尼亚于 2003 年 5 月通过边界条约形式确定的陆地边界就是条约边界。

(3) 继承边界,即新独立国家继承已确定的边界,如苏联解体后,俄罗斯继承了苏联与芬兰的边界,该边界就是继承边界。

2. 边界线的种类及划界方法

在国际实践中,边界线具体表现为以下三个种类:

---

① 参见〔英〕詹宁斯、瓦茨修订:《奥本海国际法》第一卷第二分册,王铁崖等译,中国大百科全书出版社 1998 年版,第 96 页。
② 参见王铁崖主编:《国际法》,法律出版社 1995 年版,第 243 页。
③ 参见韩德培主编:《现代国际法》,武汉大学出版社 1992 年版,第 180 页。

（1）地形边界（Terrain Boundary），又称自然边界（Natural Boundary），是根据地形特点和自然形成，如山脉、河流、湖泊、峡谷、丘陵的走向和分布划定的边界。

（2）几何边界（Geometrical Boundary），是指通过几何学方法来划分的边界线。常采用的几何学方法诸如"两点成一线"法、弧线法、交圆法、共同切线法等。这种边界线一般适用于海上或地形复杂、不易实地勘察的地区，非洲许多国家的边界线就是几何学边界线。①1881年《中俄改定条约》第8条在中俄边界上便使用了几何边界。

（3）天文边界（Celestial Boundary），是指采用天文定位的方法确定的国家边界，最常见的是以经纬度作为边界线。主要适用于海上或人烟稀少且边界线较长的地区，如美国和加拿大的主要分界线——北纬49°就是典型的天文边界。②

陆地边界通常采用地形边界线，即以相邻两国的山脉、河流、湖泊等作为天然的分界线。地形边界在划界时除因特殊历史条件或另有条约的规定外，一般按下列原则划定：

（1）两国领土以山脉为界。通常采用分水岭原则，但有时山峰、山麓等也可以作为边界线。《奥本海国际法》指出，山脉的结构是复杂的，因而在定界时应该指明，边界线是沿最高峰的线、山脊的线、大陆分水岭线或是当地分水岭线。③那种认为无须进一步的限定，山脉即可提供一条明确的边界基准线的观念是错误的。

（2）两国领土以河流为界。如果界河是可通航河流，一般是以该河流主航道中心线为界；如该河流是不能通航的，则以河流中心线为界。界河也可能因自然原因发生移动。如果界河由于河流的变迁而逐渐向一边河岸移动，原来的边界线应随之改变。如果界河因水流的急剧变化而改道，除另有协议外，原界线维持不变。

（3）以湖泊和内陆海为界时，边界线原则上是在湖泊和内陆海的中心线上。内陆海上的划界还应考虑到海洋法规定的原则和规则。④

3. 划界程序

划界一般包括定界、勘界和标界三个程序。

（1）定界，即签订边界条约，对两国边界线的主要位置和走向作出基本的规定，因此边界条约又称为母约。

（2）勘界，即由两国依据边界条约设立的划界委员会就条约规定的边界线进行实际勘测，具体划定边界的位置和走向，并树立界桩作为标志。

（3）标界，即双方制定专门的划界文件，主要有边界证书、边界议定书、边界地图、记载界桩的议定书，这些文件称为子约，是确定边界线的根据，经双方批准后，边界即正式划定。

应当指出的是，一些边界条约中所附的边界地图，其作用在于：它在解释边界线

---

① 参见周忠海等：《国际法学述评》，法律出版社2001年版，第183页。
② 参见慕亚平：《国际法原理》，人民法院出版社2005年版，第240页。
③ 参见〔英〕詹宁斯、瓦茨修订：《奥本海国际法》第一卷第二分册，王铁崖等译，中国大百科全书出版社1998年版，第63页。
④ 参见周忠海等：《国际法学述评》，法律出版社2001年版，第184页。

时可以作为一种证据。例如,国际法院在1986年"布基纳法索和马里边境争端案"中指出,地图本身并不具有法律效力,但它一旦附在一个正式文本(指边界条约)之后,即取得了法律效力。但是,在边界条约和所附地图存在差异时,原则上应以边界条约的规定为准。① 此外,当界桩或记载界桩的议定书与边界条约的规定不符时,以条约规定为准;当边界地图的画法与议定书所载的界线不符时,以议定书为准;当界桩与议定书或边界地图存在差异时,应当以议定书和地图为准。

二、边境争端的解决

由于边界直接与国家的领土、主权范围、自然资源的利用和开发等有着极为密切的关系,边界于是成为国家关系中一个极其敏感的问题。同时,边界又是一个十分复杂的问题,涉及相邻国家之间的历史、地理、人口、经济发展水平等。因此,在全世界的绝大多数地区都或多或少地存在边界问题,有的甚至导致了武装冲突。边界争端一般都是历史遗留的问题,有的是帝国主义、殖民主义的侵略扩张政策所造成的,如索马里和埃塞俄比亚之间在欧加登地区的一条直线边界,是20世纪50年代英国殖民者撤出东非时划定的,索马里一直不予承认,终于导致了索马里和埃塞俄比亚两国在20世纪60年代大规模的边界冲突。有的是由于具体情况和利益发生变化而造成的,如秘鲁和厄瓜多尔的边界早年虽然有争议,但在其他拉美国家的调解下一直相安无事。由于后来在该边界地区发现了石油和铀矿资源,两国于1995年1月开始发生了边界冲突。②

现代国际法主张和平解决边界争端,其方法包括《联合国宪章》所指的谈判、斡旋、调停、仲裁和司法解决。实践证明边界争端涉及国家的重大利益,当事国直接谈判达成一致是解决争端最为有效的方式。同时,国际法也不排除国家在自愿的基础上通过仲裁和司法手段解决相互间的边界争端,尤其是边界争端涉及边界条约的解释以及对法律事实的判断时,更是如此。但是,不论采用何种方式来解决边界争端,都应坚持国家主权平等原则。在具体处理过程中,既要考虑到国际条约及一般习惯法规则,又要考虑有关边界的历史和现状。

三、边境制度

边界和边境是不同的概念,前者指分界的线,后者则指边界线两边的一定区域,即国家领土的边缘地带。③ 边境制度(Frontier Regime),是指各国对边界线本国一侧特定范围地区的特殊的管理制度。④ 边境制度包括国内法和国际法两个方面的内容。

---

① 参见王铁崖主编:《国际法》,法律出版社1995年版,第177页。
② 同上书,第178页。
③ 参见梁西主编:《国际法》,武汉大学出版社2000年版,第168页。
④ 参见周忠海等:《国际法学述评》,法律出版社2001年版,第184—185页。

国内法方面,如通过国内立法,如海关法、出入境管理法、过境条例等法规,建立边境警卫、边境秩序、进出边境地区和在边境地区居留以及在边境地区从事各项活动的制度,其主要目的是维护本国安全、加强边防和出入境管理;国际法方面,如通过签订条约、协定,建立共同遵守的各项制度,其主要目的在于确保两国边境地区的稳定和友好往来。① 概括地说,国际法层面的边境制度主要包括以下几个方面:

(一) 边界标志的维护

有关边界问题的条约一般规定,双方负有保护边界标志,以免损坏或移动其位置以及各负修理或恢复本国管理的一侧边界上的界桩的责任。如果一方发现边界标志被移动、损坏或毁灭,应迅速通知对方,在双方代表在场的情况下予以修复或重建。例如,1948年的《苏波边界制度协定》便规定维护界标和对毁坏界标者加以惩罚。1961年的《中缅边界协定书》就维护界桩方面作了详细的规定,其第38条规定:"如果一方发现界桩已被移动、损坏或毁灭,应尽量通知另一方,负责维护该界桩的一方这时应当采取必要措施,在另一方在场的情况下,在原地按照原规格予以恢复、修理或重建。"

(二) 边境地区的利用

在边境地区的利用问题上,不得损害邻国的利益是一项普遍接受的原则。例如,在1975年的《乌拉圭河条约》中,阿根廷和乌拉圭同意通过该条约设立的委员会来协调"适当的措施,以防止生态平衡的改变,并控制该河流及其汇水区域的杂质和其他有害元素"。又如,1951年的《中苏关于黑龙江、乌苏里江、额尔古纳河、松阿察河及兴凯湖之国境河流航行及建设协定》第2条规定:"禁止使用大批杀伤和残害鱼类的炸药、毒药或麻醉品,禁止夜间在边界水上捕鱼。"

不得损害邻国的利益原则经常地体现在解决邻国的纠纷上。如"特雷尔冶炼厂案"(Trail Smelter Case)。特雷尔冶炼厂是位于加拿大不列颠哥伦比亚省特雷尔附近的一个铅锌冶炼厂(距离美加边界线十多公里)。从1896年起该厂开始释放大量气态硫化物,严重地污染了边界线美国一侧的生态环境,从而导致美国联邦政府代表其在该毗邻地区上的本国受害公民向加拿大政府提出强烈抗议。经过不断的磋商和谈判,两国在1935年签订了仲裁协议,将该案提交国际仲裁解决。经过1938年的初步裁决和1941年的最终裁决,仲裁庭作出了加拿大应当对美国受害者的损失负责并进行赔偿,同时停止在该国特雷尔地区释放有毒气体的裁决。

(三) 边境居民往来

由于边境居民的生产、生活需要或民族、种族等关系,相邻国家往往订立协定给予边境居民以从事航运、小额贸易、探亲访友、治病、进香朝圣等目的进出边境的特殊便利,不受一般出入边境的正规手续的限制。例如,《中印关于中国西藏地方和印度

---

① 参见慕亚平:《国际法原理》,人民法院出版社2005年版,第241页。

之间的通商和交通协定》第5条规定:"两国边境地区的居民,凡因进行小额贸易或探亲访友而相互过境往来,仍然按照以往习惯前往对方地区,而不限于经过前述第四条所指定的山口和道路,并无需护照、签证或许可证。"

(四) 边境争端的处理

各国之间的边界争端必须按照国际法原则用和平方法加以解决,使用武力和武力威胁都是不可取的。和平的方法包括双方谈判,签订边界条约,或将争端提交仲裁或国际司法程序。相邻国家还可以订立专门的协定,设立边界委员会或其他机构,负责处理较轻微的边境事件或对边境事件进行调查。例如,特雷尔冶炼厂案中,美国和加拿大在将该争端提交国际仲裁之前,最初也是将该争端提交美加边界委员会进行裁决的。如果属于特别严重的边境事件,则可以提交外交、仲裁或司法途径进行解决,如1966年国际仲裁法庭审理的阿根廷与智利边界仲裁案、1986年国际法院作出判决的布基纳法索诉马里的边界争端案等。

第五节 南极和北极

一、南极地区及其法律制度

(一) 南极的地理概况

按照国际上通行的概念,南纬66.5°(南极圈)以南的地区称为南极地区,它是南大洋及其岛屿和南极大陆的总称,总面积约6500万平方公里。南极地区是世界六大洲之一,也是地球上迄今为止唯一尚无固定居民的洲。南极大陆的总面积为1390万平方公里,相当于中国和印巴次大陆面积的总和,居世界各洲第五位。

南极洲是地球上最遥远、最孤独的大陆,它严酷的奇寒和常年不化的冰雪,长期以来拒人类于千里之外。南极素有"寒极"之称。南极大陆95%以上的表层被平均2000米厚度的冰雪覆盖。俄罗斯的"东方站"记录到的南极最低气温为零下88.3℃。南极低温的根本原因在于南极冰盖将80%的太阳辐射反射掉了,致使南极成为热量入不敷出,永久性冰封雪覆的大陆。南极虽然贮藏了全球75%的淡水资源,但因其是以永久固态方式存在的,所以南极又是异常干旱的大陆,素有"白色沙漠"之称。南极年平均降雨量仅为120毫米至150毫米。南极"西风带"是海上航行最危险的地区,在南纬50°至70°之间,自西向东的低压气旋接连不断,有时多达6个到7个,风速可达每小时85公里。而自南极大陆海拔高的极点地区向地势低缓的沿海地区运动的"下降风",风势尤为强烈,其速度最大可达到300公里/小时,有时可连刮数日。

在南极冰层下面蕴藏着极其丰富的自然资源,估计有220多种矿物资源,其中铁矿、石油和天然气储量很大。南极与南美洲最近的距离为965公里,距新西兰2000公里、距澳大利亚2500公里、距南非3800公里,因此战略地位十分重要。

南极于18世纪被人类发现。此后,英国、新西兰、澳大利亚、法国、挪威、智利、阿根廷7个国家的政府先后对南极洲的部分地区正式提出过主权要求,使这块冰封万年的平静大地笼罩上国际纠纷的阴影。另外,日本、比利时、南非、乌拉圭、巴西、秘鲁也曾对南极提出某种权利主张。上述国家主张对南极拥有权利的理由,概括起来大致有这样几个:(1) 先占原则,即把南极视为无主地,可由先到各国加以占有;(2) 相邻原则,以疆域相邻和相近主张南极权利;(3) 扇形原则,即以南极极点为顶点,以经线为腰、纬线为底所形成的扇形范围内的区域,归提出主张的国家所有,称为扇形区理论。

为缓和各国纷争,1955年7月,阿根廷、澳大利亚、比利时、智利、法国、日本、新西兰、挪威、南非、美国、英国和苏联12国代表在巴黎举行第一次南极国际会议,同意协调南极洲的考察计划,暂时搁置各方提出的领土要求。1957年至1958年,上述12国的1000多名科学家奔赴南极,他们从后勤保障、科考资料交换等方面进行了广泛而有成效的合作。

(二) 南极条约体系

1958年2月5日,美国总统艾森豪威尔致函其他11国政府,邀请他们派代表到华盛顿共同商讨南极问题。从1958年6月起,12国代表经过60多轮谈判,于1959年12月1日签署了《南极条约》。该条约于1961年6月23日正式生效。

南极条约体系是指以1959年《南极条约》为核心而发展起来的一个区域性国际法律制度,以南极大陆及其沿海以及其中的人类活动作为规范对象。该体系除了前文提到的《南极条约》外,还包括与《南极条约》相联系却又独立的法律文件,如1964年《保护南极动植物的协议措施》、1972年《养护南极海豹公约》、1980年《养护南极海洋生物资源公约》、1988年《南极矿物资源活动管理公约》、1991年《南极环境保护议定书》等。其中,《南极条约》是该体系的核心。

1959年《南极条约》适用于南纬60°以南地区,包括一切冰架,但该条约的规定不损害或在任何方面影响任何一个国家在该地区内根据国际法所享有的对公海的权利。《南极条约》由序言、14项条款及最后议定书组成。其主要内容有以下几个方面:

1. 南极应只用于和平目的。条约第1条规定:"南极应只用于和平目的。一切具有军事性质的措施,例如建立军事基地,建筑要塞,进行军事演习以及任何类型武器的试验等等,均予禁止。但本条约不禁止为了科学研究或任何其他和平目的而使用军事人员或军事设备。"第5条规定:"禁止在南极进行任何核爆炸和在该区域处置放射性尘埃。如果在使用核子能包括核爆炸和处置放射性尘埃方面达成国际协定,而其代表有权参加本条约第九条所列举的会议的缔约各方均为缔约国时,则该协定所确立的规则均适用于南极。"

2. 促进南极科学考察自由和科学合作。条约第3条规定:"在南极促进科学调查方面的国际合作,缔约各方同意在一切实际可行的范围内:(甲)交换南极科学规划的情报,以便保证用最经济的方法获得最大的效果;(乙)在南极各考察队和各考察站之间交换科学人员;(丙)南极的科学考察报告和成果应予交换并可自由得到。在实施本条款时,应尽力鼓励同南极具有科学和技术兴趣的联合国专门机构以及其他国际组织建立合作的工作关系。"

3. 保持南极现状,冻结对南极的领土主权要求。条约第4条规定:"本条约的任务规定不得解释为:(甲)缔约任何一方放弃在南极原来所主张的领土主权权利或领土的要求;(乙)缔约任何一方全部或部分放弃由于它在南极的活动或由于它的国民在南极的活动或其他原因而构成的对南极领土主权的要求的任何根据;(丙)损害缔约任何一方关于它承认或否认任何其他国家在南极的领土主权的要求或要求的根据的立场。在本条约有效期间所发生的一切行为或活动,不得构成主张、支持或否定对南极的领土主权的要求的基础,也不得创立在南极的任何主权权利。在本条约有效期间,对在南极的领土主权不得提出新的要求或扩大现有的要求。"

4. 缔约各国有权指派南极观察员,享有在任何时间进入南极任何地区的自由,包括空中观察和对驻所、装备的观察(参见第7条)。

5. 成立由最初缔约国组成的南极条约协商会议,讨论南极地区有共同利益的事项,交换情报,制订促进科学合作的方案(参见第9条)。该会议每两年举行一次(自1993年起每年举行一次)。

6. 以和平方式解决南极争端。条约第11条规定:"如两个或更多的缔约国对本条约的解释或执行发生任何争端,则该缔约各方应彼此协商,以使该争端通过谈判、调查、调停、和解、仲裁、司法裁决或它们自己选择的其他和平手段得到解决。没有得到这样解决的任何这种性质的争端,在有关争端所有各方都同意时,应提交国际法院解决,但如对提交国际法院未能达成协议,也不应解除争端各方根据本条第一款所述的各种和平手段的任何一种继续设法解决该争端的责任。"

《南极条约》通过维持现状和冻结领土主权的措施,缓和了围绕南极的领土主权之争,维持了南极相对稳定的局面。然而,客观地说,《南极条约》也存在一定缺陷。例如,《南极条约》将参与国区分为协商国和缔约国两类,只有在南极进行过大量科考活动的国家才有资格成为协商国,在协商会议上才有表决权。这样就使得该条约具有一定的封闭性。又如,《南极条约》冻结了对南极的领土主权要求,这种保持南极现状的做法实际上是在维护已经提出主权要求的国家的既得利益。

(三) 中国与南极

中国自1979年开始,已有一些记者和科学工作者访问和考察了南极。1980年,中国设立了"南极考察委员会"。1983年5月9日,中国正式加入了《南极条约》。同年,中国以观察员身份出席了第十二届南极协商会议。1984年11月20日,代号为"625编队"的中国首次南极考察编队搭乘中国极地考察船"向阳红10号"和"J121

号"由上海国家海洋局东海分局码头启航。邓小平同志为我国首次赴南极科考队亲笔题词:"为人类和平利用南极做出贡献。"同年12月26日,南极科考队抵达南极洲南设得兰群岛乔治王岛的麦克斯韦尔湾。12月31日2点25分,南极科考队登上乔治王岛,并举行中国在南极的第一个科学考察站——长城站的奠基典礼,将第一面五星红旗插上了南极洲。1985年2月20日,中国南极长城站胜利建成。1985年10月7日,在《南极条约》协商国特别会议上,一致同意接纳中国和乌拉圭为该条约协商成员国。从此,中国对南极事务拥有了决策权。1989年2月26日,中国南极中山站在拉斯曼丘陵落成。这是继长城站之后中国在南极建成的第二个科学考察站。北京时间2005年1月18日3时16分,在挺进南极内陆冰盖1200多公里后,中国南极内陆冰盖昆仑科考队确认找到了南极内陆冰盖的最高点:南纬80°22′00″,东经77°21′11″,海拔4093米。这是人类首次踏上南极内陆冰盖最高点。

二、北极地区及其法律问题

(一) 北极地区的地理概况

北极地区是指以北极点为中心的广阔地区,即北极圈(北纬66°33′)以北地区,包括极区北冰洋、边缘陆地及岛屿、北极苔原带和泰加林带,总面积为2100万平方公里,约占地球总面积的1/25。北极地区有居民700多万,与无人居住的南极地区形成鲜明对照。北极与南极一样,有极昼和极夜现象。北极的冬天是漫长、寒冷而黑暗的,从每年的11月开始,有接近半年时间,将是完全看不见太阳的日子,温度会降到零下50多摄氏度。

需要指出的是,北极地区具有极其重要的战略地位。

首先,北极地区蕴藏着丰富的石油、天然气、矿物和渔业资源。据估计,北冰洋海底埋藏着占世界总储量25%的石油和天然气。尽管现阶段开发油气资源在技术上不可行,但全球变暖正在使北极地区冰面以每10年9%左右的速度消失,油气开发今后可能会趋于可行。此外,北极地区的边缘海巴伦支海是世界海产品的主要供应地之一。

其次,北极将是重要的经济要道。随着北冰洋海冰消融和航海技术的不断进步,加拿大沿岸的"西北通道"和西伯利亚沿岸的"北方通道"将成为新的"大西洋—太平洋轴心航线"。北冰洋一旦通航,便可成为北美洲、北欧地区和东北亚国家之间最快捷的通道。例如,从伦敦通向东京的海运线目前需绕道巴拿马运河,如能穿行北冰洋,那么整个航程将由现在的2.8万公里缩短为1.64万公里。

最后,北极地区在军事上也举足轻重,目前,世界上主要大国和军事强国都在北半球,北极圈与这些国家有着相同的最短距离,因而北冰洋便成了地球上最安全、最理想的水下弹道导弹发射阵地。苏联(后为俄罗斯)、美国和欧洲从20世纪50年代开始就在北极地区进行战略监视和威慑巡航。

（二）北极地区的法律地位

关于北极的法律地位，各国一直持不同的主张。有些学者主张，毗连北极地带的国家拥有以该国海岸或某一纬线为底边，以北极为顶点，以从北极到该国东西两端的国界的两条经线为腰的扇形空间内的一切陆地和岛屿以及流动冰群，此即"扇形理论"，其根据是所谓的领土的邻接性。1926年4月，苏联将上述主张制定成国内法，遭到与北极相毗连的美国、挪威等国的反对，它们认为：北冰洋是流动的海面，这样的占领不可能是确定不移的。北冰洋也应像其他海洋一样，除了划出领海外（当时尚未有专属经济区的问题）就是公海，任何国家不得加以占有。① 可见，苏联关于北极的地位与毗邻北极的其他国家的观点存在严重分歧，而并没有得到广泛的承认。

1961年《南极条约》生效，冻结了各国对南极主权的争夺。但有关北极的问题，目前尚无类似条约。因此，目前各国只能依据《联合国海洋法公约》和1925年生效的《斯匹次卑尔根群岛条约》处理北极附近地区的资源开发、大陆架以及公海利用的事宜和争端。1925年生效的《斯匹次卑尔根群岛条约》目前共有41个缔约国，中国也是缔约国之一。该条约明确规定北极地区不得用于战争目的，缔约国国民有权自由进入，并在遵守当地法律的条件下平等从事海洋、工业、矿业和商业等活动。此外，1990年，北极地区有关国家成立了国际北极科学委员会。1991年，北极地区有关国家首脑会议发表了《保护北极环境宣言》，并制定了《北极环境保护战略》。可见，有关北极的法律制度正在形成之中。②

正是由于北极地区具有极其重要的战略地位，加上北极的法律地位尚不明确，所以近年来，北冰洋周边的俄罗斯、加拿大、美国、丹麦和挪威等国都对沉睡在北极的主权垂涎不已，围绕北极地区主权的争夺呈愈演愈烈之势。例如，丹麦和挪威曾因一个叫作汉斯的北极小岛发生争端。汉斯岛位于北纬80°的加拿大与格陵兰岛之间的内尔斯海峡。2003年6月，丹麦宣布汉斯岛属于丹麦，并派军舰多次造访汉斯岛，在岛上插上丹麦国旗。加拿大方面称丹麦的做法是对加拿大主权的侵犯。随后，加拿大开始努力强化自己在北极地区的军事实力，并在北极地区一些有争议的小岛上展开军事演习。又如2007年8月2日，俄罗斯科考队将一面金属制俄罗斯国旗插在了北极点之下的北冰洋洋底。针对此举，美国政府在当天就发布声明表示，这一做法不具有任何法律效力。加拿大外长彼得·麦凯则表示，俄罗斯人"纯粹在做秀"。作为对俄罗斯插旗事件的回应，同年8月6日，美国派出科考队前往北极地区。加拿大在8月10日宣布将在北极地区建立两个军事基地，即北极地区首个深水港和一个军事训练中心。同时，加拿大军队也首次派兵在北极进行长达8000公里的警戒巡逻。丹麦科考队也于8月12日启程赶赴北极地区，加入"北极争夺战"。

我们认为，在北极问题上应当在现有国际法的框架下，通过和平手段妥善解决北极问题，尤其是要遵守《联合国海洋法公约》和《斯匹次卑尔根群岛条约》等与北极直

---

① 参见端木正主编：《国际法》（第二版），北京大学出版社1997年版，第150页。
② 参见梁西主编：《国际法》，武汉大学出版社2000年版，第175页。

接相关的既有条约。1995年4月,中国首次派出科考队对北极地区进行了科学考察活动,并于北京时间5月6日上午10点55分到达北极点。2004年7月28日,中国首座北极考察站——黄河站正式落成。2007年5月,中国首次参加了国际北极理事会高官会议。会上,中国代表团阐述了中国关于北极合作的立场,强调北极与其他地区在自然和社会方面的相互作用,北极问题既是区域问题,也是全球问题。中国重视北极科学研究与环境保护,支持北极理事会的宗旨与目标,愿积极参与理事会各项工作,与理事会及有关各方加强合作。

第六节 中国的领土边界问题

中国幅员辽阔,除大陆外,还包括5000多个岛屿(包括台湾岛、钓鱼岛、澎湖列岛以及东沙、西沙、中沙和南沙群岛)以及广袤的海域。新的测量结果表明:中国领土总面积为1045万平方公里。陆地边界约1.5万公里,海岸线长约1.8万公里。[①] 在陆地上,中国依次与朝鲜、俄罗斯、蒙古、哈萨克斯坦、吉尔吉斯斯坦、乌兹别克斯坦、阿富汗、巴基斯坦、印度、尼泊尔、不丹、锡金、缅甸、老挝、越南十五国接壤。新中国成立以前,除和少数邻国存在传统习惯边界之外,与各邻国的边界大部分是与沙俄、英、法、日等帝国主义国家以不平等条约划定的。因此,不可避免地遗留下来一些历史问题。

新中国成立之后,中国政府一贯主张与有关国家本着友好协商的精神举行谈判,订立条约,解决边界问题。到目前为止,中国已经和十二个邻国签订了边界条约,全部或基本解决了这些国家的陆地边界问题:缅甸(1960年)、尼泊尔(1961年)、朝鲜(1962年)、蒙古(1962年)、巴基斯坦(1963年)、阿富汗(1963年)、俄罗斯(东段边界,1991年;西段边界,1994年)、老挝(1991年)、哈萨克斯坦(1994年)、吉尔吉斯斯坦(1996年)、塔吉克斯坦(1999年)、越南(陆地边界1999年;北部湾边界2000年)。在海洋边界方面,1992年,中国颁布了《领海及毗连区法》、1996年通过了《中国政府关于中华人民共和国领海基线的声明》、1996年批准了《联合国海洋法公约》、1998年通过了《专属经济区和大陆架法》,从而确立了中国领海、毗连区、专属经济区和大陆架制度。

一、中国与俄罗斯等国的边界

中国与俄罗斯的边界问题(苏联解体前是中苏边界问题)是由沙皇俄国在19世纪对中国领土的侵占和强加给中国的一系列不平等条约所造成的。这些不平等条约

---

① 参见王莉:《追寻中国大勘界》,载《中国国家地理》2001年第9期。

有：1858年的《中俄瑷珲条约》、1860年的《中俄北京条约》、1864年的《中俄勘分西北界约记》、1879年的中俄《伊犁条约》和1887年的《伊犁界约》以及后来的几个勘界议定书等。通过这些不平等条约，沙皇俄国强占了中国150多万平方公里的土地。苏俄成立初期，曾经明确主张废除上述不平等条约，将所有领土归还中国。在1919年7月25日第一次对华宣言中苏俄宣布，把沙皇俄国从中国人民那里掠夺的一切交还中国人民；在1920年9月27日第二次对华宣言中苏俄又宣布，以前俄国历届政府同中国签订的不平等条约全部无效，放弃以前夺取的中国领土和在中国境内的租界。1924年5月31日签订的《中苏解决悬案大纲协定》中规定：在双方商定的会议上，"将彼此疆界重新划定，在疆界未划定之前，允仍维持现有疆界"。由于当时的历史条件，上述事项未能得以实现。① 20世纪20年代末至40年代期间，苏联政府乘中国国内混乱之机，又超越沙俄时代不平等条约的规定和公认的国际法准则，在乌苏里江和黑龙江地段，把主航道中心线中国一侧的700多个中国岛屿划走600多个，总面积达1000多平方公里。②

新中国成立后，由于中苏同盟的建立，中国和苏联都一直不曾触及边界问题。因此，20世纪50年代的中苏边界关系的状况，基本上可以说是中苏两国同盟关系建立并发展的写照。从50年代末开始，随着中苏两国和两党之间裂痕的不断扩大，边界争端也开始产生和不断升级。1964年2月至8月，中苏双方在北京举行边界谈判。在谈判中，中方要求苏联肯定俄国沙皇政府与中国清政府签订的边界条约是不平等条约，而苏方拒不承认那些条约的不平等性质。双方立场对立，谈判因此未有结果。随着苏联对中国军事压力的逐渐加强，中苏边界的事端也不断发生。从1964年10月至1969年3月，由苏方挑起的边境事件达4189起，比1960年至1964年期间增加了一倍半。③ 1966年，中国的珍宝岛和七里沁岛成为边境冲突的焦点。1968年1月，苏军动用装甲车在七里沁岛上冲撞中国边民，撞死、压死中国边民4人，制造了第一起严重的流血事件。到1968年末1969年初，苏边防军频繁出动装甲车、卡车运载携带武器的军人登上珍宝岛，拦截、殴打巡逻的中国边防军人；1969年2月7日还发生了苏军用冲锋枪向中国巡逻队射击的严重挑衅事件。④ 中苏边界事件不断扩大，终于在1969年3月爆发了在珍宝岛地区的较大规模的武装冲突。中国军队通过珍宝岛自卫反击战保卫了国家领土主权的完整，有力地打击了苏联勃列日涅夫政府的霸权主义政策。

1989年中苏关系开始恢复正常以后，双方一直就边境问题进行谈判，中苏两国于1990年4月签署《关于在中苏边境地区相互裁减军事力量和加强军事领域信任的指导原则的协定》，为双方此后的谈判奠定了良好的基础。1991年，《中苏国界东段协定》签署，除黑瞎子岛和阿巴该图洲渚两块地区外，其余约4200公里的边界线走向已

---

① 参见慕亚平：《国际法原理》，人民法院出版社2005年版，第245页。
② 参见李丹慧：《1969年中苏边界冲突：缘起和结果》，载《当代中国史研究》1996年第3期。
③ 参见《中国政府关于中苏边界问题的声明》，载《人民日报》1969年5月25日第1版。
④ 参见徐焰：《1969年中苏边界的武装冲突》，载《党史研究资料》1994年第5期。

经确定。在这个协定中,中方在基本实现黑龙江和乌苏里江主航道中心线中方一侧岛屿(包括珍宝岛)划归己方的同时,还保留了经黑瞎子岛外侧在两江水域的航行权,以及经图们江口的出海权。

1991年,苏联解体,俄罗斯、塔吉克斯坦、哈萨克斯坦、吉尔吉斯斯坦相继成为独立国家,这样,中苏边境谈判就由双边问题成为涉及五个国家的多边问题。在原中苏西段边界问题上,俄、哈、吉、塔四国政府组成联合代表团继续同中国进行谈判。

1994年,中国与俄罗斯正式签署《中俄国界西段协定》,确定了54公里的中俄西段边界线走向。2004年4月14日,中国和俄罗斯又签署了《中俄关于两国边界东段的补充协定》。根据该协定,中俄最后一部分有争议的边界土地,包括位于黑龙江和乌苏里江交界处的黑瞎子岛和靠近内蒙古满洲里的阿巴该图洲渚在内近375平方公里,双方将各得约一半。该协定与1991年《中苏国界东段协定》以及1994年《中俄国界西段协定》一起标志着4300多公里的中俄边界线走向全部确定。

2002年5月,《中塔国界补充协定》签署;《关于中哈国界线的勘界议定书》及其附图,在双方各自完成了国内法律程序之后,于2003年7月29日正式生效;2004年9月,中吉签署《关于中吉国界线的勘界议定书》及其所附《中华人民共和国和吉尔吉斯共和国国界地图》,标志着中国与这三国的边界问题画上了圆满的句号。

二、中国与印度的边界

中印边界全长约2000公里,分为东、中、西三段。两国虽未正式划定边界,但在长期的历史过程中,按照双方的行政管辖范围,形成了一条传统习惯边界。双方争议地区面积共约12.5万平方公里,其中东段约9万平方公里,中段约0.2万平方公里,西段约3.3万平方公里。

中印边界纠纷是英帝国主义侵略的遗产。1913年10月,在英国的策划下,在印度西姆拉召开了"中英藏会议"。英国政府背着中国中央政府的代表胁诱西藏地方当局代表签订了所谓"西姆拉条约",1934年以秘密换文的方式画出了一条所谓"麦克马洪线",把历来属于中国的9万多平方公里领土划给英属印度。在相当长时期内,英国政府既不敢正式公布有关文件,也不敢把"麦克马洪线"画在地图上,直到1936年才首次将其作为"未标定界"画在英印地图上;直到二战后期派兵侵占一小部分地区外也一直不敢越过中印传统习惯线。中国政府代表在非法的"西姆拉条约"订立的当天就庄严声明:"凡英国和西藏本日或他日所签订条约或类似文件,中国政府一概不予承认。"历届中国政府也从未承认"麦克马洪线",并且就英印对该线以南地区的逐步入侵,向英印多次提出强烈抗议,多次严正声明"麦克马洪线"绝对是非法的、无效的。

1947年印度独立后,不仅继承了英国对中国部分领土的侵占,而且进一步侵占中国大片领土,于1953年扩展到所谓"麦克马洪线"。1954年,印度按照其侵占事实和无理主张单方面在地图上将中印"未定界"改画为"已定界"。1959年1月23日,周恩来致函时任印度总理尼赫鲁,阐明中国对中印边界问题的基本立场,并提出解决问题的首要措施。周恩来强调,中印边界从来未经正式划定,中方建议通过友好协商,全面解决中印边界问题;在全面解决之前,双方维持边界久已存在的状况,对于已经发生的局部争执,可以商谈临时性的解决办法。3月22日尼赫鲁复信,不同意周恩来上述信函中有关中印边界从未经过正式划定的说法,要求中国政府正式承认英国统治印度时期所形成的边界线,并强调印度地图上所标明的边界线,"是没有怀疑的余地的"。① 此后,印度继续我行我素,并升级到屡次武装入侵中国领土的地步;1959年8月25日,在东段马及墩南端发生了新中国成立后中印边界的第一次武装冲突。一股侵入马及墩寺南侧地带的印度武装部队突然向驻在马及墩寺的中国边防部队猛烈开火,中国边防部队被迫还击。同年10月25日,在西段又发生了空喀山口事件。60多名印度武装人员侵入空喀山口以南的中国领土,向中国巡逻队发动武装进攻,中国守军被迫还击。1961年4月印度军队侵入中国新疆阿克赛钦地区的奇普拉普河谷,7月又侵入加勒万河谷。为避免边界局势进一步恶化,中国从1962年8月至10月曾多次建议双方在官员报告的基础上讨论中印边界问题,但印度却坚持要中国从西段自己的大片领土撤出。10月6日,印度政府甚至要求中国在东段撤出位于"麦克马洪线"以北的扯冬地区,作为同意谈判的先决条件,这就关闭了和平谈判之门。1962年10月17日,印军在边界东西两段开始猛烈炮击。中国方面在忍无可忍的情况下,不得已于10月20日开始进行自卫反击,收复了印军越过1959年11月7日实际控制线所侵占的中国领土,并进入了"麦克马洪线"以南的中国领土。从1962年11月22日零时起,中国边防部队在中印边界全线停火。此后,两国边界在相当长的一段时期内基本保持平静。

1981年12月,中印两国重新恢复边界谈判。两国商定轮流在北京和新德里举行边界问题谈判。但是,谈判却始终没有突破性的进展。中国曾提出一揽子解决方案,印度则要求分段解决。这期间,印度议会两院于1986年将强占中国领土的所谓"阿鲁纳恰尔中央直辖区"升格为印度第24个"邦",企图从法律上使占领合法化。中国政府为此提出严正抗议。1988年12月19日,时任印度总理的拉吉夫·甘地成功访华,中印双方同意通过和平方式协商解决边界争端,在边界问题解决之前,共同维护实控线地区的和平与安宁。此外商定,在寻求办法的同时,积极发展两国间经贸与文化的交流合作,为合情合理解决问题创造气氛与条件,建立关于边界问题的联合工作小组和经贸科技联合小组。1993年9月,时任印度总理的拉奥访华,两国政府签署了《关于在中印边境实际控制线地区保持和平与安宁的协定》等4个文件,并成立了专家小组,讨论制定协定的实施办法。1995年11月,双方撤除了两军在边境东段旺东地区过于接近的哨所,使边境局势更趋稳定。1996年11月底,江泽民主席访问印度,双方签署了《关于在中印边境实际控制线地区军事领域建立信任措施的协定》,共同

---

① 参见中共中央文献研究室编:《周恩来年谱(1949~1976)》(中卷),中央文献出版社1997年版,第201—202页。

确立在和平共处五项原则基础上建立面向21世纪的建设性合作伙伴关系。1998年5月，印度人民党联合政府为进行核试验大肆叫嚷所谓"中国威胁论"，又使中印关系受挫。

2003年6月23日，时任印度总理瓦杰帕伊访华。中国多位领导人与瓦杰帕伊在北京举行会晤、会谈，就双边关系和共同关心的地区及国际问题广泛交换意见。双方签署了《中华人民共和国和印度共和国关系原则和全面合作的宣言》等11个合作文件，加强了两国在各个领域的交流与合作。印度政府也显出一些发展两国关系的诚意，首次公开承认西藏是中国领土的一部分，重申不允许西藏人在印度进行反华政治活动，为重开对话开创了新的起点。同时，双方又约定各自任命特别代表，探讨解决边界问题的框架。2005年3月30日，中国外交部副部长武大伟和印度外交秘书亚姆·萨兰在北京参加了第15次中印边界问题联合工作小组会议，这是两国工作组在停顿将近3年之后，首次就边界问题举行重要谈判。此后，中印两国开始就边界问题继续进行了多次谈判。

中印两国都是文明古国，两国的复兴具有划时代的意义。中印两国能不能走出一条双赢之路，创造出新的发展与合作模式，关系到能否造福于两国人民，造福于世界。中国政府在中印边界问题上一贯主张，双方应考虑历史背景及现实情况，根据和平共处五项原则，友好协商，全面解决边界问题。我们相信，在中印两国人民和政府的共同努力下，中印边境问题一定能够在不久的将来得到圆满的解决。

三、中国与日本的边界

（一）钓鱼岛问题

钓鱼岛（日本称为所谓的"尖阁列岛"）由5个无人居住的小岛组成，位于中国东海地区。它属于台湾岛的附属岛屿，在台湾岛东北约120海里处。

钓鱼岛自古以来就是中国的领土。在历史上，它一直是中国居民采集药材的地方。通过发现、利用从而构成先占，中国取得了对钓鱼岛的主权。中国明、清两朝均将钓鱼诸岛划为中国海防管辖范围之内。

日本所谓的"发现"钓鱼岛，是在日本吞并琉球，将琉球国改为"冲绳县"之后的1884年，比中国文献最早记载该岛迟了约500年。1895年日本趁甲午战争清政府败局已定，在《马关条约》签订前三个月窃取了这些岛屿，并划归冲绳县管辖。1943年12月，中、美、英发表的《开罗宣言》规定，日本将所窃取于中国的包括东北、台湾、澎湖列岛等在内的土地归还中国。1945年的《波茨坦公告》规定："开罗宣言之条件必将实施"。同年8月，日本接受《波茨坦公告》宣布无条件投降，这就意味着日本将台湾、包括其附属的钓鱼诸岛归还中国。但1951年9月8日，日本却同美国签订了片面的《旧金山和约》，将钓鱼诸岛连同日本冲绳交由美国托管。1971年6月17日，日美签订"归还冲绳协定"时，钓鱼诸岛被划入所谓"归还区域"。此后至今，日本长期霸占中国钓鱼诸岛。

从国际法上看,日本对钓鱼岛主张权利的依据是站不住脚的。首先,日本窃取的中国钓鱼岛根本不是所谓的"无主地"。日本政府关于钓鱼岛是"无主地",日本对钓鱼岛的"先占"构成所谓钓鱼岛是日本"固有领土"的说法是没有史实和法律依据的,纯属无稽之谈。钓鱼诸岛从明朝时起便已不是"无主地",而已由中国明朝政府作为海上防区确立了统治权。这些岛屿环境险恶,长期无人居住,但这些无人岛并非无主岛,况且这些岛最先是由中国命名并编入历史版图的,是由中国首先发现、记载、利用、管辖、保卫的。另外,日本在甲午战争之前的约10年间便已深悉以上事实,其对钓鱼岛并非"先占",而是后来暗劫。因为日本当年决定将这些岛屿划归冲绳县并建标,是在极其秘密的情况下偷偷进行的,事后也未向世界宣布。即便是在1896年日本制定的《关于冲绳县郡的组成令》中也只字未提钓鱼岛或所谓"尖阁列岛"。其次,美日两国之间的任何条约或协议均不具备决定钓鱼岛领土主权归属的法律效力。日本政府称,《旧金山和约》未将所谓"尖阁列岛"(钓鱼岛)包括在根据该和约第2条日本应放弃的领土之中,而是根据第3条置于美国行政管理之下,所以美国将托管地区交给日本后,自然是日本的领土。这显然不符合历史事实。1945年7月26日中美英三国敦促日本投降之《波茨坦公告》强调,"开罗宣言之条件必将实施,而日本之主权必将限于本州、北海道、九州、四国及吾人所决定其他小岛之内"。既然日本接受了《波茨坦公告》,就意味放弃其所攫取的所有中国领土,这当然包括作为中国台湾地区附属岛屿的钓鱼岛。因此,日美之间不能将别国领土私相授受。最后,日本难以通过所谓"时效取得"的说法获得钓鱼岛主权。其实,所谓"时效取得"之说,只不过是国际上取得领土时可能出现的一种方式,迄今它既未被大多数国际法学者所接受,也无真正按所谓"时效取得"原则裁决的国际判例。更何况"时效取得"本身还有一项基本原则,即"连续地、不受干扰地"行使国家权力。① 中国政府从未承认并不断抗议日本对钓鱼岛的侵占,这就使得日本对钓鱼岛的占领并非所谓"连续地、不受干扰地"。

(二) 东海大陆架问题

中国东海大陆架油气资源极其丰富。早在1969年,在联合国勘探亚洲海底矿产资源协调委员会的赞助下,由美国地质学家埃默里为首的中、美、日、韩4国的12位专家对中国东海和黄海进行了为期6周的地球物理和地质构造勘测,之后提出了著名的《埃默里报告》,报告称:"中国和日本之间的大陆架可望成为世界上油气储藏量最丰富的地区之一"。② 但是,日本长期觊觎中国东海油气资源,不断挑战中国东海主权。2004年发生的春晓油田事件就是一个典型的例子。2004年5月28日,日本《东京新闻》刊载的一篇报道称,"中国正在开采的'春晓'天然油气田群距离日本主张的'中间线'只有5公里,与1998年建成投产的'平湖'油田相比,向日本方向推进了65公里",并惊呼所谓"中国的油气田会像吸管一样,把原属日本的油气资源吸走挖空"。一时间,《产经新闻》《朝日新闻》和《读卖新闻》等日本有影响的媒体都把关注

---

① 参见钟严:《论钓鱼岛主权的归属》,载《人民日报》1996年10月18日第18版。
② 参见杨金森、高之国编著:《亚太地区的海洋政策》,海洋出版社1990年版,第32—33页。

点聚焦东海,且无一例外地指责中国"企图独占东海海底资源",要求政府"采取'断然'措施捍卫日本权益"。2004年6月21日,在青岛出席亚洲合作对话会议的时任日本外相川口顺子断然拒绝了李肇星外长提出的中日合作开发建议。2004年6月23日,时任日本经济产业省相中川昭一乘直升机飞到中国东海上空对中国的"春晓""天外天""平湖"三大油气田进行了约1个小时的所谓"视察",并单方面认定中国侵犯了日本的海域经济权益。2004年7月7日,日本政府租借挪威探测船在春晓油田附近海域进行海底油气资源调查,与中国的油气田开采形成对垒之势。① 2005年7月14日,日本竟然公开将中国的"春晓""断桥"和"冷泉"三个油气田分别用日本名称命名为"白桦""楠"和"桔梗",并且授予日本帝国石油公司该三处天然气田的试开采权。

中国东海大陆架南北长550至750公里,东西宽260至520公里,在地理构造上和中国大陆连成一体,最末端至"冲绳海沟"结束,并以水深达2700多米的"冲绳海沟"为界,与日本列岛大陆架明显断开。在两国大陆架边界问题上,日本主张"中间线"方法,中国则主张"自然延伸"和"公平原则"。

中国主张的"自然延伸"和"公平原则"是符合国际法的。1982年《联合国海洋法公约》第76条明确规定了"自然延伸"原则。中日两国都是《联合国海洋法公约》的缔约国,因此,"自然延伸"原则对两国都有约束力。国际法院有关判例也已经数次证明:"自然延伸"和"公平原则"是大陆架划界最基本的法律规则。其中,1969年国际法院对于北海大陆架案的判决尤为典型。国际法院在判决书中指出:"国际法院基于大陆架是沿海国陆地领土在海下的延伸的自然事实,认定自然延伸是'与大陆架有关的所有规则中最基本的法律规则'",并得出结论认为,大陆架划界"应按照公平原则、考虑到一切有关情况,通过协定进行,以便使每一方尽可能地得到构成其陆地领土向海和海下的自然延伸的一切部分,而不侵犯另一方的陆地领土的自然延伸"。此后,国际法院1985年利比亚—马耳他大陆架划界案、1992年的法国—加拿大海洋划界案、1993年的格凌兰—扬马延海洋划界案等案例也都重申了上述原则。

日本所谓"中间线"原则是对国际法的曲解。日本声称,《联合国海洋法公约》规定:如果从测算领海宽度的基线量起到大陆边的外缘的距离不到200海里,则扩展到200海里的距离。中日之间距离最宽不超过350海里,因此,应当按照双方等距离的中心线来划分大陆架。很显然,日本的这种解释是有意曲解《联合国海洋法公约》。1982年《联合国海洋法公约》第76条规定:"沿海国的大陆架包括其领海以外依其陆地领土的'全部自然延伸',扩展到大陆边缘的海底区域的海床和底土。如果从测算领海宽度的基线量起到大陆边的外缘的距离不到200海里,则扩展到200海里的距离"。由此可见,"中间线原则"只是"自然延伸原则"的补充。公约首先肯定的是"全部自然延伸"原则,如果这种"自然延伸"不足200海里,在不影响邻国陆地领土的"全部自然延伸"的前提下,才可以"扩展到200海里",进而与相邻或相向国家以"中

---

① 参见朱凤岚:《中日东海争端及其解决的前景》,载《当代亚太》2005年第7期。

间线"的方法划分大陆架。东海大陆架是中国东部领陆的自然延伸,直达冲绳海沟结束,和日本列岛大陆架毫无瓜葛。冲绳海沟是中日大陆架之间的天然分界线。按照《联合国海洋法公约》,日本所主张的大陆架不能越过冲绳海沟,侵犯中国陆地领土的自然延伸,因此,中日之间的大陆架根本就不存在所谓中间线的问题。

基于以上认识,日本应当遵守国际法,在东海大陆架问题上采取正确的立场。

四、中国与越南的边界

中越之间的共同边界长达1200公里。中越边界领土问题包括陆地边界、北部湾划分和南沙群岛及其附近海域的主权争议三方面。

1974年和1977至1978年,双方曾就陆地边界和北部湾划界问题举行谈判,但均未果。1991年11月两国关系正常化后,陆地边界和北部湾划界谈判全面铺开,两国签署了《关于处理两国边境事务的临时协定》。1992年10月和1993年2月,双方专家小组先后在北京和河内举行了两轮谈判,就解决陆地边界和北部湾问题的原则进行了磋商。1993年10月,两国政府代表团团长签署了关于解决两国边界领土问题的《关于解决边界领土问题的基本原则协议》,并决定成立陆地边界和北部湾两个联合工作组。

经过双方的共同努力,两国于1999年12月30日在河内签署《中越陆地边界条约》,解决了陆地边界存在的所有问题。2000年7月6日,双方在北京互换条约批准书,《陆地边界条约》正式生效,标志着历时22年的陆地边界谈判圆满结束。

2004年10月,中越双方在河内发表了《联合公报》,指出双方同意进一步加快中越陆地边界的勘界立碑进程,并且同意严格遵循中国与东盟成员国签署的《南海各方行为宣言》。

北部湾是中越两国陆地和中国海南岛环抱的一个半封闭海湾,面积约12.8万平方公里,历史上从未划分过。20世纪70年代中期开始,两国开始了北部湾划界谈判。80年代以后,新的海洋秩序逐渐形成,中越两国分别在1996年和1994年批准了《联合国海洋法公约》。根据这一新的海洋法制度,沿海国除12海里领海外,还享有200海里专属经济区和大陆架。但中越双方共有的北部湾最宽处也只有约180海里。也就是说,整个北部湾均为中越权益主张的重叠区,这就更需要两国通过谈判划出明确的界线。经过中越两国政府的不懈努力,2000年12月25日,两国在北京正式签署中越《关于在北部湾领海、专属经济区和大陆架的划界协定》和中越《北部湾渔业合作协定》。由此,中越北部湾划界问题也得到了圆满解决。

目前,中国和越南之间的划界问题只剩下了南沙群岛及其附近海域的主权争议。南沙群岛自古以来就是中国的固有领土。它是中国人民最早发现、最早命名、最早开发经营,并由中国政府最早进行管辖和行使主权的群岛。一直到第二次世界大战结束,南沙群岛是中国领土这一提法都没有任何国家提出异议。但是,到了20世纪70年代以后,南沙群岛问题逐渐尖锐和复杂化,越南、菲律宾、马来西亚和文莱都对南沙群岛提出了领土要求,并先后占领了一些群岛或者岛礁。

越南从1973年起先后侵占了中国二十多个岛礁。在这些岛礁上，越南增派兵力，修建简易机场，企图长期霸占我南沙岛礁。越南登岛人员所到之处，非法进行勘察、绘图，捣毁岛上的中国石碑和建筑物。2004年5月，越南在南沙群岛的南威岛上修建机场。2004年4月，越南组织了蓄谋已久的首次南沙旅游。2005年初，就在时任越南总理潘文凯访华之前，越南又开始在南沙争议岛屿上改建一条旧飞机跑道，遭到我外交部发言人的严厉批评。2005年，越南还在行政版图调整中将我西沙群岛和南沙群岛作为两个行政县编入了越南庆和省的区划版图。① 越南的这些行为都严重地损害了中国的国家主权和领土完整。

自1995年起，中越成立海上问题专家小组，就南沙群岛争议问题举行谈判，但至今尚无结果。面对复杂纷乱的南沙争议，中国一直都采取克制态度，并从1990年起，对南沙争议正式提出"搁置争议，共同开发"的倡议，希望缓和南沙群岛紧张局势，避免矛盾冲突。

【本章小结】 国家领土，主要是指国家所领有的土地，即在国家主权支配下的地球的确定部分。领土对于一个国家来说至关重要，具有不可替代的重要性。国家领土包括国家主权管辖下的领陆、领水、领陆和领水下的底土以及领陆和领水之上的领空。国家领土主权是国家在其领土范围内享有最高的、排他的权力，包括所有权和统治权两个方面。不过，领土主权不是一项绝对的权力。一般认为，对领土主权的限制分为一般限制和特殊限制，其中特殊限制包括共管、租借、势力范围以及国际地役。内水，是指国家领陆以内以及领海基线向陆一面的全部水域，其中陆地内水是指国家领陆以内的全部水域，包括河流、运河、湖泊等。传统国际法把国家领土变更的方式分为五种，即先占、时效、添附、割让和征服，现代国际法所允许的领土变更方式主要有全民投票、民族自决、交换领土和收复失地。边界和边境制度涉及边界的概念及其划定、边界争端的解决以及边境地区的国际法制度。南极和北极具有特殊的法律地位。中国与俄罗斯、印度、日本、越南等国曾经或目前存在边境纠纷。中国一贯主张通过友好协商的方式解决问题，但在涉及国家根本利益的情况下，中国坚决捍卫国家领土完整。

思考题

1. 为什么说领土对国家而言具有不可替代的重要性？
2. 国际法上对国家领土主权存在哪些限制？
3. 现代国际法所允许的领土变更方式有哪些？
4. 国际法上对边境制度有哪些主要规定？
5. 南极和北极地区的法律地位是怎样的？
6. 中国与印度、日本和越南之间存在哪些边界问题？

---

① 参见利国、黄小媚等：《越南在南沙建电话网 外交部称此举非法无效》，载《环球时报》2006年5月10日第16版。

第 七 章
国际海洋法

海洋是人类共同的财富。翻开数千年来人类开发海洋的历史画卷,我们不难看出海洋对于人类进步和社会发展是至关重要的。在长期实践中,调整各国间关于海洋权利与义务的法律规范制度不断产生,并逐渐发展为国际法的一个独立分支——国际海洋法。1982年《联合国海洋法公约》是现代海洋法的基础。根据这个公约,人类将整个海洋划分为九大海域,即海洋内水、领海、群岛水域、毗连区、专属经济区、大陆架、用于国际航行的海峡、公海和国际海底区域,并建立了相应的法律制度。中国在1996年5月15日批准了《联合国海洋法公约》。根据该公约,中国相继颁布了《领海及毗连区法》与《专属经济区和大陆架法》,建立了相对完整的海洋法体系。在21世纪,由于陆地资源的日趋紧张,人类将不得不更多地依赖海洋资源。中国在未来的发展也将取决于海洋资源的开发利用。因此,如何维护和发展中国的海洋权益成为事关国计民生的重大命题。

第一节 海洋法概述

海洋的总面积约为3.6亿平方公里,占地球表面总面积约71%,平均深度为3795米。海洋对人类具有巨大的价值。无论是在政治经济,还是在军事战略方面,海洋都对人类社会至关重要。在人类社会调整海洋关系的过程中,逐渐发展形成了海洋法。

国际海洋法,就是国际社会调整有关海洋的法律关系的规范的总称。海洋法的主要内容,一般包括各种海域的法律地位及法律制度,以及国家在不同海域的权利和义务两方面。

近代葡萄牙和西班牙的航海事业推动了海洋法的产生。1493年,葡萄牙和西班牙曾经根据教皇亚历山大六世的谕旨,以太平洋上的一条子午线为界,平分了对海洋的控制权。1494年的《萄地斯拉斯条约》确认了两国对海洋的主权。[①] 1603年,为争夺航海权,荷兰与葡萄牙发生冲突。格劳秀斯为荷兰政府写了辩护词,即《论捕获法》,其中的第12章《论海洋自由或荷兰参与东印度贸易的权利》于1609年发表。著名的"海洋自由论"得以提出。到19世纪,该原则已经成为海洋法的基本规则。第二次世界大战以后,国际海洋法发展迅速。领海的宽度、大陆架的法律地位等重大制度均得到确立。联合国海洋法会议在编纂国际海洋法上发挥了重要作用。1982年《联合国海洋法公约》最终生效。步入21世纪,国际海洋法还处在不断的发展过程中。

一、联合国海洋法会议

国际海洋法的编纂活动主要开始于20世纪。1926年和1928年,国际法学会讨论过领海问题,并草拟过和平时期海上管辖权法公约草案。1930年,国际联盟召开了海牙国际法编纂会议,但会议在海洋法编纂方面没有取得成效。真正较为成功的编纂活动是出现在第二次世界大战以后。此间,联合国先后三次主持召开了海洋法会议,对关于海洋的习惯国际法作了编纂,并制定了一系列具有重要价值的海洋法条约。

1958年2月21日至4月27日,第一次联合国海洋法会议于日内瓦召开。86个国家参加了该会议,但由于很多亚非国家尚未独立而没有参加此次会议,影响了会议的普遍性和权威性。尽管未能解决领海宽度问题,但此次会议制定了四项公约:《领海与毗连区公约》(1965年生效)、《公海公约》(1962年生效)、《捕鱼与养护公海生物资源公约》(1966年生效)以及《大陆架公约》(1964年生效)。除上述四公约外,会议还通过了一项关于强制解决这些公约可能产生的争端的任择性议定书。该议定书第1条规定:"解释或适用海洋法任一公约所引起的争端应属国际法院的强制管辖范围之内。因此,为本议定书签字国的任何争端当事国得提出申请,将争端提交国际法院。"该议定书于1962年生效,但加入的国家不多。由于广大发展中国家的缺席和某些条款仅有利于少数大国等问题,此次会议制定的四项公约在国际上都未能取得足够大的广泛性。

1960年3月17日至4月27日,第二次联合国海洋法会议在日内瓦举行。会议希望解决领海宽度和捕鱼区界限问题。然而,由于准备仓促,88个参加国对讨论议题存在巨大的观点分歧。经过激烈辩论,各方仍然无法达成妥协。本次会议未能制定任何公约,只能无果而终。

1973年12月3日,经过充分准备,第三次联合国海洋法会议在纽约开幕。本次会议前后一共持续9年之久,最终于1982年12月10日在牙买加蒙特哥湾落下帷幕。本次会议具有极大的广泛性,参加国达到167个。这次会议既是国际法历史上参加

---

① 参见〔英〕詹宁斯、瓦茨修订:《奥本海国际法》第一卷第二分册,王铁崖等译,中国大百科全书出版社1998年版,第155页。

国最多、规模最大、时间最长的一次外交会议,也是国际法历史上所拟公约的条文最多、签字国最多的一次会议。因此,这次会议的意义是重大的,影响也是深远的。会议的最终成果是被誉为"海洋宪章"的《联合国海洋法公约》获得通过。这标志着现代海洋法体系的正式确立。

二、《联合国海洋法公约》

《联合国海洋法公约》是旨在调整国际海洋关系的普遍性、造法性国际条约,是三次联合国海洋法会议的最终成果。1982年,《联合国海洋法公约》获得通过,包括中国在内的119个国家或实体签署了该公约。

《联合国海洋法公约》共分1个序言、17个部分,计320条,另有9个附件。公约第1部分为"用语",第2部分为"领海和毗连区",第3部分为"用于国际航行的海峡",第4部分为"群岛国",第5部分为"专属经济区",第6部分为"大陆架",第7部分为"公海",第8部分为"岛屿制度",第9部分为"闭海和半闭海",第10部分为"内陆国出入海洋的权利和过境自由",第11部分为"区域",第12部分为"海洋环境的保护和保全",第13部分为"海洋科学研究",第14部分为"海洋技术的发展和转让",第15部分为"争端的解决",第16部分为"一般规定",第17部分为"最后条款"。《联合国海洋法公约》的9个附件包括:高度洄游鱼类;大陆架界限委员会;探矿、勘探和开发的基本条件;企业部章程;调解;国际海洋法法庭规约;仲裁;特别仲裁;国际组织的参加。

尽管《联合国海洋法公约》在大陆架定义、无害通过权、海洋划界等方面还存在不足之处,但它确立了领海、专属经济区、大陆架、国际海底区域的法律地位,基本上反映了世界上大多数国家在开发利用海洋方面的共同愿望和利益。它的产生不仅是广大第三世界国家长期斗争和努力的结果,也是一切珍惜自己民族独立、维护自己海洋权益、爱好和平的国家的共同胜利。[①]

该公约还在解决海洋国际争端的问题上作了有益的尝试。1996年10月,国际海洋法法庭成立,总部设在德国汉堡。该法庭成为解决国际海洋争端的常设司法机构。依据《联合国海洋法公约》及作为其附件的《国际海洋法法庭规约》规定,该法庭对三类争端有管辖权:一是有关《联合国海洋法公约》的解释或适用的任何争端;二是关于与《联合国海洋法公约》的目的有关的其他国际协定的解释或适用的任何争端;三是如果同《联合国海洋法公约》主题事项有关的现行有效条约或公约的所有缔约国同意,有关这种条约或公约的解释或适用的争端也可提交法庭。需要注意的是,该法庭只是《联合国海洋法公约》规定的导致有拘束力裁判的众多强制程序之一。缔约国可在任何时间以书面方式选择法庭或《联合国海洋法公约》规定的其他争端解决程序,如国际法院、仲裁法庭等解决争端。同时,《联合国海洋法公约》也对适用争端强制解

---

① 参见魏敏主编:《海洋法》,法律出版社1987年版,第26—28页。

决程序设定了一些限制或例外,如对于关于行使主权权利或管辖权的法律执行活动方面的争端、有关划定海洋边界的《联合国海洋法公约》条款的解释或适用的争端、关于军事活动的争端以及正由联合国安理会执行《联合国宪章》所赋予的职务的争端等,缔约国可在任何时候作出书面声明,表示不接受《联合国海洋法公约》规定的强制解决程序。一般来说,该法庭的管辖权只限于《联合国海洋法公约》的缔约国。但是,缔约国以外的实体也可根据《联合国海洋法公约》第11部分的规定或根据相关协定将争端提交该法庭管辖。《联合国海洋法公约》规定在该法庭下设立海底争端分庭,并且规定如果争端当事方不能用自己选择的和平方法解决争端时,任何一方只能选择将争端提交该法庭下设的海底争端分庭,而不能选择其他法院或法庭作为争端解决途径。这意味着该法庭对于缔约国在国际海底区域内活动的争端具有完全的强制管辖权。此外,该法庭还可视必要设立特别分庭,包括简易分庭,渔业争端分庭和海洋环境争端分庭等。

按照《联合国海洋法公约》第308条的规定,该公约应自第60份批准书或加入书交存之日后12个月生效。关于保留问题,根据该公约第309条的规定,除公约其他条款明示许可外,对公约不得作出保留或例外。关于《联合国海洋法公约》同其他公约或国际协定的关系问题,该公约第311条规定,在各缔约国间,《联合国海洋法公约》应优于1958年日内瓦海洋法四公约。

《联合国海洋法公约》通过以后,美国、联邦德国、英国、法国等西方发达国家因不满公约第11部分关于国际海底区域的规定,一直拒绝签署或批准公约。在联合国秘书处的推动下,发展中国家与西方国家进行了艰苦的谈判,双方最终于1994年7月28日签订了《关于执行海洋法公约第11部分的协定》。这一协定对《联合国海洋法公约》第11部分的内容作了重大调整。发展中国家作了让步。发达国家的要求和利益一定程度上得到了满足。这就为该公约的最终生效并成为普遍性的国际条约扫除了障碍。1994年11月16日,《联合国海洋法公约》正式生效。1996年5月15日,中国批准了该公约。

第二节　海洋内水

内水是国家领水的构成部分,它分为两大部分,第一部分是陆地内水,即国家领陆范围之内的全部水域,包括河流、运河、湖泊等;第二部分是海洋内水,即国家的领海基线向陆一面的全部水域。海洋内水,与国家领陆范围之内的河流、运河、湖泊等内水相比较,其特点是位于国家陆地界限周围,并依据领海基线而划定。海洋内水一般包括内海湾、历史性海湾、内海峡等。

一、海港

海港是指用于装卸货物、上下乘客和船舶停泊,并具有各种工程设施的海域。从用途上,海港可以分为军港和商港;从开放性上,海港可以分为开放港和不开放港。早在罗马法时,海港就被视作国家的海上领土。在现代国际法上,海港被认为是国家的内水,与陆地领土一样受国家主权的排他管辖。国家可以设立港务监督机构,负责海港的管理,也可以为了安全和秩序,随时封闭海港。

沿岸国根据其主权权利和国际法上的属地管辖原则,对其港口内的外国商船具有当然的管辖权。但一般来说,各国都不坚持绝对的属地管辖权,并且会在一定程度上尊重船旗国的管辖权。

对有关海港的国际关系的法律规制由来已久。有关的国际条约和国际习惯为数不少,但其中最为重要且至今仍然有效的是1923年的《国际海港制度公约》及其附件《国际海港制度规则》。该公约及其附件主要涉及外国船舶进出海港的航务、税收、待遇以及不得因船旗国不同而受歧视等。在国内法上,中国调整海港关系的规范主要是1979年《对外国船舶管理规则》以及1983年《海上交通安全法》。

二、内海湾和历史性海湾

一般来说,海湾是指海岸向陆地凹入的地方形成的明显的水曲。关于如何才算得上"明显的"水曲,根据《联合国海洋法公约》的规定,以水曲的宽度为直径划一半圆,如果这个半圆的面积等于或小于水曲的面积,那么该水曲即为"明显的",从而就构成了海湾。

内海湾,又称领湾,是指全部海岸同属一国,且湾口宽度不超过两岸领海宽度总和的海湾。内海湾的确定是一个比较复杂的问题。"湾口宽度不超过两岸领海宽度的总和"这一标准被认为是国际习惯法规范。[①] 然而,这一国际习惯法规范表述比较抽象。对于湾口宽度的确切数值究竟应该在多少范围内的问题,国际法上一直不存在统一标准。1958年《领海与毗连区公约》曾经规定,湾口距离不超过24海里的为内海湾。1982年《联合国海洋法公约》则更为详细地规定了确定内海湾湾口宽度的标准,即如果湾口之间的距离不超过24海里,则可在湾口划一条封口线,该线所包围的水域为内水;如果湾口超过24海里,则24海里的直线基线应划在海湾内;如果湾口超过24海里,但它是包围在直线基线范围内的,该海湾仍是内水。当然,要注意的是,上述规定不适用于"历史性海湾"。

历史性海湾,是指那些全部海岸属于一国,其湾口宽度超过24海里,但在历史上一向被认为属于沿岸国内水的海湾。历史性海湾是国际习惯法上的概念。《联合国

---

① 参见王铁崖主编:《国际法》,法律出版社1995年版,第263页。

海洋法公约》没有对此作出明确规定。但无论如何,历史性海湾具有内水的性质,属于国家领水的一部分。一般来说,构成历史性海湾的条件包括两个方面:第一,沿岸国已经对该海湾实施了长期的有效控制,并因此在沿岸国和海湾之间形成了紧密的、重要的利益关系;第二,其他国家长期以来对沿岸国实行该项控制给予了明示或默示的承认。[①] 目前被确认为历史性海湾的,包括加拿大的哈德逊湾,俄罗斯的大彼得湾和中国的渤海湾等。

三、内海峡和领峡

海峡,是指位于两块陆地之间,两端连接海洋的狭窄天然水道。一般来说,海峡包括内海峡、领峡以及其他海峡三类。海峡属于内海,其法律地位与其他国家领土无异,海峡所属国有权对海峡行使主权。但是,如果海峡是用于国际航行的,或者是受到国际条约规整的,或者其所属国承担了有关的国际义务的,则国家对海峡的管理权将受到一定限制。

内海峡,是指位于一国领海基线以内的海峡。中国的琼州海峡就属于内海峡。此类海峡一般禁止外国船舶通行,商船需要通行的,只有在获得有关国家的同意之后,才能放行。

领峡,是指宽度不超过沿海国领海宽度的一倍的海峡。此类海峡的两岸加起来不大于24海里。如果此类海峡分属两个国家,且其宽度不超过两国领海宽度之和,则该海峡通常以中间线为界,分属两国的领海。领峡的法律地位等同于领海。

其他海峡是指宽度超过领海宽度两倍的海峡。这类海峡中间一般是公海或专属经济区,也就是说由领海海域和非领海海域两部分构成。对于领海海域部分,沿岸国享有主权并实行管理;对于非领海海域部分,各国船舶可以自由航行,飞机也可以在其上空自由飞跃。中国的台湾海峡就属于此类海峡。

第三节 领 海

领海,是指一国陆地领土及内水以外,处于该国主权之下的一定宽度的海水带。领海属于沿岸国的领水,受到沿岸国主权的支配。1958年《领海与毗连区公约》曾经规定,国家主权扩展于其陆地领土以外邻接其海岸一带海域,称为领海。1982年《联合国海洋法公约》规定,沿海国的主权及于其陆地领土及其内水以外邻接的一带海域,称为领海。尽管《联合国海洋法公约》基本保持了《领海与毗连区公约》对领海的界定,但还是增加了有关群岛国的内容。依据该公约,国家主权及于群岛水域以外邻

[①] 参见魏敏主编:《海洋法》,法律出版社1987年版,第45页。

接的一带海域,称为领海。海洋法早期,领海曾经有过"沿岸水""海水带""领水"等多种称谓。1930年以后,多数国家统一使用"领海"称谓,而"领水"则一般指国家主权支配下的、包括内水和领海的所有水域。

一、领海及其宽度

领海宽度是指从基线到领海外部界限的距离。一般而言,领海宽度为12海里。关于领海的宽度,历史上大致存在四种学说。第一种是"航程论",即以船舶航行一定时间的距离作为领海的宽度;第二种是"视野论",即根据海岸上所能看到的地平线来决定领海的宽度;第三种是"大炮射程论",即以大炮射程来规定国家管辖的海域范围;第四种是"海上要塞围墙论",即由国家根据自己的安全来决定领海的宽度。[①] 以上四种学说中,18世纪荷兰学者宾刻舒克提出的"大炮射程论"得到了不少国家的赞成,并逐渐演变成3海里领海的规则。而从20世纪开始,很多国家主张更大的领海宽度,其中主张12海里领海宽度的占多数。据统计,世界上有117个国家实行12海里的领海宽度。[②] 于是,《联合国海洋法公约》第3条明文规定,领海宽度不超过12海里。这意味着,国家可以规定其领海宽度小于或等于12海里,但不得多于12海里。《中华人民共和国领海及毗连区法》规定,中国领海宽度为12海里。

要具体确定领海的范围,就需要确定领海基线以及领海的外部界限。

(一) 领海基线

所谓领海基线,是指作为测定领海宽度的起算线的、划分一国领海与海岸或内水的界限的测量线。以领海基线为准,向陆地一面的海域是内水,向海洋一面的海域是领海。按照《联合国海洋法公约》的规定,领海基线可以分为正常基线、直线基线、混合基线三种。

1. 正常基线

正常基线,即海水退至最远时的低潮线。根据《联合国海洋法公约》第5条的规定,测算领海宽度的正常基线是沿海国官方承认的大比例尺海图所标明的沿岸低潮线。在实践中,正常基线一般用于海岸线平直的情况。

2. 直线基线

直线基线,是连接海岸向海洋一侧突出处和沿海岛屿外缘上的定点的直线。具体而言,这就是在海岸向海洋一侧突出处和沿海岛屿上选定一系列的基点,然后在这些基点之间划出一条条相互连接的直线,从而连成直线基线。直线基线一般适用于海岸线比较曲折的情况。中国、挪威、冰岛等国都采取这一做法,而《联合国海洋法公约》第7条也肯定了直线基线的合法性。

---

① 参见梁西主编:《国际法》,武汉大学出版社1993年版,第162页。
② 参见王铁崖主编:《国际法》,法律出版社1995年版,第266页。

3. 混合基线

混合基线,是兼采正常基线和直线基线的测量线。混合基线一般适用于海岸线较长且地形复杂的国家,如荷兰、瑞典等。《联合国海洋法公约》第14条规定,沿海国为适应不同的情况,可采取混合办法,交替使用正常基线和直线基线。

(二) 领海的外部界限

领海的外部界限,是指一条其每一点同领海基线最近点的距离等于领海宽度的线。在确定一国的领海基线和领海外部界限之后,这两条线之间的海域就是该国的领海。因此,领海外部界限的划定直接牵涉到领海范围的确认。《联合国海洋法公约》对领海的外部界限作了界定,但没有具体规定如何划定。在国际法实践中,一般采取三种方法划定领海的外部界限。

1. 交圆法

交圆法,即以基线上的某些点为中心,以领海宽度为半径,向外划出一系列相交的半圆,连接各半圆顶点之间形成的线,即为领海的外部界限。当国家领海基线是正常基线时,可采用交圆法。

2. 共同正切线法

共同正切线法,即以每一基点为中心,以领海宽度为半径,向外划出一系列半圆,然后划出每两个半圆之间的共同正切线,这些正切线都与相应的各段基线平行,其距离等于领海宽度,这些切线连接在一起即形成领海的外部界限。当国家领海基线是直线基线时,可采用共同正切线法。

3. 平行线法

平行线法,是指根据领海的宽度,在领海基线各基点沿海岸垂直方向向外平行推移,即领海的外部界限与领海基线完全平行。这种方法既适用于正常基线法也适用于直线基线法。①

(三) 海岸线相邻或相向的国家领海划分

当两个沿海国海岸线相邻或相向,而中间海域的宽度小于该两国领海宽度之和的时候,这两个沿海国就需要依据国际法公平地划分它们之间的领海。依据《联合国海洋法公约》第15条的规定,如果两国海岸彼此相向或相邻,两国中任何一国在彼此没有相反协议的情况下,均无权将其领海延伸至一条其每一点都同测算两国中每一国领海宽度的基线上最近各点距离相等的中间线以外。但如因历史性所有权或者其他特殊情况有必要按照与上述规定不同的方法划定两国领海的界限,则不适用上述规定。因此,一般来讲,海岸线相邻或相向国家的领海分界线划分最好由有关国家通过协议解决,如果没有协议的话,通常会以两国领海的中间线或等距离线来划分,但如果存在特殊的情况,则另当别论。

---

① 参见魏敏主编:《海洋法》,法律出版社1987年版,第71—73页。

二、领海主权

领海主权,是指国家对其领海所享有的最高统治权,是国家主权在其领海的体现。国家主权不仅及于领海,也及于领海的上空、海床和底土。原则上,由于领海也是国家领土的组成部分,因此,国家在其领海上行使主权与其在领陆上行使主权没有本质区别。然而,由于海域与陆地的不同性质,领海主权在具体内容上与领陆主权是不尽相同的,而且前者往往会受到国际条约的一些限制。

《联合国海洋法公约》规定的领海主权的内容是广泛的:

第一,开发和利用领海内资源的专属权利。对于领海水域、海床和底土的生物和非生物资源,沿海国有开发和利用的排他性权利。除非有关的国际协议另有规定,任何自然人、法人或其他实体未经沿海国许可,不得在其领海内从事资源勘探和开发活动。

第二,对领海上空进行管制的专属权利。领海上空也属于国家主权的行使范围,未经沿海国许可,外国飞机不得进入该国领海上空。

第三,对领海内国内航运的独占权利。沿海国可以排他地享有本国沿海岸的航运权(或称沿岸海上贸易权),即只有本国船舶有权从事本国港口之间的国内航运和贸易,除非与他国订有协议。

第四,制定并颁布有关领海事务规章的权利。沿海国可以制定有关领海内航行、缉私、移民、卫生、水源保护等方面规章制度并颁布之。凡是进入该国领海的船舶均得遵守这些规章制度。

第五,在领海内采取国防安全措施的权利。沿海国有权在领海内采取建造防御工事、划定禁航区或水上防卫区、监督无线电使用等安全措施。对于不遵守沿海国有关规章制度或国际法规则的外国军舰和非商业政府船舶,尽管其享有国家豁免权,沿海国仍然可以要求其立即离开领海,并可以采取相应的安全措施,也可以追究其所属国的国际法律责任。

第六,在领海内实行司法管辖的权利。沿海国在其领海内,可以对外国的非军用船舶行使刑事和民事的管辖权。

尽管根据《联合国海洋法公约》的规定,沿海国一般来说不应对通过其领海的商船或商业目的的政府船舶行使刑事管辖权,但在罪行的后果及于沿海国、犯罪行为属于扰乱当地安宁或领海的良好秩序者、经船长或船旗国的外交代表或领事官员请求地方当局予以协助的、为取缔违法贩运麻醉药品或精神调理物质所必要的情况下,沿海国可以行使刑事管辖权,并可以采取逮捕、调查等法律授权的任何措施。

《联合国海洋法公约》并不反对沿海国在其领海内行使民事管辖权,但规定,沿海国不得为对他国领海的外国船舶上的某人行使民事管辖权而停止该船舶的航行或改变其航向;除船舶本身在通过沿海国水域航行过程中或为此种航行目的而承担的义务或发生债务诉讼外,沿海国不得为任何民事诉讼的目的而对船舶从事执行或加以逮捕,但这并不反对该沿海国按照其法律为任何民事诉讼的目的而对在领海内停泊或驶离内水后通过领海的外国船舶从事执行或加以逮捕的权利。

三、无害通过权

无害通过权,是指外国船舶在不损害沿海国和平、安全和良好秩序的原则下通过该国领海的权利。无害通过权是对沿海国领海主权的一种合理限制,因为海洋毕竟只是从陆地延伸出来的、广义上的国家领土。海洋航行的自由是由来已久的。尽管现代国际法将一部分海洋置于国家主权之下,但这并不意味着航行自由在这部分海域完全消失。

《联合国海洋法公约》也确认了无害通过权。无害通过的两大要素是"无害"与"通过"。

通过,是指穿过领海但不进入内水,或从内水驶出或驶入内水的航行;航行必须是继续不停和迅速进行的;除非确有必要或者由于不可抗力、遇难、救助等原因,不得停船和下锚。

无害,是指不损害沿海国的和平、安全和良好秩序。外国船舶通过一国领海时,如果存在以下情况之一,则其通过应被视为损害沿海国的和平、安全或良好秩序:对沿海国的主权、领土完整或政治独立进行武力威胁或使用武力;以任何种类的武器进行军事操练或演习;搜集情报;进行反对沿海国的宣传活动;在船上起落或接载飞机;在船上发射、降落或接载军事装载;违反沿海国有关海关、财政、移民或卫生的法律和规章,上下任何商品、货币或人员;严重的污染行为;任何捕鱼活动;进行研究和测量活动;干扰沿海国通讯系统或其他设施或设备的行为;与通过没有直接关系的任何其他活动。

无害通过权只涉及领海水域的海面,不涉及领海水域的上空或水域的深处,因此,外国飞机未获得沿海国的同意不能飞越领海上空;而外国的潜水艇若要享有无害通过权,也必须在海面上航行并展示其国旗。

沿海国可以制定有关无害通过的法律和规章。对于违反这些法律和规章的,沿海国可以采取相应措施。无害通过权一般限于平时。在特殊情况下,沿海国可以暂停或禁止无害通过,也可以将无害通过限定在特定的水域。当然,沿海国的这些管制权利,均不得与其承担的国际义务相违背。

无害通过权一般适用于外国非军用船舶,而对于外国军用船舶是否可以享有无害通过权的问题,国际社会分歧很大。《领海及毗连区公约》虽然规定所有船舶均享有无害通过权,但是很多国家对此作出了保留。尽管《联合国海洋法公约》沿用了上述的规定,但问题并没有得以解决。该公约第17条规定,"无害通过权适用于所有船舶"。另外,该公约第20条还规定,潜水艇通过领海时必须在海面航行并悬挂旗帜。沿海国可以享有"保护权",包括在领海内采取措施防止非无害的通过,以及在领海的特定区域内暂停外国船舶的无害通过。可见,《联合国海洋法公约》是在肯定外国军舰享有无害通过权的前提下,给予沿海国在某种情况下的后发制人的权利,明显地偏向了海洋大国。各国对此规定的解释一直存在分歧,而各国根据公约所享有的采取措施防止非无害通过的权利以及暂停无害通过的权利,确实可以起到实际上剥夺军用船舶无害通过权的作用。因此,这个问题的解决,有待于国际海洋法的进一步发展。

1992年《中华人民共和国领海及毗连区法》规定,外国军舰进入中国领海必须经过批准。1996年5月15日,在批准《联合国海洋法公约》时,中国政府声明,公约关于无害通过权的规定,不妨碍沿海国按其法律规章要求外国军舰通过领海必须事先取得该国许可或通知该国的权利。

第四节 毗连区、专属经济区和大陆架

一、毗连区

从18世纪开始,沿海国为了保护本国的利益,开始将其行使某些主权权利的范围扩大到领海之外的一定区域,从而形成了毗连区制度。1736年,英国制定了《游弋法》,以便对在海岸外一定距离内游弋的可疑船只进行监督检查。美国从1799年开始多次制定法律,规定对领海外一定范围内的外国船舶的登临检查权。19世纪之后,各国纷纷设立毗连区。尽管各毗连区宽度不同、内容不一,但是毗连区制度本身得到了国际社会的承认。

(一) 毗连区制度的产生

有关毗连区的制度产生于18世纪30年代,原因是沿海国为了本国的利益,需要将某些权利的行使范围扩大到领海之外的一定区域。最早设立毗连区的国家是英国。1736年,英国制定《游弋法》,规定对在英国海域内的船舶行使监督检查权,凡在该海域内走私或运载违禁品者,均予以没收船货或罚款。1876年,英国又颁布《统一海关法》,规定对9海里范围内的本国船舶行使缉私检查权。美国于1799年至1922年多次制定法律,规定对12海里内的外国船舶行使登临检查权。美国在1935年颁布的《反走私法》还授权总统可以宣布宽达50海里至100海里的海关执行区。19世纪后,许多国家根据本国的利益,纷纷制定法律,在领海之外设置了内容不同、宽度不一的毗连区。此外,还有一些国家通过双边或多边协定承认或相互承认所设置的毗连区。例如,1930年,美国先后与德国、瑞典、挪威等15国签订条约,互相承认各签约国所设立的毗连区。

鉴于各国毗连区制度不统一,1930年海牙国际法编纂会议曾试图对毗连区的概

念、性质和地位作出统一规定，但未获成功。1958年联合国第一次海洋法会议首次将毗连区制度列入《领海及毗连区公约》。在联合国第三次海洋法会议上，与会国又对毗连区条款进行了修改，将其载入1982年《联合国海洋法公约》之中，从此毗连区制度被确认为一项普遍的现代国际法上的制度。

（二）毗连区及其法律地位

毗连区（Contiguous Zone），又称"邻接区""海上特别区"，是指沿海国根据其国内法，在领海之外邻接领海的一定范围内，为了对某些事项行使必要的管制权而设定的特殊海域。沿海国在毗连区管制的事项包括：（1）防止在其领土或领海内违反其海关、财政、移民或卫生的法律和规章；（2）惩治在其领土或领海内违反上述法律和规章的行为。但沿海国在毗连区行使权利不应影响他国在该区域内的航行，飞越和铺设海底电缆、管道等自由权利的行使。

毗连区的宽度从测算领海宽度的基线算起，不得超过24海里。需要特别指出的是，毗连区的实际宽度应是从基线算起在领海之外，连同领海宽度不得超过24海里。1992年《中华人民共和国领海及毗连区法》规定，中国毗连区为领海之外邻接领海的一带海域，其宽度为12海里。划定相邻或相向沿海国之间的毗连区界限，可按划定领海界限的方法进行。

毗连区的法律地位问题是一个较复杂的问题。1958年《领海及毗连区公约》在"领海之外即公海"的原则下，把毗连区规定为"毗连领海的公海区域"。1982年《联合国海洋法公约》由于把公海的范围规定在沿海国的内水、领海和专属经济区和群岛国的群岛水域之外，因而将毗连区明确规定为毗连沿海国领海的特定海域。从《联合国海洋法公约》的规定看，毗连区既不属于国家领水的一部分，也不属于公海区域，所以，毗连区是由沿海国加以特殊管制的区域。

毗连区的法律地位不同于领海。领海是国家领土的组成部分，受国家主权的支配和管辖，而毗连区是为了保护国家某些利益而设置的特殊区域，沿海国在此区域内对上述列举的事项行使必要的管制权，并对违反上述法律和规章的行为进行惩治。沿海国对毗连区的管辖并不包括毗连区的上空。沿海国对毗连区的管制权只涉及毗连区的水体，这与国家在领海内整体行使主权有显著的区别。

二、专属经济区

专属经济区制度是晚近才出现的。1946年，智利发表声明，主张对邻近其海岸200海里以内的海域拥有主权。1952年，智利、厄瓜多尔和秘鲁发表《圣地亚哥宣言》，要求对邻接海岸并从海岸延伸不少于200海里的海域享有专属管辖权。1972年，加勒比海沿岸国家发表《圣多明戈宣言》，主张沿海国对该海域内的自然资源享有权利。同年，肯尼亚向联合国海底委员会提交了一份《关于专属经济区的概念的条文草案》，文中首次提出了"专属经济区"的概念。这一概念很快得到了沿海国家的认同。在第三次联合国海洋法会议上，鉴于多数国家支持设立200海里专属经济区，1982年《联合国海洋法公约》最终将这一制度纳入了进来。

（一）专属经济区及其宽度

专属经济区，是指沿海国为勘探、养护、开发和管理海床、底土及其上覆水域在领海之外并邻接领海的海域设置的一定宽度的专属管辖区。根据《联合国海洋法公约》的规定，专属经济区的宽度从基线量起不得超过200海里。因此，专属经济区的宽度一般为200海里，并且这一距离包括领海在内。

专属经济区制度产生于20世纪中叶，并在广大发展中国家的推动下逐渐得到了发展。20世纪40年代后，拉丁美洲一些国家为维护沿海的自然资源而争取200海里海洋权的斗争是促成专属经济区法律制度形成的主要动力。1946年，智利发表"总统声明"，率先提出对邻近其海岸200海里以内海域的主权要求。1952年，智利、厄瓜多尔和秘鲁三国签署《圣地亚哥宣言》，要求对邻接海岸并从海岸延伸不少于200海里的海域享有专属管辖权。1972年，加勒比海沿岸国家发布《圣多明戈宣言》，把沿海岸200海里的海域称为"承袭海"，主张沿海国对该海域内的自然资源享有权利，但允许其他国家在此海域享有航行、飞越以及铺设海底电缆、管道的自由权利。同年，非洲国家于喀麦隆首都雅温得举行海洋法问题区域讨论会。会议的总报告提议，非洲国家有权在领海外设置"经济区"，这种"经济区"的设立不影响他国的航行、飞越以及铺设海底电缆、管道的自由，而且该海域内的生物资源应开放给所有非洲内陆国进行开发。

1972年8月，肯尼亚向联合国海底委员会提交了一份《关于专属经济区的概念的条文草案》，在草案中首次提出"专属经济区"的概念。在联合国第三次海洋法会议上，大多数国家支持设立200海里专属经济区，并最终把它作为一项新的现代国际法制度订入了《联合国海洋法公约》。

（二）专属经济区的法律地位

尽管专属经济区是主权的一种延伸，但是它毕竟不同于领海，因此沿海国只能依据国际法在专属经济区享有一定的专属权利，且此种专属权利一般不是管制性的，而是经济性或开发性的。同时，专属经济区又不同于公海，因此，尽管其他国家仍然享有相当的海洋自由，但沿海国仍然可以依据国际法拒绝其他国家从其专属经济区中获得某些经济或开发权利。

1. 沿海国在专属经济区享有的权利义务

第一，沿海国在其专属经济区内享有勘探和开发、养护和管理海床和底土及其上覆水域的自然资源的权利，并且享有从事经济性开发和勘探的权利。未经沿海国同意，其他国家不得在其专属经济区内进行勘探和开发。

第二，沿海国在其专属经济区内享有建造人工岛屿、设施和结构，进行海洋科学研究,保护和保全海洋环境的权利。

第三,沿海国享有制定有关其专属经济区的法律法规和规章的权利。

第四,沿海国在其专属经济区内承担养护海洋生物和保护海洋资源的义务,并负有适当地顾及其他国家权利的义务。

2. 其他国家在专属经济区内的权利义务

第一,所有国家在专属经济区均享有船舶航行、飞机飞越、铺设海底电缆和管道的自由。其他国家在经沿海国同意的情况下,可以取得在其专属经济区进行科学研究的权利。

第二,内陆国或地理条件不利的国家,有权在公平的基础上参与开发同一区域的沿海国专属经济区内的生物资源的剩余部分。这种参与应当由有关国家制定双边、分区域或区域协定。

第三,其他国家在沿海国的专属经济区内行使其权利时,应适当地顾及沿海国的权利,并应遵守沿海国制定的关于专属经济区的法律法规。

(三) 相邻或相向的沿海国之间专属经济区界限的划定

由于专属经济区所覆盖的海域较为宽广,故而在相邻或相向国家间的海域小于400海里的时候,两国的专属经济区都无法顺利延伸至200海里,这就存在一个如何划分各自专属经济区的界限的问题,且这种问题很可能导致国际纠纷。《联合国海洋法公约》第74条规定,海岸相邻或相向国家间专属经济区的界限,应在《国际法院规约》第38条所指明的国际法的基础上,以协议划分之,以便达到公平解决。在尚未达成协议之前,有关国家可作出临时性安排,但这种安排不应妨碍最后界限的划定。在沿海大陆架小于或等于200海里的情况下,专属经济区的外界是与大陆架的外界一致的。1983年到1984年,在国际法院特别分庭审理的美加缅因湾划界案中,国际法院便同意美加两国的请求,为缅因湾确定一条既划分两国渔区也划分两国大陆架的线。

在划界实践中,一些国家主张适用等距离中间线的原则,通常根据特殊情况对等距离中间线作适当的调整,如1976年印度与斯里兰卡海上边界协定、1978年哥伦比亚与海地海上边界协定和1980年法国与多哥协定等。在已宣布专属经济区的国家当中,约有1/3的国家在其国内立法中规定:在尚未与邻国达成协议之前,其专属经济区不超过它们与邻国之间的中间线。

三、大陆架

大陆架原本是地质地理学上的概念。从19世纪末到20世纪初,大陆架一般作为一个辅助的地理概念出现在海洋的绘图或划界中。第二次世界大战以后,一些国家相继对大陆架提出主权要求。1945年,美国总统杜鲁门发表《关于大陆架的声明》,首次提出了大陆架的法律概念,并宣称处于公海下毗连美国海岸的大陆架的底土和海床的自然资源属于美国,受美国的管辖控制。在1958年的第一次联合国海洋法会议上,二十多个国家发表了类似的主张或声明。尽管作为沿海国的一种权利扩张行为,大陆架制度受到了海洋大国的一些反对,[①]但在此后的一段时期内,越来越多的国家对大陆架主张并确立了权利。1982年《联合国海洋法公约》确定了大陆架的法律地位,由此,大陆架的国际法律制度正式形成了。

(一) 大陆架及其宽度

在国际海洋法中,大陆架是指沿海国领海以外依其陆地领土的全部自然延伸。依据《联合国海洋法公约》的规定,沿海国的大陆架包括其领海以外依其陆地领土的全部自然延伸,扩展到大陆边缘的海底区域的海床和底土。

就确定大陆架的外部界限而言,《联合国海洋法公约》规定了两种情况。第一种情况是,如果从测算领海宽度的基线量起到大陆边的外缘的距离不到200海里,则扩展到200海里的距离;第二种情况是,如果全部自然延伸超过200海里,则以最外各定点为准划定界限,或者以离大陆坡脚的距离不超过60海里的各定点为基准划定界限,但无论如何,不应超过从测算领海宽度的基线量起350海里,或不应超过2500米等深线外100海里。

(二) 大陆架的划界

大陆架可能涵盖的地理范围较为宽阔,故而海岸线相邻或相向的国家经常发生大陆架的划界问题,由此引发的国际纠纷也为数不少。有关的国际条约一直试图调整这一问题。1958年《大陆架公约》第6条规定,相邻或相向国家大陆架的疆界应由两国之间协定予以决定。在没有协定的情形下,除根据特殊情况另定界限外,疆界应适用等距离线(中间线)予以确定。这一规则被称为"协定和等距离——特殊情况"原则。然而,《大陆架公约》的参加国有限,故而"协定和等距离——特殊情况"原则不是一项普遍的国际条约规则。由于没有得到绝大多数国家的明示或默示承认以及缺乏国家的实践支持,这一原则尚未构成国际习惯规则。因此,国际法院在"北海大陆架案"中否定了荷兰和丹麦提出的《大陆架公约》第6条是国际习惯法的主张。

《联合国海洋法公约》第83条规定,海岸相向或相邻国家间大陆架的界限应在国际法的基础上以协定划定,以便得到公平解决。尽管公约没有明确说明当国家之间没有协议的时候如何解决争端,但一般认为,公约的这一规定肯定了公平原则在大陆架划界中的作用。国际法院在"北海大陆架案"中运用公平原则对大陆架的划界方法进行了解释。国际法院的判决表明,在大陆架的划界中,无论采取何种划界方法,都必须作出公平合理的解决办法或者产生公平的划界结果和达到公平的目的。此后,

---

① 参见〔美〕亨金:《国际法:政治与价值》,张乃根等译,中国政法大学出版社2005年版,第120页。

1977年"英法大陆架仲裁案"、1984年"缅因湾海洋边界划定案"、1986年"几内亚—几内亚比绍海洋边界划定争端案"以及1985年"利比亚—马耳他大陆架案"等等都对公平原则给予了相当的关注。当然,关注公平原则并不意味着"协定和等距离——特殊情况"原则遭到废弃。

(三) 大陆架的法律地位

与专属经济区一样,大陆架也是领海主权的延伸。这意味着大陆架并非国家领土,但同时也不是共有物。沿海国对大陆架享有某些专属权利,同时也承担一定的义务。其他国家在尊重沿海国专属权利的基础上可以享有相应的权利。《联合国海洋法公约》对大陆架的法律地位作了较为具体的规定。

第一,沿海国拥有勘探大陆架和开发其自然资源、建造人工岛屿和设施的专属权利。未经其同意,任何人不得从事此类活动。

第二,沿海国对大陆架的权利取决于存在的事实,而不取决于有效的占领、象征性的占领或明文公告。

第三,沿海国对大陆架的权利不影响大陆架上覆水域和水域上空的法律地位,其他国家仍然享有相应的航行自由和飞越自由。

第四,其他国家有权在沿海国大陆架海底铺设电缆和管道,但其路线的划定要得到沿海国的同意。

第五,对于超过200海里的大陆架,沿海国开采到的石油和实物要按比例提成并分配给海洋法公约其他成员国,分配时要照顾到发展中国家的利益。

(四) 大陆架与专属经济区的关系

大陆架与专属经济区是两项独立的法律制度,但两者也有着紧密的联系。首先,两者都是领海主权的延伸,都是在晚近发展起来的,体现了沿海国的利益;其次,在从测算领海宽度的基线量起200海里以内,专属经济区和大陆架的领域是重叠的,并且沿海国在两者区域中的权利义务也有重叠之处。例如,两种制度都保障了沿海国对自然资源的专属权利,同时也保障了其他国家的航行和飞越自由。

然而,两者也是有着区别的。首先,沿海国取得专属经济区的权利和大陆架的权利的依据不同。对大陆架的权利取得,不依据于占领或宣告,而依据大陆架存在的事实。对专属经济区权利的取得,则依据于宣告,没有宣告的,就不能设立专属经济区。其次,两者的范围不同。200海里是专属经济区的最大宽度,却是大陆架的最小宽度,200海里外仍然可能存在大陆架。[①] 最后,两种法律制度所涵盖的权利义务不尽相同。沿海国在专属经济区内对所有的资源,包括生物的和非生物的资源都享有专属权;而在大陆架上仅对各种非生物资源享有专属权利。

---

① 参见王铁崖主编:《国际法》,法律出版社1995年版,第279页。

第五节 公海及其他特殊海域

一、公海

(一) 公海的概念

公海的概念产生于16世纪末17世纪初。1609年,格劳秀斯在《论海洋自由或荷兰参与东印度贸易的权利》中提出,公海如同公路,根据自然法,人人都可以自由地通行。公海(High Sea)一词由此产生。① 到了19世纪,公海的概念与领海概念同时获得了国际社会的普遍承认。传统国际法认为,领海以外的海面便是公海,公海对所有国家开放,任何国家不得在公海上主张权利。1958年的《公海公约》第2条规定,公海一词是指不包括在一国领海或内水的全部海域。随着国际海洋法的发展,公海的范围出现了变化,呈现逐渐缩小的趋势。公海已经不再涵盖海床和底土,也不包括专属经济区和群岛水域。因此,1982年《联合国海洋法公约》第86条规定,公海是指不包括在国家的专属经济区、领海或内水或群岛国的群岛水域内的全部海域。

公海的法律性质完全不同于领海,前者属于"共有物"的范围,不受任何国家单独支配;后者属于国家领土的一部分,被置于一国主权的管辖之下。根据《联合国海洋法公约》的规定,公海具有其自身的法律制度。

(二) 公海自由及其限制

早在17世纪,著名的《海洋自由论》就表达了公海自由的观点:依据万民法,人人享有航海自由;先占不适用于海洋;海洋不可能成为任何君主的领土。② 18世纪以后,英美等海洋大国都十分强调海洋自由。尽管20世纪下半叶很多沿海国争取扩大自己管辖的海域,然而世界上主要的海域仍然属于公海性质,公海自由原则仍然得到了公认和发展。

《公海公约》规定,公海对所有国家开放,不论是沿海国还是内陆国都可以在公海上享有"公海自由"的权利。公海自由的内容包括:(1) 航行自由;(2) 捕鱼自由;(3) 铺设海底电缆和管道自由;(4) 公海上飞行自由。《联合国海洋法公约》对"公海自由"原则作了进一步的发展。该公约规定,公海对所有国家开放,不论其为沿海国或内陆国;任何国家不得有效地声称将公海的任何部分置于其主权之下;公海应只用于和平目的。公海自由的内容包括:(1) 航行自由;(2) 飞越自由;(3) 铺设海底电缆和管道的自由;(4) 建造人工岛屿和设施的自由;(5) 捕鱼自由;(6) 科学研究的自由。

---

① 参见张乃根:《国际法原理》,中国政法大学出版社2002年版,第121页。
② 同上书,第122页。

国家享有公海自由,但这种权利并非绝对的,而是受到相应国际规范制约的。因此,国家行使公海自由权,应受到至少三个方面的限制:第一,公海须用于和平目的;第二,行使公海自由权须适当顾及其他国家的利益;第三,行使公海自由须受到其他国际法规则的约束。例如,铺设海底电缆或管道、建造人工岛屿或设施,要受到海洋法关于大陆架的规定的限制;捕鱼受到关于公海生物资源管理和养护的规定的限制;科学研究则受到关于大陆架和海洋科学研究的规定的限制。

(三) 公海上的航行制度

公海自由最基本的一项就是航行自由,因此航行制度是公海法律制度的根本。航行自由是指,一切国家的船舶,不论军舰或商船,均有在公海任何部分完全不阻碍地航行的自由,除受其本国的专属管辖外,其他任何国家不得加以支配或阻碍。

每个国家,不论是沿海国还是内陆国的船舶,都有权在公海行驶并悬挂本国旗帜,这称为"航行权"。[①]《联合国海洋法公约》第90条对公海航行权作了规定。依据该公约,一切国家,包括无海岸的内陆国的船舶,包括商船、军舰、政府船舶、潜水艇等各种航行器,在公海的任何部分均享有完全无阻碍的航行自由;在公海上航行的各国(不论是沿海国或内陆国)船舶,均有权按照规定的条件悬挂其旗帜;在公海上航行的船舶,除受船旗国的管辖和国际法的限制外,不受其他国家的支配和管辖,不受任何强制性的海上礼节的约束,也不承担交纳任何通行税的义务。

为了行使航行权的目的,任何船舶都应该有其国籍的归属,也就是确定其船旗国。船旗国的确定是航行自由的保障。不悬挂国旗的船舶是不能在公海上航行的。在公海上,任何船舶只能悬挂一国的国旗。除所有权确实转移或变更登记外,航行中不得更换旗帜,也不得悬挂两国或两国以上的旗帜。悬挂两国旗帜者,视同无国籍船。无国籍的船舶不享受法律的保护。

依据国际法,国家有权自行决定授予船舶国籍的条件,尽管这符合主权原则,但也造成了船舶国籍授予标准的不统一乃至混乱。在国际航海实践中,有的国家为了获取登记费,允许外国船舶悬挂该国国旗。某些船舶为了逃避其本国的税收征管或出于其他原因,也乐于购买他国的船旗。这种旗帜被称为"方便旗"。《公海公约》和《联合国海洋法公约》均规定,船舶和其国籍国之间应有"真正的联系"。这主要是针对船舶挂"方便旗"的现象提出的。"方便旗"的问题一直没有得到解决。尽管《联合国海洋法公约》要求有"真正的联系",但是这一规定不够具体,不具有辨别"方便旗"并采取相应措施的可操作性。因此,这基本上只是表明了一个态度,无助于有关问题的解决。

20世纪以前,航行权只属于沿海国家。非沿海国的航行权是在1921年的巴塞罗那会议上才开始得到承认的。后来的1958年《公海公约》规定,为了与有海岸国平等享受公海自由,无海岸国应有进入海洋的自由。1982年《联合国海洋法公约》规定,

---

① 参见端木正主编:《国际法》,北京大学出版社1989年版,第209页。

内陆国应有权出入海洋。为此目的,内陆国应享有利用一切运输工具通过过境国领土的过境自由。

(四) 公海上的管辖制度

公海具有自由的法律地位,但这并不意味着公海处于无法律状态。相反,依据国际海洋法,各国在一定限度内和特定的情况下,可以对公海上的船舶、人和货物行使管辖权。

1. 船旗国管辖原则

船旗国管辖是公海管辖的主要原则。根据《公海公约》和《联合国海洋法公约》的规定,国家对悬挂本国国旗的船舶享有完全的和排他的管辖权。每个国家应对悬挂该国旗帜的船舶有效地行使行政、技术及社会事项上的管辖和控制权。因此,在公海航行的船舶,其内部发生的一切刑事、民事案件都处于船旗国的管辖之下。船旗国的管辖权是专属性的。其他国家不得在公海上对有关船舶主张管辖权,也不得对有关船舶加以扣押或拘留。

2. 普遍管辖规则

依据普遍管辖的规则,对于在公海上发生的违反人类利益的国际罪行以及某些严重违反国际法的行为,任何国家都可以行使管辖权。这些行为至少包括:

第一,贩运奴隶的行为。贩奴行为是严重违反国际法的行为,自19世纪中后期以来,国际社会对取消奴隶制度、禁止奴隶贸易达成了共识。1926年《废除奴隶制及奴隶买卖的国际公约》和1956年《废止奴隶制、奴隶贩卖及类似奴隶制的补充公约》均要求各国禁止悬挂自己国家国旗的船舶贩卖奴隶。《公海公约》第13条和《联合国海洋法公约》第99条也都规定,各国要采取有效措施来防止并惩罚在公海上贩运奴隶,防止有人非法利用悬挂本国国旗的船舶贩运奴隶。如果一个国家拿捕贩运奴隶的船舶,无论哪一国的船舶,船上的奴隶一律无条件地获得自由。

第二,海盗行为。海盗行为是长久以来一直存在的扰乱公海航行秩序的国际罪行。依据国际习惯法,海盗行为不受船旗国的保护,任何国家对其均可以加以逮捕并进行处罚。但一般来讲,只有军舰、军用飞机或经授权的船舶才能拿捕海盗船,商船无权对海盗进行逮捕。①

第三,贩运毒品的行为。贩毒是一种国际罪行。1961年《麻醉品单一公约》和1972年《修正1961年麻醉品单一公约的议定书》规定,贩毒构成犯罪,各国应采取措施制裁之。《联合国海洋法公约》亦规定,所有国家应进行合作,以制止船舶违反国际公约在海上从事非法贩运麻醉药品或精神调理物质的行为。

第四,非法广播行为。没有按照国际公约统一分配的无线电波段而进行的广播是为非法广播,这种广播影响了正常的无线电波段使用,危及公海航行安全。因此,《联合国海洋法公约》规定,所有国家应进行合作,以制止在公海从事未经许可

---

① 参见梁西主编:《国际法》,武汉大学出版社1993年版,第181页。

的广播。

此外,其他的一些符合普遍管辖条件的国际罪行或严重违反国际法行为,如恐怖主义行为等,任何国家也都可以对其行使管辖权。而依据国际豁免原则,执行公务的国家船舶,包括军舰和被政府授权的船舶,享有管辖豁免,任何国家不得对其行使管辖权。

3. 登临权和紧追权制度

登临权和紧追权是为了维护公海秩序、保障国家主权权益而由国际法授权各国行使的一种程序性权利。

登临权,又称临检权,是指一国军舰或经授权的国家公务船舶靠近和登上被合理地认为犯有国际罪行或其他违反国际法行为嫌疑的商船进行检查的权利。依据《联合国海洋法公约》的规定,在发现有关船舶具有下列嫌疑时,可以进行登临检查:从事海盗行为;从事奴隶贩卖;从事未经许可的广播;该船无国籍;虽悬挂一国旗帜或拒不展示旗帜而事实上与军舰属同一国国籍。登临后,军舰或经授权的船舶可以要求检查证件或进行搜查,但若证明有关船舶未从事上述行为,则行使登临权的国家应负责赔偿。

紧追权,是指沿海国对其领水内或所辖海域内的从事违法行为的船舶进行追逐并拿捕的权利。行使紧追权需要遵循以下的规则:紧追必须由军舰、军用飞机或经授权的船舶或飞机进行;紧追必须从内水、领海或毗连区开始,如果外国船舶违反了沿海国关于专属经济区和大陆架的法规,沿海国亦可从专属经济区和大陆架上覆水域开始紧追;紧追应当是持续不停的,追逐一旦中断,就不能继续进行;紧追行为可以延续到公海上,但若被紧追的外国船舶进入非紧追国领海,则紧追必须终止;紧追若无正当理由或不符合上述要求,追逐国应负赔偿责任。例如,在 1935 年的"孤独号案"中,美国之所以被裁定负赔偿责任就是由于击沉孤独号的德斯特号并非原来开始紧追的船舶,而是在两天之后从另一个方向开过来,故而不符合行使紧追权的条件。

4. 其他制度

除了上述制度以外,在公海范围内还存在其他的国际法律制度,如捕鱼制度、铺设海底电缆和管道的制度、海洋生态环境保护制度等。

捕鱼自由是公海自由的构成部分。然而,这并不意味着在公海捕鱼不受任何法律规范。1958 年的《捕鱼与养护公海生物资源公约》规定,所有国家均有任其国民在公海上捕鱼的权利,但须尊重条约义务、沿海国的利益和权利、关于养护公海生物资源的各条规则。《联合国海洋法公约》基本沿用了上述的规则,并规定在对公海生物资源决定可捕量和制订其他养护措施时,各国应采取措施,使捕捞的鱼种的数量维持或恢复到能够生产最高持续产量的水平,使有关联和依赖的鱼种的数量维持在或恢复到其繁殖不会受严重威胁的水平以上。

尽管所有国家都有权在大陆架以外的公海海底铺设海底电缆和管道,但这必须以不影响已经铺设的电缆和管道为前提。如果因此造成损失,有关国家负有赔偿的责任。

《联合国海洋法公约》第 12 部分对海洋环境的保护及保全问题作了详细规定。

该公约指出，对海洋环境的污染有六个来源：陆地；国家管辖范围内的海底活动；国际海底区域的活动；倾倒；船舶；大气层。该公约规定，各国应通过外交会议制定国际规章，订出标准，建议采取某种办法及程序，加以防止、减少和控制海洋环境污染。各国应制定法律和规章，对其海底开发活动、悬挂其旗帜的船舶、人工岛屿设施和结构对海洋环境造成的污染加以防止、减少或控制，其标准不应低于国际规章所定的标准。此外，该公约还责成各国执行上述法律和规章，实施主管国际组织或外交会议制定的国际规则和标准。各国应采取措施，确保其船舶遵守上述规则。当违反上述规则的船舶位于一国港口或码头时，港口国或沿海国应对它提起司法程序。

二、用于国际航行的海峡

（一）"用于国际航行的海峡"的概念

用于国际航行的海峡，是指两端连接公海或专属经济区且用于国际航行的海峡。用于国际航行的海峡是《联合国海洋法公约》提出的一个新概念。它的出现是为了解决原本用于国际航行的海峡被沿海国纳入管辖所引发的问题。

随着沿海国领海宽度的扩大，随着专属经济区制度的建立，很多原来用于国际航行的海峡如今都处于沿海国的管辖之下。这种情况下，这些海峡如何进行通航就成了一个问题。有关的国际纠纷也不时出现。1949年，国际法院在"科孚海峡案"中，驳回了阿尔巴尼亚关于科孚海峡只是用于连接当地交通的一条航道的主张，认为该海峡存在着连接两部分公海和用于国际航行的事实，因此，在和平时期沿岸国不得禁止他国船舶通过。① 1958年《领海及毗连区公约》第16条规定，在公海一部分和公海另一部分或和一个外国领海之间用于国际航行的海峡，不得禁止外国船舶的无害通过。

在第三次联合国海洋法会议期间，海洋大国和海峡沿岸国就用于国际航行的海峡的法律地位进行了激烈的争论。海洋大国主张这类海峡应当像公海一样适用航行自由原则，沿岸国主张这类海峡应当像领海一样适用无害通过原则。最终，《联合国海洋法公约》采取了妥协的态度，提出了"用于国际航行的海峡"这一新概念，并对这一海域实行一种新的制度，即过境通行制。

（二）过境通行制

依据《联合国海洋法公约》的规定，过境通行制，是指外国的船舶和航空器所享有的在用于国际航行的海峡中持续不停地和以通过为目的的通过的权利的制度。过境通行制适用于在公海或专属经济区的一个部分和公海或专属经济区的另一部分之间的用于国际航行的海峡。过境通行制不影响用于国际航行的海峡本身的法律地位，不影响沿岸国对此类海峡水域、上空、海床和底土行使主权或管辖权，也不影响有关的国际条约对此类海峡法律地位的规定。

---

① 参见陈治中编著：《国际法案例》，法律出版社1998年版，第188—189页。

外国船舶或飞机在行使过境通行权的时候应承担以下义务：第一，毫不迟延地通过或飞越海峡；第二，不对海峡沿岸国的主权、领土完整或政治独立使用或威胁使用武力；第三，除因不可抗力或遇难外，不从事其通过所附带发生的活动以外的任何活动；第四，遵守一般接受的关于海上安全的、关于海洋环境保护的，以及关于无线电频率监听的国际规章、程序和惯例。在1949年的"科孚海峡案"中，国际法院之所以认为英国的扫雷行为违反了国际法，是由于其在科孚海峡从事了非以通过为直接目的的武装行动，从而侵犯了阿尔巴尼亚作为沿海国对科孚海峡所享有的管制权。

相应地，海峡沿岸国在允许外国船舶和飞机行使过境通行权的时候，也保留了以下权利：第一，沿岸国可以制定关于过境通行的法律法规，以落实有关国际规章，防止和控制污染，防止渔船捕鱼，防止该国有关海关、财政、移民和卫生的法律法规被违反；第二，沿岸国可以在必要时为海峡航行指定海道和规定分道通航制。

（三）过境通行制与无害通过制

过境通行制与无害通过制是存在区别的。首先，过境通行制既适用于船舶，也适用于飞机；而无害通过制仅适用于船舶。其次，过境通行制不仅适用于商船，而且适用于军舰，潜水艇可以在水下航行；而无害通过制一般仅适用于商船，潜水艇必须在水面航行并展示国旗。再次，过境通行制不应受到阻碍，且此项权利不应被终止；而无害通过制可随时被沿海国暂停或终止。

依据《联合国海洋法公约》，以下三种海峡不适用过境通行制，而仅适用无害通过制：第一，如果海峡是由海峡沿岸国的一个岛屿和该国大陆形成的，而且该岛向海一面有航行和水文特征方面同样方便的一条公海航道或专属经济区内的航道；第二，海峡是在公海或专属经济区的一部分和外国领海之间；第三，如果穿过某一用于国际航行的海峡有一条在航行和水文特征方面同样方便的穿过公海或专属经济区的航道。

三、群岛水域

所谓群岛水域，是指群岛基线所包围的水域。群岛水域是《联合国海洋法公约》建立的一项新制度。它的出现是为了解决群岛国所属水域的划界问题。一直以来，群岛国如何划定领海都是一个难题。不论构成群岛国的群岛是处于大陆沿岸，还是处于海洋之间，只要各岛屿较为分散，其所包围的水域面积比较大，就会存在如何判断并划定这些水域法律地位的问题。在第一次海洋法会议期间，印度尼西亚、菲律宾等群岛国家曾经主张群岛国家应作为一个整体划定领海，即用直线封闭群岛并将包围的水域视为其内水。这一主张没有得到采纳。在第三次海洋法会议期间，经过有关国家的反复磋商，《联合国海洋法公约》终于在第4部分中规定了"群岛水域"的新制度。

（一）群岛水域的划定

依据《联合国海洋法公约》第47条，群岛国可以划定连接群岛最外缘各岛和各干礁最外缘各点的直线群岛基线，但这种直线基线必须符合以下要求：

第一，基线包括主要的岛屿和一个区域，且在此区域内，水域面积和陆地面积（包括环礁在内）的比例应为1比1到9比1之间。

第二，此种基线的总长度不得超过100海里，且围绕任何群岛的基线总数中最多可有3%超过此长度，但此种长度最长不得越过125海里。

第三，此种基线的划定不应在任何明显程度上偏离群岛的一般轮廓，也不应以低潮高地为起讫点，除非低潮高地上筑有永久高于海面的灯塔或类似设施，或低潮高地全部或一部与最近岛屿的距离不超过领海的宽度。

第四，群岛国不应采用一种基线制度，以致使一国的领海与其公海或专属经济区隔断。如群岛国群岛水域的一部位于直接相邻国家的两部分之间，那么该邻国传统上在该水域内行使的权利、合法利益以及两国间协定规定的一切权利均应继续并应予以尊重。

第五，群岛国的领海、毗连区等海域的宽度，应从按照以上办法划定的群岛基线量起向外延伸。

在实践中，群岛国在划定群岛基线、确定群岛水域的时候，采取了不同的做法。有的国家完全按照《联合国海洋法公约》的规定来划定群岛水域，如斐济、巴布亚新几内亚、所罗门群岛等；有的国家的做法与该公约规定不符，它们或者划出了不受长度限制群岛基线，或者将群岛水域视为内水，如菲律宾、印度尼西亚、佛得角群岛等；还有的用直线将外缘各岛封闭起来，并认为那仅仅是直线基线而非群岛基线，如古巴、冰岛等。①

（二）群岛水域的法律地位

群岛水域是一个新设立的法律制度。它不同于内水，也不同于领海。它既要维护群岛国的利益，也要顾及其他国家的海洋权利。依据《联合国海洋法公约》，群岛水域的法律地位概括如下：

第一，群岛国的主权不仅及于群岛水域，而且及于群岛水域上空、海床、底土及其中的资源。群岛国可按照《联合国海洋法公约》关于划定领海时对河口、海湾和港口的规定，在其群岛水域内用封闭线划定其内水的界限。

第二，在群岛海道通过权有关规定的限制下，所有国家的船舶均享有通过除群岛国内水界限以外的群岛水域的无害通过权。如为保护国家安全所必要时，群岛国在对外国船舶不加歧视的条件下，可在其群岛水域的特定区域暂停外国船舶的无害通过。

第三，群岛国可指定适当的海道和其上的空中航道，以便外国船舶和飞机持续不停和迅速地通过、飞越其群岛水域和邻接的领海。所有船舶和飞机均享有此种群岛海道通过权。

---

① 参加端木正主编：《国际法》，北京大学出版社1989年版，第207页。

第四,在不妨碍群岛国对群岛水域主权的情况下,群岛国应尊重与其他国家间的现行协定,并应承认直接相邻国家在群岛水域某些区域内传统的捕鱼权及合法活动。其他国家通过群岛水域而不靠岸的现有电缆应当得到群岛国的尊重。

第五,船舶和飞机在通过群岛水域时应当毫不迟延,遵守关于海上安全的规章,并不得危及群岛国的主权、领土完整与政治独立,不得使用或威胁使用武力。群岛国有权制定关于航行安全和海上管理的规章,并要求有关船舶和飞机遵守。

第六节 国际海底区域

一、国际海底区域的概念和法律地位

(一) 国际海底区域的概念

国际海底区域(International Sea-bed Area),是指国家管辖范围以外的海床、海底及其底土。

传统国际法认为,国际海底区域是不属于任何一国的、可以被"先占"的物。但随之而来的问题在于,各国由于其经济实力和科技力量的不同,在利用国际海底区域的问题上呈现两极分化的现象。一方面,广大发展中国家无力开发国际海底区域;另一方面,发达国家可以大量地开发国际海底区域,从而实际上获得更多的资源。基于此,国际社会确立了国际海底区域作为人类共同继承财产的原则。1967年,马耳他驻联合国代表首次提出,国际海底区域应被看作人类共同的财产,为全人类的利益服务。1970年,联合国大会通过了《关于各国管辖范围以外的海床洋底及其底土原则宣言》,确立了国际海底区域作为人类共同继承财产的原则。《联合国海洋法公约》进一步稳固了这一原则的法律地位。这一原则的确立意味着,尽管国家可以开发国际海底区域,但为了全人类的福利,尤其是为了发展中国家的利益,而不能擅自将国际海底区域及其资源据为己有。

(二) 国际海底区域的法律地位

国际海底区域一般包括领海、专属经济区和大陆架以外的深海洋底及其底土。传统国际法上没有国际海底区域的概念。为适应新的国际海洋形势,《联合国海洋法公约》创设了国际海底区域的新概念。1982年《联合国海洋法公约》第11部分具体规定了国际海底区域的法律地位。

第一,国际海底区域及其资源是人类的共同继承遗产。

第二,任何国家都不能对国际海底区域及其资源主张或行使主权或主权权利。

第三,任何国家或自然人或法人都不能把国际海底区域及其资源的任何部分占为己有。对资源开发的一切权利属于全人类,由国际海底管理局代表全人类进行管理。

第四，国际海底区域对所有国家开放，各国都有公平地享受海底资源收益的权利。国际海底区域的开发要为全人类谋福利，该区域应专为和平目的使用；要照顾到发展中国家和未取得独立的国家的人民的利益。

二、国际海底区域及其资源的法律制度

有关国际海底区域及其资源的法律制度，主要规定在《联合国海洋法公约》第11部分中及有关附件中（附件3和附件4）。在第三次联合国海洋法会议期间，对于《联合国海洋法公约》第11部分的内容，发达国家和发展中国家产生了激烈的争论。当时，美国、英国、联邦德国、法国、意大利、比利时、荷兰等国家依据其制定的国内法规定政府可以发给其公民勘探或开发深海海底资源的执照。这种做法与公约草案的规定是背道而驰的。1982年《联合国海洋法公约》通过后，由于对第11部分不满，以美国为首的西方发达国家拒绝签署或批准公约，并私下签订了一个小范围的《关于深海底多金属结核矿暂行安排的协定》，俗称"小条约"。为了保证公约的普遍性和有效性，发展中国家与发达国家进行了艰苦的谈判，终于在1994年达成了《关于执行1982年12月10日〈联合国海洋法公约〉第11部分的协定》（以下简称《修正协定》）。《联合国海洋法公约》也最终得以生效。《修正协定》对《联合国海洋法公约》第11部分作了实质性的修正，满足了发达国家的基本要求。《修正协定》规定，该协定和公约第11部分的规定如有任何不一致的情况，应以该协定的规定为准。该协定共包括10项条款和1个附件，其对《联合国海洋法公约》第11部分的修改主要包括以下几个方面：

1. 变单一开发制为平行开发制

单一开发制是发展中国家提出来的，其要求依据人类共同继承财产原则，由国际海底管理局代表全人类进行国际海底区域资源的开发。平行开发制是发达国家提出来的，其承认国际海底区域内资源的开发活动应在海底管理局的控制下进行，但主张具体的开发活动分为两方面：一方面，海底管理局可以通过其企业部直接进行开发；另一方面，缔约国或由其担保的具有其国籍的或由这类国家或其国民有效控制的自然人和法人，可以与海底管理局进行协作开发。平行开发制的具体做法是，在勘探了某一海底区域后，申请者应向海底管理局提供两块具有同等估算商业价值的矿区之有关资料，国际海底管理局在45天内指定其一为其保留区，留给企业部直接开发或同发展中国家联合开发。另一块为合同区，由申请者与管理局签订合同后自己开发。

《修正协定》最终接受了平行开发制。这意味着发达国家开发国际海底区域的主动权仍然得以保留。但同时，《联合国海洋法公约》也对平行开发制在生产政策、技术转让、费用缴纳、财政条件、审查制度等方面施加了一定的限制。该公约要求保护发展中国家，使其经济或产品收益不致因某一受影响矿物价格或该矿物的出口量降低而遭受不良影响。该公约还对海底每年的生产规定了最高限额，并为那些受到海底生产不良影响的发展中国家建立了一种补偿制度。

2. 改变企业部的基本经营方式

依照原来的规定，企业部可以依靠特殊的优惠支持进行经营活动。《修正协定》将其改为企业部根据市场经济规则，与其他平行开发者在同样的竞争条件下开展经营活动，企业部的工作计划要求以与国际海底管理局签订合同的形式执行。依照原来的规定，企业部的经费一半由缔约国提供长期无息贷款解决，一半通过对外借款（缔约国提供担保）解决。协定将其改为按合作方式筹集经费，而缔约国不承担企业部活动的任何财政义务。

3. 减轻或解除对平行开发者施加的限制

《修正协定》撤销了海底开采矿物中镍的生产限度，降低了对陆地矿产国的保护程度。协定减轻了开采合同中平行开发者的财政负担。按照原来的规定，平行开发者在登记后每年须交纳100万美元的年费，勘探签约和开采签约的时候还要分别交纳25万美元。如今，开发者只需在商业生产开始的时候开始缴纳年费，其数额由理事会决定，并且在勘探签约的时候不再缴费。此外，协定解除了平行开发者向企业部和发展中国家转让技术的义务，开发者可以通过市场或合作投资合同，以公正合理的商业条件转让技术。

可见，作为国际海底区域开发制度基础的《联合国海洋法公约》第11部分，是发展中国家和发达国家之间妥协的产物，也是目前比较切实可行的一个国际海底区域开发的方案。

三、国际海底管理局

国际海底管理局是依据《联合国海洋法公约》设立的管理国际海底区域的专门机构。按照该公约的规定，国际海底管理局拥有公约明确授予的权力和职务，以及为行使此权力和职务所必要的符合公约的各项附带权力。国际海底管理局的成员为《联合国海洋法公约》的所有缔约国。

国际海底管理局拥有三个主要机关，即大会、理事会和秘书处。大会是管理局的最高决策机关，由所有缔约国组成。理事会是向大会负责的执行机构，由36个具有代表性的缔约国组成。秘书处是日常行政事务机构，秘书长为管理局的行政首长。

为了便于进行国际海底区域资源开发，《联合国海洋法公约》特别设立了国际海底管理局企业部。企业部具有独立的法人资格，是直接管理国际海底区域勘探与开发、执行平行开发制的专门机构。

国际海底管理局采取了独一无二的表决机制。这一机制的内容包括：首先，程序性问题由出席并参加表决的过半数成员决定。其次，实质性问题分为三类，第一类为一般问题，共8项；第二类为较为重要的问题，共19项；第三类为最重要的问题，共3项。最后，第一类实质性问题由出席并参加表决的成员的2/3多数决定；第二类实质性问题由出席并参加表决的成员的3/4多数决定；第三类实质性问题以协商一致的方式决定。

第七节　中国的海洋立法与实践

一、中国海洋经济的发展及其法律保障

我国是发展中的海洋大国,拥有18000多公里的大陆海岸线和14000多公里的岛屿海岸线,面积在500平方米以上的岛屿达6500多个。我国濒临的海域跨热带、亚热带和温带三个气候带,海岸带滩涂面积达70多万平方公里,领海海域占38万多平方公里。此外,我国可以管辖的海域面积近300万平方公里。我国海洋资源丰富。相对而言,我国人均占有的耕地面积远低于世界人均水平,陆地矿产资源虽然总量较大,但人均占有量不高。因此,开发利用海洋空间及其资源已日益成为我国发展战略的重要组成部分。

1991年,我国向联合国申请并获批准,将东北太平洋国际海底15万平方公里的矿区登记为我国的合同开采区。我国海洋经济的产值总计在20世纪80年代时增长率为17%,进入90年代后超过20%,据1994年统计达1564亿元,占国内生产总值的5%以上。

然而,对比世界海洋经济的整体发展状况,我国目前海洋开发的水平仍不高,尤其是海洋高科技新兴产业,估计要比国外先进水平落后10到15年。1995年,我国海洋经济产值仅占世界海洋经济总产值的1%。尽管世界经济发展缓慢,但国际海洋经济一直保持高速增长势头,特别是高科技新兴海洋产业发展速度惊人。这些既是我国海洋经济继续开拓前进的机遇,又是严峻的挑战。同时,我国在发展海洋经济的同时也引起了对我国海洋环境的某种破坏。我国与邻近国家围绕海洋权益、资源等问题产生的冲突亦日益突出。

二、《中华人民共和国领海及毗连区法》

在1958年的联合国第一次海洋法会议上,许多国家主张沿海国可以有12海里宽度的领海,但因美国等西方国家反对领海宽度超过6海里,使得这次会议通过的《领海及毗连区公约》未能对领海宽度作出统一的规定。在此国际背景下,并针对当时台湾海峡两岸关系中的外国干涉的因素,我国政府于1958年3月发表"关于领海的声明",宣布我国领海宽度为12海里,我国的岛屿也拥有12海里的领海;确定了我国适用直线基线规则,在基线内的海域,包括渤海、琼州海峡是我国的内水;规定一切外国飞机和军用船舶未经我国政府许可不得进入我国领海及其上空;凡是被允许在我国领海航行的外国船舶必须遵守我国的有关法令。这是新中国诞生以来建立的第一个基本性海洋法律制度,对维护我国海洋权益起过重要作用。

但上述声明只是对若干问题作了原则规定,在之后的相当长时间内,我国未通过立法形式对领海内的法律制度作出全面规定,也未公布我国领海的基点基线。20世纪70年代末至90年代初,在改革开放的形势下,我国相继制定了一些有关海洋管理和开发的单行法律、条例,但尚缺乏必要的基本法律。这就给现行的海洋单行法规的实施带来了一定的困难。某些邻近国家趁我国海洋法律制度不健全之际,掠夺我国海洋资源,违法排污等情况亦时有发生。由于我国未设立毗连区,对于违反我国海关法,走私、逃税等违法犯罪活动,也难以及时、有效地予以打击和制裁。

面对这种态势,我国决定加快拟制海洋权法规的步伐。1984年起,经国务院批准,国家海洋局会同有关部门组成了《领海及毗连区法(草案)》起草小组。在确定框架时,对于领海制度与毗连区法律制度是分开成两部法,还是合为一部法,多数人士根据《联合国海洋法公约》第2部分"领海和毗连区"和1958年《领海及毗连区公约》的体例,并参考多数国家海洋权立法的经验,认为合为一部法为宜。在广泛征求意见后,对草案作了反复修改,并于1991年11月17日向第七届全国人大常委会第二十三次会议提交了该法的草案送审稿。1992年2月25日,第七届全国人大常委会第二十四次会议再次审议草案的修改稿,并予以通过。当天,中华人民共和国主席令第55号公布《中华人民共和国领海及毗连区法》,并自公布之日起施行。

1992年《中华人民共和国领海及毗连区法》是我国依据《联合国海洋法公约》的有关规定,并参照《领海与毗连区公约》的体系,制定的关于国家领海与毗连区的法律规范。该法共有17项条款,其主要内容包括:

1. 中华人民共和国领海为邻接中华人民共和国陆地领土和内水的一带海域。中国的陆地领土包括中国大陆及其沿海岛屿、台湾及其包括钓鱼岛在内的附属岛屿、澎湖列岛、东沙群岛、西沙群岛、中沙群岛、南沙群岛以及其他一切属于中国的岛屿。

2. 中国领海基线向陆地一侧的水域为中国的内水。中国领海的宽度从领海基线量起为12海里。中国领海基线采用直线基线法划定,由各相邻基点之间的直线连接组成。

3. 中国的毗连区为领海之外邻接领海的一带水域,宽度为12海里。中国有权在毗连区内,为防止和惩处在中国陆地领土、内水或领海内违反有关安全、海关、财政、卫生或出入境管理的法律法规的行为行使管制权。

4. 外国非军用船舶享有依法无害通过中国领海的权利,外国军用船舶进入中国领海须经中国政府批准。外国潜水艇和其他潜水器通过中国领海,必须在海面航行,并展示其旗帜。

5. 外国船舶通过中国领海,必须遵守中国法律法规,不得损害中国的和平、安全和良好秩序。外国军用船舶或用于非商业目的的外国政府船舶在通过中国领海时,违反中国法律法规的,有关主管机关有权令其立即离开领海,对所造成的损失或损害,船旗国应负国际责任。

6. 为维护航行安全和出于其他特殊需要,中国政府可以要求通过中国领海的外国船舶使用指定的航道或者依照指定的分道通航制航行。

7. 外国航空器只有在根据该国政府与中国政府签订的协定、协议,或者经中国政府或其授权的机关批准或接受,方可进入中国领海上空。

8. 中国有关主管机关有充分理由认为外国船舶违反中国法律法规时,可以对该外国船舶行使紧追权。

三、《中华人民共和国专属经济区和大陆架法》

我国海域辽阔,但与一些相邻或相向国家之间的海域小于400海里,因此可能存在有关专属经济区的划界问题。同时,我国大陆架极为广阔,属于大陆架宽度超过200海里的18个国家之一,渤海和黄海海底全部为大陆架,东海有2/3的海底是大陆架,最宽处近400海里,南海大陆架占海底面积的1/2以上。在我国的近海大陆架上,有极为丰富的自然资源。我国的大陆架除渤海外,都存在着与邻国的划界问题,如在黄海与朝鲜,在东海与韩国、日本,在南海与越南、马来西亚、菲律宾等国都存在着划界问题。

1998年6月26日,第九届全国人大常委会第三次会议通过《中华人民共和国专属经济区和大陆架法》,并在同一天经中华人民共和国主席令第6号予以颁布。这是继1992年颁布《中华人民共和国领海和毗连区法》以后,我国根据《联合国海洋法公约》有关国家管辖海域的规定制定的又一重要的海洋国内立法。

《中华人民共和国专属经济区和大陆架法》共有16条,其主要内容包括:

1. 中华人民共和国的专属经济区,为中国领海以外并邻接领海的区域,从测算领海宽度的基线量起延至200海里。中国的大陆架,为中国领海以外依本国陆地领土的全部自然延伸,扩展到大陆边外缘的海底区域的海床和底土;如果从测算领海宽度的基线量起至大陆边外缘的距离不足200海里,则扩展至200海里。中华人民共和国与海岸相邻或者相向国家关于专属经济区和大陆架的主张重叠的,在国际法的基础上按照公平原则以协议划定界限。

2. 中国在专属经济区为勘查、开发、养护和管理海床上覆水域、海床及其底土的自然资源,以及进行其他经济性开发和勘查,如利用海水、海流和风力生产能等活动,行使主权权利。中国对专属经济区的人工岛屿、设施和结构的建造、使用和海洋科学研究、海洋环境的保护和保全,行使管辖权。

3. 中国为勘查大陆架和开发大陆架的自然资源,对大陆架行使主权权利。中国对大陆架的人工岛屿、设施和结构的建造、使用和海洋科学研究、海洋环境的保护和保全,行使管辖权。中国拥有授权和管理为一切目的在大陆架上进行钻探的专属权利。

4. 任何国际组织、外国的组织或者个人进入中华人民共和国的专属经济区从事渔业活动,必须经中华人民共和国主管机关批准,并遵守中华人民共和国的法律、法规及中华人民共和国与有关国家签订的条约、协定。任何国际组织、外国的组织或者个人对中华人民共和国的专属经济区和大陆架的自然资源进行勘查、开发活动或者在中华人民共和国的大陆架上为任何目的进行钻探,必须经中华人民共和国主管机关批准,并遵守中华人民共和国的法律、法规。

5. 中国在专属经济区和大陆架有专属权利建造并授权和管理建造、操作和使用人工岛屿、设施和结构。中国对专属经济区和大陆架的人工岛屿、设施和结构行使专属管辖权,包括有关海关、财政、卫生、安全和出境入境的法律和法规方面的管辖权。

6. 中国主管机关有权采取必要的措施,防止、减少和控制海洋环境的污染,保护和保全专属经济区和大陆架的海洋环境。

7. 任何国家在遵守国际法和中国的法律、法规的前提下,在中国的专属经济区享有航行、飞越的自由,在中国的专属经济区和大陆架享有铺设海底电缆和管道的自由,以及与上述自由有关的其他合法使用海洋的便利。铺设海底电缆和管道的路线,必须经中国主管机关同意。

8. 中国在行使勘查、开发、养护和管理专属经济区的生物资源的主权权利时,为确保中国的法律、法规得到遵守,可以采取登临、检查、逮捕、扣留和进行司法程序等必要的措施。中国对在专属经济区和大陆架违反中国法律、法规的行为,有权采取必要措施,依法追究法律责任,并可行使紧追权。

四、中国的其他海洋法规

自改革开放以来,我国在长期滞后的海洋权立法领域取得了重大的进展。在海洋资源开发方面,我国于1986年颁布了《渔业法》和《矿产资源法》,它们既适用于我国内陆区域,又适用于领海和我国管辖的其他海域。在海洋运输方面,1983年颁布了《海上交通安全法》。在海洋环境保护方面,我国于1982年颁布了《海洋环境保护法》。随后,作为其实施细则,又相继颁布了五个行政法规和与该法有关的《防止拆船污染环境条例》(1988年)以及有关的部门规章,从而使我国初步形成了海洋环境保护的法律体系。此外,国务院还于1989年颁布了《水下文物保护管理条例》《铺设海底电缆管道管理规定》和《涉外海洋科学调查研究管理规定》三个关系到我国海洋权益的重要行政法规。1992年11月7日,第七届全国人大常委会第二十八次会议通过了《海商法》(1993年7月1日起施行)。可见,我国的海洋权法规,除了《中华人民共和国领海及毗连区法》与《中华人民共和国专属经济区和大陆架法》这两部海洋基本法之外,已呈现出一定的系列性和适时性,并开始与国际海洋法律制度趋于一致。

我国于1996年5月15日批准加入《联合国海洋法公约》后,全力以赴地抓紧完善我国的海洋权法规。随着我国《中华人民共和国领海及毗连区法》与《中华人民共和国专属经济区和大陆架法》的颁布施行,我国已实现了四大海域(领海、毗连区、专属经济区、大陆架)基本法律的配套。我国在联系国内外新情况注意修改、调整原有海洋法规的同时,还需尽早推出一些至今空缺的单行海洋法规,如《海底电缆管理法》《海洋资源开发与保护法》《海岸带及海岛开发管理法》《海域使用管理法》《深海采矿法》等。另外,我国还应尽早成为一些尚未加入的国际海洋公约的当事国,如《国际防止油污染海洋公约》《国际油污损害民事责任公约》《防止倾倒废物和其他物质污染海洋的公约》《国际渔船安全公约》和《国际救助公约》等。总之,我国必须利用批准海洋法公约的契机,促使我国形成同海洋法公约接轨的、较为完整和实用的海洋权法规体系,将我国建成现代化海洋大国。

【本章小结】 海洋法是国际社会调整有关海洋的法律关系的规范的总称。《联合国海洋法公约》是该领域最为权威的法律依据。它是联合国三次海洋法会议的最终成果。海洋内水是指国家领海基线向陆一面的全部水域。它是国家领水的构成部分,一般包括海港、海湾和海峡。其中,海湾分为内海湾和历史性海湾,海峡分为内海峡、领峡和其他海峡三种。领海是指邻接沿岸国陆地领土及内水的海域。领海宽度是领海基线以外12海里。国家对领海享有主权,但是其他国家在领海拥有无害通过权。毗连区是指沿海国根据其国内法,在领海之外邻接领海的一定范围内,为了对某些事项行使必要的管制权,而设定的特殊海域。毗连区的宽度从领海基线向外不得超过24海里。专属经济区是指沿海国为勘探、养护、开发和管理海床、底土及其上覆水域在领海之外并邻接领海的海域设置的一定宽度的专属管辖区。专属经济区的宽度是从领海基线向外不超过200海里。大陆架是指沿海国领海以外依其陆地领土的全部自然延伸,扩展到大陆边缘的海底区域的海床和底土。公海是指不包括国家的专属经济区、领海和内水或群岛国的群岛水域内的全部海域。船旗国管辖是公海管辖的主要原则,但是其他国家可以在一定情况下拥有登临权和紧追权。国际海底区域是指国家管辖范围以外的海床和洋底及其底土,一般包括领海、专属经济区和大陆架以外的深海洋底及其底土。国际海底区域及其资源是人类的共同继承遗产。群岛水域是指群岛基线所包围的水域。用于国际航行的海峡是指两端连接公海或专属经济区且用于国际航行的海峡。这一海域实行过境通行制。我国关于海洋的国内立法主要是《中华人民共和国领海及毗连区法》与《中华人民共和国专属经济区和大陆架法》等相关法律。

思考题

1. 国家领海制度的主要内容是什么?
2. 比较毗连区、专属经济区和大陆架的法律地位。
3. 如何理解公海上的管辖制度?
4. 为什么要修正《联合国海洋法公约》的第11部分?
5. 中国是怎样完善国内海洋法制的?

第八章
国际航空法

航空法是随着人类航空活动的发展而产生的。1783年,法国的蒙特高戈尔夫兄弟第一次乘热气球飞离地面,被公认为是人类航空活动的开始。接着,有关国家就开展了关于航空的立法活动:1819年,法国制定了第一个有关空中航行安全的立法,规定气球飞离地面,必须备有降落伞。1899年,第一次海牙会议宣布禁止在气球上发射子弹和作其他类似性质的行为,这些规定反映了人类开始进入空域活动初期的创立航空法的思想萌芽。到了20世纪初,飞机的发明和发展,使空气空间的法律地位发生了变化,1919年10月在巴黎签订的《关于管理空中航行的公约》是世界上第一个调整航空活动的国际协定。1928年2月20日,在哈瓦那的泛美航空会议上又签订了《泛美航空公约》。第二次世界大战把人类的航空科学和技术推向一个更高的阶段,1944年,美国总统罗斯福出面邀请同盟国和中立国出席芝加哥"国际民用航空会议",会议通过的《国际民用航空公约》被认为是民用航空法的基础和宪章性文件,并取代了1919年《关于管理空中航行的公约》和1928年《泛美航空公约》。1944年芝加哥会议后,在国际民用航空组织的主持下,国际航空私法规则也进一步得以完善。同时,在航空法的公法领域,有关航空安全的立法也取得了突破性的进展。国际航空法从而发展成为包括公法和私法在内的独立的法律部门。

第一节 航空法概述

一、航空法的定义

航空法是20世纪初,随着飞机的发明和航空科学技术的发展而逐渐形成的一门新兴法律学科。航空法是与民用航空有关的法律,就民用航空而言,它主要是一种经济活动,西方常用术语中就有"商业航空"的概念。这就是说,航空法的发展及其形成在很大程度上要受到国际经济关系中固有矛盾的制约。有关航空法律问题的许多争议,不论是飞行权利还是民事责任的限制,都是由各国经济利益矛盾和冲突引起的,并且其规则的制定过程也体现了各国经济利益的协调与妥协。

自航空法形成以来,学者们曾从各种不同的角度为航空法的概念作界定。有的学者认为,航空法是规定关于使用航空器从事空中交通所产生的各种关系的法律和规范。有的学者认为,航空法是关于航空器、商业空运以及国内和国际空中航行所产生的一切公法和私法关系的国内和国际规则。荷兰航空法学者迪德里克斯-弗斯霍尔则称:"航空法是调整空气空间的利用并使航空、公众和世界各国从中受益的一套规则。"[1]这些界定都试图从各种不同的角度来阐明航空法的基本特征,但尚未达成一个对航空法的综合性定义。我国学者赵维田教授认为:"作为一种常识性理解而不作为严格科学性定义而言,可以将航空法定义为:一套调整人类航空活动中各种法律关系的规则体系。"[2]

由于围绕地球的空气空间是一个整体,按此推论,航空法应是指规定一个国家之内和各个国家之间民用航空活动的各项法律原则和规则的总体,它是国内法和国际法的联合体。有关航空活动的国内法是各国根据国际惯例和各国所参加的有关国际公约所承担的国际义务,结合本国航空活动的特点,通过国内立法程序制定的、适用于本国民用航空活动的法律规范。有关航空活动的国际法是指统一各国关于空中航行、交通运输和其他民用航空活动各种不同规定的法律原则和规范,通常表现在各项调整民用航空活动的国际条约中,如1929年华沙《统一国际航空运输中某些规则的公约》、1944年芝加哥《国际民用航空公约》等。航空法作为国际法或国内法的有机组成部分,并不是孤立于一般法律原则之外的,从国际法角度而言,航空法既是国际法一般理论、原则、规则和方法的延伸和运用,同时又根据航空活动的特征和实践,逐步演化并形成了适应其特征的具体原则、规则和方法。

二、航空法的特征

从航空法的内容和对民用航空活动的作用上出发,可以发现航空法的特征主要表现为以下几个方面:

(一) 国际性

航空法的国际性源自人类航空活动本身所具有的国际性。从自然条件上看,航空活动的中介是空气空间,围绕地球的空气空间是一个整体,并不存在有形的边界,它把所有的国家都联结在一起。从技术条件看,航空器是在地球空域内运行速度最快的适宜于远距离运输的运载工具,因而航空运输是最有利于国际往来的运输方式。航空活动的国际性特征决定了航空法的国际性,如果不适用国际统一的法律规则而适用各国不同的国内法,必然给航空活动带来很大困难,进而干扰并阻碍航空活动的发展。

---

[1] Diederiks-Verschoor, An Introduction to Air Law, 2001 Kluwer Law International, p.1.
[2] 赵维田:《国际航空法》,社会科学文献出版社2000年版,第2页。

航空法的国际性使它"成为整个国际法的缩影";而"主权、管辖权、领土、国籍、国家之间与国际法律实体之间的关系,统一私法及许多法律冲突问题等等"①,都成了航空法要调整的内容。

(二) 统一性

由于航空活动在实质上具有明显的国际性,这就决定了航空法具有统一各国不同法律规定的特征。航空法既是国际法,又是一种排斥各国之间法律冲突的统一法。为了保证国际空中航行、商业运输和其他航空活动的安全、迅速、经济和便利,就需要各国关于航空活动的各项规定尽可能地统一起来,否则就很难顺利进行跨国的航空活动。

就航空活动而言,首先要解决的是公法问题,诸如主权、领土、国籍、国家关系等。例如,1919年的《关于管理空中航行的公约》和取代它的现行1944年《国际民用航空公约》就是为解决航空活动中遇到的公法问题而缔结的。再如,为制止空中犯罪的1963年《关于在航空器内的犯罪和其他某些行为的公约》、1970年《关于制止非法劫持航空器的公约》和1971年《关于制止危害民用航空安全非法行为的公约》都属于公法性质的条约。

相对来说,在私法方面,不论是合同法还是侵权行为法,各国法律规则均存在着很大的差别与冲突,采取统一原则和规则是国际航空运输必要的前提条件。在航空私法领域,以1929年华沙《统一国际航空运输中某些规则的公约》为核心的华沙体制,是国际私法的原则、规则和制度在国际航空领域延伸和适用的结果,也是对航空运输损害赔偿实行统一责任规则的成功之作。

(三) 属于平时法

航空法是关于航空活动的法律,但它又不是涉及一切航空活动的法律,而只是有关民用航空活动(包括协调民用航空活动与其他航空活动关系)的法律。作为国际航空法领域宪章性文件的1944年《国际民用航空公约》第3条规定:"本公约仅适用于民用航空器",而不适用于国家航空器——用于军事、海关和警察部门的航空器。同时该公约第89条规定:"如遇战争,本公约的规定不妨碍受战争影响的任一缔约国的行动自由,无论其为交战国或中立国。如遇任何缔约国宣布其处于紧急状态,并将此通知理事会,上述原则同样适用。"因此,这里所称的航空法应属平时法,而不是战争法。它的适用范围以平时为限,而不能约束战争时期交战国或中立国的航空行为。

三、航空法的渊源

航空法主要是由制定法或成文法组成,但同时也有自己的特点。就国际航空法

---

① Shawcross and Beaumont: Air Law, 4th ed., 1977, p.11. 转引自赵维田:《国际航空法》,社会科学文献出版社2000年版,第3页。

而言,主要有下列渊源:

(一) 多边国际公约

多边国际公约主要指一般性的国际航空公约和关于民用航空各项专门问题的国际公约,它们是实现航空活动统一规则的主要渊源。其中影响较大、已形成普遍适用的法律规则的多边公约可以分成三大系列:第一类是以1944年《国际民用航空公约》为核心,对国际法在航空活动领域的具体适用作了基础性规定的条约体系;第二类是以1929年《统一国际航空运输中某些规则的公约》为核心,并由一系列修订协定所形成的条约体系,通称"华沙体制",它主要规定了国际航空运输中有关民事责任的国际私法统一规则;第三类是由1963年《关于在航空器内的犯罪和其他某些行为的公约》、1970年《关于制止非法劫持航空器的公约》、1971年《关于制止危害民用航空安全非法行为的公约》及其议定书等所形成的国际航空安保条约体系。

(二) 双边协定

双边航空运输协定在航空法中占有重要的地位,第二次世界大战后形成并运行至今的国际航空运输管理制度,基本上就是由在1944年《国际民用航空公约》原则指导下签订的两千多项双边协定构成的。双边航空协定的主要内容涉及交换过境权和营运权,确定航路、运力和运费价格等。

(三) 国际法的一般原则和国际习惯法

航空法作为国际法的一个组成部分,其法律渊源也应包含国际法的一般法律原则和国际习惯法,这是不言而喻的。例如,主权、管辖权、国籍、条约等国际习惯法规则,也是航空法的渊源。由于航空法形成和发展的历史还比较短,许多问题在没有形成"习惯"之前,就已经由国际条约明确规定,所以现在还没有被世界各国一致承认是航空法所特有的习惯法。

(四) 司法判例

国际法通常认为司法判例不能作为独立适用的法律渊源。然而,在实践中,有些国内法上的成案判例,特别是具有立法意义的国内法判例,在国际航空立法的形成和发展中具有相当重要的作用。这是因为国际航空立法的目的是统一各国不同的法律规定,但世界各国的法律传统和制度千差万别,很难实现规则的完全统一。同时,有些国际航空条约的某些条款,是以某种法系或一些国家的法律原则为基础而制定的,尤其是在私法领域。例如,1929年《统一国际航空运输中某些规则的公约》是在大陆法系合同法规范的基础上形成的,有些条款的适用需要以国内法为基础。同时,该公约主要是对"航空承运人的责任"规定了统一规则,而对航空活动的其他方面并没有统一规定。因此,对1929年《统一国际航空运输中某些规则的公约》而言,各国法院判例对公约规则的解释或适用有着重要的影响。

(五) 其他补充渊源

除上述渊源外,在航空法的形成和发展过程中,还有一些特殊的法律表现形式。例如,根据1944年《国际民用航空公约》第54条的规定,国际民航组织理事会有权按照本公约第六章的规定,通过作为本公约附件的国际标准和措施。这就意味着赋予了国际民航组织理事会准立法权,因为作为公约附件的"国际标准及建议措施"是具有一定法律约束力的,虽然这些标准和措施大多数只涉及具体执行公约条款的技术性细则。再如,"国际航空运输协会"(International Air Transport Association, IATA),简称"国际航协",虽然是各国航空公司之间的行业组织,但其所制定的《航空运输共同条件》具有补充1929年《统一国际航空运输中某些规则的公约》的价值。此外,国际民间协议有时也是国际航空法的渊源。其中著名的有1966年《蒙特利尔协议》,它是以美国民航委员会为一方,以世界各国航空公司为另一方所签订的民间协议,在"华沙体制"中占有重要地位。

四、国际航空立法的发展史

(一) 早期的航空活动和立法

航空法是随着人类航空活动的发展而产生的。1783年,法国的蒙特高戈尔夫兄弟第一次乘上热气球飞离地面,被公认为是人类航空活动的开始。第二年,法国巴黎市政当局颁布了一项治安法令,禁止未经特许的气球飞行。1785年,同样的轻于空气的航空器又飞越了英吉利海峡。1819年,法国制定了第一个有关空中航行安全的立法,规定气球飞离地面,必须备有降落伞。1889年法国政府在巴黎召开第一个国际航空法会议,对航空活动所出现的问题进行讨论,但是没有能够通过国际航空法的法典。1899年,第一次海牙会议宣布禁止在气球上发射子弹和作其他类似性质的行为,这些规定反映了人类开始进入空域活动初期的创立航空法的思想萌芽。

1903年,美国的莱特兄弟发明了世界上第一架飞机,开创了人类真正利用空间的途径,国际社会也开始了国际航空立法的尝试。1910年,欧洲19个国家的代表在巴黎召开国际会议,讨论空中航行问题,起草了一部国际航空法典。但由于在航空自由和领空主权问题上存在分歧,最终没能达成协议。

早期的航空立法活动提出了一些航空法的基本概念,如要求保证航行安全,禁止利用航空器对地面的损害行为,但没有形成系统的国际航空立法体系,真正意义上的航空立法是在第一次世界大战以后开始的。

(二) 国际航空法的形成与发展

第一次世界大战期间,各种类型的航空器被广泛地用于各种军事活动,战争促使航空器制造技术有了很大的发展,同时也使国家认识到航空活动具有巨大的潜力和重要性。在战争将近结束时,有关航空立法的活动就拉开了帷幕。

1916年,泛美航空联合会议在智利召开。会议提出了空域是国家的财产,各国对其领土上空的空域享有主权;在美洲国家之间推行空中航行自由;航空器必须具有国籍以及同意制定管理空中交通的国际规则等有关航空活动的一些原则。

1919年3月22日,世界上第一个国际定期航班飞越了法国巴黎和比利时布鲁塞尔。之后,各种航空运输的定期航班不断开辟。为了适应国际航空事业发展的需要,巴黎和平会议在以往航空立法的基础上,讨论了国际航空的规章制度问题,并于1919年10月3日签订了第一部航空法典《关于管理空中航行的公约》(即1919年《巴黎公约》),该公约于1922年7月生效。

1919年《巴黎公约》原先拟作为普遍适用于世界各国的国际公约,但这个目的没有达到,因为只有38个国家加入该公约,并且主要是欧洲和拉丁美洲的一些国家。然而,作为世界上第一个国际航空公约,1919年《巴黎公约》的许多条款都非常重要。公约第1条就明确规定,各国对其领土上空的空气空间有完全的、排他的主权。由于是早期立法,公约引入了一些海洋法中的概念,如"无害通过",其他还有飞机的适航证、驾驶人员的合格证、飞机的国籍等规定。同时,公约还规定,建立一个在本公约所涉及的问题范围内具有立法、行政和司法职能的国际机构,即"空中航行国际委员会"(International Commission for Air Navigation)。这些规定为国际航空法今后的发展奠定了基础。1928年2月20日,在哈瓦那的泛美航空会议上又签订了《泛美航空公约》(即1928年《哈瓦那公约》)。除增加了一些运输业务性条款外,它的主要内容与1919年《巴黎公约》基本相似。这两个公约后来均被1944年《国际民用航空公约》(即1944年《芝加哥公约》)代替。

与此同时,航空私法领域的国际立法也呈现出十分活跃的局面。1925年法国政府出面邀请欧洲国家为主的43国在巴黎举行了第一次航空私法国际会议。这次会议成立了"航空法专家国际技术委员会"(International Technical Committee of Legal Experts on Air Questions),从1926年起,这个专家委员会开始起草《统一国际航空运输中某些规则的公约》。经过几年的努力,1929年该公约草案在华沙召开的第二届航空私法国际会议上通过。1933年,同样是在航空法专家国际技术委员会研究的基础上,在罗马制定了《统一关于航空器对地(水)面第三者造成损害的某些规则的公约》。

这个时期,比较系统的多边国际航空条约已经开始形成,初步确立了有关民用航空活动的一些基本原则和法律概念,为以后的国际航空法的发展奠定了良好的基础。

(三) 国际航空立法的成熟与完善

第二次世界大战把人类的航空科学和技术推向一个更高的阶段。美国在战争中的有利地位,使它一跃成为超级航空大国,取代了战前以欧洲为中心的局面。1944年,美国总统罗斯福出面邀请同盟国和中立国出席芝加哥"国际民用航空会议",这是航空法发展史上规模空前且影响最为深远的盛会,共有52个国家到会。苏联、阿根廷以及当时处于战争中的敌国没有参加。会议最后通过了下列三项条约:《国际民用航空公约》《国际航空运输协定》和《国际航班过境协定》。

1944年芝加哥会议后,在国际民用航空组织的主持下,航空私法规则也进一步得以完善。尤其是对1929年《统一国际航空运输中某些规则的公约》进行了多次修订,形成了统一航空承运人责任规则的"华沙体制"。同时,在航空法的公法领域,有关航空安保的立法也取得了突破性的进展,形成了以1963年《关于在航空器内的犯罪和其他某些行为的公约》、1970年《关于制止非法劫持航空器的公约》和1971年《关于制止危害民用航空安全的非法行为的公约》为主体的航空安保国际条约体系。航空法发展成为包括公法和私法在内的独立的法律部门。

从20世纪70年代到80年代,除了在双边航空协定方面出现了若干新的发展外,国际航空立法进入了相对稳定的发展期。1999年蒙特利尔《统一国际航空运输某些规则的公约》的制定意味着国际航空立法现代化进程的开始。

第二节　1944年《国际民用航空公约》

1944年《国际民用航空公约》(Convention on International Civil Aviation),简称1944年《芝加哥公约》,是现代民用航空立法的基础和宪章性文件,截至2014年12月,该公约已有191个成员国。[①] 1974年2月15日,中华人民共和国政府函告国际民航组织,承认该公约。

1944年《芝加哥公约》分空中航行、国际民用航空组织、国际航空运输和最后条款四个部分,以及有关国际标准和建议措施的19个附件,主要内容包括领空的法律地位、定期航班和非定期航班飞行权利、航班飞行的条件和限制、遵守不歧视原则、航空器、国际民用航空组织六个方面。至于《国际航班过境协定》和《国际航空运输协定》则是与公约有关的两个协定。

一、领空的法律地位

(一) 领空主权

由于科学技术的飞速发展,人类的生活空间也在不断扩大,当19世纪中期人类最早的航空活动超出一国边界时,对领空的法律地位也就产生了争议。当时的国际法学者对此主要有两种看法:一种是把格劳秀斯海洋自由论的观点引申到空气空间。例如,法国著名法学家福希叶认为,空中应是自由开放的,谁也无法占有,所以国家无权对空中加以限制或统治。但同时福希叶又认为,国家对贴近本国领土表面一定高度的空间有一定的管辖权,但这种权利不是领土性质的,而是国家自保权的需要。另一种观点是从国家主权原则出发,认为国家对其领空享有完全的主权,持这种观点的

---

① 1944年12月9日中国政府签署《国际民用航空公约》,并于1946年2月20日交存批准书。

主要是英国的国际法学者,如赫兹尔坦。① 这两种观点争论数年,直到第一次世界大战爆发。在这场战争中,几乎所有的国家都不允许外国飞机飞入或飞越其领空,在实践中放弃了空气空间自由使用的观点。第一次世界大战结束后,1919 年《巴黎公约》第 1 条规定:"缔约各国承认,每个国家对其领土之上空气空间具有完全和排他的主权。"这里缔约各国所承认的并不限于缔约各国本身领土上方的空域,而是承认了包括非缔约国在内的每一个国家领土上方的空域。1944 年《芝加哥公约》也在第 1 条中承认了这项原则。这两项公约表明领空主权作为一条习惯国际法规则,不仅对缔约国有约束力,而且对所有国家都有约束力,从而确立了国家对其领土上方的空域应当享有完全和排他性主权的法律原则。

关于领空主权所涉及的空间范围,1944 年《芝加哥公约》第 2 条规定:"公约所指一国的领土,应当认为是在该国主权、宗主权、保护或委任统治下的陆地区域及其邻接的领水。"这明确了一个国家领土上方的空域的空间范围是指该国具有主权和其他统治权力的一切陆地区域和与它邻接的领水上方的空域。关于领空主权所涉及的垂直范围,1944 年《芝加哥公约》没有明确的规定。现行国际法对领空和外层空间的具体界限,有许多不同的看法,一般来说,在航空活动的实践中,都要求领空的垂直范围,至少应当在航空器飞行的高度之上。②

(二) 空气空间的法律地位与所属地球表面法律地位的关系

空气空间是指地球表面的上空。1944 年《芝加哥公约》仅确定"领陆及其邻接的领水之上的空气空间"的法律地位,并没有涉及国家领土之外的空气空间,如毗连区、专属经济区和公海上空的法律地位。美国著名航空法学家库珀教授对空气空间的法律地位曾有如下表述:"地球表面的任何区域,不论其为陆地还是水域,凡被认作一国领土组成部分者,那么这些地球表面上的空气空间也属该国领土组成部分。相反,地球表面不属任何国家领土组成部分的任何区域,该地表区域之上的空气空间则不受任何国家的主权控制,所有国家均可自由使用。"③这种空气空间法律地位随地球表面法律地位而定的理论既体现了领空主权论,又融合了空气空间自由使用论的观点,在国际上也获得了普遍的支持。但这种观点在实践中,面临这样几个问题:

第一,领海上空的法律地位。《联合国海洋法公约》已明确规定国家的领海宽度为自领海基线量起不超过 12 海里,同时明确了外国船舶在一国领海享有"无害通过权"这一习惯国际法规则,但没有提到外国飞机在领海上空享有这项权利。1944 年《芝加哥公约》也没有涉及飞机在一国领空的无害通过,而是规定国际航班飞行需通过国家间的协议,未经许可或无当事国的协议飞入一国的领空则视为对该国领空主权的侵犯,即使该飞行是"无害的"。所以,国家领海的法律地位与其上空并不完全一致。但如果领海范围内有属于国际航行的海峡,《联合国海洋法公约》第 38 条就规定

---

① 参见周鲠生:《国际法》上册,商务印书馆 1976 年版,第 396—397 页。
② 参见徐振翼:《航空法知识》,法律出版社 1985 年版,第 29 页。
③ 转引自赵维田:《国际航空法》,社会科学文献出版社 2000 年版,第 23 页。

所有国家的飞机和船舶都享有"过境通行权"。所以,就国际航行海峡而言,地面和空中的法律地位则又几乎是一致的。

第二,毗连区、专属经济区和公海上空的法律地位。1944年《芝加哥公约》制定时,国际社会普遍认为领海之外就是公海,1958年《公海公约》明确规定各国享有公海上的航行自由和飞越自由。1982年《联合国海洋法公约》虽然缩小了公海的范围,但公海之上空气空间飞越自由原则依然得到了肯定。问题在于:毗连区和专属经济区上空的法律地位是等同于公海还是毗连区或专属经济区?《联合国海洋法公约》第58条虽然提到"所有国家在专属经济区内享有第87条所规定的公海航行自由和飞越自由",但没有确定"专属经济区上空就是公海上空"。同时第58条第3款又规定:"各国在专属经济区内根据本公约行使其权利和履行其义务时,应适当顾及沿海国的权利和义务,并应遵守沿海国按照本公约的规定和其他国际法规则所制定的与本部分不相抵触的法律和法规。"而公约对公海上空的"飞越自由权"却并没有这类限制性的规定,所以专属经济区之上的空气空间的法律地位是不够明确的。此外,海洋法没有规定公海海面的统一航行制度,但1944年《芝加哥公约》第12条"空中规则"中规定:"……在公海上空,有效的规则应为根据本公约制定的规则。"为此,国际民用航空组织制定了附件二"空中规则",以便对公海上空的各国航空器实行必要的限制,而《联合国海洋法公约》并未规定这类统一规则。

第三,关于公海上空的防空识别区(Air Defence Identification Zones,ADIZs)。有些国家,如美国,将海岸线数百公里的公海上空确定为"防空识别区",所有飞机在通过防空识别区时必须向美国提交飞行计划、开启无线电与应答机并报告其方位,以美国为飞行目的地的外国航空器还必须在飞入识别区前报告飞机的方位,否则将会受到美国飞机的主动识别与拦截。设定"防空识别区"是国家的单方行为,虽然有国家认为这是国家自保权的体现,但相关国际条约对此没有明确规定,其法律依据主要来自国内法。很显然,"防空识别区"的设立和国家在公海上享有的飞越自由权并不一致。

综上所述,随着人类在空中的活动领域的不断扩大,法律的适用领域也不断得到了拓展。空气空间的范围既包括国家领土上空,也包括非国家领土上空。1944年《芝加哥公约》第1条明确规定了国家领空的法律地位,但没有涉及非国家领土之上的空气空间,因此,1982年《联合国海洋法公约》的有关条款及其他海洋法律规则是确定空气空间法律地位的补充规定。

二、定期航班和非定期航班飞行权利

1944年《芝加哥公约》将"在缔约国上空"飞行的航班分为两类:"非定期航班飞行"和"定期航班飞行",并规定了不同的飞行权利。

(一) 非定期航班飞行权利

1944年《芝加哥公约》第5条在承认每一个国家对领空有完全且排他的主权原

则的同时,规定缔约各国同意其他缔约国的一切不从事定期国际航班飞行的航空器,在符合本公约各项规定条件下,不需要事先获得批准,有权飞入或飞经该国领土而不降停或仅作非营业性质的降停,但该国有权令其降落。

在实践中有些国家要求航空器在飞入或飞离该国领土以前必须事先通知该国空中交通管制部门,这并不意味着是需要事先获得批准,而是空中交通管制规定的要求,是获得这种飞行权利的航空器所必须执行的。但在特定情况下,缔约国保留对获得这种飞行权利的航空器命令其遵照规定航路或获得特别批准以后才能飞行的权利。这些特定情况是指:(1) 为了飞行安全;(2) 要飞入限制飞行或禁止飞行的地区;(3) 要飞入缺乏适当航行设备的地区。

一般认为1944年《芝加哥公约》第5条本身有两个缺陷:一是将国际航班划分为定期与不定期两种不够科学,而公约本身也未提供划分的标准;二是对不定期航班的规定含糊其辞,可以作出各种完全不同的理解和解释。①

(二) 定期航班飞行权利

关于定期航班飞行权利,1944年《芝加哥公约》第6条规定必须经过缔约国特别批准或给予许可,才能在该国领土上空飞行或飞入该国领土。1944年《国际航空运输协定》(又称"五种空中自由协定",Five-Freedoms Agreement)对定期国际航班规定了比较具体的飞行权利,即每一缔约国给予其他缔约国定期国际航班下列五项空中自由(又称五项"航权"):(1) 飞越该缔约国领土而不降停的权利;(2) 非营业性质降停的权利;(3) 卸下来自该航空器所属国领土的旅客、邮件和货物的权利;(4) 装上前往该航空器所属国领土的旅客、邮件和货物的权利;(5) 装上前往任何其他缔约国领土的旅客、邮件和货物的权利和卸下来自任何该缔约国领土的旅客、邮件和货物的权利。1944年《国际航班过境协定》(又称"两种空中自由协定")主要规定了上述五种自由中的前两项自由。

为弥补1944年《芝加哥公约》没有提供划分定期航班与不定期航班标准的缺陷,国际民用航空组织理事会于1952年第15届第19次会议上通过了定期国际航班的定义。该定义规定,定期国际航班是具备下列全部特性的一系列航班飞行:(1) 它飞经一个以上国家领土上方的空域;(2) 它为取得报酬使用航空器运输旅客、邮件或货物,每次飞行都对公众开放使用;(3) 它是为了在同样两点或两点以上之间提供空中交通服务而进行的,按照公布的班期时刻表飞行或是足以构成被认为是有规律性的一系列正规和经常的航班进行飞行。

三、航班飞行的条件和限制

1944年《芝加哥公约》对于飞行权利,主要规定有下列条件和限制:

---

① 参见赵维田:《国际航空法》,社会科学文献出版社2000年版,第49页。

1. 国家航空器

国家航空器是指用于军事、海关和警察部门的航空器。国家航空器没有经过特别协议或其他方式的许可,不得飞越另一缔约国的领土上空或在该缔约国领土上降落。

2. 无人驾驶而又能够飞行的航空器

无人驾驶而又能够飞行的航空器,如果没有经过一个缔约国的特别许可,不得在该缔约国领土上空飞行。

3. 不得载运作战用的军火或武器

从事国际航行的航空器,没有得到一个缔约国的许可,不得载运作战用的军火或武器,飞入该缔约国领土或在该缔约国领土上空飞行。至于这种作战用的军火或武器的范围,可以由各国自行规定。此外,航空器上装载的货物或其他物品,也必须遵守该缔约国制定的各项规章制度的规定。

4. 必须遵循规定的航道飞行

缔约各国有权指定或要求任何从事定期或不定期国际航班飞行的航空器,必须遵循规定的航道飞行,禁止偏离航线。飞入或飞出缔约国国界,应从规定的空中走廊或进出口通过,禁止偏离空中走廊或者进出口通道。

5. 不准飞入空中禁区

每一缔约国由于军事需要或公共安全的理由,可以一律限制或禁止其他国家的航空器在该缔约国领土某些地域的上空飞行。在非常情况下,或是在紧急时期内,或是为了公共安全的利益,缔约国也可以暂时限制或禁止其他航空器在该缔约国所有领空的飞行权利。

6. 应当在指定的航空站降停

每一航空器,进入一个缔约国领土时,应当按照该缔约国的规定,在指定的设有海关的航空站降停,以便进行海关和其他检查。离开该缔约国时,也同样在指定的设有海关的航空站飞离该缔约国。

四、遵守不歧视原则

1944年《芝加哥公约》规定,缔约各国对于本国航空器与其他缔约国航空器之间,以及其他缔约各国航空器相互之间的飞行权利,一般不得有所差别。这主要体现在以下几方面:

1. 国内载运权

国内载运权(Cabotage)的概念来自海洋法的沿海航行权,它是指根据航空运输合同,运输的始发地点和目的地点(包括中途经停地点)均在一国领土以内的为了取得报酬的运输业务权利。1944年《芝加哥公约》第7条规定,缔约各国有权拒绝准许其他缔约国的航空器为取酬或出租在其领土内载运乘客、邮件和货物前往其领土内另一地点。缔约各国承允不缔结任何协议在排他的基础上特准任何其他国家的空运企业享有任何此项特权,也不向任何其他国家取得任何此项排他的特权。

2. 禁区和在非常情况下对飞行权利的限制和禁止

在禁区和在非常情况下对飞行权利的限制和禁止,应当适用不歧视的原则。1944年《芝加哥公约》第9条规定,一个缔约国限制或禁止其他国家的航空器在该缔约国领土某些地区(禁区)上空飞行时,对该国自己从事国际航班飞行业务的航空器和其他缔约国从事同样飞行业务的航空器,在限制和禁止上不得有所差别。在非常情况下,或在紧急时期内,或为了公共安全,缔约各国也保留暂时限制或禁止航空器在其全部或部分领土上空飞行的权利并立即生效,但此种限制或禁止应不分国籍适用于所有其他国家的航空器。

3. 当地法律规章的适用

缔约国有关调整国内航空活动的法律规则应平等适用于所有缔约国的航空器。1944年《芝加哥公约》第11条规定,一个缔约国关于允许从事国际空中航行的航空器进入或离开该国领土或在该国领土内操作和航行所制定的法律和规章,应当不分国籍,适用于所有缔约国的航空器。第15条规定,缔约国对它本国航空器开放的公用航空站,应按照统一的条件对所有其他缔约国的航空器开放。第35条规定,每一个缔约国有权决定在该缔约国领土内或领土上空允许或禁止载运除作战的军火或武器以外的其他物品。但这种规定,对从事国际航行的本国航空器与从事同样航行的其他国家的航空器,不得有所差别。

五、航空器

航空器是航空活动的工具,没有航空器就不可能进行航空活动,也就没有航空法。1944年《芝加哥公约》附件二"空中规则"将航空器定义为"凡是能够从空气的反作用,而不是从空气对地面的反作用,在大气中获得支持的任何器械"。

1944年《芝加哥公约》第17、18条规定,航空器具有登记国的国籍,航空器在一个以上国家登记,则登记无效。但是,登记可以从一个国家转移到另一个国家。航空器在任何一个国家登记或转移登记,都应当按照登记国的法律和规章办理。登记国规定的登记办法和要求,直接关系到该国对被登记的航空器是否能进行有效控制的问题,所以有些国家规定只限本国国民个人或集体所有的航空器才能在该国登记。为了强调航空器和其登记国之间的实际联系,1944年《国际航班过境协定》特别规定,一个国家给予另一个国家的空运企业以飞行权利的同时,要求该国对空运企业具有实际所有权和有效控制权。

六、抑制向民用航空器使用武器

在1984年于蒙特利尔召开的国际民用航空组织大会上,各国通过了对1944年《芝加哥公约》的一项修订,决定在公约第3条后增设分条,规定缔约各国承认必须抑制向飞行中的民用航空器诉诸使用武器,并且如果进行拦截,必须不危及航空器上的人员生命和航空器安全。但这一条款不应被解释为以任何方式修改《联合国宪章》规定的各国的权利和义务。该条还进一步规定,缔约各国承认各国在行使其主权时,有权要求未经许可飞越其领土或有合理理由断定其正在被用于与1944年《芝加哥公约》宗旨不相符合的任何目的之民用航空器在指定机场着陆,或亦得向此航空器发出停止此类侵犯的其他指令。为此目的,缔约各国得诉诸符合国际法有关规则,包括本公约有关规定的任何恰当手段。另外,每一缔约国同意公布其有关拦截民用航空器的现行有效规章,并应采取恰当措施来禁止将在该国登记或由其主营业地或永久居所地在该国的营运人经营的任何民用航空器故意用于与本公约宗旨不相符合的任何目的。

七、国际民用航空组织

国际民用航空组织(International Civil Aviation Organization, ICAO)的前身是根据1919年《巴黎公约》所成立的"空中航行国际委员会"。1947年4月,在1944年《芝加哥公约》生效后,空中航行国际委员会正式宣布结束活动,一切资产移交给根据1944年《芝加哥公约》成立的国际民用航空组织。公约的第二部分专门就该组织的成立作了具体的规定。

国际民用航空组织的宗旨和目的是发展国际空中航行的原则和技术,鼓励和帮助国际航空运输的规划和发展,以达到便利国际民用航空发展的目的。该组织的主要机构有大会、理事会和秘书处。大会是该组织的权力机构,包括1944年《芝加哥公约》全体缔约国。理事会是大会的常设机构,由大会选出的33个缔约国组成,任期3年。秘书处是秘书长领导下的工作机构。此外,根据公约的规定,国际民用航空组织理事会设有各种专门委员会,这些专门委员会对理事会职责的履行起着很重要的作用。它们主要是:空中航行委员会、航空运输委员会、法律委员会、空中航行服务联合保障委员会、财务委员会和非法干扰委员会。

第三节 华沙国际航空运输责任体制

华沙国际航空运输责任体制(简称"华沙体制",The Warsaw System)是国际航空运输中规定承运人责任原则的法律体系。其核心条约是1929年签订的《统一国际空运输中某些规则的公约》(简称《华沙公约》),此外还包括对该公约的一系列修订和补充协议,主要是:1955年9月于海牙签订的《修订统一国际航空运输某些规则公约的议定书》(简称《海牙议定书》)、1961年9月签订的《统一非立约承运人承担国际航空运输的某些规则以补充华沙公约的公约》(简称《瓜达拉哈拉公约》)、1966年5

月国际航空运输协会各航空公司与美国民用航空委员会之间缔结的《蒙特利尔协议》、1971年3月修订经《海牙议定书》修订的《华沙公约》的《危地马拉城议定书》、1975年9月修订《华沙公约》的《蒙特利尔第一号附加议定书》、1975年9月修订《海牙议定书》的《蒙特利尔第二号附加议定书》、1975年9月修订《危地马拉城议定书》的《蒙特利尔第三号附加议定书》、1975年9月修订《海牙议定书》的《蒙特利尔第四号附加议定书》。在华沙体制内,1929年《华沙公约》和1955年《海牙议定书》是两大基础条约。1966年《蒙特利尔协议》虽然不是国际条约,但在地区范围内(进出、经停美国的国际客运航班),对《华沙公约》规则作出了重大修改,所以具有实际价值。

一、1929年《华沙公约》

1929年《华沙公约》于1933年2月生效,中国于1958年7月加入该公约。1929年《华沙公约》的宗旨是牢固确立并具体规定航空承运人对于造成旅客、行李与货物的损害以及延误所引起的损害的责任原则。从法律渊源上看,《华沙公约》在草拟过程中直接受到1924年《关于统一提单若干法律规则的国际公约》(即1924年《海牙规则》)的启示和推动,但这两个国际规则无论是在责任体制还是结构上都有很大的不同,主要体现在:其一,1924年《海牙规则》深受英美普通法传统的影响,而《华沙公约》更多是在大陆法系合同法规范的基础上形成的;其二,1924年《海牙规则》是适用于国际海上货物运输的规则,而《华沙公约》则统一适用于航空客运和货物运输。

1929年《华沙公约》的主要内容如下:

(一)《华沙公约》的适用范围

公约只适用于它所定义的"国际运输",即凡当事各方约定,始发地和目的地分别在两个缔约国境内,或者在同一个缔约国境内而在另一国家(不论是否为缔约国)有一个约定经停地点的"取酬性"运输(公约第1条第1、2款)。另外,"由几个连续航空承运人进行的运输,凡被合同当事各方当作一次运输者",也属于适用《华沙公约》的国际运输(公约第1条第3款)。在航空运输中,这种"连续运输"表现为旅客所购买的联程机票,货运方面的连续运输则比较复杂。

公约规定,有三种航空运输不适用本公约:(1)为开辟定期航班的试验性航空运输(公约第34条);(2)正常营业以外的特殊情况下进行的航空运输(公约第34条);(3)在国际邮政公约之下进行的航空运输(公约第2条第2款)。

(二)运输凭证

公约第3至11条统一规定了旅客飞机票、行李票与航空运货单的内容、规格及其在运输合同中的法律地位,这为实施国际统一的华沙责任规则奠定了基础。

当然,公约的这些规定并没有全面详尽地概括运输凭证发售与使用中的所有具体问题;而1949年国际航协在百慕大通过了一项内容详尽的《航空运输共同条件》,则分别规定了客票、行李票和航空运货单的具体规则。

(三) 航空运输责任制度

公约第 17 条至 25 条规定了一套独特的国际航空承运人责任规则,它们是《华沙公约》的核心内容。

1. 推定过失责任原则

《华沙公约》采用了过失推定作为航空承运人的归责方法。公约规定:"凡旅客因死亡、受伤或任何其他人身伤害所遭受的损害,如果造成这种损害的事故是发生在航空器上,或在上下航空器的过程中的任何一个阶段"(公约第 17 条);"任何已经登记交运的行李或货物毁灭、遗失或损坏所遭受的损害,如果造成这种损害的事故是发生在航空运输期间"(公约第 18 条);"承运人对旅客、行李或货物在航空运输中由于延误所造成的损害,应当负担责任的"(公约第 19 条),均推定承运人有过失,应负赔偿责任。

《华沙公约》采用的推定过失的责任原则,是为了适应航空运输的特点而创制的规则。航空活动具有高度的危险性,旅客或托运人一般很难履行举证责任,常常无法证明承运人的过失。如果按一般民事诉讼程序,由原告负责提供证据,会在很大程度上限制受害人获得赔偿救济的权利。因此,公约在举证责任上采用了"可反驳的推定",即先依照法律的规定推定承运人有过失,如果承运人认为自己没有过失,可以按照公约规定的免责条件提出反证,从而免除责任。公约将此项免责抗辩理由规定为两个方面:"承运人如果证明自己和他的代理人为了避免损失的发生,已经采取一切必要的措施,或不可能采取这种措施时,就不负责任。在运输货物和行李时,如果承运人证明损失的发生是由于驾驶上、航空器的操作上或领航上的过失,而在其他一切方面承运人和他的代理人已经采取一切必要的措施以避免损失时,就不负责任"(公约第 20 条);"凡承运人证明,该损害是由受害人的过失所造成或促成的,法院可依其本国法的规定,全部或部分免除或减轻他的责任"(公约第 21 条)。

2. 限制承运人责任

《华沙公约》在本质上是调整国际航空运输合同的法律,基于私法上的公平理念,公约必须考虑如何平衡承运人与旅客之间,以及承运人与托运人之间的利益。因此,《华沙公约》对承运人规定了法定责任限额,即承运人对旅客、托运人或收货人的赔偿数额一般不超过公约所规定的最高限额。其中,对每位旅客的最高赔偿限额为 125 000 法郎(当时折合 8 300 美元),对交运行李和货物为每公斤 250 法郎,对旅客自己照管的物品为每位旅客 5 000 法郎(公约第 22 条),这是公约最为重要的特点。此外,公约还规定,当事人不得另在合同中"约定出一个任何低于本公约规定限额的条款"(公约第 23 条)。当然,在华沙规则制定之初,鉴于当时航空业尚处于发展阶段,限制承运人责任也是为了保护中小型航空公司的利益,否则,一次空难事故所产生的赔偿重负足以造成这类航空公司的破产。

3. 承运人的无限制责任

《华沙公约》规定在两种情况下,承运人的责任没有限制,即赔偿限额不受公约规定限额的限制。第一种情况是,"凡该损失是因承运人的dol(法语,汉译作'故意造成损害的不法行为'),或者因他的过失,而依法院地法该过失相当于dol所造成,则承运人无权援用本公约关于免除或限制承运人责任的规定"(公约第25条);第二种情况是,凡承运人没有开具客票、行李票或航空运货单或者签发的航空运输凭证不合规格,则承运人无权援用本公约关于免除或限制承运人责任的规定(公约第3、4条和第9条)。

4. 管辖法院和诉讼时效

《华沙公约》第28条规定了有权受理案件的管辖法院,即"任何损害赔偿诉讼必须向某个缔约国境内的承运人住所地,或者他的主要营业地,或者办理订立合同的承运人营业机构设立地,或者目的地的法院提出,由原告选择"。所以,原告有四种可选择的管辖法院:承运人住所地法院、主要营业地法院、承运人营业机构设立地法院和目的地法院。

关于诉讼时效,《华沙公约》第29条规定:"损害赔偿诉讼必须在航空器自到达目的地之日,或自航空器应该到达之日或自运输停止之日算起,两年内提出,否则其权利即行消灭。"

1929年《华沙公约》生效后,许多国家都将它订入国内法使之适用于本国国内的航空运输。实践证明《华沙公约》的基本规则对国际航空运输的发展发挥了有益的作用,公约被誉为在国际私法领域实行国际统一规则的成功范例之一。

二、1955年《海牙议定书》

1929年《华沙公约》是在民用航空发展初期订立的,当时受航空运输技术条件的限制,对空运企业的保护条款比较多。随着航空技术的不断发展,修订《华沙公约》的需要日益迫切。1953年,国际民用航空组织草拟了对《华沙公约》的修订方案,并提交1955年9月海牙国际会议讨论通过,通称1955年《海牙议定书》。该议定书在1963年8月生效,中国于1975年8月加入。

关于《海牙议定书》和《华沙公约》之间的关系,《海牙议定书》第19条规定:"在本议定书各当事国之间,华沙公约与海牙议定书应视为并解释为一个单一的文件,并定名为'1955年在海牙修订的华沙公约'"。因此,没有参加《华沙公约》,只批准或加入《海牙议定书》的国家,就认为该国已批准或加入了经《海牙议定书》修订后的《华沙公约》。如果参加了《华沙公约》但并没加入或批准《海牙议定书》,也没有宣布退出《华沙公约》,则原来未经修订的《华沙公约》对其仍具有约束力。

1955年《海牙议定书》对《华沙公约》的修订主要体现在以下几方面:

1. 提高了对旅客的责任赔偿限额。即从《华沙公约》规定的125 000法郎提高到250 000法郎(当时折合约16 600美元),满足了部分国家提高责任限额的要求。

2. 修改了法律含义模糊的某些条款,减少了对法律文字理解的不同。这主要体现在对《华沙公约》第25条的修改。该条规定:"凡该损失是因承运人的dol,或者因他的过失,而依法院地法该过失相当于dol所造成,则承运人无权援用本公约关于免除或限制承运人责任的规定。"当时订立这条规则的目的是对承运人"故意"行为造成损害的情况下,排除公约对承运人的保护。该条规则源于罗马法,但问题在于各国法律对罗马法原则的演化和实践是有区别的。"dol"是法国民法中的术语,大陆法系除法国以外,都没有类似于"dol"的提法,而遵循"严重过失应看作相当于故意的违法行为"的罗马法上的格言,在传统法律中只有"严重过失"的概念,认为故意在法律上无法用证据证明。① 而英美两国把《华沙公约》翻译为英文文本时,则将 dol 翻译为"wilful misconduct",其含义不仅指"故意的行为",也指"不在乎的不顾后果的行为",其范围要比 dol 宽,含有并非有意造成损害的情况。

为解决对《华沙公约》第 25 条理解上的分歧,1955 年《海牙议定书》将第 25 条修改为"凡经证明,该损害是由受雇人或代理人故意的造成损害的,或明知可能造成损害而不顾后果地作为或不作为引起的,本条第 1 和第 2 款不予适用。"修改后的条款把"dol"和"wilful misconduct"两方面内容都概括起来,同时又将"不作为"当作不限制责任的理由。

3. 简化了关于运输凭证的规定。《华沙公约》第 3 条、第 4 条、第 8 条、第 9 条分别就飞机客票、行李票和航空运货单的内容和格式作出了规定,这对初期统一航空运输凭证的规格,便利国际航空运输发挥了积极的作用。由于这方面的规则在很大程度上已经由国际航协制定的《航空运输共同条件》所包括,而《华沙公约》有关条款过于繁琐,《海牙议定书》对此重新作了明确规定,简化后的条款统一了客票、行李票和航空运货单"应载明的项目"。

4. 删去了《华沙公约》中关于货物和行李运输中凡遇承运人证明该损害系驾驶、操作与导航的过失所引起则免除承运人责任的规定,同时在第 23 条增加了第 2 款,作为替代。该第 2 款规定:"凡属涉及因所运货物的固有缺陷、质量或瑕疵所引起的损失或损坏的情况,本条第 1 款不予适用。"(第 1 款规定:"任何想要免除承运人责任,或者约定出一个任何低于本公约规定限额的条款,均属无效。")

5. 明确了承运人的受雇人或代理人的责任。《华沙公约》原来仅规定了承运人的责任,对承运人的受雇人或代理人的责任未加以规定。对此,《海牙议定书》特别新增加了第 25(A)条,以明确承运人的受雇人或代理人的责任。该条第 1 款规定:"如因本公约所指的损失对承运人的受雇人提起诉讼,该受雇人证明他是在执行职务范围内行事,可以引用承运人根据本公约得以援引的责任限额。"第 2 款规定:"遇有这类情况,从承运人及其受雇人或代理人那里获得的赔偿累计金额,不得超出上述限额。"第 3 款规定:"凡经证明,该损害是由受雇人或代理人故意造成损害的,或明知可能造成损害而不顾后果地作为或不作为引起的,本条第 1 和第 2 款不予适用。"

6. 明确了诉讼费和律师费的处理规则。法院的诉讼费和原告的律师费是否包括在责任限额内,《华沙公约》对此没有明确规定。在实践中会引起这种情况,如果责任限额包括诉讼费用的话,则会给原告(旅客或托运人)造成不公,因为在一些诉讼费

---

① 参见赵维田:《国际航空法》,社会科学文献出版社 2000 年版,第 208 页。

用昂贵的国家,被告按照责任限额支付给原告的赔偿金还不足以支付诉讼和律师费用。对此,《海牙议定书》对《华沙公约》原来第22条进行了修改,其第4款规定:"本来规定的限额并不妨碍法院按其法律另行判给原告所用去的全部或部分诉讼费及其他费用。"

1955年《海牙议定书》虽然对1929年《华沙公约》作了重要修订和补充,但它并没对《华沙公约》下的承运人责任制度进行实质性修改,依然维持着作为《华沙公约》基础的过失推定责任制度。一般将1955年《海牙议定书》修订后的华沙规则称作"华沙—海牙体系"(The Warsaw/Hague Convention)。

三、1961年《瓜达拉哈拉公约》

1961年《瓜达拉哈拉公约》的主要内容是将"华沙—海牙体系"关于承运人的权利和义务进一步适用到实际承运人(Actual Carrier)。此前,这些权利义务主要是针对缔约承运人(Contracting Carrier),而实际承运人仅仅对于其实际承运的部分承担责任。

四、1971年《危地马拉城议定书》

1971年2月危地马拉外交会议主要讨论国际民用航空组织提出的"华沙—海牙体系"的修订文本,最终形成了1971年《危地马拉城议定书》。该议定书主要涉及旅客及行李损害赔偿的相关规定,包括实施严格责任的建议,采用每位旅客相当于10万美元的责任限额;取消托运行李与手提行李的差别,将行李的责任限额提高到1 000美元等。

五、四个《蒙特利尔议定书》

1975年蒙特利尔外交会议主要就责任限额、本国货币换算以及货物运输等问题进行讨论,最终形成四个《蒙特利尔议定书》。第一、第二、第三号议定书分别修改《华沙公约》《海牙议定书》《危地马拉城议定书》中的货币单位,将法郎替换为特别提款权(SDR);第四号议定书主要修改《海牙议定书》中的货物运输部分,引入严格责任的理念,提高了责任赔偿限额。

六、1966年《蒙特利尔协议》

1966年《蒙特利尔协议》并不是该文件的正式名称,而是一般学术论著中加给它的称谓。在华沙体制内,《蒙特利尔协议》是个比较特殊的协议。此项协议的法律根据是《华沙公约》第22条第1款允许承运人和旅客以专门协议约定一个较高的责任限额,但该协议又并非在"承运人"和"旅客"之间的约定。它是以美国民用航空委员会为一方,各国航空公司为另一方的民间协议,其正式名称是美国民用航空委员会以E2368号令发布的"18900号协议"。《蒙特利尔协议》不是国际条约,但该协议的产生及其内容对华沙体制影响很大,实际上起到了局部修改《华沙公约》的作用。

该协议的主体内容体现在两方面:其一,凡进出、经停美国的国际客运航班,对每位旅客伤亡的责任限额为75 000美元(不计入律师费与诉讼费为58 000美元),并允许旅客另作保险。其二,在上述范围内,承运人不得引用《华沙公约》或经上述《海牙议定书》修改的《华沙公约》第20条作为抗辩理由。《华沙公约》第20条在推定过失责任制中是允许承运人举证抗辩的,取消这一条款的效力意味着从过失责任变为无过失责任,直接变更了《华沙公约》的责任基础。中国在1975年12月以中国民用航空总局的名义参加了《蒙特利尔协议》,它只适用于中国经营航线的始发地点、约定的经停地点或目的地点在美国的国际运输。

与《蒙特利尔协议》相类似的是1974年西欧各国政府和日本政府进行磋商达成的《马耳他协议》,该协议将各该航空公司对旅客伤亡的限额提高到58 000美元(不包括诉讼费用和律师费在内)。但它和《蒙特利尔协议》有两点重要不同:其一,它的适用范围仅限于在各该国航空公司航班的飞机上或上下飞机过程中发生的事故引起的损害;其二,它并没有放弃《华沙公约》第20条规定的抗辩理由。

七、国际航协的承运人协议

1929年《华沙公约》虽然经过了多次修订,但这套制定于航空运输初级发展时期的责任规则,已经日益与各国经济高度发展的生活水平不相适应,尤其是与航空有关的科学技术的现代化不相适应,并在实际运用中产生很多矛盾,集中体现在赔偿责任限额和管辖权方面。1992年初,日本的几家航空公司联合起来,向现行华沙体制发起冲击。它们用对"旅客运输条件"作出变更的方式,提高了"国际航空运输"赔偿限额,引进了严格责任制。

在这种情况下,有282家航空公司组成的国际航协也不甘示弱,从1993年开始酝酿作出回应,终于在1995年6月华盛顿会议上拟出一份与日航基本相似,但影响力更大的协议,名为《IATA各承运人之间对旅客责任的协议》(Intercarrier Agreement on Passenger Liability, IIA)。同年10月,在国际航协于吉隆坡召开的年度大会上,各航空公司的代表通过了这份承运人间协议(又称1995年《吉隆坡协议》)。由于IIA仅仅是一个目的声明,国际航协于1996年形成了第二个协议——《实施IATA承运人间协议的措施的协议》(Measure of Implementation Agreement),因为它是在迈阿密通过的,通常被称为《迈阿密承运人间协议》。这两个协议主要在以下两方面对《华沙公约》进行了革新:其一,将客运责任限额定为每位旅客10万特别提款权(SDR),在限额内对承运人实行严格责任制;对10万特别提款权以上的索赔额,则保留承运人的推定过错责任制,允许承运人根据《华沙公约》第20条提出抗辩。其二,在《华沙公约》规定的四种管辖权的基础上,增加了第五种管辖权,即旅客住所地或永久居住地法院。各航空公司实行上述协议的前提是:签署了协议并且把它们列入该航空公司的运输条件和运价规章中。

如同1966年《蒙特利尔协议》一样,上述两个协议的法律根据是《华沙公约》第22条第1款,但该协议又并非在"承运人"和"旅客"之间的约定。所以,它们本质上是一个承运人之间的民间协议,不是严格意义上的国际法规则,更不能取代《华沙公约》。

八、1999年蒙特利尔《统一国际航空运输某些规则的公约》

以1929年《华沙公约》为核心的华沙体制共有9个独立的法律文件,在实践中,9个文件并存引起的最大问题是法律适用的冲突。假设同一国际航班上的旅客遇到飞机失事,就会因为出发地、目的地或经停地点的不同,而适用不同的责任规则和责任限额,最后所得的赔偿额也会有很大的区别。同时,《华沙公约》规则还面临来自国际航协承运人之间协议的挑战。面对这种局面,1995年国际民用航空组织理事会决定起草一部合并现有9个文件为一体,以照顾和平衡经济发展水平悬殊的各国利益的并适应科学技术现代化的新公约。国际民用航空组织法律委员会承担了起草法案的工作,经过长时期的酝酿,该委员会拟定了一个新的《统一国际航空运输某些规则的公约》草案。

1997年,国际民用航空组织理事会决定设立一个"将'华沙体制(9个文件)'合并为一体并使之现代化的专门小组",以便联系各国对法律委员会草案的评论意见。经过各方努力,新的《统一国际航空运输某些规则的公约》(Convention for the Unification of Certain Rules for Carriage by Air)终于在1999年5月召开的国际民用航空组织缔约国大会上正式通过,并于2003年11月4日生效,简称1999年《蒙特利尔公约》。该公约取代已适用七十多年的1929年《华沙公约》及其一系列对公约的修订和补充协议,从而使国际航空运输的法律制度走向完整和统一,以达到实现华沙体制的现代化和一体化的目的。

1999年《蒙特利尔公约》最主要的变化是体现在责任制度和责任限额方面,具体有以下几方面:

1. 提高对旅客的赔偿责任限额,对客运、货运均采取严格责任制度。在客运责任制度层面上,公约引进了"双梯度"责任制度(Two Tier Liability),即两级责任制(公约第21条)。第一梯度是,对于赔偿限额在10万特别提款权之内的人身伤亡赔偿,不论承运人有无过错,都应当承担责任,除非是由于旅客自己的原因所造成的。第二梯度是,对于超出10万特别提款权的索赔额,如果承运人证明自己没有过错或者证明伤亡是由于第三人的过错造成的,承运人不承担损害赔偿责任,否则,承运人必须承担无限额责任。在这一点上,可以说是与《华沙公约》的过错推定的归责是相同的。但是,在任何情况下,索赔人都必须举证,证明其提出的索赔额就是其遭受的实际损失。同时,10万特别提款权只是一个最高限额,实际损失低于10万特别提款权的,根据旅客遭受到的实际损失予以赔偿。此外,根据《蒙特利尔公约》关于赔偿责任限额复审的有关规定(公约第 24 条),10 万特别提款权的责任限额已于 2009 年 12 月修订调整为 11.3 万特别提款权(大致相当于 17 万美元)。

2. 增加了第五种管辖权。原《华沙公约》第 28 条规定了以下四种管辖权:(1)承运人的住所地法院;(2)承运人的主营业地法院;(3)订立合同的承运人机构所在地法院;(4)目的地法院。1999 年《蒙特利尔公约》基本循此规范,但在此基础上,增加了第五种管辖权。公约第 33 条第 2 款规定:"对于因旅客死亡或者伤害而产生的损失,诉讼可以向本条第 1 款所述的法院之一提起,或者在这样一个当事国领土内提起,即在发生事故时旅客的主要且永久居所在该国内,并且承运人使用自己的航空器或者根据商务协议使用另一承运人的航空器经营到达该国领土或者从该国领土始发的旅客航空运输业务,并且在该国领土内该承运人通过其本人或者与其有商务协议的另一承运人租赁或者所有的处所从事其旅客航空运输经营"。从该条款的规定可以发现,第五种管辖权须满足三个条件:(1)是当事旅客本人的常住居所;(2)承运人在该国有航空运输业务;(3)承运人在该国境内设有经营航空客运的办事住所。其条文措辞相当严格。

3. 恢复了运输凭证的正常功能。运输凭证的本来功能是作为运输合同的证据和判断是否构成"国际运输"从而适用华沙规则的根据。但是,原来的凭证规则却把遵守凭证规则与否,作为是否有权援用责任限制的前提条件。1999 年《蒙特利尔公约》恢复了运输凭证的正常功能,同时,为适应现代电子技术需要,开辟了"任何保存所作运输的记录"的办法均可使用的现代化道路。

具体来说,在旅客运输中,出具个人的客票不再成为强制性规定。在团体运输中,可以出具"集体的运输凭证"。旅客运输凭证上只需标明始发地点和目的地点以及至少一个约定的经停地点(如有约定的经停地点)。为了便利电子计算机在客票销售和运输过程中的应用,允许使用任何保存前述内容的"其他方法",包括电子手段。

在货物运输中同样引入了电子凭证。承运人应按托运人的要求,向托运人出具货物收据。至于航空货运单或货物收据上应当载明的内容,除了标明始发地点和目的地点以及约定的经停地点外,只需标明货物的重量。

第四节 航空器对地面第三者的损害责任

华沙国际航空运输责任体制没有涉及航空器在飞行中对地(水)面第三方造成损害的责任原则,国际法上最早调整这类损害赔偿问题的公约是 1933 年《统一有关航空器对地(水)面第三方造成损害的某些规则的公约》及 1938 年《布鲁塞尔议定书》。该公约后来被 1952 年《关于外国航空器对地(水)面第三者造成损害的公约》(简称 1952 年《罗马公约》)及 1978 年《蒙特利尔议定书》所取代。

一、1952年《罗马公约》

（一）适用范围

1952年《罗马公约》仅适用于"在一缔约国登记的航空器在另一缔约国境内造成的""飞行中航空器或从航空器掉下来的任何人或物体造成的"直接损害，因飞机噪音或声音震动而造成的损害不属于该公约范围。

（二）责任体制

1952年《罗马公约》和《华沙公约》不同，它不是过失责任制，而是采用了严格责任原则，即"在地（水）面上蒙受损失的任何人，只需证明该损害是由飞行中航空器或从航空器掉下来的任何人或物体造成的，就有权获得本公约规定的赔偿"，但在两种情况下航空器经营人得以免责：一是战争或武装冲突；二是政府行为剥夺飞机使用权，因为其都属于不可抗力的范围。① 此外，如所受的损害并非造成损害的事件的直接后果，或所受的损害只是航空器遵照现行的空中交通规则在空中通过的结果，则受害人无权要求赔偿。

按照本公约规定应负责的人如能证明损害完全是由于受害人或其受雇人的过失造成的，则不承担责任。如应负责任的人能证明损害部分是由于受害人或其受雇人的过失造成的，则其负担的赔偿应按该项过失造成的损害程度予以减少。但是，如损害是由于受害人的受雇人的过失造成的，而受害人证明其受雇人的行为超出了他所授权的范围，则不能免除或减轻上述赔偿责任。

关于责任限制，1952年《罗马公约》分别按"飞机重量"，即"指适航证准予起飞的飞机最高重量，不包括起飞耗掉的燃料"，和按"人员伤亡"两种标准规定了赔偿最高限额。

（三）管辖与时效问题

1952年《罗马公约》规定，"损害发生地国法院"是原告起诉的唯一法院，但同时又规定，"经由一个或多个索赔人和一个或多个被告人之间的协议，得在任何其他缔约国的法院起诉，但任何此种诉讼不得以任何方式损害在损害发生地国的法院起诉；当事人双方也可协议在任何缔约国将争议诉诸仲裁"。此外，1952年《罗马公约》还规定了相当完善的责任担保制度。

关于诉讼时效，1952年《罗马公约》规定，自事件发生之日起算，诉讼时效为期2年，但是，凡自造成损害的事件之日起满3年者，提起诉讼的权利一律消灭。

---

① 参见赵维田：《国际航空法》，社会科学文献出版社2000年版，第378页。

二、航空器对地面第三者的损害责任立法的新发展

2005年11月29日,国际民航组织理事会在法律委员会的总体工作方案中,将在非法干扰行为或一般风险情况下航空器对第三方造成损害的赔偿这一项目确定为第一优先项目。法律委员会第33届会议于2008年4月21日至5月2日在蒙特利尔召开,讨论了《关于因涉及航空器的非法干扰行为而导致对第三方造成损害的赔偿的公约》和《关于航空器对第三方造成损害的赔偿的公约》案文,并建议尽快召开国际航空法外交会议,以最后确定和通过两份公约草案。2009年4月20日至5月2日,国际民航组织在蒙特利尔召开国际航空法外交会议,讨论并通过了《关于航空器对第三方造成损害的赔偿的公约》(简称《一般风险公约》)和《关于因涉及航空器的非法干扰行为而导致对第三方造成损害的赔偿的公约》(简称《非法干扰赔偿公约》)。目前,这两项公约均未生效。

《一般风险公约》试图统一1952年《罗马公约》及1978年《蒙特利尔议定书》,并吸收1999年《蒙特利尔公约》的相关内容,其核心在于运营人的双梯度责任体制。在第一梯度下,运营人对第三方造成的损害不论是否有过错,均以航空器最大质量为基础承担一定限额内的赔偿责任。超出限额的部分(即第二梯度下),对航空器运营人适用过错推定责任原则,即损害发生后,推定经营人有过错并由其承担责任,除非营运人能证明其对损害的发生无过错,第二梯度的赔偿是没有限额的。

《非法干扰赔偿公约》旨在通过采取集体的国家行动,统一关于对飞行中航空器的非法干扰事件的后果提供赔偿的一些规则,以达到保护第三方受害人利益和维护航空业持续发展的双重目的。在由于非法干扰行为造成的航空器事件中,由航空器运营人在一个限额以内承担赔偿责任,限额以上的损害通过公约设立的国际民用航空基金提供赔偿。这样,航空器运营人可以通过保险分散其限额内的财务风险,而第三方受害人不仅可以在限额内得到运营人的快速赔偿,当损害超过限额时,还可以通过国际民用航空基金保障其损害得到充分赔偿。

第五节 国际航空安保公约

航空事业的发展,一方面便利了各国人民之间的交往、旅游和贸易,但在另一方面,各国国内和国际的矛盾也反映到航空领域中来,民用航空成为犯罪行为的新目标、新场所。20世纪60年代以后,空中劫持事件不断发生,恐怖主义分子又把航空领域视为犯罪场所。由于航空领域中的犯罪危害性大,涉及的国家多,为此国际社会缔结了一系列国际公约,为惩治危害国际民航安全的行为进行广泛的国际合作提供了法律基础。这些公约主要包括:1963年9月在东京签订的《关于在航空器内的犯罪和

其他某些行为的公约》(简称1963年《东京公约》)、1970年12月在海牙签订的《关于制止非法劫持航空器的公约》(简称1970年《海牙公约》)、1971年9月在蒙特利尔签订的《关于制止危害民用航空安全的非法行为的公约》(简称1971年《蒙特利尔公约》)。这三个公约在形式上相互独立,在内容上相互补充。

为弥补1971年《蒙特利尔公约》的某些不足,1988年2月24日在蒙特利尔签订了《制止在用于国际民用航空的机场发生的非法暴力行为的议定书》(简称1988年《蒙特利尔议定书》)。1991年在蒙特利尔召开的外交会议上通过了《关于注标塑性炸药以便探测的公约》,它主要针对使用软叶状或富于弹性的塑性炸药炸毁航空器的恐怖行为,规定责任方制造塑性炸药时添加"可探测性物质"使之成为"注标塑性炸药",有助于防止与塑性炸药的使用有关的非法行为。

一、惩治的行为

1963年《东京公约》适用于在飞行中航空器上发生的两种行为:(1)违反刑法的犯罪;(2)不论是否犯罪,可能或确已危及航空器及其所载人员或财产,或者危及机上良好秩序与纪律的行为。"在飞行中"是指航空器从为起飞目的而发动时起到降落后滑跑完毕时止。

1970年《海牙公约》是专门针对非法劫持航空器的犯罪行为而制定的。公约规定,"劫机犯罪"是指"凡在飞行中的航空器内的任何人用暴力或用暴力威胁,或用任何其他恐吓方式,非法劫持或控制航空器,或这类行为的任何未遂行为,或是从事这类行为或者任何未遂行为的共犯都是犯罪行为"。这里的"在飞行中"是指航空器从装载完毕,机舱外部各门均已关闭时起,直至打开任一舱门以便装卸时为止。航空器在迫降时,在主管当局接管该航空器及其所载人员和财产的责任前,应被认为仍在飞行中。

1971年《蒙特利尔公约》第1条将非法和故意实施下述五种恐怖行为定义为"危害民用航空安全的罪行":(1)对飞行中的航空器内的人采取暴力行为而足以危及该航空器安全;(2)破坏使用中的航空器或使其受损坏,以致不能飞行或足以危及其飞行的安全;(3)用任何方法在使用中的航空器内放置或使别人放置危险装置和物质,可能破坏该航空器或使其受损坏以致不能飞行或足以危及其飞行的安全;(4)破坏或损坏航行设备或妨碍其工作,足以危及其飞行的安全;(5)传送虚假的情报,从而危及飞行中航空器的安全。此外,上述罪行的未遂行为和此类犯罪或其未遂行为的共犯也构成危害民用航空安全罪。这里所谓"使用中"的起讫时间为,从地面人员或机组为某一特定飞行对航空器进行飞行前的准备时起,直到降落后24小时止。

1971年《蒙特利尔公约》没有规定对机场内服务人员和设备的犯罪以及破坏机场上未使用的航空器的犯罪。基于以上的不足,为了防止、制止和惩处这类犯罪行为,国际社会于1988年2月在蒙特利尔签订了《蒙特利尔议定书》。该议定书第2条规定,任何人使用任何装置、物质或武器,非法地和故意地实施下列行为,以致危及或足以危及该机场安全的,即为犯罪:(1)对用于国际民用航空的机场内的人实施暴力行为,造成或足以造成重伤或死亡;(2)破坏或严重损坏用于国际民用航空的机场的设备或停在该机场上未在使用中的航空器,或中断机场服务。

从上述公约的规定可以看出,《东京公约》对惩治的犯罪或行为只作了概括性的规定,并非专门针对某种犯罪,是否犯罪依各国的刑法而定,无统一标准,其适用的时间范围最窄。《海牙公约》有明确的针对性,其目的在于制止和惩罚在飞行中的航空器内的非法劫持航空器的犯罪,不包括在空中和地面上对国际民航的其他犯罪。《蒙特利尔公约》主要将《海牙公约》中未包括的危害国际民航安全的罪行列入其制止和惩罚的对象,既包括对航空器内的人实施暴力的行为,也包括对航空器实施的破坏行为,既包括危及飞行中航空器安全的行为,也包括对使用中航空器的破坏行为,既包括在空中实施的罪行,也包括在地面实施的罪行。1988年《蒙特利尔议定书》则专门保护用于国际民用航空机场的安全,制止和惩治对此种机场上的人、设备和未在使用中的航空器非法使用武器和装置,这种罪行大多发生在地面。

二、管辖权

管辖权问题的确定是惩罚罪犯的前提条件。在1963年《东京公约》缔结以前,国际法上对航空管辖(或称"飞机的法律地位")一直没有统一的规定,由各国按其国内法的规定进行管辖,致使一些罪犯逃脱了惩罚。所以,1963年《东京公约》的杰出贡献在于确立了对航空犯罪行为的管辖权。

整个《东京公约》最关键的条款是第3条,该条规定:(1)航空器登记国有权对航空器上的犯罪与行为行使管辖权;(2)各缔约国都应采取必要措施,以确立其作为登记国对在该国登记的航空器上犯罪的管辖权;(3)该公约不排除依本国法行使的任何刑事管辖权。

该条第1款确立了航空器登记国有权对航空器内的犯罪与行为行使管辖权的原则;第2款规定的是"立法管辖",即各缔约国必须采取"必要措施"加以确立其作为登记国的管辖权;第3款规定了"并行管辖体制"。

非航空器的登记国除《东京公约》第4条规定的特殊情况外,一般不得对机上犯罪行为行使管辖权而干预飞行中的航空器。这些特殊情况为:(1)犯罪在该国领土上具有后果;(2)犯罪人或受害人为该国国民或在该国有常住地者;(3)犯罪危及该国安全;(4)犯罪违反了该国现行有关航空器飞行规则或规章;(5)为了确保该国遵守其在多边国际协定中所承担的任何义务,有必要行使管辖权。

对非法劫持航空器罪行的管辖权,《海牙公约》第4条第1款规定:"凡属下列情况,各缔约国应采取必要措施以确立其对犯罪,以及与犯罪有联系的所称罪犯以暴力侵害旅客与机组人员的任何其他行为的管辖权:(甲)航空器的登记国;(乙)航空器的降落地国;(丙)承租人的主要营业地国或永久居所所在国。"第2款规定:"在其境内发现所称罪犯的缔约国,凡不按第8条将该人引渡给第1款所列的任一国家者,同样采取必要措施以确立其对犯罪的管辖权。"第3款规定:"本公约不排除依本国法行使的任何刑事管辖权。"

《海牙公约》第4条对管辖权的上述规定有以下特点:第一,从总体上规定了复合管辖次序,第1款规定与劫机罪行有密切法律联系的国家对罪行有主要管辖权,第2款规定的是在主要管辖权以外的辅助管辖权;第二,任何抓获罪犯的国家都可实施管辖权,这些国家可能和罪行毫无法律联系,因而这种管辖权带有普遍管辖权的性质。

1971年《蒙特利尔公约》对管辖权作了与《海牙公约》基本相同的规定。所不同的是:其一,由于危害国际民航安全的罪行和危害用于国际民用航空机场安全的罪行越来越多发生在地面,因而《蒙特利尔公约》增加了罪行发生地国的管辖权;其二,在其境内发现所称罪犯的缔约国,如该人被指控犯有第1条罪行定义中前三种行为,该国若不将其引渡给罪行发生地国、航空器登记国、航空器降落地国和航空器承租人的主要营业地国或永久住所地国之任一国,应对罪行实施管辖权。

三、"或引渡或起诉"原则

《海牙公约》在第6、7、8条引入了拉丁格言"或引渡或起诉"(aut dedere aut judicare)原则。根据这些条款的内容,"或引渡或起诉"是指在其境内发现被指称的罪犯的缔约国,如不将此人引渡,则不论罪行是否在其境内发生,应毫无例外地并无不适当延迟地将案件提交其主管当局以便起诉,该当局应按照本国法律以对待任何严重性质的普通罪行案件的同样方式作出决定。

在学术界,这一原则通常被表述为:在其境内发现被请求引渡的犯罪人的国家,按照其签订的有关条约或者互惠原则,应当将该人引渡给请求国;如果不同意引渡,则应当按照本国法律对该人提起诉讼以便追究其刑事责任。

"或引渡或起诉"是根据荷兰法学家格劳秀斯在其《战争与和平法》一书中提出的"或引渡或处罚"(aut dedere aut punier)的名言发展而来的。格劳秀斯的这一格言,是基于这样一种理论命题:遇有违反整个国际社会利益的犯罪行为时,作为一种国际责任,各国应以国际社会的名义承担格言的其中一项义务。该理论提出后,在很长时期内并未被各国所接受,在1970年《海牙公约》以前,真正适用"或引渡或起诉"原则的,只是那些"最少涉及意识形态争议"的禁止运毒、贩毒一类的国际条约。[①] 所以,《海牙公约》引入该原则是国际法上一大突破,因为劫机罪行多数出于政治目的,而国际法上有"政治犯不引渡"的规则。《海牙公约》把劫机罪排除在政治犯罪以外,不仅规定它们是可以引渡的罪行,而且还为缔约国引渡罪犯提供了法律依据。该原则的确立,旨在通过国家间的刑事合作,使每个实施国际犯罪的人都无法逃避刑事处罚。

1971年《蒙特利尔公约》及其附加议定书也同样将"或引渡或起诉"适用于危害国际民用航空安全的罪行。

---

① 参见赵维田:《论三个反劫机公约》,群众出版社1985年版,第169页。

四、航空安保国际立法的新发展

自20世纪60年代以来,在国际民航组织的主持下,已制定了若干航空安保条约。这些条约将针对国际民用航空的违法行为定为犯罪,其中包括劫机和破坏,并促进了各国之间的合作,以确保对这些行为进行惩罚。但是,这些条约没有涉及民用航空中出现的新威胁,如极端暴力行为、使用危险材料攻击航空器等恐怖主义行为。为此,国际民用航空组织经过长时期的准备,于2010年8月30日至9月10日在中国北京召开了为期12天的国际民航组织国际安保公约外交大会。经过与会国家的讨论,最终通过了《制止与国际民用航空有关的非法行为的公约》(简称《北京公约》)和《制止非法劫持航空器公约的补充议定书》(简称《北京议定书》),以补充1971年《蒙特利尔公约》及其议定书没有规定的非法干扰行为。这也是民航史上首次以中国城市命名的国际公约。目前,上述两项公约均未生效。

《北京公约》和《北京议定书》将使用民用航空器作为武器,和使用危险材料攻击航空器或其他地面目标定为犯罪行为。在新的条约下,非法运输生物、化学和核武器及其相关材料,被定为应受惩罚的行为。此外,还专门涵盖了条约范围内的犯罪行为的指挥者和组织者的刑事责任。规定了威胁施行条约范围内的犯罪行为,如果情况表明该威胁是可信的话,也会引起刑事责任。在特定情况下,同意或协助犯罪行为,而不论该犯罪是否实际实施与否,也可能受到惩罚。这些规定的目的是促进各国合作,以打击针对民用航空的非法行为。

近年来,国际航空安保领域的另一难点问题是航空器上的"非循规与扰乱行为"(Unruly and Disruptive Behaviour)的规制与惩处。据国际航协的不完全统计与分析,2007年至2011年间各航空公司关于非循规旅客的报告数持续攀升、不断升级。尽管1963年《东京公约》所调整的范围已经涵盖了机上发生的非循规与扰乱行为,但其应对这些行为的实践效果却不甚理想、收效平平。经国际航协提议,国际民航组织理事会于2009年10月成立秘书处研究小组专门就此问题展开初步研究,并于2011年11月提请国际民航组织法律委员会,建议设立特别小组委员会审议有关1963年《东京公约》的修订事宜。2012年5月,特别小组委员会递交了关于"准备一项案文以实现《东京公约》现代化的报告"。2013年9月,理事会向国际民航组织大会第38届会议递交了阶段性报告,并呼吁国际民航组织各成员国积极参与有关修订《东京公约》的新议定书草案的讨论与审议。

2014年3月26日至4月4日,由国际民航组织主持的国际航空法外交会议在蒙特利尔举行。会议审议并通过了《修订〈关于在航空器上犯罪和犯有某些其他行为的公约〉的议定书》(简称2014年《蒙特利尔议定书》),同时通过了《关于不循规/扰乱性旅客所涉法律问题的指导材料》的决议。该议定书目前尚未生效。2014年《蒙特利尔议定书》对1963年《东京公约》作出了全盘修订,其主要内容包括:(1)取消了1963年《东京公约》对"飞行中"的双轨定义,并重新规定了"飞行中"的统一含义,即

"航空器在完成登机活动后所有外部舱门均已关闭时起,直至其任一此种舱门为离机目的开启时止,其间的任一时刻"。(2)在保留1963年《东京公约》确立的"并行管辖体制"的基础上,补充规定了航空器的"降落地国管辖权"和航空器的"经营人所在国管辖权",即符合特定条件的降落地国与经营人所在国也有权就有关罪行与行为确立并行使管辖权。(3)增设了有关"飞行安保员"(In-flight Security Officer)的规则并对机长的职权进行了调整。

第六节 中国在航空法领域的立法与实践

我国一直高度关注国际民用航空法律的发展,并且积极参与有关国际立法活动。1974年2月15日,我国函告国际民航组织,承认1944年12月9日当时的政府签署并于1946年2月20日批准的1944年《芝加哥公约》,并一直积极参与《芝加哥公约》有关条款的修订工作。作为国际民航组织的创始成员国之一,我国不仅积极参与并支持国际民航组织的各类活动和项目,也为推动国际民用航空国际立法的发展作出了巨大贡献。自2004年以来,我国四次连任国际民航组织的一类理事国。目前,我国已经批准和加入了近三十项影响广泛的多边国际航空公约与议定书。这些条约不仅包括国际航空安保法领域的1963年《东京公约》、1970年《海牙公约》、1971年《蒙特利尔公约》及其补充议定书,也包括国际航空私法领域的1929年《华沙公约》、1955年《海牙议定书》、1999年《蒙特利尔公约》、2001年《移动设备国际利益公约》(简称2001年《开普敦公约》)及《移动设备国际利益公约关于航空器设备特定问题的议定书》(简称2001年《航空器设备议定书》)。

此外,我国还与一百多个国家签订了双边航空协定,开展了广泛的双边与区域性国际航空运输经贸合作。根据《中国—东盟全面经济合作框架协议服务贸易协定》,我国将于航空运输、飞机维修、订票系统等航空服务领域取消"市场准入限制"及"国民待遇限制",进一步推动国际民用航空服务业的发展。2010年,我国与东盟正式签署了《东盟—中国航空运输协议》,被视为区域性"开放天空"的重大举措,将促使东盟各国与我国之间的航空运输更加自由与开放。与此同时,我国也同样关注国内航空立法与有关国际公约的衔接与一致,并致力于不断完善我国的国内民用航空法。

一、我国保护国际航空安全的实践

由于历史的原因,我国没有参加1963年《东京公约》、1970年《海牙公约》和1971年《蒙特利尔公约》的最初制定和签字。但是,我国已经于1978年11月14日加入了1963年《东京公约》,除了对公约第24条第1款声明保留外,该公约已经于1979年2月12日起对我国生效。1980年9月10日,我国又加入了1970年《海牙公约》和

1971年《蒙特利尔公约》,除了对1970年《海牙公约》第12条第1款和1971年《蒙特利尔公约》第14条第1款声明保留外,这两项公约于1980年10月10日起对我国生效。1988年2月24日,我国政府代表又签署了《蒙特利尔公约补充议定书》。在2010年,国际民航组织国际航空安保公约外交大会于北京召开,会议最终通过了《北京公约》和《北京议定书》。这两项新公约吸纳了联合国反恐公约体系中的许多既定法律制度,对于进一步完善国际航空刑法及保障国际航空安全具有重大意义。

我国1979年《刑法》没有规定劫机罪或危害国际航空安全犯罪。在处理国内劫机犯罪的司法实践中,我国司法部门采取类推制度,但是,在处理国际劫机案件时,则陷于尴尬。1989年12月16日,我国公民张振海劫持了一架中国国际航空公司的民航班机逃亡日本。我国作为航空器登记国、犯罪发生地国和犯罪人国籍国,根据1970年《海牙公约》和1971年《蒙特利尔公约》的规定,向日本提出了引渡请求。但是,根据国际引渡法,提出引渡必须符合引渡罪名相同原则。我国刑法没有规定劫机罪,显然不符合这一原则,而日本刑法采取的是罪刑法定主义原则,根本排斥类推制度。因此,中日双方的引渡谈判一度陷入困境。最终,在我国作出同样的引渡承诺后,按照互惠原则,我国才于1990年4月28日将张振海引渡回国。基于我国刑法的这一缺陷,1992年12月28日,全国人大常委会通过了《关于惩治劫持航空器犯罪分子的决定》,增补了劫持航空器罪。①

(一)我国航空法对危害国际航空安全罪行的规定

为弥补国内立法不足,1995年《民用航空法》在第十五章"法律责任"中,非常详细和具体地规定了劫持航空器和危害国际航空运输安全的行为方式,并规定对这些行为追究刑事责任。

1. 关于劫持航空器的规定。该法第191条规定,以暴力、胁迫或者其他方法劫持航空器的,依照关于惩治劫持航空器犯罪分子的决定追究刑事责任。条文中的"决定",是指1992年12月28日全国人大常委会颁布的《关于惩治劫持航空器犯罪分子的决定》。

2. 关于危害航空器飞行安全的规定。该法第192条规定,对飞行中的民用航空器上的人员使用暴力,危及飞行安全,尚未造成严重后果的,依照我国《刑法》(1979年)第105条的规定追究刑事责任;造成严重后果的,依照《刑法》第106条的规定追究刑事责任。该法第195条规定,故意在使用中的民用航空器上放置危险品或者唆使他人放置危险品,足以毁坏该民用航空器,危及飞行安全,尚未造成严重后果的,依照《刑法》第107条的规定追究刑事责任;造成严重后果的,依照《刑法》第110条的规定追究刑事责任。该法第196条规定,故意传递虚假情报,扰乱正常飞行秩序,使公私财产遭受重大损失的,依照《刑法》第158条的规定追究刑事责任。该法第197条规定,盗窃或者故意损毁、移动使用中的航行设施,危及飞行安全,足以使民用航空器

---

① 参见王虎华:《危害国际航空安全犯罪的理论与中国的实践》,载《犯罪研究》2002年第5期。

发生坠落、毁坏危险，尚未造成严重后果的，依照《刑法》第108条的规定追究刑事责任；造成严重后果的，依照《刑法》第110条的规定追究刑事责任。

3. 关于破坏国际航空机场安全的规定。该法第198条规定，聚众扰乱民用机场秩序的，依照《刑法》第159条的规定追究刑事责任。

4. 其他危害国际航空安全运输的规定。该法第193条规定，违反本法规定，隐匿携带炸药、雷管或者其他危险品乘坐民用航空器，或者以非危险品品名托运危险品，尚未造成严重后果的，比照我国《刑法》(1979年)第163条的规定追究刑事责任；造成严重后果的，依照《刑法》第110条的规定追究刑事责任。企业事业单位犯前款罪的，判处罚金，并对直接负责的主管人员和其他直接责任人员依照前款规定追究刑事责任。隐匿携带枪支子弹、管制刀具乘坐民用航空器的，比照《刑法》第163条的规定追究刑事责任。该法第194条规定，公共航空运输企业违反本法第101条的规定运输危险品的，由国务院民用航空主管部门没收违法所得，可以并处违法所得一倍以下的罚款。公共航空运输企业有前款行为，导致发生重大事故的，没收违法所得，判处罚金；并对直接负责的主管人员和其他直接责任人员依照《刑法》第115条的规定追究刑事责任。该法第199条规定，航空人员玩忽职守，或者违反规章制度，导致发生重大飞行事故，造成严重后果的，分别依照、比照《刑法》第187条或者第114条的规定追究刑事责任。

我国《民用航空法》在刑事责任方面适用"类推"的规定，与我国1997年《刑法》第3条的"罪刑法定"原则存在冲突。《刑法》第3条规定"法律明文规定为犯罪行为的，依照法律定罪处罚；法律没有明文规定为犯罪行为的，不得定罪处罚"，已经废除了类推制度。但1995年《民用航空法》第193、199条均明文规定了"比照"《刑法》的有关条款追究刑事责任。显然，这与我国现行刑法的规定是不相吻合的。《民用航空法》作为部门法，其刑事责任方面的规定无疑是《刑法》这一基本法的补充规定。罪行法定原则的普遍适用，意味着《民用航空法》中类推制度必须加以修改。

根据2009年《全国人民代表大会常务委员会关于修改部分法律的决定》，上述我国《民用航空法》中的许多条款均作出了相应的修改与调整。其中，第191条涉及引用已纳入刑法并被废止的关于惩治犯罪的决定的规定，修改为"依照刑法有关规定"；第192条关于追究刑事责任的具体规定修改为："对飞行中的民用航空器上的人员使用暴力，危及飞行安全的，依照刑法有关规定追究刑事责任"；第193条第1款修改为："违反本法规定，隐匿携带炸药、雷管或者其他危险品乘坐民用航空器，或者以非危险品品名托运危险品的，依照刑法有关规定追究刑事责任"，第3款修改为："隐匿携带枪支子弹、管制刀具乘坐民用航空器的，依照刑法有关规定追究刑事责任"；第195条修改为："故意在使用中的民用航空器上放置危险品或者唆使他人放置危险品，足以毁坏该民用航空器，危及飞行安全的，依照刑法有关规定追究刑事责任"；第197条修改为："盗窃或者故意损毁、移动使用中的航行设施，危及飞行安全，足以使民用航空器发生坠落、毁坏危险的，依照刑法有关规定追究刑事责任。"另外，我国《民用航空法》第194条、第196条、第198条和第199条中的"依照刑法第…条的规定""比照刑法第…条的规定"均修改为"依照刑法有关规定"。

(二) 我国刑法对危害国际航空安全犯罪的规定

1997年3月14日,我国第八届全国人大第五次会次修订的《刑法》分则第二章"危害公共安全罪"具体规定了危害国际航空安全犯罪的罪名及其刑事责任。

1. 劫持航空器罪。《刑法》第121条规定,以暴力、胁迫或者其他方法劫持航空器的,处十年以上有期徒刑或者无期徒刑;致人重伤、死亡或者使航空器遭受严重破坏的,处死刑。

2. 危害飞行安全罪。《刑法》第123条规定,对飞行中的航空器上的人员使用暴力,危及飞行安全,尚未造成严重后果的,处五年以下有期徒刑或者拘役;造成严重后果的,处五年以上有期徒刑。

3. 破坏航空器罪。《刑法》第116条规定,破坏航空器,足以使航空器发生倾覆、毁坏危险,尚未造成严重后果的,处三年以上十年以下有期徒刑。

4. 破坏航空设施罪。《刑法》第117条规定,破坏机场、航道、灯塔、标志或者进行其他破坏活动,足以使航空器发生倾覆、毁坏危险,尚未造成严重后果的,处三年以上十年以下有期徒刑。

二、《中华人民共和国民用航空法》

在有关的国内立法活动中,最具意义的是1995年10月30日第八届全国人大常委会通过的《民用航空法》(1996年3月10日起实施)。这是中国民用航空史上第一部规范民用航空活动的法律。这部法律计16章214条,对民用航空器国籍、民用航空器权利、民用航空器适航管理、航空人员、民用机场、空中航行、公共航行运输企业、公共航空运输、通用航空、搜寻援救和事故调查、对地面第三人损害的赔偿责任、外国民用航空器的特别规定、涉外关系的法律适用、罚则等作了规定。

(一) 我国航空法的特点

1. 突出和强化安全管理的内容。《民用航空法》用五章的篇幅来规范安全管理,如航空器适航管理制度、民用航空人员执照制度、民用机场使用和管理制度、民用航空企业许可制度等。这样严密的规定符合国际社会注重民用航空安全的发展趋势。

2. 规定民用航空行政管理的同时,注重民商法律规范的建立和完善。例如,《民用航空法》对航空承运人的责任和对地面第三人损害赔偿责任制度的确立,对保护受害人的合法权利及维护航空运输合同严肃性的规定,都体现了明确的法律约束机制。

3. 吸收了现有的国际航空公约的规定,力图使民用航空法律制度与国际通行的规则接轨,具有较强的国际性,也有利于我国民航企业参与国际竞争。

4. 确立了国家对空域实行统一管理的原则,从而能比较现实地解决我国航空史上历来存在的民用航空与军用航空之间的矛盾。

(二) 我国航空法与1999年《蒙特利尔公约》的衔接

我国已于2005年2月批准1999年《蒙特利尔公约》,但我国《民用航空法》制定时参考的是1929年《华沙公约》、1955年《海牙议定书》、1961年《瓜达拉哈拉公约》、1971年《危地马拉城议定书》和1975年《蒙特利尔第四号附加议定书》中关于航空运输承运人的责任制度，在许多方面均与1999年《蒙特利尔公约》不相协调。不论从履行国际条约义务还是从航空运输发展的角度看，我国均不能忽视1999年《蒙特利尔公约》这一全新的承运人责任制度对我国现行相关法律的影响，特别是对我国《民用航空法》的影响。具体体现为以下几方面：

1. 1999年《蒙特利尔公约》在承运人责任方面引入全新的"双梯度"责任制度，第一梯度为设定赔偿责任限额的严格责任，第二梯度则为无限额的推定过错责任，而我国《民用航空法》依然是单一责任制；在国际航空运输赔偿责任限额方面，我国《民用航空法》规定的针对旅客16 600特别提款权的责任限额和《蒙特利尔公约》规定的第一梯度11.3万特别提款权的责任限额存在很大的差距；在国际航空旅客运输的延误赔偿方面，《蒙特利尔公约》规定了每位旅客1 131特别提款权的责任限额，我国《民用航空法》对因延误引起的损失没有规定具体的责任限额。

2. 1999年《蒙特利尔公约》在运输凭证方面的规定变化较大，规定了"任何保存所作运输的记录"，将电子客票涵盖其中。我国《民用航空法》在此方面未作规定。

3. 在承运人承担责任的条件方面，1999年《蒙特利尔公约》规定的是在上下航空器过程中的"事故"造成旅客人身伤亡的，而我国《民用航空法》的用词却是"事件"。

此外，在国内航空旅客运输赔偿责任限额方面，1999年《蒙特利尔公约》同样具有重要的借鉴价值。尽管公约所调整的对象只是国际航空运输，但国际航空私法的目的就是要统一各国国内航空运输法律，因而对我国国内航空运输的法律制度同样具有影响。我国《民用航空法》对国内航空运输规定了有别于国际航空运输的赔偿责任限额。根据该法第128条，"国内航空运输承运人的赔偿责任限额由国务院民用航空主管部门制定，报国务院批准后公布执行"。国务院于1989年1月发布了《国内航空运输旅客身体损害赔偿暂行规定》，确立了2万元人民币的责任限额，之后又于1993年11月修订了该规定，将责任限额提高至7万元人民币，并一直沿用至2005年。这一限额远远低于国内外有关承运人责任的司法实践，而事实上，此限额也早已被突破，2002年发生的北方航空公司大连空难中的最高赔偿已近20万元人民币。因此，随着我国经济建设的不断发展，缩小国内航空运输责任限额与国际航空运输责任限额的差距势在必行。2006年1月，国务院批准发布了《国内航空运输承运人赔偿责任限额规定》，在一定程度上提高了国内航空运输中的承运人赔偿责任限额。根据该规定，就索赔人遭受的实际损害，每名旅客的赔偿责任限额为40万元人民币，每名旅客随身携带物品的赔偿责任限额为3 000元人民币，而对于旅客托运行李和运输货物的赔偿责任限额为每公斤100元人民币。

三、中国东海防空识别区的设立

20世纪50年代以来，包括一些大国和我国周边部分国家在内的二十多个国家先后设立了防空识别区。参考此类国际通行实践,为了捍卫国家主权与领土领空安全、维护空中飞行秩序,我国国防部于2013年11月23日宣布,根据1997年《国防法》、1995年《民用航空法》和2001年《飞行基本规则》,划设中华人民共和国东海防空识别区。东海防空识别区范围为东海内指定六点坐标连线与我领海线之间的空域。同日还公布了《东海防空识别区航空器识别规则》,规定位于我国东海防空识别区飞行的航空器必须遵守下述识别要求:(1)无线电要求。位于识别区飞行的航空器必须开启并保持双向无线电通信联系并及时准确回答我国国防部或国防部授权单位的识别询问。(2)飞行计划要求。位于识别区飞行的航空器应当向我国外交部或民用航空局通报其飞行计划。(3)应答机要求。位于识别区飞行的航空器配有二次雷达应答机的应当全程开启。(4)标志识别要求。位于识别区飞行的航空器必须按照有关国际公约之规定,明晰标示国籍和登记识别标志。此外,位于识别区的航空器还应服从我国国防部或国防部授权单位的指令,对不配合识别或者拒不服从指令的航空器,我国武装力量将采取防御性紧急处置措施。

【本章小结】 国际航空法的内容主要包括空气空间的法律地位、空中航行法律制度、国际航空运输法律制度、国际航空安保法律制度等。国际条约是国际航空法的主要渊源,可以分为以下三类:第一类是作为"国际航空法宪章"的1944年《芝加哥公约》及其附件与周边公约,对航空活动领域的国际法原则和规则作出了基础性规定。其主要内容包括领空主权、定期与非定期航班的飞行权利、空中规则、遵守不歧视原则、航空器、国际民用航空组织六个方面。第二类是以1929年《华沙公约》为主体,并由一系列修订文件形成的统一的国际航空私法公约,主要规定了国际航空运输中有关承运人责任的国际私法规则。这些公约主要包括1955年《海牙议定书》、1961年《瓜达拉哈拉公约》、1966年《蒙特利尔协议》、1971年《危地马拉城议定书》、1975年四项《蒙特利尔附加议定书》及1999年《蒙特利尔公约》。国际航空统一私法公约还包括1952年《罗马公约》及1978年《蒙特利尔议定书》,调整航空器对地(水)面第三方造成损害的赔偿责任。第三类是有关国际航空安全与安保的公约,主要包括1963年《东京公约》、1970年《海牙公约》、1971年《蒙特利尔公约》及其议定书等。

思考题

1. 简析航空法的概念和特征。
2. 简析领空及其法律地位。
3. 简析定期航班与非定期航班的飞行权利。
4. 简析1929年《华沙公约》的责任制度。
5. 简析1999年《蒙特利尔公约》的责任制度。
6. 简析1963年《东京公约》在航空管辖权方面的贡献。
7. 简析"或引渡或起诉"原则。

第九章
外层空间法

1957年10月4日,苏联第一颗人造卫星发射成功,标志着人类开始了航天时代。人类探索外空科技的大幅度进步,也引起了外层空间立法的大发展。至今,联合国大会已经通过了10项有关各国在外空活动中必须遵守的条约、原则和宣言,从而构成了外层空间的法律体系。外层空间法是管理在探索和利用外空及天体的过程中出现的法律问题的法律规范的总和。作为国际法的一个部门法,外层空间法的历史短,并且处在早期阶段,但它在调整国际法主体之间在探索和利用包括天体在内的外空活动中的关系方面却发挥着重要的作用。同时,在人类探索和利用外空活动中产生的一些法律问题还没有形成统一的国际法规则,这也给外层空间法提出了新的研究课题。本章旨在通过对外层空间法及其相关法律制度的概述,让读者了解外层空间法的原则、制度、条约体系、外层空间的一些主要法律问题以及中国在外层空间法领域的理论与实践。

第一节 外层空间法概述

一、外层空间法的概念和特征

(一) 外层空间法的概念

外层空间法(或简称外空法)是国际法的一个部门,用以调整国际法主体之间在探索和利用包括天体在内的外空活动中的关系。因此,外空法是管理在探索和利用外空及天体的过程中出现的法律问题的法律规范的总和。[①]

(二) 外层空间法的特征

外空法主要具有下列特征:

1. 外空法的主体主要是国家和国际组织。公司、企业、个人只有在本国政府的

---

① 参见王铁崖主编:《国际法》,法律出版社1995年版,第331页。

批准和监督下才能进行外空活动,因此造成的损害由国家承担责任。①

2. 外空法的客体主要是外空的和平和良好的法律秩序。

3. 外空法调整的对象是各国在探索和利用外空活动中的相互关系。各国在探索和利用外空时,要开展不少活动,如一国委托他国发射火箭,两国合作在外空设立空间站等。外空法通过调整各国在探索和利用外空活动中的相互关系,从而保障外空和平和良好的法律秩序。

4. 外空法的渊源主要是国际条约和国际习惯。② 就国际条约来说,如联合国大会通过的1966年《外空条约》、1967年《营救协定》、1971年《责任公约》、1974年《登记公约》和1979年《月球协定》均已经获得批准并生效,其所规定的外空活动的原则、规则和制度对当事人具有拘束力。就国际习惯来说,这些条约和联合国大会通过的其他文件中所规定的一些原则、规则和制度已经通过各国的实践表明已被各国接受,从而形成国际习惯法,并对各国具有法律拘束力。例如,国家主权不得扩展到外空、外空不得据为己有、外空对所有的国家开放、在平等的基础上对外空进行自由探索和利用等原则,都属于国际习惯法规则。③ 在国际书面文件出现之前,外空领域就已形成了一些习惯法。④

5. 外空法还处于发展的早期阶段。外空法是国际法的新分支,它的发展历史只有四十多年,所以不少规则和制度还处于发展中。随着外空技术的发展和人类外空活动的拓展,还会产生新的法律原则、规则和制度,使这个部门法律更加完善,从而更有力地保障和促进外空活动的有序发展,造福于人类。

二、外层空间法的产生和发展

从自然科学意义上说,外层空间是指地球表面大气层以外的整个宇宙空间。从法律意义上说,外层空间是指国家主权管辖范围以外的整个空间及天体。

在人类历史的发展进程中,很早就产生了飞翔天空,遨游宇宙的愿望,中国民间广为流传的"嫦娥奔月"的美丽传说,反映了人类对空间的向往和征服宇宙的强烈愿望,经过几千年的探索,美丽的幻想终于变成了现实。1957年10月4日,苏联第一颗人造卫星发射成功,标志着人类开始了航天时代。1958年1月1日,美国也成功地将卫星送上天。1961年4月12日,苏联成功地发射了一艘载人宇宙飞船,苏联宇航员加加林成为世界上第一个进入太空的人。1969年7月20日,美国人阿姆斯特朗和奥尔德林乘"阿波罗一号"宇宙飞船经四天的飞行第一次登上月球成为震惊世界的壮举。1988年12月21日,苏联两名宇航员创造了在太空飞行整整一年的纪录。1990

---

① 参见朱齐武:《中国国际法的理论和实践》,法律出版社1998年版,第212页。
② 同上。
③ 参见梁淑英:《国际法》,中国政法大学出版社2002年版,第207页。
④ 参见贺其治:《外层空间法》,法律出版社1992年版,第24—25页。

年 12 月 2 日,美国宇航员和苏联宇航员同时升空,创造了载人空间飞行方面同时在空间人数达 12 人的历史纪录。据统计,目前世界上已有五十多个国家在研究外空技术,从 1957 年至 2000 年,已发射五千余个空间物体。从加加林开始至今,已有八百多人到达了外空。现在仍有发射的数以千计的空间物体在运行中。[①]

人类探索外空科技的大幅度进步,也引起了外空立法的大发展。就在 1957 年 10 月苏联第一颗卫星发射成功后不久,联合国大会即于当年 11 月 14 日通过了一项决议,该决议指出:"为了保障外层空间物体的发射完全用于科学及和平目的,应共同研究一套监督制度。"1958 年 12 月 13 日,联合国大会又通过另一项决议,承认:"外层空间是人类共同利益所在,"并强调"外层空间只能用于和平目的"。同年,联合国大会还作出第 1348(XIII)号决议,决定成立"和平利用外层空间特设委员会"。1959 年,联大通过决议,决定将"和平利用外层空间特设委员会"改为常设机构,即"和平利用外层空间委员会"(简称"外空委员会"),专门负责审查、研究和促进外空领域的合作,以及负责研究外空活动的法律问题,逐步拟订和编纂外层空间法。[②] 该委员会通过其积极的工作已经向联合国大会提出了一系列有关外空法的国际法律文件,经联合国大会通过的有:

1. 1963 年通过的《各国探索和利用外层空间活动的法律原则宣言》(简称《外空宣言》)。

2. 1966 年通过的《关于各国探索和利用外层空间包括月球与其他天体活动所应遵守原则的条约》(简称《外空条约》)。

3. 1967 年通过的《营救宇航员、送回宇航员和归还发射到外层空间的物体的协定》(简称《营救协定》)。

4. 1971 年通过的《空间物体所造成损害的国际责任公约》(简称《责任公约》)。

5. 1974 年通过的《关于登记射入外层空间物体的公约》(简称《登记公约》)。

6. 1979 年通过的《指导各国在月球和其他天体上活动的协定》(简称《月球协定》)。

7. 1982 年通过的《各国利用人造地球卫星进行国际直接电视广播所应遵守的原则》。

8. 1986 年通过的《关于从外层空间遥感地球的原则》。

9. 1992 年通过的《关于在外层空间使用核动力源的原则》。

10. 1996 年通过的《关于开展探索和利用外层空间的国际合作,促进所有国家的福利和利益,并特别考虑到发展中国家的需要的宣言》(简称《国际空间合作宣言》)。

上述条约、原则和宣言初步形成了外空法体系,由此产生了一套各国在外空活动中必须遵守的国际法规则。

---

① 参见梁淑英:《国际法》,中国政法大学出版社 2002 年版,第 205 页。
② 同上书,第 206 页。

三、外层空间和空气空间的划界

(一) 关于外层空间和空气空间划界的不同主张

在外层空间和空气空间的界限问题上,学者们提出了各种各样的理论和标准,它们大体上可分为两类,即空间论与功能论。

1. 空间论。空间论主张以空间的某种高度为基础划分国家领空和外层空间的界限。具体的高度标准主要有:

(1) 以航空器向上飞行的最高限度为界,即离地面约30至40公里的地方。

(2) 以不同的空气构成为界,因而产生几十公里、几百公里、几千公里的主张。物理学家按照地球上空空气的变化,将大气分为五层[①]:其一,对流层。海平面至约10公里。其二,平流层。约10公里至约40公里。其三,中间层。约40公里至约80公里。其四,热成层。约80公里至370公里。其五,外大气层。约370公里以上。

(3) 以地心吸力的终止处为限。认为在地心吸力终止处,人造卫星已进入太阳引力的范围,不再降落地面而造成损害,应以此力作为国家主权管辖的上部界限。

(4) 以离心力开始取代空气成为飞行动力的地方为限。该界线由德国物理学家冯·卡曼发现并由此命名,离地面83公里,被称为"卡曼管辖线"。

(5) 以人造卫星离地面的最低高度为界,约为离地面100至110公里的地方。国际法协会于1978年在马尼拉年会通过的决议中宣称:"海拔100公里及以上的空间,已日益被各国和从事外空活动的专家们接受为外层空间。"[②]这是赞成者最多的一种主张。

(6) 以赤道国家上空的地球静止轨道为界,即离地面35871公里为界。这是1976年由8个赤道国家巴西、哥伦比亚、刚果、厄瓜多尔、印度尼西亚、肯尼亚、乌干达、扎伊尔提出的。

(7) 依照海洋法的划界来确定界限。认为将整个空间分为领空、毗连空间和外层空间三部分。

以上划界标准,有的因科学技术的发展将发生变化,有的因大气层的差异而处于不稳定状态,因而始终未能获得普遍的接受。

2. 功能论。功能论主张地面上空是一个整体,目前尚不具备划分空气空间和外层空间的条件,而应当根据航天器和航空器的不同功能,确定它们所适用的法律制度。航天器的活动即为航天活动,航天器在其活动的全部过程中,无论位于何处,都应适用外空法规则,而不受相应地面国主权的管辖。相反,航空器的活动则应按照有关国际航空公约或地面国航空法的规定来处理有关问题,受国家领空主权的管辖。

功能论的优点是避开了空气空间和外层空间在分界上的困难,而以航天器和航

---

① 参见贺其治:《外层空间法》,法律出版社1992年版,第39页。
② 《国际法协会第四十八次会议报告》,1978年英文版,第2页。

空器的功能来决定适用的法律,从目前的国际实践看,较为实际可行。但功能论也未获得国际社会的普遍接受。

(二) 关于外层空间和空气空间划界的评价

第一,目前无论是条约国际法还是习惯国际法都没有解决外层空间和空气空间的划界问题。理论上,关于外层空间和空气空间划界的种种学说,没有一种获得国际社会的普遍接受。虽然在各种主张中,人造卫星轨道离接近地面的距离为限的主张最受重视,但这个标准也尚未得到普遍公认,没有形成习惯国际法规则。

第二,由于外层空间和空气空间分别适用两种不同的法律制度,因此无论从理论上还是从实践上讲,早日确定外层空间和空气空间的划界是十分必要的。早在联合国外空委员会的第一届会议上,外层空间定界问题便被提了出来。外空法律小组委员会在其第一届会议即将该问题列入应予讨论的问题;联大于1966年12月通过决议,委托联合国外空委员会着手研究关于外层空间的定义问题。此后,该问题正式被列入外空法律小组委员会议程。应法律小组委员会的要求,科技小组委员会于1967年研究后指出,目前不可能"订出科学和技术标准,为外层空间提供精确和长期有效的定义"。此后,该议题一直留在外空法律小组委员会的日程上,时至今日仍然没有取得突破性的进展。

第三,由于外层空间和空气空间的划界问题涉及复杂的科技、政治和各国安全问题,所以应根据空间科技的发展和形势的需要,通过各方认真磋商,妥善加以解决。

第四,外层空间和空气空间的划界问题尤其需要考虑平衡国家主权和和平利用外空的矛盾。由于空气空间与外层空间的界限就是一国主权的最高界限,因此,定界问题显得很重要。如果把国家领土上空的主权界限定得太低,将不能满足国家主权和安全方面的需要;如果太高,又会妨碍各国的探索和利用外层空间,必须寻求一种适当的标准。

第二节 外层空间的法律体系

外空法的构成内容十分丰富,有联合国和平利用外空委员会颁布的五个国际条约,有国际电信公约,国际电信联盟条例,无线电条例,与国际电信卫星组织、国际海上卫星组织、国际宇宙、国际卫星组织、阿拉伯卫星组织等国际组织相关的协定,与欧空局和其他区域性组织相关的协定,各种军备控制协定,与跟踪站、空间遥感、发射服务、各种空间合作计划相关的多边或双边协定及有关的换文、谅解备忘录,联合国决议和国际习惯法等等。除此之外,一些参与外空活动的国家为发展外空活动的立法,如美国的航空航天法、俄罗斯联邦航天活动法及乌克兰航天活动法等都是本国外空法的重要组成部分,并同国际外空法有着密切的联系。外空法的主体部分是联合国和平利用外空委员会颁布的五个国际条约,即《外空条约》《营救协定》《责任公约》《登记公约》和《月球协定》。这五个条约,特别是《外空条约》确立了外层空间的国际法律地位。

一、1966 年《外空条约》

1966 年《外空条约》的全称为《关于各国探索和利用外层空间包括月球与其他天体活动所应遵守原则的条约》。本条约于 1966 年底由联合国大会通过,1967 年 1 月 27 日在伦敦、莫斯科和华盛顿同时对所有国家开放签字,同年 10 月 10 日生效。我国于 1983 年加入该条约。该条约全文共 17 条,内容着重于重申外空活动的法律原则和建立外空法律制度,是外层空间的基本法,故被称为"外层空间宪章"。该条约所规定的重要原则和制度如下:

1. 和平利用外层空间原则。外层空间的使用仅限于为和平目的(第 4 条)。"月球和其他天体"应供所有缔约国"绝对用于和平目的"。各缔约国保证不将任何载有核武器或任何其他类型大规模毁灭性武器的物体放入环绕地球的轨道。禁止在天体上装置这种武器,亦不以任何其他方式将此种武器在外层空间部署。禁止在天体上建立军事基地、军事设施和工事,试验任何种类的武器和进行军事演习场所(第 4 条)。为了保证这些原则的实施,月球和其他天体上的所有站所、装置、设备和空间飞行器,应依照互惠原则对其他缔约国开放(第 12 条)。

2. 自由平等原则。在探索和利用外层空间时,应遵循自由平等原则。任何国家不得对外层空间提出主权要求,以使用和占领方法或以任何其他方法将外层空间据为己有(第 2 条)。各国应在平等基础上,不受任何歧视,按照国际法自由探索和利用外层空间,自由进入天体的一切区域(第 1 条)。

3. 合作和互助原则。各缔约国应以合作与互助原则为准。它们所进行的一切活动应照顾到各缔约国的同等利益(第 9 条)。各缔约国应在平等基础上,考虑其他缔约国的请求,给予观察这些国家发射空间物体飞行的机会(第 10 条)。各缔约国同意以最大可能及可行的程度,将这种活动的性质、进行状况、地点和结果,通知联合国秘书长、公众和国际科学界(第 11 条)。探索、利用和研究外层空间,各缔约国应避免使其遭受有害的污染以及地球以外的物质使地球环境发生不利的变化,并于必要时为此目的采取适当措施。如各缔约国有理由认为该国或其国民打算在外层空间进行的活动和实验可能对其他缔约国和平探索和利用外层空间造成潜在的有害干扰时,应在进行这种活动或实验前进行适当的国际协商(第 9 条)。

4. 国际责任、赔偿责任和登记国的管辖权。[①] 各缔约国对其在外层空间的活动要承担国际责任,不论是由政府部门或非政府机构从事的,对后一种情况,应建立批

[①] 参见〔英〕詹宁斯、瓦茨修订:《奥本海国际法》第一卷第二分册,王铁崖等译,中国大百科全书出版社 1998 年版,第 273 页。

准和监督的机制,而如果这类活动是由国际组织从事的,则由该组织和参加该组织的成员国共同担负责任(第6条)。凡发射或促使发射物体至外层空间的缔约国对另一缔约国或其自然人或法人所造成的损害应负国际责任(第7条)。对留在外层空间或天体及其所载人员应由登记把空间物体射入外层空间的缔约国保持管辖权和控制权(第8条)。

5. 关于救助宇航员的规定。缔约国还应把宇航员视为人类派往外层空间的使节。宇航员遇有意外事故、遇难或在另一缔约国境内或公海上紧急降落的情况时,应向他们提供一切可能援助。在宇航员作这种降落时,应立即将其安全而迅速地送回空间飞行器的登记国。在外层空间和天体进行活动时,一缔约国的宇航员应给予其他缔约国的宇航员一切可能援助。任何缔约国应将发现对宇航员生命或健康可能构成危险的任何现象,立即通知其他缔约国或联合国秘书长(第5条)。

6. 本条约的适用。本条约各项规定应适用于各缔约国探索和利用外层空间,包括月球和其他天体的活动,不论这种活动是由本条约一缔约国进行还是与其他国家联合进行,包括政府间国际组织范围内进行的在内(第13条)。

二、1967年《营救协定》

1967年《营救协定》全称为《营救宇航员、送回宇航员和归还发射到外层空间的物体的协定》,1968年4月22日在伦敦、莫斯科和华盛顿同时对所有的国家开放签字,于同年12月3日起生效。我国已于1987年加入该协定。该协定是关于宇航员发生意外事故、遇难或紧急降落的情况,应给予一切可能援助,迅速和安全地送回宇航员,以及归还射入外层空间的物体。全文共十条,具体内容如下:

1. "发射当局"的定义。发射当局是指负有发射责任的国家,或遇政府间国际组织负发射责任时,则指该国际组织,但该组织必须声明接受本协定所规定的权利和义务,而且该组织的多数成员国为本协定及1967年《外空条约》的缔约国(第6条)。

2. 宇航员遇难的通知。缔约国获悉或发现宇宙飞船人员发生意外、遇难,或已在缔约国管辖下的领土内、在公海上或不属任何国家管辖的任何其他地点作紧急或非预定的降落时,应立即:(1)通知发射当局,或在不能查明发射当局并将此情况通知发射当局的情况下,立即以其使用的一切适当通讯工具,公开通报此情况;(2)通知联合国秘书长,由秘书长以其可以使用的一切适当通讯工具公开传播这个消息(第1条)。

3. 协助、援助宇航员和送回宇航员。如因意外事故、遇难、紧急或非预定的降落,宇宙飞船人员在一缔约国管辖区域内降落,该缔约国应立即采取一切可能措施援救这种人员,并提供一切必要协助。该缔约国应将所采措施及其进展情况通知发射当局及联合国秘书长。如发射当局的协助有助于实现迅速援助,或对搜寻及援救行动大有帮助,发射当局应与该缔约国合作,以求有效进行搜寻和援救行动(第2、3条)。宇宙飞船人员在公海上或不属于任何国家管辖的任何其他地点降落,能提供协助的各缔约国,必要时也应对搜寻和援助这种人员的行动提供协助。如因意外事故、遇难、紧急或非预定降落,宇宙飞船人员在一缔约国管辖区域内,或在公海上或不属于任何国家管辖的任何其他地点被发现,应把这种人员安全和迅速地送交发射当局的代表(第4条)。

4. 归还空间运载工具和空间物体。各缔约国应当将其他缔约国的空间物体或国际组织发射的空间物体送还发射国当局代表(第6条)。各缔约国在获悉和发现空间物体或其构成部分已在其管辖区域内,或在公海上或在不属任何国家管辖的任何其他地点返回地球时,应通知发射当局及联合国秘书长(第5条第1款)。

三、1971 年《责任公约》

1971年《责任公约》的全称为《空间物体所造成损害的国际责任公约》。该公约是联合国和平利用外空委员会及其所属法律小组委员会,经过多年的谈判,于1971年经二十六届联大决议通过的。公约于1972年3月29日开放签字,同年10月9日起生效。我国已于1989年加入该公约。该公约全文共28条,规定各国应对发射实际主体(不论是政府机构或民间企业或社会团体)在外层空间及天体的一切活动负直接责任,并规定损害的赔偿原则。该公约的具体内容如下:

1. 本公约的目的在于详细制定有关空间物体所造成损害的责任的有效的国际规则和程序,特别是保证按照本公约的规定,迅速给予这种损害的受害人以充分和公平的赔偿。

2. 发射国的赔偿责任。发射国应对其空间物体在地球表面上或给飞行中的航空器所造成的损害负给予赔偿的绝对责任(第2条)。如果发射国的空间物体在地球表面以外其他地方对另一发射国的空间物体或这样一个空间物体上的人或财产所造成的损害,发射国应该在过失的基础上承担责任(第3条)。如果某一事故涉及两个发射国的空间物体对第三国、第三国的自然人或法人造成损害,前两国应在以下限度内共同和单独对第三国负有责任:如果损害是在地球表面上或对飞行中的航空器造成的,它们对第三国的责任应是绝对的;如果损害是对地球表面以外其他地方的第三国的空间物体或空间物体上的人或财产造成的,它们对第三国的责任应以前两国的任一国的过失或以任一国其负责人的过失为依据(第4条)。

3. 赔偿要求的提出、途径和期限。赔偿要求可以由遭受损害的国家或遭受损害的国民所属的国家提出;如果该国未提出,则由遭受损害的永久居民所属的国家提出(第8条)。赔偿要求应通过外交渠道提出(第9条)。同时须在损害发生之日或判明应负责任的发射国之日起一年内提出,或自要求赔偿国获悉上述事实之日起一年内提出(第10条)。无须用尽当地救济办法,但公约也未排除这种救济办法(第11条)。

4. 赔偿额的确定。赔偿额应"按照国际法、公平合理的原则来确定",以便补偿被代表提出赔偿要求的人,使其恢复到损害没有发生前的原有状态(第12条)。

5. 求偿委员会。如在第一次提出求偿之日一年内通过外交谈判求偿得不到解决,有关当事国应任何一方的要求,得成立求偿委员会。求偿委员会应包括由求偿国提名的委员一人,发射国提名的委员一人,双方选出的主席一人组成。如有任何赔偿的话,求偿委员会应以多数票决定提出赔偿的法律依据,并决定赔偿数额。如各当事国同意,求偿委员会的决定是最后的和有拘束力的;否则委员会应作出最后的和建设性的裁决,各当事国应善意考虑。委员会应说明决定或裁决的理由。委员会应尽快作出决定或裁决,不得迟于委员会成立之日起一年。委员会应公开作出决定或裁决。它应给予每一当事国一份决定或裁决,并给予联合国秘书长一份(第16条至第20条)。

四、1974年《登记公约》

1974年《登记公约》的全称是《关于登记射入外层空间物体的公约》,1975年1月14日在纽约开放签字,1976年9月15日起生效。我国已于1989年加入该公约。该公约全文共12条,其宗旨在于确立对空间物体的强制登记规则,即在联合国设置一个登记册,以及提供空间物体的辨认方法。① 具体内容如下:

1. 登记国的确定及责任。如果有两个以上发射国,这些国家须确定由哪个国家对空间物体进行登记,对于登记的确定应不妨碍各发射国之间就空间物体及其人员的管辖和控制权所达成的协议。每一登记国应在切实可行的范围内尽快向联合国秘书长提供有关登入其登记册的每一空间物体的下列情报:发射国的名称;空间物体的适当标志或其登记号码;发射的日期和地区或地点;基本的轨道参数,包括交点周期、倾斜角、远地点、近地点;空间物体的一般功能。每一登记国得随时向联合国秘书长提供有关登记册内所载空间物体的其他情报。每一登记国应在切实可行的最大限度内,尽速将其前曾传送情报的原在地球轨道内但现已不复在地球轨道内的外空物体通知联合国秘书长(第4条)。

2. 登记情报的公开。联合国秘书长的登记册应充分公开,听任查阅(第3条)。

3. 登记国对外层空间的物体具有管辖权和控制权。被发射进入外层空间的物体已经经过登记的,由登记国保有管辖及控制权(第8条)。

五、1979年《月球协定》

1979年《月球协定》的全称为《指导各国在月球和其他天体上活动的协定》,1979年12月18日开放签字,1984年7月11日生效。这是有关外层空间的最新公约。该公约全文21条,规定了月球和其他天体的法律地位和各国在月球和其他天体上进行

---

① 参见〔英〕詹宁斯、瓦茨修订:《奥本海国际法》第一卷第二分册,王铁崖等译,中国大百科全书出版社1998年版,第275页。

活动的原则。具体内容如下：

1. 月球及其他天体的和平利用和非军事化。月球应由各缔约国专为和平目的而加以利用。禁止利用月球对地球、宇宙飞行器或飞行器上的人员或任何人造空间物体的这类敌对行为；禁止在月球上、环绕月球或其他环绕月球的轨道上使用核武器或其他任何大规模毁灭性的武器；禁止建立军事基地、军事设施和防御工事；禁止军事演习、武器试验(第3条)。

2. 月球及其自然资源是全人类的共同财产(第11条第1款)。对月球不得由国家提出主权要求，通过使用或占领，或以任何其他方式据为己有(第11条第2款)。月球的探索和利用应属于全人类的事，并为一切国家谋福利，不问其经济或科学发展程度如何(第4条1款)。各缔约国应遵照合作和互助原则从事一切有关探索和利用月球的活动(第4条第2款)。各缔约国都享有不受任何种类的歧视，在平等基础上，按照国际法的规定在月球上从事科学研究的自由(第6条)。

3. 飞往月球的情报。各缔约国应尽量将它们在探索和利用月球方面的活动告知联合国秘书长以及公众和国际科学界。每次飞往月球任务的时间、目的、位置、轨道参数和期限的情报应在发射后立即公布，而关于每次任务的结果，包括科学结果的情报应在完成任务时公布。如果一次飞行任务的期限超过六十天，应将任务进行情况的情报，每隔三十天公布一次。如飞行任务超过六个月，则在六个月以后，只需将这方面的重要补充情报予以公布(第5条1款)。各缔约国应将其在外层空间所发现的可能危及人类生命或健康的任何现象以及任何有机生命迹象，通知联合国、公众和国际科学界(第5条第3款)。

4. 月球环境的保护。各缔约国应采取措施防止月球环境的现有平衡遭到破坏，不论这种破坏是由于在月球环境中发生不利变化，还是由于引入环境外物质使其环境受到有害污染，或由于其他方式而产生。各缔约国还应采取措施防止地球环境由于引入地球外物质或由于其他方式而受到有害影响(第7条1款)。各缔约国应就月球上具有特殊科学重要性的地区向其他缔约国和联合国秘书长提出报告，以便在不影响其他缔约国权利的条件下，考虑将这些地区指定为国际科学保护区，并经同联合国各主要机构协商后，就这些地区商定特别保护办法(第7条第3款)。

5. 缔约国报告探月活动的义务。缔约各国应在实际可行的范围内向联合国秘书长以及公众及国际科学界报告月球的探索和利用活动、每次飞行活动及其发现的情况(第5条)。

6. 对月球上人和物的管辖和控制权。各缔约国对其在月球上的人员、运载器、装备、设施、站所和装置应保有管辖权和控制权(第12条第1款)。各缔约国如遇足以威胁人类的紧急情况时，可使用其他缔约国在月球上的运载器、装备、设施、装置或供应品，并应迅速通知联合国秘书长或有关缔约国(第12条第3款)。

7. 缔约国的国家责任和监督权利。缔约国对于本国在月球上的活动由国家承担责任(第14条)。所有其他缔约国有权对缔约国有关月球的活动进行监督(第15条)。

《月球协定》已于1984年夏生效,但令人遗憾的是,美国和俄罗斯两个主要的空间大国尚未签署加入这一协定。对协定有争议的是第11条关于"月球及其自然资源是人类共同财产",及对月球资源建立国际开发制度的规定。美俄两国及其他发达国家均持反对态度致使协定虽生效二十年了,而参加国却寥寥无几。

总之,《外空条约》是外层空间的基本法,其他四个条约是补充其某些条款的。这五个条约所规定的原则和规则由于得到大多数国家的接受而成为具有普遍拘束力的法律规范。

第三节 外层空间的法律原则和制度

一、外层空间的法律原则

早在1963年,联大一致通过的《外空宣言》中就宣示各国在外空活动中应遵守的九项法律原则。1966年签订的《外空条约》发展和补充了上述宣言的内容,以国际条约的形式将从事外空活动的各项基本法律原则确定下来。从事外空活动应遵守的法律原则如下:

1. 为全人类谋福利原则。外层空间,是对全人类开放的空间。探索和利用外层空间,包括月球和其他天体,应为所有国家谋福利和利益,而不论国家的经济或科学发展如何,并应为全人类的利益而开发。

2. 依照国际法自由探索和利用原则。所有国家应在平等基础上,不受任何歧视,根据国际法和《联合国宪章》自由探索和利用外层空间,包括月球和其他天体,并自由进入天体的一切区域。每个国家既有在外层空间进行探索和利用的权利,又有对其他国家的自由探索和利用活动不设置任何障碍的义务。

3. 不得据为己有原则。外层空间是全人类的共同继承财产,是"共有物"而不是"无主地"。各国不得通过主权要求、使用或占领方法以及其他任何措施,把外层空间,包括月球和其他天体及其资源,据为己有。此外,《国际电信公约》第33条规定,地球静止轨道是有限的自然资源,它又是空间的一部分,亦不得被据为己有。

4. 限制军事化原则。根据《外空条约》,在外层空间限制部署大规模毁灭性武器,月球和其他天体限于为和平目的使用,全面禁止军事化。因此,该原则所确立的是月球和其他天体的完全非军事化及外层空间的部分非军事化。

5. 援救宇航员原则。宇航员应被视为人类派往外空的使节,在宇航员发生意外、遇难或紧急降落时,各国应提供一切可能的援助,并尽速交还给登记国;在外层空间及天体活动时,宇航员应彼此提供一切可能的援助。

6. 国家责任和赔偿责任原则。各国应对其在外层空间的活动承担国家责任,不论这种活动是由政府部门或非政府部门进行的。发射国应对其空间物体在外层空间对其他国家或个人造成的损害负赔偿责任。

7. 对空间物体的管辖权和所有权原则。空间物体登记国对其留置于外层空间或天体的物体及所载人员保持管辖及控制权。射入空间的物体及其组成部分,无论出现在何处,其所有权应始终归登记发射空间物体的国家,登记国始终有权对之进行管辖。

8. 空间物体登记原则。在外层空间进行活动的国家应以最大的可能和可行程度,将其活动的性质、进行状况、地点及结果通知联合国秘书长、公众及科学界。

9. 保护环境原则。各国从事研究探索外层空间及天体时,应避免使外层空间及天体遭受有害污染,避免因地球以外的物质使地球环境发生不利变化,并应为此采取措施;如发现问题或有必要,可进行国际磋商。

10. 国际合作原则。由于外层空间活动本身具有跨越国界的全球性质,各国在从事外层空间活动中,不可能完全独立,而需要通过国际合作来促进自身和相互间的利益。① 因此,国际合作这一重要原则贯穿于《外空条约》中。该原则要求各国最大限度地提供便利以促进利用与探索活动中的广泛联系和发展。

二、外层空间的法律制度

(一) 登记制度

登记制度是由《登记公约》根据《外空条约》第11条确立的制度。登记制度的主要内容是:

1. 发射到外空的空间物体必须在一个发射国登记。发射国是指发射或促使发射空间物体的国家,或从其领土或设施发射空间物体的国家。若一个空间物体有两个以上的发射国,应由各该国共同决定由其中哪一国登记该空间物体。

2. 登记国设置和保持一份登记册,联合国建立一个总登记册,由联合国秘书长保持。

3. 每一个登记国有义务及时地向联合国秘书长提供其登记入册的每一空间物体的下列情报:(1) 发射国或发射国的国名。(2) 空间物体的适当标志或其登记号码。(3) 发射的日期和地区或地点。(4) 基本轨道参数,包括:交点周期;倾斜角;远地点和近地点。(5) 空间物体的一般功能。

4. 联合国秘书长保存的总登记册应充分公开,听任查阅。

(二) 营救制度

营救制度是由《营救协定》根据《外空条约》第5条和第8条确立的制度。营救制度的主要内容是:

1. 各国对于营救宇航员和归还空间物体具有三项义务:(1) 通知发射当局;

---

① 参见王铁崖主编:《国际法》,法律出版社1995年版,第336页。

(2)营救和寻找宇航员;(3)立即交还发射当局。

2. 履行保护和归还的费用由发射当局支付。

3."发射当局"一词包括国际组织,但该组织必须宣布接受《营救协定》所规定的权利和义务,且该组织的多数会员国为《营救协定》及《外空条约》的缔约国。营救制度中仅涉及对宇航员及空间物体在地面的发现、通知、援救及送回等方面,未提及空间营救问题,而随着空间探索利用的广泛开展,空间遇难及救援问题已成为可能,因而对协定有必要进行修改。[①]

(三)月球的开发制度

根据《外空条约》和《月球协定》的规定,对月球的开发必须按下列制度进行:

1. 月球及其自然资源是人类的共同财产,任何国家不得对月球提出主权要求或据为己有。

2. 月球供各国专为和平目的使用,禁止在月球上使用武力,或以武力相威胁,或从事任何其他敌对威胁行为,禁止在月球建立军事基地、设施,设置核武器,试验任何类型武器或进行军事演习。

3. 月球及天体不应遭受破坏。

4. 月球及天体的探索和利用应为全人类谋幸福。

5. 探测和利用的活动尽可能通知联合国秘书长、科学界及各国。

6. 各国对其在月球上的人员、运载器、站所有管辖权和控制权。

7. 各国应对月球的活动负国际责任。

8. 月球的开发制度适用于在其他天体的开发。

(四)国家责任制度

国家责任制度是由《责任公约》根据《外空条约》第6条和第7条确立的制度。责任制度的主要内容是:

1. 责任主体。外空法的责任主体是国家。国家对其在外层空间从事的活动,无论是政府从事的,还是非政府从事的,如私人企业、团体从事的外空活动,都要承担国际责任。国家要保证本国从事的外空活动符合国际法和外空法。

2. 两国或数国的共同责任。当两国或数国共同参与一项发射活动时,一个空间物体有几个发射国,这些发射国对该外空物体造成的损害负连带责任。当一个空间物体对另一个空间物体造成损害,并由此对第三国造成损害,这两个空间物体的发射国应承担连带责任,其赔偿责任应按该两国过失的程度分摊。

3. 赔偿的范围。发射国对空间物体造成的损失负赔偿责任。损失是指生命的丧失、身体受伤或健康的其他损害,国家、自然人、法人、国际组织的财产的损失和损害。

4. 损害赔偿责任的原则。(1)绝对责任。即不论发射国是否有过失,只要对

---

① 参见王铁崖主编:《国际法》,法律出版社1995年版,第338页。

他国造成了损失,发射国就要承担责任,因为外空活动具有高度危险性,从而要求从事外空活动者特别注意防止造成生命财产的损害,同时受害者一般缺乏外空活动的专业知识,无法证明加害者的过错,要求其负举证责任是不公平的。这个原则适用于以下的情况:空间物体在地球表面,或给飞行中的飞机造成损害,包括一个发射国的空间物体对另一个发射国的空间物体,或其所载人员或财产造成损害,并由此而对第三国的地球表面或飞行中的飞机造成的损害,发射国均负绝对赔偿责任。(2)过失责任原则。即空间物体造成的损害是因为发射国的过失或其负责人的过失而造成的。如果只有造成损害的客观事实,而无行为者的主观责任,则不负责赔偿责任。过失责任适用于地球表面以外空间物体相互间造成的损害。由于加害者和受害者均为空间物体,其活动的风险性是一样的,所处的地位是平等的,任何一方不能要求得到特别的保护,因而在一方受到损害时,必须证明加害者确有过失,才能取得赔偿。①

5. 关于损害的求偿程序,求偿途径分为三种:(1)使用国内程序。受害国或受害人直接向发射国法院、行政法庭或机关提出赔偿要求。(2)通过外交途径,由有关国家通过外交途径谈判协商求得赔偿,也可以向联合国秘书长提出。(3)成立求偿委员会。从求偿国向发射国提交求偿文件之日起,期满一年,未能通过谈判协商解决,只要一方要求,可以成立由三人组成的求偿委员会解决,但求偿委员会的裁决只有建议的性质,没有法律拘束力。

6. 赔偿额应依照国际法及公平合理的原则来确定。

7. 赔偿目的在于使要求赔偿各方得以恢复到未发生损害前的原有状态。

8. 对本国国民及自愿应邀参与发射的外国国民不予赔偿。

第四节 外层空间活动的法律问题

外空法的产生和发展的历史很短,它仍处在不断发展,不断完善的过程中,人类探索和利用外空活动中的一些法律问题还没有形成统一的国际法规则。目前存在的主要法律问题有以下六个方面:

一、卫星遥感地球的法律问题

卫星遥感地球是指"从空间平台进行观察和探测,以协助判认地球自然资源、自然面貌和现象以及其环境的性质和状况的一种方法。这种方法目前主要是依靠

---

① 参见王献枢:《国际法》,中国政法大学出版社1994年版,第225页。

电磁波的辐射和反射"①。在实践中,1960年4月,美国发射了第一颗观测地球大气的卫星,从而揭开了从外空探测地球的序幕,对气象预报产生了巨大的影响。1972年7月,美国"陆地卫星一号"发射成功标志着卫星遥感地球进入新阶段。②此后,越来越多的国家认识到利用卫星遥感地球的巨大意义,卫星遥感技术广泛适用于资源探测及普查、环境监测、气象预报、自然灾害预测、海洋勘察、地质测绘等诸多领域。

卫星遥感地球引起的法律问题主要是指:遥感是否须事先征得受遥感国的同意?遥感所取得的数据和资料是否可由遥感国自由处理或自由散发?受遥感国应否优先、优惠取得与领土有关部门的遥感资料、数据?有关国家资源的资料是否也属于国家主权范围内的事情?发展中国家主张遥感国应该尊重各国主权,遥感地球活动应取得受遥感国的同意,遥感国所获资料不得任意公布或转让。发达国家则强调外空活动自由,否认受遥感国对其资源资料的权利。③

1976年5月,联合国外空委员会法律小组委员会根据法国、阿根廷和苏联等国提出的提案和各国对各种提案的讨论情况,开始着手制定关于遥感法律问题的所有原则草案,至1978年提出了17项原则。其要点是:遥感应符合国际法,并为所有国家的利益服务;应促进国际合作并鼓励有关国家订立协定;进行遥感的国家应尊重所有国家对其自然资源的主权;在进行遥感前,应事先通知有关国家和联合国秘书长,必要时进行磋商,在彼此同意的条件下,应使有关国家,特别是发展中国家,获得技术或情报,未经有关国家的同意,不得将情报转让给第三者等。然而,上述原则由于各国意见分歧,尚未完全达成协议。这些分歧的意见,大体上可以归纳为:发展中国家坚持遥感国应得到受遥感国的同意,方可将遥感得到的资料散布给其他国家。美国和日本等发达国家主张自由散发。

由联合国大会于1986年第41/65号决议中通过的《关于从外层空间遥感地球的原则》,对于从外空遥感地球作出了15项原则规定,对于协调发展中国家和发达国家在此问题上的矛盾起了一定的作用,其主要内容如下:(1)遥感活动应为所有国家谋福利与利益,进行遥感活动应该遵守国际法;(2)遥感活动应包括国际合作和技术援助;(3)应在平等基础上自由探索与利用外层空间,但进行这些活动应尊重所有国家和人民对其财富和自然资源享有完全和永久的主权,并应适当顾及其他国家依照国际法享有的权利和利益,且不得损及被感测国的合法权益;(4)对于通过遥感所获得的资料,遥感国可以自由散发,但受遥感国可在不受歧视的基础上依照合理费用条件取得数据和资料,并应特别考虑到发展中国家的需要和利益;(5)参加遥感活动的国家有义务促进地球自然环境的保护和使人类免受自然灾害的侵袭。以上决议对于解决卫星遥感所带来的法律问题起到了一定的作用,但在自然资源主权和资料权的关

---

① 参见贺其治:《卫星遥感地球的法律问题》,载王铁崖、陈体强主编:《中国国际法年刊》,中国对外翻译出版公司1984年版,第49页。
② 同上书,第50页。
③ 参见曹建明、周洪钧、王虎华主编:《国际公法学》,法律出版社1998年版,第373页。

系上,仍没有大的突破。

二、地球静止轨道的法律问题

地球静止轨道,是指位于地球赤道平面正上空离地面约 35 800 公里的环绕地球的圆形轨道。放置在该轨道上的人造卫星绕地球一周约需 24 小时,恰等于地球自转一周的时间。由于静止卫星和地球自转方向相同,从地面观看,卫星犹如处于静止状态,固定在这条轨道的一定位置上。因此,该轨道被称为地球静止轨道,放置在该轨道上的卫星被称为地球静止卫星。[①] 地球静止卫星发出的电磁波可覆盖地球表面 1/3 的范围,只要在该轨道上等距离放置三颗卫星,就可以实现环球通讯和广播。地球静止卫星的这一特点对空间通讯、直接电视广播、卫星导航、气象观测及太阳能发电等都具有极其重要的意义。但地球静止卫星轨道对卫星的容量是有限的,如以卫星上的电磁波发射器达到国际电联所允许的最大功能为准,则在这周长为 26 万公里的轨道上,同一时间内只能容纳 180 颗人造卫星,才不会彼此干扰。从这个角度说,该轨道被视为一种"有限自然资源"。

根据 1966 年《外空条约》的规定和国际电信联盟的有关文件的规定以及习惯国际法的规则,地球静止轨道应该适用如下的法律原则:(1) 地球静止轨道是外层空间的一部分,[②]所有国家可在平等、不受任何歧视的基础上,根据国际法,自由探测和利用地球静止轨道。(2) 各国不得通过主权要求,使用或占领等方法以及其他任何方法,把地球静止轨道据为己有。(3) 探索和利用地球静止轨道应为所有国家谋福利和利益。以上三条原则是相互联系的。根据自由利用原则,对地球静止轨道的使用是完全允许和合法的。在地球静止上放置通信、气象、科学试验和研究卫星等,目的在于对世界各国提供服务利益,有利于促进空间科技和有关业务的发展,这是符合各国利益和"共同利益"原则的。

与上述原则相关的一个问题是有关地球静止轨道应该如何利用。在人造卫星上天之后的最初阶段,美、苏两个空间大国都是将卫星射入它们所需要的任何位置,并采用它们所选择的无线电频率而不受任何约束,结果对地面通信造成了干扰。虽然目前世界各国还是采用这种"先登先占"的做法,但由于地球静止轨道是有限的资源,这种做法继续下去将严重危害外空的通信和良好秩序,因此国际社会要求废止迄今实施的"先登先占"的办法,而采用公平的原则的呼声日益强烈。[③]

地球静止卫星及轨道的特性也引起了赤道国家的极大重视。但这些国家对于地

---

① 参见贺其治:《地球静止轨道的法律地位》,载王铁崖、李浩培主编:《中国国际法年刊》,中国对外翻译出版公司 1987 年版,第 280 页。
② 参见《第二次联合国探索及和平利用外层空间会议的报告》,1982 年,第 281 段,第 70 页。转引自贺其治:《地球静止轨道的法律地位》,载王铁崖、李浩培主编:《中国国际法年刊》,中国对外翻译出版公司 1987 年版,第 285 页。
③ 参见贺其治:《地球静止轨道的法律地位》,载王铁崖、李浩培主编:《中国国际法年刊》,中国对外翻译出版公司 1987 年版,第 286—289 页。

球静止轨道的法律地位的看法和态度经历了三个阶段的过程。

第一个阶段，赤道国家认为地球静止轨道不是外层空间的一部分，而是它们领土的组成部分。1976年11月，巴西、厄瓜多尔、印度尼西亚、肯尼亚、哥伦比亚、刚果、乌干达和扎伊尔八个赤道国家在哥伦比亚首都波哥大举行会议，并于同年的12月3日发表了著名的"波哥大宣言"，对地球静止卫星轨道正式提出了主权要求。其主张概括起来有以下几点：(1) 地球静止轨道是一种同地球实际有密切联系的物理效应，其存在完全取决于地心吸力，因而不能作为外层空间一部分。(2) 地球静止轨道的相应地带构成赤道国家的领土组成部分，有关各国应对其行使主权，位于公海上空的静止轨道为全人类共同财产。(3) 目前静止轨道上的卫星为少数空间大国所有，实际上形成对该轨道的分配和占有；这种不公平状态必须改变，使赤道国家和发展中国家享有更大的利益；在该轨道设置卫星，必须事先经相应国家明白无误地认可并受其国内法管辖。赤道国家的主权要求遭到许多国家的反对，因为地球静止轨道是整个地球的地心吸力造成的，任何国家都不能对静止轨道和其他轨道提出排他性的主权要求。同时，根据《外空条约》和《国际电信公约》，外空自由和不得占有这两项原则已成为普遍接受的国际法原则，任何国家均应受其约束，静止轨道虽为有限的自然资源，但肯定是在外层空间内，不受各国主权管辖。

第二个阶段，1984年，赤道国家对其立场作了第一次调整，不再坚持主权要求，而提出"优先权"和"批准"的权利。所谓优先权，是指赤道国家对其上空的那一段静止轨道享有优先权；而批准权利是指使用静止轨道需事先取得赤道国家批准。然而，这一调整并未打破僵局。①

第三个阶段，1991年，赤道国家对其立场作了第二次调整，承认地球静止卫星轨道为外层空间的一部分，并主张在实践中，通过制定具体明确的优先次序达到公平目的。这种优先次序指：(1) 发达国家和发展中国家提出使用同一轨道位置的同等要求时，或者已在使用的国家和尚未使用的国家有同样要求时，发展中国家或尚未使用的国家享有优先权。(2) 在两个或多个发展中国家，或者在两个或多个发达国家提出同等要求，应适用"先到先占"原则。(3) 尽管有前项规定，如果在最近的将来没有足够的能力发射卫星的国家提出要使用静止轨道的某一位置的要求，而同时有能力立即发射卫星的另一国也提出要使用该位置的要求，则根据《国际电信公约》所宣布的效率性原则，后一国经过证实的要求应享有优先权。该文件的目的在于进一步发展公平有效的法律原则，并为此确立发展中国家及目前尚未得以利用该轨道的各国的某些优先权，以保证对静止轨道在实际上的公平占用。上述主张不再强调赤道国家对其上空的地球静止轨道享有优先权或主权，降低了权利要求，扩大了享有利益的国家范围，不仅包括赤道国家也包括其他发展中国家；与国际电联关于静止轨道分配的原则相接近，因而这一调整被认为是积极的，受到了各国不同程度的赞同。

---

① 参见王铁崖主编：《国际法》，法律出版社1995年版，第345页。

目前,关于地球静止轨道的分配使用问题仍未达成一致意见。但是,赤道国家立场的调整显示出对这一问题的灵活性,使发达国家也改变了其对这一问题的冷漠态度,而对赤道国家的新主张充分发表评论,从而使留在联合国外空法律小组委员会议题上的这一问题的讨论有了较为可行的基础和较为乐观的前景。

三、外空使用核动力源的法律问题

航天器在进入外空轨道飞行时,需要一定的能源。由于传统的外空能源如太阳电池、化学电池和其他燃料电池的供电方法具有电力低、寿命短、不容易发电和蓄电的缺点,而核燃料具有发电量大、工作寿命长、性能可靠、体积小及适应环境能力强等优点,所以越来越多的航天器使用核燃料作为动力源,以满足其越来越强大和持久的动力要求。另外,核燃料具有高度危险性,如果使用不当,将带来严重的后果。例如,1964年4月,美国的核动力卫星SNAP-GA离开航线重返地球,在印度洋上空烧毁,其燃料铀-238在高空中放射了17 000千居里。① 1968年5月,美国另一颗核动力卫星SNAP-19发射失败,坠落在美国加利福尼亚州外的海面。1970年4月,美国的SNAP-27失事坠入南太平洋深海中。② 比较严重的是,1978年苏联核动力卫星"宇宙-954号"失控,在重返大气层时烧毁,其残片坠落在加拿大境内的西北部,其中有90余块残片和4000多个颗粒带有放射性。③ 苏联最后赔偿加拿大300万美元。

外空使用核动力源所带来的巨大危险性,引起了国际社会的广泛关注。1978年外空使用核动力源的法律问题在外空委员会法律小组委员会的会议上被提出,1980年正式列入会议议程。经过十余年的审议,这个法律文件由联合国大会于1992年第47/68号决议通过,全称为《关于在外层空间使用核动力源的原则》,其中包含了11项原则,主要内容如下:

1. 在外空使用核动力源应按照国际法进行,尤其是应该按照《联合国宪章》和《外空条约》进行。

2. 在外空使用核动力源应限于用非核动力源无法合理执行的航天任务。

3. 载有核动力源的空间物体的设计和使用,应确保其危害低于国际辐射防护委员会建议的防护标准。

4. 对核动力卫星拥有管辖和控制权的国家,在发射前应作彻底和全面的安全评价,并公布评价结果。

5. 发射国在具有核动力源的空间物体重返地球时,应及时通知其他国家,并将该资料送交联合国秘书长。其他国家要求索取进一步的资料时,发射国应尽快答复。

---

① 参见贺其治:《外空使用核动力源的法律问题》,载王铁崖、李浩培主编:《中国国际法年刊》,中国对外翻译出版公司1986年版,第185页。
② 同上书,第185—186页。
③ 加拿大给联合国秘书长的通知,参见联合国文件,A/AC.105/236,1978年12月22日。转引自贺其治:《外空使用核动力源的法律问题》,载王铁崖、李浩培主编:《中国国际法年刊》,中国对外翻译出版公司1986年版,第186页。

6. 拥有检测和跟踪设施的国家应本着国际合作精神，向联合国秘书长及有关国家提供情报，发射国和所有拥有有关技术的国家和国际组织应对受影响的国家提供协助。

7. 发射国应依照《外空条约》和《责任公约》的规定为其涉及使用核动力源的外空活动承担责任。

四、卫星直接电视广播的法律问题

卫星直接电视广播，是指通过卫星将电视广播直接传送至地面电视机，而不需要通过地面电视接收的电视广播。早在1965年，美国发射"国际通信卫星一号"，除载有240条双向通信线路外，装有一条电视广播通道，将地面电视台播放的电视节目转发给地面专设的接收站。这被认为是利用卫星进行电视广播的开始。[①] 随着空间技术的迅速发展，一些国家即将进入利用卫星进行直接电视广播的实用阶段。

卫星直接电视广播所引起的法律问题是：播出国是否要事先取得接收国的同意，否则是否侵犯了接收国的主权？接收国要不要事先取得播出国的同意，否则是否侵害播出国的专利权？未按照国际法规则进行的或为接收国明确禁止的广播，是否构成未经许可的非法广播？

联合国外空委员会法律小组委员会在1967年开始研究直播卫星引起的法律问题，并设立特别工作组研究有关事先同意、自由交流信息、外溢、著作权等问题，并且在多次修改的基础上拟订了一份决议。1982年，第三十七届联大以107票赞成、13票反对，通过了该项决议，其全称为《各国利用人造地球卫星进行国际直接电视广播所应遵守的原则》，该决议规定了十项原则，具体内容如下：

1. 利用卫星进行国际直接电视广播不得侵犯各国主权和违反不干涉原则，并不得侵犯人人有寻求、接受和传递信息和思想的权利。
2. 卫星国际直接广播应遵守国际法。
3. 国家及其授权的个人或实体从事卫星直播活动的权利平等。
4. 开展多级别的卫星直播国际合作。
5. 和平解决卫星直播引起的争端。
6. 各国对其卫星直播承担国际责任。
7. 广播国与接受国的协商权利和义务。
8. 保障版权和邻接权利。
9. 卫星直播国应将其活动之性质告诉联合国秘书长。
10. 卫星直播国应通知收视国并与之协商。

《各国利用人造地球卫星进行国际直接电视广播所应遵守的原则》在一定程度上

---

① 参见贺其治：《卫星国际直接电视广播的法律问题》，载王铁崖、陈体强主编：《中国国际法年刊》，中国对外翻译出版公司1983年版，第117页。

缓解了卫星直接电视广播所引起的法律问题,但是并没有解决发展中国家和发达国家在这方面的主要分歧,即国家主权原则和自由传播消息原则孰重孰轻的问题。

五、空间碎片的法律问题

人类探索和利用外层空间的活动不可避免地会对空间环境造成一定程度的不利影响。空间活动对环境造成和可能造成的污染和危害是多方面的,包括化学污染、生物污染、放射性污染以及空间碎片碰撞产生的危害,等等。其中,"空间碎片"或"空间垃圾"被认为是对空间活动的最大威胁。关于空间碎片,目前尚无准确的定义。空间碎片可以认为包括已经失效的卫星和同飞行任务有关的物体,如用完的各级火箭、解体的火箭和卫星的碎片、发动机排气中的颗粒、涂料碎片等,也可以解释为在宇宙空间运行的废弃的人造天体,包括工作寿命终止或因故障不再工作的航天器、用完的运载火箭末级、航天器抛弃物和航天器与陨星在空间碰撞后产生的碎片以及航天员扔出飞船舱外的垃圾等。根据联合国外空科技小组委员会1994年提供的报告,当时在外层空间约有3000吨碎片。[①]

空间碎片的危害是巨大的:它们停留在地球的静止轨道上,由于地球静止轨道是一种不可更新的资源,很难通过自然界的力量将物体移走,从而导致地球静止轨道的拥挤;带有核材料的空间物体碰撞在空间和地面造成污染;通过碰撞对运行中的卫星造成损害或损失;通过二次碰撞造成碎片扩散;干扰地面和空间的天文观察;干扰空间的实验;微粒对太阳电池、光学表面造成侵蚀,等等。此外,它们还以每年10%的速度增加。

空间碎片很早就引起科学家与法学家的注意与重视。特别是国际天文学联盟、空间研究委员会、国际宇航联合会一直跟踪这一问题的发展,并作大量的科学观测与研究。1989年,一些国家首次就空间碎片正式向外空法律小组委员会提出工作文件。同年,第四十四届联合国大会第44/46号决议首次要求各国对空间碎片的碰撞问题予以注意并研究。1993年,联合国大会第48/39号决议决定将"空间碎片"作为新议题列入联合国外空科技小组委员会的工作议程。小组委员会确定今后在此方面的工作重点是:在空间物体包括载有核动力源的在轨空间物体可能与碎片碰撞的问题的研究,碎片监测技术的开发,碎片资料的汇集和散发,了解碎片的来源、碎片密度较大的近地轨道的范围、碰撞的可能性、后果及减少碎片生成的必要性等。此外,1999年7月,"联合国第三次外空会议"着重讨论了21世纪利用外空的行动计划,其中就包括"空间碎片"的问题。

---

① 参见王铁崖主编:《国际法》,法律出版社1995年版,第348页。

六、空间活动商业化的法律问题

空间活动商业化是指为利用外层空间而提供卫星发射、通信、遥感或其他空间服务以及开发空间产品和资源而获得一定报酬的商业活动,也就是开发空间的营利性交易。从事空间商业活动者可以是国家、国际组织,也可以是公营、公私合营或私营企业。空间商业化是空间技术不断发展的必然结果。空间商业活动具有巨大的经济价值并能为人们带来上千万个就业机会。[①] 但空间活动商业化的发展也引起了许多新的法律问题,主要有:

1. 空间商业活动的合法性问题。空间商业活动是合法的,这一点在国际法和国内法上都是有依据的。首先,1967 年《外空条约》第 1 条第 2 款规定,各国具有"在平等、不受歧视的基础上",进行探索和利用外层空间的自由。条约未明确规定外空活动是否包括商业性活动在内,但作为外空法主体的国家的商业活动只要符合该条约的规定,应被认为包括在条约所指的外空活动的范围内,因而是允许的。其次,就国内法的层面来说,一些西方发达国家早就制定了有关的国内法来处理这个问题。例如,美国自 1962 年以后陆续制定了《通信卫星法》《陆地遥感商业化法》《商业性空间发射法》和《直接广播卫星业务法》等,以使美国私营企业可以直接开展有关的各项业务。再如,瑞典在 1982 年颁布了《瑞典空间活动法》,对瑞典所有政府实体在瑞典领土上进行的空间活动进行管制;英国于 1986 年经议会通过的《外层空间法》适用于各项空间活动,包括卫星的发射和经营。它适用于英国所有国民和公司,以及英国负责其对外关系的地区,如海峡群岛的国民和公司。

2. 空间商业化中的责任问题。由于私营企业商业化活动的不断增加,《外空条约》关于国家为私营企业活动承担国际责任和赔偿责任的规定日益受到重视。从事空间活动涉及的责任包括两个方面:一方面,各国应对本国在外层空间的活动承担国家责任。《外空条约》第 6 条的相关内容对此作出了明文的规定,即"各缔约国对其(不论是政府部门还是非政府的团体组织)在外层空间(包括月球和其他天体)所从事的活动,要承担国际责任,并应负责保证本国活动的实施符合本条约的规定。"。另一方面,发射国对所发射的物体及其组成部分在地球表面、空气空间和外层空间使另一缔约国或其自然人或法人受到的损害承担赔偿责任,也就是"第三方责任"。这一点在《外空条约》第 7 条和 1972 年《责任公约》中都有明确的规定,即"发射国对所发射的物体及其组成部分在地球、空气空间或外空使另一缔约国或其自然人受到的损害,应负赔偿责任"。

3. 国际空间市场价格问题。在当前空间技术、产品和服务大量涌入国际市场的浪潮中,各国空间事业的竞争已日益加剧,这就需要对有关的经济贸易问题进行协

[①] 参见贺其治:《空间活动商业化的法律问题》,载王铁崖、李浩培主编:《中国国际法年刊》,中国对外翻译出版公司 1990 年版,第 3 页。

调,以缓解各国之间矛盾的尖锐化。就发射服务来说,国际市场的竞争日趋激烈。美国各大航天公司和欧洲阿里安航天公司的崛起以及中国、俄罗斯、日本进入国际发射市场,使这一市场中的竞争更为严峻,甚至将出现发射能力过剩的现象。[①] 为了促进国际和各国空间事业的有秩序发展,有必要在价格方面进行协调。也就是说,在考虑到市场需求的情况下,适当地通过协议和其他有组织的方式,形成某种价格上的调节制度,以保障公平竞争和各方的利益。

第五节 中国在外层空间法领域的理论与实践

一、中国航天事业的建立和发展

(一)中国航天事业的建立和发展过程

中国人早在古代就有关于宇宙和登月的想象,中国民间流传的神话"牛郎织女""嫦娥奔月"就是这些想象的写照。此外,中国古代的火箭被认为对于现代航天器的产生和发展提供了有益的启示。中国明代人万户在座椅上捆绑了17支火箭,手持两个大风筝并点火,试图借助火箭推力和风筝升力升空,这一勇敢尝试使他成为世界上第一个试图利用火箭力量飞行的人。新中国成立以后,1956年2月,著名科学家钱学森向中央提出《建立中国国防航空工业的意见》,同年3月,国务院制定《1956年至1967年科学技术发展远景规划纲要(草案)》,提出要在12年内使中国喷气和火箭技术走上独立发展的道路,并于同年4月,成立中华人民共和国航空工业委员会,统一领导中国的航空和火箭事业,聂荣臻任主任,黄克诚、赵尔陆任副主任。这些可以视为中国航天事业的开始。

从20世纪50年代到60年代,中国一直着手于航天事业的基础工作。例如,1958年1月,国防部制定喷气与火箭技术十年(1958年至1967年)发展规划纲要。苏联第一颗人造地球卫星发射之后,中国一些著名科学家建议开展中国卫星工程的研究工作。一些高等院校也开始进行有关学术活动。中国科学院由钱学森、赵九章等科学家负责拟订发展人造卫星的规划草案,代号为"581"任务,成立了"581小组"。1958年4月,中国开始兴建第一个运载火箭发射场。1960年2月19日,中国自行设计制造的试验型液体燃料探空火箭首次发射成功。1963年1月,中国科学院成立星际航行委员会,由竺可桢、裴丽生、钱学森、赵九章等领导,研究制定星际航行长远规划。1964年6月29日,中国自行研制的中近程火箭再次发射试验,获得成功。1964年7月19日,中国成功地发射了第一枚生物火箭。1966年12月26日,中国研制的中程

[①] 参见贺其治:《空间活动商业化的法律问题》,载王铁崖、李浩培主编:《中国国际法年刊》,中国对外翻译出版公司1990年版,第17页。

火箭首次飞行试验基本成功。1967年,"和平二号"固体燃气象火箭试射成功。

1970年1月30日,中远程火箭飞行试验首次成功。1970年4月24日,"东方红一号"人造卫星发射成功。这是中国发射的第一颗人造卫星,它的发射成功标志着中国进入空间国家行列,成为继苏、美、法日之后第五个用自制运载火箭发射人造卫星的国家。至此中国的航天空间技术已经完成了基础性工作,进入了发展的阶段,并且取得了许多成果。例如,1971年3月3日,中国发射了科学实验卫星"实践一号",卫星在预定轨道上工作了八年。1971年9月10日,洲际火箭首次飞行试验基本成功。1975年11月26日,中国发射了一颗返回式人造卫星,成为继美苏之后第三个掌握卫星回收技术的国家。

1981年9月20日,中国用一枚运载火箭发射了三颗科学实验卫星,成为继美国、苏联、欧空局之后第四个具有一箭多星技术的国家。1982年10月12日,潜艇水下发射运载火箭获得成功。1984年4月8日,中国第一颗地球静止轨道试验通信卫星发射成功,成为世界上能发射这类卫星的五个国家之一。1986年2月1日,中国成功发射一颗实用通信广播卫星,标志着中国已全面掌握运载火箭技术,卫星通信由试验阶段进入实用阶段。1988年9月7日,中国发射一颗试验性气象卫星"风云一号"。这是中国自行研制和发射的第一颗极地轨道气象卫星。1988年12月25日,中国科学院海南探空火箭发射场成功地发射了一枚"织女一号"火箭,至此,中国低纬度区第一次火箭探空试验圆满结束。

1990年4月7日,中国自行研制的"长征三号"运载火箭在西昌卫星发射中心,把美国制造的亚洲1号通信卫星送入预定的轨道,首次取得了为国外用户发射卫星的圆满成功。1991年1月22日下午18时23分,中国第一枚120公里高空低纬度探空火箭"织女三号"在中国科学院海南探空发射场发射试验成功。1994年2月22日,中国第一座海事卫星地面站通过验收。它的建成填补了中国高科技的一项空白。1998年5月2日,中国自行研制生产的"长二丙"改进型运载火箭在太原卫星发射中心发射成功。这标志着中国具有参与国际中低轨道商业发射市场竞争力。

必须指出的是,2003年11月15日,中国自行研制的神舟五号载人飞船,在酒泉卫星发射中心发射升空后,准确进入预定轨道,中国首位航天员杨利伟被顺利送入太空。神舟五号发射成功,是中国进入太空新时代的里程碑。中国由此跻身于世界上实现载人航天飞行的三个国家之列,显示出中国日益强大的科技实力。这标志着中国人民在攀登世界科技高峰的征程上又迈出了具有重大历史意义的一步。2005年10月12至17日,中国成功进行了第二次载人航天飞行,也是第一次将中国两名航天员费俊龙、聂海胜同时送上太空。2008年9月25日,中国第三艘载人飞船神舟七号成功发射,三名航天员翟志刚、刘伯明、景海鹏顺利升空。9月27日,翟志刚在刘伯明的辅助下,进行了持续19分35秒的出舱活动。中国随之成为世界上第三个掌握空间出舱活动技术的国家。2012年6月16日,中国第四艘载人飞船神舟九号成功发射,三名航天员景海鹏、刘洋、刘旺顺利升空,展开对接天宫一号的工作。

(二) 中国航天事业的发展宗旨和发展原则

中国航天事业的发展宗旨是：探索外层空间，扩展对宇宙和地球的认识；和平利用外层空间，促进人类文明和社会发展，造福全人类；满足经济建设、国家安全、科技发展和社会进步等方面日益增长的需要，维护国家利益，增强综合国力。

中国航天事业的发展原则是：(1) 坚持长期、稳定、持续的发展方针，使航天事业的发展服从和服务于国家整体发展战略。中国政府高度重视航天事业在实施科教兴国战略和可持续发展战略，以及在经济建设、国家安全、科技发展和社会进步中的重要作用，将航天事业的发展作为国家整体发展战略中的重要组成部分，予以鼓励和支持。(2) 坚持独立自主、自力更生、自主创新，积极推进国际交流与合作。中国立足于依靠自己的力量，进行航天技术攻关，实现技术突破；同时，重视航天领域的国际交流与合作，按照互利互惠的原则，把航天技术自主创新与必要地引进国外先进技术有机地结合起来。(3) 根据国情国力，选择有限目标，重点突破。中国发展航天事业以满足国家现代化建设的基本需求为目的，选择对国民经济和社会发展有重大影响的项目，集中力量，重点攻关，在关键领域取得突破。(4) 提高航天活动的社会效益和经济效益，重视技术进步的推动作用。中国谋求更加经济、更加高效的航天发展道路，力求技术先进性和经济合理性相统一。(5) 坚持统筹规划、远近结合、天地结合、协调发展。中国政府统筹规划并合理安排空间技术、空间应用和空间科学，促进航天事业全面、协调地发展。

(三) 中国航天事业的发展成果

中国航天事业自1956年创建以来，经历了艰苦创业、配套发展、改革振兴和走向世界等几个重要时期，迄今已达到了相当规模和水平：形成了完整配套的研究、设计、生产和试验体系；建立了能发射各类卫星和载人飞船的航天器发射中心和由国内各地面站、远程跟踪测量船组成的测控网；建立了多种卫星应用系统，取得了显著的社会效益和经济效益；建立了具有一定水平的空间科学研究系统，取得了多项创新成果；培育了一支素质好、技术水平高的航天科技队伍。

在空间技术方面，截至2000年10月，中国共研制并发射了47颗不同类型的人造地球卫星，飞行成功率达90%以上。① 目前，中国已初步形成了四个卫星系列——返回式遥感卫星系列、"东方红"通信广播卫星系列、"风云"气象卫星系列和"实践"科学探测与技术试验卫星系列。截至2000年10月，中国独立自主地研制了12种不同型号的"长征"系列运载火箭，适用于发射近地轨道、地球静止轨道和太阳同步轨道卫星。从1996年10月至2000年10月，"长征"系列运载火箭已连续21次发射成功。② 中国已建成酒泉、西昌、太原三个航天器发射场，并且建立了完整的航天测控网，包括陆地测控站和海上测控船。中国的载人航天也取得了历史性的突破，成为目

---

① 参见《中国的航天》白皮书，中华人民共和国国务院新闻办公室2000年11月发布。
② 参见《中国的航天》白皮书，中华人民共和国国务院新闻办公室2000年11月发布。

前世界上三个掌握此技术的国家之一。

在空间应用方面，中国重视研制各种应用卫星和开发卫星应用技术，在卫星遥感、卫星通信、卫星导航定位等方面取得了长足发展。中国研制和发射的卫星中，遥感卫星和通信卫星约占71%，这些卫星已广泛应用于经济、科技、文化和国防建设的各个领域，取得了显著的社会效益和经济效益。国家有关部门还积极利用国外各种应用卫星开展应用技术研究，取得了很好的应用效果。

在空间科学方面，中国从20世纪60年代初期开始利用探空火箭、探空气球开展了高层大气探测。在70年代初期开始利用"实践"系列科学探测与技术试验卫星开展了一系列空间探测和研究，获得了很多宝贵的环境探测资料。从80年代末开始利用返回型遥感卫星进行了多种空间科学实验，在晶体和蛋白质生长、细胞培养、作物育种等方面取得了很好的成果。中国空间科学在基础理论研究方面取得了若干创新成果，在空间物理学、微重力科学和空间生命科学等领域建立了具有一定水平的对外开放的国家级实验室，建立了空间有效载荷应用中心，具有支持进行空间科学实验的基本能力。近年来，利用"实践"系列科学探测与技术试验卫星对近地空间环境中的带电粒子及其效应进行了较为详细的探测，并首次完成了微重力流体物理两层流体空间实验，实现了空间实验的遥控操作。

二、中国关于外空的基本立场和外空法研究

（一）中国关于外空的基本立场

中国历来重视外空活动的法律问题，在长期的外空活动实践和理论研究的基础上，中国形成了有关外空的一系列的原则立场：

1. 外层空间不得据为己有，各国应该在主权平等的基础上，自由探索和利用外层空间，外空活动应为全人类谋利益。各国应该开展和加强外空合作。外空活动只能用于和平目的，应实现外空的非军事化。

2. 对于联合国的外空机构和外空会议，中国一贯持积极态度。1980年6月，中国派观察员出席联合国外空委员会第二十三届会议。1980年11月3日，联合国大会第五十次全会通过35/16号决议，接纳中国为外空委员会成员。此后，中国政府派代表团出席了外空委员会及其所属的科技、法律小组委员会的历届会议。中国还参加了1982年8月在维也纳举行的第二次联合国探索及和平利用外空大会和1999年7月在维也纳举行的第三次联合国探索与和平利用外层空间会议。中国代表通过这些会议不仅参与制定了卫星遥感地球原则、电视直接广播原则、外空使用核动力源原则等，并且对其他一系列重大的问题，如地球静止轨道的使用问题、外空定义和定界问题、共同利益分享问题等，充分发表了意见。

3. 关于外层空间的定义和外层空间与空气空间的界限问题，中国政府代表在1988年第三十一届外空委员会会议上已表明：由于空气空间和外层空间分别适用两种不同的法律制度，因此无论从理论上还是从实践上讲，关于外空的定义和定界都是

十分必要的。但是,由于这一问题涉及复杂的科技、政治和各国安全问题,难以在短期内达成协议,所以应根据空间科技的发展和形势的需要,通过各方认真磋商,妥善加以解决。

4. 关于地球静止轨道的法律地位和利用原则。中国政府代表于 1984 年 3 月在日内瓦召开的第二十三届外空法律小组委员会上表明:地球静止轨道是有限的自然资源,是人类的共同财产。公平、经济、有效地使用静止轨道和无线电频谱应取代现行的"先来先占"原则。①

5. 关于"空间碎片"的问题。1990 年中国科研、技术和政府有关部门的科学家和法学家组成空间碎片研究组。该组 1991 年和 1993 年的先后两份报告均被中国政府采纳并提交给联合国外空委员会。两份报告分析了碎片的成因及在轨物体现状,认为:空间碎片的逐渐增多,给外层空间环境和人类的空间活动造成严重的潜在威胁及现实损害。报告还提出中国是发展中国家,航天发射次数有限,产生的空间碎片少,但中国将认真对待和研究空间碎片问题,为保护外层空间环境作出应有的贡献。报告还建议联合国及有关机构应积极采取措施②减少空间碎片,保护空间环境。1995 年 6 月,中国国家航天局正式加入了"机构间空间碎片协调委员会"。此外,在 1999 年联合国外空委员会会议上,中国代表团提出,应当尽快建立一个国际性空间碎片数据库,收集各国的空间碎片的观测数据,使这些数据能得到广泛的利用,以便促进对空间碎片的深入研究。③

(二) 中国关于外空法的研究

自从国际社会被人类外空活动吸引,从而开始热烈谈论外空立法时起,中国关于外空法的研究便也开始了。从 20 世纪 60 年代著名的国际法学家周鲠生先生开始涉及外空法方面的问题到 21 世纪的现在,中国的外空法的研究取得了长足的发展。中国的外空法的研究可以分为三个阶段:

第一个阶段,从 60 年代到 70 年代末。在这个时期,中国外空法的研究处于刚刚起步的阶段。如前所述,外空法在中国的研究状况,最早的是 60 年代周鲠生先生主张国家主权可及于领土上空到无限高度。④ 在这之后,由于"文革"等历史原因,这方面的研究陷入停滞的状态。

第二个阶段,从 80 年代初到 90 年代初。在这个时期,中国外空法的研究处在逐

---

① 参见梁西主编:《国际法》,武汉大学出版社 2003 年版,第 173 页。
② 这些措施包括:(1) 加强空间碎片对人类和平利用外层空间活动造成的严重危害性和及早治理的必要性的宣传,促使各国政府特别是对此负有主要责任的大国重视空间碎片对空间环境的污染问题,并采取控制和治理空间碎片的措施。必要时,可开展外层空间环境保护日活动。(2) 组织和协调对空间碎片问题的学术交流和国际合作,内容可包括对空间碎片的认识,防止空间碎片数量增加的技术途径和经验,研究课题的分工和合作等。尤其是应采取帮助和支持发展中国家研究空间碎片及控制减少空间碎片的具体措施。(3) 尽早制定预防和控制空间碎片的技术规范,以便为将来条件成熟时制定保护外层空间环境的基本准则及进一步制定国际公约打下基础。参见王铁崖主编:《国际法》,法律出版社 1995 年版,第 358 页。
③ 参见赵建文:《国际法新论》,法律出版社 2000 年版,第 370 页。
④ 参见周鲠生:《国际法》,商务印书馆 1981 年版,第 413 页。

步发展的阶段。1981年,王铁崖主编的全国高校统编教材《国际法》,已将"空气空间和外层空间"列为其第六章的内容。之后的中国各种国际法教材一般也都单列一章。另外,在这一阶段,贺其治先生已对外空法的法律问题进行了卓著的研究。从1982年至1992年,贺其治先生每年在《中国国际法年刊》上发表论文、述评或外空动态介绍文章,涉及外空定义和定界、卫星国际直接电视广播、卫星遥感地球、外空军事化和有关法律管制措施、外空使用核动力、地球静止轨道、外空环境保护、空间站的法律地位、空间物体造成损害的赔偿制度等诸多方面的外空法律问题。

第三个阶段,从90年代初到现在。在这个时期,中国外空法的研究处于全面发展的阶段。1992年,刘海山主编的《国际法》,率先将"国际空间法"单列为第八章。1995年,王铁崖主编的《国际法》也专设了第十一章"外层空间法"。此后,大多数的国际法教科书或专著都将外层空间法单列为一章。1992年,贺其治先生的著作《外层空间法》由法律出版社出版,它全面阐述了关于外层空间各方面的活动及其法律依据。1990年,由中国的科研、技术、政府等有关部门的科学家和法学家组成的空间碎片研究组成立,该研究组1991年和1993年的先后两份报告均被中国政府采纳并提交给联合国外空委员会。1992年12月,"中国空间法学会"在北京成立,这一具有全国性影响的举动标志着中国关于外空法的研究的广泛开展。

三、中国的外空国际合作

在中国外空法的研究取得显著成果的同时,中国和其他国家的双边合作、区域合作、多边合作以及商业服务发射方面也取得了广泛的成果。

(一) 中国关于外空合作的指导原则

中国政府认为,国际空间合作应遵循1996年第五十一届联合国大会通过的《关于开展探索和利用外层空间的国际合作,促进所有国家的福利和利益,并特别要考虑到发展中国家的需要的宣言》(简称《国际空间合作宣言》)中提出的基本原则。

中国政府在开展国际空间合作中,一贯坚持以下指导原则:(1)国际空间合作应以和平开发和利用空间资源,为全人类谋取福利为宗旨。(2)国际空间合作应在平等互利、优势互补、取长补短、共同发展以及公认的国际法原则的基础上进行。(3)国际空间合作的优先目标是共同提高各国特别是发展中国家的航天能力,享受航天技术的惠益。(4)国际空间合作应采取必要措施保护空间环境和空间资源。(5)支持加强联合国外空委员会的作用,支持联合国的外空应用方案。

(二) 双边合作

1985年以来,中国先后与美国、意大利、德国、英国、法国、日本、瑞典、阿根廷、巴西、俄罗斯、乌克兰、智利等十多个国家签订了政府间、政府部门间空间科学技术及应用合作协定、议定书或备忘录,建立了长期的合作关系。双边合作的形式多种多样,从制订互利的空间计划、互派专家学者、组织研讨会,到共同研制卫星或卫星部件、进行卫星搭载服务、提供商业发射服务等等。1993年,中国与德国合资成立了华德宇航技术公司。1995年中国与德国、法国的宇航公司签订了"鑫诺一号"卫星的研制生产合同,并于1998年发射成功。这是中国与欧洲宇航界的首次卫星合作。同时,中国与巴西开展的地球资源卫星合作进展顺利。1999年10月14日,中国成功发射了第一颗中巴地球资源卫星。中巴双方除了整星合作外,在卫星技术、卫星应用以及卫星零部件等方面也开展了多项合作。2007年5月,中国首次以火箭、卫星及发射支持的整体方式,成功发射"尼日利亚通信卫星一号",实现了整星出口零的突破。同年10月,又以相同的方式为委内瑞拉实施了成功发射。

(三) 区域合作

中国十分重视亚太地区的区域性空间合作。1988年,中国提出筹建亚太空间组织的建议。1992年12月,中国与泰国、巴基斯坦等国联合倡导并发起了"亚太地区空间技术与应用多边合作研讨会"。与会的亚太各国代表就亚太地区空间合作应遵循的原则以及合作的可能性、方式和途径等初步达成共识,并决定设立联络委员会,首任协调员由中国出任。1994年1月,在曼谷召开了首届亚太地区空间技术与应用多边会议。会议正式决定了设立空间组织筹委会秘书处,并设在中国,授权秘书处就建立区域组织的技术法律问题进行研究并向下届会议提出报告。1995年4月,该组织在巴基斯坦召开了第二届会议,审议有关问题。1994年9月,中国又同亚太经社会合作,在北京召开了亚太地区空间应用促进发展部长级会议,讨论通过了"亚太地区空间应用发展战略规划框架"和"空间应用推动发展的行动纲领"两个重要文件。在此区域合作的推动下,中国、伊朗、韩国、蒙古、巴基斯坦和泰国六国政府于1998年4月在曼谷签署了《关于多任务小卫星项目及有关活动合作的谅解备忘录》,除签字国外,其他亚太国家也可以加入。该合作项目的确定,促进了亚太区域空间技术和应用的发展。

(四) 多边合作

1980年6月,中国首次派出观察员代表团参加了联合国外空委员会第二十三届会议,同年11月3日,联合国正式接纳中国为该委员会成员国。此后,中国参加了历届联合国外空委员会及其下属的科技和法律小组委员会会议。中国于1983年加入《外空条约》,并于1988年加入了联合国制定的《营救协定》《责任公约》和《登记公约》,并严格履行有关责任和义务。

【本章小结】 外层空间法是管理在探索和利用外层空间及天体的过程中出现的法律问题的法律规范的总和。作为国际法的一个部门法,外层空间法的发展历史虽然较短,但是它在解决外空法律问题方面发挥了巨大的作用。本章首先概述了外层空间法的产生和发展、外层空间法的概念和特征以及外层空间和空气空间的划界问题。然后,本章对外层空间的法律体系和法律制度作了具体的介绍和深入的分析。本章还对外空活动的法律问题作了具体的介绍,这些法律问题有:卫星遥感地球的法律问题、地球静止轨道的法律问题、外空使用核动力源的法律问题、卫星直接电视广播的法律问题和空间碎片的法律问题。最后,本章对中国在外层空间法领域的理论与实践作了重点介绍。

思考题

1. 试述外层空间法的概念和特征。
2. 试述外层空间和空气空间划界的不同主张及其评价。
3. 试述外层空间的法律原则。
4. 试述外层空间的法律制度。
5. 试述卫星直接电视广播的法律问题。
6. 试述空间碎片的法律问题。

第十章
国际环境法

传统国际法的价值理念重心是"人类利益中心主义",而环境关系以"物"为中心,强调独立于人之外的自然价值。在环境问题出现后,传统法律对处理环境问题所带来的社会关系的变化已作出了回应。这主要表现为,传统环境法的发展经历了从私法的救济到公法的保护,从国内法控制到国际法保护的过程。但是,在处理具体的环境问题、考虑具体的环境对策时,传统的法律规则及法律理念就有一些局限性,主要表现在环境保护的国际性和国家主权的独占性在某些方面的不协调,这就决定了国际环境法必须超越传统的法律理念及价值观。国际环境法是以人类生物圈为保护客体,以全人类的共同利益为终极目标的法律学科,本章主要就国际环境法的形成、发展以及基本法律制度作概括性介绍。

第一节 国际环境法概述

一、国际环境法的概念和特点

国际环境法是调整各国在保护环境中所形成的各种法律规范的总称。与其他学科相比,国际环境法是以人类生物圈为保护客体,以全人类的共同利益为目的,这就决定了国际环境法有其独特的法律理念及价值观。

作为国际法一个新的分支,国际环境法在整个国际法律框架中具有区别于国际法其他部门法的特殊性。

(一)国际环境法的表现形式主要是国际法律文件

从理论上讲,国际环境法的表现形式包括《国际法院规约》第38条第1项所列的各种国际法渊源,但是,迄今为止,国际环境法的各种规范主要有两大类:其一是国际条约;其二是国际组织及有关国际会议的决议。

鉴于国际环境问题的紧迫性、不确定性及复杂性的特点,保护环境的国际条约,特别是造法性条约,较多地是采用"框架公约+议定书+附件"的形式,或称为"框架公约模式"。①

国际组织及国际会议上通过的决议中,国际公约缔约国大会上通过的决议具有一定的法律约束力。但从传统国际法角度看,更多的决议则不具有法律约束力,学术界通常把这类决议称为"软法"。这种现象主要是由下列因素所造成的:其一,国际习惯和国际条约的形成一般需要经过相当长的时间和复杂的过程,这显然不能适应国际社会急需法律来应付日益严重的环境危机,特别是重大环境问题的紧迫性。而"软法"性文件,其制定程序比较简单,因而能够比较迅速地对重大国际问题作出反应。其二,由于人们对环境问题的认识不可避免地带有局限性和不确定性,这在某种程度上对环境条约的协议过程带来消极的影响。在这种情况下,采用比较宽松的形式能够较容易地在国家之间达成妥协。其三,环境法律必须具有一定的超前性和预防性,必须对未来及影响后代的全球环境问题建立国际预防机制,而这种预防性法律机制的建立比较适合用灵活的方式,否则难以被国际社会所接受。

这类带有"软法"性质的宣言和决议一般具有下述几个特点:(1)所规范的内容不确定,多为原则性的规定,不是严格意义上的法律规则,未涉及具体的权利和义务,其实施需要国家的合作或国内法的具体规定;(2)它们大多是由不拥有立法权的国际机构制定或国际会议通过的;(3)缺乏明确的制裁手段,其条款的执行主要依靠国家的自觉性和舆论的压力。但是,这些宣言和决议往往表达了各国在实践中对某类规则的认可,对制定、确认、发展和解释有关的国际环境法规则,尤其是对国际环境习惯法的形成起了很大作用。

(二)国际环境法的主体有扩大化的倾向

国家是国际法的基本主体,这种状况迄今在国际环境法中尚没有实质性的变化。但值得注意的是,在国际环境法的立法和执法中,政府间的国际组织和非政府间国际组织的作用十分明显。1992年联合国大会通过的《里约环境与发展宣言》和《21世纪行动议程》等国际文件都承认并呼吁,进一步加强国际组织和非政府间国际组织在与环境保护和发展相关的几乎所有的国际立法和执法过程中的作用。虽然非政府间国际组织不是国际环境法的主体,但不可否认的是,非政府间国际组织在国际环境法的发展过程中一直起着重大作用。具体表现在:(1)提出有关全球环境保护的重大问题并呼吁国际社会对之采取行动;(2)以观察员身份列席有关环境问题的重要国际会议和国际条约的谈判;(3)从事国际环境法和国际环境政策的宣传和教育;(4)监督国际环境条约的实施。

(三)国际环境法是一门交叉学科

国际环境法是为保护人类生存所依赖的环境而制定的,而保护人类环境在很大程度上涉及物理、化学、生物、生态和遗传工程等自然科学。例如,在预防和治理有害废弃物领域,除制定有关政策法规外,还需要大量技术性的标准和规范,以解决诸如

---

① 参见王曦:《国际环境法》,法律出版社1998年版,第66页。

污染物的排放标准、监测措施及方法、环保技术的开发及利用等一系列技术问题。所以,国际环境法的发展必须以环境科学为基础,它是一门综合性很强的交叉学科。

环境问题也是由许多因素综合起来的社会问题,它和国际政治、国际经济都有密切的关联性,涉及国际经济法、国际公法、国际私法、国内法等多个领域。例如,越界污染问题,既涉及追究自然人和法人责任的国内法,也涉及解决跨国诉讼问题的国际私法以及有关环境公约,还涉及关于国家责任问题的国际法。同时,国际环境法所调整的法律关系与国际经济活动密切相关,国际经济活动包括国际投资、国际贸易及自然资源的开发等多种活动,实践表明环境保护和这些领域密切相连。在目前的国际环境公约中,有一些就专门涉及贸易和环境的关系,如物种保护和国际贸易的关系、大气层的保护和工业活动的关系等。所以,目前在国际环境立法中都会强调经济发展和环境保护的协调,在经济领域也开始重视生态保护,如《世界贸易组织章程》序言中就明确地将经济的可持续发展作为其宗旨之一。

二、国际环境法的基本原则

国际环境法的基本原则主要有两个方面:其一,现代国际法的基本原则,这是指导国际环境关系的基本准则。其二,根据环境法的特点提出的新原则或对原有国际法原则加以发展从而适用于环境领域的特有原则,这方面的原则主要有:国家环境主权原则、国际合作原则、可持续发展原则、公有资源共享原则、共同而有区别的责任原则等。

(一) 国家环境主权原则

国家环境主权原则是国家主权原则在国际环境关系中的体现。根据该原则,每个国家都对本国范围内的环境问题有最高的处理权和国际上的独立权。一般认为,1972年《人类环境宣言》第21条是国际社会对这一原则内容的基本阐述。[①] 该条款规定,各国享有按本国的环境政策开发自己的自然资源的主权,同时还有义务保障在它们管辖或控制下的活动,不致损害他国的环境或属于国家管辖范围以外的地区的环境。可见,该条的规定包括两方面的内容:其一,国家对其自然资源享有永久主权;其二,国家必须保证开发本国自然资源的活动不致损害他国或国际公有区域的环境。

具体而言,国家环境主权包括下列几方面内容:(1) 国家对本国环境及自然资源的永久主权,即各国对本国境内的环境及自然资源享有永久主权,有权决定对其开发利用,任何国家都不能以任何理由侵犯他国的自然资源,破坏他国的环境。为保护人类环境而进行的合作,必须建立在尊重各国主权的基础上。(2) 人类共同继承财产权,即各国管辖范围以外的全球性环境及自然资源,应将其视为全人类共同继承的财产,由国际社会来共同管理、保护和享有。(3) 发展中国家的优先发展权,即在全球

---

① See Philipe Sands, Principles of International Environmental Law, Manchester University Press, 1995, p.186.

环境合作中,必须考虑发展中国家发展经济的需要,意识到可持续的发展和稳定的经济增长是改变环境恶化和贫困的根本出路。

(二) 国际合作原则

国际合作原则对于国际环境法具有特别重要的意义,这是因为环境是没有国界的。环境问题如臭氧层空洞、大气变暖、海洋污染等全球性环境污染问题,需要国家之间合作。一个国家或地区的环境污染,若没有国家间合作进行控制,很可能演化成其他地区甚至全球性的污染。因此,保护全球环境是世界各国的共同任务,只有进行广泛而有效的国际合作才能完成。有鉴于此,有关环境保护的国际条约都对国际合作作了明文规定,《人类环境宣言》《内罗毕全球环境状况宣言》《里约环境与发展宣言》《保护臭氧层维也纳公约》《生物多样性公约》均不例外。在《里约环境与发展宣言》中,还进一步提出了"建立一种新的、公平的全球伙伴关系的目标"。

(三) 可持续发展原则

可持续发展(Sustainable Development)的概念在国际社会的提出,始于1987年由挪威首相布伦特兰夫人领导的"世界环境与发展委员会"发表的题为《我们共同的未来》的研究报告。对可持续发展的定义,有许多不同的看法,经济学家、生态学家和社会政治学家对可持续发展的论述各有侧重。世界环境与发展委员会认为,可持续发展,是指既能满足当代人的需要,又不损害子孙后代满足其自身需求的能力。[①]

可持续发展的概念包括了三方面的因素:(1) 当代人为了后代的需要,在使用地球自然资源的同时,要保护自然资源;(2) 各国在开发、使用自然资源的同时,要考虑到其他国家的需要,以达到适当及公平地使用自然资源的目的;(3) 经济发展必须与环境保护相结合。这三方面的因素是密切相关的,它们构成了比较完整的可持续发展的概念。因此,可持续发展的核心包含了经济的持续性、生态的持续性和社会发展的持续性,这三者缺一不可。经济持续性,意味着在保护自然资源的前提下,使经济发展的利益达到最大化;生态持续性,意味着发展不能超越生态环境的更新能力;社会发展持续性,意味着发展要以提高人类的生活水平为最终目的,提倡在世界范围内公平利用资源,并在享受资源利益和承担保护环境费用之间体现公平原则,同时也包括在资源使用中的代际关系。

可持续发展的概念一经提出,立即受到国际社会的普遍关注。联合国还在1992年成立了可持续发展委员会,其主要目的是推动各会员国实现经济可持续发展的目标。一些国际条约都直接或间接地支持了可持续发展的战略思想。1992年《里约环境与发展宣言》在序言中把可持续发展列为协调环境与经济发展关系的原则,并明确指出,为了实现可持续发展,环境保护工作应是发展进程整体中的一个组成部分,不

---

① See Philiple Sands, Principles of International Environmental Law, Manchester University Press, 1995, p.198.

能脱离这一进程来考虑。1992年《生物多样性公约》《气候变化框架性公约》、1995年《世界贸易组织章程》等国际条约也都把可持续发展作为其宗旨之一。同时，许多国家都把可持续发展作为国内经济发展所必须考虑的因素。

（四）公有资源共享原则

公有资源共享原则，是指位于任何国家管辖范围以外的自然资源属于全人类，任何国家不能占为己有，各国均有权参与管理和保护，有权分享产生于这些自然资源的收益，同时各国也要承担义务，保护这些自然资源不被污染和滥用。目前的公有资源主要包括公海、国际海底区域、南北极与外层空间。这些区域和资源的地位都由相关的国际公约加以规定。

公有资源概念的提出是国际环境法发展的最新趋势，它将属于国家管辖范围以内但对世界其他地区都很重要的特定环境因素确认为人类共同利益。这是因为生物圈本身是一个统一整体，各种环境因素之间是相互联系、相互制约的。如果位于国家境内某些重要的环境因素是整个生物圈的组成部分，那么对这些环境因素的破坏就会危及整个生物圈的安全。所以，位于各国境内但成为全球生物圈的组成部分的环境因素对全人类至关重要，应视为人类共同财产加以保护，以达到有效保护全球环境的目的。

近年来，公有资源保护的范围还涉及人类的文化遗产。虽然这一法律观点在目前还不成熟，但已体现在国际实践和国际立法中。比较典型的是1972年联合国教科文组织制定的《保护世界文化和自然遗产公约》，该公约指出，文化和自然遗产是人类遗产的精华，它是一种财富，凡领土上有这种遗产的国家，在遗产的保护、保存和介绍方面既对本国国民也对国际社会负责。与此相关的另一项公约是1971年《关于特别是作为水禽栖息地的国际重要湿地公约》，该公约的序言指出，由于水禽在其季节性迁徙中会跨越国界，因而是一种国际资源，各国应在其领土内选择适当的湿地，并应将在生态学、植物学、动物学等方面具有国际意义的湿地列入名单。这两项公约得到了许多国家的支持，不少国家已将位于本国的自然和文化遗产、重要的湿地列入公约所规定的名单，承认它们是一种国际资源。尽管目前这两项公约都强调尊重国家主权，但在承认本国境内的某些环境因素为全人类的遗产和国际资源方面，有了重大的突破。

（五）共同而有区别的责任原则

共同而有区别的责任原则，是指由于地球生态系统的整体性和导致全球环境退化的各种不同因素，各国对保护全球环境负有共同的但是又有区别的责任。鉴于发达国家对全球环境施加的压力以及它们掌握的技术和财力资源，发达国家承认它们在追求可持续发展的国际事务中应承担主要责任。该原则正式确立于1992年里约环境与发展大会，主要体现在《里约环境与发展宣言》第七项原则中。联合国《气候变化框架公约》和《生物多样性公约》也纳入了这一原则。1997年《京都议定书》是该原则在实践中首次被严格适用。"共同而有区别"的概念充分体现了国际环境法的特点,它涉及调整国际社会既得利益和将来义务的分配,是指导国际环境立法的重要原则。

三、国际环境法的发展历程

(一) 国际环境法的形成阶段

从国际环境法的发展进程看,法律的制定和人类对环境保护的需求相关。最早的环境保护公约是保护自然资源的区域性公约,如1933年在伦敦签署的《保护自然状态中动植物的公约》。但从生态学角度看,保护环境的第一项国际公约是于1954年在伦敦签订的《防止海上油污国际公约》。

国际环境法全面形成阶段是从1972年联合国斯德哥尔摩人类环境会议开始的。当时,环境问题开始受到西方国家的高度重视,已经出现了一些国内或国际环境法规,但是没有专门的国际机构来协调各国的环境政策和合作,这种状况不能适应环境保护的需要,召开国际环保会议迫在眉睫。

1972年联合国斯德哥尔摩人类环境会议的前奏是1968年9月联合国教科文组织在巴黎召开的"合理使用与保护生物圈资源的政府间专家会议",会议指出:在人类过去的历史上,各国缺乏全面的环境管理政策,人类现在已经有能力也有责任决定和指导环境的未来,如果要取得进展,就必须在国内和国际与过去彻底决裂。[①]

1972年6月举行的联合国斯德哥尔摩人类环境会议是人类历史上第一次全球性的环境大会,共有114个国家及国际组织、非政府组织代表参加了会议,会议制定了《人类环境宣言》和《人类环境行动计划》。1972年斯德哥尔摩会议所通过的文件虽然不是具有法律约束力的条约,但它们指出了在环境方面存在的问题,唤起了人类的环保意识,同时也意味着国际社会已经开始用法律手段来实施对全球环境的保护。根据会议的精神,在1973年成立了联合国环境规划署,并以此为中心设立了联合国环境规划理事会、环境基金会,并建议将每年的6月5日定为"世界环境日"。同时,《人类环境宣言》的发表也大大推动了全球环境保护和国际环境法的发展。继宣言发表以后,各种地区性组织也提出了很多重要的法律文件和法律原则。国际实践也表明,《人类环境宣言》所确认的有关环境保护的原则已成为国际环境法的基础。一般认为,斯德哥尔摩会议是人类环境保护发展史上的第一座里程碑。

(二) 国际环境法的初步发展阶段

1972年斯德哥尔摩会议以后,国际环境法发展迅速,缔结了大量区域性和普遍性的环境公约,主要有:1971年《关于特别是作为水禽栖息地的国际重要湿地公约》、1973年《国际防止船舶造成污染公约》及其1978年议定书、1973年《世界文化自然遗产保护公约》《濒危野生动植物物种国际贸易公约》等。国际环境法的调整领域进一

[①] See Philiple Sands, Principles of International Environmental Law, Manchester University Press, 1995, p.34.

步扩大,涉及酸雨污染、臭氧层破坏、生物多样性等问题。

除环境公约以外,国际组织通过的决议对国际环境法的发展也起到了推动作用。其中,联合国环境规划署在1981年发布的《蒙得维的亚规划》和联合国大会于1980年发表的《世界自然资源保护大纲》尤为重要。《蒙得维的亚规划》确定了国际环境法的发展规划,把法律作为环境政策的基本组成部分。规划认为,必须在三方面制定指导原则或协定,即海洋陆源污染、臭氧层的保护及有毒危险废物的越境转移。该规划还确定了实现环境政策目标和战略的八大议题,分别是:环境紧急情况下的国际合作、海岸带管理、土壤保持、越境空气污染、潜在有毒化学品的国际贸易、河流和其他水域的污染、污染损害的预防及补救的法律制度和行政制度以及环境影响评估。制定《世界自然资源保护大纲》的目的是促使各国通过对生物资源的保护,促进对生物资源的可持续发展。该保护大纲强调各国应加强国内立法,同时应尽快签订国际协定,以达到保护自然资源的目的。《世界自然资源保护大纲》虽然没有强制执行的性质,但它是一项知识性的纲领,是全球自然资源保护的行动指南,为未来国际环境法的发展确定了目标。

1982年5月,国际社会为了检验斯德哥尔摩会议的成果,决定在肯尼亚首都内罗毕举行纪念斯德哥尔摩人类环境会议十周年大会,会上通过了人类第二项环境宣言,即《内罗毕全球环境状况宣言》。该宣言肯定了十年来各国为了执行1972年《人类环境宣言》及《人类环境行动计划》所采取的措施及取得的成绩,这主要表现在:在国际上,缔结了一些有关环境保护的国际条约,并成立了除联合国环境规划署以外的一些政府和非政府环境组织,提出了解决环境新问题的建议。在国内,许多国家都制定了环境保护法规,加大了对环境保护的宣传和研究。但《内罗毕全球环境状况宣言》也指出,由于公众对环境保护的长远利益缺乏足够的预见和理解,且由于资源的短缺,1972年《人类环境行动计划》没有得到完善的执行,许多环境问题依然很严重,一些方面甚至日趋恶化,如滥伐森林、土壤和水质的恶化、大气层的污染等一系列问题,它们严重威胁着人类赖以生存的环境。因此,《内罗毕全球环境状况宣言》在肯定了1972年《人类环境宣言》的基础上,又提出了解决现存环境问题的建议。

1972年斯德哥尔摩会议以后,国际环境法有了较大的发展。这主要表现在以下三个方面:第一,制定了许多区域性的和普遍性的规则,如污染者付费原则、环境评估制度、事先通知原则,其目的是保证在国家管辖内的活动不损害到他国的环境;第二,1972年斯德哥尔摩会议制定的《人类环境宣言》所确立的26条原则已获得国际社会的普遍认可;第三,国际环境法的调整领域进一步扩大,通过了一些重要的普遍性环境公约,如1973年《濒危野生动植物物种贸易国际公约》、1985年《保护臭氧层维也纳公约》及议定书、1989年《控制危险废物越境转移及其处置巴塞尔公约》等。在这些公约的制定过程中,国际环境组织和区域性组织起了很大的作用。同时,发展中国家也开始参与环境立法,并开始重视环境问题。因此,这一阶段可以称作是国际环境法的初步发展时期。

(三) 国际环境法的深入发展阶段

1983年,联合国大会成立了"世界环境与发展委员会",并在1987年发表了著名的报告《我们共同的未来》。该报告以可持续发展为基本纲领,以丰富的资料论述了世界所面临的环境与发展问题。同时,该委员会建议联合国在1992年召开人类环境与发展会议。

经过长时期的准备,1992年在里约热内卢召开了联合国人类环境与发展大会,这次大会共有183个国家的代表团和联合国及其下属机构等70个国际组织的代表参加,会上通过了《里约环境与发展宣言》《21世纪行动议程》,签订了《气候变化框架公约》《生物多样性公约》《关于森林问题的原则声明》。

《里约环境与发展宣言》提出了27项原则,从地球的整体性和相互依存性出发,强调应以持续发展为中心,认为和平、发展和环境保护是相互依存和不可分割的,为了实现可持续发展的目标,环境保护应是发展进程整体的组成部分,不能脱离这一进程来考虑经济的发展,发展中国家特别是最不发达国家和在环境方面易受损害的发展中国家的特殊需要应予以优先的考虑。同时,该宣言也提出了许多处理贸易与环境关系的原则。该宣言实际上是重申了1972年《人类环境宣言》所确定的原则,并在此基础上加以发展。

《21世纪行动议程》由一个引言和40章组成,该议程的基本思想是:人类正处于历史的抉择关头,若维持现行政策,我们赖以生存的地球的生态系统就会恶化,所以必须改变政策,包括重新认识人类活动对环境的影响。而要做到这一点,世界各国必须联合起来,以求得持续发展。

《关于森林问题的原则声明》尽管是没有法律约束力的文件,但它比较照顾发展中国家的权利。

《气候变化框架公约》和《生物多样性公约》是两项重要的环境公约,虽然仅是框架性的规定,但是它们表达了国际社会对大气变化和生物多样性这两个重要环境问题的法律观点,为今后进一步的法律行动奠定了基础。

与1972年斯德哥尔摩会议相比,1992年的里约环境与发展大会有这样几个特点:第一,里约大会是在全球环境问题日益恶化,经济发展问题十分突出的情况下召开的,这种客观情况促使发展中国家开始响应发达国家治理环境问题的号召,全球对环境问题的认识趋向一致,这种基于共同利害关系的责任感和合作精神,是解决全球环境问题的前提条件。第二,首次把环境问题和经济与社会发展联系起来,从而不仅扩展了对环境问题的认识深度和广度,而且把环境问题与经济发展结合起来研究,找到了解决环境问题的正确道路。第三,首次提出了"共同但有区别"的责任原则,明确指出造成环境问题的主要责任者是工业发达国家,发展中国家面临的一些环境问题也与发达国家长期掠夺和廉价收买资源有关,因此,发达国家有义务承担更多的环境治理费用。

1992年里约大会是人类历史上最重要的一次环境与发展大会,它指出了国际环境法的发展目标。在1992年里约大会以后,国际环境法在全球发展迅速,并把环境问题和发展问题紧密相连,从而使国际环境法的发展跃上一个新台阶。所以,1992年里约环境与发展大会是环境发展史上的第二座里程碑。

四、环境与贸易的关系

环境与贸易的关系包括两方面:一方面,环境的自然要素是贸易的基础;另一方面,贸易也改变了环境。从可持续发展的角度分析,自由贸易属于"需要"的范畴,环境保护属于"限制"的范畴,片面强调任何一方都将有悖于可持续发展的宗旨。规范的自由贸易必然促进社会福利和经济发展水平的提高,而不加限制的贸易自由化将会导致环境问题的产生并在国家之间蔓延。

(一) 贸易自由化对环境保护的影响

从理论上看,贸易自由化和环境保护实际上代表着两种对立的价值观。提倡贸易自由的观点认为,世界经济的改善应依赖于个人财富的增加,而增加个人财富的最佳途径是允许个人按照他自己的选择追求其生活方式和人生目标。也就是说,贸易自由实际上是强调个人利益的最大化。与此不同的是,环境保护的目标是维持整个人类赖以生存的生态系统,它所强调的是整个人类的共同利益,因此现代环境立法的价值观和理念的基础是"生态利益中心主义"和"生态利益优先"。

贸易自由化是否会导致环境恶化?对此,自由贸易主义者和环境保护主义者持有不同的观点。自由贸易主义者认为,自由贸易有助于实现环境资源的最优配置,从而保证生产活动能够按照最有效的方式进行。自由贸易不仅有助于克服一个国家所面临的资源对经济增长潜力的限制,而且还有助于增加有利于环保的洁净产品、服务和技术的交换。另外,贸易自由化还有利于消除那些扭曲贸易的政策措施如补贴和税收等,所以自由贸易对环境是有利的。而环境保护主义者却认为,环境问题通常是在现代社会生产产品的过程中产生的,在自由贸易法律体制下,生产加工方式几乎不加以考虑,只有某个产品的最终产品特性属于考虑范围;而且自由贸易所带来的经济活动的增加会导致大气污染、增加对非再生资源的使用、过多地消耗可再生资源等环境问题。在国家之间环境标准存在差异的情况下,自由贸易会赋予环境标准较低的国家以竞争优势,其结果就会在这些国家中出现"污染庇护所"和各国竞相降低环境标准的现象,从而对环境产生不利的影响。①

经济学家则认为,贸易与环境之间是一种复杂的关系,贸易与环境之间似乎并不存在必然的冲突,两者的目标都是合理有效地分配和利用资源。在一定条件下,贸易对环境的影响有赖于三种效应,即与产品和劳务商业交换相关的产品效应、与生产和

---

① See Benedict Kingsbury, Environment and Trade: The GATT/WTO Regime in the International Legal System, in A. E. Boyle (ed.), Environmental Regulation and Economic Growth, Clarendon Press, 1994, pp. 192—199.

消费活动分布的强度有关的结构效应及与市场和经济活动扩张相关的规模效应。①从经济学角度考虑，在大多数领域很难认为贸易对环境有直接的负面影响，这是因为影响环境的因素是多方面的。通常而言，贸易不是导致环境问题恶化的根本原因，造成环境问题的根本原因是市场和政策的调节失误，当市场和政策调节失误时，国际贸易就会对环境产生间接的影响。② 市场失误表现为市场不能正确反映环境的价值，从而出现了环境成本外部化的问题，即产品消费的环境成本由他人来承担，而且又未通过市场得到补偿。当政府政策的调节没能纠正市场失灵时，就出现了政策调节的失误。这种失误主要表现在没能制定可有效控制环境污染和规范资源利用的环境政策上，从而对环境产生负面影响。

尽管很难估计国际贸易对环境的确切影响，但环境问题通常是由于现代社会生产产品的过程所引起的。因此，目前国际上普遍承认，如果环境没有得到同等的重视，那么从发展中获得的利益也是不可持续的。

(二) 环境对自由贸易的影响

从理论上分析，环境对贸易的影响主要有两个方面：

首先，环境是国际贸易能够正常进行的基础和必要条件，这主要体现为以下几点：(1) 自然环境是贸易正常进行的基础。自然环境为贸易提供了丰富的资源和能源，人类对资源进行加工获得各种生产资料和消费资料。同时，贸易的迅速发展也促使自然资源得到充分配置和利用，使资源获得最大的经济效益和社会效益。(2) 不同地区的环境差异导致各国比较利益和国际分工的差异，也影响了各国贸易的内容、规模和结构。各国贸易发展的广度和深度不同，又影响到各国环境资源的开发和环境保护的差异。(3) 环境政策的制定影响国际贸易的内容和方式。各国为保护本国的自然环境，保证经济的持续和稳定发展，都会制定许多环保政策，而这些环保政策又改变和调整着国际贸易的内容和方式，即在贸易理论和实践中，各国都需要考虑环境的承受力和对环境的保护。

其次，环境保护政策也影响着自由贸易体制。自由贸易政策的目标是消除贸易障碍，它要求减少政府的干预和管制，实现贸易的彻底自由化和全球化。而环境保护政策的目标是防止自由贸易对环境的负面影响，为实现保护环境的目的，它强调在一定程度上政府对自由贸易的强制干预。在缺乏一个全球性的环境保护和自由贸易的协调政策时，这两者之间就会产生矛盾。同时，经济发展的不平衡造成发达国家和发展中国家在许多领域的观点不一致，也加剧了这种矛盾。因此，尽管都是政府决策者、企业界人士和环境保护主义者，但因代表的国家不同，他们对环境保护和自由贸易的观点和主张也会有很大的不同。

在实践中，环境保护对贸易的影响则反映在下列几个方面：(1) 各国通过本国的

---

① 经济合作与发展组织：《贸易的环境影响》，丁德宇等译，中国环境科学出版社1996年版，第8页。
② See Benedict Kingsbury, Environment and Trade: The GATT/WTO Regime in the International Legal System, in A. E. Boyle (ed.), Environmental Regulation and Economic Growth, Clarendon Press, 1994, p.193.

环境法规及所参加的国际环境公约制定相应的环境保护措施和标准,这在某种程度上会对贸易有一定的限制性影响。(2)政府对环境保护提供财政资助或其他方面的支持,以鼓励产品的出口。而进口国认为这类"绿色补贴"违背国际贸易法则,并以此限制这类产品的进入。(3)由于各国环境标准存在着很大的差异,因此,一些高环境标准的国家有意识地将一些污染产业转移出去,而一些发展中国家为发展经济,积极制定外资优惠政策以吸引外国投资者,并不十分注意对环境污染的预防,这就在国际上形成了污染转嫁的市场,一些国家或地区的环境由于这种污染投资而加剧恶化。(4)由于发展中国家的环境标准和发达国家有一定的距离,其工业发展的环境成本相对较低,所以其产品与其他类似的高环境标准的产品相比,就有一定的价格优势。因此,一些国家就提出了环境倾销问题,主张将环境成本优势视为"补贴",并在优势产品对本国工业造成重大损害或产生重大威胁时,对之征收反补贴税,或当环境成本优势体现为较低的出口价格,并对本国工业造成威胁时,征收反倾销税,以抵消这些进口产品的成本优势。

(三) 与贸易有关的环境措施和多边贸易规则的冲突

在法律上,贸易与环境的关系表现为规则的冲突。在以推动自由贸易为宗旨的世界贸易组织内,这种冲突通常体现为成员国采取限制贸易的环境措施而直接导致争端。这种与贸易有关的环境措施在实践中大致可分为两类:一类是基于国内立法的单边环境措施;另一类是基于多边环境协定的环境措施。

作为世界贸易组织(WTO)的前身,1947年的关贸总协定(GATT)并没有预见贸易与环境之间可能发生的冲突,也没有特别涉及环境保护议题,一般认为和环境保护最有关联的条款是GATT第20条"一般例外"中的b款和g款。GATT关注环境与贸易关系的问题开始于1971年,当时GATT为在斯德哥尔摩召开的联合国第一次环境与发展大会起草了一项关于"工业污染控制与国际贸易"的研究报告,首次就环境与贸易关系问题作了探讨。同年11月还成立了"环境措施与国际贸易工作组",但一直没有进行实质性的活动。

1991年发生美国和墨西哥金枪鱼案以后,GATT对环境与贸易关系问题的立场发生了变化。1994年《世界贸易组织马拉喀什协定》正式将环境保护、稀有资源保护和可持续发展列入世界贸易组织的目标,并且成立了"贸易与环境委员会",对贸易与环境的关系在WTO法律框架内进行专门研究。同时,WTO法律框架内的其他一些条约也在不同程度上涉及环境保护,其中《贸易技术壁垒协议》和《卫生与动植物检疫措施协议》与环境保护的关系最为密切。

2001年11月9日至14日,WTO第四次部长级会议在卡塔尔首都多哈举行,会议决定启动包括贸易与环境关系议题的新一轮多边回合谈判。尽管由于诸多因素,目前尚未对此达成一致协议。但是,自由贸易体制要想真正实现其目标,就应该承认它所推动的经济增长对环境的影响,以达到可持续发展的目的。

第二节 海洋污染控制的法律制度

海洋约占地球表面积的70%,是一个完整而巨大的生态系统。从1609年著名荷兰法学家格劳秀斯的《海洋自由论》一书发表以来,海洋自由一直是海洋法中的一项基本原则。海洋被认为是取之不尽、用之不竭的人类宝藏。然而,随着工农业的迅速发展和人口的膨胀,大量有毒、有害物质被倾倒进海洋且超过海洋自身的净化能力,严重污染了海洋的生物资源,人类开始认识到海洋也需要保护。从20世纪50年代起,国际社会开始重视海洋污染问题,有关的国际立法也迅速发展起来。

一、关于海洋污染控制的条约体系

海洋污染控制的条约体系包括两方面:第一,有关海洋环境保护的普遍性条约,主要是1982年《联合国海洋法公约》以及针对特定类型的海洋污染问题的公约;第二,区域性海洋环境保护公约,包括联合国环境规划署主持制定的区域性环境保护公约。

(一) 有关海洋污染控制的普遍性条约

1982年《联合国海洋法公约》是有关海洋法律问题的一项最重要的综合性公约。它通过第12部分"海洋环境的保护和保全"的规定,为各国利用和保护海洋资源的行为确立了必要的国际法义务,同时也为保护海洋环境提供了基本的法律原则和制度。

除1982年《联合国海洋法公约》外,国际社会还制定了一些关于海洋污染控制的普遍性条约,如1972年《防止因倾倒废物及其他物质污染海洋的公约》、1973年《国际防止船舶造成污染公约》及其1978年议定书、1969年《对公海上发生油污事故进行干预的国际公约》、1973年《关于油类以外物质造成污染时在公海上进行干预的议定书》、1989年《国际打捞公约》和1990年《关于石油污染的准备、反应和合作的伦敦国际公约》。

(二) 有关海洋环境保护的区域性条约

联合国环境规划署的区域性海洋环境项目开始于1975年2月制定的《地中海行动计划》,该计划为其他地区规划的制订提供了样板。按照该计划,地中海沿岸国在1976年签订了一系列有关保护地中海海洋环境的公约和议定书。1976年11月,联合国环境规划署成立了区域海洋法律工作组,1978年联合国环境规划署理事会批准了区域海洋环境项目,现已成为联合国环境规划署海洋和沿海地区项目活动中心的组成部分。除联合国环境规划署主持制定的区域性海洋环境保护条约外，其他区域性海洋环境保护条约主要有：东北大西洋和北海区域的沿海国在1972年签订的《防止船舶和飞机倾倒废物污染海洋公约》、1974年签订的《防止陆源海洋污染公约》、1983年签订的《关于对付北海石油和其他有害物质污染的合作协定》和1974年波罗的海沿岸国签订的《保护波罗的海区域海洋环境公约》等。

二、防止船舶污染

船舶污染（Pollution from Vessels），是指在海上航行和进行运输的船舶故意或由于疏忽而直接向海洋排放油类或其他有害物质所造成的污染。船舶污染一般有两种情形：一是船舶在正常航行操作过程中因排放各种工作污水（如轮机冷却水、压舱水、洗舱水、生活污水等）、船舶垃圾以及其他有害物质所造成的污染；二是船舶在航行中因疏忽造成的船舶事故（特别是油轮失事）而引起的严重污染。因此，关于防止船舶污染的法律制度包含了防止船舶在正常操作中污染和防止船舶事故污染两方面的规则。

（一）防止船舶在正常操作中污染的规则

第二次世界大战后，随着国际海运事业的迅猛发展，船舶（尤其是油轮）在航行操作过程中因排放油污及其他船舶污水、污物而形成的海洋污染问题日益严重。针对这样的局面，国际社会为控制这类形式的海洋污染，先后制定了一系列国际条约，其中最主要的有《防止海上油污国际公约》《国际防止船舶造成污染公约》及《经1978年议定书修正的〈1973年国际防止船舶造成污染国际公约〉》。

《防止海上油污国际公约》（以下简称《1954年油污公约》）是1954年在伦敦召开的防止海洋石油污染国际会议上签订的一项条约，于1958年正式生效。该公约的主要内容有：(1) 设立禁排区。公约规定，在沿岸设立50海里的油类和油性混合物的禁排区，特殊区域的禁排区可以扩大至100—150海里，禁止油轮在禁排区内排放油类或油性混合物，非油轮则应在离岸12海里之外排放。该公约经几次修订后，在1969年将禁排区扩大到所有海域。(2) 确立了船舶排放油污制度。1962年公约修正协议规定，船舶排放物的含油量不得超过100ppm（即百万分之一百）。(3) 对缔约国的特别要求。公约规定，缔约国必须改进其船舶上的盛油装置，并建立接纳压舱水、洗舱水的设施。

《1954年油污公约》是防止海洋污染的第一项国际条约，具有标志性的意义，但该公约也有自身的不足，即它仅限制船舶在航行操作过程中的排油类和油性混合物的行为，并没有限制船舶的其他排污行为。为弥补此缺陷，国际社会又制定了《国际防止船舶造成污染公约》。

《国际防止船舶造成污染公约》（以下简称《1973年防污公约》）于1973年在伦敦签订，1982年正式生效。《1973年防污公约》可分为两大部分：

第一部分是正文,由二十项条款和两项议定书组成。"议定书一"是以公约第8条为基础而作出的关于有害物质事故报告的规定。"议定书二"是按公约第10条的要求而规定的仲裁程序。

第二部分由五项附件组成。"附件一"于1983年10月生效,规定了防止油污污染的规则;"附件二"于1987年4月生效,规定了控制散装有毒液体物质污染的规则;"附件三"于1992年7月生效,规定了海上以包装形式,或容器装纳的、轻便油箱或汽车以及火车轮渡中的有害物质的污染控制规则;"附件四"还未生效,规定了防止船舶生活污水造成污染的规则;"附件五"于1988年12月生效,规定了防止船舶垃圾造成污染的规则。

《1973年防污公约》是在《1954年油污公约》的基础上制定的,许多基本原则和规定都相类似,但它们还是有两点明显的区别:(1)《1954年油污公约》只控制船舶的油类和油性混合物的排放行为,而《1973年防污公约》则将其控制范围扩展至船舶的其他污物;(2)《1973年防污公约》对船舶排放物的含油量规定了更为严格的标准,规定在特别区域排放物的含油量不得超过15ppm(即百万分之十五),显然要比《1954年油污公约》严格得多。

1978年,国际海事组织对《1973年防污公约》进行了修改,通过了《关于1973年国际防止船舶造成污染公约的1978年议定书》。根据该议定书,《1973年防污公约》和1978年议定书的各项规定应作为一个整体文件来理解和解释,参加1978年议定书就意味着同时接受《1973年防污公约》及附件一和附件二。因此,通常将1973年公约和1978年议定书合称为《73/78防污公约》。

《73/78防污公约》是有关防止船舶污染方面最全面的国际条约,它的制定标志着船舶污染控制法律制度的成熟。此外,1982年《联合国海洋法公约》也对船舶引起的海洋污染问题规定了基本法律框架,明确规定了不同类型的国家,如船旗国、港口国和沿海国在控制海洋船舶污染的立法和执行方面的权利和义务。

1995年9月,国际海事组织海上环境保护委员会第37届会议通过了关于《经1978年议定书修正的〈1973年国际防止船舶造成污染公约〉》(73/78防污公约)附则V的修正案,对《73/78防污公约》第2条进行了修改,并新增第9条"公告标牌、垃圾管理计划和垃圾记录"的内容。

(二) 船舶油污事故及其干预和赔偿制度

1967年,"托利·堪庸号"油轮事故的发生促使世界各国注意沿海国对公海上的船舶采取预防措施,1969年政府间的海事协商组织(现为国际海事组织)举行了关于海洋污染损害的国际法会议。会议通过了两项公约,即《国际干预公海油污事件国际公约》(以下简称《干预公约》)和《国际油污损害民事责任公约》(以下简称《责任公约》),前者主要涉及在公海上发生油污事故时国家干预的权力,后者主要涉及在海上发生油污事故引起的污染损害的赔偿问题。

《干预公约》签订于1969年,于1975年5月6日正式生效。公约规定,缔约国可以在公海上采取必要措施,防止、减轻或消除由于海上事故或同事故有关的行为所产生的海上油污或油污威胁对它们的海岸线或有关利益的严重和紧迫的危险。沿岸国在采取上述措施之前,应同受到海上事故影响的其他国家,特别是船旗国进行协商,并将拟采取的措施通知它所知道的将会受该措施影响的自然人或法人并考虑他们所提出的意见。

自《干预公约》制定以后,国际社会又针对海洋石油污染事故的预防和控制制定了若干项公约和议定书,其中主要有1973年《关于油类以外物质造成污染时在公海上进行干预的议定书》(以下简称《公海油污干预公约》)、1989年《国际救援公约》、1990年《关于石油污染的准备、反应和合作的国际公约》以及一些关于海洋污染事故的区域性公约和议定书。

《责任公约》签订于1969年,自1975年6月19日起正式生效。公约主要包括下列内容:(1)明确了船舶所有人的责任。公约规定,一旦事故发生,船舶所有人应对事故所造成的污染负责,但如损害是因战争、敌对行动或不可抗力引起,则船舶所有人可以免除责任。(2)规定了责任限额。公约规定,船舶所有人的责任限额是,按船舶吨位计算,每吨2000法郎,赔偿总额不超过21 000万法郎。如果事故是由船舶所有人的过失或暗中参与造成的,则无权采用此责任限额。①

有关油污赔偿的公约除1969年的《责任公约》外,1971年海事协商组织又制定了《国家油污损害赔偿基金公约》(以下简称《基金公约》),对《责任公约》进行补充。这些公约构成了现行油污赔偿的国际制度。

《责任公约》和《基金公约》分别在1976年、1984年和1992年进行了三次修改,其中1984年议定书对两公约作了较大的修改。主要表现在:第一,扩大了赔偿的地域范围,将油污损害的赔偿范围扩大到沿海国200海里专属经济区;第二,对"油污损害"的定义作了修改,规定油污损害除了经济损失外,还包括恢复海洋环境的费用,即环境损害的费用,但同时将对环境损害的赔偿限定在已实际采取或将要采取的合理复原措施的费用范围内;第三,将赔偿额的计算单位改为国际货币基金组织的特别提款权计算单位,并增加了赔偿额度。

三、防止海洋倾倒和陆源污染

(一)控制海洋倾倒的法律制度

控制海洋倾倒(Pollution by Dumping)的国际制度最早仅限于北大西洋和北冰洋的倾倒问题。1972年初,在挪威政府的倡导下,西班牙、葡萄牙及北海沿岸各国和斯堪的纳维亚国家签订了《防止船舶和飞机倾倒造成的海洋污染公约》(以下简称《奥斯陆倾倒公约》),同时有关的国际立法也在展开,主要有:1982年《联合国海洋法公

---

① 参见端木正主编:《国际法》,北京大学出版社2002年版,第253页。

约》、1972年《防止因倾倒废物及其他物质污染海洋的公约》(以下简称《伦敦倾倒公约》)、1992年《保护东北大西洋海洋环境公约》以及联合国环境规划署主持制定的区域性海洋环境保护公约的有关规定和议定书。

1982年《联合国海洋法公约》和1972年《伦敦倾倒公约》及其1996年议定书是关于海洋倾倒问题的普遍性公约,这两项公约规定的主要内容如下:

1. "倾倒"定义

《伦敦倾倒公约》适用于除各国内水以外的所有海域,其目标是控制在海上处理工业废物。公约将它所要控制的"倾倒"定义为:"任何从船舶、飞机、平台或其他海上人工构造物上有意在海上倾弃废物及其他物质的行为"和"任何有意在海上弃置船舶、飞机、平台及其海上人工构造物的行为"。《联合国海洋法公约》则规定,倾倒是指陆地上的废弃物或其他物质经运载工具(包括飞机、船舶、平台或其他人造设施)故意地处置于海洋中的一种行为。

2. 倾倒物质

《伦敦倾倒公约》规定把倾倒物质分为三类:第一类是毒害最大的废物("黑名单"),禁止倾倒;第二类是毒害较大的废物("灰名单"),应事先获得有关部门的特许才可倾倒;第三类是其他废物,只须获得一般批准就可倾倒。

为了与《伦敦倾倒公约》的规定相一致,1982年《联合国海洋法公约》规定各国应为防止、减少和控制倾倒对海洋环境造成污染而制定法律和规章,应建立普遍性和区域性规则、标准和建议的办法;未经沿海国明示同意,不能在其领海、专属经济区、大陆架上倾倒,沿海国经与可能受影响的其他国家协商后可批准倾倒。

《伦敦倾倒公约》的缔约国在1978年通过了《关于防止和控制焚烧废弃物和其他物质污染的修正案》,该修正案规定了附件一中禁止倾倒的某些剧毒物质,均可利用焚烧方法处理废弃物,但没有涉及焚烧时对大气层带来的影响。

《伦敦倾倒公约》所确立的制度对其他类似条约的制定产生了很大影响,如联合国环境规划署主持制定的区域性管制海域倾倒的议定书都采用了和《伦敦倾倒公约》基本相同的管制方法,这些议定书是:1976年《保护地中海免受污染公约》中的《防止船舶和飞机造成污染的议定书》、1986年的《保护南太平洋倾倒废弃物污染议定书》及1981年《保护东南太平洋免受放射性污染的议定书》。

(二) 控制陆源污染的法律制度

陆源污染(Pollution from Land-based Sources)是海洋污染的重要来源,它主要是指通过下列途径造成的海洋污染:经由入海河流和入海排污管道;经沿海工业企业;经沿海农田、油田和海港。

关于陆源污染的条约及议定书主要有:1982年《联合国海洋法公约》、1974年《防止陆源海洋污染公约》、1992年《保护东北大西洋海洋环境公约》,以及联合国环境规划署主持签订的区域性海洋环境保护公约的有关议定书和规定。

上述公约和议定书中,1974年《防止陆源海洋污染公约》是国际社会第一项关于防止陆源海洋污染的公约,它虽然是一项区域性公约,但它规定的控制陆源污染的基本制度为其他类似公约和议定书的制定提供了模式。该公约的基本内容包括:

其一,"陆源污染"的定义。公约规定,"陆源污染"是指通过下列途径造成的污染:(1)经水道;(2)来自海岸,包括通过水下管道或其他管道;(3)来自设置在本公约所适用的区域内并受某一缔约国管辖的人工建筑;(4)通过从陆地或从公约所界定的人工建筑散发到大气层。各缔约国有义务采取措施,减少上述途径所带来的污染。

其二,建立许可证制度。

其三,公约的规定不妨碍各国根据实际情况,为防止海洋陆源污染而采取更为严格的措施。

其四,公约规定各缔约国应指定主管当局,在其管辖范围内进行长期污染监测,并通过国际组织或主管区域组织,和其他国家合作研究并制定共同的监测方法。公约还设立了缔约国委员会以监督公约的履行情况。

联合国环境规划署主持制定的区域性海洋环境保护条约中涉及陆源污染的议定书有:1980年《保护地中海免受陆源污染议定书》、1983年《保护东南太平洋免受陆源污染议定书》和1990年《科威特陆源污染议定书》。

除上述条约和议定书外,1985年联合国环境规划署制定的《保护海洋环境免受陆源污染的蒙特利尔准则》也是非常重要的国际文件,该准则的目的是协助各国政府制定适当的双边、多边协定以及国内立法来保护海洋环境免受陆源污染的影响。

第三节　空间环境的法律制度

防止地球大气环境的恶化一直是国际社会关注的焦点。为此,各国不仅制定了相应的国内法,而且在区域和全球两个层面上,着重就防止气候变化、保护臭氧层、防止酸雨等方面展开合作,并签署了一些重要的国际公约。

一、控制远距离越界大气污染

联合国欧洲经济委员会签署的《远距离越界大气污染公约》是世界上第一项关于大气污染,特别是远距离越界大气污染的区域性公约,同时也是第一项涉及欧洲国家和北美部分国家的多边环境公约。该公约于1979年11月13日在日内瓦签署,1983年3月16日生效。

公约的主要内容有:(1)控制和预防原则,即规定缔约国应尽量减少和预防包括越界大气污染在内的大气污染,研究和发展减少有关污染物的技术并进行交换;(2)大气质量管理制度;(3)情报交换制度;(4)协商原则,即在有可能造成远距离越界大气污染的情况下,受影响国同污染源国及早进行协商。

该公约的制定为国际合作控制远距离越界大气污染奠定了法律基础。1987年《减少硫排放量或其越界流量的议定书》及1988年《1979年远距离越界大气污染公约关于控制氮化物排放量或其越界流量的议定书》,既是对该公约的弥补,也是该公约自身的发展。

二、保护臭氧层

早在1976年,美国的环保团体已经呼吁全面禁止使用氟氯化碳类有害物质。1978年,美国政府决定禁止将氟氯化碳用于喷射剂原料。随后欧共体、日本、加拿大等国纷纷效仿,掀起了一场世界范围内的保护臭氧层运动。

(一)《保护臭氧层维也纳公约》

1977年3月,联合国环境规划署在华盛顿召开了由32个国家及政府间国家组织和非政府间组织指派的专家会议,并制定了"臭氧层世界工作计划"。该计划的内容包括监测臭氧和太阳辐射,评价臭氧层对人类健康的影响、对生态系统和气候的影响,以及发展用于评价控制措施的费用及益处的方法等,并要求联合国环境规划署建立一个臭氧层问题的协调委员会。这是国际社会第一项有关保护臭氧层的国际文件。

1980年,协调委员会提出对潜在的臭氧耗损进行评价,这些评价表明,臭氧耗损的确严重威胁人类和地球的生态系统。1981年,联合国环境规划署理事会建立了一个工作小组,专门筹备起草保护臭氧层的普遍性公约。经过多年努力,终于在1985年召开了维也纳臭氧层保护大会,通过了《保护臭氧层维也纳公约》(包括两项附件),会上还通过了《结构和财政安排的决议》和《关于CFC的议定书》。公约于1988年9月生效。其核心内容是缔约国采用适当的立法或行政措施,并协调有关政策进行国际合作,以控制、限制、减少或阻止在其管辖范围内或控制下的人群的活动对臭氧层的改变或可能改变而产生的或可能产生的不利影响。

(二)《关于消耗臭氧层物质的蒙特利尔议定书》

由于《保护臭氧层维也纳公约》只规定了保护臭氧层的一般原则,并没有涉及具体的削减义务,因此,1987年9月,由联合国环境规划署发起的在蒙特利尔召开的公约成员国大会上,又通过了《关于消耗臭氧层物质的蒙特利尔议定书》(以下简称1987年《蒙特利尔议定书》),并于1989年1月生效。该议定书包括序言、二十项条款的正文和一项附件。其目的是通过全球行动,限制使用包括氟氯烃在内的消耗臭氧层的有害物质,控制措施是对附件A所列的有关控制物质的年生产量和消费量逐步限制。

迄今,1987年《蒙特利尔议定书》已经过四次修改,它们是:1990年伦敦修正案、1992年哥本哈根修正案、1997年蒙特利尔修正案、1999年北京修正案。

1990年伦敦修正案于1992年8月生效。从该修正案看,控制物质从原来的2类8种增加到5类20种,而且规定发达国家对受控物质除甲基氯仿一种可延长到2005年外,其他全部要在2001年1月1日前停止消费。该修正案比较注意发展中国家的利益,主要表现在建立国际基金和技术转让方面。

1992年哥本哈根修正案于1994年6月生效,主要内容是修正、调整受控物质的停止生产和消费的时间,除氟氯烃外,其他受控物质停止使用的年限提前到了1996年,由于发展中国家的坚持,对发展中国家的10年的宽限期不变,并且根据有效的执行财务合作与技术转让的情况,再最后确定具体削减时间表。目前,所有发达国家已经停止了CFCs(氟氯碳类)工业化学品的生产。此外,1992年哥本哈根会议还正式启动了"不遵守"程序。1987年《蒙特利尔议定书》第8条要求制定一项用来断定对议定书的不遵守情形及关于如何对待不遵守的缔约方的程序和机制,这项程序被称为"不遵守程序"。该程序规定,如果一个或多个缔约方对另一缔约方的履约情况持有保留意见,可向公约秘书处以书面形式提出,并附有证明材料。秘书处在收到书面意见两周内将该意见副本提交给被质疑的缔约方,被质疑的缔约方须在收到意见副本的3个月内或有关具体案件所需要的更长时间内将回复意见提交秘书处。秘书处将意见书及对意见书的回复和所有的证明材料提交给公约的实施委员会。实施委员会应尽快讨论,并有权针对不遵守情势提出下列建议:提供适当援助,包括收集和报告数据、技术援助、资金援助和技术转让;发布警告;根据有关国际法的规定,中止缔约方依议定书所享有的特权和权利。

1997年蒙特利尔修正案于1999年11月生效,该修正案没有提出新的控制物质,但提出了对受控物质的许可证贸易制度。

1999年北京修正案于2002年2月生效,该修正案就与非成员国进行受控物质的贸易提出了限制,并将溴氯甲烷纳入受控物质的范围。

1987年《蒙特利尔议定书》及其修正案开创了在环境保护方面进行国际合作的新途径,对保护臭氧层免受人类活动的破坏提供了有效的法律机制。

三、防止气候变化

气候变化问题受到国际社会的重视始于1979年。在1979年召开的第一届世界气候大会上,以气候变暖为主要特征的气候变化受到各国政府代表及科学家的关注,大会呼吁各国要研究造成气候变化的因素。1988年,联合国环境规划署和世界气象组织共同成立了名为"政府间气候变化专家组"(以下简称"IPCC")的机构。该机构的主要任务是评价关于气候变化的原因,审查气候变化对环境、经济和社会的影响,拟制关于气候变化的对策和战略。该机构还成立了三个工作组,即科学工作组、影响工作组和反应战略工作组,同时还设立了关于向发展中国家提供财政和技术援助的专门委员会。1990年12月,联合国成立了关于气候变化框架公约的政府间谈判委员会,至1991年2月,该委员会共举行了5次谈判,终于在1992年5月达成气候变化框架公约草案。1992年6月,《气候变化框架公约》在联合国环境与发展大会上开放签字,公约于1994年3月生效。

该公约的目标是通过缔约方会议可能通过的各项法律文件,根据本公约的各项有关规定,稳定《保护臭氧层维也纳公约》及议定书中没有规定到的其他温室气体浓度,主要是使二氧化碳、甲烷、氧化亚氮的气体保持在不会危险地干扰全球气候系统的水平,这一水平应当是足以使生态系统能够自然适应气候变化、确保粮食生产免受威胁并使经济发展能够在可持续地进行的时间范围内实现。

1992年《气候变化框架公约》仅是一项框架公约,还未就实际问题,如资金和技术的转让、减少温室气体、发达国家的限量目标等问题作出具体规定。为了21世纪的地球免受气候变暖的威胁,1997年12月,149个国家和地区的代表在日本东京召开了《气候变化框架公约》缔约方第三次会议,经过紧张而艰难的谈判,会议通过了旨在限制发达国家温室气体排放量以抑制全球变暖的《京都议定书》。

1997年《京都议定书》规定,到2010年,所有发达国家排放的二氧化碳等6种温室气体的数量,要比1990年减少5.2%。具体来说,从2008年到2012年必须完成的削减目标是:与1990年相比,欧盟削减8%、美国削减7%、日本削减6%、加拿大削减6%、东欧各国削减5%~8%。新西兰、俄罗斯和乌克兰则不必削减,可将排放量稳定在1990年的水平上。议定书同时允许爱尔兰、澳大利亚和挪威的排放量分别比1990年增加10%、8%、1%。为了促使各国完成温室气体的削减目标,议定书允许采取以下四种减排方式:(1)两个发达国家之间可以进行排放额度买卖的"排放权交易",即难以完成削减任务的国家,可以从超额完成任务的国家买进超出的额度;(2)以"净排放量"计算温室气体的排放量,即从本国实际排放量中扣除森林所吸收的二氧化碳的数量;(3)可以采用绿色开发机制,促使发达国家和发展中国家共同减排温室气体;(4)可以采用"集团方式",即欧盟内部国家可视为一个整体,采取有的国家削减,而有的国家增加的方式,在总体上完成减排任务。由于发展中国家坚持认为造成全球气候变暖的主要责任者是发达国家,而发展中国家的当务之急是发展经济,因此一致对减排采取强硬的抵制态度,最后大会以"发展中国家可以自愿参加减排"的形式求得妥协和同意,体现了"共同而有区别的责任原则"。

1997年《京都议定书》须要在占全球温室气体排放量55%的至少55个国家批准之后才具有国际法效力。经过多年艰苦的努力,该议定书终于在2005年2月16日生效,它是人类历史上第一项强制性削减导致全球变暖的温室气体的具有法律约束力的国际协议。

四、控制对大气的放射性污染

二战以后,核能的利用不断被重视,核能利用既给人类带来了极大的好处,同时也带来了核污染问题。跨国界的大气核污染事件和因此而引起的国家争端不断增加。1986年4月26日发生的苏联切尔诺贝利核电站事故,不仅给苏联造成了巨大损失,而且核泄漏的大量放射性尘埃飘散到北欧、东欧以及西欧部分国家,造成了严重的越界污染。

控制放射性污染随着核能的广泛利用已被重视,在切尔诺贝利事件发生后,各国在采取严格措施防止放射性污染的同时,也加快了国际立法步伐。在事件发生前,关于防止核污染的条约主要有《核能方面第三方责任公约》《核能损害民事责任维也纳公约》及《核材料实物保护公约》。由于事件造成严重后果的原因之一,是核事故通报的国际责任不严格不明确,贻误了周边国家采取减少污染后果的时机,因此 1986 年 9 月 24 日即事件发生后仅 5 个月,国际原子能机构成员国在维也纳召开特别会议,通过了《及早通报核事故公约》和《核事故或辐射紧急情况援助公约》。这两项公约是国际社会首次制定的解决核事故跨国污染的国际公约。《及早通报核事故公约》要求缔约国在其核设施或活动一旦引起或可能引起放射性物质释放,并已造成或可能造成对另一国具有严重辐射影响的跨国性国际释放的事故时,应立即直接或通过国际原子能机构将如何使核事故尽量减少辐射后果的情报,通知或提供给实际受到或可能受到影响的国家。《核事故或辐射紧急情况援助公约》规定缔约各国之间,以及缔约国与国际原子能机构之间应进行合作。缔约国中的污染源国有权得到援助,其他缔约国有义务提供援助。

目前,在控制放射性污染方面的国际条约尚不完善,主要是就核污染发生后,特别是核污染事故发生后的补救问题作了规定,而没有就防止核污染的发生作出规定。

第四节 保护生物多样性及世界遗产的法律制度

一、保护生物多样性

运用国际法保护物种的法律,最早可以追溯到 1902 年的《保护农业益鸟的公约》,但该公约立法的目的仅仅是保护农业经济。1950 年《国际鸟类保护公约》则从保护物种、保护生态出发,把它的保护对象扩大到整个鸟类,而不仅仅是益鸟。纵观保护生物多样性的国际立法,主要可划分为以下三部分:

第一部分,是保护一个或一组物种及栖息地的公约,公约涉及的主题包括:湿地、森林、植物、海洋生物资源、物种的栖息、文化遗产及土地沙漠化等问题。物种的类别包括北极熊、骆马、北方海狗、鲸、候鸟、南极海豹和北大西洋海豹,由于这些物种极易被人类捕杀,且事实上它们中的许多在过去已被严重过量捕获,因此这类条约的保护侧重点在于限制对动物的捕杀和贸易。

第二部分,涉及一些区域性的野生生物保护条约。主要是美洲、非洲、欧洲和南极洲的地区性自然保护条约,它们是《西半球自然保护和野生生物保护公约》《保护自然和自然资源非洲公约》《保护欧洲野生生物和自然生物公约》《保护南极海洋生物资源公约》。这些公约的特点是比较强调对生物的保护。

第三部分，是以全球生物资源为保护对象的公约，目前为止主要是指 1973 年《濒危野生动植物物种贸易国际公约》和 1992 年《生物多样性公约》。这两项公约代表着人类社会对生态环境比较成熟的看法，是国际生物保护立法的重要组成部分。

除上述这些条约外，一些重要的宣言或知识性的纲领，如 1972 年《斯德哥尔摩宣言》、1982 年《世界自然宪章》《世界自然资源保护大纲》、1992 年《里约环境与发展宣言》《21 世纪行动议程》等宣言或决议，它们虽然不是条约，但为生物多样性的国际保护提供了基本的原则，并提供了基本的立法方向。

（一）《关于特别是作为水禽栖息地的国际重要湿地公约》

1971 年 2 月 2 日签订于伊朗的拉姆萨尔，公约的宗旨在于制止目前和未来对湿地的逐渐侵占和损害，确认湿地的基本生态作用及经济、文化、科学和娱乐价值。公约规定，每个缔约国在本国境内至少应指定一个湿地列入国际重要湿地的名单中。公约不足之处在于仅仅要求各国至少选择一块供保护的湿地，而并不提供作出这种选择的标准和管理的指导原则。

（二）《野生动物迁徙物种保护公约》

1979 年 6 月 23 日在波恩签订，公约中的"迁徙物种"主要是指那些大量地、周期性地或有预告地越过边界的迁徙物种，而不包括个别的偶然越过边界的动物。公约要求各缔约国采取保护措施，对待陆地上的一切在自己生命周期越过国家管辖边界的动物。公约于 1983 年 11 月 1 日生效。该公约的成员国主要是一些小国，大国没有参加，这主要是因为这些国家国土面积大，野生动物迁徙越境性小，即便在边境地区存在着大量需要保护的越境迁徙物种，它们也可通过与有关邻国签订双边协定解决，如中日签订的有关保护候鸟的协定等。

（三）《国际捕鲸管制公约》

1946 年 12 月 2 日在华盛顿签署，旨在建立国际捕鲸的管制制度，防止所有种类鲸鱼的过度捕杀。公约设立了国际捕鲸委员会，订立了有关保护规则。1972 年，联合国人类环境会议通过了商业捕鲸全面暂停 10 年的决议，决议虽被国际捕鲸委员会否决，但基于公约中非捕鲸国的不断增加，禁捕阵营在不断扩大。1975 年，该委员会将捕鲸管制分为三类：第一类全面禁捕；第二类严格控制商业性捕杀；第三类允许特定地区对特定品种的商业性开发。此外还规定了禁止和开放捕鲸的季节和地区、最大捕鲸量和使用工具等。1982 年国际捕鲸委员会第 34 届年会通过了自 1986 年起暂时全面禁止商业性捕鲸的决议。决议通过后，在开禁与否问题上缔约国之间一直存在斗争。开禁与否取决于有关鲸类资源的法律的完善和科学的评估，以及矛盾双方的较量结果。中国是非捕鲸国，1980 年 9 月 24 日加入该公约。

(四)《濒危野生动植物物种贸易国际公约》

第二次世界大战后,世界范围内的野生动植物贸易随着国际贸易的发展不断增长。考虑到物种国际贸易引起过度开发野生资源,1963年,国际自然和自然资源保护同盟开始呼吁制定国际公约予以控制。1972年,联合国人类环境会议通过了关于制订一项有关野生动植物进出口的公约的决议。此后在各国努力下,于1973年3月在华盛顿正式签署了《濒危野生动植物物种贸易国际公约》,公约于1975年7月生效。

公约的主要内容有:(1)严格的进出口许可证制度。公约规定,各缔约国对运出、运入本国或从本国过境的物种实行许可证制度。颁发许可证条件根据三类不同的物种确定。(2)物种分类。公约将物种分为三类,分别列入附录一、二、三。附录一为受贸易影响有灭绝危险的物种;附录二为目前虽未濒临灭绝,但如不采取严格的限制贸易制度,有可能产生灭绝危险的物种;附录三为缔约国认为属其管辖范围内所希望加以管制,并需要国际合作控制其贸易的物种。

(五)《生物多样性公约》

尽管国际社会在保护生物多样性方面作出了很大的努力,但动植物的栖息地还是遭到破坏。过度捕获野生生物、工业污染加重,使得全球生物多样性在继续遭受损失,并对人类发展构成越来越严重的威胁。为了在全球范围内进一步保护生物多样性,1992年在联合国里约环境与发展大会上,通过了《生物多样性公约》,并于1993年12月生效。

公约的主要内容有:(1)国家环境主权原则。(2)保护和持久使用方面的一般措施。(3)就地保护与移地保护。"就地"是指生物多样性的组成部分主要是动物、植物、微生物及其基因在其中发展出明显特性的环境,即自然生境。"移地"就是将它们移出其自然生境予以保护。(4)生物多样性组成部分的持久使用。(5)生物技术的取得与转让及其资金保障。这是保护与持续利用生物多样性措施的核心,它包括缔约国承诺转让对生物多样性保护和持续利用而不损害环境的技术的义务,发达国家缔约国应提供新的额外的资金,以使发展中国家能支付它们因履行公约义务的措施而承担的全部新增费用等。

(六)《卡塔赫纳生物安全议定书》

随着生物技术产品的产业化水平不断提高,生物技术的安全问题也引起了国际社会和各国政府的广泛关注,并成为国家之间环境保护合作的热门议题。特别是对于许多发展中国家来说,它们在处理生物技术产品环境安全方面的能力明显不足,对于纷纷而来的生物技术产品感到措手不及,表现出谨慎与担忧。因此,这些国家寄希望于通过一项国际生物安全协议而得到国际法规、资金和技术的支持。许多发达国家基于对转基因生物贸易的考虑,也对此项议定书表示出极大的关注。这些都导致了《卡塔赫纳生物安全议定书》的应运而生。

1995年11月,在印度尼西亚首都雅加达召开的"生物多样性公约缔约国大会第二次会议"(COP2)通过了 II/5 号决议,明确提出了制定《生物安全议定书》的设想,并特别关注由现代生物技术产生的改性活生物体的越境转移问题。之后,成立了不限名额的生物安全特设工作组,具体承担议定书的起草和谈判,并要求在 1998 年底前完成该议定书的最后文本。该工作组于 1996—1998 年共召开了 5 次议定书起草与谈判的会议,但未能就议定书条款使谈判各方取得一致意见。1999 年 9 月,在奥地利维也纳召开的非正式协商会议对议定书内容分歧进行进一步磋商后,终于在 2000 年 1 月于加拿大蒙特利尔召开的《生物多样性公约》成员国大会特别会议续会上达成了《卡塔赫纳生物安全议定书》最终文本。这是一份为保护生物多样性和人体健康而控制和管理生物技术改性活生物体越境转移、过境、装卸和使用所制定的国际法律文件。

二、保护世界自然遗产

世界遗产是 1972 年《保护世界文化与自然遗产公约》(简称《世界遗产公约》)框架下的特定概念。通常是指被世界遗产委员会纳入"世界遗产目录"的、具有突出的普遍价值的物质文化遗产、自然遗产以及文化与自然双遗产。环境保护的客体可分为两大类:一类是一般环境客体,即大气、水、土地、地下资源、森林草原、野生动植物;另一类是特殊环境客体,包括自然历史遗产(名胜古迹)、国家公园等。"世界遗产"属于后者。

由于人为和自然的因素,各种自然遗产和文化遗产遭到严重的毁坏,有的甚至已经灭失。为了保护好这些人类的宝贵财富,运用国际社会的力量,提供必要的集体援助是十分必要的。《世界遗产公约》正是产生于这一社会背景下,公约在 1972 年 11 月 16 日获得通过并向各国开放签字,1975 年 12 月 17 日正式生效。公约的宗旨是:为国际社会集体保护具有重大价值的文化遗产和自然遗产建立一个长久性的有效制度。公约的主要内容有:

(一) 世界遗产的筛选标准

根据《世界遗产公约》及《实施世界遗产公约操作指南》的相关规定,凡被推荐列入《世界遗产目录》的文化遗产,须至少符合下列一项标准,并同时符合真实性标准:(1) 能代表一项独特的艺术或美学成就,构成一项创造性的天才杰作;(2) 在相当一段时间或世界某一文化区域内,对于建筑艺术、文物性雕刻、园林和风景设计、相关的艺术或人类居住区的发展已产生重大影响的;(3) 能为一种已消逝的文明或文化传统提供一种独特的或至少是特殊的见证;(4) 构成某一类型结构的最富特色的例证,这一类型代表了文化、社会、艺术、科学、技术或工业的某项发展;(5) 构成某一传统风格的建筑物、建造方针或人类住区的典型例证,这些建筑或住区本身是脆弱的,或在不可逆转的社会文化、经济变动影响下已变得易于损坏;(6) 与有重大历史意义的思想、信仰、事件或人物有十分重要的关系,它在设计、材料、施工或环境方面的真实性都要经得起考查。真实性不仅仅关系到文物的初始形式和结构,而且也要关系到文物存在过程中有艺术和历史价值的后加的修改和增添。凡被推荐列入《世界遗产目录》的自然遗产,须至少符合下列一项标准,并同时符合真实性标准:(1) 代表地球演化的各主要发展阶段的典型范例,包括生命的记载、地形发展中主要的地质演变过程或具有主要的地貌或地文特征;(2) 代表陆地、淡水、沿海和海上生态系统植物和动物群的演变及发展中的重要过程的典型范例;(3) 具有绝妙的自然和物种多样性的栖息地,包括有珍贵价值的濒危物种。

(二) 缔约国的权利与义务

公约规定,对于本国领土内的这类遗产,负主要保护责任的是其所在国。在国际援助方面,规定缔约国须承担应有关国家的要求,帮助该国保护这类遗产的义务,同时还须向世界遗产基金缴款,此外还应递交本国境内适于列入《世界遗产目录》的遗产清单。

(三) 世界遗产委员会

根据公约的规定,在联合国教科文组织内设立了保护具有突出的普遍价值的文化遗产和自然遗产的政府间委员会,其主要任务是制定、更新、出版《世界遗产目录》,该目录根据缔约国递交的有关遗产清单来制定;确定可列入该目录的遗产的标准,接受并研究缔约国提交的要求国际援助的申请,并作出有关决定;筹集和管理世界遗产基金。

(四) 世界遗产基金

公约规定设立一项保护具有突出的普遍价值的世界文化及自然遗产基金,基金主要来自缔约国的义务捐款和自愿捐款,其他国家、国际组织、公私团体及个人的捐款。

第五节 国际环境其他领域的法律制度

一、保护国际水域

国际水域有广义与狭义之分,广义的是指国际河流(湖泊)与海洋;狭义的是指国际河流(湖泊),本节中指的是后者。全世界约有两百多条国际河流、界河与界湖,对于国际水域的保护法大致可以分为三个发展阶段。

第一阶段,19 世纪初至 20 世纪 50 年代。这一时期的国际条约主要涉及航行、捕鱼等问题,但国际水域的多用途问题已提出,个别条约还涉及水域污染问题。

第二阶段,20世纪50年代至60年代末。由于工业发展造成严重的水污染,同时由于农业、生活用水大量增加,造成全球性的水荒,因此这一时期关于制止污染的规定在国际水域条约中到处可见,而且这类条约遍及欧、亚、非、美各洲。这一时期的条约有两个特点:(1)提出了现代国际流域的概念,改变了传统的国际水域需具备"通航性"的要求。著名的《国际河流的利用规则》规定,国际流域是指跨越两个或两个以上国家,在水系的分水线内的整个地理区域,包括该区域内流向同一终点的地表水和地下水。这一定义为国际河流的综合利用和环境保护提供了依据。(2)出现了专门的国际水域防污条约,如1960年《保护康斯坦斯湖不受污染的公约》。

第三阶段,20世纪70年代至今。这一时期正值世界环境意识不断提高,国际水域的立法获得长足发展之时。这一阶段的条约特点是:(1)缔结了多项重要的多边条约,如《保护莱茵河不受化学污染的公约》等;(2)出现了全球性国际水域防污立法的趋势。联合国国际法委员会也开始了对国际水域立法的编纂。

经过多年的努力,1997年5月第51届联合国大会通过了第一个在全球范围内调整国际淡水资源利用关系的公约,即《国际水道非航行使用法公约》。公约规定了下列国家在非航行使用国际水道的一般原则及义务:

1. 公平合理使用原则。水道国应在各自领土内公平合理地利用国际水道。特别是,水道国在使用和开发国际水道时,应着眼于与充分保护该水道相一致,并考虑到有关水道国的利益,使该水道实现最佳和可持续的利用和受益。水道国应公平合理地参与国际水道的使用、开发和保护。这种参与包括本公约所规定的利用水道的权利和合作保护及开发水道的义务。

2. 不造成重大损害的义务。水道国在自己的领土内利用国际水道时,应采取一切适当措施,防止对其他水道国造成重大损害。如对另一个水道国造成重大损害,而又没有关于这种使用的协定,其使用造成损害的国家应同受到影响的国家协商,采取一切适当措施,消除或减轻这种损害,并在适当的情况下讨论补偿的问题。

3. 一般合作义务。水道国应在主权平等、领土完整、互利和善意的基础上进行合作,使国际水道得到最佳利用和充分保护。在确定这种合作的方式时,水道国如果认为有此必要,可以考虑设立联合机制或委员会,以便参照不同区域在现有的联合机制和委员会中进行合作所取得的经验,为在有关措施和程序方面的合作提供便利。

4. 经常地交换数据和资料。水道国应经常地交换关于水道状况,特别是属于水文、气象、水文地质和生态性质的和与水质有关的便捷可得的数据和资料以及有关的预报。如果一个水道国请求另一个水道国提供不是便捷可得的数据或资料,后者应尽力满足请求,但可附有条件,即要求请求国支付收集和在适当情况下处理这些数据或资料的合理费用。水道国应尽力以便于获得数据和资料的其他水道国利用的方式收集和在适当情况下处理这种数据和资料。

二、环境影响评价

环境影响评价是指在将要开发或建设项目时,就该开发或建设项目对环境可能造成影响的程度及范围,事前加以科学上的客观综合调查、预测和评价,并对该项目是否实施以及如何实施向决策者提供参考。

环境影响评价制度作为环境法的一项基本制度首创于美国。1969年,美国颁布了具有深远意义的《国家环境政策法》,从防患于未然和综合治理的目的出发,建立起环境影响评价制度体系。随着各国对环境影响评价制度的推行,环境影响评价逐步成为国际环境法律制度的内容之一。先是在包括经合组织及欧共体在内的国际机构的决议中将该制度纳入,接着联合国环境规划署在全系统中期环境方案中对该制度的执行提出了更为具体的规定。与此同时,不少环境保护的国际条约也规定了该制度,如1992年的《生物多样性公约》第7条规定:各缔约国应采取适当程序对其可能对生物多样性产生严重不利影响的拟议项目进行环境影响评估,作出适当安排,以尽量避免或减轻这种影响。此外,有关环境影响评价制度的国际公约也开始酝酿制定。联合国欧洲经济委员会的成员国率先努力,于1991年1月25日通过了《越界情况的环境影响评价公约》,完成了第一项关于国际环境影响评价的区域性国际立法。

三、防止废弃物的越境转移及处置

废弃物是经济发展的副产品,按其形态可以分成固体废物、废水、废气;按其有无危害性可以分成一般废物和有害废物。这里所指的废弃物主要是指固体废物中的有害废物或称危险废物。有害废物的国际转移,其危害是显而易见的:首先,有害废物在转移过程中泄漏或事故发生后会直接释放;其次,有害废物转移到他国后,如果没有得到安全的处置,就会对当地环境造成损害。

1989年3月,联合国环境规划署在瑞士巴塞尔召开了制定《控制危险废物越境转移及其处置巴塞尔公约》(简称《巴塞尔公约》)的外交大会,通过了《巴塞尔公约》。

1989年《巴塞尔公约》的宗旨是将受该公约管制的废物(有害的和其他)的越境转移减至最低限度。公约的主要内容是:(1)禁止出口的义务。禁止向不允许进口危险废物的缔约国出口此类废物。(2)有关废物越境转移的义务。废物若可转移,在包装、标签和运输上应符合一般接受和承认的国际规则和标准,并具备自始至终的转移文件。而进口国的废物处置应符合对环境无害要求。(3)通知义务。将拟议进行的废物越境转移通知有关国家,明确说明这类废物转移对人类健康和环境的影响。(4)再进口的责任。如果经一国同意的废物越境转移不能按合同条件完成,如果不能以无害环境的方式处置它们,则从进口国通知出口国和秘书处起90天内或在有关国家同意的期间内,出口国应保证,由出口者将该废物运回出口国。为此目的,出口国及任何过境国都不得反对、妨碍或阻止此种运回。

《巴塞尔公约》是国家间为控制危险废物越境转移及其处置而迈出的重要一步，对环境保护具有重大意义，但公约还存在下列不足：其一，对危险废物未作定义，由于对危险废物的定义不统一，从而妨碍公约的有效实施；其二，危险废物中废物与危险物质的比例界值未定，若废物中只有微量的危险物质，可否认定为危险废物；其三，虽规定了出口通知义务，但目前发展中国家还缺乏适当的环境风险评价的财力、相关的专门知识和基础设施，因此若不提高评价能力，进口国对于发达国家通知的同意也是盲目的，从而给环境污染带来了隐患。

第六节　中国与国际环境法

一、中国参与环境保护的国际合作

中国自20世纪70年代以来，一直积极参与国际环境保护合作运动。1972年6月，中国政府代表团出席联合国人类环境会议，可以说是中国与国际环境保护合作的正式开端。20世纪80年代，中国与许多国家进行双边或多边的环保合作，参加了不少重大的环境会议，成为包括联合国环境规划署在内的许多著名国际环保组织的成员国，参与制定了许多具有重要意义的环境公约。与此同时，国际环保合作运动也推动了中国环保的步伐，加大了环保立法的力度。在1992年6月联合国环境与发展大会召开前夕，1991年6月14日至19日在北京召开了由中国政府发起的"发展中国家环境与发展部长级会议"，与会代表一致通过了反映发展中国家对国际环境保护立场和意见的《北京宣言》。在此基础上，中国和其他发展中国家在国际环境保护法律文件的起草和谈判中采取一致的立场，使得1992年6月联合国环境与发展大会通过的各项国际文件基本上反映了发展中国家的要求，也为联合国环境与发展大会的成功召开作出了贡献。中国正是从环境保护的高度责任感出发，为推动国际环保合作发挥了巨大作用。

二、中国与国际环境组织

1973年联合国环境规划署成立，中国在第28届联合国大会上当选为环境规划署理事国，并出席该规划署的第一届理事会。自此，中国一直担任理事国，出席了历届理事会议。1976年，中国在内罗毕设立了常驻联合国环境规划署代表处。1979年，中国参加了联合国环境规划署组织的"全球环境监测系统"和"国际潜在有毒化学品登记中心"。中国对于环境规划署有关活动的积极参与，为发展中国家起了表率作用，对于经济发达国家须承担应尽的义务起到了督促作用。

中国不仅与政府间国际组织关系密切，而且与非政府间国际组织也有着良好的关系。例如,国际自然资源保护同盟是当今世界最大、最有影响的民间国际环境保护组织,1979年10月中国参加该组织,并被选为理事国。又如,世界自然保护基金会,中国与该组织自1979年开始建立联系,1980年中国环境科学学会加入该组织,同年该基金会资助中国100万美元建立保护大熊猫及其生态系统研究中心。

三、中国与国际环境条约

自联合国人类环境会议以后,中国和其他发展中国家越来越多地参与国际环境法律文件的谈判与起草,参加了许多著名的国际环境条约。

首先,1985年《保护臭氧层维也纳公约》和1987年《关于消耗臭氧层物质的蒙特利尔议定书》,在起草和谈判的过程中,由于没有中国和其他发展中国家的充分参与,未能顾及发展中国家的利益而遭到发展中国家的严厉批评。自1987年以后,中国积极参与对上述议定书修改的谈判,在支持上述公约和议定书的目的和宗旨的同时,尽力维护发展中国家的利益,在一系列会议上,提出了诸如"多排放,多削减""向发展中国家优惠转让技术"等主张,使修改后的议定书在保护臭氧层主要责任的承担、资金的筹集和使用、技术转让和财政机制的建立等方面较多地反映了发展中国家的意志,从而使议定书很快得到众多国家批准并生效。

其次,对于1989年《巴塞尔公约》,中国一贯持积极主动的态度,并自始至终参加了公约的谈判。在谈判过程中,为维护广大发展中国家利益,中国坚持建立一项用于帮助发展中国家控制危险废物的能力的基金;强调出口国对于危险废物越境转移的环境安全责任以及跨国公司中对有害物品利用的企业必须严格遵守所在国的法律规定。这些主张都在公约中有不同程度的体现。

再次,在1992年联合国环境与发展大会上通过的《气候变化框架公约》和《生物多样性公约》中同样凝聚着中国谈判代表的努力。在前一项公约的起草和谈判过程中,中国派出了阵容强大的代表团,自始至终参加谈判,并提出了中国对公约全文的建议案文。在后一公约历时近四年的谈判中,在初期,中国参加了仅有十余个国家组成的法律起草小组工作,后期则进入更小范围的谈判核心小组——政府间谈判委员会之友。

最后,中国还参加了一系列国际环境公约、协定及议定书。中国批准或签署的国际环境公约还包括:《国际捕鲸公约》(1980年9月24日加入),《濒危野生动植物物种贸易国际公约》(1981年1月8日加入),《关于1973年国际防止船舶造成污染公约的1978年议定书》(1983年10月2日对中国生效),《防止因倾倒废物及其他物质污染海洋的公约》(1985年9月6日加入),《保护世界文化和自然遗产公约》(1986年3月12日对中国生效),《及早通报核事故公约》(1987年4月16日核准),《核事故或辐射紧急情况援助公约》(1987年4月16日核准),《臭氧层保护的维也纳公约》(1989年10月25日加入),《防止船舶垃圾污染规则》(1989年2月21日对中国生效),《国际油污损害民事责任公约》(1980年1月30日加入),《国际干预公海油污事件公约》和《干预公海非油类物质污染议定书》(1990年5月24日对中国生效),《1985年国际热带木材协定》(1986年7月2日对中国生效),《关于消耗臭氧层物质的蒙特利尔议定书的修正》(1991年批准),《关于环境保护的南极条约议定书》(1991年10月4日签署),《亚洲和太平洋区域植物保护协定》(1990年6月6日对中国生效),《控制危险废物越境转移及其处置巴塞尔公约》(1991年9月4日加入),《关于特别是作为水禽栖息地的国际重要湿地公约》(1992年7月31日对中国生效),《气候变化框架公约》(1993年批准),《生物多样性公约》(1992年批准),《京都议定书》(2002年核准)。此外,中国与他国还签订了许多的双边环境保护条约。

【本章小结】 国际环境法是调整各国在保护环境中所形成的各种法律规范的总称。与其他学科相比,国际环境法是以人类生物圈为保护客体,以全人类的共同利益为目的,这就决定了国际环境法有其独特的法律理念及价值观。国际环境法的基本原则包括国家环境主权原则、国际合作原则、可持续发展原则、公有资源共享原则、共同而有区别的责任原则等。"可持续发展"是国际环境立法的核心。一般认为"可持续发展"包括了三方面的因素:(1) 当代人为了后代的需要,在使用地球自然资源的同时,要保护自然资源;(2) 各国在开发、使用自然资源的同时,要考虑到其他国家的需要,以达到适当及公平地使用自然资源的目的;(3) 经济发展必须与环境保护相结合。这三方面的因素是密切相关的,它们构成了比较完整的持续发展的概念。国际环境法律制度包括海洋污染控制的法律制度、空间环境的法律制度、保护生物多样性及世界文化遗产的法律制度、保护国际水域法律制度、环境评估制度及危险废物处理制度。

思考题

1. 简述国际环境法的概念和特征。
2. 简述国家环境主权原则。
3. 简述"共同而有区别"的责任原则。
4. 如何理解贸易与环境的关系?
5. 简述生物多样性保护的国际法律制度。

第十一章
外交关系法

外交关系法,是国际法最古老的部门法之一,它是在国际交往的历史过程中逐渐形成和发展起来的,它是指调整国家之间对外关系的原则、规则和制度的总称。外交关系法的主要内容有:外交关系的建立及使馆的设立;外交使节(使团)的派遣与接受程序;外交使节(使团)的等级与职务;外交使节(使团)的特权与豁免;外交使节(使团)与接受国或接受国际组织之间的关系等。从古代到现代,外交关系法经历了三个发展阶段,并且以1961年签订的《维也纳外交关系公约》为代表,进入了成型时期。作为国际法的一个部门法,外交关系法是发展得最为成熟的国际法部门法之一。随着国际社会组织化趋势的日益明显以及国家之间外交往来的日益频繁,外交关系法作为各国之间外交法律关系的调节器和润滑剂的作用也日益凸显,它在整个国际法体系中的地位也日趋重要。

第一节 外交关系法概述

一、外交和外交关系

外交是随着国家的出现而产生,随着国际关系的发展而发展的,因此,可以说外交制度同国家的历史本身一样悠久。

关于外交一词的定义众多,仅尼科尔森就列出多种定义:(1)对外政策或实施对外政策的同义语。该定义为外交一词最广泛的含义。(2)谈判、交涉或磋商。(3)指上述谈判、交涉或磋商赖以进行的程序与机制。(4)一种抽象的属性或技能,即处理国际谈判、交涉或磋商的技巧。① 这四种定义的共同之处在于都承认外交是以和平手段即通过谈判等方式来处理国际事务。哈代认为,外交一词有广狭二义,前者为实施对外政策的代名词,而该词更窄更专业性的意义是指国家对外关系得以保持

---

① 参见黄德明:《外交法的概念、历史发展及现状》,载《法学评论》1995年第6期。

的途径,具体讲,是指国际法主体之间通过代表机关以和平方式所保持的对外关系行为。在此意义上,它与外交关系是同义语。① 而布朗利则认为:"外交是国家通过其授权代表,建立或保持相互关系,互相通讯,或办理政治或法律事务所用的任何手段。"②

从国际法的角度看,外交应是指国家为了实现其对外政策,通过其主管机关或官员,用谈判、通讯、会议、参加国际组织和缔结条约的方法,处理对外关系的活动。国家进行外交活动的方式通常有:领导人访问、谈判、签订条约、外交文书往来、互相在对方首都设立使馆、参加国际组织和国际会议等。

外交关系是国家之间在外交活动中形成的一种关系。外交关系属于国家对外关系的范畴,国家对外关系包括政治、经济、文化、外交等多方面的关系,外交关系仅是国家对外关系的一个特殊方面。国际法意义上的外交关系,有广义和狭义两种。广义上的外交关系,是指国家与国家之间为了实现各自的对外政策,通过互设常驻外交代表机构、派遣或接受特别使团、国家领导人访问、举行国际会议、参加国际组织等方式进行交往所形成的关系。狭义上的外交关系,则是指国家互相在对方领土内设立常驻使团并通过它们进行交往所形成的关系。国与国之间互设使馆被认为是保持两国之间正常关系的最有效、最主要的方法。此外,正在争取独立的民族和政府间国际组织在一定条件下依上述方式在外交活动中形成的关系也属外交关系的范畴。

外交关系主要有四种形式:(1) 正式的外交关系,也称为正常的外交关系,以双方互派常驻使节为主要特征,国家主权平等原则是建立这种经双方同意的外交关系的基本依据;(2) 半外交关系,也称为不完全的外交关系,以双方互派的外交使节停留在代办的级别上为其主要特点,这种关系是外交使节中最低一级的关系,是国际关系上的一种不正常的现象;(3) 非正式外交关系,是指两个尚未正式建交的国家直接进行外交谈判,并互设某种联络机构;(4) 国民外交,也称为民间外交,主要表现为两国非官方的个人或民间团体之间的友好访问、接触,就国际问题或两国关系问题发表共同声明或联合公报,或就具体事务签订民间协议等,以此来发展国家间的交往关系。

外交与外交关系并非同一概念,后者更着重于对外交往主体相互之间的关系。简言之,外交是处理国与国之间关系,即国家进行国际斗争与合作的手段,是国家以和平方式实现其对外政策的重要工具。而外交关系则是指国家为处理外交事务,由国家中央外交关系机关、外交代表机关等通过访问、谈判、交涉、缔结条约、参加国际组织和国际会议、互设常驻外交代表机构等对外活动所形成的与他国或国际组织的关系。这种关系是通过法律的形式为国家对外政策服务的。③

---

① 参见黄德明:《外交法的概念、历史发展及现状》,载《法学评论》1995年第6期。
② 〔英〕布朗利:《国际公法原理》1990年英文版,第346页。转引自王铁崖主编:《国际法》,法律出版社1995年版,第360页。
③ 参见黄德明:《外交法的概念、历史发展及现状》,载《法学评论》1995年第6期。

二、外交关系法的产生和发展

外交关系法是国际法最古老的部门法之一。它是在国际交往的基础上逐渐形成和发展起来的。外交关系法的发展大体经历了以下三个阶段：

(一) 古代外交法阶段(1648年《威斯特伐里亚和约》签订之前)

据荷马史诗记载，早在公元前8世纪左右，古希腊城邦已形成一种互派公使制度，并与特洛伊互设使馆。公元前3世纪，卡提利亚(Kautilya)已将外交使节分为三类，即公使衔使节、略低于公使衔的使节和纯粹传递信息的使节。古代印度也有着类似的实践。

这些早期的使馆和使节具有以下若干特征：(1) 外交使馆具有临时性质，是否设有常驻使馆不太清楚；(2) 使节持有本国国民大会或长老会颁发的证书，是派遣国的正式代表；(3) 使节的作用在于传递信息或在对方国民大会、长老会前申诉、辩解或同时具有两种作用，故担任此职者多为演说家、辩论家；(4) 使节完成任务后即返回本国汇报，其使命随之结束。使节只是一种临时职务。

古罗马也有临时使团的实践，东罗马帝国除沿用上述实践外还进一步发展了有关外交的规则。其公使均为具有高级职位、享有最高荣誉的人物，他们是君主的代表，可以在授权范围内进行谈判，若越权或滥用职权则会受到严厉惩罚。其使命除维护帝国威望与荣誉外，还包括观察接受国的形势，了解情况。公使享有特权，人身不得侵犯。

(二) 近代外交法阶段(从《威斯特伐里亚和约》签订到1945年)

《威斯特伐里亚和约》的签订既标志着近代国际法的产生，也开始了经典的欧洲外交。早在《威斯特伐里亚和约》签订之前的16世纪初，代表君主授权的国书已成为必要，给外交代表颁发国书的做法也已非常流行，许多外交法规则开始形成。《威斯特伐里亚和约》签订之后，主权国家成为国际法主体，许多外交惯例经各国承认后予以实施，从而成为制约国家关系的准则，其中有外交特权与豁免、外交代表的等级和优先权等。这些惯例均先于国际法存在而后为国际法所吸收，这使外交法成为国际法的一个部门法。

在这一阶段，外交法的编纂得到了一定的发展。历史上第一次对外交法作大规模编纂的是1815年的维也纳会议。该会议对一些国际规则予以成文化，形成了《维也纳议定书》。会议特别对组成万国法主体的欧洲国家近代惯例中使节的不同种类进行了详细的区分，以避免由于位次及可能的争议而引起的矛盾。会议把使节分为三类：(1) 大使、教宗特使或教廷大使；(2) 公使或向君主派遣的其他代表；(3) 向外交部长派遣的代办。这一规定在1818年的亚琛会议上得到了补充。亚琛会议的重要成果就是形成了《亚琛议定书》。

第二次试图对外交法予以大规模的编纂是在国际联盟的主持下进行的。1924

年,国际联盟第五届大会通过决议,呼吁加强国际法的逐渐编纂工作。国际法逐渐编纂专家委员会随后成立。1927年,委员会提出了七项编纂时机已经成熟的项目,其中第三项就是外交特权与豁免。但从1928年起,这个委员会处于实际解散状态。在此期间,出现了世界上第一个地区性的外交法公约,即1928年2月20日第六届泛美会议通过的《哈瓦那外交官公约》。

这一阶段也是欧洲外交惯例形成的一个重要时期。促成这一时期外交法发展的主要原因是列强在争霸或重新确立势力均衡时,需要结盟以瓦解敌方,外交活动极为活跃;战后均要召开国际会议,由外交代表等谈判、签署协议。外交途径的作用因此明显加强。此外,早已出现的职业外交官阶层的人身与安全也需予以保证。对外交代表的等级、特权与豁免以及其他的规定成为国际习惯法的一部分。

(三) 现代外交法阶段(1945年至今)

在这一阶段,外交法公约的编纂得到了长足的发展,外交法作为国际法的一个部门法更加完善。第二次世界大战后,在联合国的主持下,国际社会加紧了对外交关系的立法工作。在这一阶段先后签订和通过了1946年《联合国特权及豁免公约》、1947年《联合国各专门机构特权及豁免公约》、1961年《维也纳外交关系公约》、1969年《联合国特别使团公约》、1973年《关于防止和惩处侵害应受国际保护人员包括外交代表的罪行的公约》和1975年《维也纳关于国家在其对普遍性国际组织关系上的代表权公约》等一系列关于外交关系的国际公约。这一阶段的外交关系法具有如下的特点:

1. 主权国家的急剧增加,扩大了外交使团的数量。一方面,原有国家除了保持彼此间的常驻使团和临时使团外,还需与新独立国家建立外交关系,设立外交使团;另一方面,新兴国家之间也同样需要建立外交关系,设立驻外代表机构。因此,国家越多,外交关系网就越宽,随之而来的必然是各种外交使团的大量涌现。

2. 国家间关系的不断发展,使外交使团的活动日益繁重和复杂。20世纪以前,外交使团的活动只集中于国家间的政治关系。现在,除了政治外交日益复杂外,发达国家之间、发展中国家之间以及发达国家与发展中国家之间的经济关系也占据重要地位。许多外交活动涉及的是国家间贸易、发展援助、债务、信贷、投资、技术转让、知识产权等方面的问题。

3. 国际组织的迅猛发展丰富了现代外交使团的种类。现代多边外交主要是在各种国际组织及其召集的各种国际会议中进行的。一方面,国家为了参加这些外交活动,需要派遣新型的使团,如派往国际组织的常驻使团,派往国际组织机构和国际会议的临时特别使团、代表团以及观察团等等;另一方面,国际组织为实现其宗旨,履行其职责,也需要向国家和其他国际组织派遣常驻或临时的使团。因此,现代国际组织不仅为国家使团制度的发展创造了条件,而且它们通过自己的使团实践丰富了外交使团的种类。

4. 现代外交法已经形成了以条约为主干,以国际习惯为辅助,具有相对独立体系和丰富内容的法律部门。由于联合国的努力,外交法的编纂得到了长足的发展。如今,外交法已是编纂得最好的国际法部门法之一。①

三、外交关系法的条约体系

(一) 1946 年《联合国特权及豁免公约》

早在19世纪初期,国际社会就已经有给予国际组织以特权与豁免的实践。此后对于国际组织的特权与豁免,有关国际协议,如《国际联盟盟约》一直使用"外交特权与豁免"这一提法,直到联合国成立为止。

1946年的《联合国特权及豁免公约》采用了职务需要说理论,该公约规定,给予联合国类似于但却低于外交特权与豁免的特权与豁免。因为在联合国看来,这足以包括联合国及其专门机构为实现其宗旨、行使职能所可能需要的一切特权与豁免。《联合国特权及豁免公约》于1946年2月13日由联合国大会通过,1946年9月17日生效,截止到2004年11月,该公约一共有141个成员国。该公约总共有9项条款,其主要内容如下:(1) 确立了联合国的法律人格;(2) 具体规定了联合国的财产、款项和资产的特权与豁免;(3) 具体规定了联合国的通讯便利;(4) 具体规定了会员国代表的特权和豁免;(5) 具体规定了联合国职员的特权和豁免;(6) 规定了联合国的通行证制度。

我国于1979年9月11日向联合国秘书长交存加入书,同时声明对该公约第8条第30节持有保留。该公约于1979年9月11日对我国生效。

(二) 1947 年《联合国各专门机构特权及豁免公约》

《联合国各专门机构特权及豁免公约》于1947年11月21日由联合国大会通过,并于1948年12月2日生效,截止到2004年11月,该公约共有106个参加国。该公约一共有15项条款和15项附件,其主要内容为:(1) 明确了享有特权与豁免的联合国各专门机构的范围;(2) 确立了联合国各专门机构的法律人格;(3) 具体规定了联合国各专门机构的财产、资金和资产的特权与豁免;(4) 明确规定了联合国各专门机构档案的不可侵犯性;(5) 明确规定了联合国各专门机构的通讯便利;(6) 具体规定了联合国各专门机构会员国代表的特权和豁免;(7) 具体规定了联合国各专门机构职员的特权和豁免。

我国于1979年9月11日向联合国秘书长交存加入书。加入书中载明,中国政府对公约第9条、第32条的规定持有保留。同时通知,中国政府同意将该公约的规定适用于联合国粮农组织、国际民用航空组织、联合国教科文组织、世界卫生组织、万国邮政联盟、国际电信联盟、世界气象组织和政府间海事协商组织。该公约于1979年9月11日对我国生效。1981年6月30日,我国根据公约第11条的规定,再次通知联合国秘书长,将该公约的规定扩大适用于国际货币基金组织、国际复兴开发银

---

① 参见梁西主编:《国际法》,武汉大学出版社1993年版,第269页。

行、国际金融公司和国际开发协会。

(三) 1961年《维也纳外交关系公约》

《维也纳外交关系公约》是外交关系法中最主要的一个国际条约。该公约于1961年4月14日由联合国大会通过,1964年4月24日生效,截止到2004年11月,共有179个国家参加该公约。

公约含序言和条文共53条,对有关外交关系制度作了全面、具体的规定。其主要内容是:(1) 建立外交关系和常设使馆应通过协议。(2) 常驻外交使节(使馆馆长)分为大使、公使和代办三级。(3) 使馆人员包括使馆馆长及使馆职员,使馆职员包括外交职员、行政及技术职员和事务职员。(4) 规定了使馆的职务。(5) 派遣和接受外交使节的程序包括征求接受国对派遣国所提人选的同意。(6) 使馆和使馆人员享受外交特权与豁免及其对接受国的义务。(7) 外交使节职务的开始和终结,等等。

公约是对有关常驻外交使节的习惯法的编纂,又包括一些新的规定,如"通信自由"等。该公约还特别规定,凡公约没有规定的事项,应继续适用国际习惯法规范。很显然,这一公约的通过,改变了以往常驻使节的权利义务受制于国际习惯法的现象。这是对外交关系法,也是对国际法的一个重大的发展。

我国于1975年11月25日加入该公约。在加入时,对公约第14条和第16条第3款关于教廷使节的规定,第37条第2、3、4款关于使馆行政、技术职员、事务职员及使馆人员的私人仆役享受外交特权和豁免等规定作出了保留。该公约于1975年12月25日对我国生效。我国政府于1980年9月15日决定,撤回对公约第37条第2、3、4款的保留。

(四) 1969年《联合国特别使团公约》

《联合国特别使团公约》于1969年12月16日在美国纽约开放签字而通过,并于1985年6月21日生效,截止到2004年11月,有31个国家参加了该公约。该公约总共有55项条款,其主要内容是:(1) 对特别使团的派遣、职能、任命、组成等作了详细的规定;(2) 对特别使团的特权与豁免作了详细的规定;(3) 对特别使团中的行政和技术人员、服务人员和私人服务人员、家属的特权与豁免作了详细的规定;(4) 对特别使团在通过第三国国境时的特权与豁免作了详细的规定;(5) 对特别使团应该履行的义务作了详细的规定。我国至今尚未正式参加该公约。

(五) 1973年"侵害应受国际保护人员罪公约"

1973年"侵害应受国际保护人员罪公约"是指《关于防止和惩处侵害应受国际保护人员包括外交代表的罪行的公约》,于1973年12月14日由联合国大会通过,并于1977年2月20日生效,截止到2004年11月,有131个国家参加了该公约。侵害应受国际保护人员罪,是指非法地对应受国际保护人员包括外交代表实施暴力或暴力威胁的行为。这是一项国际犯罪。①

该公约总共有 20 项条款,其主要内容如下:(1) 明确规定了应受国际保护的人员;(2) 赋予缔约国对侵害应受国际保护人员罪行的管辖权;(3) 规定了缔约国对于上述犯罪嫌疑人承担"或引渡或起诉"的义务;(4) 规定了上述犯罪嫌疑人享有公平的待遇;(5) 规定了缔约国有将上述刑事诉讼的最后结果通知联合国秘书长的义务;(6) 具体规定了本公约争议的解决方式。

我国政府于 1987 年 8 月 5 日加入该公约,该公约于 1987 年 9 月 4 日对我国生效。我国在加入该公约的同时,对公约第 13 条第 1 款所规定的关于国际法院解决缔约国之间在关于解释或适用上的任何争端的规定提出了保留。

第二节 外交机关和外交人员

一、外交机关

外交机关,是指国家为了实现其对外政策而进行外交活动的国家机关的总称。外交机关可以大致分为国内的外交机关和驻国外的外交机关两大类。

(一) 国内的外交机关

国内的外交机关有:国家元首、政府和外交部门。国内外交机关是国家外交活动的领导机关,这些机关的职权范围通常由宪法和法律规定,它们各有自己的职权范围,但在国际法上都是代表本国与外国或与其他国际法主体建立和保持外交关系,并进行外交活动的国家机关。

1. 国家元首

国家元首是国家在对外关系上的最高机关。国家元首可以是个人,也可以是集体。以个人作为国家元首的,如共和国的总统、主席,君主国的国王、皇帝等。以集体作为国家元首的,通常采用法定的机关名称,如苏联的最高苏维埃主席团和瑞士的联邦委员会等。有的国家元首同时也是政府首脑,如美国总统。一个国家实行何种类型的元首制,由该国宪法规定,国际法上并没有统一的规则。无论国家元首采用何种名称,也无论其职权的大小,在对外关系上,国家元首所作的一切法律行为,都被视为其所代表的国家的行为。国家元首的这种职权被称为"全权代表权"。一般说来,国家元首在这方面的职权主要有:(1) 派遣和接受外交使节;(2) 批准和废除条约;(3) 宣布战争状态和媾和。根据国际法,国家元首在国外时享有最高的尊荣和完全

---

① 参见王虎华:《侵害应受国际保护人员罪的理论与我国的实践》,载《河南省政法管理干部学院学报》2002 年第 3 期。

的外交特权与豁免。

2. 政府

政府是一国的最高行政机关,也是国家对外关系的领导机关。各国政府的名称不一,有的称"内阁",有的称"部长会议",我国政府的称谓是"国务院"。政府首脑也依次分别称为内阁首相、部长会议主席和国务院总理。政府及其首脑在对外关系方面的职权,由本国宪法和其他法律予以规定。政府在外交关系中占有重要地位,并且行使着下列重要的职权:(1) 制定国家对外政策;(2) 领导国家的外交事务;(3) 有权任免一定等级的外交人员;(4) 与外国谈判、签订条约以及签发谈判代表的全权证书等等。根据我国《宪法》第89条的规定,我国国务院有权管理对外事务,同外国缔结条约和协定,保护华侨的正当权利和利益。政府首脑,在对外关系上居于首要地位。他可以直接进行外交谈判,参加国际会议,签订条约,同外国政府首脑发表共同宣言和公报等。按照国际法,政府首脑在国外时,除应享受礼仪上的尊荣以外,还享有完全的外交特权和豁免。

3. 外交部门

现代各国政府中都设有主管外交事务的一个部门,统称为外交部,但有些国家冠以不同的名称。例如,在美国称作"国务院",在瑞士称作"政治部",在日本称作"外务省"。

外交部是国家对外关系的中心机关。它的主要职权是:(1) 领导和监督驻外代表机关及其活动;(2) 与驻外代表机关保持经常性的联络;(3) 与外国或国际组织的使团保持联系和进行谈判;(4) 保护本国及其公民在国外的合法权益。

我国正式设立专门主管外交事务的机关始于清朝咸丰十一年(1861年),该机关称为"总理各国事务衙门"。1901年《辛丑条约》签订以后,清政府将"总理各国事务衙门"改称为外务部,位列六部之首。辛亥革命后,中华民国元年(1911年)把外务部改称为外交部。中华人民共和国成立后仍采用外交部之称。外交部长具体领导外交部,贯彻国家的对外政策和处理日常事务,如与国外代表团谈判、签订条约、参加国际会议等。外交部长在外交活动中无须出示或提交全权证书,并且在国外享有完全的外交特权和豁免。作为国家的代表,在适当的情形下,外交部长可以发表对其本国有法律拘束力的声明。

需要指出的是,随着国家间的经济交往与合作的发展,许多国家的政府还专门设立了主管对外经济关系的部门,如对外经济部、对外经济和贸易部、对外经济与发展援助部等。这种部门在其部长的领导下,主要是执行国家对外经济、贸易和援助政策,处理日常涉外经济事务,同外国的商务代表机构或国际经济组织的代表进行谈判、签订条约,领导和监督本国的驻外商务代表机构,参加国际经济性的会议或国际经济组织的活动等。

(二) 驻国外的外交机关

一国派驻国外的外交机关,也称外交代表机关,可以分为两大类:一类是常驻的代表机关,另一类是临时性的代表机关。

1. 常驻的外交代表机关

常驻的外交代表机关是指派驻某一国或国际组织的行使日常外交职务并保持外交关系的机构。常驻的机构又可分为派驻他国的使馆和常驻国际组织的使团。此外,一些重要的政府间国际组织不但消极地接受国家派遣的常驻使团,而且也积极地向其成员国甚至向非成员国派遣常驻代表团。例如,欧洲共同体一方面接受了一百多个国家的常驻使团,另一方面也向这些国家和国际组织总部密集的城市派遣了自己的常驻使团。国际组织接受和派遣的常驻使团是现代外交法的一种新现象。①

2. 临时的外交代表机关

临时的外交代表机关,又称特别使节(使团),主要是指一国派遣到他国或国际组织执行特定的临时外交任务的外交使团。根据现代国际法的实践,又可分为两类:政治性使团,即为某一特定事项进行交涉、签约或出席国际会议而派遣的使团;礼仪性使团,即针对诸如国庆典礼、元首就职等重大庆典活动或国葬等重大国事活动而派出的使团。

二、使馆及其职务

(一) 使馆的建立

两国间正式建立外交关系以互设使馆为具体的表现形式,而国家之间建立外交关系和互设使馆,必须经过双方的协议,这是一项公认的国际习惯法原则。《维也纳外交关系公约》第 2 条重申了这一原则,该条款特别规定:"国与国之间外交关系及常设使馆之建立,以协议为之。"至于协议的方式,则由有关国家协商决定。可以采用缔结双边条约的方式,也可以采用双方互换照会或发表联合声明等方式。例如,1979 年我国与美国采用了联合公报的方式,宣告"中华人民共和国和美利坚合众国自 1979 年 1 月 1 日起互相承认并建立外交关系","两国将于 1979 年起互派大使并建立大使馆"。至于一个国家同哪些国家、按照什么条件、采取什么方式建立外交关系和互设使馆,各国根据主权原则,可以自行决定。我国与他国建交,坚持以承认中华人民共和国为中国的唯一合法政府,台湾是中国领土的不可分割的一部分为条件,在这一条件的基础上,可以进行建交和互设使馆的谈判。谈判达成协议,即可正式建交和互设使馆。在建立外交关系和互设使馆以后,一国在某种情势下可单方面作出决定,中止或断绝同另一国的外交关系,同时可暂时或长期撤回使馆。②

(二) 使馆的职务

作为全面代表本国的使馆,其职务十分广泛。在国际习惯法的基础上,《维也纳外交关系公约》第 3 条将使馆的主要职务规定为下列五项:

1. 代表,即"在接受国中代表派遣国",这是使馆的最重要和最基本的职务;
2. 保护,即在国际法许可的限度内,在接受国中保护派遣国及其国民的利益;

---

① 参见梁西主编:《国际法》,武汉大学出版社 2003 年版,第 271 页。
② 例如,曾与我国建交的尼日尔共和国,一度受台湾"银弹外交"的拉拢,与台湾发生外交往来,我国遂断绝同尼日尔的外交关系。后尼日尔与台湾断交,中尼两国于 1996 年 8 月恢复外交关系。

3. 谈判,即与接受国政府办理交涉;

4. 调查和报告,即以一切合法手段调查接受国的状况和发展情形,并向派遣国报告;

5. 促进,即促进派遣国与接受国间的友好关系和发展两国间经济、文化和科学关系。

上述五项是使馆的主要职务。此外,使馆由本国政府授权,还可以担负国际法许可的其他职务,如本国侨民的出生、死亡、婚姻登记及商业利益的保护等领事职务;经接受国同意,可以受托保护第三国及其国民的利益,还可以与别国外交使节发生必要的外交往来等。

(三) 使馆人员的组成

过去使馆人员统称为使节和使节的随从人员。现在,使馆越来越庞大,人员越来越多,分工越来越具体,根据《维也纳外交关系公约》第1条的规定,使馆人员由使馆馆长和使馆职员组成;使馆职员包括外交职员、行政及技术职员,以及事务职员;外交职员,是指具有外交官职衔的使馆职员;外交代表包括使馆馆长和外交职员。

1. 使馆馆长

使馆馆长是派遣国委派负责领导使馆工作的人。自从常设使馆制度在欧洲出现以后,就产生了使馆馆长的职位。但是,在19世纪之前,关于使馆馆长的位次和等级并没有形成一致的规则,因而常常引起国家之间的争议。1815年签订的《维也纳议定书》首次把使馆馆长分为三级,即大使(含教廷大使)、公使(含教廷公使)和代办。大使的位次优先于公使,公使的位次优先于代办。

1961年的《维也纳外交关系公约》基本上沿用了这种等级制。该公约第14条规定,使馆馆长分为三级:

第一等级,是向国家元首派遣的大使或教廷大使及其他同等级位的使馆馆长;

第二等级,是向国家元首派遣的使节、公使及教廷公使;

第三等级,是向外交部长派遣的代办。

与以上三个等级相对应的使馆分别称为大使馆、公使馆和代办处。按照公约的规定,除有关优先地位及礼仪事项之外,各级使馆馆长不应因其所属等级而有任何差别。我国在加入这一公约时,声明对关于教廷使节的规定加以保留。

国家之间交换什么等级的使馆馆长,应该由有关国家协议确定。第一次世界大战以前,欧洲国家曾经主张只有大国才能互派大使,而小国之间和小国与大国之间只能派遣和接受公使级的使馆馆长。这种显然违反国家主权平等原则的做法在第一次世界大战后得到了改变。现在,国家之间普遍派遣和接受大使级的使馆馆长,互派公使级使馆馆长的现象很少出现。国家之间互派代办的情况也很少出现,一般是在两国关系存在问题时才会出现。例如,1972年以前中国与英国、荷兰两国只交换代办,原因是这两个国家一直在联合国中支持阻挠恢复中华人民共和国合法席位的提案,而且英国还一直与台湾地区保持着领事关系。在中华人民共和国恢复联合国的合法席位以后,经协议互相把派驻对方的代办升格为大使。1981年初,由于荷兰政府批准向台湾地区出售海军潜艇,中国要求荷兰把两国互派的大使馆降格为代办处。在荷兰方面改变其错误决定后,双方又经协商从1984年2月起恢复大使级外交关系。①

当使馆馆长缺位或不能执行职务时,应由临时代办暂代使馆馆长。必须注意的是,临时代办不同于代办。代办是一级馆长,而临时代办则是暂时代理行使馆长职务的外交人员。临时代办一般由使馆中主管政务的、级别最高的外交人员担任。外交人员被委派为临时代办均不必事先征得接受国同意,但应由馆长或派遣国外交部通知接受国外交部。

2. 使馆职员

(1) 外交职员。一般包括各类参赞、武官、秘书、各种专员和随员。

参赞,是使馆内帮助馆长办理外交事务的高级外交官。参赞可包括商务参赞、文化参赞、新闻参赞、科技参赞等。在未设公使的使馆中其地位仅次于馆长,他是馆长关于国际法和外交实践的助手和顾问。在馆长离职期间通常是由参赞担任临时代办代理馆务。

武官,是指一国军事部门向另一国军事部门派遣并保持联系的代表。按职别可分为国防武官、军种武官和副武官。国防武官为首席武官,其等级大致与参赞相同。军种武官可分为陆军武官、空军武官和海军武官。武官既是沟通两国军事机关之间关系包括举行有关军事问题谈判和观察有关军事情况的外交官员,又是使馆馆长在军事方面的顾问和助手。

秘书,是使馆内秉承馆长旨意办理外交事务及文书的外交官,位次介于参赞和随员之间,分为一、二、三等秘书三个等级。

随员是使馆内办理各种事务的最低等级的外交官。

此外,在外交实践中,有些国家的使馆中还设有专员,即由各业务部门派遣的办理专门事务的人员,如商务专员、文化专员、新闻专员等。在外交实践中通常授予这些专员以外交职衔,并在优先权和豁免等方面按外交人员同等对待。

(2) 行政和技术职员。他们是指负责处理使馆行政和技术事务的职员,如使馆主事、翻译、会计、译电员、登记员、打字员、无线电技术人员等。

(3) 事务职员,也称为服务人员。他们是指从事使馆服务工作的人员,如司机、传达员、厨师、信使、维修工、清洁工等勤杂人员。

此外,使馆人员还可以雇用私人仆役,如保姆。但是,私人仆役不属于派遣国的工作人员范畴。

(四) 使节权及使馆人员的派遣与接受

1. 使节权

使节权是一国派遣和接受外交使节的权利。其中,派遣外交使节的权利被称为

---

① 参见周洪钧:《国际法》,中国政法大学出版社1999年版,第233页。

"积极的使节权",接受外交使节的权利被称为"消极的使节权"。国家拥有派遣外交使节的权利不等于国家必须派遣和接受外交使节。根据国家主权原则,国家有权自主决定其派遣的使馆人员,但是,由于使馆人员,特别是使馆馆长,对派遣国与接受国之间的关系有着较为重要的影响,因此,使馆人员,首先是馆长的人选,应是接受国能够接受的。外交关系法对使馆人员的派遣和接受规定了一定的程序。

派遣驻外使馆的人员,首先按国内法的程序由有关主管机关提名和决定人选,对于重要的使馆人员如大使的任命,许多国家都规定需要国家最高权力机关或国家元首的批准同意,或由政府委派。例如,美国指派大使级使馆馆长要由总统提名、国会通过后,才能成为正式的人选。我国的驻外全权代表由全国人大常委会决定,国家主席派遣;驻外使馆参赞及相当职衔的外交人员由国务院负责任命。

2. 使馆人员的派遣与接受

(1) 使馆馆长的派遣

1961年《维也纳外交关系公约》第4条规定,派遣国对于拟派驻接受国的使馆馆长人选,须查明其确已获得接受国的同意。接受国无须向派遣国说明不予同意的理由。

历史上,对将任命或已任命的大使、公使拒绝接受的事不乏其例。例如,1885年意大利曾拒绝接受美国公使凯利而未说明任何理由。又如,1891年清政府拒绝接受美国派来北京的公使布莱尔,称述的理由是布莱尔在担任美国参议员期间,以极端的言论攻击大清帝国并恣意排斥华侨。

使馆馆长一般都是派驻某一特定国家的,有时也可兼驻两国或几国。例如,我国清政府开始向西方国家派遣常驻使节时,是以驻伦敦公使同时兼任驻法国及德国的公使。新中国成立后,曾以驻印度大使兼任驻尼泊尔公使,驻坦桑尼亚大使同时兼驻科摩罗、塞舌尔大使。有时驻外国的大使也可以兼驻某国际组织,如我国驻比利时大使同时兼任驻欧洲共同体大使。但是,如果任何接受国明示反对的,则不得兼驻。

(2) 武官的派遣

武官的任命应按《维也纳外交关系公约》第7条的规定,"接受国得要求先行提名,征求该国同意"之后,再由派遣国任命。

3. 不受欢迎的人与不能接受的人

按照《维也纳外交关系公约》的规定,接受国可以随时不具解释地拒绝接受使馆的外交人员,被拒绝接受的外交人员称为"不受欢迎的人"。接受国也可以随时不具解释地拒绝使馆的其他人员,被拒绝的人员称为"不能接受的人"。

从实践看,这种宣告的常见情形主要有两种:其一,使馆馆长或武官的提名在就任前征求接受国同意时被拒绝,或者对其他人员接受国不予接受。即对于使馆任何人员,接受国可以在他到达接受国国境前宣告其为不受欢迎的人或不能接受的人,从而拒绝给予入境签证或拒绝其入境。其二,在外交人员或其他人员就任后从事了与其身份不合的行为而被终止职务的情况下,也被宣布为不受欢迎的人或不能接受的人。派遣国应酌情召回该人员或终止其在使馆中的职务。

4. 赴任与到任

征得接受国同意后,派遣国即可按国内法程序予以任命、公布,并为赴任做准备。依规定,大使、公使到任要携带国书。国书是派遣国国家元首的信任状,一般写明使馆馆长的任命和等级,表示发展两国关系的愿望以及请求接受国对代表给以信任等内容。国书由派遣国元首签署,外长副署。代办不带国书,只携带由派遣国外长签署并向接受国外长发出的介绍信。

按照惯例,已建交国家的新任馆长在启程前,往往通过本国外交部礼宾司联系拜会接受国派驻本国的使馆馆长,新任馆长启程时,接受国在该国的外交官员应前往送行。新任馆长到达接受国边境和首都时应及时通知接受国外交部,接受国应派官员迎接。

使馆馆长到达接受国后,由接受国安排尽快拜会接受国外交部长,商谈递交国书的事宜和程序,并将其国书副本、颂词副本交于对方。递交国书有专门的仪式,在仪式上由新任馆长亲自向国家元首递交国书。

代办一级的馆长到任不递交国书,只向接受国外长递交本国外长的介绍书。《维也纳外交关系公约》规定,在呈递国书后或在向接受国外交部或另经商定之其他部通知到达并将所奉国书正式副本送交后,即视为在接受国内开始执行职务。在实践中,也有的国家规定自馆长一踏上接受国国土就算已经到任。在我国,外国使馆馆长抵达后,即可开始活动,但到任日期以递交国书时间为准。

(五) 使馆人员职务的终止

使馆人员的职务可通过派遣国或接受国的决定而终止。终止的原因较为复杂。根据《维也纳外交关系公约》的有关规定和国际实践,使馆人员职务的终止主要有以下几种情形:

1. 任期届满。使馆人员任期届满,职务即告终止,除非延长任期。

2. 派遣国召回。虽然使馆人员的任期未满,但派遣国根据该人员的特殊情况(如辞职、重病等)或根据工作需要(如调职)等原因将其召回。

3. 接受国要求召回。使馆人员因某种原因被接受国宣布为不受欢迎的人或不能接受的人,职务即告终止。1971年英国政府要求包括苏联驻伦敦使馆外交人员在内的105名苏联官员离境,为外交史上一次规模最大的宣告为不受欢迎的人的事例。

4. 派遣国与接受国外交关系断绝。两国由于关系恶化,发生武装冲突或战争等原因而使两国外交关系断绝。两国一旦断交,各自即撤回使馆人员,职务即告终止。

5. 派遣国或接受国发生革命而成立新的政府。1949年中华人民共和国成立后,所有原来驻华使馆人员的职务即告终止。

三、外交团

外交团有广义和狭义两种含义。狭义上的外交团,是指驻在一国首都的所有使馆馆长组成的团体。广义上的外交团则包括这些使馆的所有外交人员,甚至包括外交人员的家庭成员,但领事不属于外交团成员。

外交团制度不是基于某种国际法规范而是依外交传统和国际惯例设立的。外交团不是某种国际组织,也不具有独立的法律地位,所以不具有法律性质的职能,主要在礼仪方面起作用。例如,在东道国的隆重庆典、集会、宴会上致辞祝酒;就礼仪性及日常事务与东道国交涉;向新成员介绍接受国的风俗习惯;为离任的使节饯行;调解外交团成员间的纠纷,等等。东道国对于外交团提出的要求,并无履行的义务。但东道国对外交团的正常活动和正当要求应提供方便并予以尊重。外交团不应进行政治性、法律性的活动,更不允许向东道国施加压力或干涉东道国的内政。外交团的内部事务也应平等协商解决。中国在清朝政府末年和北洋政府时期,帝国主义列强凭借外交团的名义,采取联合行动,向中国政府施加压力,干涉中国内政,逼迫中国接受丧权辱国的无理要求的事例是屡见不鲜的。北洋政府时期发生的"临城劫车案"就是其中的典型一例。

外交团团长由外交团中等级最高、到任最早的馆长担任。而在一些信奉天主教的国家里,教廷使节被认为是当然的外交团团长。在这些国家中,往往由教廷大使担任团长之职。

外交团中其他外交人员的位次,按等级和到任时间决定。先按等级排列,大使高于公使,公使高于代办,参赞高于秘书,依顺序类推;在职位相同的外交人员中,大使馆人员高于公使馆人员;对于同级馆长按正式到任时间的先后确定;同职的其他人员,也按到任时间先后而定。

四、特别使团

(一) 特别使团的概念

特别使团,是指一国经另一国的同意,派往该国谈判某项特定问题或完成某项特定任务的临时性使团。国家派遣特别使团的实践要比使馆早得多,但其法律制度却远不像使馆制度那样完善,甚至在许多方面都没有形成明确的国际法规则。近代使馆制度逐步健全后,除了礼仪方面的需要外,特别使团并不经常地被使用。在第二次世界大战期间,为了避开敌国的情报网,国家又频繁地派遣临时使节执行特殊的秘密外交任务。战争结束后,由于国际关系的广度和深度大大增加,交通日益方便,各种现代意义上的特别使团应运而生,特别使团又重新恢复了其重要作用。在现代外交关系中,不仅国家和正在争取独立的民族经常性地派遣特别使团,而且国际组织也时常采取这种形式开展有关活动。[①]

1969年12月,联合国大会通过了《特别使团公约》,公约对特别使团的派遣、组成、特权与豁免等作了规定。

---

① 参见梁西主编:《国际法》,武汉大学出版社2003年版,第275页。

(二) 特别使团的种类和职能

按照不同标准,特别使团可作不同的分类。从特别使团所执行的职务看,可分为政治使团、礼仪使团、经济使团、技术使团、文化使团等等。依照特别使团派遣的性质,可分为国家的特别使团、正在争取独立民族的特别使团和国际组织的特别使团。按照特别使团的接受者的情形,可分为派往国家的特别使团、派往正在争取独立民族的特别使团、派往国际组织的特别使团和出席国际会议的特别使团。此外,从特别使团的成员组成着眼,还可分为单一的特别使团和联合的特别使团。前者由一个国家或一个国际组织的代表组成;后者由两个或两个以上国家的代表,或由国家和国际组织的代表联合组成。

特别使团的职能应由双方同意而予以决定。一般来讲其主要职能有两类:一是政治性职能,如出席国际会议、交涉重要问题、谈判、签约等;二是礼仪性职能,如参加开国大典、元首就职等庆典活动。

(三) 特别使团的组成与派遣

特别使团由一名或几名代表组成。特别使团中可包括外交人员、行政和技术人员以及服务人员。其中,外交人员原则上为派遣国国民。

1969年《联合国特别使团公约》第3条规定:"特别使团的职能应由派遣国和接受国双方同意而予以规定。"这一规定表明:(1) 特别使团的派遣应通过外交或其他渠道事先取得接受国的同意;(2) 特别使团的派遣或接受无须有外交关系的存在;(3) 特别使团的职务由派遣国和接受国协议为之。

(四) 特别使团职务的开始与终止

特别使团职务的开始以与对方外交部或专门机构正式接触为标志,而不取决于提交全权证书、委任书或正式介绍的时间。

特别使团的职务遇到下列情况即行终止:(1) 经有关各国达成协议;(2) 特别使团任务完成;(3) 为特别使团指定的期限届满等等。两国间外交关系或领事关系的断绝,并不必然造成特别使团职务的结束。

五、国家向国际组织派遣的使团

国家向国际组织派遣使团,始于国际联盟成立以后。自联合国成立以来,随着各种国际组织的迅猛发展,国家派遣的这种新型使团日益增多。为了明确国家派驻国际组织的使团的法律地位及特权与豁免,除国际组织的章程予以规定外,国际社会还制定了一系列专门条约,如1946年《联合国特权及豁免公约》、1947年《联合国各专门机构特权及豁免公约》等。在这些专约的基础上,联合国于1975年又通过了《维也纳关于国家在其对国际组织关系上的代表权公约》(以下简称《代表权公约》)。虽然该公约至今尚未生效,但它是这方面最全面的公约。国家向国际组织派遣的使团可以分为常驻使团和临时使团两种。

(一) 国家派往国际组织的常驻使团

国家派往国际组织的常驻使团,可以大致分为成员国的常驻使团和非成员国的常驻使团两类。前者又称为常驻代表团,后者又称为常驻观察团。根据《代表权公约》的规定,凡主权国家在得到国际组织允许后均可派出常驻使团,该组织的成员可设立常驻代表团,非成员国可设立常驻观察员代表团。

1. 常驻代表团

常驻代表团通常采取两种派遣方式:一是独立派遣,即成员国的常驻代表团独立于其在有关组织的东道国的使馆。例如,联合国许多会员国派驻联合国的常驻代表团都是独立于该国驻美国使馆的。二是结合派遣,即成员国派往国际组织的常驻代表团与其在该组织的东道国的使馆合二为一。例如,大多数会员国派驻联合国教科文组织的常驻代表团与该国驻法国的使馆是在一起工作的。常驻代表团除团长外,可以包括外交人员、行政及技术人员和服务人员。在代表团人数不超过合理和正常限度及不委派东道国人士担任代表团团长和外交人员的情况下,"派遣国得随意任命常驻代表团的成员",无须事先征得接受国的同意。

《代表权公约》规定常驻使团的职务主要包括:(1) 确保派遣国在组织上的代表权;(2) 保持派遣国同组织之间的联络;(3) 同组织和在组织内进行谈判;(4) 查明组织的各项活动,向派遣国政府提出报告;(5) 确保派遣国参与组织的各种活动;(6) 保护派遣国在同组织关系上的利益;(7) 同组织和在组织内进行合作,促进组织宗旨和原则的实现。

常驻代表团的特权与豁免主要有:(1) 使用国旗国徽;(2) 享有执行职务的一般便利;(3) 办公处不受侵犯;(4) 办公处免纳捐税;(5) 档案和文件不受侵犯;(6) 行动和旅行自由;(7) 通讯自由。

常驻使团职务终止的情况主要有:(1) 派遣国将使团人员职务的终止通知组织;(2) 常驻使团最后撤离或暂时召回。

2. 常驻观察员代表团

非成员国派驻国际组织的常驻使团,一般称为常驻观察员代表团,简称常驻观察员(团)。根据《代表权公约》第7条的规定,常驻观察员(团)的职务主要包括:(1) 确保派遣国的代表权,保障该国在同组织关系上的权益,保持派遣国同组织的联络;(2) 查明组织的各项活动,向派遣国政府提出报告;(3) 促进同组织的合作和同组织的谈判。此外,观察员有权在国际组织主要机关的常会上发言和参加其他有关的活动。

(二) 国家派往国际组织的临时代表团

临时代表团所享有的特权与豁免,除不享有使用国旗国徽和办公处不受侵犯的特权外,其他与常驻代表团基本相同。

总的来讲,临时代表团各类成员的特权与豁免,比常驻代表团相应的成员所享有的特权与豁免要低。例如,临时代表团团长或外交人员"所用或所有的车、船、飞机发生事故而造成损害且又不能由保险予以赔偿时",不享有民事和行政管辖的豁免。

国家元首、政府首脑、外交部长和其他高级别人员率领临时代表团时的规则,与这些人率领特别使团时相同。

第三节 外交特权与豁免

一、外交特权与豁免的理论根据

(一)外交特权与豁免的概念

外交特权与豁免,是指外交代表机关及其人员在接受国所享有的特殊权利和优惠待遇的总称。使馆、使团及其人员的特权与豁免是外交特权与豁免的重要组成部分。

其实,外交特权与豁免并不完全是一个内容。外交特权是由于其所处的与外交相关的特殊地位而享有一般人所不能享有的特殊权利。外交豁免是因其特殊地位而对其不行使国家的管辖权并免除其一定义务的履行。但这两个概念的界限是很难截然区分的,它们常交织在一起。同时,从某种意义上讲,豁免也属于一种特权。因此,一般都统称为"外交特权与豁免"。①

外交特权与豁免,是在各国互派使节,特别是互派常驻使节的实践的基础上产生和发展起来的国际法原则和规则。过去,外交特权与豁免的规则,多属国际习惯法,或由各国国内法予以规定。现在,以1961年《维也纳外交关系公约》为核心,包括1946年《联合国特权及豁免公约》、1947年《联合国各专门机构特权及豁免公约》、1969年《联合国特别使团公约》、1975年《代表权公约》等条约,是各种外交代表机关、外交人员和其他有关人员特权与豁免的主要法律依据。

(二)外交特权与豁免的根据

为什么要给予外交人员以外交特权与豁免,国际法学界主要有以下三种学说:

1. 治外法权说

这一学说认为,使馆虽然处在接受国领土上,但应看成是派遣国的拟制领土,使馆及人员不受接受国法律的管辖。这种学说在历史上曾被帝国主义国家作为对弱小国家和民族进行欺侮和干涉的根据,由于它既不是以事实为根据,也不符合各国在外交特权与豁免方面的做法,现已被摒弃。

2. 代表性说

这一学说认为,使馆和外交使节之所以享有特权与豁免,是因为他们是国家的代表,而国家彼此间是平等的,相互之间没有管辖权。虽然这一学说有一定的事实根

---

① 参见慕亚平、周建海、吴慧:《当代国际法论》,法律出版社1998年版,第450页。

据,但它不能确切地解释外交特权与豁免的全部问题。

3. 职务需要说

这一学说认为,给予使馆及外交人员特权与豁免的原因是在于保障使馆和外交人员在不受当地的干扰和压力的条件下,自由地代表本国顺利地执行其各项职务。

《维也纳外交关系公约》采取职务需要说与代表性说相结合的立场。该公约在序言中指出:"确认此等特权和豁免的目的不在于给予个人以利益而在于确保代表国家之使馆能有效执行职务。"显然,只有把代表性说和职务需要说结合起来,才能圆满地说明外交特权与豁免的问题。

目前,各国在外交特权与豁免的具体执行方式上各不相同,并且对外交特权与豁免的内容和程度也主张不一,各国立法的差异使得一国给予外国外交官特权与豁免的程度与范围可能有别于另一国。为解决这一问题,《维也纳外交关系公约》的第45条规定了互惠或对等的原则,即在外国给予本国外交官的特权与豁免于公约的规定有所限制,或者更为有利的情况下,对该国驻本国的外交官也给予相应的待遇。实践中,这一原则可能较多地适用于特权方面。我国《外交特权与豁免条例》第26条的规定也体现了这一原则。

外交特权与豁免在国际关系中具有重要的作用和意义。国际法院在"美国驻德黑兰外交和领事人员案"的判决中指出:"外交机构及其伴随的特权与豁免,这是经历了多少世纪以来的考验,并经证明是在国际社会中有效合作的一种重要的工具;而且不问各国的国家组织及社会制度如何,均是有助于国家间达到互相谅解并以和平方法解决争端的不可缺少的手段。"①

二、使馆的特权和豁免

根据《维也纳外交关系公约》第20条至第28条的规定,使馆的主要特权和豁免包括下列内容:

(一) 使馆馆舍不得侵犯

使馆馆舍指供使馆使用和供使馆馆长寓邸之用的建筑物或建筑物之各部分,以及馆舍所附属之土地。

使馆馆舍不得侵犯,包括了以下三层含义:

1. 未经使馆馆长许可,接受国任何官员,包括司法、治安、税务和海关官员,不得进入使馆,并且接受国不得对使馆进行任何司法程序,如不得进入使馆发送传票和司法令状。未经馆长同意,不得进入使馆,这是一项强行性的规定。即使在诸如火灾等紧急情况下,未经馆长的同意,接受国官员也不得进入使馆。《维也纳外交

---

① 〔美〕亨金:《国际法:案例与资料》,1980年英文版,第570—578页。

关系公约》本身并未对馆舍的不可侵犯权作出例外规定。实践中,1956年,苏联驻加拿大使馆发生火灾,加拿大外交部为此向各使馆发出照会,提出消防局在认为使馆馆舍发生火灾可能危及使馆的生命财产和社会安全时,不管是否取得使馆负责人的许可,可以采取制止火灾的一切必要措施。苏联使馆在复照中指出,这一要求与国际法不符。

2. 接受国负有特殊责任,采取一切适当步骤保护使馆馆舍免受侵入或损害,并防止一切扰乱使馆安宁或有损使馆尊严的情势。这一原则意味着接受国对使馆的保护之责高于对一般社会秩序的保护。为此,接受国应该通过加设警卫等方式,以防止其官员或任何个人作出侵犯行为。1979年末,伊朗学生侵入美国驻伊朗大使馆,并将其使馆人员扣作人质。国际法院因伊朗政府在使馆受侵犯时未采取任何适当措施,以保护使馆的安全,而判定伊朗政府违反外交关系法。接受国政府虽无法完全禁止民众在使馆附近游行示威,但应将示威限制在一定范围,并阻止示威者进入使馆或造成使馆的任何损害。

3. 使馆的馆舍、设备、财产及交通工具免受征用、搜查或强制执行。

使馆不受侵犯,并不意味着使馆可以行使外交庇护权,因为一般国际法只承认领土庇护。1967年,美国驻印度使馆给予苏联学者阿译迪政治庇护,因而遭到了印度政府的抗议。拉丁美洲国家间的《政治庇护权公约》承认了它们之间互相行使外交庇护权的习惯。但是,这只是拉美国家间的区域国际法规则,不属于一般国际法的部分。与此相同,使馆也无拘留人犯的权力。1896年,清政府驻英国公使馆将孙中山拘留,经英国外交部出面交涉后即将其释放。

(二) 使馆档案及文件不得侵犯

使馆档案及文件无论何时,也无论位于何处,均不得侵犯。公文档案包括文书、文件、函电、胶片、胶带、明密电码等等。此处所谓的"无论何时",包括平时和战时;此处所谓的"无论何地",包括使馆之内和使馆之外。

(三) 通讯自由

接受国应允许使馆为一切公务目的的自由通讯,并予以保护。具体来说,使馆的通讯自由包括以下内容:

(1) 使馆有使用密码通讯的自由;
(2) 使馆的来往公文不得侵犯;
(3) 外交邮袋或邮包不得开拆或扣留;
(4) 外交信使的人身不得侵犯,不得受逮捕或拘禁;
(5) 使馆非经接受国同意,不得装置并使用无线电发报机。

使馆的通讯自由是使馆很重要的一项外交特权与豁免,已为国际社会所公认。戈尔-布思在他编写的《萨道义外交实践指南》一书中指出:"如果没有用电码送发信息的权利,不能依靠外交邮袋的不可侵犯性,那么使馆就不能很好地履行它的观察和报告的职责;如果使馆不能收到秘密的指示,那么将严重地妨碍它就任何重要问题进行谈判。"①

(四) 免纳捐税、关税

捐税和关税的豁免原先出于国际礼让,但在《维也纳外交关系公约》生效后,就转变为缔约国间的条约义务。依照该公约第23条和第28条的规定,使馆所有或租赁的馆舍免交国家、区域或地方性捐税,使馆办理公务所收的规费及手续费免交一切捐税。但使馆为对供给特定服务应纳之费用不在此例,如清除垃圾费、消防费等。又依据该公约第36条的规定,对于使馆公务用品的入境,免除一切关税和其他课征,但存贮、运送及类似服务费用除外。

(五) 使用国旗和国徽

使馆及其馆长有权在使馆馆舍、使馆馆长的寓邸和交通工具上使用派遣国国旗或国徽。

三、外交代表的特权与豁免

根据《维也纳外交关系公约》第29条至第36条的规定,外交代表,包括使馆馆长和其他有外交官级位的人员,他们所享有的特权与豁免包括下列内容:

(一) 人身不可侵犯

外交使节人身不可侵犯是最早的国际惯例规则之一,一国政府既然接受了外国的使节,就有义务保证他的安全和尊严,否则国际交往就成为空谈。外交代表的人身不得侵犯包括了以下的内容:

1. 外交代表不受任何方式的逮捕或拘禁。
2. 接受国对外交代表应给予应有的尊重,应采取一切适当步骤以防止其人身、自由或尊严受到任何侵犯。
3. 接受国不能对外交代表进行司法程序的处置。1975年11月,伊朗驻美国公使的汽车因超速行使而被阻拦,公使由于对美国警察使用武力而被拘留。事后美国政府对此正式表示遗憾,但同时指出,外交代表也负有遵守接受国法律的义务。② 但是,当外交代表进行间谍活动、闯入禁区时,接受国可以采取临时性制止措施。遇有外交代表行凶、挑衅时,接受国可以进行正当防卫。1973年的《关于防止和惩处侵害应受国际保护人员包括外交代表的罪行的公约》中对于保护外交官的人身作出了较为具体的规定。

(二) 私人寓所和财产不可侵犯

如同使馆馆舍一样,外交代表的私人寓所也享有不可侵犯权,需要保护。外交代

---

① 〔英〕戈尔-布思:《萨道义外交实践指南》,杨立义等译,上海译文出版社1984年版,第8页。
② 〔印度〕B.森:《外交人员国际法与实践指南》,周晓林等译,中国对外翻译出版公司1987年版,第85—86页。

表的文书、信件及财产,同样不可侵犯。

(三) 刑事、民事和行政管辖的豁免

1. 刑事管辖豁免

在任何情况下,接受国都不能因外交官触犯法律的行为,对其提起公诉或进行审判,而只能交由外交代表的本国处理。因此,外交代表的刑事管辖豁免是绝对的。对于外交代表的法律责任,一般通过外交途径解决。例如,1919年8月,美国驻瑞士公使馆的助理武官在瑞士境内开车撞死一人,美国政府主张该助理武官的司法豁免权,要求将其交由美国处罚。结果,该助理武官受到了美国军事法庭的审判。再如,1974年1月,苏联驻华使馆外交人员马尔琴柯夫妇等在北京从事间谍活动,被当场抓获。为此,我国政府向苏联提出了强烈抗议,并宣布他们为"不受欢迎的人",立即驱逐出境。

2. 民事管辖豁免

外交代表的民事管辖豁免的形成晚于刑事管辖豁免。其早期的案例就是"马特维夫案"。1708年,俄国驻英大使马特维夫将要离任回国,却在伦敦街上被英国警察强行逮捕,原来警方受一些商人教唆,企图通过此种方式迫使他偿还债款,后来马特维夫被友人保释。英国女王得知此事后,令英国外交大臣向其道歉,并表示严惩滋事者。但马特维夫仍不满意,未递交辞任国书便离开了英国。英政府又指定驻俄大使为特使,谒见彼得大帝,代表女王道歉以为补救。① 此事在当时影响很大,促成英国于当年通过了《外交特权法》。到了18世纪,外交代表的民事管辖豁免逐渐确立,但各国政府在是否允许以及在哪些方面应有例外的问题上规定不一。

《维也纳外交关系公约》第31条规定中肯定了外交代表享有的民事管辖豁免权,但同时规定了三项例外:

(1) 外交人员在接受国境内私有不动产之物权诉讼,不能主张豁免;

(2) 外交人员以私人身份为遗嘱执行人、遗产管理人、继承人或受遗赠人之继承事件的诉讼,不能主张豁免;

(3) 外交人员于接受国境内在公务范围以外,所从事之专业或商务活动之诉讼,也不能享受豁免。

此外,外交代表如果主动提起诉讼,就不得对与主诉直接相关的反诉主张管辖豁免权。外交代表在上述三项例外不享有民事管辖豁免的情况下,接受国非经派遣国明示放弃执行管辖豁免,不得对外交代表施加执行之处分。

3. 行政管辖的豁免

依各国实践,外交代表免受接受国的行政管辖,包括警察管辖,因出生、死亡、婚姻等引起的登记义务,适用社会保险办法、劳务与公共服务等的豁免。

4. 作证义务的豁免

外交代表不能被迫在民事或刑事案件中出庭作证,也无在其住宅向录取证言的人

---

① 参见〔英〕戈尔-布思:《萨道义外交实践指南》,杨立义等译,上海译文出版社1984年版,第177页。

员提供证词的义务。但在一定的条件下,如某一外交人员为某一案件的目击者,此事又不涉及使馆,经派遣国同意,外交官也可出庭作证。例如,1881年10月2日,美国第20任总统加菲尔被芝加哥一律师吉托在华盛顿车站刺杀,被刺时委内瑞拉驻美公使科马卓恰好在场。后经美国政府请求,委内瑞拉政府同意,开庭时由科马卓出庭作证。

5. 管辖豁免的放弃

外交人员管辖的豁免可以由派遣国放弃,而且放弃必须是明示的。对管辖豁免的放弃可以是刑事的,也可以是民事的或行政的,应该分项单独放弃,特别是在民事或行政诉讼程序上管辖豁免的放弃与判决执行豁免的放弃,更须分别进行。1909年德国驻智利公使威廉·贝克尔特谋杀了本馆的智利门卫,并放火烧毁办公室,企图掩盖其侵吞公款的行为。德国放弃了管辖豁免,同意智利法院对他进行的追诉,经智利法院审理,判处威廉死刑。①

(四) 行动及通信的自由

外交代表的行动及通信自由是其有效执行职务的必要条件之一,否则不能了解接受国政治、经济及文化等方面的情形,也不能促进派遣国人民与接受国人民的相互了解。《维也纳外交关系公约》第26条规定,在不违反接受国为国家安全而确定的禁区或限制进入区的法律规章的前提下,接受国应确保外交代表在其境内的行动及旅行自由。实践中,各国都将某些地区划为禁区或限制进入区。

(五) 免除捐税

捐税豁免是一个极复杂而细致的问题。由于社会制度和国情不同,各国具体做法也各不相同。一般认为,捐税可分为直接税和间接税。直接税是指对纳税人的收入、财产征收的捐税及对消费者直接征收的捐税;间接税是指计入商品或劳务价格中的捐税。一般的原则是,对外交人员应免征直接税,而不免征间接税。按照《维也纳外交关系公约》的规定,外交人员免纳一切对人或对物课征的国家、区域或地方性的捐税,如个人所得税、公用房地产税、汽油税、娱乐税、印花税、购买税等等。但公约同时也作了例外的规定,如私有不动产应纳入之捐税、遗产税、继承税、不动产登记费、抵押税以及前述之间接税等。由于各国税收制度不同,许多国家都要求在免税问题上达成协议,而公约第34条在这方面提供了以上基本统一的规则。

(六) 免纳关税、行李免受查验

外交代表的私人用品应准予进口并免纳关税。不过,各国有关法律对这种进口物品的数量、品种、出售、转让等方面有一定的限制,并对禁止进出口的物品有所规定。另外,按《维也纳外交关系公约》的规定,外交代表的私人行李免查验,但如有理由推定其行李中装有不在免税之列或属禁止进出口的物品,接受国可在外交代表或

---

① 参见〔英〕劳特派特修订:《奥本海国际法》上卷第二分册,王铁崖、陈体强译,商务印书馆1981年版,第262页。

其授权代理人在场的情况下检查。

(七) 其他特权和豁免

外交代表还享有免于适用接受国所施行的社会保险办法,免除一切个人劳务和各种公共服务的义务,免除军事募捐、征用等军事义务的特权。

四、外交特权与豁免的适用

(一) 使馆其他人员的特权与豁免

根据《维也纳外交关系公约》,除外交代表外,还有下列人员在不同程度上也享有特权与豁免:

1. 外交代表的家属。与外交人员构成同一户口的家属,如果不是接受国国民,应享有各项外交特权与豁免。一般认为,与外交人员构成同一户口的家属通常是指外交人员的配偶和未成年子女。根据1986年《外交特权与豁免条例》第20条的规定,在我国,与外交代表共同生活的配偶及未成年子女,如果不是中国公民,享有各项特权与豁免。

2. 行政和技术人员及其家属。行政和技术人员以及与其构成同一户口的家属,如果不是接受国国民,而且不在该国永久居住,也享有特权与豁免。但是,有以下三点例外:(1) 执行职务范围以外的行为,不能享有民事管辖和行政管辖的豁免;(2) 就任后的自用物品不能免纳关税;(3) 他们的行李不免除海关的查验。

3. 服务人员。使馆招聘的服务人员,如果不是接受国国民,而且不在该国永久居住,只能就其执行公务的行为享有豁免,其受雇所得酬金免纳捐税,并免予适用接受国的社会保险方法。

4. 私人仆役。使馆人员的私人仆役,如果不是接受国国民,而且不在该国永久居住,其受雇所得报酬免纳捐税。在其他方面,只能在接受国许可的范围内享有特权与豁免。《维也纳外交关系公约》同时要求,接受国对他们行使管辖时不应对使馆职务的执行有不当的妨碍。

(二) 外交特权与豁免的开始和终止

《维也纳外交关系公约》第39条对外交特权与豁免的开始和终止作出了如下规定:

1. 外交特权与豁免的开始。公约规定,凡享有外交特权与豁免的人员,自其进入接受国国境前往就任之时起享有此项特权与豁免。如果外交人员已在接受国境内,则自其委派通知至接受国外交部或另经商定的其他部门之时开始享有。

2. 外交特权与豁免的终止。享有特权与豁免人员的职务终止时,这种特权与豁免通常于该员离境之时或听任其离境之合理期间终了之时停止。即使两国发生武装冲突,亦应继续有效至该时为止。如果使馆人员死亡,其家属应继续享有应享之特权与豁免,至听任其离境之合理期间终了之时为止。

(三) 使馆人员及其家属在第三国的地位

《维也纳外交关系公约》第40条规定了使馆人员及其家属在第三国的地位问题。公约规定,遇外交人员前往就任或返任或返回本国,途经第三国国境或在该国境内,而该国曾发给其所需之护照签证时,第三国应给予不得侵犯权,并确保此等过境或返回所必需的其他豁免。享有外交特权与豁免的家属与外交代表同行时,或单独旅行前往会聚或返回本国时,也享有同样的不可侵犯权和其他豁免。对于行政和技术人员或服务人员及其家属,遇有上述类似情形,第三国不得阻碍其过境。但是,对于未承认或建交或交战国家的外交代表,第三国完全可以拒绝给予其外交特权。

五、使馆及其人员对接受国的义务

享有外交特权与豁免的人员对接受国负有一定义务,主要有:

其一,尊重接受国的法律规章。根据《维也纳外交关系公约》的规定,在不妨碍外交特权与豁免的情况下,凡享有此项特权与豁免的人员,均负有尊重接受国法律规章的义务。

其二,不得干涉接受国的内政。根据《维也纳外交关系公约》的规定,外交人员负有不干涉接受国内政的义务。如不得介入政党和派别斗争,不得组织反对派,不得公开指责接受国政府的行为和政策,不得支持旨在反对接受国政府的集会、游行示威或其他活动等。

其三,不得把使馆馆舍充作与国际法不相符合的用途。根据《维也纳外交关系公约》的规定,使馆的馆舍不得充作与国际法不相符合的用途。如不得利用使馆庇护接受国所追诉的人或罪犯,不得利用使馆关押使馆以外的人,不得利用使馆庇护或进行其他国际法所不容之行为,更不得利用使馆充作颠覆和破坏接受国的场所。

其四,使馆与接受国洽谈业务,概应经与或经由接受国外交部或另经商定之其他部办理。

其五,外交代表不应在接受国为私人利益从事专业或商业活动。

第四节 中国在外交关系法领域的理论与实践

一、新中国外交关系的建立和发展

新中国成立前夕,于1949年9月29日通过的《中国人民政治协商会议共同纲领》规定,凡与国民党反动派断绝关系,并对中华人民共和国采取友好态度的外国政府,中华人民共和国中央人民政府可在平等、互利及互相尊重领土主权的基础上,与之谈判并建立外交关系。该共同纲领所规定的对中华人民共和国采取友好态度和接受平等、互利及互相尊重主权的原则,是一般性的条件;与原国民党政府断绝关系,是特殊的条件;谈判是建交要经过的程序。以后,这一规定发展为:只要外国政府承认中华人民共和国政府为中国唯一合法的政府,台湾是中国的一部分,我国政府都愿意在和平共处五项原则的基础上与之通过谈判的方式建立外交关系。1949年10月2日,中华人民共和国与苏联建交;同年10月4日,与保加利亚建交;同年10月5日,与罗马尼亚建交;同年10月6日,与匈牙利和朝鲜建交。截至2011年7月31日,中国已经与172个国家建立了外交关系。回顾六十多年的历程,新中国的外交关系经历了以下五个发展阶段:

(一) 第一个阶段,从新中国成立到20世纪50年代中期

在这一阶段,毛泽东主席、周恩来总理从当时两个阵营严重对峙的实际情况出发,作出了"另起炉灶""打扫干净屋子再请客"和"一边倒"的重大外交决策,彻底清除帝国主义在华特权和势力,同社会主义国家和其他友好国家建立外交关系,同苏联缔结中苏友好同盟互助条约。我国还同印度和缅甸共同倡导了举世闻名的和平共处五项原则,参加了具有重大历史意义的万隆会议。我国以崭新的面貌活跃在国际舞台上。

(二) 第二个阶段,从20世纪50年代后期至60年代末

在这一阶段,我国大力支持亚非拉人民争取和维护民族独立的正义斗争,加强同他们的政治、经济合作。我国不断发展同周边国家的睦邻友好关系,同一些邻国解决了历史遗留的边界问题。随着中法建交,我国同西欧国家的关系也取得了进展。在这一阶段,新中国迎来了同外国的第二次建交高潮。

(三) 第三个阶段,20世纪70年代

在这一阶段,由于美苏争霸出现了苏攻美守的局面,毛泽东主席提出了划分三个世界的战略思想。我国坚决反对两个超级大国的霸权主义,不断加强同第三世界国家的团结与合作,同时大力发展同其他发达国家的关系。1979年美国总统尼克松访华,两国关系取得重大突破。随着在联合国合法席位的恢复,我国在国际事务中发挥了日益重要的作用。

(四) 第四个阶段,20世纪80年代

在这一阶段,邓小平继承毛泽东、周恩来的外交思想,对国际形势作出了新的判断,并据此调整了对外战略,进一步完善了我国独立自主的和平外交政策,在国际事务中坚持反对霸权主义,维护世界和平。我国的对外关系得到了全面发展,国际地位大为加强。

(五) 第五个阶段,从 20 世纪 90 年代至今

在这一阶段,国际形势发生急剧变化。我国坚定不移地继续奉行独立自主的和平外交政策,始终把国家的主权和安全放在第一位,坚持在和平共处五项原则的基础上同所有国家发展友好合作关系,我国的国际地位进一步加强。

二、新中国外交关系的创造性实践

在新中国建立和发展外交关系的过程中,有许多创造性的实践,主要表现为:

(一) 半外交关系

半外交关系,实际上是一种不正常的外交关系,说明两国间的建交尚未完成,还不够建立全面的外交关系(如彼此不设立使馆)。这是我国在建交实践中打破国际常规的一种创造。因为,有些国家虽然表示愿意与我国建交,但是同时又与台湾地区保持着官方关系,为此,我国曾一度与之建立一种半外交关系。直到这些国家与台湾地区断绝官方关系,我国才与之建立正常的外交关系。例如,中英最初所建立的半外交关系,说明了我国在对待台湾问题上的原则立场问题。1972 年,当英国改变了原来的立场时,我国随即将代办级外交关系升格为大使级。

(二) 中美长达 24 年的大使级会谈

中美两国大使级会谈于 1955 年 8 月 1 日在日内瓦开始举行。1957 年底至 1958 年 9 月,由于美国政府企图将谈判代表由大使级官员降至非大使级官员,致使会谈中断了十个月。1958 年 9 月 15 日,中美两国在华沙恢复了大使级会谈。两国的谈判代表是大使一级的外交官,在协议和文件上,双方都使用大使头衔。在两个没有正式建交的国家之间长时期地进行大使级的外交谈判,并以此作为两国保持外交接触的固定的特殊方式,这是我国在国际关系史上的独创。这种外交方式实际上是一种非正式的外交关系。如此长期的大使级会谈为中美两国 1979 年 1 月 1 日正式建交并直接互设大使馆打下了扎实的基础。

(三) 中日两国的人民外交关系

中日两国的人民外交关系是我国在对外关系活动中的又一项创举。例如,1959 年 3 月,以浅沼稻次郎为团长的日本社会党访华代表团来北京访问,会谈的结果是中国人民外交学会会长张奚若和浅沼稻次郎团长发表了共同声明。双方重申了日本岸信介政府必须接受并实行中国方面提出的三项原则:一是停止执行敌视中国的政策;二是不参加制造"两个中国"的阴谋;三是不阻挠中日两国正常关系的恢复,这是打开中日关系的僵局的前提。同时,还表示要求废除"日蒋和约",同中华人民共和国另订和约,以及要求打破日美"安全保障"体制和建立亚洲及太平洋地区的集体安全体系,保证日本中立地位。上述共同声明的内容涉及中日两国关系的重大政治问题,对于

两国关系恢复正常化具有重要的政治意义和影响。又如,1955年4月,中日两国的渔业团体发表了中日渔业会谈公报。1956年12月,中国渔业协会访日代表团同日本渔业协会代表团发表了共同声明,要求两国政府缔结渔业协定。1956年,中国国际贸易促进委员会同日本国际贸易促进协会、日本国会议员促进中日贸易联盟发表了关于进一步促进中日贸易的声明。中日两国的民间团体就双方的有关业务发表的声明或公报,为签订民间协定开辟了道路或者直接构成了民间协定的一部分。通过中日两国具有代表性的人民团体的非官方的接触,为中日以后的正式建交奠定了良好的基础。

三、中国关于外交特权与豁免的立法实践

中华人民共和国成立后,曾于1951年9月4日由政务院通过了《中华人民共和国对各国外交官及领事官优遇暂行办法》。此外还有关于外交特权与豁免方面的单行规定,如1961年公布的《对各国外交官和领事官的行李物品进出国境优待暂行办法》、1957年公布的《中华人民共和国海关对进出国境的中国和外国信袋及外交信使个人行李物品放行办法》等。仅以上述办法或规定处理来华使节和驻华使馆的外交特权与豁免,是远不能适应我国外交关系发展需要的。为了改变我国外交立法缺乏的状况,适应国际交往的需要,1986年9月5日,第六届全国人民代表大会常务委员会第十七次会议通过了《外交特权与豁免条例》(以下简称《条例》),该条例的原则和基本内容与1961年的《维也纳外交关系公约》所规定的特权与豁免基本相同,但是,又在公约许可的范围内,结合我国的具体情况,作了一些调整和补充规定。

(一)《条例》扩大了外交特权与豁免对人的适用范围

该条例规定,在中国境内享有外交特权与豁免的人员除使馆人员、外交信使、途经中国的驻第三国的外交人员外,还包括持有中国外交签证或外交护照来中国的外交官员,经中国政府同意给予特权与豁免的其他来华访问的外国人士,以及来中国访问的外国国家元首、政府首脑、外交部长及其他同等身份的官员。

(二)《条例》还扩大了民事管辖豁免的范围

《维也纳外交关系公约》第31条第1款(乙)项规定的例外情况包括外交代表以私人身份并不代表派遣国而为遗嘱执行人、遗产管理人、继承人或受遗赠人之继承事件之诉讼。而我国《条例》第14条规定的例外情况仅仅指外交代表以私人身份进行的遗产继承的诉讼。可见,《条例》规定的民事管辖豁免的例外范围更小,即它所规定的民事管辖豁免的范围超过《维也纳外交关系公约》的规定。

(三)《条例》确立了外交特权与豁免的对等原则

《条例》第26条规定,如果外国给予中国驻该国使馆、使馆人员以及临时去该国的有关人员的外交特权与豁免,低于中国按本《条例》给予该国驻中国使馆、使馆人员

以及临时来中国的有关人员的外交特权与豁免,中国政府根据对等原则,可以给予该国驻中国使馆、使馆人员以及临时来中国的有关人员以相应的外交特权与豁免。

《条例》还规定,来中国参加联合国及其专门机构召开的国际会议的外国代表、临时来中国的联合国及其专门机构的官员和专家、联合国及其专门机构驻中国的代表机构和人员的待遇,按中国已加入的有关国际公约和中国与有关国际组织签订的协议办理。

此外,我国还对当前国际上关注的外交特权与豁免相关的热点问题作出了反应:为确保外交代表的不可侵犯权,除《条例》规定外,全国人大常委会于1987年6月作出了一项决定,中华人民共和国对于缔结或者参加的国际条约所规定的犯罪行为(包括侵害外交代表的犯罪行为),将视其为国内法上的犯罪,在承担条约义务的范围内,行使刑事管辖权,以保证我国法律可以根据有关条约,对有关国际罪行行使刑事管辖权。1987年8月5日,我国加入了1973年《关于防止和惩处侵害应受国际保护人员包括外交代表的罪行的公约》。我国承诺接受公约所规定的义务,对有关侵犯国际保护人员的犯罪行为行使刑事管辖权。这充分表明了我国政府对维护受国际保护人员安全进行国际合作的重视以及切实履行有关国际义务的严正立场。

另外,我国对有关外交信使和外交邮袋的争议问题也申明了立场:对外交邮袋给予保护是符合1961年《维也纳外交关系公约》的精神与规定的,维护外交通信的保密性是国家公务的需要。同时,外交邮袋只能专用于政府的公务目的,任何与此目的不相符的滥用应被禁止。

【本章小结】 外交关系法是指调整国家之间对外关系的原则、规则和制度的总称。外交关系法的主要内容有:外交关系的建立及使馆的设立;外交使(团)节的派遣与接受程序;外交使(团)节的等级与职务;外交使(团)节的特权与豁免;外交使(团)节与接受国或接受国际组织之间的关系等。作为国际法中最古老和最成熟的部门法之一,外交关系法的作用非常显著。本章首先概述了外交和外交关系、外交关系法的产生和发展以及一些重要的外交法公约。然后,本章重点对外交机关体系、使馆及其职务、外交团、特别使团、国家向国际组织派遣的使团、国际组织向国家派遣的使团、外交特权与豁免等方面作了详细的介绍和说明。本章最后对中国在外交关系领域的理论和实践作了阐述。

思考题

1. 试述外交关系法的产生和发展。
2. 试述外交机关体系。
3. 试述使馆人员的组成。
4. 试论外交特权与豁免的理论根据。
5. 试述外交特权与豁免的内容。

第十二章
领事关系法

领事制度,是指一国派遣特定机构或个人驻他国某一城市或地区执行保护派遣国及其公民和法人在当地的合法权益的国际法制度。领事制度由来已久,在历经几个世纪的发展之后,到第二次世界大战后进入了成型的阶段。1963年的《维也纳领事关系公约》是规范领事关系的代表性公约,其内容主要包括领事关系的建立、领事的派遣和接受、领事职务、领事特权和豁免等原则和规则。当今世界,人员的跨国流动日益频繁,如何保护在国外的本国人的合法权益日益成为一个重要的问题。领事制度和领事关系法无疑是解决这个问题的一个重要方法。随着领事关系法的日益完善,它在保护处于国外的本国人利益方面的作用正不断增强,领事关系法在整个国际法体系中的地位也日趋重要。

第一节 领事制度概述

一、领事和领事关系

领事,是国家根据与他国的协议,派往他国某一城市或地区执行领事职务,以保护派遣国及其公民和法人在当地的合法权益的人员。从某种意义上说,领事主要是一国的商务代表,偏重于对本国商务和侨民利益的保护。

领事和外交代表都是一国政府正式派遣的执行本国对外政策和保护本国利益的人员。但是,领事不同于外交代表,主要区别有:

其一,外交代表全面代表派遣国,同接受国就涉及两国关系中带全局性的重大问题进行交涉,而领事不能直接与接受国中央打交道;

其二,在职务上,外交代表所保护的利益对派遣国来说,是属于全国性的重大利益,而领事的主要职务是保护派遣国关于商务及侨民的利益;

其三,在工作地域范围上,外交代表可及于接受国的全境,而领事一般以其辖区为限,仅与该地方当局交涉;

其四,在享受特权和豁免上,领事享受的特权和豁免要比外交代表少。

领事关系是国家之间互派领事在执行领事职务过程中形成的关系。国与国之间领事关系的建立,应得到彼此的同意。依据《维也纳领事关系公约》第2条的规定,国与国间领事关系的建立,以协议为之。此外,除另有声明外,两国同意建立外交关系亦即同意建立领事关系。断绝外交关系并不当然断绝领事关系,同样,如果两国断绝领事关系,也不当然断绝外交关系。

二、领事制度的产生与发展

领事制度的产生具有长远的历史。早在古希腊时期,就已经有了领事制度的萌芽,但是领事制度作为一项制度来说,则产生于中世纪后期。当时,由于国际贸易的发展,在意大利、西班牙和法国的商业城镇中,外国商人为了解决他们之间的商务纠纷,常从商人中间推选出一人或数人充当仲裁人,称为"仲裁领事"或"商人领事"。之后,随着十字军东征,西方国家的商人们来到中东定居并开办商业,也把上述领事制度带到了中东国家,同时,西方战胜国还与中东回教君主签订《领事裁判权条约》,把领事权利从解决商人的纠纷扩大到保护本国公民特权和生命财产,以及管辖本国公民间的民、刑事案件。这就是最早出现的领事裁判权制度。[①]

到了15世纪,这种民间的领事制度开始传到了西欧的其他国家,如英国、荷兰等国。16世纪后,领事逐渐改由政府委派和控制,称为"委任领事"。但到了17世纪,由于近代国家主权观念的增强,西方国家把领事裁判权取消了,领事只负责照管本国的通商航海事务和保护侨民的利益。

18世纪后半叶,随着资本主义的发展,以及随之而来的国际贸易和航海事业的发展,领事制度获得了进一步的发展,并且形成了比较系统的习惯规则。例如,这一时期具有典型意义的双边条约是1769年法国和西班牙签订的《帕多条约》。[②]该条约第一次规定了有关领事职务、特权和豁免的内容。这一时期其他重要的领事法还有:《荷兰领事条例》(1786年)、《美国领事业务法》(1792年和1856年)、《英国领事法》(1825年)以及1781年和1833年法国的有关法令等。但是,进入19世纪,领事制度却成为西方资本主义大国争夺市场和向外侵略扩张的一种工具。它们通过签订不平等条约,将在欧洲已取消了的领事裁判权强加于中国等亚洲的一些国家。它们肆意侵犯驻在国的主权,干涉驻在国的内政,将其沦为殖民地和半殖民地,并进行残酷的剥削和掠夺。直到第二次世界大战结束后,领事裁判权才被废除。

---

① 参见梁淑英:《国际法》,中国政法大学出版社2002年版,第306页。
② 参见〔美〕L. T. 李:《领事法和领事实践》,傅铸译,商务印书馆1975年版,第8页。

三、领事关系法和《维也纳领事关系公约》

领事关系法主要是关于领事关系的建立、领事的派遣和接受、领事职务、领事特权和豁免等原则及规则的总和。

周鲠生先生认为,领事制度的规则可以有以下几种根据:一是国际习惯法;二是各国的国内法和实践;三是条约(双边条约和国际公约)。① 但是,长期以来,国际上没有一个普遍适用的关于领事制度的国际公约,调整国家之间领事关系的法律规则是大量的双边领事条约以及由这些条约形成的习惯规则和某些国家在国内法上的相关立法,如1927年《苏联关于外国驻苏使领馆的规则的法令》、1923年《美德友好通商领事专约》、1925年《苏德领事专约》和1957年《德捷领事专约》等。虽然,国际社会曾经通过了一些有关领事关系的建议案和区域性的领事关系法,如1896年9月2日国际法学会在威尼斯年会上通过的《关于领事特权规则》;1932年美国哈佛法学院国际法研究部发表的《关于领事的法律地位和职务公约草案》;1928年2月20日,第六届泛美会议(哈瓦那)上通过的《哈瓦那领事公约》,获得了巴西、哥伦比亚、古巴、厄瓜多尔、美国、墨西哥、尼日利亚、巴拿马、多米尼加和乌拉圭等国的批准,②但这些建议案和区域性的领事关系法都没能成为有效的国际公约,直至1963年4月22日,才在联合国的主持下签订了《维也纳领事关系公约》。

《维也纳领事关系公约》是关于领事制度的一个普遍性公约。第二次世界大战后,随着国际经济、政治的迅猛发展和变化,领事制度得到了进一步的发展。于是,在1949年联合国国际法委员会的第一次会议上就选定"领事往来和豁免"作为编纂法典的14个专题之一。1955年,联合国国际法委员会在其第七届会议上,决定开始研究"领事往来和豁免"这一专题,并指派捷克人佐雷克(Jaroslar Zourek)为专题报告员。经过长达六年的编纂及多次修改以后,《领事往来和豁免条款草案》终于在1961年的联合国国际法委员会的第十三届会议上获得通过。1961年12月18日,联合国大会通过1685(ZVI)号决议,决定于1963年召开国际会议,讨论通过以该草案为基础而缔结的公约。

1963年4月22日,联合国在维也纳召开的国际会议上通过了以该草案为基础的《维也纳领事关系公约》。1967年3月19日,公约正式生效。该公约附有两个议定书:《维也纳领事关系公约关于取得国籍之任择议定书》《维也纳领事关系公约关于强制解决争端任择议定书》。该公约现有约120个缔约国。我国于1979年加入该公约,同年8月1日该公约对我国生效。③

---

① 参见周鲠生:《国际法》,商务印书馆1981年版,第572页。
② 参见丘日庆:《领事法论》,上海社会科学院出版社1996年版,第22页。
③ 参见王铁崖主编:《国际法》,法律出版社1995年版,第388页。

第二节 领事机关和领馆人员

一、领事机关

一国依据协议派遣到他国一定地区执行护侨、通商、航务等领事职务的机构,称为领事机关。在各国实践中,领事机关分为使馆内的领事部和专设的领事馆两类。前者是派遣国在其派往接受国的使馆内设立的领事机关,后者是派遣国在接受国的特定地点设立的领事机关。绝大多数国家都在外国设立专门的领事馆办理领事事务。在派遣国无专设领事馆的情况下,使馆领事部负责在接受国全境内的领事事务。如果派遣国在接受国设有领事馆,使馆领事部则只负责未包括在各领事辖区内的那些地区的领事事务。

根据《维也纳领事关系公约》的规定,领馆可以分为总领事馆、领事馆、副领事馆和领事代理处四级。但是在实践中,并非每个国家都实行四级领馆制。无论是哪一级领事馆,均有一个执行领事职务的区域,称为领事辖区。例如,1980年10月17日《中华人民共和国政府和法兰西共和国政府关于设立领事机构的协议》第1条规定:中华人民共和国政府同意法兰西共和国在上海设立总领事馆,其领区范围为江苏省、浙江省和上海直辖市。法兰西共和国政府同意中华人民共和国在马赛设立总领事馆,其辖区范围为阿尔卑斯滨海省、阿代尔什省、罗纳河口省、加尔省、埃罗省、伊泽尔省、卢瓦尔省、罗纳省和瓦尔省。① 一般来说,领事辖区与驻在国的行政区域相一致。派遣国在确定领馆的设立地点、领事馆的类别及其辖区后,如要变更须经接受国的同意。此外,总领事馆和领事馆意欲在其所在地以外设立副领事馆或领事代理处,或者在原设领馆所在地以外开设办事处作为该领馆的一部分,均须经接受国的同意。

二、领馆人员

根据《维也纳领事关系公约》的规定,领馆人员分为领事官员、领事雇员及服务人员。

领事官员是指派任此职承办领事职务的任何人员,包括领馆馆长在内。

领事雇员是受雇担任领馆行政或技术事务的人员,如书记员、速记员、办公室助理员、档案员等。

服务人员是指受雇担任领馆杂务的人员,如司机、清洁工、传达人员等。

此外,公约还提到私人服务人员,是指领馆人员的私人服务员,如保姆、仆佣等,

---

① 参见端木正主编:《国际法》,北京大学出版社1992年版,第296页。

私人服务人员不属于领馆人员之列。

领馆馆长就是领事。领事分为专职领事和名誉领事两类。

专职领事,是一国政府正式派遣的领馆馆长,即通常意义上的领事,他由派遣国国民担任,除执行领事职务外,一般不从事其他职业活动。

名誉领事,也称选任领事,其人选大多从领馆所在地的本国侨民中选任,也可以从接受国的国民中选任。任名誉领事的一般是商人或律师,在从事自己职业的同时,由派遣国选任兼办领事事务。名誉领事不属于派遣国国家人员编制,不领取薪金,通常以领馆所收的手续费、规费为报酬。有些国家所委任的名誉领事的数目比职业领事还多。根据《维也纳领事关系公约》的规定,国家可以自由决定是否派遣或接受名誉领事。现在世界上有六十多个国家委派或接受名誉领事。有的国家只限于接受名誉领事。①

领馆馆长的等级和优先位次。根据《维也纳领事关系公约》第9条的规定,领馆馆长分为四个等级:总领事、领事、副领事、领事代理人。

总领事是最高级的领事人员,领导总领事馆的工作,管辖几个领事辖区或一个大且重要的领事辖区。

领事是次于总领事的第二级的领事人员,他可以担任较小领事辖区的领馆馆长,也可以在总领事馆内作总领事的助手,或任领事分馆的馆长。

副领事是第三级领事人员,他可以担任总领事或领事的助手,或担任领事分馆的馆长。

领事代理人是职称,由总领事或领事经本国政府同意后任命,在该领事辖区内某些地方所设的领事代理处执行某些领事职务。

公约规定了四级馆长,并非表示国家在实践中必须派遣和接受这四级馆长。目前,中国在外国只设立总领事馆和领事馆,外国在中国设立的领馆均为总领事馆。

关于领馆馆长的优先位次,《维也纳领事关系公约》第16条规定,领馆馆长在各等级中的优先位次,依发给领事证书的日期确定。如领馆馆长在获得领事证书之前经暂时准予执行职务,其优先位次依暂时准予执行职务的日期确定。

三、领馆馆长和馆员的派遣与接受

(一) 领馆馆长的派遣和接受

按照《维也纳领事关系公约》第10条至第13条的规定,领馆馆长由派遣国委派并由接受国承认准予执行职务。委派及承认领馆馆长的手续各依派遣国及接受国的法律规章与惯例办理。有的国家规定由国家元首任命,有的国家规定由政府任命。

中国依照国务院组织法,总领事由国务院任命,其他各级领事由外交部任命。领馆馆长每次奉派任职,应由派遣国发给委任文凭(Consular Provision)或类似文书(中

---

① 参见丘日庆:《领事法论》,上海社会科学院出版社1996年版,第93页。

国政府发给的此种文书称为"领事任命书"),在证书上载明馆长的全名、国籍、性别、官衔与等级、领馆辖区及领馆设置地点。派遣国应通过外交途径或其他适当途径将此委任文凭或类似文书转送给接受国政府。获接受国准许后,领馆馆长可执行职务。此项准许由接受国发给领事证书(Consular Exequatur)确定。领事证书可以是特别颁发的特别文件,也可以在领事任命书上批写"领事证书"。发给领事证书是表示接受国承认或接受派遣国委派的领事,并准许其执行职务的一种方式。但在领事证书未送达前领事可临时执行职务。

近年来,领馆馆长的委派和接受程序有趋于简化之势。例如,1980年《中美领事条约》规定,派遣国通过外交途径向接受国致送任命领馆馆长的书面通知,其中载有领馆馆长的全名、官衔等,接受国如无异议,应毫不迟延地予以书面确认。1990年中国与老挝的《领事条约》也作了类似的规定。①

(二) 领馆馆员的派遣和接受

根据《维也纳领事关系公约》第19条的规定,领馆馆员的委派可由派遣国自由决定。但若委派具有接受国国籍的人或第三国国民充任领馆馆员须经接受国明示同意;此外,不得委派被接受国宣布为不受欢迎的人或不能接受的人充任领馆馆员。对领馆馆员中领事官员的委派,派遣国应在充任时间前将他们的全名、职责及等级通知接受国,接受国可在他们到达该国国境前或就职前宣布其为不能接受。派遣国可要求接受国对馆长之外的领事官员发给领事证书或接受国认为必要时而发给他们领事证书。

关于领馆馆员的人数,如国家间无协议,接受国得酌量领馆辖区内的环境与情况需要,要求馆员人数不超过其认为合理及正常之限度。以上所称的领馆馆员者,谓除馆长以外的领事官员、领馆雇员及服务人员。②

(三) 对领馆馆长和馆员的拒绝接受

对领馆馆长和领馆馆员是否发给领事证书,由接受国决定。根据《维也纳领事关系公约》第23条的规定,接受国可随时通知派遣国,宣告某一领事官员为不受欢迎的人员或任何其他领馆馆员为不能接受。在这种情形下,派遣国应视情形召回有关人员或终止其在领馆中的职务。如果派遣国拒绝召回有关人员或终止其职务,接受国得视情形撤销领事证书或不复承认该员为领馆馆员。接受国采取上述措施无须向派遣国说明理由。

四、领事团

领事团不是依领事关系法成立的组织。但依照国际惯例,驻在一个城市的各领

---

① 参见王铁崖主编:《国际法》,法律出版社1995年版,第391页。
② 参见梁淑英:《国际公法》,中国政法大学出版社1993年版,第309页。

馆可以成立领事团。领事团团长一般由职衔最高,获得领事证书或得到许可暂时执行职务最早的领馆馆长担任。领事团的活动通常是礼仪性的。领事团团长的职责主要是代表领事团在某些典礼或交际场合致辞、祝酒或向地方当局提出日常事务方面的要求。接受国地方当局应对领事团的正常活动给予一定的便利。

第三节　领事职务及其终止

一、领事的职务

总体而言,领事的职务在于促进派遣国与接受国之间的经济文化关系,以及办理签证、旅游、船舶等事务。《奥本海国际法》列举了四项领事的主要职务,它们是:促进工商业、监督航务、保护侨民和公证职务。[①] 1963年的《维也纳领事关系公约》第5条对领事的职务规定了以下十三项:

第一,国际法许可之限度内,在接受国保护派遣国及其国民——个人与法人的利益;

第二,依本公约之规定,增进派遣国与接受国间之商业、经济、文化及科学关系的发展,并在其他方面促进两国之友好关系;

第三,以一切合法手段调查接受国商业、经济、文化及科学活动之状况及发展情形,向派遣国具报,并向关心人士提供资料;

第四,向派遣国国民发给护照及旅行证件,并向拟赴派遣国旅行人士发给签证及其他适当文件;

第五,帮助及协助派遣国国民——个人与法人;

第六,担任公证人、民事登记员及类似之职务,并办理若干行政事务,但以接受国法律规章无禁止的规定为限;

第七,依接受国法律规章在接受国境内之死亡继承事件中,保护派遣国国民的利益;

第八,在接受国法律规章所规定的限度内,保护为派遣国国民之未成年人及其他无充分行为能力人之利益,尤以须对彼施以监护或托管之情形为然;

第九,以不抵触接受国国内施行之办法与程序为限,遇派遣国国民因不在当地或由于其他原因于适当期间不能自行辩护其权利与利益时,在接受国法院及其他机关之前担任其代表或为其安排适当之代表,依照接受国法律规章取得保全此等国民之权利之临时措施;

---

① 参见〔英〕詹宁斯、瓦茨修订:《奥本海国际法》第一卷第二分册,王铁崖等译,中国大百科全书出版社1998年版,第563页。

第十,依现行国际协定之规定或于无此种国际协议时,以符合接受国法律规章之任何其他方式,转送司法书状与司法以外文件或执行委托调查书或代派遣国法院调查证据之委托书;

第十一,对具有派遣国国籍的船舶,在该国登记之航空器以及其航行人员,行使派遣国法律规章所规定之监督及检查权;

第十二,对前款所称之船舶与航空器及其航行人员给予协助,听取关于船舶航程之陈述,查验船舶文书并加盖印章,于不妨害接受国当局权力之情形调查航行期间发生之任何事故及在派遣国法律规章许可范围内调解船长、船员与水手间的任何争端;

第十三,执行派遣国责成领馆办理而不为接受国法律规章所禁止,或不为接受国所反对,或派遣国与接受国间现行国际协议所订明之其他职务。

综上所述,领事职务多限于民事、商事之行为,这与外交使节所从事的政治职务有很大的不同。但近年来,随着国际经济的迅猛发展,各国之间的经济外交占据了外交关系的重要地位,因此,领事职务与外交职务的区别就不那么明显了,也就是说,领事也经常办理应由外交代表所办理的事务,而在一些使馆内也设立一个领事组,作为使馆的一部分,执行领事职务。①

二、领事职务的终止

领事职务可以由于多种原因而终止,主要的情形有:

其一,派遣国通知接受国有关领事的职务业已终止;

其二,领事证书被撤销;

其三,被宣告为不受欢迎的人或不能够接受的人;

其四,领事关系断绝或领馆关闭;

其五,派遣国与接受国之间发生战争。

按照《维也纳领事关系公约》的规定,断绝外交关系并不当然断绝领事关系。派遣国与接受国之间断绝外交关系时,领事关系是否断绝,要看两国的意图而定。

第四节 领事特权与豁免

一、领事特权与豁免的依据

《维也纳领事关系公约》对于领事特权与豁免的根据,像《维也纳外交关系公约》一样,采取职务需要说和代表性说的综合。该公约的序言指出:"此等特权及豁免之目的不在于给予个人以利益而在于确保领馆能代表本国有效执行职务。"由此可见,

---

① 参见周忠海:《国际法学述评》,法律出版社2001年版,第450页。

领馆和领事官员的便利、特权及豁免,在于领馆和领事官员是代表其国家并且使他们能有效执行职务,而不是给予个人什么特殊利益。

二、领馆的特权与豁免

(一) 领馆的便利

《维也纳领事关系公约》第 20 条规定:"接受国应给予领馆执行职务的充分便利。"该公约第 30 条还规定,接受国应便利派遣国置备馆舍或协助领馆以其他方法获得房舍,在必要时并应协助领馆为其人员获得适当房舍。

(二) 领馆馆舍在一定限度内不受侵犯

领馆是代表派遣国的机关,其专供领馆工作之用的部分要受到特别保护,不得侵犯。按照《维也纳领事关系公约》第 3 条的规定,领馆馆舍的不可侵犯表现为:(1) 接受国官员非经领馆馆长或其指定人员或派遣国使馆馆长同意,不得进入领馆馆舍中专供领馆工作之用部分。惟遇火灾或其灾害须迅速采取保护行动时,得推定馆长已同意。(2) 接受国负有特殊责任,采取一切适当步骤保护领馆馆舍免受侵入或损害,并防止任何扰乱领馆安宁或有损领馆尊严的情事。(3) 领馆馆舍、馆舍设备以及领馆的财产与交通工具应免受为国防或公务目的而实施的任何方式的征用。如为此目的确有征用之必要时,接受国应采取一切可能步骤以免妨碍领馆执行职务,并应向派遣国作出迅速、充分及有效的赔偿。

国际法院有一个关于领馆馆舍不可侵犯的著名案例:1979 年末,伊朗学生侵入并占领美国驻德黑兰大使馆,在稍后不久,又将美国驻伊朗大不里士市和设拉子市领事馆占领,还扣留了领事人员作人质。伊朗当局对伊朗学生的上述行动未加以制止。对此,国际法院于 1980 年 5 月 24 日作出判决,命令伊朗释放人质、归还美大使馆和领事馆,以及对美国作出赔偿。

值得一提的是,在实践中,领馆馆舍的有限度的不可侵犯正在发生一定的变化。在中国与美国、中国与老挝领事条约中规定的领馆馆舍的不可侵犯是完全的,并扩大适用于领事官员的住宅。例如,中国与老挝领事条约规定,领馆馆舍和领事官员的住宅不受侵犯,接受国当局人员未经领馆馆长或派遣国使馆馆长或他们两人中指定的人的同意,不得进入领馆馆舍和领事官员的住宅。① 此外,在关于领馆馆舍的免予征用的问题上,也有类似的发展。在一些双边条约中,中国同意关于领馆在必要时给予赔偿的条件下,可以征用。同时,在互惠的基础上,中国也与一些国家达成协议,对领馆馆舍完全免予征用。在有些双边领事条约中,领馆馆舍的不可侵犯已被提高到接近使馆馆舍不可侵犯的标准。

---

① 参见王铁崖主编:《国际法》,法律出版社 1995 年版,第 393 页。

(三) 领馆档案及文件不得侵犯

领馆档案及文件属于派遣国的国家机密,因此,《维也纳领事关系公约》第33条规定:"领馆档案及文件无论何时,亦不论位于何处,均属不得侵犯。"

领馆的档案包括一切文书、文件、函电、簿籍、胶片、胶带、登记册、明密电码、记录卡片及供保护或保管这些文卷之用的任何器具以及单行的文件。

领馆的档案和文件无论何时,亦不论位于何处,均不得侵犯。所谓无论何时,解释上应包括两国发生战争、武装冲突或断绝领事关系,领馆暂时或长期停闭时;所谓不论位于何处,解释上应包括派遣国将领馆档案委托接受国可以接受之第三国领馆保管时,均不得侵犯。

(四) 通讯自由

为确保领馆能有效执行职务,领馆享有通讯自由的特权。根据《维也纳领事关系公约》第35条的规定,通讯自由,包括下列七个方面:

1. 接受国应准许领馆为一切公务目的的自由通讯,并予以保护。领馆与派遣国政府及无论何处之该国使馆及其他领馆通讯,得采用一切适当方法,包括外交或领馆信差、外交或领馆邮袋及明密电码在内。但领馆须经接受国许可,始得装置及使用无线电发报机。

2. 领馆之来往公文不得侵犯。来往公文系指有关领馆及其职务之一切来往文件。

3. 领馆邮袋不得予以开拆或扣留。但如接受国主管当局有重大理由认为邮袋中有不在本条第4项所称公文及用品之列之物品时,如非装载来往公文及公务文件或专供公务之用之物品时,得请派遣国授权代表一人在接受国主管当局前将邮袋开拆。如派遣国当局拒绝此项要求,邮袋应予退回至原发送地点。

4. 构成领馆邮袋之包裹须有可资识别之外部标记,并以装载上面曾提到的来往公文及公务文件或专供公务之用的物品为限。

5. 领馆信差应持有官方文件,载明其身份及构成领馆邮袋之包裹件数。除经接受国同意外,领馆信差不得为接受国国民,亦不得为接受国永久居民,但其派遣国国民者不在限。其于执行职务时,应受接受国保护。领馆信差享有人身不得侵犯权,不受任何方式之逮捕或拘禁。

6. 派遣国,其使馆及领馆得派特别领馆信差。遇此情形,上述第5点之规定亦应适用,惟特别信差将其所负责携带之领馆邮袋送交收件人后,即不复享有该项即第5点的人身不得侵犯、不受任何方式之逮捕或拘禁的豁免。

7. 领馆邮袋得托交预定在准许入境地点停泊之船舶船长或在该地降落之商业飞机机长运带。船长或机长应持有官方文件,载明构成邮袋之包裹件数,但不得视为领馆信差。领馆得与主管地方当局商定,派领馆人员一人径向船长或机长自由提取领馆邮袋。

(五）行动自由

关于领馆人员的行动自由,《维也纳领事关系公约》第34条规定:"除接受国为国家安全设定禁止或限制进入区域所订法律规章另有规定外,接受国应确保所有领馆人员在其境内行动及旅行之自由。"《中华人民共和国领事特权与豁免条例》第7条也规定:"领馆成员在中国境内有行动和旅行的自由,但中国政府规定禁止或者限制进入的区域除外。"

(六）免纳关税和捐税

领馆免税,包括领馆馆舍免税和领馆规费与手续费免税。《维也纳领事关系公约》第32条规定,领馆馆舍及职业领馆馆长寓邸之派遣国人员为该房所有权人或承租人者时,概免缴纳国家、区域或地方性之一切捐税,但其为对供给特定服务应纳之费者不在此例。领馆规费与手续费也免税。第39条规定,领馆得在接受国境内征收派遣国法律规章所规定之领馆办事规费与手续费。上述规费与手续费的收入款项以及规费或手续费的收据,概免接受国之一切捐税。第50条规定,接受国应依本国制定的法律规章,准许领馆公务用品入境并免除一切税费。领馆"公务用品",系指领馆执行职务直接需要用的物品,包括家具、陈设品、办公用品、招待用品和机动车辆等。

(七）与派遣国国民通讯及联络

领事馆是派遣国设在接受国的机关,也是派遣国联系接受国的一个窗口。因此,领事馆担负着与派遣国通讯及联络的任务。根据《维也纳领事关系公约》第36条的规定,为便于领馆执行其对派遣国国民的职务起见:

1. 领事官员得自由与派遣国国民通讯及会见。派遣国国民与派遣国领事官员通讯及会见应有同样自由。

2. 遇有领馆辖区内有派遣国国民受逮捕或监禁或羁押候审,或受任何其他方式之拘禁之情事,经其本人请求时,接受国主管当局应迅即通知派遣国领馆。受逮捕、监禁、羁押或拘禁之人致领馆之信件亦应由该当局迅予递交。该当局应将本款规定之权利迅即告知当事人。

3. 领事官员有权探访受监禁、羁押或拘禁之派遣国国民,与之交谈或通讯,并代聘其法律代表。领馆官员并有权探访其辖区内依判决而受监禁、羁押或拘禁之派遣国国民。但如受监禁、羁押或拘禁之国民明示反对其行动时,领事官员应避免采取此种行动。

(八）使用国旗、国徽的自由

国旗、国徽是一国的象征和标志,理应受到尊重。因此,领馆使用的国旗、国徽和馆牌,是领馆尊严的象征,接受国应当予以保护。根据《维也纳领事关系公约》第29条的规定,领馆所在的建筑物及其正门外,以及领馆馆长寓邸和在执行公务时所使用的交通工具上,可以悬挂派遣国国旗并展示国徽。

三、领事官员的特权与豁免

领事官员的特权与豁免的内容主要有以下九个方面：

（一）人身在一定限度内不受侵犯

《维也纳领事关系公约》第40条规定："接受国对于领事官员应表示适当尊重并采取一切适当步骤以防其人身自由或尊严受任何侵犯。"对领事官员，只有在他犯了严重罪行，并且依主管司法机关的裁判执行，才能予以逮捕候审或羁押候审。例如，1988年12月2日，美国警方在距芝加哥50公里处的一个加油站，以严重违反美国法律为由，逮捕了南斯拉夫驻芝加哥总领事比耶迪奇，指控的理由是他把美国人交给他的贩毒所得150万美元通过外交邮袋带回国，然后再经银行合法途径转入美国。据美国法律，他在费城审讯并可被判处5年徒刑或25万美元罚金。同日，南斯拉夫驻华盛顿大使馆就此事向美国提出抗议并要求立即释放比耶迪奇。除了有上述情形，并为执行有确定效力的司法裁决外，不得对领事官员施以监禁或对其人身自由加以任何其他方式的拘束。如果对领事官员提起刑事诉讼，该官员须到管辖机关出庭，但应予以适当照顾。

在有些双边领事条约中，领事官员的人身不可侵犯的标准有所提高。例如，中国与老挝领事条约中规定："领事官员人身不受侵犯，不得对其予以拘留或逮捕。接受国应采取适当措施防止领事官员的人身自由和尊严受到侵犯"（第34条）。中国与美国领事条约中规定："接受国应给予领事官员适当的保护，以防止他们的人身、自由或尊严受任何侵犯。"

（二）管辖豁免

根据《维也纳领事关系公约》第43条的规定，领事官员和领事雇员对其执行领事职务而实施的行为一般不受接受国司法或行政机关的管辖。但有两种例外：（1）因领事官员并未明示或默示以派遣国代表身份而订立契约所发生的民事诉讼。（2）第三者因车辆、船舶或航空器在接受国内所造成的意外事故而要求损害赔偿之诉讼。例如，领事官员所乘的汽车，因交通事故致伤害第三人而被提起伤害赔偿之民事诉讼时，领事官员不享受民事管辖豁免。此外，在实践中领事官员主动起诉引起的与本诉直接有关的反诉不享受豁免。

《维也纳领事关系公约》所规定的管辖豁免限于有关人员的职务行为。但在实践中，这个规则也有发展，如中美领事条约在此问题上规定，领馆成员及其家庭成员免受接受国的刑事管辖。依此，不仅刑事管辖的豁免不限于执行职务的行为，而且享有这项豁免的人员范围也扩大了。但这些人员的民事和行政管辖豁免仍限于他们执行领事职务时的作为。在有些领事条约中，如中国与老挝条约、中国与吉尔吉斯条约，对领事官员和领馆其他成员加以区别，领事官员免受接受国的司法或行政管辖（除特定的几种民事诉讼外），但领馆行政和技术人员以及领馆服务人员免受接受国的上述管辖仅限于执行公务的行为。《中华人民共和国领事特权与豁免条例》第14条第1款规定:"领事官员和领馆行政技术人员执行职务的行为享有司法和行政管辖豁免。领事官员执行职务以外的行为的管辖豁免,按照中国与外国签订的双边条约、协定或者根据对等原则办理。"

(三) 作证义务的豁免

领馆人员得被请在司法或行政程序中到场作证。领馆雇员或服务人员不得拒绝作证,但领馆人员就其执行职务所涉事项,无担任作证或提供有关来往公文及文件的义务。对于领事官员,要求其作证的机关应避免对其执行职务有所妨碍,在可能的情形下,可以在其寓所或领馆录取证言,或接受其书面陈述。如领事官员拒绝作证,不得对其施行强制措施或处罚。领馆人员有权拒绝以鉴定人身份就派遣国的法律提出证言。但除上述情况外,领馆行政和技术人员以及领馆服务人员不得拒绝作证。

实践中,有关领馆人员的作证问题也有发展。中国同有些国家订立的领事条约中的规定,与《维也纳领事关系公约》的上述规定类似。中国在与另一些国家缔结的领事条约中,也同意领事官员享有完全的作证免除,对于领馆行政和技术人员以及领馆服务人员的规定,基本上与《维也纳领事关系公约》相似,但在作证的方式方法上有较多的照顾。

(四) 免纳关税及免受查验

《维也纳领事关系公约》第50条规定,领事免纳一切对个人和物的课税,包括国家的、区域的和地方的捐税,但间接税、遗产税、服务费等不在免除之列。虽然关税为间接税,但领事及其同一户口的家属初到任所需物品和消费品免纳关税;其行李免受查验,但有重大理由需要查验的,应于领事或其家属在场时进行。

(五) 免除个人劳务和捐献

接受国应准许领馆人员与其构成同一户口的家属免除一切个人劳务及所有各种公共服务,并免除有关征用、军事捐献和屯宿等军事义务。这里的军事义务,包括参加民兵活动;各种公共服务,如担任陪审员等。

(六) 领馆人员或其家属之遗产的出口及不课征遗产税

《维也纳领事关系公约》第51条规定,遇领馆人员或与其构成同一户口的家属死亡时,接受国:(1) 应许可亡故者的动产移送出国,但任何动产系在接受国内取得而在当事人死亡时禁止出口者,不在此列;(2) 对于动产之在接受国境内纯系因亡故者为领馆人员或领馆人员的家属所致的,应不课征国家、区域或地方性遗产税、遗产取得税、继承税或让与税。

(七) 社会保险办法免于适用

《维也纳领事关系公约》第49条规定,领馆人员对于接受国社会保险办法,可以免于适用,但这一规定不妨碍领馆人员对于接受国社会保险制度的自愿参加。

(八) 免除工作证的义务

《维也纳领事关系公约》第47条规定,领馆人员就他们对派遣国所为的服务来说,应免除他们对接受国关于雇用外国劳工的法律规章所规定的任何有关工作证的义务。此外,属于领事官员和领事雇员的私人服务人员,如果这些受雇的私人服务人员不在接受国从事其他有偿职业,也应免除上述有关工作证的义务。

(九) 特权及豁免的放弃

《维也纳领事关系公约》第45条第1款规定,派遣国得就某一领馆官员的人身不得侵犯、领馆官员及领馆雇员的管辖豁免、领馆人员作证义务的豁免,予以放弃,但此种放弃,概须明示,并应以书面通知接受国。此外,民事或行政诉讼程序上管辖豁免的放弃,不得视为对司法判决执行处分的豁免也默示放弃了。

四、领事特权与豁免的适用

(一) 领馆其他人员的特权与豁免

按照《维也纳领事关系公约》的规定,领事特权与豁免的适用范围除了包括领事官员以外,还包括领馆的雇员、服务人员及他们的家属。

公约规定,领事雇员的职务行为享有与领事官员相同的司法和行政管辖的豁免。领馆雇员和服务人员就其执行职务所涉事项无作证或提供有关来往公文或文件的义务,他们还有权拒绝以鉴定人身份就派遣国之法律提供证言。免除有关工作证的法律义务。领馆雇员免纳初到任时的安家物品及个人消费品的关税以及贮存、运送等类似服务费之外的课征。领事官员和雇员及他们的同户家属免除外侨登记和社会保险办法的适用。领事官员家属和领馆雇员及其家属免纳国家、区域或地方性捐税,但间接税和服务费不免除。服务人员就其服务的工资免纳捐税。领事官员的同户家属、领事雇员和服务人员及他们的同户家属免除个人劳务、公共服务和捐献等。领馆人员的私人服务人员免除社会保险办法的适用和工作证义务。

但是,《维也纳领事关系公约》也规定了下列人员不应享有公约有关条款所规定的特权和豁免:在接受国内从事私人有偿职业的领馆行政和技术人员或服务人员;这些人员的家属或私人服务人员;领馆人员家属本人在接受国内从事私人有偿职业的。

以上规定在《中华人民共和国领事特权与豁免条例》中也得到了反映,该条例第22条规定:"领事官员如果是中国公民或者在中国永久居留的外国人,仅就其执行职务的行为,享有本条例规定的特权与豁免。领馆行政技术人员或者领馆服务人员如果是中国公民或者在中国永久居留的外国人,除没有义务就其执行职务所涉及事项作证外,不享有本条例规定的特权与豁免。私人服务人员不享有本条例规定的特权与豁免。"此外,名誉领事官员之家属及名誉领事为馆长的领馆雇用的雇员的家属,按《维也纳领事关系公约》第58条第3款的规定,不享有特权与豁免。

(二) 领事特权与豁免的开始与终止

《维也纳领事关系公约》第53条规定,各领馆人员自进入接受国国境前往就任之时起享有特权与豁免,其已在该国境内者,自其就任领馆职务之时起开始享有。领馆人员的同户家属及其私人服务人员依其进入接受国国境时起,或自其成为领馆人员的家属或私人服务人员之日起享有特权与豁免,以在后之日期为准。领馆人员的职务如已终止,其本人的特权与豁免以及其同户家属和私人服务员的特权与豁免通常应于各该人员离开接受国国境时或其离境之合理期间终了时停止,以在先时间为准,纵有武装冲突情事,亦应继续有效至该时为止。领馆人员的同户家属或私人服务人员于其不为家属或不为服务人员时终止其特权与豁免,但如其想在稍后合理期间内离开接受国国境,其特权与豁免应继续有效,至其离境之时为止。惟领事官员和领事雇员为执行职务所实施的行为,其管辖和豁免应继续有效,无时间限制。遇领馆人员死亡,其同户家属应继续享有特权与豁免至其离接受国国境时或离境之合理期间终了时为止,以在先之时间为准。以上规定也适用于名誉领事官员。

领馆的特权与豁免应从其被占用之时起,至其被让出之时止。纵有领事关系之断绝或暂时及长期闭馆亦应享有。

(三) 领馆人员及其家属在第三国的地位

《维也纳领事关系公约》规定,如果领馆官员前往就任或返回派遣国途经第三国国境或在该国境内,而该国已经发给他所需要的签证,第三国应给予为确保其过境或返回所必需的一切豁免。与领事官员构成同一户口而享有特权和豁免的家属如果与领事官员同行或单独旅行前往会聚或返回派遣国,也应给予上述豁免。其他领馆人员或与其构成同一户口的家属,在类似情形下,第三国不应阻碍他们经过该国国境。

《中华人民共和国领事特权与豁免条例》的有关规定比较宽松,但中国政府按照具体情况根据对等原则给予相应的待遇。如该条例第26条规定,途经中国的外国驻在第三国的领事官员和与其共同生活的配偶及未成年子女,享有为此所必需的特权与豁免。但是,如果外国给予中国驻该国领馆、领馆成员以及途经或者临时去该国的中国领馆、领馆成员以及途经或者临时来中国的该国驻第三国领事官员的领事特权与豁免,中国政府根据对等原则,可以给予该国驻中国领馆、领馆成员以及途经或者临时来中国的该国驻第三国领事官员以相应的领事特权和豁免。

(四) 名誉领事的特权与豁免

名誉领事的特权与豁免的目的一如给予职业领事与职业领馆一样,不在于给予个人以利益而在于确保领馆能代表本国有效执行职务。《维也纳领事关系公约》第三章规定了"对于名誉领事官员及以此等官员为馆长之领馆所适用之办法"。根据该章规定,由名誉领事任馆长的领馆和名誉领事享有的特权与豁免在程度和范围上均不及职业领事任馆长的领馆和职业领事的特权与豁免。

名誉领事任馆长的领馆特权与豁免的内容有:通讯自由;领馆人员有行动和旅行

自由;领馆的档案和文件不受侵犯。以上特权与职业领事任馆长的领馆相同。接受国也应对领馆采取必要的保护措施,防止其受到侵害。另外,此等领馆所收的规费与手续费免除捐税;馆舍如以派遣国为所有人或承租人也免除国家、区域或地方的捐税;领馆公务用品免征关税;并享有使用派遣国的国旗或国徽等特权。名誉领事享有与职业领事相同的管辖豁免以及免除职务行为的作证义务。对名誉领事亦免征因其执行领事职务自派遣国支领的薪酬的一切捐税;免除个人劳务及捐献;除为私人利益从事专业或商业活动者外,应免除关于外侨登记及居留证的法律义务。

五、领馆及其人员对接受国的义务

按照《维也纳领事关系公约》第 55 条和第 57 条的规定,领馆和享有特权与豁免的人员对接受国负有下列义务:

(一) 尊重接受国的法律规章

根据《维也纳领事关系公约》第 55 条第 1 项的规定,在不妨碍领事特权与豁免的情况下,凡享有此项特权与豁免的人员,均负有尊重接受国法律规章的义务。例如,遵守接受国的交通规则、卫生法规和治安规则。

(二) 不得干涉接受国内政

国家之间互不干涉内政,这是一项公认的国际法基本原则。据此,《维也纳领事关系公约》第 55 条第 1 项规定,领事人员负有不干涉接受国内政的义务。他们不得以任何直接或间接的方式干涉接受国的内政。如不介入接受国任何党派之争,不得组织反对派,不公开指责接受国政府的行为和政策,不参与和不支持旨在反对接受国政府的集会、游行示威等活动。事实上,领事人员因被指控干涉接受国的内政而被要求召回的案例是屡见不鲜的。

(三) 领馆馆舍不得充作与执行领事职务不相符合之用途

根据《维也纳领事关系公约》第 55 条第 2 项的规定,领馆馆舍不得充作任何与执行领事职务不相符合之用途。领馆馆舍绝不能被视为派遣国的"拟制领土",它之所以不受侵犯,纯粹是为了有利执行其领馆职务。这里需要指出的是,领馆馆舍不得成为庇护罪犯或"政治犯"的场所。例如,1959 年 3 月中国西藏地方发生武装叛乱。西藏叛乱分子前往印度驻拉萨总领事馆,要求印度出面,以保护"西藏的独立、保护西藏的民主化进程",受到印度总领事的支持。此后,印度总领馆还直接或间接地支持叛乱分子的活动,如允许叛乱分子在领馆内向中国人民解放军开枪,在解放军反击后,又允许叛乱分子在领事馆内躲避。总领事馆还秘密地私藏叛乱分子的枪支、弹药,向叛乱分子提供衣、食、住等各种方便,为叛乱分子的活动提供一切便利条件。[①] 印度当局的这一做法,严重违反了《维也纳领事关系公约》关于领馆馆舍不得充作与领事职

---

① 参见师博编:《1962:中印大战纪实》,中国大地出版社 1993 年版,第 88—89 页。

务不相符合之用途的规定。

(四) 领事官员不应在接受国为私人利益从事专业或商业活动

根据《维也纳领事关系公约》第57条的规定,"职业领事官员不应在接受国内为私人利益从事任何专业或商业活动"。

领馆及享有领事特权与豁免的人若是违犯上述义务或滥用特权与豁免,接受国有权采取国际法许可的适当措施,如宣布领事官员为不受欢迎的人或宣布其他领馆人员为不能接受的人。在此情形下,派遣国应召回该人或终止他在领馆中的职务,否则接受国可撤销其领事证书或不承认该人的领馆人员的身份。此外,接受国还可视情形而采取强制措施。

第五节 外交关系和领事关系的比较

外交关系主要是指国家为了实现其对外政策,由外交机关通过访问、谈判、签订条约、外交文书往来、派遣常驻外交代表机关、参加国际会议和国际组织等外交活动而形成的关系。其他国际法主体在一定条件下,通过外交活动而形成的关系也属于外交关系的范畴。领事关系是指国家之间根据它们达成的协议,相互在对方一定地区设立领事馆和执行领事职务所形成的国家之间的关系。外交关系和领事关系既有联系,又有区别。

一、外交关系与领事关系的联系

(一) 两者体现的关系相同

外交代表和领事官员都是由国家正式派遣的执行本国对外政策和保护本国利益的人员。他们均属受外交部领导的外交组织系统,体现的都是国家关系。

(二) 特权与豁免的根据相同

使馆、领馆及他们的人员享有特权与豁免的法律根据均不在于给予个人以利益,而在于确保他们能代表本国有效地执行职务,即代表性说和职务需要说的结合。

(三) 特权与豁免的内容相似

无论是外交特权与豁免还是领事特权与豁免都可分为馆舍和人员的特权与豁免。

首先,在馆舍方面。馆舍及馆长的寓邸,免缴纳国家和地方的一切捐税;馆舍公务用品应准许入境并免除一切关税、查验;馆舍及财产免于征用;馆舍档案不得侵犯;馆舍有悬挂国旗和国徽的自由。

其次,在人员方面。外交代表和领事官员免缴纳国家和地方的一切捐税;除接受国为国家安全设定禁止或限制进入的区域外,在接受国境内均享有行动自由、通讯自由、人身自由及一定的优先权利。

(四) 承担的义务相同

根据《维也纳外交关系公约》和《维也纳领事关系公约》的规定,使馆、领馆及其人员在接受国内负有同样的义务。即不得把馆舍充作与国际法不相符合的用途,尊重接受国法律规章,不得干涉接受国的内政等。

二、外交关系与领事关系的区别

(一) 授权与使命不同

使馆的设立,体现的是全面的国家关系,外交代表在接受国全面代表派遣国,与接受国外交部进行联系,就有关两国关系中带全局性的重大问题进行外交交涉,而领馆则限于在领事职务范围内同接受国特定地区的地方政府进行联系,不能直接同接受国中央政府进行外交交涉;使馆所保护的利益涉及的是派遣国全局性的重大利益,而领馆所保护的只是涉及有关商务和侨民的利益;使馆的工作和活动范围可及于接受国全境,而领馆则一般限于有关的领事辖区。

(二) 享受特权与豁免的程度不同

使馆及其人员享有的特权与豁免同领馆及其人员享有的特权与豁免的程度不同,主要表现在以下四个方面:

1. 在馆舍方面

使馆馆舍不得侵犯是绝对的,未经使馆馆长的许可,接受国任何官吏不得进入使馆。

领馆馆舍不得侵犯是有一定限度的,未经领馆馆长的许可,接受国官吏不得进入领馆馆舍中专供领馆工作之用的部分。惟遇火灾或其他灾害须迅速采取保护行动时,得推定领馆馆长已表示同意而可进入领馆。

2. 在人员方面

外交代表人身不可侵犯是绝对的,不受任何方式的逮捕或拘禁,接受国对外交代表应给予特别保护,以示尊重。

领事官员人身不可侵犯是有一定限度的,领事官员不得予以逮捕候审或羁押候审,但对犯有严重罪行的领事官员可以施以监禁或对其人身自由加以拘束。

3. 在管辖豁免权方面

首先,外交代表享有刑事管辖豁免权,而领事官员仅就其执行职务的行为享有刑事管辖豁免权。

其次,外交代表和领事官员都享有民事及行政管辖豁免,但外交代表享有的豁免范围要大于领事官员。外交代表在涉及有些不是公务而是私人事务方面的事项,如私有不动产、私人商务活动、私人继承权问题等引起的诉讼,可以受管辖。但是,不论诉讼结果如何,原则上不得对外交代表加以强制执行。

领事官员除了涉及上述外交代表的诉讼事项外,还对涉及未明示或默示以派遣国代表身份而签订契约所引起的诉讼,以及因车辆、船舶或航空器在接受国内所造成之意外事故而要求损害赔偿的诉讼,均不得享受民事管辖豁免权。

4. 在作证的义务方面

外交代表无以证人身份作证的义务,而领馆人员作证义务的免除是有一定限度的。领馆人员就其执行职务所涉事项,才无担任作证或提供有关来往公文及文件的义务。领馆人员得被请求在司法或行政程序中到场作证,除其执行职务所涉事项外,不得拒绝作证。

总的说来,外交特权与豁免是高于领事特权与豁免的。领事官员与外交代表享受的特权与豁免之所以不同,主要是由于他们分工不同,是为了有利于他们执行各自的职务。在现代国际交往中,外交关系与领事关系的联系日趋密切。当派遣国在接受国未设使馆时,领馆馆长通常成为该国的唯一官方代表,而被准予承办外交事务。此时,领事特权与豁免趋向于接近外交特权与豁免。

第六节 中国在领事关系法领域的理论与实践

一、中国领事制度的建立和发展

中国对外领事关系的建立始于清朝。1840年,帝国主义对中国发动了鸦片战争,用炮舰打开了中国的大门。1842年,英国强迫清政府签订了《南京条约》,首先取得了广州、福州、厦门、宁波、上海五个口岸单方面派驻领事的权利。之后,其他帝国主义列强纷纷在中国各城市派驻领事。1843年10月,中英《五口通商章程》第一次规定了列强在中国享有领事裁判权。1844年7月的《中美望厦条约》和《中法黄浦条约》等,都片面规定了这些国家在中国享有领事裁判权。所谓领事裁判权,即一国领事根据不平等条约享有的按照其本国法律对其本国侨民行使司法管辖的片面特权。领事裁判权对中国社会的负面影响是长期的、深刻的、多方面的。它破坏了中国的司法主权,庇护了外国的罪犯,侵害了中国人民的利益,并随着中国半殖民地半封建化程度的加深而加剧。至1949年,有33个国家在中国设有领事馆185个,遍及42个城市,有19个国家曾在中国享有领事裁判权。此外,帝国主义国家还在上海、广州、天津等地设置"租界",如当时的上海就设有"公共租界""法租界""日租界"。在租界内,不仅司法权,甚至财政、行政、教育、卫生等大权统统都由外国领事操纵、掌握。这是清政府对外领事关系史上丧权辱国的一页,也是帝国主义国家对外关系史上侵略罪恶的记载。

清政府于1877年10月(光绪三年九月)派遣了胡璇泽为驻新加坡(英属)的领事。这是中国正式派驻国外的第一任领事,中国在外国设领事自此开始。此外,1930年,当时的中国政府颁布了《驻外领馆组织条例》,这是旧中国有关领事制度的第一项国内法。

中外领事关系始于清朝,且不平等的领事关系也从这时候开始,并持续了上百年之久。虽然从1943年起,英、美等国相继宣布取消在华的领事裁判权,但直到新中国成立以后,这种不平等的领事关系才被彻底地消除,中外领事关系才真正展现了新的篇章。

新中国一成立,即废止了一切不平等的领事制度。同时,在相互尊重国家主权、平等互惠的原则下,积极地、稳妥地与一些国家建立和发展正常的领事关系。从20世纪50年代到60年代初,中国先后与一些社会主义国家签订了领事条约,如1959年的中苏领事条约、中德领事条约和1960年的中国与捷克斯洛伐克领事条约。这是新中国成立后第一批与外国签订的中外领事条约。根据条约规定,双方互设领馆和互派领事。此外,中国也与一些与我友好的国家如瑞士、印度等国建立了领事关系。据统计,到20世纪50年代,外国驻华领馆有31个,中国在外国设领馆14个。但由于"文化大革命"的破坏,到1978年,中国派驻的领馆仅剩下4个,外国在中国的领馆也只有4个了。

中国共产党第十一届三中全会以后,中国确立了改革开放的国策,中外领事关系又重新发展起来,领事制度也在实践中不断地完善。这种发展和完善表现在如下三个方面:首先,中国于1979年7月加入《维也纳领事关系公约》,这使中国迅速与世界各国发展正常的领事关系有了统一的国际法规范和保证。其次,中国与众多国家签订了双边领事条约,建立了双边领事制度。仅在1980年至1988年的9年中,中国就与美国、南斯拉夫、波兰、朝鲜、德意志民主共和国、匈牙利、意大利、蒙古、苏联等12个国家先后签订了领事条约。最后,从国内法的制定看,新中国成立至今,已制定了不少有关领事特权与豁免、领事职务等领事制度方面的法律和法规。

二、中国有关领事制度的立法

中华人民共和国成立以后,于1952年开始实施一个供内部掌握的《中华人民共和国对各国外交官及领事官优遇暂行办法》。其中规定:"各国驻中国之领事官,基于相互平等原则,依其身份,得享有下列特权与豁免:一、领事官办公处及其所存公文与档案均不受侵犯。二、领事官职务上之行为,不受中国司法机关之管辖。领事官非有重大犯罪行为,不得加以拘留或逮捕。三、领事官所携带之行李与物品,得享有关于关税上之豁免。"

1954年,中国外交部制定了《关于领事工作任务的初步规定》,明确规定中国领事职务有六项:(1)积极贯彻并宣传中国各种有关政策;(2)对华侨的正当权益,采取积极保护措施;(3)颁发护照,办理签证、公证、认证以及处理华侨的某些有关民政事项;(4)管理中国驻在其领区内的商业机构,并办理上级所指定的某些贸易工作;(5)开展对外活动,并根据条件对外进行文化宣传工作;(6)对所属领区的政治、经济、文化、社会等情况进行调查研究。

1961年,中国公布了《对各国外交官及领事官的行李物品进出国境优待暂行办法》。

1983年,中国外交部又制定了《中华人民共和国领事条例(试行)》。这个条例作为法律性文件发给各驻外使、领馆贯彻执行。

1990年10月30日,中华人民共和国第七届全国人民代表大会常务委员会又通过了《中华人民共和国领事特权与豁免条例》,并于同日起施行,这个条例确定了外国驻中国领馆和领馆成员的领事特权与豁免。

三、中国关于领事特权与豁免的立法实践

在中国关于领事制度的立法中,有关领事特权与豁免的立法是最重要的部分。如前所述,1990年10月30日,中国通过了《中华人民共和国领事特权与豁免条例》(以下简称《条例》),该条例的原则和基本内容与1963年《维也纳领事关系公约》(以下简称《公约》)所规定的特权与豁免基本相同,但是,又在公约许可的范围内,结合中国的具体情况及与外国订立领事条约的实践,作了一些新的规定与补充。

第一,在领事不受逮捕或者拘留方面。《条例》第12条第1、2款规定:"领事官员不受逮捕或者拘留,但有严重犯罪情形,依照法定程序予以逮捕或者拘留的不在此限。领事官员不受监禁,但为执行已经发生法律效力的判决的不在此限。"这一措辞与《公约》第41条相比显得更为简洁、明确,并照顾到中国的习惯。

第二,在执行领事职务以外的行为的管辖豁免方面。《条例》第14条第1款规定,领事官员执行职务以外的行为的管辖豁免,按照中国与外国签订的双边条约、协定或者根据对等原则办理。而《公约》第43条第1款规定,领事官员及领馆雇员的执行领事职务的行为享受接受国的司法或行政管辖豁免。《条例》的规定充分表明,中国政府既真诚地承担了《公约》的义务,又在不妨碍履行《公约》义务的前提下,采取灵活处理的态度。事实上,在许多中外双边领事条约中,中国都采用对等原则给予外国领事以刑事管辖的豁免,如1984年的《中国与波兰领事条约》第42条第1款、1980年的《中美领事条约》第13条。

第三,在民事管辖豁免的例外情况方面。《公约》第43条第2款规定的民事管辖豁免的例外情况有两项:一是因领事官员或领馆雇员并未明示或默示以派遣国代表身份而订契约所生之诉讼;二是第三者因车辆船舶或航空器在接受国内所造成之意外事故而要求损害赔偿之诉讼。而《条例》第14条第2款规定的例外情况有四项,除上述两项相同外,还有两项是:(1)涉及在中国境内的私有不动产的诉讼,但以派遣国代表身份所拥有的为领馆使用的不动产不在此限;(2)以私人身份进行的遗产继承的诉讼。可见,《条例》的规定比《公约》的规定更为详细。

第四,在枪支和弹药的携带方面。《条例》第 20 条规定,领馆和领馆成员携带自用的枪支、子弹入出境,必须经中国政府批准,并且按照中国政府的有关规定办理。这一规定与中国国内关于枪支弹药的管理原则基本相符。

第五,确立了领事特权与豁免的对等原则。《条例》第 26 条规定,如果外国给予中国驻该国领馆、领馆成员以及途经或者临时去该国的中国驻第三国领事官员的领事特权与豁免,不同于中国给予该国驻中国领馆、领馆成员以及途经或者临时来中国的该国驻第三国领事官员的领事特权与豁免,中国政府根据对等原则,可以给予该国驻中国领馆、领馆成员以及途经或者临时来中国的该国驻第三国领事官员以相应的领事特权与豁免。

【本章小结】 领事关系法主要是关于领事关系的建立、领事的派遣和接受、领事职务、领事特权和豁免等原则的总称。作为保护在国外的本国人利益的法律,领事关系法是国际交往发展到一定阶段后的产物,并且在二战后进入成型阶段。随着国际交往的日益深入和人员跨国流动的日益频繁,领事关系法的作用日益显著,它在国际法中的地位也日趋重要。本章首先概述了领事和领事关系、领事制度的产生和发展,以及领事关系法,然后对领事机关和领馆人员、领事职务及其终止、领事特权与豁免、领馆及享有特权与豁免人员的义务、外交关系和领事关系的比较作了具体的阐述,本章最后对中国在领事关系法领域的理论和实践作了具体的介绍。

思考题

1. 试说明领事的职务。
2. 试述《维也纳领事关系公约》的主要内容。
3. 试说明领事特权与豁免的主要内容。
4. 试述领馆享有特权与豁免的人员对接受国负有的义务。
5. 试比较外交关系和领事关系的异同。

第十三章
国际条约法

缔结条约是国际交往的重要方式和手段。最早的条约可以追溯到公元前1296年埃及法老拉姆西斯与赫梯国王哈图西尔所缔结的同盟条约,而近代意义上由主权国家所缔结的第一项条约是1648年欧洲结束三十年战争后所缔结的《威斯特伐利亚和约》。在中国,近代意义上的条约始于17世纪中国与荷兰签订的《齐兰迪亚条约》以及中国与俄国签订的《尼布楚条约》。此外,条约还是国际法最主要和最重要的渊源,因此,条约及条约法始终是国际法学界的研究重点。本章主要概述并分析了条约的概念及特征、条约法的编纂、条约缔结的程序、条约的效力以及条约的解释等方面的问题。

第一节 国际条约概述

一、条约的概念和特征

1969年《维也纳条约法公约》曾给"条约"下过一个定义。该公约第2条规定,称"条约"者,谓国家间所缔结而以国际法为准之国际书面协议,不论其载于一项单独文书或两项以上相互有关之文书内,亦不论其特定名称为何。

1986年《关于国家和国际组织间或国际组织相互间条约法的维也纳公约》的第2条将"条约"进一步拓展至:"条约指(1)一个或更多国家和一个或更多国际组织间或(2)国际组织相互间以书面缔结并受国际法支配的国际协议,不论其载于一项单独文书或两项以上相互有关之文书内,亦不论其特定名称为何。"

按照上述两项公约的规定,"条约"应是指两个或两个以上国际法主体间依据国际法所缔结的,用于确定其相互间权利义务关系的书面协议。据此定义,条约的基本特征大致可以归纳如下:

(一)条约的主体必须是国际法主体

主权国家是国际法的基本主体,也是条约最基本和最重要的主体。《维也纳条约法公约》第 6 条明确规定,每个国家都具有缔结条约的能力。政府间国际组织是派生的国际法主体,它具有其组织约章明文赋予及其宗旨和职务暗含赋予的一定缔约能力。正在形成国家的民族是过渡中的国际法主体,也具有在一定范围内有限的缔约能力。

个人和法人都不是国际法主体,不具有缔结国际条约的能力,因此,它们之间达成的协议,无论其内容或形式如何,都不是条约而是普通的契约。至于以个人或法人为当事一方,以主权国家为当事另一方所达成的协议,国际社会普遍认为其也不属于国际条约,只是属于一种所谓的"国家契约",是受制于国内法的合同的特殊形式而已。

1952 年 7 月 22 日,国际法院对英伊石油公司案所作的判决充分阐明了这种观点。1933 年,伊朗政府曾与英伊石油公司签订一项特许协议,通过该协议,伊朗政府授予该公司在一特定区域内开采和加工石油的专属权利和其他某些权利。1951 年,伊朗国会及参议院通过了石油工业国有化法令,取消了赋予英伊石油公司的上述特权。于是,英国政府以该协议属于国际条约,伊朗实行国有化属于违反国际法的行为为由,将此争端提交国际法院。最后,国际法院拒绝承认伊朗政府与英伊石油公司签订的特许协议为国际条约,并裁定其对本案无管辖权。

(二) 缔结条约必须依国际法为准

《维也纳条约法公约》第 2 条规定,条约是以国际法为准而缔结的国际协定。所谓"以国际法为准",是指缔约的内容及程序必须符合公认的国际法原则和规则,尤其要符合缔约国主权平等这一根本原则。

凡是违反国际法原则和规则的条约,如帝国主义强迫弱小国家签订的不平等条约,违反缔约国自由同意原则,采用武力或以武力相威胁、欺诈、贿赂等手段获得缔结的条约即属无效。

《维也纳条约法公约》第 53 条明确提出,条约与一般国际法强制规则抵触者无效。虽然,该公约对"一般国际法强制规则"的内容及范围未作明确的说明,但学界普遍认为国际法基本原则应属"一般国际法强制规则"的范畴。换言之,如果条约的内容及缔约程序违反了国际法基本原则的话,则应属无效条约。

(三) 条约必须规定缔约方的权利义务关系

为当事方设立权利义务关系应当是缔结条约的根本目的,而权利义务内容的存在也是条约赖以对当事方产生法律约束力的依据之所在。一般来说,无论是双边条约还是多边条约,总是要涉及有关国家或其他国际法主体的权利义务关系的。双边条约,如同盟互助条约、和平友好条约、边界条约、贸易协定等都要规定彼此之间的权利和义务。而造法性的多边条约所规定的是有关国家在国际法上的行为规则,这些规则本身就是国家相应的权利和义务。

因此,对于一项国际文件来说,是否具有当事方的权利义务关系的内容,是衡量其是否属于国际条约的重要标准之一。如果一项国际文件,尽管是由两国国家元首签署的,但它只表明了两国的某种观点或立场,如共同谴责第三国的某一行为,则算不上是一项条约。相反,如果两国国家元首在该项文件中约定,采取某种行动来共同制裁该第三国,则该项文件就可能成为一项有约束力的条约。

(四) 条约是书面形式的协议

1928年《哈瓦那条约法公约》第2条规定:"书面形式是条约的必备条件"。1969年《维也纳条约法公约》也规定,条约可以是一个单独的文书,也可以是两个或两个以上有关的文书,但必须是书面形式的。现代国际法要求条约应具有书面形式,是因为国际关系错综复杂,如条约不采取书面形式,容易引起纷争,不利于条约的履行。

无论如何我们不能就此否定"口头条约"的效力,原因主要有二:其一,在以往的国际实践中曾有过所谓的"口头条约",如1946年联合国安理会常任理事国间关于安理会非常任理事国席位分配的口头协议;其二,《维也纳条约法公约》规定无效条约有六种情形,其中并不包含口头条约。因此,我们绝不能将口头条约归为无效条约,或者完全否定口头条约的效力,我们只能称口头条约是不受《维也纳条约法公约》调整的,而应由国际习惯法加以调整。

二、条约法的编纂

条约是国家及其他国际法主体之间相互交往最普遍的法律形式,在国际法中占有极其重要的地位。条约的签订及履行必须遵循一定的规则,这些规则一般被称为"条约法"。长期以来,条约法主要是各国在订约实践中所形成的习惯规则。19世纪后有人主张对条约法的习惯规则加以编纂。

条约法的编纂最初是由学者和一些学术团体进行的。从1876年美国学者菲尔德的《国际法典大纲草案》到1935年美国哈佛大学国际法研究部的《条约法公约草案》,都包括了条约法编纂的内容。[①]

第一次世界大战后,国际会议和国际组织开始了对条约法的所谓"官方编纂"。1928年,在第六次美洲国家会议上通过了《哈瓦那条约法公约》,但这是一个区域性的条约,影响并不大。

第二次世界大战后,联合国再次启动了对条约法的编纂活动。《联合国宪章》第13条第1款规定,联合国大会的任务之一是"提倡国际法之逐渐发展与编纂"。为履行此职责,1947年,联合国大会设立国际法委员会,专门负责国际法的编纂。1949年,国际法委员会拟定编纂项目表,其中条约法被定为优先考虑项目之一。从1949年起,经过近二十年的努力,先后由四位报告人起草,[②]国际法委员会最终提出了《条约法公约草案》。1968年和1969年,联合国在维也纳两次召开外交会议,讨论该草案。1969年5月23日通过了《维也纳条约法公约》(The Vienna Convention on the Law

---

① 参见李浩培:《条约法概论》,法律出版社1987年版,第48页。
② 四位报告人都是英国著名国际法学者,他们分别是布赖尔利、劳特派特、菲兹莫里斯、沃尔道克。

of Treaties），公约已于 1980 年 1 月 27 日正式生效。

《维也纳条约法公约》是国际社会普遍适用的关于条约法的公约，它的制定对推动国际法的长远发展具有极其重要的意义，其作用主要表现为两个方面：其一，《维也纳条约法公约》将零散的关于条约的习惯规则加以重新整理和编纂，又对一些相互矛盾的规则作了协调，形成了一部相对完整的条约法法典。其二，由于条约是国际法最重要的渊源，或者说是国际法的重要载体，因此，条约法本身的统一和法典化也推动了国际法各个领域规则的向前发展。

尽管《维也纳条约法公约》是当今条约法的最重要组成部分，但它还不能完全涵盖条约法的所有内容，也不可能彻底解决条约法中的一切问题。对此，《维也纳条约法公约》序言中特别提到，凡本公约各条所未解决的问题，国际习惯法的规则仍可适用。应该说，公约如此规定反映出它的一种灵活性。例如，"口头条约"问题，《维也纳条约法公约》本身无法对之进行调整，但它并未排斥国际习惯法处理这种"未尽事宜"的作用。

除了《维也纳条约法公约》外，1978 年 8 月 23 日，联合国国际法委员会主持制定了《关于国家在条约方面继承的维也纳公约》，将国家在条约方面继承的规则加以编纂和发展。尔后，为解决国际组织成为条约当事国的问题，联合国国际法委员会于 1982 年起开始草拟《关于国家和国际组织间或国际组织相互间条约法的维也纳公约》。

三、条约的名称和种类

（一）条约的名称

"条约"一词有广义和狭义两种解释。广义上的条约，泛指不论以何种名称或形式出现的国际法主体间达成的一切国际协议。而狭义上的条约，则是指使用"条约"作特定名称的一种国际协议。

广义上的条约名称各异，种类繁多。据统计，现代通常使用的条约名称大约在 38 种之上。[①] 下面仅就其中最常用的十种条约作一介绍：

1. 条约（Treaty），即狭义上的条约，是指直接以"条约"作名称的国际协议。一般指有关国家就彼此间重大的政治性或法律性问题所达成的协议，如和平条约、同盟条约、边界条约等。"条约"通常须经批准程序。

2. 公约（Convention），一般用来表示正规的多边国际协议，尤其多用作国际组织召集的国际会议所缔结的多边协议的名称，如 1961 年签订的《维也纳外交关系公约》、1963 年签订的《维也纳领事关系公约》、1982 年签订的《联合国海洋法公约》等。

3. 专约（Convention），一般指有关国家就某一专门性事项所达成的国际协议。在实践中，既有双边性的专约，也有多边性的专约，如两个国家之间经常签订的领事

---

① 参见魏敏主编：《国际法概论》，光明日报出版社 1986 年版，第 284 页。

专约。

4. 协定（Agreement），这种称法不如"条约"或公约正规，往往用于行政性、技术性或临时性事项，由几个当事国政府部门代表签署，不须经过批准程序，如1972年中国政府与意大利政府所签订的《中意海关协定》。

5. 议定书（Protocol），通常有三种情形：（1）作为条约的附件，用来说明、补充、修改或限制已签订的某项条约，又称"连带协议书"或"任择议定书"。例如，1965年中国和阿富汗签订的《关于两国边界议定书》即1963年《中阿边界条约》的附件。（2）作为公约的附件，但同时又具有一定的独立性。例如，1930年4月12日在签订《国籍法公约》时，又签订了《关于无国籍议定书》，后者是前者的附件，但也是一项独立的条约。（3）作为某个重要问题的多边协议的名称，它本身就是一项独立的条约，如1928年签订的《和平解决国际争端总议定书》。

6. 最后议定书（Final Act），也称作"葳事议定书"，通常为制定国际公约而召开的国际会议的最后文件，用来记录国际会议的情况以及通过的决议或建议，由参加会议的各国代表签署，但无须批准。

7. 盟约（Covenant）、宪章（Charter）、规约（Statute），一般用作国际组织或国际机构组织约章的名称，如《国际联盟盟约》《联合国宪章》《国际法院规约》等。

8. 换文（Exchange of Notes），一般用作有关当事国通过互换外交文书方式达成的某种协议的名称。换文是现代国际社会最常用的简便缔约形式，由一方"提出"，对方"接受"即告完成，如1962年美国和巴拿马达成的《关于提供防务物品和劳务的换文》。

9. 宣言（Declaration），一般用作两国或数国会谈后或就某一重大问题召开国际会议后所发表的声明的名称，如1943年反法西斯同盟国发表的《开罗宣言》。这类声明是否属于条约，主要看其是否含有对当事国具有约束力的权利义务内容。

10. 联合声明（Joint Statement），一般是指两个或两个以上当事国就同一事项发表各自的声明，如1984年中国政府与英国政府发表的《关于香港问题的联合声明》。这种声明是否属于条约，关键是看当事国各自发表声明的内容是否基本一致，以及该种声明中是否含有当事方的权利义务内容。

条约除上述名称外，还有协约、公报、章程、备忘录等多种名称。从国际实践看，条约名称的选择并无统一规则，如条约、公约等名称经常被交替使用。有时对同一类问题的国际协议，各国可能使用不同的名称。由此可见，条约的名称尽管有异，并不意味着它们的法律性质或效力不同，其区别主要在于缔约方式、手续、生效的程序不同而已。

（二）条约的种类

条约的分类方法繁多，一般有下列几种：

1. 根据缔约方的数目，条约可以分为双边条约和多边条约。双边条约（Bilateral Treaty）是指两个缔约方之间缔结的条约。这类条约的数量最多，最为常见。多边条约（Multilateral Treaty）是指三个或三个以上缔约方所缔结的条约，通常在国际会议上制定通过。某些多边条约允许其他国家在一定条件下或无条件地加入。国际公约是由国际组织制定，并在一定外交代表会议上通过或签订的开放性条约，其内容涉及国际社会的共同利益，并允许未参加会议的国家加入，如《维也纳条约法公约》。

2. 根据条约的性质，条约可以分为造法性条约和契约性条约。所谓造法性条约，是指对国际法的原则、规则、规章制度起到创设、确认、修改、补充作用的多边条约。造法性条约往往是多边条约，但多边条约并不一定都是造法性条约。所谓契约性条约，是指两个或两个以上国家就彼此间特定的权利义务关系所达成的协议。契约性条约大多为双边条约，但也不限于双边条约。

3. 根据缔结条约的程序，条约可分为正式条约和简式条约。凡须经过批准的条约为正式条约；凡不必经过批准即可生效的政府间协定（或称行政性协议）以及换文为简式条约。

4. 根据条约是否对其他国家开放，条约可分为开放性条约和闭锁性条约。凡属最初缔约国以外的第三国均可加入的条约为开放性条约，反之则为闭锁性条约。

5. 根据条约的内容，条约可分为政治性条约、经济性条约、法律性条约、科技类条约、军事类条约等。而经济性条约又可细分为工业类条约、农业类条约、交通类条约、金融类条约、商业类条约等等。

四、条约的结构和文字

条约的格式在国际法上并无统一规则，但根据国际实践，正式条约通常由序言、正文、程序性规定、结尾四个部分所组成。序言载明缔约国的名称，说明缔约的宗旨和目的，并列举全权代表姓名。序言中所述的宗旨、基本原则以及对有关条约未规定事项所作的声明对条约的解释具有重要意义。正文是条约的主要条款，即关于缔约国权利和义务的条款。程序事项的规定，包括条约的期限、批准、生效、保留、加入及解决争端的程序等。结尾载明订约的日期、地点、代表签字等。在某些情形下，还可以制定条约的附件、补充议定书等，作为条约的特殊组成部分。

关于条约所使用的文字在国际法上也无统一规则。按照缔约国主权平等原则，各国都有权使用本国的语言和文字进行谈判和缔结条约。从国际实践看，双边条约通常都以缔约双方的文字作成，除另有特别约定外，两国文字应具有同等的法律效力。多边条约由于其缔约国数目较多，无法以所有国家的文字作成，因此就产生了以何种文字为作准文字的问题。在中世纪，绝大多数的多边条约曾以拉丁文为作准文字。19世纪后，多数条约以法文为作准文字。20世纪后，以英文和法文同为作准文字的情形比较普遍。第二次世界大战后，有更多的文字成了多边条约的作准文字，比较典型的一例是，《联合国宪章》是以英文、法文、俄文、中文、西班牙文五国文字作为其作准文字的。

第二节 条约的缔结程序

一、双边条约的缔结程序

双边条约的缔结程序主要包括谈判与议定、认证与签署、批准与交换批准书等环节。

(一) 谈判与议定

谈判(Negotiation),是指缔约双方就条约的内容(即权利义务关系)及名称、形式进行磋商的过程。在国内法上,缔结条约的权力属于国家最高权力机关,因此,谈判通常在有缔约权的国家机关授权的全权代表之间进行。

被授权参加谈判的代表一般应持有全权证书(Full Powers)。所谓"全权证书",是指国家最高权力机关颁发的,用以证明持有人为该国进行条约谈判、议定以及认证约文、签署条约的代表权限的官方文件。《维也纳条约法公约》第7条特别规定,国家元首、政府首脑、外交部长参加国际会议或条约谈判,无须出示全权证书。使馆馆长为议定派遣国与驻在国之间的条约,或国家派驻国际组织的代表为议定在该组织内的条约,均由于其所任职务可视为代表国家,而无须出示全权证书。凡不属于上述各类人员的代表参与缔约谈判,均须出示全权证书。在缔结双边条约的场合,全权证书一般采用展示或相互校阅的方式。

双边条约文本的议定(Adoption),可由一方提出草案交付对方,由对方或予同意或提出对案的方式进行;也可由双方全权代表共同起草,拟定草案,再以对约文作出议定的方式进行。

(二) 认证与签署

条约的约文草拟成文本后,需要进行认证和签署,从而使约文具有一定的法律效力。这是缔约程序中的一个重要环节。

认证(Authentication),是指谈判双方的代表确认经共同拟定的约文是正确的,并以它为作准约文。经认证后的约文,任何一方不得随意改动,如欲作更改须得到双方同意,经更改后的约文还须再作认证。

签署(Signature),是指缔约双方代表在约文结尾处签上自己的姓名。签署与认证有着密切的联系,但两者又不完全相同,因为认证是通过各种形式的签署来表示的,但有些签署除具有认证意义外,还有其他的法律效果。下面着重分析各种签署的形式和意义:

1. 草签。草签通常由全权代表将姓名的起首字母(中国代表以汉字的姓)签署在约文的结尾处。草签是一种非正式的签署,仅表明谈判代表对约文的认证,不具有正式签署的效力。草签也不具有追溯力,要待正式签署后以正式签署日期为条约签署日。

2. 暂签。暂签又称作"待核准签署",它与草签在形式上的不同是,要求缔约各方代表都签写其全名。暂签在本国政府确认之前,作为一种非正式的签署方式,也仅具有认证效力,而一旦经本国政府确认后,它就有正式签署的效力,因此,暂签是具有追溯力的,即暂签的日期可以被追溯为条约的签署日。

3. 正式签署。正式签署又称作"完全签署",一般是条约谈判结束时,在约文经本国政府同意后所作的签署。正式签署根据不同的情况其效果也不一样。在条约明文规定自签署日生效的情况下,正式签署便使条约对该缔约国产生拘束力。在条约明文规定还须经批准才能生效的情况下,正式签署并不表示缔约国最后同意受该条约拘束,但它不仅构成对条约的认证,而且使条约对缔约国有暂时的效力,即缔约国不得采取足以妨碍条约宗旨的行为。

双边条约的签署采用"轮换制"(又称"轮署制"),即缔约双方的全权代表分别在本国保存的条约文本上的首位签字,在对方保存的条约文本上的次位签字。

(三) 批准与交换批准书

批准(Ratification),是指缔约国的最高权力机关及国家元首对该国全权代表所签署条约的最终确认,并表示该国同意接受条约的拘束。一般简式条约经签署后即可生效,而重要的条约在签署后尚须经国家最高权力机关的批准,才能对缔约国生效。

重要条约须经批准程序,其理由主要有以下两点:其一,重要条约往往涉及国家的重要利益,在这种情形下应当由代表全体人民意志的最高权力机关来决定国家的命运,而非由全权代表或者政府部门来决定。在某些西方国家,一些特别重要的条约,甚至还须经过全民公决的程序。其二,缔约国可以利用签署至批准的间隙,采取必要的行动(如修改国内法或进行必要的宣传)来保证重要条约在其国内能得到有效的实施。

条约是否需要经过批准程序最终取决于缔约双方的协议。《维也纳条约法公约》第14条规定,有四种情况是需要经过批准程序的:(1) 条约本身规定须经批准程序的;(2) 另经缔约国协议,须经批准程序的;(3) 缔约国代表已对条约作出须经批准之签署的;(4) 缔约国在全权证书或在谈判时已表示条约须经批准程序的。

批准条约是国家行使缔约权的体现,也是国家的基本职能之一。许多国家的宪法都规定,条约须经过最高权力机关的同意,由国家元首批准。例如,我国1982年《宪法》规定,全国人大常委会决定同外国缔结的条约的批准和废除,中华人民共和国主席根据全国人大常委会的决定批准和废除同外国缔结的条约。又如,美国《宪法》规定,总统经咨询参议院和取得其同意后有权缔结条约,但须经出席参议员2/3的赞成。

从另一个角度看,缔约国完全有权决定是否批准条约,拒绝批准条约也是国家主权的体现。在国际法上,缔约国没有必须批准条约的法律义务[①]。即便对一项本国全权代表已签字的条约,缔约国表示拒绝批准条约,或迟迟不作出批准条约的决定,均不会导致该缔约国要承担相应法律责任或道德责任的结果。在国际实践中,缔约国签署了条约而不批准条约的情形时有发生。例如,1919年,美国总统签署了《国际联盟盟约》,但由于遭到参议院的反对而未能获得批准。

批准条约是以批准书这种专门文件的形式来完成的。批准书是一项重要的国家文书,它通常包括三个部分:(1)序言,声明条约已经过国家最高权力机关的审查;(2)主文,载明条约的约文或仅写明条约的名称、序言等;(3)尾文,声明条约已获批准,并表示予以遵守。

双边条约若规定自签字日起生效,那就无须批准和制作批准书。但若双边条约规定自批准日起生效,或自互换批准书之日起生效,那么还需双方交换批准书。按国际惯例,条约通常在缔约一方的首都签署,而在对方的首都交换批准书。例如,1978年8月,《中日和平友好条约》在北京签署,在日本东京交换批准书。

二、多边条约的缔结程序

多边条约缔结的各基本环节大致与双边条约相同,但由于多边条约涉及的缔约方多,遇到的问题更为复杂,因而在具体做法上有其特殊的规则。

(一)多边条约的谈判和议定

多边条约大都是在有关国家或国际组织所召集的国际会议上制定的,也需要经过谈判与议定的阶段。在开始谈判前,先要组织全权证书委员会,以审查各国代表的全权证书,在确定了代表的资格后再举行谈判活动。

多边条约的约文起草可以由参加国际会议的各国代表共同起草,或者由会议组织的专门委员会起草。第二次世界大战后,许多国际公约都是由联合国国际法委员会起草拟定,然后提交联合国召开的外交会议讨论通过。

多边条约形成约文草案后,还要由各缔约方的代表予以表决通过。过去,为了表示各缔约方的平等,草拟好的条约文本须经参加国际会议的国家一致通过。后来,在实践中认识到,一致通过制存在严重缺陷,即少数国家可以否决多数国家所形成的协议,造成很不合理的结果,因而便演进成多数通过制。例如,在联合国召开的一些讨论国际公约的外交会议上,就常以出席并参加投票的国家2/3多数通过条文草案。

(二)多边条约的签署

多边条约无法采用轮换制的方式签署约文,但为了显示缔约方的平等地位,往往在签署时,按照缔约国所同意文字的本国国名字母顺序排列,依次加以签署。在某些国际组织,特别是在联合国各专门机构范围内缔结的国际公约,有的可以不经过签署

---

① 参见〔英〕斯塔克:《国际法导论》,赵维田译,法律出版社1984年版,第362页。

程序,直接送交有关国家审议、批准。例如,作为联合国专门机构之一的国际劳工组织拟定的公约一般都不安排各国代表签字,而交由各成员国政府直接批准。①

另外,有一些多边条约为了争取尽可能多的缔约国,采用了开放征集签字的方式,即在条约中明确规定,从正式签署之日起,直到规定的某个日期(一般不超过9个月),允许未参加该条约拟定会议的国家或参与会议但暂不签字的国家,以签署的方式而成为新的缔约国。现在国际社会的通常做法是,一个国际公约可以向联合国以及某专门机构的一切成员国,向《国际法院规约》的任何缔约国,以及向联合国大会邀请的任何国家开放签字。在规定期限届满后,非缔约国就不能再通过签署而成为缔约国,而是必须经由"加入"的程序成为新的缔约国。

(三) 交存批准书

多边条约因签字国众多无法采用交换批准书的方式,因而此类条约一般是按规定将全部批准书存放在条约规定的地点,该地点可以是签字地所在国的外交部,也可以是主持召开国际会议的国际组织的总部机关。例如,《联合国宪章》第110条规定,宪章的批准书应交存美国政府,由美国政府通知其他联合国会员国及联合国秘书长。又如,目前在联合国范围内制定的国际公约,都指定联合国秘书长保管,在欧洲理事会范围内制定的国际公约,大都存放到欧洲理事会秘书长处。

多边条约一般自该条约规定数额的最后一份批准书交存之日起生效,而许多国际公约则规定在一定数目缔约国交存批准书的一段时间后生效。例如,《联合国海洋法公约》规定,该公约应自第60份批准书或加入书交存之日后12个月生效。《维也纳外交关系公约》则规定,该公约应于第22份批准书或加入书交存后第30日起生效。

三、多边条约的加入和保留

(一) 多边条约的加入

加入(Accession),是指未在多边条约上签字的国家(或其他国际法主体),在该条约签署期结束后参加该条约,并受其约束的法律行为。加入条约通常指加入开放性的多边条约。双边条约及闭锁性多边条约,一般都不会发生加入的问题。

非缔约国能否加入一项条约,以及在什么条件下加入一项条约,这都取决于原缔约国的协议。一般是要经原缔约国一致同意邀请,非缔约国才能加入,有时还附有一定的加入条件。例如,1949年签订的《北大西洋公约》第10条规定,欧洲任何其他国家,经缔约国一致同意,得被邀请参加本公约。又如,1954年签订的《东南亚集体防务条约》规定,任何能促进本条约的目标并能对本区域的安全有所贡献的其他国家,经各缔约国一致同意,得被邀请参加本条约。一些由国际组织召开外交会议所通过

---

① 参见〔英〕斯塔克:《国际法导论》,赵维田译,法律出版社1984年版,第355、357页。

的国际公约,通常对加入国不作限制。例如,1982年签订的《联合国海洋法公约》第307条规定,该公约应持续开放给各国和公约所允许的其他实体加入。

多边条约的加入是仅指加入已生效的条约,还是指包括加入尚未生效的条约,对此过去曾有争议。但近年来的国际实践充分证明,对尚未生效的条约非缔约国也能加入。例如,《维也纳条约法公约》第84条规定:"本公约应于第三十五件批准书或加入书存放之日后第三十日起发生效力。"显然,在该公约中提交一定数目的批准书和加入书成为该公约生效的基本条件,也即加入行为完全可以发生于该公约生效之前。

(二) 多边条约的保留

1. 保留的含义及其作用

保留(Reservation),是指缔约一方在签署、批准或加入某个条约时,为排除或更改条约中某些规定对该国的效力所作的单方面声明。保留一般记载在条约的约本上,也可以记载在批准书、核准书、接受书、加入书中,甚至记载在附属于条约的一个单独证书中。保留国提出保留的目的,在于将条约的特定条款或规定在本国适用上予以排除或改变其效果。

双边条约一般不发生保留问题,因为如果缔约双方对条约的条款存有异议,可以作进一步的磋商,直至就全部条款达成一致同意。多边条约,尤其是造法性的国际公约则需要规定保留程序。因为多边条约涉及国家多,各国的政策和利益不尽相同,要使多边条约每一个条款都获得所有缔约国一致同意相当困难。保留制度可以起到协调和缓冲的作用,允许缔约国在对条约主要条款或基本条款达成一致的前提下,对某些次要条款在适用上进行变更或排除。

2. 保留规则的发展和演变

保留规则在19世纪后半叶已出现,随着多边条约的发展,逐渐被广泛应用。保留规则的发展大致以1951年国际法院就保留问题作出咨询意见作为分界线划分为两个阶段。在此以前(包括国际联盟时代),传统国际法以及国际实践对多边条约保留都采取全体当事国一致原则,即提出的保留必须得到其他全部缔约国明示或默示的同意,只要有一个缔约国表示反对,提出的保留即被否决,这时若保留国不放弃保留,则不能参加该条约。

联合国成立之初承袭了国际联盟的习惯,但由于缔结国际公约的数量增多,传统制度又过于苛刻,已不能适应客观需要了。1948年,在联合国主持下缔结了一项开放性条约《关于防止及惩治危害种族罪公约》,当时许多国家要求加入这项公约,但因提出保留而受到一些缔约国的反对。例如,当时苏联愿意批准该公约,但对公约中的强制性条款提出保留,而其他一些缔约国认为该项保留会损害公约的基础而提出反对意见。[①] 如果按照传统的保留规则,在这种情形下苏联根本无法参加公约。后来,联合国大会决定将这一问题提请国际法院发表咨询意见。1951年5月28日,国际法院

---

① 参见端木正主编:《国际法》(第二版),北京大学出版社1997年版,第281页。

就此问题发表下列咨询意见：(1) 如果一国提出的保留不为全体缔约国所反对，就可以被认为是缔约一方，只要这种保留符合该条约的目的与宗旨；(2) 如果一国认为保留不符合条约的目的与宗旨，反对该项保留，则其可以在事实上将保留国视为非缔约国；(3) 如果一国认为保留符合条约的目的与宗旨，接受该项保留，则其可以在事实上将保留国视为缔约国。前一点咨询意见可称作为"相符合原则"，即保留国提出的保留只要与条约的目的和宗旨相符合，它就可以成为缔约国；后两点咨询意见可称作"相对原则"，即保留国相对于反对国而言属非缔约国，而相对于接受国而言属缔约国。国际法院的该项咨询意见具有十分重要的意义，但也有一定的局限性。其积极因素是，突破了僵化的传统保留规则的限制，充分肯定了缔约国提出保留的权利。而其局限性在于，"相对原则"允许其他缔约国凭其主观意志来判断保留国所提保留是否符合条约的目的与宗旨，随意决定保留国能否成为它所认为的"当事国"，这在很大程度上又限制了保留国的权利。

3. 《维也纳条约法公约》的保留规则

《维也纳条约法公约》在很大程度上采纳了国际法院咨询意见的合理因素，形成了颇具特色的保留规则，具体可将其内容归纳为下列几个方面：

第一，关于保留的提出。

《维也纳条约法公约》第 19 条规定，以下三种情况禁止保留：

(1) 条约本身禁止保留。例如，1982 年《联合国海洋法公约》第 308 条规定，除非该公约其他条款明示许可，对该公约不得作出保留或例外。

(2) 条约仅准许特定的保留，而有关保留不在其内。

(3) 保留不符合条约的目的与宗旨。

该条款还规定，如果条约对保留问题未作具体规定，并不等于禁止保留，但提出的保留必须符合条约的目的与宗旨。

第二，关于保留的接受与反对。

《维也纳条约法公约》第 20 条规定：

(1) 若为条约明示准许的保留，则无须其他缔约国事后予以接受，除非条约有相反规定。

(2) 若从谈判国的有限数目以及条约的目的与宗旨看，条约的所有条款必须在全体当事国间完全适用为每一当事国同意承受条约拘束之必要条件时，则保留必须经全体当事国接受。

(3) 若条约是国际组织的组织约章，除条约另有规定外，保留须经该组织主管部门接受。

(4) 凡不属上述情况的，除条约本身另有规定外，保留经另一缔约国接受时，则就该另一缔约国而言，保留国即成为该条约的当事国，但须以该条约已对这些国家生效为条件；保留经另一缔约国反对时，不妨碍条约在保留国与反对国之间生效，除非反对国明确表示反对条约在两国间生效；一国表示同意受该条约的拘束而附有保留的行为，只要至少有一缔约国接受该项保留，就成为有效。

《维也纳条约法公约》第 20 条还规定了默示接受保留的方式:除条约另有规定外,若一国在接到保留国的通知后 12 个月的期间届满之日,或至其表示同意承受条约拘束之日为止,未对保留提出反对,则该保留即被视为已经该国接受,在这两个日期中,以较后一个日期为准。

第三,关于保留的法律效果。

根据《维也纳条约法公约》第 21 条的规定,保留的法律效果可以归纳为下列四点:

(1)在保留国与接受国之间,按保留的范围,改变该保留所涉及的一些条约规定。例如,甲缔约国对《维也纳外交关系公约》中关于行政技术人员及服务人员享有特权与豁免的规定提出保留,乙缔约国对此项保留表示接受,则意味着在甲、乙两缔约国间行政技术人员及服务人员不再享有特权与豁免。

(2)在保留国与反对国之间,若反对国并不反对该条约在保留国与反对国之间生效,则保留所涉及的规定,在保留的范围内不适用于该两国之间。例如,甲缔约国对《维也纳外交关系公约》中关于行政技术人员及服务人员享有特权与豁免的规定提出保留,乙缔约国对此项保留表示反对,但不反对该项公约在彼此间的适用,则意味着公约在甲、乙两国间仍然适用,但甲国所提的保留不为乙国所接受,甲国和乙国各按其立场处理行政技术人员及服务人员是否享有特权与豁免的问题。

(3)在保留国与反对国之间,若反对国反对该条约在保留国与反对国之间生效,则整个条约在保留国与反对国之间不适用,也就意味着两国不发生条约关系。

(4)保留国所提之保留仅及于保留国与其他缔约国的关系,并不影响其他缔约国相互之间的关系。

第四,关于撤回保留及撤回对保留的反对。

《维也纳条约法公约》第 22 条规定,保留可以随时撤回,该撤回无须经已接受保留的国家的同意;对保留提出的反对也可以随时撤回;撤回保留及撤回对保留的反对,都应当通知有关当事国,该撤回自接受保留国或提出保留国收到通知时开始发生效力。

第五,关于保留的形式及程序。

《维也纳条约法公约》第 23 条规定,保留、明示接受保留及反对保留,都必须以书面形式作出,并送至有关缔约国及有权成为条约当事国的其他国家;撤回保留或撤回对保留提出的反对,也必须以书面形式作出;如果保留是在签署待批准的条约时提出的,保留国应在批准条约时确认该项保留,遇此情形,该保留应视为在其确认之日提出。

四、条约的登记制度

第一次世界大战后,条约的登记(Registration)和公布(Publication)制度成为新的条约法制度,其目的是防止秘密外交及秘密条约带来的祸害。

1919年国际联盟成立。《国际联盟盟约》第18条规定,任何会员国所订立的条约应立即送国联秘书处登记,并由该秘书处从速发表,此条约在未经登记前不发生效力。这条规定的含义是:(1)应登记的条约为会员国之间所签订的一切条约,因而非会员国之间或会员国与非会员国之间签订的条约不属应登记之列;(2)"立即登记""从速发表"都没有规定具体的时间限制,只是要求尽快地登记和公布;(3)条约在国联秘书处登记前不能生效。显然,这最后一点与公认的条约习惯法规则,即"条约经签署或批准后生效"是矛盾的。当时的国际实践表明,这一规定并未产生实际作用,一些未在国联登记的条约的效力也得到了广泛承认,只是未登记的条约不能用来对抗国际联盟的机关,尤其是国际联盟的常设国际法院。①

第二次世界大战后,《联合国宪章》第102条也规定了条约必须登记的原则:"一、本宪章发生效力后,联合国任何会员国所缔结之一切条约及国际协定应尽速在秘书处登记,并由秘书处公布之。二、当事国对于未经依本条第一项规定登记之条约或国际协定,不得向联合国任何机关援引之。"

联合国大会在1946年11月14日通过了题为《条约登记和公布规则》的决议(后经1949年和1950年联大两次修正),进一步确定了具体适用《联合国宪章》第102条的详细规则。该规则规定,会员国对与非会员国缔结的条约亦有登记义务;联合国秘书处还受理非会员国自愿登记的条约,并在送交登记的条约文本上称作"存案和记录",以与会员国登记的条约相区别;对于国际组织,包括联合国专门机构所订立的条约,处理方式与非会员国送登的条约一致。②

1969年签订的《维也纳条约法公约》和1986年签订的《关于国家和国际组织间或国际组织相互间条约法的维也纳公约》也将《联合国宪章》第102条的条约登记义务,予以扩大和普遍适用到所有国家、国际组织以及所有的条约。《维也纳条约法公约》第80条及《关于国家和国际组织间或国际组织相互间条约法的维也纳公约》第81条明确规定,条约应于生效后送请联合国秘书长登记或存案及记录,并公布之。

总的说来,《联合国宪章》及《维也纳条约法公约》等国际文件关于条约登记和公布的规定,与《国际联盟盟约》的规定有一定的差异:(1)应登记的条约范围明显扩大,已扩大到非联合国会员国和国际组织;(2)取消了"条约未经登记不生效"的规定,代之以"不得向联合国任何机关援引",从而避免了与条约习惯法规则的矛盾。这一规定可理解为,未经登记的条约并不归于无效,缔约国仍可以在相互间或向非联合国机构援引未经登记的条约。

当今,联合国秘书处负责受理条约登记事务,并将有关文书连同编制的批准书、加入书等目录编入《联合国条约集》,以履行其公布职责。

---

① 参见〔韩〕柳炳华:《国际法》上卷,朴国哲等译,中国政法大学出版社1984年版,第97页。
② 参见李浩培:《条约法概论》,法律出版社1987年版,第48页。

第三节 条约的效力

一、条约的生效与有效期

(一) 条约的生效

所谓"条约的生效",是指条约对各当事国开始发生法律拘束力。按照《维也纳条约法公约》的规定,条约生效方式及日期,根据条约本身的规定或缔约国的协议确定。

从国际实践看,双边条约的生效日期主要有四种情况:(1) 自签字之日起生效。条约规定不须经批准程序的,都自签字日起生效。例如,1982 年《中国瑞典关于相互保护投资的协定》规定:"本协定自签字之日起生效。"(2) 自批准之日起生效。条约规定须经批准程序的,一般自双方批准之日起生效。如果缔约双方同一日批准的,即在该日生效;如果双方批准日不同,则以缔约一方的最后批准日为生效日。例如,1954 年中印《关于中国西藏地方和印度之间的通商和交通协定》规定:"本协定自双方政府批准日起生效。"(3) 自互换批准书之日起生效。某些具有重要意义的条约还需要交换批准书,那么就以交换批准书之日为生效日。例如,1984 年中英《关于香港问题的联合声明》第 8 条规定,该联合声明自互换批准书之日起生效。(4) 自条约规定的特定日期起生效。在实践中,有些条约还特别规定以签署或批准之后的某特定日期作为生效日。例如,1982 年《中国南斯拉夫领事条约》第 57 条规定:"本条约自互换批准书之日起第三十天开始生效。"

多边条约的生效方式主要有:(1) 自全体缔约国批准之日起生效。例如,1959 年签订的《南极条约》第 13 条规定,该条约须经各签字国批准始能生效。(2) 自一定数目的缔约国交存批准书或加入书之日或之后的某个特定日期起生效。例如,《维也纳条约法公约》第 84 条规定:"本公约应于第 35 件批准书或加入书存放之日后第 30 日起发生效力。"又如,《联合国海洋法公约》第 308 条规定:"本公约应自第 60 份批准书、加入书交存之后 12 个月生效。"(3) 自一定数目的缔约国,其中包括某些特定的国家提交批准书后生效。例如,《联合国宪章》第 110 条规定:一俟美国政府通知已有中国、法国、苏联、英国,与美国以及其他签字国之过半数将批准文书交存时,本宪章即发生效力。

(二) 条约的有效期

所谓"条约的有效期",是指条约发生效力的持续期间。有效期一般都在条约中明文规定。根据条约期限的长短,可分为有期限条约和无期限条约两种。

有期限条约一般都订明条约持续的年限或失效的日期。各种条约规定的期限长短不一,政治性条约期限较长,可长达20—30年之久;经济性协定期限较短,有的只有1年。有期限条约有时还规定,根据双方的协议可以延长有效期。

无期限条约一般都是造法性的国际公约或具有重要意义的双边条约,如和平条约、边界条约等。无期限条约,除非就同样的内容另订条约,否则将一直有效。

二、条约的适用范围

条约的适用范围主要涉及条约适用的时间、空间范围和条约冲突两大问题。

(一) 条约适用的时间及空间范围

条约生效后,除条约另有规定外,一般自生效之日起开始适用,且不具有追溯效力。《维也纳条约法公约》第28条明确规定:"除非条约表示不同意思,或另经确定外,关于条约对一当事国生效之日以前所发生之任何行为或事实或已不存在之任何情势,条约之规定不对该当事国发生拘束力。"

一项条约适用的空间范围可以依据各缔约国的协议及其有关当事国的意思决定。如果当事国没有相反的意思,则一般认为条约适用于各该当事国的全部领土,而不论其是单一国还是联邦国家。在实践中,缔约国通过特别约定对条约适用空间范围进行一定限制的情形也经常发生,如1949年缔结的《北大西洋公约》将其援助范围包括了当时的法国殖民地阿尔及利亚,但却不包括法国的另一殖民地印度支那。

(二) 条约冲突的解决

所谓条约的冲突,是指缔约国就同一事项先后所缔结的条约的规定存在差异而形成矛盾冲突现象。在发生条约冲突的情形下,缔约国就需要解决哪项条约应优先适用的问题。

在国内法上如发生就同一事项先后立法发生矛盾冲突现象,其解决原则主要有两项:其一,上位法优先原则,也就是如果两项立法来自不同的权力机关,则上级立法机关制定的法律的效力要高于下级立法机关制定的法律;其二,后法优先原则,也就是如果两项立法来自同一权力机关,则在时间上后制定的法律的效力要高于先制定的法律。但是,国际社会制定国际条约的情况远比国内制定法律的情况要复杂得多,尤其是经常涉及两项或多项条约的缔约国不完全相同的情形,因此,国内法上解决立法冲突的这些原则并不能完全解决条约冲突的问题。

《维也纳条约法公约》第28条明确规定,在不违反《联合国宪章》第103条的前提下,条约冲突的解决应依循下列规则:

1. 遇条约明文规定先订或后订条约何者优先时,依照条约本身规定适用。例如,《联合国海洋法公约》第311条规定:"在各缔约国间,本公约应优于1958年4月29日的日内瓦海洋法公约。"

2. 遇先后所订之条约全体当事国一致,而且不终止施行先订条约时,则在相同事项上后订条约的规定适用优先。例如,甲乙丙三国就某事项先后签订了在内容上有差异的两项条约,且在两项条约中均未约定优先适用的规则,则后订条约的规定适用优先。

3. 遇后订条约当事国不包括先订条约的全体当事国时,在同为两条约当事国之间,后订条约适用优先;在两条约当事国与仅为其中一条约当事国间,适用它们同为当事国的条约。例如,甲乙丙三国先前签订了 A 条约,事后甲乙丁三国就相同事项又签订了 B 条约,而 A、B 两项条约在内容上存在着很大的差异,则在甲乙两当事国之间,后订的 B 条约的规定适用优先,但在甲与丙以及乙国与丙国之间,只能适用它们同为缔约国的 A 条约。

三、条约对缔约国及非缔约国的效力

(一) 条约对缔约国的效力

条约的效力主要指条约对缔约国的拘束力。条约是国际法主体间缔结的,只要条约是合法、有效成立的,又经过缔约国的签字、批准、加入或接受、赞同等各种形式表示同意,就对缔约国具有法律拘束力。

在国际法上,"条约必须遵守原则"(pacta sunt servanda)是一项古老的、公认的国际法原则,其意为:条约生效后缔约各方应严格按照条约的规定,行使自己的权利并履行义务,不得随意违反。从近代国际法奠基人格劳秀斯到现代各国的国际法学者,无不重视"条约必须遵守原则",甚至将它奉为国际法的基本原则之一。而当代一些重要的国际公约也充分肯定了该原则在国际法体系中的地位。《联合国宪章》序言明确要求各会员国必须尊重由条约与国际法其他渊源而生之义务。《维也纳条约法公约》序言称,条约必须遵守规则乃举世所承认。其中,第 26 条又规定,凡有效之条约对其各当事国有拘束力,必须由各该当事国善意履行。

国际社会之所以如此重视"条约必须遵守原则",主要原因有二:其一,条约是国际法最主要和最重要的渊源,也是国际法规则的重要载体,条约如果得不到充分的遵守,也就意味着国际法规则不能得到很好的遵守,最终导致国际社会法律秩序的紊乱;其二,国际社会不存在一个超越国家之上的强制机关,也就是所谓的执法机关,因此,国际法及条约的遵守更依赖于各国"一秉诚意"的自觉遵守。

然而,"条约必须遵守原则"也不是绝对的,因为条约有合法的与非法的、平等的与不平等的之分,对于帝国主义强迫弱小国家签订的奴役性、不平等的条约,就不能适用这一原则,受害国没有遵守的义务。另外,条约缔结后,如情况发生了重要的变更,使得按原订条约的规定履行将对当事国一方显失公平时,该缔约国则有权终止或退出条约。

对于合法有效的条约,缔约国须采取必要的措施,以保证条约在其领域内的履行,但各国的做法不尽相同。有的国家采用"纳入"的方式,即由法律明文规定条约是本国法律的组成部分,赋予条约在国内直接适用的效力。例如,美国《宪法》第 6 条规定:"本宪法与依本宪法制定之合众国法律,及以合众国之权利缔结之条约,均为全国之最高法律,即使与任何州之宪法或法律有抵触,各州法院之法官均应遵守而受其约束。"有的国家采用"转化"的方式,即法律并未规定条约是国内法的组成部分,任何一项条约必须通过本国的立法机构将它转化为国内法后方可在国内得以执行,通过这种方式赋予条约在国内间接适用的效力。例如,在英国,条约须由议会通过立法的方式转化成国内法后才能予以执行。有些国家则采用了所谓"混合适用"的方式,即在条约的国内适用问题上兼采了"纳入"和"转化"的方式,也就是赋予某类条约在国内直接适用的效力,赋予其他条约在国内间接适用的效力。例如,1991年我国制定的《民事诉讼法》明确赋予了条约直接适用的效力,然而 2002 年 8 月 27 日我国最高人民法院所颁布的《关于审理国际贸易行政案件若干问题的规定》又明确排除了 WTO 协议文件在我国法院的直接适用性。显然,在我国是根据条约的性质来决定其适用方式的。总的来说,各国不管采用何种形式,都会以一定的措施来保证本国所缔结条约在国内得到有效的执行。

(二) 条约对第三国的效力

条约的效力基于缔约国对其效力的自愿接受。因此,条约只能适用于缔约国之间,未经第三国同意,对该第三国不产生拘束力。"条约不拘束第三国原则"也是一项古老的、公认的国际法原则,它可溯源于罗马法中的"约定对第三者既无损,也无益"(pacta tertiis nec nocent nec prosunt)的原则。《维也纳条约法公约》第 34 条也明确规定:"条约非经第三国同意,不得为该国创设权利或义务。"

然而,"条约不拘束第三国原则"不是绝对的。在国际实践中,条约在特定条件下对第三国产生影响的情形也不乏其例。对此,《维也纳条约法公约》也作了详细的总结和归纳:

第一,关于条约为第三国创设义务的问题,《维也纳条约法公约》第 35 条规定,如果条约当事国有意在条约中确立一项义务,这种义务又经第三国书面明示接受,则该第三国可对此负有义务。根据这一规则,第三国承担的条约义务实际上不是由条约直接产生的,而是第三国书面接受了这个条约所规定义务的结果。换言之,如果第三国不以书面形式明示接受,则该条约规定的义务就不可能对该第三国产生拘束力。有学者认为,在这种情形下,缔约国在条约中提出一项或若干项义务,第三国以书面形式明确表示接受这些义务,实际上在缔约国的"提出"与该第三国的"接受"之间又形成了一项所谓的"附随协议",因而这些义务对第三国产生效力不是来自于条约的本身,而是来自于这个"附随协议"。

第二,关于条约为第三国创设权利的问题,《维也纳条约法公约》第 35 条规定,如果条约当事国有意通过条约给予第三国以权利,而该第三国表示同意,或无相反之表示可推定其同意(条约另有规定的不在此限),第三国即可享有这一权利。从这项规则看,条约规定的权利对第三国产生效力的基础仍然是该第三国的接受,所不同的是对权利的接受方式不必是"以书面形式明示接受"的方式,也可以是"默示"的方式。在国际实践中,条约为第三国创设权利的情形就比较多了。例如,根据最惠国条款,条约会给享有最惠国待遇的第三国创设某种权利。又如,某些关于运河、国际海峡航行的国际条约也可能为第三国创设权利,1888年签订的《君士坦丁堡公约》明确规定,苏伊士运河对一切国家开放。按此规定,所有第三国都享有自由通过运河的权利。

另外,根据国际习惯法,条约所载的一项规定,也可能因许多第三国认为它是必须遵守的规范,经反复实践,成为国际习惯规则,从而为第三国所遵守。

四、条约的无效

所谓"条约的无效",是指条约缺乏合法成立的基本条件而不具有法律效力。按照一般条约法规则,一项有效成立的条约应当具备的必要条件是:缔约者具有缔约能力;缔结的条约源于当事国的自由同意;条约的内容符合国际强行法(或符合"国际法基本原则")。如果缺少这些条件,则条约不能成立,有关缔约国可以撤销原先对条约的同意。《维也纳条约法公约》规定,导致条约无效的原因主要有下列六种:

(一) 无缔约能力

通常说来,"缔约能力"(或称"缔约资格""缔约权")应当从国际法和国内法两个角度去理解。

从国际法角度看,所谓缔约能力,是指在国际社会某些实体所具有的合法缔结条约的资格和权利。诚如前述,只有作为国际法主体的国家、正在形成国家的民族和国际组织才具有合法缔结条约的资格和权利。非国际法主体,诸如自然人或法人,或者一国内部的行政单位或地方政府,均不具有缔结国际条约的能力和资格,除非它们经过国家的特别授权。当然,也不排除在特定情形下,经过有关缔约国的同意,作出特别的安排,允许某些非国际法主体的实体有条件地参加个别条约,成为该条约的缔约方,但无论如何,这些非国际法主体的实体并不具有普遍的缔约资格。

从国内法角度看,所谓缔约能力,则是指某些机关经国内法的授权而具有的代表国家缔结条约的资格和权限。在一国内部由哪些机关行使缔约权,各国法律规定并不相同。例如,美国的缔约权由总统和国会共同行使;日本的缔约权则由政府内阁、国会及天皇共同行使。

这里所谓的"无缔约能力",主要是指国家机关未经授权或超越其权限缔结条约的情形。一般来说,像这类越权缔结的条约在国内法上自然属于无效,但如果将这类条约在国际法上也绝对地视为无效,那么就会使条约关系处于一种不稳定的状态之中,因此,一概地认为越权缔结的条约均属无效显然很不合理。《维也纳条约法公约》第46条规定,一国不能以本国机关违反国内法关于缔约权限的规定而主张它所缔结的条约无效,只有当越权行为明显地违反国内法,即违反了具有根本重要性的国内法规定,缔约国始可援引越权的理由撤销对条约的同意。

(二) 错误

所谓错误,是指缔约国在缔约时对构成条约基础的重大事实产生严重误解,从而导致条约无法履行的情形,即所谓"事实上的错误"。《维也纳条约法公约》第48条规定,如果错误涉及缔约国缔约时假定存在的某种事实或情势,而且这项错误构成它同意条约的必要根据时,缔约国可以援引条约内的错误为理由,撤销对条约的同意。但如果错误是该缔约国本身所造成的,或者当时的情况足以使缔约国能知悉错误,或者错误只涉及条约约文的文字,则该国不能撤销同意。

(三) 欺诈

所谓欺诈,是指一国以隐瞒事实真相或制造假象的手段诱骗他国缔结条约的情形。《维也纳条约法公约》第49条规定,一方缔约国被另一方缔约国的欺骗行为引诱而签订条约,该国可以欺诈为理由,宣布条约无效。

(四) 贿赂

所谓贿赂,是指一国以收买他国谈判代表的手段而获致缔结条约的情形。《维也纳条约法公约》第50条规定,若一方缔约国对条约的同意是由另一方缔约国通过直接或间接地贿赂收买缔约代表而获得的,那么该国有权撤销其同意。

(五) 强迫

所谓强迫,是指一国通过对他国谈判代表施加人身胁迫或者对谈判国本身施加武力或以武力相威胁的手段而获致缔结条约的情形。《维也纳条约法公约》第51条规定,一国同意承受约束之表示系以行为或威胁对其代表所施之强迫而取得者,应无法律效果。《维也纳条约法公约》第52条规定,条约系违反《联合国宪章》所含国际法原则以威胁或使用武力而获缔结者无效。由此可见,无论对谈判代表施加强迫还是对谈判国施加强迫,都会导致条约无效的结果。

(六) 与强行法抵触

所谓强行法,也称作"一般国际法强制规律",是指"国家之国际社会全体接受并公认为不许损抑且仅有以后具有同等性质之一般国际法规律始得更改之规律"。《维也纳条约法公约》第53条规定,条约在缔结时与一般国际法强制规律抵触者无效。目前,关于强行法究竟包括哪些内容在学界还无统一说法,但一般认为国际法基本原则应属于强行法的范畴。因此,可以认为如果条约违反了公认的国际法基本原则,违反了《联合国宪章》规定的七项原则或违反了和平共处五项原则,那么该条约即属无效。

五、条约的终止和暂停施行

(一) 条约的终止

所谓条约的终止(Termination),又称条约的失效(Invalidation),是指已生效的条约由于发生了国际法所规定的某种原因而失去效力。条约的终止可根据是否经缔约国协议而分为两大类:

1. 经缔约国协议而终止条约

条约是缔约国通过协议而制定的,当然也可以根据缔约国的协议而终止。从国际实践看,缔约国就终止条约的条件和形式达成的协议通常事先规定在条约中,但也有经缔约国另外协议解除条约的情形。具体来说,主要有下列几种:

(1) 条约到期。除无期限的条约外,其他条约都规定有一定的期限。条约到期,当即失效,除非根据条约的规定可以延长。

(2) 条约的解除条件成立。有的条约明文规定有条约解除的条件,一旦解除条件成立,条约也就随之失效。例如,1948 签订的《防止及惩治灭绝种族罪公约》第 15 条规定:"倘因解约关系,致本公约之缔约国数目不足 16 国时,本公约应于最后一项解约通知生效之日起失效。"

(3) 因退出而对退出国失效。有些多边条约规定了缔约国退出条约的权利。当该缔约国退出后,条约即对该退出国失效,但条约本身仍然有效,除非退出国不断增多,致使条约缔约国不足法定生效数目,构成条约的解除条件。

(4) 缔约各方同意终止条约。条约不论是双边的还是多边的,也不论是有期限的还是无期限的,都可以根据缔约各方的一致同意而随时予以终止。

(5) 旧约被新约替代。由于就同一事项另订新条约,旧条约被替代而失效。缔约国一般都在新条约中规定对旧条约的处置。例如,1949 年签订的《日内瓦战俘待遇公约》第 134 条规定:"在缔约国之关系上,本公约代替 1929 年 7 月 27 日之公约。"不论新条约是明示还是默示取代旧条约,在本质上仍属于经缔约国协议而终止旧条约。

2. 非经缔约国协议而终止条约

非经缔约国协议而终止条约,是指根据一般国际法原则或规则所确定的某些法律事实或单方行为而终止条约。这种法律事实或单方行为并非基于原条约的规定或缔约国在缔约后的共同同意。具体地说,主要有下列几种情形:

(1) 条约主体消灭。双边条约的一方缔约国消灭,条约理当失效。但依照条约继承的规则,被继承国的非政治性条约或地方性条约,如边界条约、航运条约等,应当由继承国继承。在这种情况下,条约只是发生主体变更而并未消灭,因而条约继续有效。此外,多边条约的缔约国减少,只要不致条约解除条件成立,条约本身并不终止。

(2) 条约不能履行。条约缔结后,由于发生意外情形,条约的主要标的永久地灭或破坏,而致条约不能被履行时,缔约国可以援引这一事实终止条约。

(3) 一方有严重违约情势。国际法理论与实践都肯定了这样一项原则:如果缔约国一方不遵守其承担的条约义务,他方有权宣布废除条约。《维也纳条约法公约》对此作出了具体的规定:双边条约缔约国一方有重大违约情势时,他方有权以违约为由终止该条约;多边条约缔约国一方有重大违约情势时,其他缔约国有权一致协议在各国与该违约国的关系上终止条约,或者在全体缔约国之间终止条约。

(4) 一方宣布废除不平等条约。不平等条约是帝国主义、殖民主义国家强加于弱小国家的掠夺性、奴役性条约。不平等条约不仅内容显失公平,而且在缔结时列强往往采用了欺骗、武力威胁、施加政治或经济压力等不法手段,因而它从根本上背离了国际法基本原则,是一种非法条约,受害国完全有权予以废除。废除不平等条约的手段在各国被广为运用。例如,1951年埃及国会通过决议,废除了1936年签订的《英埃条约》。

(5) 情势变迁。情势变迁是缔约国单方废除条约的理由之一。在条约法中有一项称作"情势不变原则"的规定。所谓"情势不变原则",是指缔约国在签订条约时有个假定,即假定当时所见之基本情况和事态不变,以后如果情势发生了根本变化,任何缔约国都可以要求修改或废除条约。也就是说,条约的有效性是以缔约时基本情势的继续存在为条件的。

"情势不变原则"在适用中有合理和不合理的两重性。倘若条约缔结后,情势发生了真正的、根本的变化,应当允许缔约国有机会变更或解除条约。然而,这一原则又容易被滥用,有些国家常以情势变迁作借口片面撕毁条约,背信弃义。例如,1935年德国单方面废除《凡尔赛和约》关于莱茵区非军事化与军备限制的规定,派军队进驻莱茵区并扩军备战,从而发动了第二次世界大战。

为了防止"情势不变原则"被滥用,《维也纳条约法公约》对这一原则的适用作了严格的限制。该公约第62条规定,只有当缔约时存在的情况构成当事国同意承担条约拘束的必要根据,而情况改变的影响将根本变动依条约尚待履行义务范围的情况下,缔约国才能援引情势变迁的理由终止条约。公约又规定,边界条约或者情况的改变是由于缔约国违反条约义务的结果,则不能以情况的根本改变为理由而终止条约。

(二) 条约的暂停施行

条约的暂停施行(Suspension),又称"条约的中止"或"条约的停止施行",是指一个或数个当事国于一定期间内暂停施行条约的一部或全部,但条约本身并不因此而终止,必要时,依一定的程序可以恢复条约的施行。

条约暂停施行的原因和理由在某些方面同条约终止的原因和理由有些类似。《维也纳条约法公约》规定,当事国可援引一方违约、情势变迁等为理由,暂停施行条约。另外,当事国还可以依据条约本身的规定或经全体当事国同意暂停施行条约。

第四节 条约的解释和修订

一、条约的解释

所谓条约的解释(Interpretation),是指因缔约国对条约约文的理解不同,而影响到条约的具体实施和适用时,对条约条款的含义所作的进一步阐明。必须特别指出的是,条约法中讲的"条约的解释",应是指能够对缔约国发生法律效力的解释,而非那种由学者或学术机构作出的不具有法律效力的"学理解释",或者是缔约国单方作出而不能有效拘束他方的解释。关于条约的解释,主要涉及两方面的问题:一是条约由谁来解释;二是条约按照什么规则进行解释。

(一) 条约的解释者

1. 由缔约国解释。条约是缔约国间达成的一项协议,原则上首先应当由缔约国来解释。这是因为缔约国最了解缔约的意图和整个条约的真实含义。在遇到对条约约文有疑义时,缔约国通过进一步协商来重新确定约文的意义,既十分有效,又符合缔约国根据主权原则行使缔约权的初衷。缔约国的解释也被称为权威解释。然而,有时缔约国在涉及本国根本利益的关键性条款的解释上有重大分歧,各执一端,很难取得缔约国之间的一致,这就必须辅之以其他解释机关的解释。

2. 由国际组织解释。一般说来,国际组织有权解释涉及其自身的条约,即创设该国际组织的约章或与该国际组织职责和活动相关的条约。例如,国际劳工组织有权解释同国际劳工事务有关的条约;联合国的各个专门机构有权解释与其职责有关的条约。

3. 由国际仲裁庭或国际司法机关解释。在国际实践中,有不少条约都规定,在就条约解释发生争端,而其他方式又不能解决时,经缔约任何一方请求,可将争端交付国际仲裁庭或国际司法机关处理。例如,《联合国海洋法公约》第十五部分规定,任何缔约国都有权于任何时候协议用自己已选择的和平方法解决它们之间有关公约的解释或适用的任何争端,如果已采取上述和平方法而争端仍未解决,经争议的任何一方请求,应把争端提交国际海洋法庭、国际法院、仲裁法庭或特别仲裁法庭解决。

1945年的《国际法院规约》第36条明确规定,条约解释是当事国自愿接受属于国际法院任意强制性管辖的内容之一。当然,国际法院对条约解释的管辖,不论是根据条约本身的规定,还是根据当事国事先的声明,本质上都要基于当事国的自愿,国际法院不具有一般的强制性的解释权。

(二) 条约解释的规则

《维也纳条约法公约》第31条列举了条约解释的若干"通则",即一般规则,具体可以归纳如下:

1. 根据真实性原则来解释。对于条约的用语(词、短语)应首先考虑按照其通常的和原来的含义来解释。如对用语解释会造成荒谬,或与条约的其余部分有矛盾,则应以缔约国缔约时的原来意义解释。因为缔约国在缔约时,往往会在"界定条款"中赋予某些专门用语以特定的含义。如对条约中的特定用语有疑义,应参照条约的宗旨来解释。

2. 根据一致性原则来解释。一致性原则又称统一性原则。在解释条约用语时,应联系条约上下文,包括条约的序言、附件在内的全部约文以及缔约国嗣后所订的关于条约的任何协定,进行通盘考虑。此外,对特定用语的解释除应与条约其他部分或有关文件的字句一致外,还应与先行的国际法原则及规则相一致。

3. 根据合理性原则来解释。解释条约用语应符合合理性。例如,缔约国通常都不愿被限制主权,也不愿承担过重的义务,那么在用语含糊的情况下,应作出尽可能少地限制当事国主权或让当事国承担义务的解释。若是遇到条约的一般性条款与特殊性规定相抵触时,其特殊规定应优先于一般规定。

4. 根据有效性原则来解释。按有效性原则解释条约时,应作通盘考虑,使条约发挥最大的效能,从而使条约的条款得以实施和产生效力,而不是因解释使得条约的效力被减弱或丧失效能,使得条约无法予以实施。

《维也纳条约法公约》还规定,如果在适用上述解释原则后,意义仍属不明,或所获得的结果显属荒谬、不合理时,为确定其意义,可以使用条约解释的补充资料,包括与条约的准备工作及缔约时情况有关的各种资料。如果条约由多种文字作成,而同样的约文在不同文字之间出现含义不同,原则上各缔约国只受本国文字的约束。

二、条约的修订

所谓条约的修订(Revision),是指缔约国在所订条约生效后,于该条约有效期内改变条约规定的行为。删除原条约的某些条款,增加某些条款或者变更某些条款的内容,都属于对条约的修订。由于国际社会是动态的,世界上万事万物是发展变化的,在条约缔结后为使它能适应各种情况的变动,条约有进行修订的必要。但是,对条约也不能滥加修订,否则将会破坏条约的一致性和稳定性。关于条约的修订,《维也纳条约法公约》使用了修正(Amendment)和修改(Modification)两个不同的词语。

所谓条约的修正,是指全体缔约国对条约的更改。所谓条约的修改,则是指若干缔约国在彼此关系上对多边条约的更改。

条约修正的最重要的规则是"条约得以当事国之协议修正之"。因此,对双边条约的修正必须达成缔约双方当事国的协议,对多边条约的修正则必须获得全体缔约国的一致同意。

按照《维也纳条约法公约》第40条的规定,多边条约的修正须遵循下列规则:(1)任何一个或数个缔约国,可以提出修正的建议,但此建议还须通知全体缔约国,只有获得全体缔约国的同意后,才能召开国际会议磋商条约修正事宜;(2)在条约修正的过程中,所有缔约国都有权参与并表示意见;(3)每个有权成为原条约参加国的国家,也有权成为修正后的条约的缔约方;(4)修正条约的协定对已成为条约当事国而未成为该协定当事国的国家无拘束力,这些当事国仍然适用未修正的条约;(5)凡于修正条约之协定生效后参加该条约的国家,如果没有不同意的表示,应视为修正后条约的当事国,但在其与不受修正协定拘束的条约当事国的关系上,应视为未修正的原条约的当事国。

多边条约一般都明文规定其修正程序。例如,《联合国宪章》第108条规定,宪章的修正案经联合国大会2/3多数表决后,须由2/3会员国,包括安全理事会全体常任理事国批准后始能生效。

条约的修改规则与条约的修正规则略有不同,按照《维也纳条约法公约》第41条的规定,条约修改须遵循下列规则:(1)必须是条约内载有这种修改的规定,或者该项修改不为条约所禁止;(2)修改不得影响有效实现整个条约的宗旨和目的,也不得影响其他缔约国之间的权利义务关系;(3)部分缔约国在它们彼此间对条约作了修改后,应将条约修改的内容通知其他缔约国。

第五节 中国关于条约法的理论与实践

一、中国研究条约法的基本状况

中国关于国际法的著作不胜枚举,几乎所有的国际法论著都辟出专章研究条约法,而专门研究条约法的著作及其重要参考资料也非常丰富。

(一)中国研究条约法的专著

中国研究条约法的专著成果丰硕。按照这些专著的类别,介绍如下:

1. 全面阐述条约法基本理论的专著。该类专著有吴昆吾的《条约论》,台湾商务印书馆1977年版;①李浩培的《条约法概论》,法律出版社1987年版(2003年重印);万鄂湘、石磊、杨成铭、邓洪武的《国际条约法》,武汉大学出版社1998年版;朱文奇、李强的《国际条约法》,中国人民大学出版社2008年版。

其中,李浩培的《条约法概论》不仅是中国的条约法经典之作,也是具有世界领先水平的条约法权威之作。全书分三编,共22章、83节、121目,另有序言和3个附录。第一编为"绪论",主要说明条约的概念、条约法的渊源和编纂;第二编为"形式的条约法",详实地论述了条约缔结程序;第三编为"实质的条约法",讨论了条约的实质有效要件、条约对当事国和第三国的效力以及条约的解释、修订、终止、暂停施行等。书中还援用了大量的案例。此书是"到现在为止论述条约法较全面、较系统的一部著作","是中国国际法著作中一部有份量的作品",是对中国乃至今世国际法学的一个贡献。② 该书荣获第一届国家图书奖,并且于2003年由法律出版社进行重印。

2. 研究《维也纳条约法公约》的专著。该类著作仅有一部,即我国台湾地区学者陈治世的《条约法公约析论》,台湾学生书局1992年版。该书对《维也纳条约法公约》逐条作了解析。

3. 研究条约法的译著。该类专著有 R.A.雷明顿著,上海师范大学历史系世界

---

① 参见吴昆吾:《条约论》,商务印书馆1931年版。此书系再版。
② 参见张鸿增:"李浩培《条约法概论》"书评语文章,载《中国国际法年刊》(1989),法律出版社1990年版。

组翻译的《华沙条约》，上海人民出版社1976年版；〔英〕安托尼·奥斯特著，江国青翻译的《现代条约法与实践》，中国人民大学出版社2005年版；N. G. 福斯特著，何志鹏、孙璐翻译的《欧盟立法（2005—2006）（上卷）：基本条约与关于机构的协定》，北京大学出版社2007年版。

其中，《现代条约法与实践》是迄今为止中国唯一的一部全面研究条约法的译著。该书作者英国外交部资深法律顾问安托尼·奥斯特先生在长期的外交法律实践中，处理了大量的条约法律实务，积累了丰富的经验，该书以《维也纳条约法公约》为基本出发点，详细阐述了条约制定和条约使用过程中的各种问题及其处理方法。

4. 研究条约法某一方面基本理论的专著。该类专著有：魏武炼的《条约之废除与国际公法上情势变更原则问题之探讨》，白云文化事业公司1980年版。该书是国内第一本全面研究条约的废除与情势变更原则的条约法专著。该书对于废约之一项重要原则即学说上通称之"情势变更原则"进行了有益的探讨。廖诗评的《条约冲突基础问题研究》，法律出版社2008年版。这是国内第一部关于条约冲突问题的学术专著。王西安的《国际条约在中国特别行政区的适用》，广东人民出版社2006年版。王勇的《条约在中国适用之基本理论问题研究》，北京大学出版社2007年版。该书对国际条约在中国适用的原因、前提条件、基本原则、法律位阶、适用方式、条约与国内法的冲突基本理论问题进行了深入研究，目的在于从理论上消除实践中存在的矛盾与混乱，规范条约适用的实践，是中国第一部全面研究条约适用诸多理论问题的专著。

5. 研究不平等条约的专著。这方面的专著主要有：鲁子石的《帝国主义侵华行录：中国近代史上的不平等条约选编》，山东人民出版社1986年版；阎中恒、詹开逊的《近代中国不平等条约概述：一八四〇——一九四九》，江西人民出版社1985年版；季压西的《来华外国人与近代不平等条约》，学苑出版社2007年版；李文海的《世纪噩梦：近代中国不平等条约写实》，中国人民大学出版社1997年版；王建朗的《中国废除不平等条约的历程》，江西人民出版社2000年版；梁为楫的《中国近代不平等条约选编与介绍》，中国广播电视出版社1993年版；谷云的《中国近代史上的不平等条约》，人民出版社1973年版；徐文生的《中华民族废除不平等条约斗争史》，西南交通大学出版社2008年版；李育民的《中外不平等条约史话》，社会科学文献出版社2000年版；何瑜的《国耻备忘录：中国近代史上的不平等条约》，北京教育出版社1995年版；李育民的《近代中国的条约制度》，湖南师范大学出版社1995年版；徐文生的《中华民族废除不平等条约斗争史》，西南交通大学出版社2008年版。

6. 研究某一个条约的专著。这方面的专著主要有：刘心显、刘海岩的《1901年美国对华外交档案：有关义和团运动暨辛丑条约谈判的文件》，齐鲁书社1984年版；周源的《春帆楼的迷梦：马关条约》，中国人民大学出版社1993年版；张晓虎的《东袭的双头鹰：中俄爱珲条约》，中国人民大学出版社1992年版；乔还田的《国门破坏之始：南京条约》，中国人民大学出版社1992年版；李政的《赫梯条约研究》，昆仑出版社2006年版；〔俄〕廓索维慈著、王光祈译的《库仑条约之始末》，台湾学生书局1973年版;马起华的《马关条约与台湾地位》,中华传统出版社 1995 年版;曾令良的《欧洲联盟法总论:以〈欧洲宪法条约〉为新视角》,武汉大学出版社 2007 年版;程啸的《十亿白银无量血:辛丑条约》,中国人民大学出版社 1992 年版;张蜀华的《世界屋脊的呻吟:拉萨条约》,中国人民大学出版社 1993 年版;北京师范大学清史研究小组的《一六八九年的中俄尼布楚条约》,人民出版社 1977 年版;史谛的《中俄尼布楚条约》,中华书局 1976 年版;中国社会科学院历史研究所史地组的《中俄伊梨条约》,台湾中华书局 1978 年版;乔明顺的《中美关系第一页:1844 年〈望厦条约〉签订的前前后后》,社会科学文献出版社 1991 年版;张龙吟的《中日和平条约签订过程回顾》,幼狮文化公司 1991 年版;郭卫东的《转折:以早期中英关系和〈南京条约〉为考察中心》,河北人民出版社 2003 年版。

7. 研究某一类条约的专著。这方面的专著主要有:吴焕宁的《重要的国际经济条约》,贵州人民出版社 1995 年版;施达青的《从〈爱珲条约〉到〈北京条约〉:沙俄侵占我国东北领土一百多万平方公里的罪证》,中华书局 1977 年版;孙燕京的《大西北上空的阴霾:勘分西北界约记、伊梨条约》,中国人民大学出版社 1993 年版;叶潜昭的《当代日本条约析论》,台湾中华书局 1977 年版;汪尧田的《国际贸易条约和协定》,财政经济出版社 1958 年版;陈安的《国际投资条约法的新发展与中国双边投资条约的新实践》,复旦大学出版社 2007 年版;卢进勇的《国际投资条约与协定新论》,人民出版社 2007 年版;牛创平的《近代中外条约选析》,中国法制出版社 1998 年版;苏明忠的《欧洲联盟条约》,国际文化出版公司 1999 年版;田涛的《清朝条约全集》,黑龙江人民出版社 1999 年版;郝赤勇的《中国警察与国际条约》,群众出版社 1996 年版;侯杰的《紫禁城下之盟:天津条约、北京条约》,中国人民大学出版社 1993 年版。

(二) 中国关于条约法研究的重要参考资料

1. 《中外旧约章汇编》,是王铁崖先生于 1952—1956 年在北京大学历史系工作期间完成的一部巨著。它收集了中国自 1689 年《尼布楚条约》到 1949 年与外国所签订的 1182 个条约。全书分为三卷,共 340 万字,由生活·读书·新知三联书店于 1959 年出版,1982 年重印。

2. 《中华人民共和国条约集》,收录了中国同其他国家、国际组织缔结的条约和条约性文件。它由中国外交部编辑,先后由法律出版社和世界知识出版社出版。从 1957 年出版第 1 集(1949—1951)以来,《中华人民共和国条约集》迄今已经出到第 58 集(2011)。

3. 《中华人民共和国多边条约集》,收录了中国参加的多边条约。它由中国外交部条约法律司编辑,法律出版社出版。从 1987 年出版第 1 集以来,《中华人民共和国多边条约集》迄今已经出到了第 9 集。

4. 《中华人民共和国领事条约集》,收录了中国同其他国家缔结的领事条约。它由中国外交部领事司编辑,世界知识出版社出版。《中华人民共和国领事条约集》迄今只出版了三集。

5. 《中华人民共和国边界事务条约集》,收录了中国与其他国家缔结的边界事务条约。它由中国外交部条约法律司编辑,世界知识出版社出版。自从 2004 年出版以来,《中华人民共和国领事条约集》已经出版了 12 集。

6. 《国际条约集》,收录了一些国际重要条约,至于中国与外国缔结的双边条约和旧中国的条约不再列入,中国参加的多边条约仍予以收录。它是由世界知识出版社编辑并出版的。从 1959 年出版第 1 集到 1986 年,《国际条约集》共出版了 15 集。

7. 《中华人民共和国国际司法合作条约集》,由司法部外事司编辑,中国方正出版社 2005 年出版。该条约集收录了截至 2005 年 10 月 1 日的中国与外国签署的涉及国际司法合作的双边条约(协定)共计 73 项,按类别列举如下:双边民(商)事和刑事司法协助条约 19 项、双边刑事司法协助条约(协定)16 项、双边引渡条约 23 项、双边被判刑人员移管条约 2 项。①

二、中国与《维也纳条约法公约》

1947 年,联合国大会设立国际法委员会,履行大会的任务之一"提倡国际法之逐渐发展与编纂"。1949 年,国际法委员会拟定编纂项目表,其中条约法被定为优先考虑项目之一。从 1949 年起,经过近二十年的工作,先后由四位报告人起草,国际法委员会最终提出了《条约法公约草案》。1968 年和 1969 年,联合国在维也纳两次召开外交会议,讨论该草案。1969 年 5 月 23 日通过了《维也纳条约法公约》(Vienna Convention on the Law of Treaties),该公约已于 1980 年 1 月 27 日正式生效。

就中国而言,中国的全国人民代表大会常务委员会第二十五次会议于 1997 年 5 月 9 日作出了加入《维也纳条约法公约》的决定,同时声明如下:(1) 中华人民共和国对《维也纳条约法公约》第 66 条予以保留。② (2) 台湾当局于 1970 年 4 月 27 日以中国名义在《维也纳条约法公约》上的签字是非法的、无效的。

自从加入《维也纳条约法公约》以来,中国一直恪守该公约的规定。中国在双边和多边条约的缔结、遵守、解释、适用、生效、登记、保留、终止和无效等环节均严格遵守《维也纳条约法公约》的规定。例如,1985 年 6 月 12 日,中国将《关于香港问题的联合声明》送交联合国秘书处登记,这既是中国登记条约的开始,也是中国在未加入公约的情况下遵守公约的表现。不但如此,中国相关的国内条约法规则也与该公约保持一致。例如,《中华人民共和国缔结条约程序法》虽然是中国未加入该公约时通过的,但仍与该公约保持高度一致。

---

① 参见司法部外事司编:《中华人民共和国国际司法合作条约集》,中国方正出版社 2005 年版,"内容简介"部分。
② 《维也纳条约法公约》第 66 条规定:"倘在提出反对之日后十二个月内未能依第六十五条第三项获致解决,应依循下列程序:(a) 关于第五十三条或第六十四条之适用或解释之争端之任一当事国得以请求书将争端提请国际法院裁决之,但各当事国同意将争端提交公断者不在此限;(b) 关于本公约第五编任一其他条文之适用或解释之争端之任一当事国得向联合国秘书长提出请求,发动本公约附件所定之程序。"

三、《中华人民共和国缔结条约程序法》

新中国成立以后,我国在缔结条约程序方面已积累了一定的实践经验,形成了行之有效的独具特色的习惯做法。但我国的缔约法律制度尚不完善,长期以来没有制定专门的法律,仅依据1954年第一届全国人大常委会《关于同外国缔结条约的批准手续的决定》和1958年《国务院关于同外国缔结条约程序的规定》(1962年作了修订)处理缔约问题。而上述这两个决定和规定都已在1987年失效。自我国实行改革开放政策后,我缔约活动更加频繁。为了适应我国进一步对外开放的态势,保证国家缔约权的正确行使,发展同世界各国的友好合作关系,第七届全国人大常委会第十七次会议于1990年12月28日通过并经国家主席令公布施行《中华人民共和国缔结条约程序法》(以下简称《缔约程序法》)。这是我国第一部关于缔结条约程序的法律,体现了我国在缔结条约程序方面的原则立场。具体来说,《缔约程序法》具有以下特点:

1. 符合宪法的原则和规定。我国《宪法》第67条第14项规定,全国人大常委会决定同外国缔结的条约和重要协定的批准和废除;第81条规定,国家主席根据全国人大常委会的决定批准和废除同外国缔结的条约和重要协定;第89条第9项规定,国务院管理对外事务,同外国缔结条约和协定。《宪法》的这些规定是《缔约程序法》的主要法律根据,也是其核心内容。

2. 与过去的法律规定相衔接。1954年全国人大常委会的《关于同外国缔结条约的批准手续的决定》和1958年《国务院关于同外国缔结条约程序的规定》中,凡现在仍然可以适用的内容均在《缔约程序法》中予以保留。

3. 反映了我国的缔约实践。新中国成立以来,我国在缔结条约程序方面已经积累了比较丰富的实践经验,形成了许多有自己特色的行之有效的习惯做法。许多习惯做法在《缔约程序法》中作为法律规定固定下来。

4. 符合国际法和国际惯例。目前,国际上关于条约法的国际公约有两个:一个是1969年的《维也纳条约法公约》;一个是1986年的《关于国家和国际组织间或国际组织相互间条约法的维也纳公约》。这两个公约集中体现了条约法方面的国际法规则和惯例。两个公约中的规定与我国法律和实践基本一致。《缔约程序法》吸收了两公约中的一些内容,并力求与两公约保持一致。此外,《缔约程序法》还参考了一些国家的宪法、法律和实践,以及国际上的一些习惯做法。

就其内容来说,《缔约程序法》共21条,主要内容包括适用范围、缔约代表权、缔约名义、谈判代表的委派、条约草案的拟订和审定、条约的签署和批准等。具体来说:

1. 适用范围。该法第2条规定,它适用于我国同外国缔结的双边和多边条约、协定及其他具有条约、协定性质的文件。我国同国际组织缔结条约的协定的程序,依照该法的有关国际组织章程的规定办理。

2. 缔结代表权。该法第3条规定,我国国务院同外国缔结条约和协定;全国人大常委会决定同外国缔结的条约和重要协定的批准和废除；国家主席根据全国人大常委会的决定，批准和废除同外国缔结的条约和重要协定；外交部在国务院的领导下管理我国同外国缔结条约和协定的具体事务。

3. 缔约的名义。该法第4条规定，我国以中国、中国政府、中国政府部门的名义，同外国缔结条约和协定。

4. 谈判和签署。该法第5条规定，用国家名义谈判和签署的条约和协定，由外交部或国务院有关部门会同外交部提出建议并拟订其中方草案，报国务院审定；用政府名义谈判和签署的条约和协定，由外交部或国务院有关部门提出建议并拟订其中方草案，报国务院审定；用政府部门名义谈判和签署的属本部门职权范围内事项的协定，由本部门决定或本部门同外交部会商后决定，或本部门同国务院其他部门会商后报国务院决定。

5. 谈判和签署代表的委派。该法第6条规定，以国家、政府名义缔结的条约、协定，由外交部或国务院有关部门报请国务院委派代表，其全权证书经国务院总理签署，也可经外交部长签署；以政府部门名义缔结的协定，由部门首长委派代表，其授权证书经部门首长签署。我国国务院总理、外交部长无须出具全权证书，我国派驻外国使馆馆长、政府部门首长、派往国际会议或派驻国际组织的代表在谈判、签署条约或协定时，除另有约定外，也无须出具全权证书。

6. 条约的批准。该法第7条规定，包括友好合作条约、和平条约等政治性条约，有关领土和划定边界的条约、协定，有关司法协助和引渡的条约、协定，与我国法律有不同规定的条约和协定，缔约各方议定须经批准的条约、协定其批准由全国人大常委会决定。

7. 条约的加入。该法第11条规定，我国加入多边条约的协定，分别由全国人大常委会或国务院决定。

8. 条约的保存。该法第14条规定，以国家或政府名义缔结的双边条约和协定的签字正本，经条约或协定保存国或国际组织核证无误的多边条约和协定的副本，由外交部保存。以政府部门名义缔结的双边协定的签字正本由本部门保存。

9. 条约的登记。该法第17条规定，我国缔结的条约和协定由外交部按联合国宪章有关规定向联合国秘书处登记。我国缔结的条约和协定需要向其他国际组织登记的，由外交部或国务院有关部门按照各该国际组织章程的规定办理。

10. 条约的修改和废除。该法第19条规定，我国缔结的条约和协定的修改、废除或退出程序，比照各该条约和协定的缔结程序办理。①

【本章小结】 国际条约是两个或两个以上的国际法主体间依据国际法所缔结的、用于确定相互间权利义务关系的书面协议。有关缔结条约和履行条约的国际法规则，就是所谓的"条约法"。条约法是国际法的重要组成部分，其内容包括条约的缔结程序、条约的效力、条约的修订、条约的解释等方面。缔约程序主要有谈判与议定、

---

① 参见《中国法律年鉴》(1990年)，人民出版社1991年版。

认证与签署、批准与交换(或交存)批准书等环节。其中多边条约还涉及条约的加入和保留等特殊问题。条约的效力则涉及条约的生效及有效期、条约适用的空间及实践范围、条约冲突解决、条约对缔约国效力及对第三国效力、条约的无效及终止等问题。条约的修订按《维也纳条约法公约》的规定可分为"修正"与"修改"两种，前者指在全体缔约国关系上对条约的更改行为，后者指在部分缔约国关系上对条约的更改行为。条约的解释规则是条约法的重要内容之一，它在解决条约争议、保证条约的有效履行中起到了十分重要的作用。

思考题

1. 简述条约的概念和特点。
2. 试述双边条约和多边条约的缔结程序。
3. 试述条约的保留及其规则。
4. 解决条约冲突有哪些规则？
5. 阐明"条约必须遵守原则"。
6. 简述条约对第三国产生效力的原因。
7. 什么是"情势不变原则"？
8. 简述条约解释的一般规则。

第十四章
国际组织法

随着国际关系的日益密切、新独立国家的不断增加以及政治、经济与科学技术的迅速发展,国际组织也日益增加。从外层空间到海床洋底,包括人类生活的许多领域,都有相关国际组织的存在。现代国际组织名目繁多,按不同的标准,可分为全球性与区域性的、综合性与专门性的、政府间与非政府间的国际组织。政府间国际组织业已成为国际法的主体之一,同时,国际组织法也成为国际法的一个重要分支。国际组织,尤其是政府间国际组织作为现代国际社会的法律人格者,对当代国际关系产生了深刻的影响。现已形成的以联合国为中心的巨大的国际组织体系,是当今世界一种特殊的国际现象和历史发展的推动力,并深深地影响着国际法的发展。本章主要介绍与国际组织相关的一般法律问题,包括国际组织的基本概念、历史沿革、法律地位、国际组织内部的主要机构和程序规则;着重介绍联合国的宗旨和原则,组织结构、职权范围及活动程序;还重点阐述诸如联合国在维持国际和平、联合国改革中面临的法律问题。此外,本章还介绍了联合国专门机构、重要的区域性组织,以及中国与国际组织的关系与作用。

第一节 国际组织法概述

一、国际组织与国际组织法

(一) 国际组织与国际组织法的概念

国际组织(International Organization)是在国际社会中由国家、政府、民间团体基于某个特定的目的和任务,根据条约或协定组织而成的一种非国家实体。国际组织有广义和狭义之分。狭义的国际组织仅指政府间的国际组织,如国际民航组织、联合国等。广义的国际组织还包括非政府的国际组织,它们是由若干国家的民间团体创设的国际组织,如国际红十字委员会、国际法协会等。本章所研究的"国际组织"仅指政府间组织(Inter-governmental Organization),即若干国家(政府)为特定目的以条约建立的各种常设机构。

国际组织是一种特殊的国际法主体,它既不是国家,也不是超国家机构。但也有个别的"国际组织",如欧洲联盟,成员国在约章中赋予其某些超国家的权力。这一现象通常应理解为成员国自愿放弃它们部分的国家主权,但不能认为是国际组织的普遍特征和权力。

作为国际法的特殊主体,国际组织的存在和运作受国际法的规范,同时也极大地促进了当代国际法的发展,以至于在第二次世界大战后产生了国际法的一个非常重要的新分支,即国际组织法(International Institutional Law)。

国际组织法,是用以规范、调整国际组织的创立、内外活动及有关法律关系的所有法律原则、规则和制度的总称。它可分为外部法和内部法两个部分:外部法是指规范国际组织与成员国、非成员国及其他国际组织关系的法律;内部法是指规范组织内部各种关系的法律,如各机构间的关系规则、程序规则、财务规则、人事规则等等。国际组织法的渊源至少包括五个方面:(1)作为该组织创立文件的国际条约或协议;(2)其他国际公约与条约;(3)国际习惯法与一般法律原则;(4)该组织内部的管理规则;(5)国际组织的重要决议。①

(二)政府间国际组织的特征

1. 国际组织的成员主要是国家。虽然有时国际组织也接纳非主权实体,如尚未独立的殖民地或附属地、正在争取独立的民族,但国际组织的基本成员还是国家。

2. 国际组织的职权是成员国赋予的。建立在主权国家之间的国际组织不是凌驾于主权国家之上的世界政府机构,而是国家之间的组织,它不能违反国家主权原则去干涉那些本质上属于成员国国内管辖的事务。

3. 国际组织是根据成员国之间的多边条约建立的。建立国际组织的多边条约是国际组织的基本文件,一般包含国际组织的目的和宗旨,国际组织的主要机构及其职权范围、议事程序,并对成员资格的取得、丧失,成员国的权利义务以及国际组织职员等事项作出规定。国际组织的建立和工作都以创建这个组织的国际条约为根据,不能超出条约的规定。

4. 国际组织是为了一定的宗旨和目的建立起来的。国际组织的宗旨是处理国家之间的特定事务。特定事务包括维护世界和平与安全的政治、军事事务,也包括涉及国际经济、文化、科学技术等方面的专门事务。国际组织的职能是由不同的特定事务决定的。

5. 国际组织拥有独立的法律人格。成员国为了实现国际组织的目的和宗旨,在一定范围内赋予国际组织若干职权和法律行为能力,使其享有自己独立的法律人格和意志,有独立于成员国的权利能力和行为能力。其行动的自主权存在于自身的不从属于成员国的机构体系和决策程序。

---

① 参见饶戈平:《国际法》,北京大学出版社1999年版,第409页。

6. 国际组织拥有常设机构。国际组织拥有常设机构处理日常事务以保证组织宗旨的实现,这也正是国际组织与国际会议的区别所在。国际会议是为了解决某些国际问题而举行的临时性集会,会议不设常设机构,而国际组织拥有常设机构并依照一定的程序进行活动,这恰恰是国际组织的基本特点之一。但是,曾经的欧洲安全保障合作会议(CSCE)后来成为欧洲安全保障合作机构(OSCE)。此外,现在的APEC(亚太经济合作)也是如此,国际会议具有成为国际组织的可能性。[①]

(三) 国际组织的分类

现代国际组织名目繁多,其宗旨、职能、性质各有不同,没有一个统一的分类标准。常见的有以下几种分类:

1. 依成员区分,可分为政府间组织与非政府组织。前者成员一般为主权国家,由成员国政府代表组成;后者由非官方的或民间的社会、经济、宗教及专业性团体组成。

2. 依宗旨和职能区分,有一般政治性国际组织和专门性国际组织。前者有广泛的宗旨与职能,包括政治、经济、文化、社会、军事等多方面的职能,如联合国、非洲统一组织等;后者限于某一特定领域,具有单一的宗旨与专门化职能,如各种技术性、行政性国际组织。

3. 依成员的构成范围区分,有普遍性(世界性)国际组织和封闭性国际组织。普遍性国际组织是指以全世界为活动范围,负有全球性使命和责任,对世界上所有国家开放,力求将世界所有国家作为其成员的组织。典型的普遍性国际组织如联合国、联合国的16个专门机构,以及国际原子能机构、世界贸易组织等。封闭性国际组织仅限于国际社会的某一部分,只对某种具有共同性质的国家开放。依照开放的标准不同,这类组织又有三种类型。第一类,是区域性国际组织,其成员以一定的地域范围为限制,如加勒比组织、东南亚国家联盟等。第二类,有某种共同背景的国家组织形成的国际组织,这种背景可以是政治的、军事的、经济的,也可以是文化的、民族的、宗教的或意识形态的,如英联邦、伊斯兰会议组织、阿拉伯国家联盟等。第三类,这类组织的职能限定于某一特别领域,成员国必须具备相同的条件才能参加,如石油输出国组织等。

国际组织类型的划分尚无统一的科学界定,依据不同的标准还可将国际组织分成更多的类型。即使一个国际组织的宗旨是普遍性的,但在组成范围上却可能是封闭性的;即使一个国际组织是职能性和专门性的,但在组成范围上可以是普遍性的,也可以是区域性的。

二、国际组织的历史发展

从13世纪至17世纪初期,由于生产和交通的发展,国际贸易开始萌芽,各国之

---

① 参见〔日〕小寺彰、岩沢雄司、森田彰夫编:《講義国際法》,有斐閣2004年版,第171页。

间逐渐产生共同利益,从而为彼此间的磋商与合作提供了机会,然而,这一时期的国际交往仍然以临时性的双边关系为主。

1648年的威斯特伐里亚大会以后,国际社会越来越频繁地运用国际会议的形式来解决国际问题。1815年至第一次世界大战前,欧洲的大国为了协调它们的政策和保持国家间的势力均衡,建立了称为"欧洲协商"(Concert of Europe)的定期国际会议制度,这个制度在欧洲持续了近百年。"欧洲协商"是一种准制度化的体系,对国际组织的形成和发展起了很大的作用,特别是1899年和1907年两次召开的海牙会议,把参加国的范围从欧洲扩大到了全世界。国际会议的产生和发展为政府间国际组织的形成奠定了基础。

一般认为,近代第一个国际组织是1815年一些欧洲国家成立并延续至今的莱茵河航行中央委员会。之后,19世纪后半叶,又产生了一批国际行政组织。其中有:1864年的国际大地测量联盟、1865年的国际电报联盟(1934年改称现名"国际电信联盟")、1874年的邮政总联盟(后更名为"万国邮政联盟")、1875年的国际度量衡组织、1882年的国际保护工业产权联盟和1886年的国际保护文学艺术作品联盟等。这些国际联盟建立了比较完善的常设机构,按其职权来说都属于非政治性的国际组织。

几乎在政府间行政组织出现的同时,非政府间国际组织(Non-governmental Organization)也大量涌现,如1863年的国际红十字委员会、1873年的国际法协会、1889年的国际议会联盟等。非政府间国际组织的活动,一方面受到各国政府的影响和制约,另一方面也推动了同一领域中政府间国际组织的形成和发展。例如,合法保护劳工国际协会是国际劳工组织的前身,非官方的国际气象组织(成立于1878年)于1947年成为政府间的世界气象组织。政府间国际组织在国际法上占有重要地位,属于国际组织法调整的对象,构成国际法主体,而非政府间国际组织不是国际法研究和调整的对象。此类组织很多,至1991年已经达到23 635个。[①]

1899年和1907年的两次海牙和会,对现代国际组织的形成具有重大影响。在这两次海牙和会中,不仅与会国突破了欧洲的界限扩及其他各洲,表现出普遍性特点,而且与会各国不论大小强弱均享有一个投票权,在形式上反映了国家的平等原则。再者,会议拟订了和平解决国际争端的程序,在借助国际法与国际组织改善国际关系上达到了一个高峰。

20世纪前半叶爆发的两次世界大战,先后带来了两个政治性的国际组织,即1919年第一次世界大战结束后建立的国际联盟,以及1945年第二次世界大战结束后成立至今仍发挥作用的联合国。

1919年,由战胜的协约国召开的巴黎和会通过了包括26个条文的《国际联盟盟约》,并作为《凡尔赛和约》的一部分。国际联盟于1920年1月10日宣告成立,成为人类历史上第一个政治性国际组织。国际联盟自成立时起,其性质上就是战胜国的联盟。因此,英、法等战胜国企图通过控制它来重新瓜分世界,而这一点违背了苏联

[①] 参见慕亚平:《当代国际法论》,法律出版社1998年版,第511页。

和其他中小国家的根本利益,加之美国又因未能达到预想目的而拒绝参加国际联盟,使其失去了成员国应有的普遍性。同时,其议事程序规定,除特定事项外,大会与行政院的决定都须经由全体一致同意才能通过,从而大大限制、影响了国际联盟的效能与灵活性,使之面对重大国际危机时无能为力。再者,《国际联盟盟约》第 11 条至 15 条规定了和平解决国际争端的各种程序,即在争端提交某种程序解决之前不得诉诸战争。只有经过上述程序作出某种决定后,再推迟 3 个月才可以进行战争。可见,该盟约并未禁止战争,而只是对各国发动战争的权利加以时间上的限制。国际联盟的"维护和平与安全"的职能也只是一纸空文,因此,它也就不可能防止第二次世界大战的发生。国际联盟在 1939 年就已经完全瘫痪,1946 年 4 月正式宣布解散。国际联盟虽然只存在了短短的 19 年,但在组织的形式结构、活动程序等方面,对现代国际组织的发展产生了重要影响。现在联合国的形式和结构与国际联盟基本是一样的。

在第二次世界大战结束后,各种国际组织如雨后春笋般大量出现。联合国的建立是国际组织发展史上最重要的事件,在联合国成立的同时,一批普遍性专门国际组织也相继建立。大多数普遍性专门国际组织与联合国发生联系,成为联合国的专门机构。此外,还涌现了大量的一般性区域组织,如阿拉伯国家联盟、欧洲经济共同体(欧洲联盟)、非洲统一组织、东南亚国家联盟等。第二次世界大战后,国际组织以前所未有的速度和规模迅猛发展。据统计,1909 年,各类国际组织只有 213 个,到 1957 年发展到 1 117 个,及至 1994 年猛增到 36 486 个,其中 97% 的组织是在二战后创立的,仅 20 世纪 80 年代的十年间就增加了 12 383 个。"冷战"结束后,国际组织增长的加速度更加迅猛,平均每年激增近 2 500 个。[①]

中国自 1971 年在联合国恢复合法席位之后,积极广泛地参与了国际组织活动。进入 20 世纪 90 年代之后,中国参加的国际组织已达 600 多个,其中重要的政府间组织 70 余个。[②]

三、国际组织的法律地位

(一) 国际组织的法律人格

国际组织除开展维持组织内部的活动外,为了实现其目的和任务,还要开展对外的各种活动。国际组织作为国际法主体在与其他国际法主体进行交往时,必须具备国际法律资格,享受国际法上的权利并承担义务。

根据国际法院发表的《关于执行联合国职务时遭受损害的赔偿问题》(1949 年 4 月)的咨询意见,联合国的法律人格一般来说具有以下四个内容:(1) 为了实现组织目的和原则,国际法人资格是必不可少的;(2) 必须设立内部各机关和具有特殊职务的永久性组织机构;(3) 必须是不同于成员国的独立组织,具有单独的职能和任务;

---

① 参见饶戈平:《全球化进程中的国际组织》,北京大学出版社 2005 版,第 2—3 页。
② 参见梁西:《国际组织法》,武汉大学出版社 2001 年版,第 22 页。

(4) 必须赋予不仅在成员国领域内而且在国际范围内的法律能力以及特权和豁免，规定权利和义务，否则无法开展有效活动。[①] 国际法院这一咨询意见，对于认定国际组织的国际法律人格问题具有权威性指导意义和示范效果。这样，以国际法院咨询意见为起点，国际组织的国际法律人格的概念被逐步扩展到其他政府间国际组织，国际组织从此得以国际人格者的身份活跃于国际舞台。

每个国际组织的章程都对该组织的活动方式和范围作出了限制性规定。例如，《联合国宪章》第104条规定："本组织于每一会员国之领土内，应享受于执行其职务及达成其宗旨所必需之法律行为能力。"《美洲国家组织宪章》第103条规定："美洲国家组织在每一会员国领土内应享有执行其职务，实现其宗旨所必需的法律能力、特权及豁免。"《国际民用航空公约》第47条规定："本组织在缔约各国领土内应享有为执行其任务所必需的法律权力。凡与有关国家的宪法和法律不相抵触的，都应承认其完全的法人资格。"

国际组织的职责都是其章程明文规定的，越出章程规定的职权而擅自行动，应被视为非法。各会员国保留监督国际组织恪守章程行事以及必要时退出该组织的权利，这是所有国际组织的法律性质的共同特点。

需要指出的是，国际组织具有法律人格，可以作为国际法主体，但由于它不具有国家主权，而是一个"非国家实体"，其法律行为能力，取决于国际组织成员国间签订的宪章或规约，国际组织的国际人格是派生的而不是本身固有的。所以，其法律地位不能与国家等同，它是不完全的特殊国际法主体，或者说，是以国家集体为特征的国际法主体。

(二) 国际组织法律人格的内容

国际组织法律人格的内容包括在对外关系中享有为达成其宗旨、执行其职能所必需的权利能力和行为能力，主要表现为：

1. 缔约权

国际习惯法早已赋予国际组织以缔约能力，而1986年的《关于国家和国际组织间或国际组织相互间条约法的维也纳公约》也确认了国际组织的缔约权。一般来说，国际组织只在其职权范围内或由于组织存在的必需而与国家或其他国际组织签署条约。许多国际组织的基本文件中明文规定了与其他国际组织或国家缔结协定的权利。

在国际组织与其成员国之间的协定方面，如《国际原子能机构章程》第13条要求理事会与愿意向机构提供材料、服务、设备和设施的成员国签订协定，《世界银行协定》规定必须与成员国就贷款与担保事宜与成员国达成协议；在国际组织与非成员国之间的协定方面，如欧洲经济共同体章程明文规定可以与非成员国缔结贸易协定；在国际组织与其他国际组织之间的协定方面，如《美洲国家组织宪章》第100条规定：

---

① 参见〔日〕寺泽一、山本草二主编：《国际法基础》，朱奇武等译，中国人民大学出版社1983年版，第172页。

"同一种世界的国际机构缔结协定时,美洲专门机关应保存其作为美洲国际组织的组成部分的个性和地位,即使它们执行了国际机构的区域职务。"

还有一些国际组织的基本文件中并没有明文规定其缔约权,但在实践中,不论国际组织基本文件中有无缔约权的明文规定都不影响国际组织缔约权的行使。《联合国宪章》规定联合国有权与专门机构签订协定,但并没有规定可以与其他国际组织签订协定。尽管如此,在实践中,联合国已经与其他国际组织签订了协定,如联合国与国际原子能机构所签订的协定。在国际组织章程未规定的情况下,应推论缔约权为完成国际组织章程规定的职能所必需的权利。

此外,国际组织在多边条约中的缔约权也逐渐为国际实践所接受,但国际组织本身一般不加入它自己主持制定的国际公约,除非该公约的内容与国际组织有着直接联系,如《联合国特权及豁免公约》《联合国各专门机构的特权及豁免公约》等。

2. 使节权

国际组织具有接受和派遣外交使节的权利。自国际联盟创建以后,国际实践逐步确认了这种权利。不仅成员国,而且非成员国,甚至其他国际组织,都可以向国际组织派遣常驻或临时代表机构,但该权利的实现需要得到东道国政府的协助。另外,国际组织还可以向其成员国、非成员国、其他国际组织和国际会议派遣常设使团或特别使团。在实践中,由于国际组织接受了成员国的常驻代表团,所以向成员国派驻代表团的情况并不常见。但联合国系统的许多机构为经济技术援助起见,通常向受援国派驻代表机构,联合国本身为了行使某类特殊的政治使命也常常派驻特别使团。

3. 承认与被承认权

国际组织与成员国、非成员国和其他国际组织的相互关系意味着一种相互承认的关系。国际组织一般是通过接纳成员国或观察员、与对方订立协定或邀请参加会议等方式,来承认一个国家、政府或民族解放组织,而不是采取直接、正式的承认方式。但国际组织对成员国的承认并不构成成员国之间的集体承认。当一个成员国中出现两个政治实体时,国际组织只能承认其中一个是该成员国的代表。

4. 国际求偿权

国际组织有权对侵害其利益的国家提出国际赔偿。1948年9月,联合国派瑞典人贝纳多特赴巴勒斯坦进行调解,贝纳多特在执行任务中遇害。国际法院对此作出了《关于为联合国服务蒙受损害赔偿问题的咨询意见》,该意见肯定了国际组织具有国际索赔权。根据权利和义务对等原则,同样,国际组织若对某个国家或其国民造成损害,也有义务承担国际责任。

5. 特权与豁免

为了保证国际组织及其工作人员能够正常进行活动,国际组织及其工作人员以及成员国的代表都应在东道国和常驻地国享受一定范围的特权与豁免,这也是国际组织法律人格的一个重要组成部分。

就法律依据而言,这项权利体现在如下三个方面:(1)在国际组织的组织章程中明确规定,如《联合国宪章》第 104 条和 105 条规定:"本组织于每一会员国之领土内,应享受于执行其职务及达成其宗旨所必需之法律行为能力。""一、本组织于每一会员国之领土内,应享受于达成其宗旨所必需之特权及豁免。二、联合国会员国之代表及本组织之职员,亦应同样享受于其独立行使关于本组织之职务所必需之特权及豁免。……"(2)在国际组织与东道国签订的双边协定中作出规定,如联合国与美国签订的总部协定。(3)在多边国际公约中规定,如1946年《联合国特权及豁免公约》、1947年《联合国各专门机构特权及豁免公约》、1973年《关于防止和惩处侵害受国际保护人员包括外交代表的罪行的公约》。

此外,少数国家为履行有关国际公约或协定,还专门制定相应的国内法,以明确规定本国为成员国的国际组织在其国内具有法人地位,如《英国国际组织(特权与豁免)法》《美国国际组织法》等。

四、国际组织的机构与职能

国际组织内部机构的设置,并没有统一的划分标准及种类,通常都是根据各组织特定的活动领域与宗旨,按照自身的职能需要来确定自己的组织结构。尽管设立的内部机构数目、名称各异,但国际组织一般都拥有三个主要层次的机构:最高机关、执行机关和行政机关。

1. 制定政策机构

制定政策机构,通常称为大会或议会,是根据国际组织基本文件设立的最高权力机关,由全体成员组成,负责组织全面的工作,如联合国大会、欧洲共同体议会、国际劳工组织大会等。这种机关不是常设的,一般定期举行会议,提出及通过决议等,如世界气象组织的大会每四年召开一次,国际电信联盟的大会每五年召开一次。

2. 执行机构

执行机构,通常称为理事会,如国际劳工组织理事会、欧洲共同体理事会、政府间海事协商组织理事会等。理事会通常由大会在成员国中选出并组成。选举时有按成员国在该专业范围的重要作用选出的,如国际民用航空组织理事会;也有按地区分配席位的,如万国邮政联盟。执行机关经常举行会议,一般是常设机构。执行机关的职能主要是执行最高机关的决议,监督秘书处的工作,在最高机关休会期间对现实问题作出决定。有些执行机关被委以特别的职责,能够独立于最高机关并代表整个组织行事,如联合国安理会。

3. 办事机构

办事机构,是国际组织处理日常工作的常设机构,通常称为秘书处。该机构由从事专门工作的人员组成,他们不代表任何国家,属于国际职员,不受其国籍国权力的影响,负责处理日常事务。其最高行政长官一般称为秘书长或总干事。秘书长是国际组织的最高行政首脑和对外代表,由最高权力机关选举产生,有的还须同执行机构协商确定,当选后在一定任期内为本组织服务。

除了上述三类主要机构外,有些国际组织还设立各种区域性机构或附属机构。例如,世界气象组织在非洲、亚洲、南美洲、北美洲、欧洲、西南太平洋设立了六个气象协会。有的国际组织还设立司法机构专门负责审理法律问题和通过司法手段解决国际争端。最早建立的这类机构是根据《海牙和平解决国际争端公约》于1900年成立的常设仲裁法院。其后是成立于1922年的常设国际法院。联合国成立时决定建立国际法院,作为联合国系统内的主要司法机关,并把《国际法院规约》列为《联合国宪章》的组成部分。

五、国际组织的议事规则

国际组织的议事规则,通常是指国际组织的各机构在行使职能和维持正常运作过程中所遵循的程序性规则,主要包括决策程序、表决制度等内容。

(一) 决策程序

决策程序是国际组织讨论、审议问题,作出决定的过程,通常包括动议的提出、文本的起草与讨论、提案的表决、决定的生效与终止等环节。

1. 动议的提出。国际组织中任何可能导致产生决定的提议称为动议。成员国政府是国际组织中最重要的动议者,组织内部其他机构,特别是秘书处和专家机构,也是主要的动议者。

2. 文本的起草与讨论。某项动议一旦被有关机构接受后,由提议者或有关机构拟定决议草案。决议草案必须在会议召开前一定时间内提交给有关机构,以便各成员国充分了解和研究,并在会上发表意见。一项提案在提交前后或在会上讨论期间均可进行修正,所有成员国均有提出修正案的权利。国际组织各机构对决策过程一般都规定有一定的时间限制,但是,某些重大项目的决策需要较长时间时,则通常以各成员国达成的协议为准。一项议案及其修正案在提出后至表决前,都可允许提案方撤回。

3. 提案的表决(详见下文(二)表决制度)。

4. 决定的生效与终止。国际组织的大多数决定一旦为议事规则所要求的多数通过,即告生效。具有拘束力的决定通常需要一定时期后才产生法律效力。有些国际组织的某些决定需要成员国事先明示同意后才能生效。此外,国际组织基本文件的修订以及它所通过公约的附件,一般也须所有成员国明示同意方可生效。

国际组织的决定可以被修改,通常一项决定为另一项决定所取代,也就意味着前者被撤销,其效力即告终止。另外,成员国从国际组织退出后通常不再受该组织的决定的约束。当国际组织宣告解散时,它作出的决定自然就失去效力,除非这些决定正存在于成员国法律秩序之内。

(二) 表决制度

1. 全会一致制度

全会一致制度,是指国际组织的决议须经主席会议和参加投票的全体成员国同意方可通过。这种制度建立在国家主权平等原则的基础之上,但是它过于强调成员国的个别意志,实际上赋予了每一成员国否决权,即只要有一个国家反对,该决议就当然无效,如石油输出国组织(OPEC)、经济合作与发展组织(OECD)都在使用该制度。

国际联盟是曾经采用全会一致制度的有名的国际组织。该联盟规定在维持和平和国际合作这两个领域,除非有特别规定场合之外,其决议均须全会一致通过(盟约第5条第1、2款)。

全会一致制度,作为拥护主权的制度来说,是最为合适的,因为它吸引了重视主权的国家参加国际组织,并且在全会一致前提下的国际组织决定容易形成法的拘束力。但是,这种表决方式过于强调成员国的个别意志,为多数国际组织所不取。

2. 多数表决制

多数表决制,是指国际组织决议的通过仅需获得主席和参加投票的多数成员国的赞同票。这里的多数表决可分为简单多数与特定多数两种。前者指决议只需获得超过投票数的1/2即可通过,主要用于程序性事项或其他不很重要的决议。后者则要求决议获得限定的大于1/2的多数同意,通常适用于一些比较重要问题的决议。所谓特定多数,在通常情况下是以2/3为准,但也有规定为3/4、4/5甚至更高比例的。

多数表决方式是意思表决方式的主流,国际组织通常以这一方式来采纳大多数方面的意见。它使成员国的国际关系更趋于紧密化,加深了组织的协力关系。这种方式正逐步成为现代国际组织最广泛的表决方式。一般来说,以多数表决通过的大多是不具拘束力的建议性决议,其适用范围受一定限制。一小部分多数表决是有拘束力的决议,但往往限于技术性事项或不甚重要的政治性事项。

3. 加权表决制

国际社会是由实力不同的各个国家所组成。同样,国际组织也是由实力不同的各个国家所构成。国际组织为达成其目的,确保其实效性,要求某些成员国承担比其他成员国更多的责任,即在国际组织的活动中负有特别或较大责任的国家,在该组织的表决程序中与其他国家相比具有特别的地位。总之,该表决程序是按照一定规则和标准分别给予成员国以不同票数或不同质量的投票权,即所谓的加权投票权。例如,国际复兴开发银行和国际货币基金组织根据成员国的财政负担的多少来分配投票数额。联合国安全理事会的常任理事国所享有的否决权,与非常任理事国的表决权有着本质上的差异。当然,这样的表决制度(或否决权制度),被认为是影响国家主权平等原则的,因为加权表决制毕竟造成了成员国之间在决策程序中的不平等。因此,国家要求平等参与,增加基本投票权的呼声日益高涨。

4. 协商一致的决策程序

这是成员国之间通过广泛协商达成一种不经投票而一致合意的决策方法。它不仅考虑到多数方的意见,同时也考虑到少数方的意见。它是将参加会议代表的意见的最大公约数作为参加者全体的总意见而加以认可。① 具体做法是以会议主席为中心,首先向地区集团、各会员国等征求意见,努力达成事实上的同意,再在正式会议上发表达成一致意见的决议或由主席发表达成一致意见的声明予以通过。

协商一致程序虽然避免了硬性投票表决,有较大的灵活性和实用意义,但是,由于它允许有关各方对决议提出保留,或发表自行解释的声明,甚至表示反对意见,从而会影响决议的全面实施。同时,由于协商一致的概念相当模糊,尚未形成一套固定的、广泛适用的具体规则,并且往往因反复协商而耗时过多,所以,这种程序所达成的协议有降低实际价值的缺点。

第二节 联合国及其机构

一、联合国的建立

第二次世界大战后,国际社会应该构成何种格局、框架的问题早已在大战中被决定。1941年8月14日,英、美两国首脑共同宣布的《大西洋宪章》提出了建立"广泛而永久的普遍安全制度"的八项主张。

1942年1月1日,对德、日、意宣战的26个为对抗共同敌人而联合的国家,在华盛顿签署了《联合国家宣言》,声明赞同《大西洋宪章》的宗旨和原则,并约定以全力对轴心国作战,决不单独停战或单独议和。

1943年10月30日,中、苏、美、英四国外长在莫斯科会议上发表了《关于普遍安全的宣言》(又称《莫斯科宣言》),确定了战后建立普遍安全组织的共同方针和基本原则。

1944年8月21日至10月7日,美、苏、英三国和中、美、英三国分别在美国敦巴顿橡树园举行会议,根据《莫斯科宣言》的精神,草拟了战后国际组织的章程,一致通过了"关于建立普遍性国际组织的建议案",并建议将该国际组织命名为"联合国"。

1945年2月,苏、美、英三国首脑在克里米亚开会,签订了《雅尔塔协定》,就联合国安理会表决程序问题达成一致协议。会议同时决定由中、苏、美、英四国发起,邀请在《联合国家宣言》中签字的国家,在旧金山举行制宪会议。

1945年4月25日至6月25日,旧金山制宪会议召开,参加会议的有50个国家,会议一致通过了《联合国宪章》。6月26日,出席会议的各国代表在《联合国宪章》上签了字。1945年10月24日,经中、苏、美、英、法和其他多数签字国交存批准书,该宪章开始生效,联合国宣布正式成立,总部设在纽约。联合国是20世纪所产生的全球最大最重要的普遍性国际组织,它自1945年成立以来,在维持国际和平与安全、促进

---

① 参见〔日〕岛田征夫:《案例国际法》,成文堂1995年版,第244页。

国际合作与发展方面发挥着举世瞩目、不可替代的重要作用。

二、联合国的宗旨与原则

联合国是第二次世界大战的产物,是战时主要盟国所共同规划的战后集体安全体制。《联合国宪章》(以下简称《宪章》)是联合国一切活动的法律依据。联合国之目的,在于避免后世再遭今代人类两度身历惨不堪言之战祸,重申基本人权,人格尊严与价值,以及男女平等和大小各国平等权利之信念,运用国际机构,以促进全球人民经济及社会之发展。《宪章》由一个序言、19章共111个条文组成,规定了联合国的宗旨、原则、组织机构、职权范围和活动程序等。

(一) 联合国的宗旨

联合国的宗旨载于《宪章》的第一章第1条,共四项内容:(1) 维持国际和平与安全。为达此目的,采取有效的集体办法,以防止且消除对于和平之威胁,制止侵略战争或其他对和平之破坏;并以和平方法且依国际法之原则,调整或解决足以破坏和平之国际争端或情势。(2) 发展国家间以尊重人民平等权利及自决原则为根据之友好关系,并采取其他适当办法,以增强普遍和平。(3) 促成国际合作,以解决国家间属于经济、社会、文化及人类福利性质之国际问题,且不分种族、性别、语言或宗教,增进并激励对于全体人类之人权及基本自由之尊重。(4) 构成一协调各国行动之中心,以达成上述共同目的。

(二) 联合国的原则

为实现联合国的宗旨,《宪章》第2条为联合国自身及其会员国规定了应遵循的七项原则:(1) 各会员国主权平等;(2) 所有会员国都应善意履行宪章义务;(3) 各会员国应以和平的方法解决其国际争端;(4) 各会员国在其国际关系上不得使用武力威胁或武力,或以与联合国宗旨不符之任何其他方法,侵害任何会员国或国家之领土完整或政治独立;(5) 各会员国对于联合国依宪章规定而采取的行动,应尽力予以协助,不得协助联合国正在对之采取防止行动或者强制行动的任何国家;(6) 应确保使非会员国在维持国际和平与安全的必要范围内,遵行上述原则;(7) 联合国不得干涉在本质上属于任何国家国内管辖的事项,但此项原则不得妨碍第七章所规定的强制措施的应用。上述《联合国宪章》的原则是国际社会各国公认并接受的国际法基本原则,具有强行法的效力。

三、联合国的会员国

联合国现有会员国193个。联合国的会员国分为创始会员国和接纳会员国(非创始会员国)两大类。凡参加旧金山会议或曾签署《联合国家宣言》,并签署和依法批准了《宪章》的国家,均为创始会员国,这类创始会员国共51个,其余根据会员国条件与参加程序纳入的会员,均为接纳会员国。

20世纪50年代后期,旧殖民地各国独立后,纷纷加入联合国。90年代初,由于东欧各国的变化以及苏联的解体使联合国会员国数目得到增加。构成成员的变化最终直接影响了联合国自身的组织变化以及联合国的活动。

自联合国成立至50年代,联合国的会员国(创始会员国)限于1945年参加旧金山会议的国家。在联合国内,美国和苏联存在着东西方意识形态上的严重对立,其结果使双方更为重视联合国会员国的发展,美国为实现西方诸国能在联合国大会中占据多数并统一行动而积极活动,苏联则为了对抗美国的霸权地位,通过在安理会行使否决权以阻止美国的活动。

1960年,16个非洲国家加入联合国,因而被称为"非洲之年"。80年代后期,1989年11月,柏林墙倒塌,东西德国合并统一,波罗的海沿岸之国(爱沙尼亚、拉脱维亚、立陶宛)的独立和加入联合国,以及苏联各加盟共和国的独立,俄罗斯向市场经济方向的转型等,使历来的东西对立阵营格局产生了预想不到的变化,形成了新的国际政治格局。

四、联合国的主要机关

联合国为实现其宗旨,设立了六个主要机关:大会、安全理事会、经济及社会理事会、托管理事会、国际法院和秘书处。

(一)大会

1. 大会的组成和会议

大会(General Assembly)由联合国全体会员国派代表组成。每个会员国在大会的代表不得超过五人。联合国大会每年举行一届常会,从每年9月的第三个星期二开始,到12月25日前结束。如果议程尚未审议完,第二年春天继续开会。如果安理会或半数以上会员国请求,可以召开特别会议。

大会设主席1人,副主席21人,按地区分配原则选举产生。大会主席不得连任。大会常设六个主要委员会,它们分别是:裁军与国际安全(第一委员会),处理裁军和有关的国际安全问题;经济和金融(第二委员会),处理经济问题;社会、人道主义和文化(第三委员会),处理社会和人道主义问题;特别政治和非殖民化(第四委员会),处理第一委员会不处理的各种政治问题以及非殖民化问题;行政和预算(第五委员会),处理联合国的行政工作和预算;法律(第六委员会),处理国际法律事务。大会还设有各类附属机构:管理委员会、专门委员会、委员会、理事会和团队、工作组和其他机构。这类附属机构在讨论议程项目后,在可能的情况下争取用各种途径协调会员国和各附属机构提出的建议,通常采用决议和决定草案,并在大会全体会议上审议。

2. 大会的职权

联合国大会具有广泛的职权,概括地说,大会可以讨论宪章范围内或者有关联合国任何机关的职权中的任何问题或事项。但是,安全理事会正在审议的除外。

大会是联合国保证各会员国在经济、社会、文化等领域进行国际合作的最高机构。它促进国际法的发展和编纂,促进人权的实现。大会在组织监督方面和内部行政方面具有重要的职权,大会接受并审议联合国其他机构的报告;选举安全理事会的非常任理事国、经济及社会理事会的理事国以及托管理事会的须经选举的理事国;与安全理事会各自投票选举国际法院的法官;根据安全理事会的推荐委任秘书长;根据安全理事会的建议通过决议接纳新会员国、中止会员国的权利或开除会员国。大会还负责审议和批准联合国的预算,分派各会员国应缴纳的经费,审查各专门机构的行政预算等。

在维持国际和平安全方面,大会在很大程度上要受到安全理事会的制约,对于已经列入安全理事会议程的问题,非经安全理事会同意,大会不得审议和提出建议。但对任何需要采取军事或非军事行动的问题,大会有提请安全理事会注意的权利。

3. 大会的表决程序

在大会表决程序方面,每个会员国在大会享有一个投票权。对于重要问题的决议须由出席并投票的会员国以 2/3 多数决定。这些重要问题有:修改《宪章》,关于和平与安全的建议,安全理事会、经社理事会和托管理事会的理事国的选举,接纳新会员国,中止会员国的权利和开除会员国,实施托管制度和预算问题等。其他问题只需以简单多数通过。大会的决议除了针对联合国组织内部事务所通过的决议对组织及会员国有拘束力外,其他大会决议的法律地位仅仅是劝告性质。

(二) 安全理事会

1. 安全理事会的组成

安全理事会(Security Council),简称安理会,由 5 个常任理事国和 10 个非常任理事国组成(1965 年前是 6 个非常任理事国)。每个理事国派 1 名代表。《宪章》第 23 条将常任理事国确定为:中国、俄罗斯(原为苏联)、美国、英国和法国,只要《宪章》不修改,常任理事国就具有特殊的地位。

非常任理事国由出席大会及投票的会员国以 2/3 多数决定。选举非常任理事国的考虑条件主要是:(1) 为联合国所作贡献的大小;(2) 平衡地区的名额分配。自 1965 年非常任理事国增至 10 个席位以来,其席位的分配为:拉美国家 2 席,亚非国家 5 席,东欧国家 1 席,西欧和其他国家 2 席。非常任理事国任期 2 年,每年改选 5 个,任满后非常任理事国不得即行连选,但必须由同一地区的国家接替。

安理会主席,由理事国按国名英文字首的排列次序轮流担任,任期 1 个月,安理会主席不仅主持安理会会议,还代表安理会作为联合国的一个机关行使权力。

根据《宪章》规定,安理会设有两种会议制度:一是常会,由主席在他认为必要时随时召集各常驻代表举行,或经安理会任何理事国请求、大会建议或秘书长提请,由主席召集举行;二是定期会议,每年举行两次,具体时间由安理会决定,这是一种比常会较高一级的会议,一般都由理事国政府首脑或外交部长参加,也可派其他政府成员或特别指定的代表参加。非安理会理事国的联合国会员国,当安理会认为讨论对其利益有特别影响时,可以被邀请参加安理会的讨论,当会员国和非会员国是安理会所审议的争端当事国时,都应被邀参加讨论,但上述非安理会理事国的联合国会员国以及非联合国会员国在参加安理会的讨论时,无投票权。

2. 安理会的职权

安理会主要负责维护国际和平与安全。根据《宪章》第24条,为了能够迅速有效地采取行动,联合国会员国将维持国际和平与安全的主要责任授予安理会,并同意安理会代表它们执行职务。安理会的职权主要是属于执行性的,它在联合国机构体系中占有首要的政治地位,不仅有权促使争端的和平解决,也是唯一有权判断威胁和平与安全行为之存在,更是唯一有权采取非军事行动和军事行动来维持国际和平与安全的机关。安理会根据《宪章》第七章作出采取行动的决议,全体会员国都有义务接受并执行。

(1)在促使争端和平解决方面,安理会对于任何争端或可能引起国际摩擦或争端的任何情势都可以进行调查,以断定其继续存在是否足以危及国际和平与安全。任何联合国会员国以及预先声明接受宪章所规定的和平解决争端义务的非会员国,大会或秘书长都可以提请安理会注意可能危及国际和平与安全的争端或情势。对于上述性质的争端,安理会可以促请各争端当事国用谈判、调查、调停、和解、仲裁、司法解决、利用区域机构或区域协定,或各当事国自行选择的其他和平方法解决它们之间的争端。安理会可以在任何阶段,建议适当的调整程序或方法来解决争端,安理会在行使和平解决国际争端职能时所作的建议,对当事国无法律拘束力,安理会实际上起着一种斡旋和调停的作用。

(2)在制止侵略行动方面,它可以判断是否存在威胁、破坏和平或侵略的行为。依照《宪章》第41条,它有权建议或决定对作出上述行为的国家采取武力以外的强制措施,如全部或局部停止交通和通讯、断绝外交关系等。按照《宪章》第42条,安理会如认为第41条所规定之办法为不适合或已经证明为不足时,得采取必要之空海陆军行动,以维持或恢复国际和平及安全。此项行动包括示威、封锁以及其他必要的军事行动。采取强制措施是安理会的专有职权。安理会为制止对和平的威胁、破坏和侵略行为时作出的决定对当事国和所有会员国均有拘束力,各会员国必须予以执行并有义务提供军队归安理会指挥。

安理会除拥有上述职权外,还负责拟定军备管制方案,在战略性地区行使联合国的托管职能,建议或决定应采取的措施以执行国际法院的判决,选举国际法院法官,向大会推荐新会员国和联合国秘书长,向大会建议中止会员国的权利或开除会员国。

3. 安理会的表决程序

在安理会的表决程序中,每一个理事国有一个投票权。关于程序事项以外的一切事项的决定,应以九个理事国的可决票决定之,其中不得包括任何一个常任理事国的否决票,即常任理事国享有否决权。只要有一个常任理事国投反对票,该项决定就被否决。所以,联合国的这种表决原则也被称为"五大国一致原则"。但是,在实践中,常任理事国不参加投票或者弃权,不构成否决。

关于程序事项的决定,则以任何九个理事国的可决票决定之。如果对某一事项是程序性的问题还是实质性的问题发生争执,须先决定该事项是否属于程序性时,常任理事国可行使否决权,在对作为实质问题的该事项表决时,五个常任理事国还可行使否决权,这就是"双重否决权"。

但是,从20世纪50年代起,常由安理会主席裁定有疑问的事项是否程序性事项,非经九个以上理事国推翻,主席的裁定有效。

(三) 经济及社会理事会

经济及社会理事会(Economic and Social Council),简称经社理事会,是联合国的主要机关之一。它最初由18个理事国组成,经过1965年与1973年的两次宪章修正,理事国已扩展到54个国家。与安理会不同的是,经社理事会的理事国没有常任与非常任之区分。理事国的席位按地域分配,非洲14名,亚洲11名,拉丁美洲10名,东欧6名,西欧及其他国家13名。每个理事国有1名代表。理事会于每届会议自行选举主席1人和副主席3人。理事国由联合国大会选举,任期3年,交替改选,每年改选1/3,可连选连任。从1971年起,我国一直为经社理事会理事国。

经社理事会是负责协调联合国及其各专门机构的经济与社会工作的机关。其主要职权有:(1) 作成或发动关于国际经济、社会、文化、教育、卫生及其他有关事项的研究和报告,并得向联合国大会、各会员国和有关的专门机构提出关于任何此种事项的建议;(2) 为了促进尊重和遵守一切人的人权和基本自由起见,得提出建议;(3) 得就其职权范围内的事项拟定公约草案,提交大会;(4) 得召开国际会议,讨论其职权范围内的事项;(5) 同由各国政府间协定所成立的各种经济、社会、教育、卫生等专门机构订立协定,使它们同联合国建立关系,但这种协定须经大会批准;(6) 通过各种磋商和协议来协调各专门机构的活动。

经社理事会每年举行两次常会,每次会期一个月。两次会议分别讨论社会与人权问题、经济与发展问题。经社理事会的每个理事国有一个投票权,理事会以简单多数进行表决。

(四) 托管理事会

托管理事会(Trusteeship Council)是联合国负责监督置于国际托管制度下的领土的机关。托管制度是代替国际联盟委任统治制度的一种制度。委任统治制度是把第一次世界大战前德国海外殖民地和土耳其的殖民地交给受任国统治,由受任国代表国际联盟进行治理,受国际联盟行政院监督。第二次世界大战后,联合国建立托管制度以代替国际联盟的委任统治制度,该制度在目的、托管理事国的义务、监督机能等方面都有着很大的发展。

《宪章》在建立国际托管制度过程中设立了托管理事会,作为联合国的一个主要机关,并规定其任务为监督置于托管制度之下的托管领土的管理。托管制度的主要目标是促进托管领土居民的进展以及托管领土朝自治或独立方向的逐渐发展。托管理事会由安理会的五个常任理事国组成。《宪章》规定,托管理事会有权审查并讨论管理当局就托管领土人民的政治、经济、社会和教育方面进展提出的报告,会同管理当局审查托管领土的请愿书,并对托管领土进行定期的和其他特别的视察。

自联合国成立以来,置于国际托管制度下的领土共有11个(大会批准了10份托管协定,安理会批准了1份)。这些领土的人口总共将近两千万人。长期以来,由于殖民地人民坚持反抗殖民统治,各托管领土有的已经独立,有的已加入邻国而成为新国家。随着联合国剩下的最后一个托管领土帕劳于1994年10月1日取得独立,托管理事会于1994年11月1日停止运作。理事会于1994年5月25日通过决议,决定修改其议事规则,取消每年举行会议的规定,并同意视需要举行会议——理事会或理事会主席作出决定,或理事会多数成员或大会或安全理事会提出要求。

(五) 国际法院

国际法院(International Court of Justice)是联合国的主要司法机关,负责审理各当事国提交的一切案件及《宪章》或现行条约中所规定的一切案件;根据《宪章》和《国际法院规约》的规定,对于法律问题发表咨询意见。

(六) 秘书处

秘书处(Secretariat)由在联合国纽约总部和世界各地工作的全体国际工作人员组成,从事联合国各种日常工作。秘书处为联合国其他主要机关服务,并执行这些机关制定的方案与政策。秘书处的首长是秘书长,秘书长由大会根据安理会的推荐任命,任期五年,可以连任。

秘书处的职责同联合国所处理的问题一样多种多样,范围从管理维持和平行动到调停国际争端、从调查经济及社会趋势和问题到编写关于人权和可持续发展问题的研究报告。秘书处工作人员还使世界各通讯媒体了解和关心联合国的工作;就全世界所关切的问题组织国际会议;监测联合国各机构所作决定的执行情况;将发言和文件翻译成联合国各正式语文。

作为国际公务员,秘书处的工作人员和秘书长都对联合国负责,并宣誓不寻求或接受联合国以外任何政府或其他当局的指示。根据《宪章》,各会员国承诺尊重秘书长和工作人员责任的专属国际性,决不设法影响其责任的履行。到2012年6月30日止,秘书处有来自世界各地的工作人员约为43 000名。[①]

五、联合国专门性机构

(一) 联合国专门性机构概述

联合国专门性机构(UN Specialized Agencies),是指根据《宪章》第57条和第63条的规定通过签订协议的方式与联合国建立了法律关系的或者根据联合国的决定建

---

① 资料来源:联合国秘书长的报告 A/67/329。

立的专门性国家间经济、社会及其他组织与机关,《宪章》将其简称为"专门机关"。即专门从事经济、社会或文教等行政技术方面单一活动的政府间的国际组织。19世纪后半叶,随着科学技术的发展,科学技术领域的国际合作促进了专门性国际组织的发展,在国际社会上逐渐出现了一些涉及邮电、运输、交通、度量衡、科技、文化、教育、卫生等方面各种各样的国际组织机构。专门性国际组织在促进国际合作方面起到了重大的作用,它是当代国际组织体系中的重要组成部分,对国际事务具有重大影响。

联合国成立后,为了促进国际联系与合作,有必要使国际专门机构的工作彼此配合并与联合国的活动相协调。《宪章》第57条规定:"由各国政府间协定所设立的关于经济、社会、文化、教育、卫生及其他有关方面的专门机构,应按一定规定使他们同联合国建立关系。"《宪章》在这方面把联合国设计为一个协调国际行政的核心组织。

联合国负责同这些专门机构建立关系这一任务的是经社理事会。《宪章》第63条第1款规定:"经济及社会理事会得与第五十七条所指之任何专门机关订立协定,订明关系专门机关与联合国发生关系之条件。该项协定须经大会之核准。"经社理事会为此目的设置了一个"同政府间机构商谈委员会",以便同各专门机构就建立上述关系分别进行谈判并签订关系协定。协定经专门机构和经社理事会核准后,须经由经社理事会提交大会核准。除了以这种方式与联合国订立协定而成为联合国专门机构之外,另一种方式是由联合国决定并推动各有关国家进行谈判而创设的国际组织。这种国际组织也普遍被认为是与联合国发生关系的专门性国际组织,通常也称联合国专门机构。

联合国专门机构的特点是:第一,它们是国家间国际组织,不是非政府组织。第二,它们是在经济、社会、文化、教育、卫生及其他相关方面负有广泛国际责任的专门性国际机构,不是区域性组织。这些机构中有些在国际联盟成立之前就已经建立,但多数是在联合国建立后才成立的,有独立的法律地位。第三,它们通过与联合国经社理事会签订协议与联合国建立了法律联系。

(二) 联合国专门机构现状

《宪章》规定,专门机构,主要从事促进经济、社会、科技等领域的活动,有自己的立法和执行机构,有自己的秘书处和预算,它们定期向经社理事会报告。迄今为止,联合国严格意义上的专门机构有:

(1) 联合国粮食及农业组织(FAO),简称联合国粮农组织。1945年10月在加拿大魁北克成立,1946年12月成为联合国的专门机构,总部设在罗马。我国是创始会员国之一。从1973年4月1日起,我国恢复参加该组织的活动,并在同年11月的第十七届大会上当选为理事会的理事国。

(2) 国际民用航空组织(ICAO)。1947年4月,该组织根据芝加哥《国际民用航空公约》成立并与联合国建立关系,总部设在蒙特利尔。1971年11月19日,该组织通过决议恢复中华人民共和国在该组织的合法席位。1972年,我国承认《国际民用航空公约》并参加该组织活动,1974年9月起我国一直被选为该组织理事会的理事国。

（3）国际农业发展基金（IFAD），又称国际农业发展基金组织。1977年11月根据《建立农业发展基金的协定》成立并与联合国建立关系，总部设在罗马。我国于1981年1月15日加入该组织。

（4）国际劳工组织（ILO）。1919年，国际劳工组织根据《凡尔赛和约》的规定而成立。国际联盟解散后，国际劳工组织仍然存在。1946年，国际劳工组织同联合国签订了关系协定，成为第一个与联合国建立关系的专门机构，总部设在日内瓦。我国是该组织的创始成员国。1971年11月16日，该组织通过决议恢复中华人民共和国的合法权利。1983年，我国开始恢复在该组织的活动。1984年，我国决定承认1949年10月1日以前旧政府批准的14个国际劳工公约，并废除1949年10月1日以后台湾当局批准的23个国际劳工公约。1985年，国际劳工组织在北京设立了北京局（该组织的分支机构）。

（5）国际货币基金组织（IMF）。根据1944年在美国布雷顿森林召开的国际货币金融会议通过的《国际货币基金协定》于1945年12月正式成立国际货币基金组织，该组织于1947年与联合国建立关系，总部设在华盛顿。我国是该组织的创始会员国。1980年4月17日，该组织恢复了中华人民共和国的代表权。

（6）国际海事组织（IMO）。1948年2月，在第一次联合国海运会议上所制定的《政府间海事协商组织公约》于1958年生效。1959年1月，政府间海事协商组织正式成立，并于同年6月成为联合国的专门机构，总部设在伦敦。1975年11月，大会修订了该公约，决定将该组织名称改为国际海事组织。1972年5月23日，该组织通过决议，恢复了中华人民共和国在其中的合法席位。我国于1973年加入该组织的活动（香港和澳门地区为海事组织的联系成员）。

（7）国际电信联盟（ITU）。其前身是1865年5月组成的国际电报联盟。1934年1月1日，根据《国际电信公约》改组成国际电信联盟。1961年1月1日起成为联合国专门机构，总部设在日内瓦。我国于1920年加入国际电报联盟。1972年5月29日，中华人民共和国恢复了在该组织中的合法席位。1973年，我国被选为该组织的理事国。

（8）联合国教科文组织（UNESCO）。1945年11月，根据《教科文组织组织法》成立并与联合国建立关系，总部设在巴黎。我国是该组织的创始会员国之一。1971年10月29日，中华人民共和国的合法席位得到恢复。

（9）联合国工业发展组织（UNIDO）。1965年，第二十届联合国大会以第2089(20)号决议决定设立联合国工业发展组织。工业发展组织作为联合国组织体系内的一个自主性机构，于1967年1月1日正式组成并开始工作，总部设在维也纳。联合国大会于1985年12月17日批准了关于该组织与联合国建立关系的协定，该组织于1986年1月1日正式成为联合国的专门机构。中华人民共和国于1971年在联合国恢复一切合法权利之后，成为工业发展组织的成员，并于1972年当选为该组织理事会的理事国。

(10) 万国邮政联盟(UPU)。1874年10月,万国邮政联盟在瑞士伯尔尼的国际邮政代表大会上成立(该大会通过的《国际邮政公约》于1875年7月1日生效)。1947年7月4日,万国邮政联盟同联合国签订了关系协定,次年正式成为联合国的一个专门机构,总部设在伯尔尼。我国于1914年加入万国邮政联盟。1972年4月13日,中华人民共和国在该组织的合法权利正式恢复。我国现任万国邮政联盟执行理事会和邮政研究咨询理事会的理事。

(11) 世界卫生组织(WHO)。其前身是1907年的巴黎国际公共卫生局和1920年的国际联盟卫生组织。1946年6月,根据旧金山会议的建议,在纽约举行国际卫生会议并签署了《世界卫生组织法》。1948年9月,世界卫生组织正式成立并与联合国建立关系,总部设在日内瓦。我国是该组织创始成员国之一。1972年5月10日,该组织恢复了中华人民共和国在其中的合法席位。1981年,世界卫生组织在北京正式设立了办事处。

(12) 世界知识产权组织(WIPO)。该组织根据1967年7月签订的《成立世界知识产权组织公约》于1970年正式成立,总部设在日内瓦。1974年,该组织与联合国正式建立关系。我国于1980年6月3日加入该组织,从1982年11月起成为其协调委员会委员。

(13) 世界银行集团(WBG)。世界银行集团有时被认为是一个专门机构。它是联合国系统的一部分,并与联合国订立了正式关系的协议,但保留其独立性。世界银行集团包括五个下属机构:国际复兴开发银行(IBRD)、国际金融公司(IFC)、国际开发协会(IDA)、多边投资担保机构(MIGA)和国际投资争端解决中心(ICSID)。该专门机构是对世界各地发展中国家提供财政和技术援助的重要来源。该机构的使命是以热情和持续的专业性效果,与贫困作斗争,提供资源帮助发展中国家改善环境,致力于分享知识、建立伙伴关系。

(14) 世界气象组织(WMO)。其前身是1878年成立的国际气象组织。1947年9月,在华盛顿举行的第十二次国际气象组织会议,通过了创建世界气象组织的公约。1950年,该组织正式成立并与联合国建立关系,总部设在日内瓦。我国是该组织的创始成员国之一。1972年2月24日,中华人民共和国在该组织的合法权利正式恢复。从1973年起,我国一直是世界气象组织执行理事会成员。

(15) 世界旅游组织(UNWTO)。世界旅游组织成立于1975年,本部设在马德里。2003年12月与联合国签订协议成为联合国的专门机构。世界旅游组织拥有160个成员国。

(三) 早先的联合国专门机构

唯一脱离联合国专门机构地位的是国际难民组织。从1946年到1952年该组织系联合国的专门机构。1952年,它由联合国难民事务高级专员公署所取代,成为联合国大会的附属机构。

还有许多其他政府间组织已经结束了与联合国的合作协议。在合作结构方面,一些协议非常接近《宪章》第57条和第63条之下专门机构的关系协定,但由于章程要求机构应处理经济、社会、文化、教育、卫生和相关领域,最终签署这类协议的国际组织没有成为正式的联合国专门机构。例如,国际原子能机构(IAEA)、禁止化学武器公约组织(OPCW)和全面禁止核试验公约组织(CTBTO)。

六、联合国与维持国际和平

(一) 集体安全保障制度

每一个国家都需要其他国家的合作才能使自己获得安全。因此,与其他国家合作,对付最为紧迫的威胁,符合每个国家自身的利益。

集体安全保障(Collective Security)是指在国际社会或者一定的国家集团中,各成员国约定相互放弃战争或武力手段,并对违反约定、破坏和平的国家通过各国的协力、采取集体的强制措施,以维持或恢复和平从而保障相互安全。

为了维持国际和平与安全,《宪章》规定了比较完善的集体安全保障制度。

第一,禁止在国际关系上使用武力或武力威胁。《宪章》第2条规定:联合国会员国"在其国际关系上不得使用威胁或武力,或以与联合国宗旨不符之任何其他方法,侵害任何会员国或国家领土完整或政治独立"。会员国在与他国发生争端时,应根据《宪章》第六章规定的和平解决国际争端的原则和法律制度以政治的或法律的方式解决。

第二,允许受到侵略的国家进行单独或集体的自卫。联合国禁止会员国为侵略他国而行使武力或武力威胁,但不排除会员国行使单独或集体自卫的权利。《宪章》第51条规定:"联合国任何会员国受武力攻击时,在安全理事会采取必要办法,以维持国际和平及安全以前,本宪章不得认为禁止行使单独或集体自卫之自然权利。"《宪章》第七章规定了安理会对威胁和平、破坏和平及侵略行为的应对方法。

第三,授权安理会根据《宪章》第七章批准(以及由此类区域组织根据第八章批准)军事措施。《宪章》第39条规定:"安全理事会应断定任何和平之威胁、和平之破坏或侵略行为之是否存在,并应作成建议或抉择依第41条及第42条规定之办法,以维持或恢复国际和平及安全。"在国际关系上发生侵略他国领土完整和政治独立的情势时,受侵略的国家有权进行单独自卫或与其他国家联合起来实施集体自卫,安理会在促使和平解决无效之后,可以对侵略者实行武力以外的制裁(《宪章》第41条)。若武力以外的措施已证明为不足时,可以对侵略者采取军事行动,以维护国际和平及安全(《宪章》第42条)。为了执行其维持国际和平及安全的使命,安理会有权对侵略者作出实施武力以外行动和武力行动的决议,该决议对所有会员国具有约束力。上述两种执行措施被称为安理会排他的"执行行动",因为这是安理会执行其决议的行动,故应在由安理会的五个常任理事国参谋总长组织的军事参谋团的协助下进行。

联合国主张利用集体安全保障体制以维持国际和平,但不允许授权联合国干涉在本质上属于国内管辖的事项。集体安全保障体制所针对的是侵略行为。

（二）与集体安全保障相关的问题

1. 大会与安理会的权限冲突

为维护世界和平，采取强制的武力行动，是安理会排他的职权。关于联合国大会在一定条件下是否也有这种职能的争论，早在朝鲜战争之际已经有了一次令人关注的实践。

《联合一致共策和平决议》作为提案被采用的直接动机是朝鲜战争。1950年6月，安理会认定朝鲜的军事行动构成了对和平的破坏，进而对会员国作出援助韩国的"建议"。这对于早在"建议"之前就已经在朝鲜半岛进行军事行动的美国来说，无疑是得到了一张"合法"的通行证。苏联由于缺席安理会会议，因此失去了行使否决权的机会，实际上，苏联只要出席当时的安理会会议就会使任何不利于朝鲜的决议难以通过。为了使联合国为自身的利益服务，当时的美国在控制着多数会员国的大会中，迫切需要以大会来代替安理会的职能。为此，美国联合了英国、法国、加拿大、菲律宾、土耳其、乌拉圭，共同提出了《联合一致共策和平决议》，企图强化联合国大会的权限。1950年11月3日，该决议以赞成52票、反对5票、弃权2票（印度、阿根廷）、缺席1票（黎巴嫩）而通过。《联合一致共策和平决议》也称为"强化大会的决议"。

决议的主要内容为：在遇有威胁、破坏和平或侵略行为发生时，如因常任理事国未能一致同意，而不能行使其维持国际和平及安全的主要责任，则大会应立即考虑此事，以便向会员国提出关于采取集体措施的建议；包括在发生破坏和平或侵略行为时，提出使用武力以维持或恢复国际和平与安全的建议。这一决议扩大了大会在维持国际和平与安全方面的职能。

该决议还涉及与《宪章》有关的一系列法律问题。《宪章》第11条第2款规定："凡对于需要行动之各项问题，应由大会于讨论前或讨论后提交安全理事会"。根据该规定，凡对于需要行动之各项问题，安理会具有排他的权限，大会不具有劝告、建议权。实际上，《宪章》第七章对于和平之威胁、和平之破坏及侵略行为之应付办法，就安理会的权限作了详细的规定，并没有规定大会有这方面的权限。此外，按照《宪章》的规定，安理会是可以采取强制措施的唯一机构。特别是《宪章》第106条过渡安全办法明确规定：在第43条所称之特别协定尚未生效，而安理会认为尚不得开始履行第42条所规定之责任前，五大常任理事国于必要时，与联合国其他会员国洽商，以代表本组织采取为维持国际和平及安全宗旨所必要之联合行动。由此推断，《宪章》从未将安理会的职能交由大会来代替行使。

2.《宪章》体制下的自卫权

自卫权是一项属于国家的主权权利。它是指为了防卫本国免受来自外国的违法侵害，在紧急和必要的情势下，为反击对方而行使武力的权利。在情势紧急以及行使自卫权的力度与侵害的程度不失平衡的情况下，行使武力的违法性就受到阻却，并被视为国际法上合法的行为。《宪章》第51条规定："联合国任何会员国受武力攻击发生时，在安全理事会采取必要办法，以维持国际和平及安全以前，本宪章不得认为禁止行使单独或集体自卫之自然权利。"

这项条款既是对会员国行使自卫权的明示肯定,也是对行使自卫权的条件限制。虽然,《宪章》禁止会员国在其国际关系上使用威胁或武力,或以与联合国宗旨不符之任何其他方法,侵害任何会员国的国家领土完整或政治独立,但是,该条款并未禁止会员国采取合法的以自卫权为基础的措施。然而,会员国合法行使自卫权的条件,仅限于"武力攻击发生时"。根据这项规定,对于那些尚未直接采取武力攻击而是以武力攻击的威胁方式致使受害国的国民生命、财产蒙受损害的情况,从严格意义上说,受害国此时尚无权行使自卫权。第一次世界大战后,伴随着武力行使非法化体制的形成,自卫权行使的要件被限定得越来越严格。自卫权只能是为了保卫本国免于外国的攻击和入侵才可以行使。

同时,为了防止自卫权的滥用,《宪章》第51条作出了相应的规定:"会员国因行使此项自卫权而采取之办法,应立即向安全理事会报告,此项办法于任何方面不得影响该会按照本宪章随时采取其所认为必要之行动之权责,以维持或恢复国际和平及安全。"换言之,在"安全理事会为了国际和平与安全而采取措施"期间,或者安理会对武力攻击的国家采取了措施的情况下,以自卫权为基础的措施当然必须停止。

(三) 联合国与维持和平行动

1. 维持和平行动概述

维持世界和平是联合国的重要职能之一。维持和平行动是由联合国首创和发展的,难以用简单的定义加以概括,《宪章》中也找不到这个词。

联合国维持和平行动被认为是一种临时措施。它一般是经由联合国安理会决定和授权,向冲突地区派遣维持和平部队或军事观察团,以非武力方式帮助冲突各方维持、恢复和平并最终实现和平的一种行动。原则上,维持和平行动的派遣是基于争端当事国的邀请,维持和平行动在政治上保持中立和坚持不干涉内政的原则,它包括派遣军事观察团和维持和平部队两种形式。它的目的是防止局部地区冲突的扩大和再起,从而为实现政治解决创造条件。

维持和平行动的任务包括监督停火、停战,维护中立的非军事区域;执行脱离接触协议;督促有关方面的撤军;观察、报告局势;帮助执行和平协议;防止外来干涉;阻止非法越界和渗透,维护当地法律和秩序等。近年来,随着国际形势的变化,联合国维持和平行动的任务范围也有所扩大,涉及监督选举、全民公决、保护和分发人道主义援助,以及帮助扫雷和难民重返家园等许多非传统性的工作。参与维持和平队伍的人员除了军事人员以外,还有民事警察和文职人员。

《宪章》赋予联合国安理会采取集体行动维持国际和平与安全的权利和责任。为此,国际社会通常诉请安理会批准维持和平行动。大多数此类行动都是联合国自己组建和实施的,其部队服从联合国的作战指挥。在联合国的直接参与被视为不妥或不可行的其他情况下,安理会则授权区域组织,如北大西洋公约组织、西非国家经济共同体或有此意愿的国家联盟,行使某些维持和平的职能。

2. 维持和平行动的依据

联合国的维持和平行动在《宪章》上没有明文规定,其法律上的根据,在国际法学者中主要有以下几种观点:

(1) 从《宪章》上寻求法的根据。关于按照安理会的决议而组建、派遣的维持和平行动,其法的根据被认为是《宪章》第 40 条:为防止情势恶化,在作成建议或决定办法之前,可以作出旨在期望恢复和平的安理会所认为必要或合宜之临时办法。根据这一主张,在维持和平行动的程序或形式上可以看作安理会"执行行动"的辅助措施。

(2) 根据联合国大会的决议而组建、派遣的维持和平行动,其法的根据被认为是《联合一致共策和平决议》。在此基础上,规定了联合国大会权限、任务的《宪章》第 10 条与第 11 条第 2 款也被认为是其法的根据。从程序和形式上,被看作大会的补助措施。

(3) 维持和平行动的法律依据被认为是来自于《宪章》"第六章半",根据这一主张,维持和平行动被安置于和平解决争端的各种传统方法之间,即放在调解和实况调查(第六章)与诸如禁运和军事干预等更有力的行动(第七章)之间。

问题是维持和平行动并非以直接解决冲突地区争端为目的,它是通过对争端的冷却而为和平解决争端创造条件,是一种以间接方法解决争端的联合国活动。因此,它与《宪章》第六章的以最终解决争端为目的的争端之和平解决是有明显区别的。此外,维持和平行动尽管是军人的活动,但它不具有强制性,它与《宪章》第七章所规定的集体强制性的军事行动也是根本不同的。

联合国以集体安全保障制度维持、确保国际社会的和平与安全,不过,若未能取得与会员国之间订立特别协定就不可能编制联合国部队,对于所发生的地区武装冲突等严重事态也难以采取强制措施。可是,联合国对于在国际社会持续发生的地区武装冲突却不能漠然处之。在武装冲突停止阶段,通过向争端当事国派遣停战监视团等,为冷却冲突、最终解决矛盾而创造时间,联合国实践了《宪章》所没有规定的活动。

事实上,通过验证联合国成立的过程,要在《宪章》上寻求维持和平行动的法律根据是十分困难的。更多的学者认为,虽然《宪章》上没有明确的法律根据,可是《宪章》的宗旨、精神已暗含了赋予大会、安理会享有行使这一权利的职能。公正的维持和平行动的存在有助于减缓紧张局势,促使当事各方通过谈判解决或避免冲突。维持和平行动最初就得到了会员国的默认,之后,联合国通过维持和平行动的实践获得了绝大多数国家的支持。

为此,人们更愿意将这一主张归纳为"实践中形成的惯例"的理论,即在联合国内部,通过惯例形成了维持和平行动的法的根据。

3. 组建维持和平行动的程序

向冲突地区派遣维持和平部队是基于安理会的决议或联大的决议,经与东道国缔结同意协定而派遣,而实际上只有 1956 年苏伊士运河危机时,派往中东的第一支联合国紧急部队和 1962 年联合国驻西伊里安安全部队是根据联合国大会的决议组建的。近来,根据安理会的决议,由安理会组建、派遣维持和平部队已成为主流的发展方向。

维持和平的第一步往往是由联合国秘书长展开紧张的外交工作,争取停止战斗,征得当事各方同意,然后才部署维持和平人员。联合国本身没有军队。每一个维持和平行动都必须单独规划,以满足每一种新局势的要求。安理会每次要求设立一个新行动,各组成部分都必须"从头开始"配置。秘书长负责挑选部队指挥官,并请会员国提供部队、民警及其他人员,还必须请会员国或私营承包者提供用品、设备、运输和后勤支助。文职支助人员包括从联合国系统内指派的人员、向会员国借用的人员以及为填补特定职位而征聘的国际或当地工作人员。

由15个成员组成的安理会核准部署维持和平行动,并决定其任务授权。这种决定至少要有九票赞成,且可由安理会五个常任理事国的任一反对票加以否决。秘书长就如何发起和开展行动提出建议并报告其进展情况。维持和平行动部则负责世界各地的联合国维持和平行动的日常行政指导。

联合国每次维持和平任务都由会员国自愿提供部队和设备,从一项特别的维持和平预算中偿还部队和设备费用。警察、选举观察员、人权监测员和其他文职人员有时会与军事人员一同执行维持和平行动。维持和平人员只有自卫用的轻武器,而且往往不携带任何武器,他们最强有力的"武器"是"公正不偏"。他们依靠劝说和最低限度地使用武力来消除紧张局势,并防止战斗。这是一项危险的工作,自1948年以来,约有一千多名联合国维持和平人员在执勤中牺牲。

部署一个特派团所需的筹备时间各不相同,主要取决于会员国为某一维持和平行动提供部队的意愿。能否及时得到财政资源以及战略运输能力如何影响部署所需的时间。某些承担特别复杂任务或后勤支助极为困难的特派团,或当维持和平人员面临巨大危险时,就可能需要几个月才能组成和部署必要的部分。在这个过程中,会员国、秘书处和现场实地各方密切接触。安理会各成员特别是五个常任理事国、派遣人员的国家都将发挥极为重要的作用。

维持和平人员并不是非要派遣不可,部队派遣国可保留将人员撤出行动的权利。维持和平行动中的军事和民警人员仍归属本国编制,但受联合国的行动控制,并按照其纯国际性使命行事。

4. 维持和平行动的费用

维持和平行动的费用,通常是由常年(正常)预算之外的维持和平行动款项(特别)开支,它是按特别比例由各会员国来分摊的,分摊比额考虑到会员国的相对经济财力,但要求安理会常任理事国缴付较大的份额,因为它们对维护国际和平与安全负有特殊责任。

由于有关国家特别是大国,对于某些维持和平行动的性质和作用、提供经费的方式甚至派遣维持和平部队的合法性等问题存在着深刻的分歧,因而大大影响了其经费的来源。苏联、法国、比利时和阿拉伯国家都曾基于不同的原因而拒不支付维持和平行动费用,因此造成了联合国的财政危机。为此,联合国于1961年发行了两亿美元的公债。维持和平行动的经费问题曾多次成为联合国争辩的主题。大会于1961

年12月20日通过了一项决议,请求国际法院发表咨询意见,要求说明维持和平行动是否属于《宪章》第17条所指的"本组织经费"。国际法院于1962年7月20日以9票对5票通过的咨询意见作了肯定的回答。

由于咨询意见并无法律拘束力,所以实际问题并未得到解决。1964年9月,代表两大对立阵营的美苏两国达成了协议,将维持和平行动的费用由各会员国以"自愿捐献"的方式进行解决。长期以来,维持和平行动的经费筹措是一个极其复杂和艰巨的问题,由于逐步采取了自愿捐款与硬性摊派相结合以及由常任理事国更多地负担此项费用等办法,才稍有缓解。此外,许多国家除摊派的维持和平行动费用份额外,还以运输、用品、人员和财政贡献等形式提供无偿的额外资源,资助联合国的维持和平工作,使维持和平行动得以顺利进行。

截至2004年5月,现有(尚未完成任务)的联合国维持和平行动,在亚洲、非洲和拉丁美洲共部署有15支维持和平部队,包括来自94个国家的5.3万名维持和平士兵以及1.1万名联合国工作人员。2004年联合国的维持和平行动预算为40多亿美元。在15项维持和平行动中,执行时间最长的是1948年成立的中东停战监督组织,这也是联合国的第一项维持和平行动;时间最短的是2000年7月设立的联合国埃塞俄比亚—厄立特里亚特派团。在15项维持和平行动中,有4项在非洲(刚果民主共和国特派团、埃塞俄比亚—厄立特里亚特派团、塞拉里昂特派团、西撒哈拉特派团),2项在亚洲(东帝汶过渡行政当局、印度—巴基斯坦观察组),5项在欧洲(波黑特派团、驻塞浦路斯部队、格鲁吉亚观察团、科索沃特派团、普雷维拉卡观察团),4项在中东(驻叙利亚戈兰高地观察员部队、伊拉克—科威特观察团、驻黎巴嫩部队、中东停战监督组织)。

第三节 区域性国际组织

一、区域性国际组织概述

区域性国际组织(Regional Organization)是国际组织的一种类型,除具有国际组织的全部特征外,最显著的特征是它的区域性。首先,区域组织的成员一般限于特定地区内的国家或地区,具有显著的地理性质,但不一定包括该地区的全部国家。其次,成员国之间往往有某种共同的利益关系或政策背景。它们或者在民族、历史、文化、语言、宗教上具有密切联系,或者有共同关心的政治、军事、经济或社会问题,形成了某种相互依存的关系。最后,特定区域内的国家在维持本区域内的和平与安全、发展经济文化关系方面有着进行广泛合作并结成永久组织的需要。

《宪章》第八章确认了区域组织的法律地位,将它们纳入联合国维持国际和平与安全的世界体制之中。《宪章》第52条规定,用区域组织应付有关国际和平和安全的问题,以这种区域组织及其活动符合联合国的宗旨和原则为限。参加区域组织的联合国成员国在将地方争端提交安理会之前,应先依区域组织力求和平解决。安理会应鼓励发展通过区域组织解决国际和平和安全问题。安理会可利用此区域组织实施执行行动,但是若没有安理会的授权,区域组织不得采取执行行动。区域组织已经采取或正在考虑的维持国际和平安全的活动,不论何时都应向安理会充分报告。尽管《宪章》把区域组织纳入联合国维持世界和平与安全的体制内,但区域组织本身并不属于联合国的组成部分。它们依各自的基本文件而创立,有各自的成员、组织结构、职能范围、活动程序与经费来源,在国际法上拥有独立的法人资格,能直接承受国际法上的权利与义务。区域组织同联合国的关系,仅仅是在维持国际和平与安全这一点上与联合国合作或辅助联合国而已。

二、区域性国际组织的分类

随着国际关系的不断发展,区域性国际组织的数量在不断增多。现今的大多数区域性国际组织都是在第二次世界大战后逐步建立起来的。特别是20世纪60年代以后,产生了一大批代表发展中国家利益的区域性国际组织。

区域性国际组织除了政治性区域组织外,还有各类经济性、金融性以及军事性区域组织。

政治性区域组织,如美洲国家组织(1890年)、阿拉伯国家联盟(1944年)、非洲统一组织(1963年)等。

经济性区域组织,如东南亚国家联盟(1967年)、欧洲共同体(1952年)、亚马逊合作条约组织(1978年)、北美自由贸易区(1992年)、亚太经济合作组织(1989年)等。

金融性区域组织,如亚洲开发银行(1966年)、中美洲经济一体化银行(1961年)、阿拉伯货币基金组织(1977年)等。

军事性区域组织主要有六个:北大西洋公约组织(1949年)、澳新美理事会(1951年)、中央条约组织(1955年)、东南亚条约组织(1954年)、华沙条约组织(1955年)以及西欧联盟(1955年)。目前,亚洲、中东地区和太平洋的三个军事集团和华沙条约组织已不再发挥作用。东南亚条约组织、中央条约组织和澳新美理事会分别于1977年、1979年和1986年自行消亡。一些国际法学者认为,这些在第二次世界大战后为特定地区内的成员国提供集体安全与相互援助的军事集团,很难说是现代国际法意义上的区域组织,因为它们多数同《宪章》的宗旨与原则相抵触。

三、区域性国际组织简介

(一) 美洲国家组织

美洲国家组织(Organization of American States, OAS)是美洲地区的政治组织。

1890年4月14日,美国与拉美17个国家在华盛顿举行的第一次美洲会议,决定建立美洲共和国国际联盟及其常设机构——美洲共和国商务局。1948年在哥伦比亚首都波哥大举行的第九次美洲会议通过了《美洲国家组织宪章》,联盟遂改称为美洲国家组织。1951年12月,《美洲国家组织宪章》生效,总部设在华盛顿。

美洲国家组织的宗旨是加强美洲大陆的和平与安全;确保成员国之间和平解决争端;成员国遭侵略时,组织声援行动;谋求解决成员国之间的政治、经济、法律问题,促进各国间经济、社会、文化的合作;加速美洲国家一体化进程。

美洲国家组织总部设在华盛顿,在日内瓦设有驻欧洲办事处,在各成员国设有办事机构。该组织有35个成员国和60个常任观察员。古巴本是美洲国家组织成员国,但由于美国推行孤立古巴的政策,古巴从1962年以后一直被拒绝参加该组织活动。2009年6月,第三十九届美洲国家组织大会宣布废除该组织在1962年通过的驱逐古巴的决议,而古巴政府拒绝重返美洲国家组织。

美洲国家组织最高权力机构为大会,每年召开一次年会。经2/3成员国同意,可召开特别大会。常设理事会由成员国各派一名大使级代表组成,定期召开。秘书处为常设机构。正副秘书长均由大会选举产生,任期五年,只能连任一次。现任秘书长是智利人何塞·米格尔·因苏尔萨。此外,美洲国家组织还设有专门机构,包括美洲开发银行、泛美卫生组织、泛美儿童学会、泛美妇女委员会和泛美控制毒品委员会等。

1948年4月30日,美洲21个国家于哥伦比亚首都波哥大签订了《波哥大公约》(又称《美洲和平解决条约》),这一公约赋予国际法院管辖权,规定了缔约国必须遵守国际法院的裁决来和平解决领土争端问题。2012年,哥伦比亚政府宣布退出《波哥大公约》。

2004年5月26日,美洲国家组织常设理事会举行会议,决定正式接纳中国为该组织常任观察员。2008年,全国人大成为美洲议会论坛的常任观察员。

(二) 阿拉伯国家联盟

阿拉伯国家联盟(League of Arab States, LAS),简称"阿盟",是阿拉伯世界最具代表性和影响力的组织,也是世界上最早成立的地区性组织之一。1944年9月,在埃及倡议下,阿拉伯各国外长在亚历山大港举行会议,拟订了《亚历山大议定书》,并决定成立阿拉伯国家联盟。1945年3月22日,埃及、叙利亚、伊拉克、黎巴嫩、沙特阿拉伯、也门和约旦7个阿拉伯国家代表在埃及首都开罗举行会议,通过了《阿拉伯国家联盟宪章》,宣告阿盟正式成立。

阿盟的宗旨是:密切成员国之间的合作关系,协调彼此间政治活动,捍卫阿拉伯国家的独立和主权,全面考虑阿拉伯国家的事务和利益;各成员国在经济、财政、交通、文化、卫生、社会福利、国籍、护照、签证、判决的执行以及引渡等方面密切合作;成员国相互尊重对方的政治制度,不得诉诸武力解决彼此之间的争端,成员国与其他国家缔结的条约和协定对阿盟其他成员国不具约束力。

阿盟有22个成员国,总部设在开罗。阿盟于2011年11月中止了叙利亚阿盟成员国资格。2013年3月26日,第二十四届阿盟首脑会议决定将叙利亚的阿盟席位授予叙反对派"叙利亚反对派和革命力量全国联盟"(简称"全国联盟")。

该组织的主要机构有:首脑会议,是该联盟的最高级机构,商讨地区性重大问题;理事会,是该联盟的决策机关,由全体成员的代表组成;秘书处,是行政及财务机构,负责执行理事会的决议。此外,还设有阿拉伯联合军事指挥部、联合防御理事会、阿拉伯经济理事会等机构。

(三)非洲联盟

非洲联盟(African Union,AU),简称"非盟",是继欧盟之后成立的第二个重要的地区国家联盟,是集政治、经济、军事等为一体的全洲性政治实体。

非盟的前身是成立于1963年5月25日的非洲统一组织(简称"非统组织")。1999年9月,非统组织第四届特别首脑会议通过《苏尔特宣言》,决定成立非盟。2000年7月,第三十六届非统首脑会议通过了《非洲联盟章程草案》。2001年7月,第三十七届非统首脑会议决定正式向非盟过渡。2002年7月8日,非统组织在南非德班召开最后一届首脑会议。9日至10日,非盟举行第一届首脑会议,并宣布非盟正式成立,非盟正式取代非统组织,总部设在埃塞俄比亚首都亚的斯亚贝巴。

非盟的主要任务是维护和促进非洲大陆的和平与稳定,推行改革和减贫战略,实现非洲的发展与复兴。非盟致力于建设一个团结合作的非洲,力争各成员国在重大国际事务中能够用一个声音说话。该组织还积极落实2001年发起的非洲发展新伙伴计划,推动各成员国加强基础设施建设、吸引和争取外资及援助,以促进非洲大陆经济一体化。

近年来,非盟在维护地区安全、调解地区战乱和冲突方面采取了积极行动。非盟参与调解了布隆迪、刚果(金)、利比里亚、索马里、科特迪瓦和苏丹等国的冲突,有效地避免了这些国家,安全局势进一步恶化。

非盟主要机构包括非盟首脑会议、执行理事会和非盟委员会。非盟首脑会议是非盟最高权力机构,每年举行国家元首和政府首脑级会议。在成员国提出要求并经2/3成员国同意后,非盟可召开特别首脑会议。非盟自2002年7月建立以来,已经成立了非盟首脑会议、非盟委员会、执行理事会、泛非议会、非洲法院、和平与安全理事会、常驻代表委员会、特别技术委员会等机构。2008年9月9日,非盟在达累斯萨拉姆宣布成立经济、社会和文化理事会(经社文理事会),从而把非盟的官方机构数增加到9个。

2009年1月,非盟委员会(The African Union Commission)改组为非盟行政当局(African Union Authority),作为非盟最终迈向统治全非洲政府的折中办法。截至2011年8月,非盟已有54个成员国。

(四)东南亚国家联盟

东南亚国家联盟(Association of South East Asian Nations,ASEAN),简称东盟,前身是马来亚(现马来西亚)、菲律宾和泰国于1961年7月31日在曼谷成立的东南亚联盟。1967年8月7日至8日,印尼、泰国、新加坡、菲律宾四国外长和马来西亚副总理在曼谷举行会议,发表了《曼谷宣言》,正式宣告东南亚国家联盟成立。同月28日至29日,马、泰、菲三国在吉隆坡举行部长级会议,决定由东南亚国家联盟取代东南亚联盟。20世纪80年代后,文莱(1984年)、越南(1995年)、老挝(1997年)、缅甸(1997年)和柬埔寨(1999年)五国先后加入该组织,使东盟由最初成立时的五个成员国发展到目前的十个成员国。此外,巴布亚新几内亚为该组织的观察员国。

东盟成立初期,合作侧重在军事安全与政治中立,"冷战"结束后各国政经情势趋稳,开始转向加强区域内经济环保等领域的合作,并积极与区域外国家或组织展开对话与合作。

2008年12月,《东盟宪章》正式生效。根据该宪章,东盟调整了组织机构,主要包括(1)首脑会议:就东盟发展的重大问题和发展方向作出决策,每年举行两次。(2)东盟协调理事会:由东盟各国外长组成,是综合协调机构,每年举行两次会议。(3)东盟共同体理事会:包括东盟政治安全共同体理事会、东盟经济共同体理事会和东盟社会文化共同体理事会,协调其下设各领域工作,由担任东盟主席的成员国相关部长担任主席,每年至少举行两次会议。(4)东盟领域部长机制:加强各相关领域合作,支持东盟一体化和共同体建设。(5)东盟秘书长和东盟秘书处:负责协助落实东盟的协议和决定,监督落实。(6)常驻东盟代表委员会:由东盟成员国指派的大使级常驻东盟代表组成,代表各自国家与东盟秘书处和东盟领域部长机制进行协调。(7)东盟国家秘书处:是东盟在各成员国的联络点。(8)东盟人权机构:负责促进和保护人权与基本自由的相关事务。(9)东盟基金会:与东盟相关机构合作,支持东盟共同体建设。(10)与东盟相关的实体:包括各种民间和半官方机构。

随着经济实力和影响的不断加强,东盟在地区事务中发挥着越来越重要的作用。20世纪90年代初,东盟率先发起东亚区域合作进程,逐步形成了以东盟为中心的一系列区域合作机制。其中,东盟与中日韩(10+3)、东盟分别与中日韩(10+1)合作机制已经发展成为东亚合作的主要渠道。此外,东盟积极开展多方位外交,在地区和国际事务中发挥着越来越重要的作用。1994年7月,东盟倡导成立东盟地区论坛,成员包括东盟9国及中国、日本、韩国、美国、加拿大、澳大利亚、新西兰、俄罗斯、巴布亚新几内亚、柬埔寨、印度、蒙古和欧盟,与会各方主要就共同关心的亚太地区政治和安全问题交换意见。东盟于1994年10月倡议召开亚欧会议,先后于1996年3月在泰国曼谷、1998年3月在英国伦敦举行了两次领导人会议,来自亚洲的东盟9国、中、日、韩和欧盟15国以及欧盟委员会的领导人聚会一堂,就促进政治对话、加强经济合作等问题进行了全面的探讨。1999年9月,在东盟的倡议下,东亚—拉美合作论坛成立。

近年来,美、日、韩、澳等主要域外国家不断加强与东盟的关系。2009年7月,美签署《东南亚友好合作条约》。2009年,日提出"亚洲经济倍增倡议",对以东盟为主的亚洲发展中国家打出包括官方发展援助、贷款保险、贸易融资担保、环保投资倡议等共约700亿美元的援助计划。韩国于2009年6月举行了纪念与东盟建立对话关系20周年特别峰会,宣布东盟—韩国自贸区将于2010年1月正式启动。2009年,澳大利亚、新西兰与东盟签署自贸区协议,2012年1月正式生效。2009年,印度与东盟签署了货物贸易领域自贸协定,并于2010年1月开始实施,但针对服务贸易和投资自由化的谈判一直没能取得重大进展。

2011年11月,东盟提出"区域全面经济伙伴关系(RCEP)"倡议,旨在构建以东盟为核心的地区自贸安排。2012年11月,在第七届东亚峰会上,东盟国家与中、日、韩、印、澳、新(西兰)6国领导人同意启动"区域全面经济合作伙伴关系(RCEP)"的谈判。

(五) 欧洲共同体和欧洲联盟

欧洲共同体(European Community,EC)是欧洲煤钢共同体(ECSC)、欧洲原子能共同体(EURATOM)和欧洲经济共同体(EEC)的总称。欧洲煤钢共同体依据1951年4月18日由比利时、联邦德国、法国、荷兰、卢森堡、意大利六国在巴黎签订的建立该组织的条约而成立。1957年3月25日,六国又签订了建立欧洲经济共同体和欧洲原子能共同体的《罗马条约》。1958年1月,两个共同体正式成立。上述三个共同体的所属机构依1965年4月8日六国签订的《布鲁塞尔条约》合并为单一的机构,统称为欧洲共同体,但三个共同体仍各自存在。

根据《罗马条约》,共同体的任务是通过共同市场的建立和各成员国经济政策的逐步接近,推动整个共同体经济活动的协调进行,促进共同体不断地、平衡地和稳定地发展,提高其生活水平并在各成员国间建立更加紧密的联系。它规定成员国逐步降低及至日后取消内部关税,放宽并最后取消相互间的进口限额制度,拉平对非成员国的关税标准并制定统一的对外关税率;实现成员国间资本、劳动力自由流动,制定共同法律,对农业、运输、货币、金融等逐步建立统一政策;成立欧洲议会、部长理事会、委员会、法院等组织机构,保证计划的实施,但各成员国仍保有决定性的权力。

欧洲联盟(European Union,EU),简称欧盟。欧盟是根据1992年签署的《马斯特里赫特条约》(也称《欧洲联盟条约》)所建立的国际组织,现拥有28个会员国,正式官方语言有24种)。规范欧盟的条约经过多次修订,目前欧盟的运作方式是依照《里斯本条约》。政治上所有成员国均为民主国家(2008年《经济学人》民主状态调查),经济上为世界上第一大经济实体(其中德国、法国、意大利、英国为八大工业国成员),军事上绝大多数欧盟成员国为北大西洋公约组织成员。

根据《欧洲联盟条约》,欧盟共由三大支柱组成:

(1) 欧洲共同体,其中包括关税同盟、单一市场、共同农业政策、共同渔业政策、单一货币、申根条约等诸多部分;

(2) 共同外交与安全政策;

(3) 刑事案件的警察合作与司法合作。

欧盟的主要机构有欧洲理事会(成员国家首脑组成)、欧盟理事会(成员国家部长组成的欧盟的上议院)、欧盟委员会(欧盟的行政机构)、欧洲议会(欧盟的众议院)、欧洲法院、欧洲中央银行等。此外,欧洲原子能共同体也在欧洲共同体的管辖范围之内,但在法律上是独立于欧盟的国际组织。

欧元是欧盟的官方货币,目前已经由28个成员国中的18个采纳为流通货币;《申根条约》取消了部分成员国之间的边境管制,目前已有22个欧盟成员国和3个非成员国实施。

目前,欧盟的主要议题是欧盟的扩大、落实《里斯本条约》、全球暖化问题、非欧元区成员国加入欧元区、主权债务危机。2012年10月12日,欧盟获得诺贝尔和平奖。

(六) 上海合作组织

上海合作组织(The Shanghai Cooperation Organisation, SCO),简称上合组织,是中国、俄罗斯、哈萨克斯坦、吉尔吉斯斯坦、塔吉克斯坦和乌兹别克斯坦6个国家组成的一个国际组织,另有5个观察员国:蒙古国、伊朗、巴基斯坦、印度和阿富汗,工作语言为汉语和俄罗斯语。上海合作组织的前身是上海五国会晤机制。2001年6月14日至15日,上海五国元首在上海举行第六次会晤,乌兹别克斯坦以完全平等的身份加入"上海五国"。15日,六国元首举行首次会议,并签署了《上海合作组织成立宣言》,上海合作组织正式成立。此次峰会还签署了《打击恐怖主义、分裂主义和极端主义上海公约》。这是中国首次在其境内成立国际性组织,及以其城市命名,宣称以"上海精神"以解决各成员国间的边境问题。2002年6月7日,上海合作组织成员国第二次首脑会晤在俄罗斯圣彼得堡举行,会上签署了《上海合作组织宪章》《上海合作组织成员国关于地区反恐怖机构的协定》和《上海合作组织成员国元首宣言》三个文件。其中的宪章对上海合作组织的宗旨原则、组织结构、运作形式、合作方向及对外交往等原则作了明确阐述,标志着该组织在国际法意义上得以真正建立。

上海合作组织不是封闭的军事政治集团,该组织的防务安全始终遵循公开、开放和透明的原则,奉行不结盟、不对抗、不针对任何其他国家和组织的原则,一直倡导互信、互利、平等、协作的新安全观。上海合作组织宣称以"互信、互利、平等、协商、尊重多种文明、谋求共同发展"为基本内容的"上海精神"作为相互关系的原则,以及不结盟、不针对其他国家和地区、对外开放的原则。

上海合作组织的宗旨是加强各成员国之间的相互信任与睦邻友好;鼓励各成员国在政治、经贸、科技、文化、教育、能源、交通、环保及其他领域的有效合作;共同致力于维护和保障地区的和平、安全与稳定;建立民主、公正、合理的国际政治经济新秩序。

上海合作组织现有两个常设机构,分别是设于北京的秘书处,以及设于乌兹别克斯坦首都塔什干的地区反恐怖机构。

上海合作组织每年举行一次成员国国家元首正式会晤,定期举行政府首脑会晤,轮流在各成员国举行。

第四节 中国与国际组织

一、中国与联合国的关系

中国是国际社会大家庭的一员,中国离不开世界。中国的改革开放和现代化建设需要一个长期的国际和平环境,需要同各国发展友好合作关系。世界也需要中国,世界的和平与发展需要中国的稳定和繁荣。中国政府历来主张要积极加强国与国之间、地区与地区之间的平等交流与合作,发挥国际组织在各领域的横向联系和作用,以推动世界的和平、稳定与发展。中国参加了联合国的全部组建工作,是联合国的创始会员国和安理会的常任理事国,中国一贯把维护《宪章》的宗旨和原则作为自己应尽的责任,同其他成员国一道,使联合国和其他有关国际组织在国际事务中发挥更加积极的作用,为维护世界和平、促进全球发展作出更大贡献。

第二次世界大战后,"冷战"阴影笼罩着东西方关系,昔日反法西斯的盟友成了20世纪50年代的敌对方。按公认的国际法原则,1949年中国人民革命胜利后的新政府,是代表中国唯一的合法政府,理当立即享有在联合国的一切合法权利,但由于美国等国的阻挠,中国的合法席位遭到了长期的剥夺。1949年10月1日中华人民共和国成立以后,中华人民共和国外交部长即通知联合国大会主席、秘书长和安理会,不承认"蒋介石集团"的代表在联合国和安理会的代表权。1950年,苏联在安理会提议,不承认"蒋介石集团"的代表的全权证书,并将其逐出联合国,"承认中华人民共和国中央人民政府的代表为中国代表",将该事项列入议程,但均遭到否决。在整个20世纪50年代至60年代的历届联合国大会上,就中国在联合国的代表权问题,因美国一再以所谓"时机不成熟、暂不讨论"和"中国代表权是必须由联大以2/3多数才能决定的重要问题"为借口而被搁浅。这种所谓的"理由"是毫无宪章根据的。因为,中国作为会员国的代表权问题,在法律性质上与新会员国的接纳截然不同。新会员国的接纳是有关会籍取得的问题,而代表权则是在具备会籍条件下由一个现存合法政府来代表的问题。因此,恢复中国的合法代表权,在联合国只是有关确认代表全权证书的程序性事项,而并非属于《宪章》第18条第2项所规定的须2/3多数才能决定的问题。同时,根据《宪章》第二章有关条文的规定,享有联合国会员资格的是国家。国家与其政府不能等同。一国政府的更替,纯属国内管辖事项。国家在国际法上的权利不应因其政府的更替而受到任何限制。而到了1971年,美国又抛出了一个"重要提案"和一个"双重代表权"的提案,制造"两个中国"和"一中一台"的阴谋。

上述违反《宪章》规定及国际法原则的做法,实质上是干涉中国的内政。事实证明,这种严重有损联合国的普遍性及有效性的做法,遭到了国际社会愈来愈多的抵制。1971年的第二十六届大会终于以压倒性多数通过了阿尔及利亚等23国提出的关于"恢复中华人民共和国在联合国组织中的一切权利"并"将旧代表逐出联合国"的 2758 号决议。这是中国以及许多发展中国家和其他一些国家,经过长期不懈努力得来的结果。中国在联合国合法权益的全面恢复,使发展中国家在联合国内的整体力量进一步加强,联合国内发生了有利于发展中国家的变化,大国对联合国的操纵力逐渐削弱,联合国发挥着越来越大的积极和进步的作用。

中国作为联合国安理会常任理事国,一贯重视并支持联合国在《宪章》宗旨和原则指导下,为维护国际和平与安全发挥积极作用。随着联合国维和行动作用的变化,中国从 20 世纪 80 年代后期开始采取区别对待、积极支持的态度。中国参与联合国维和行动,坚持联合国五十多年来公认的三项原则:同意原则,即维和行动只有征得有关各方的一致赞同才能实施;中立原则,即维和行动是《宪章》中规定的临时办法,并不妨碍有关当事国之权利、要求或立场;非武力原则,即维和部队只有在自卫时方可使用武力。

中国还积极参与了一系列的有关维和行动的实践。1988 年 9 月,中国正式申请加入联合国维持和平行动特别委员会;1989 年,中国首次派人参加了联合国纳米比亚过渡时期协助团,帮助纳米比亚实现从南非独立的进程;1990 年,中国军队首次向联合国维和行动派遣军事观察员;1992 年 4 月,中国第一支"蓝盔"部队——军事工程大队赴柬埔寨执行任务;1997 年 5 月,中国表示原则同意参加联合国"维和待命安排";1999 年,中国政府正式宣布派遣维和警察参与联合国维和行动;2000 年 1 月,中国首次派遣 15 名民事警察到东帝汶执行联合国维和任务;2001 年 12 月,中国正式成立国防部维和事务办公室,统一协调和管理中国军队参与联合国维和行动的工作;2002 年 1 月,中国正式参加联合国维和行动第一级待命安排机制(一级待命机制规定所派遣人员和装备必须在 90 天内部署完毕;二级为 60 天;三级为 30 天);2003 年 4 月起,中国首次派遣一支由 175 人的工兵连和 43 人的医疗分队组成的维和部队赴刚果(金)参加联合国维和行动,此后还分别轮换了三批部队官兵,圆满完成了联合国赋予的各项任务;2003 年 7 月,中国向利比里亚派遣一个包括运输连、工兵连和医疗分队在内的共 550 人的维和部队,这是迄今为止中国参与联合国维和行动规模最大、人数最多的一次;2004 年 10 月 17 日凌晨,中国维和警察防暴队 95 人乘联合国专机,前往海地执行联合国维和任务,这是中国第一支赴国外执行维和任务的防暴队伍。

至 2004 年 5 月,中国已参与 15 项联合国维和行动,共派出约 2300 余人次的军事人员和 253 人次的民事警察。2004 年 9 月,联合国授予中国赴利比里亚维和部队全体官兵"和平荣誉勋章"。截至 2004 年 10 月 17 日,中国已向联合国东帝汶、波黑、利比里亚、阿富汗、科索沃和海地 6 个维和任务区派遣维和警察 297 人次。4 名驻东帝汶中国维和民警荣获联合国勋章,19 名中国驻科索沃维和警察获联合国维和勋章。

二、中国与区域性国际组织

(一) 中国与欧盟

中国与欧洲共同体在1975年建立正式外交关系以前,与欧共体成员国都建立了正式外交关系。1978年4月3日,中国与欧洲经济共同体签订了《中华人民共和国和欧洲经济共同体贸易协定》。中国承认欧共体,欧共体所有的成员国都承认中华人民共和国是中国唯一合法政府,并承诺不与台湾地区保持任何官方关系或缔结任何协定。这是一个有效期为五年的贸易协定,其中包括创建欧共体—中国联合会,协定目的在于加强双方的贸易往来。根据协定,双方在关税方面给予对方最惠国待遇。双边进出口贸易总额在1975年建交时为23亿美元,1980年至1990年期间,中国在欧共体主要进出口国名单中的位次已从第30位上升到第8位,年平均增长速度为21.7%,在其主要出口国名单上的位次也从第29位升至第21位。[①] 1995年全年欧盟与中国的经贸总额已突破400亿美元。现在,欧盟已经成为中国的第二大贸易伙伴。

1995年7月,欧洲委员会出台了第一个对华战略文件——《欧中关系长期政策》,欧盟开始从战略高度调整对华政策,并确定了长期发展对华关系的基本框架。文件指出,欧盟必须发展起能够与中国在世界及地区范围内的经济和政治影响力相适应的长期关系,将对华关系作为欧盟对外关系,包括对亚洲和全球关系的一块基石。

1998年2月23日,欧盟各国外长一致同意放弃在人权问题上与中国对抗的政策,表示在联合国人权会议上,无论作为整体的欧盟,还是单个成员国都将不再提出也不再支持谴责中国人权记录的决议案。

1998年3月,欧洲委员会通过了《与中国建立全面的伙伴关系》的政策性文件,确定了欧对华政策的长期战略目标,并再次提出"把中国当作世界伙伴同其全面接触",主张将中欧关系提升到"与欧美、欧日和欧俄同等重要的地位"。

2002年3月1日,欧洲委员会批准了关于中国的《国家战略文件2002—2006》,为今后五年欧盟与中国的合作提供了一个总体框架,以支持其对华政策的广泛与长期目标。

2003年9月10日,欧盟委员会出台了欧盟对华关系第四个战略文件,即《欧中关系的共同利益与挑战——走向成熟的伙伴关系》,欧盟新文件再次确认对华战略要实现的五大目标是:通过加强政治对话"使中国进一步融入国际社会","支持中国向建立法制国家和尊重人权的开放社会的转变",通过使其充分参与世界贸易体系加强中国在世界经济中的融合,更好地使用欧盟拥有的资源,扩大欧盟在中国的视觉形象。

2003年10月13日,中国政府发表了《中国对欧盟政策文件》,阐述了中国对欧盟的政策目标和今后五年的合作措施。这份政策性文件表达了中国政府在政治、经

[①] 参见刘星红:《欧共体对外贸易法律制度》,中国法制出版社1996年版,第216页。

济、军事等五个方面与欧盟进行全面合作的愿望。这既是中国政府首次制定的针对欧盟的对外政策文件,也是对近年来欧盟制定的一系列对华政策文件的积极回应。

中、欧在经济上具有很强的互补性,相互在经贸和科技上的合作潜力很大。2000年以后,欧盟成为中国的主要外资来源。同时,中国与欧盟不仅没有直接的对抗性的利害冲突,而且有着诸多的利益关系。世界正向多极化发展,未来的世界格局中,欧洲和中国都将占据重要的位置。中、欧之间的合作将从经贸领域发展到政治领域。

(二) 中国与东盟

中国是东盟重要的邻国,由于双方的共同努力,东盟与中国的关系不断得到改善。中国已同东盟所有成员建立外交关系,并于1996年成为东盟全面对话伙伴国。1992年1月,第四次东盟首脑会议正式提出建立东盟自由贸易区;2000年10月,中国时任国务院总理朱镕基在新加坡举行的中国与东盟领导人会议上,提出在WTO承诺基础上,建设更加互惠的中国—东盟自由贸易区倡议。2001年11月,中国与东盟各国签署了《南海各方行为宣言》,在当年"10+1"领导人会议上,中国拿出更为充实的议案,终于与东盟达成了自贸区共识。"10+1"宣布十年内建成自由贸易区的目标。2002年11月4日,《中国与东盟全面经济合作框架协议》签署,自贸区建设正式启动。2003年10月7日,时任国务院总理温家宝出席第七次东盟与中日韩(10+3)领导人会议,签署《东南亚友好合作条约》,中国成为首个加入该条约的非东盟国家。2004年1月1日,中国—东盟自由贸易区早期收获计划实施,下调农产品的关税。到2006年,约600项农产品的关税降为零。2004年底,《货物贸易协议》和《争端解决机制协议》签署,标志着自贸区建设进入实质性执行阶段。2005年7月20日,《货物贸易协议》降税计划开始实施,7000种产品降低关税。2009年8月15日,《中国—东盟自由贸易区投资协议》签署,标志主要谈判结束。2010年1月1日,拥有19亿人口、GDP接近6万亿美元、世界最大的自由贸易区——中国—东盟自由贸易区正式建立。2010年1月7日,在广西南宁举行的中国—东盟自由贸易区建成庆祝仪式上,中国—东盟18个合作项目正式签约,签约金额48.96亿美元。

建立中国—东盟自由贸易区,是中国和东盟合作历程中历史性的一步。它充分反映了双方领导人加强睦邻友好关系的良好愿望,也体现了中国和东盟之间不断加强的经济联系,是中国与东盟关系发展中新的里程碑。中国—东盟自由贸易区的建成,将会创造一个拥有18亿消费者、近2万亿美元国内生产总值、1.2万亿美元贸易总量的经济区。按人口算,这将是世界上最大的自由贸易区;从经济规模上看,将是仅次于欧盟和北美自由贸易区的全球第三大自由贸易区,由中国和东盟10国共创的世界第三大自由贸易区,是发展中国家组成的最大的自由贸易区。

(三) 中国与亚太经济合作组织

中国政府历来积极主张要加强国与国、地区与地区之间平等的交流与合作,以推动世界的和平、稳定与发展。自1989年比较松散的亚太经合组织(APEC)成立以来，中国一贯以积极、建设性的姿态参与活动，并作出了不懈的努力。1991年11月，中国以主权国家身份，中华台北和香港(1997年7月1日起改为"中国香港")以地区经济体名义正式加入亚太经合组织。2001年10月21日，亚太经合组织第九次领导人非正式会议在上海举行。会议发表并通过了《领导人宣言：迎接新世纪的新挑战》《上海共识》和《数字APEC战略》等文件。与会各成员国领导人还利用午餐会就反对恐怖主义问题交换了意见，并发表了《亚太经合组织领导人反恐声明》。

(四) 中国与欧亚大陆间的合作组织

上海合作组织自成立之日起，成员国在文化、经贸、军事、司法、安全等各领域和各层次的合作相继展开，并不断得到加强。美国"9·11"事件后，上海合作组织成员国加强了以打击本地区恐怖主义、极端主义和分裂主义"三股势力"为中心的反恐合作，进一步增强了成员国间的相互信任。

上海合作组织自成立以来，在组织机构建设、成员国间政治经济和军事合作等方面已经取得积极进展。2003年5月，上海合作组织成员国元首在莫斯科举行第三次峰会，讨论了在新形势下如何抓住机遇、应对挑战、加强协调、扩大合作、促进地区和平与发展等重大问题，并达成广泛共识，签署了《上海合作组织成员国元首宣言》。中国驻俄罗斯大使张德广被任命为该组织秘书长。2004年1月15日，上海合作组织秘书处在北京举行成立仪式。2003年8月，上海合作组织在哈萨克斯坦和中国新疆境内，首次进行了代号为"联合2003"的多边联合反恐军事演习。2005年8月18日至25日，在俄罗斯符拉迪沃斯托克和中国山东半岛及附近海域中俄联合举行了"和平使命2005"的军事演习。中俄双方派出陆、海、空军和空降兵、海军陆战队以及保障部(分)队近万人参加演习。中俄两国邀请上海合作组织成员国国防部长、上海合作组织观察员国代表观摩联合演习。自2005年开始，上海合作组织每年举行一次"和平使命"联合军事演习，如"和平使命2007"等。

【本章小结】 国际组织法是用以规范、调整国际组织的创立、内外活动及有关法律关系的所有法律原则、规则和制度的总称。本章论述的国际组织仅指政府间的国际组织。国际组织具有国际法律人格。联合国是当今国际社会最大的国际组织。联合国的建立有其深刻的历史背景，联合国的宗旨和原则为世界各国所公认，具有强行法的效力。联合国为了实现其宗旨，设立了六个主要机关。联合国大会与安全理事会在其组成、职权和表决程序等方面均有不同。专门性国际组织，又称联合国专门机构，是指专门从事经济、社会或文教等行政技术方面单一活动的政府或非政府间的国际组织。它们由联合国的经社理事会负责协调。区域性国际组织的成员一般限于特定地区内的国家或地区，具有显著的地理性质，成员国之间往往有某种共同的利益关系或政策背景。《联合国宪章》第八章确认了区域组织的法律地位。中国与联合国以及其他一些国际组织有着紧密和广泛的联系。

思考题

1. 试述国际组织的基本特征。
2. 综述国际组织的表决制度。
3. 试述国际组织的对外交往能力。
4. 概述联合国的宗旨和原则。
5. 概述联合国大会与安理会的职能。
6. 试述联合国安理会的主要职权。

第十五章
国际人权法

人权,从天赋人权的口号到国内人权法的制定,从纯属国内管辖的事项到国际人权保护,从个人人权到集体人权,经历了一个漫长的历史发展过程。第二次世界大战后,《联合国宪章》第一次把人权作为联合国的一项宗旨明确规定。这标志着人权全面进入国际法领域,人权保护成为国际法的一项重要原则。国际人权法作为国际法的重要组成部分,已经形成了由普遍性人权条约和专门性人权条约以及区域性人权条约构成的国际人权条约体系。在国际人权条约体系中,《联合国宪章》和国际人权宪章以及专门性人权条约等国际人权核心条约,不仅规定了国际人权保护的基本内容,还规定了具体的国际人权保护的监督机构和实施制度。人权保护成了世界各国必须遵守的责任和义务。充分享有人权成了全人类共同努力的目标和追求的理想。中国一贯尊重和支持《联合国宪章》促进和保护人权的宗旨,努力保护和实施人权和基本自由,为国际人权事业作出了积极的贡献。

第一节 国际人权法概述

人权,从一个口号发展到国际人权保护及其国际人权法律规范,从个人人权扩展到集体人权,从个别人权领域发展到范围广泛的权利,经历了一个漫长的历史进程。人权的内容随着人类历史的进步和发展而不断得到充实和丰富。

一、人权及其历史发展

(一) 人权的概念

人权(Human Rights),并非是一个单纯意义上的法律概念。从古至今,学者们在阐述人权概念时,往往是站在哲学、政治、法律、社会、伦理道德甚至神学、艺术等综合的角度进行探讨和研究。同时,人权的概念也因各国政治经济状况、历史发展、文化背景等因素的不同,存在着诸多内涵不同的定义。

18世纪美国独立战争和法国革命时期提出的人权概念和理论,将人权视为一个人从出生开始就享受的自然权利。这些权利被认为是人所固有、与生俱来、不能放弃、不可剥夺的。① 美国1776年的《独立宣言》和法国1789年的《人权与公民权宣言》等,都反映了这种天赋人权的思想。英国的戴维·M.沃克认为,人权是指"人们主张应当有或者有明文规定的权利。这些权利在法律上得到确认并受到保护,以此确保个体在人格和精神、道德以及其他方面的独立得到最全面、最自由的发展。它们被认为是人作为有理性、意志自由的动物所固有的权利,而非某个实在法授予的,也不是实在法所能剥夺或削减的。"②

然而,人不是抽象的。人,不仅具有自然属性,还具有社会属性,人的个性只有在与人所组成的社会共同体中才能得以发挥。据此产生了"法赋人权"的理论。一方面,人权是个人作为"自然"的人所固有的,是人的自然属性,国家法律应予确认、保护和实现这种人权;另一方面,人权又是个人作为"社会"的人被确认的,是人的社会属性,只有受国家法律保障的人权才是合法的人权。③ 英国国际法学者亨金认为,人权是个人在社会中的权利。每一个人都因为是社会的成员而享有或有资格享有这种权利。④

我国学者对于人权的定义也各不相同。有的学者简单扼要地将人权概括为"一个人作为人所享有或应享有的基本权利"⑤。有的学者则认为,人权是指人类社会为确保每个人和社会群体的生存和发展,由国家承担义务单独与其他国家合作采取措施以保证其实现的,由国际法和国内法确认并赋予他们的在物质方面和精神方面应享有的基本权利。⑥ 还有的学者认为:"人权是人们从一定的价值、道德观念出发而认为,作为一个人或群体的人在社会关系中应当享有的权利。"⑦

实际上,人权概念的含义极其丰富,而其内容又是随着社会经济文化的发展而发展的。另外,法学领域的不同学科,对于人权的研究也存在不同的侧重点。例如,对于人权基本概念的研究主要集中在宪法学或法理学学科;而国际法则侧重于研究人权的国际保护。因此,试图从单一的法学学科角度概括人权的准确定义确实是困难的。迄今为止,国际社会并没有一个为各国普遍接受的人权定义。简而言之,我们姑且将人权概括为:人的生存所必需的、基本的、固有的并不可剥夺的权利。

(二) 人权的历史发展

人权思想和人权理论是西方社会历史发展的产物。人权思想的萌芽可以追溯到古代奴隶社会。人文主义思想和人道主义思想产生于文艺复兴时期的欧洲,最早使用"人权"一词的是文艺复兴时期的意大利诗人但丁(1265—1321)。⑧

---

① 参见徐显明主编:《国际人权法》,法律出版社2004年版,第3页。
② 参见〔英〕戴维·M.沃克:《牛津法律大辞典》,李双元等译,法律出版社2003年版,第537—538页。
③ 参见徐显明主编:《国际人权法》,法律出版社2004年版,第4页。
④ 参见〔美〕路易斯·亨金:《权利的时代》,信春鹰等译,知识出版社1997年版,第2页。
⑤ 王铁崖主编:《国际法》,法律出版社1995年版,第193页。
⑥ 参见李龙、万鄂湘:《人权理论与国际人权》,武汉大学出版社1992年版,第113页。
⑦ 沈宗灵:《人权是什么意义上的权利》,载《中国法学》1991年第5期。
⑧ 参见富学哲:《从国际法看人权》,新华出版社1998年版,第2页。

17—18世纪的欧洲资产阶级思想启蒙学者逐步将人权思想进行归纳,形成了系统的西方人权理论。荷兰法学家格劳秀斯(1583—1645)从自然法的角度出发,认为人的生命权和人身自由是不可侵犯的,人拥有一种自然权利,是不能废除的。格劳秀斯在其著名的《战争与和平法》一书中,使用了"人的普遍权利"和"人权"的概念。英国启蒙思想家洛克(1632—1704)在其著作《政府论》中认为:"每个人都平等享有各种权利","人们既然是平等的和独立的,任何人就不得侵害他人的生命、健康、自由或财产"。① 法国著名启蒙思想家卢梭(1712—1778)则全面系统地阐述了"天赋人权"学说,他在其论著《社会契约论》中提出了著名的"人人都生而自由平等"的观点。② 上述学者的思想,特别是"天赋人权"学说,成了资产阶级革命者在反对中世纪教会神权和封建贵族特权的斗争中提出的口号,资产阶级学者将人权看作人的天赋的、基本的和不可剥夺的权利。

英国1628年《权利请愿书》和1689年《权利法案》是最早载有人权规定的法律文件,也是西方国家人权立法的初步形态,它们确立了以法律保障个人自由权利的制度。美国1776年《独立宣言》在人类历史上第一次以政治纲领的形式确定了"天赋人权"和"人民主权"的原则。该宣言被马克思赞誉为"第一个人权宣言"。法国的1789年《人权与公民权宣言》,在世界历史上占据更加重要的地位。该宣言的宗旨阐明,人权是自然的、不可剥夺的和神圣的。宣言还指出:"在权利方面,人们生来是而且始终是自由平等的","这些权利是自由、财产、安全和反抗压迫"。该宣言被通过后,成为法国大革命后第一部法国宪法(1791年)的序言。因此,法国《人权与公民权宣言》在世界历史上第一次以根本大法的形式肯定了人权的原则,被称为"第一部人权法典"。所有这些资产阶级革命时期提出的人权概念和理论,在人权的发展历史上具有重要的意义。

第一次世界大战期间以及战争结束之后,在国际上出现了一系列严重违反人权的情形,人权问题引起世界各国的严重关注,国际上出现了一些关于人权保护的国际公约,如1926年国际联盟主持制定的《国际禁奴公约》和国际劳工组织大会制定的《禁止强迫劳动公约》等,都是关于人权问题的国际公约。但是,当时的人权概念并没有形成公认的国际法原则,而且从总体上讲,人权的国际保护还仅限于人权的个别领域,并带有非经常的性质。

第二次世界大战中,德、意、日法西斯大规模践踏基本人权,使人类惨遭空前浩劫。法西斯侵犯人权的暴行,激起了世界各国人民的极大愤慨,人权的国际保护成为国际社会面临的紧迫任务。1942年,包括中、美、英、苏四大国在内的26个对法西斯作战的国家在华盛顿共同签署了《联合国家宣言》,该宣言指出:"深信为保卫生存、自由、独立与宗教自由,并保全其本国和其他各国的人权与正义起见,完全战胜敌国,实有必要"。1945年,《联合国宪章》第一次将"人权"规定在一个普遍性的国际条约

---

① 〔英〕约翰·洛克:《政府论》(下册),瞿菊农等译,商务印书馆1982年版,第5页。
② 参见〔法〕让-雅克·卢梭:《社会契约论》,何兆武译,商务印书馆1982年版,第9页。

中,并将尊重全体人类的人权及基本自由作为联合国的一项宗旨。至此,"人权"概念第一次被纳入国际法领域,保护基本人权成为国际法的一项重要原则。这在当时的历史条件下具有巨大的进步意义。

1945年《联合国宪章》虽然将增进并激励对于人权及基本自由的尊重列为联合国的宗旨之一,但并未列举人权保护的基本内容和具体保护对象,所以,联合国成立之后,就致力于制定关于人权保护的专门性国际文件。1948年联合国大会通过的《世界人权宣言》,第一次在世界范围内系统地提出了人权的基本内容和共同奋斗目标,同时也是第一次在世界范围内制定的专门针对基本人权问题的国际性文件。1966年,在联合国主持下,国际社会签署了《经济、社会、文化权利国际公约》和《公民权利和政治权利国际公约》及其两个"任择议定书"等国际人权法条约,被称为国际人权宪章,构成了国际人权法的核心条约,也标志着国际人权法的初步形成。与此同时,联合国及其有关的专门机构以及各主要区域性国际组织还通过了许多有关人权的条约、宣言和决议。这些有关人权保护的法律文件既涉及政治领域,也涉及社会、经济、文化等领域;既涉及少数民族和有色人种的权利,也涉及妇女、儿童、难民、残疾人的权利;既涉及个人人权,又涉及集体人权,从而形成了比较完整的国际人权法体系。①

(三) "三代人权"的概念

1979年,时任联合国教科文组织人权与和平处处长的卡雷尔·瓦萨克(Karel Vaska)率先提出了三代人权的概念。

第一代人权,指公民权利和政治权利,包括人的生命权,人身自由与安全权,私有财产权,选举权和被选举权,言论、出版、集会、结社自由,以及思想、良心和宗教自由等。第一代人权被称为"消极的权利",因为,这种人权的实现要求国家的权利受到限制,它们是通过国家的不作为来保障的。

第二代人权,指公民的经济、社会和文化权利,包括工作权、劳动条件权、同工同酬权、社会保障权、受教育权和健康权等。第二代人权被称为"积极的权利",因为,这种人权的实现要求国家采取积极的措施和步骤。

第三代人权,指集体的权利,包括民族自决权、发展权、环境权、和平与安全权以及分享人类共同继承的财产权等。第三代人权被称为"社会连带关系权利"。②

"三代人权"的概念和理论被学者们频繁地引用,当然也引起了学者间的争论。我们认为,"人权"是在发展的,从个人人权扩展到集体人权,从个别人权发展到广泛的人权。"三代人权"的概念和理论说明,人权是一个历史进程,人权的内容随着人类历史的进步和发展而不断得到充实和丰富。人权作为国际法上的系统规范,从国内法到国际法,经历了一个漫长的形成、演变和发展过程。

应当指出,"三代人权"都是同等重要的,它们之间没有等级之分。每一项人权都

---

① 参见曹建明、周洪钧、王虎华主编:《国际公法学》,法律出版社1998年版,第523页。
② 参见徐显明主编:《国际人权法》,法律出版社2004年版,第6—7页。

是他项人权所不能替代的。

二、国际人权法

(一) 国际人权保护

国际人权保护,或称人权的国际保护,是指国家之间依据《联合国宪章》和公认的国际法原则,通过国际人权条约承担国际义务,为实现基本人权进行国际合作与人权保护,并对侵犯人权的行为加以制止和惩治的措施或行为。

传统国际法认为,人权保护属于国内法管辖的事项,是主权国家的内政。主权国家有权决定国内人权保护的范围、程度和具体措施,对此,其他国家无权进行任何形式的干涉。因此,人权保护只有国内保护的问题,不存在国际人权保护的概念。

一战后,国家之间开始通过签订国际条约,对某些需要通过国际合作来加以保护的具体人权问题进行规定,人权问题开始从国内法领域进入国际法领域。二战期间,德、意、日法西斯大规模地践踏基本人权,使人权问题引起了国际社会的广泛关注,成为战后国际法上的重要问题。为此,《联合国宪章》和《世界人权宣言》等一系列国际法文件都明确规定,主权国家有义务通过国际合作来保障基本人权和自由。二战以后,人权保护已经从国内法领域全面进入国际法领域,人权的国际保护成了国际社会面临的共同目标和重要任务。

国际人权保护与国际法上的其他义务一样,是主权国家以公认的国际人权原则和国际人权条约为行为规范,承担相应的国际人权保护义务的结果。国家之间缔结的国际人权条约,是国际人权保护的法律依据;而国家实施上述条约、履行条约义务,则是实现国际人权保护的基本方式。

(二) 国际人权法

人权的国际保护,作为国际法上的义务,是通过国际人权法正式表述的。国际人权法,是指调整国际法主体之间,主要是国家间在保证和促进基本人权和自由的活动中所必须遵守的国际法原则、规则和制度的总称。

国际人权法是国际法的一个特殊分支。国际人权法虽然也是国家之间的法律,但是,它的目的在于保护和实现个人和集体的权利,而不是国家的权利。因此,国际人权法除了规定缔约国之间的权利和义务关系外,更多地体现为国家与国内人民之间的权利和义务关系。在这种关系中,国家承担保护人权的义务,而个人则享有权利。例如,1966年《公民权利和政治权利国际公约》第2条规定:"一、本公约每一缔约国承担尊重和保证在其领土内和受其管辖的一切个人享有本公约所承认的权利……二、凡未经现行立法或其他措施予以规定者,本公约每一缔约国承担按照其宪法和本公约的规定采取必要的步骤,以采纳为实施本公约所承认的权利所需的立法或其他措施。"

应当指出,国家根据国际人权条约承担着保护人权的国际法义务,个人通过国家的人权保护立法和人权保护措施享有人权。但是,这并不等于个人可以直接享有国际法规定的人权。国家是国际法的主体,个人不是国际法主体,只有国际法主体才能直接承受国际法的权利和义务。所以,个人的权利和义务一般通过国家承担国际法义务来实现。国家的首要职责就是保护国内人民的人权,国家有义务将国际法上的人权转化为国内法,以更好地保护人权;国家应该不断地通过国内立法提高人权的层次和标准。

还应当指出,人权问题本质上属于一国国内管辖的事项。传统国际法并不调整国家与个人之间的关系。一国如何对待其本国国民,本质上属于该国的主权和内政。但是,人权又不是纯属国内管辖的事项,人权的发展和演变使人权具有国际性,人权受国际法的保护,人权原则也是国际法的重要原则,国际人权法也是国际法的重要组成部分。国际人权法需要各国通过国内法加以实施,国家应当承担其人权保护的国际法义务。这就是人权的国际性。如果国家公然违背人权法,甚至镇压国内人民,那么,国际社会依法可以进行干预。

(三) 人权的共同标准

1948年《世界人权宣言》序言指出:"发布这一世界人权宣言,作为所有人民和所有国家努力实现的共同标准,以期每一个人和社会机构经常铭念本宣言,努力通过教诲和教育促进对权利和自由的尊重,并通过国家和国际的渐进措施,使这些权利和自由在各会员国人民以及在其管辖领土的人民中得到普遍和有效的承认和遵守。"《世界人权宣言》所指的人权保护的"共同标准"是实施国际人权保护的准绳和尺度,是各国人权立法、人权司法以及其他人权保障措施应当达到的目标,是人权的共性在国际人权领域的表现。

首先,确定共同标准的必要性。《联合国宪章》第1条规定的联合国的宗旨之一是:"促成国际合作,以解决国际间属于经济、社会、文化及人类福利性质之国际问题,且不分种族、性别、语言或宗教,增进并激励对于全体人类之人权及基本自由之尊重。"《联合国宪章》第13条第1款第2项还规定将保障人权作为联合国大会的职责之一:"大会应发动研究,并作成建议……以促进经济、社会、文化、教育及卫生部门之国际合作,且不分种族、性别、语言或宗教,助成全体人类之人权及基本自由之实现。"《世界人权宣言》第2条第1款规定:"人人有资格享受本宣言所载一切权利和自由,不分种族、肤色、性别、语言、宗教、政见或其他见解、国籍或社会出生、财产、出生或其他身份等任何区别。"以上规定表明,世界上所有人都应当没有区别地享有人权;国际人权保护具有普遍性。这就必须确立国际人权保护的共同标准,世界各国应当通过国家之间的国际合作实现这个共同标准。

其次,确定共同标准的必然性。自联合国成立以来,国际社会已经通过了70多个关于国际人权的法律文件,世界上大多数国家参加了1966年两个国际人权公约;包括我国在内的全世界170多个国家的宪法都规定了对人权的保护条款。可见,不同社会制度、不同发展水平、不同文化传统的国家,在保护人权问题上达成了共识。

在此基础上,通过国际条约等国际法律文件确立国际人权保护的共同标准是必然的趋势。如果没有人权保护的共同标准,人权的国际保护也就无所适从。

最后,共同标准的相对性。虽然国际人权保护的共同标准应当是统一的,但不是绝对的。人权的普遍要求和共同标准,并不意味着人权的保护模式也绝对统一,人权具有相对性。一个国家或民族对人权的认识和实践,受到这个国家或民族的历史和文化、政治和经济等多种因素的影响。世界各国的发展是不平衡的,在各国达成人权保护共同标准的同时,处于不同发展阶段的国家对人权及其保护的理解和实践会有所差别,国家之间没有绝对统一的人权保护模式。

我们认为,人权的共同标准,就是人权的基本内容,或基本人权和自由,也就是国际人权保护的共同标准。在国际人权保护的法律文件中,继《联合国宪章》之后,国际人权宪章,是联合国体系中最基本的国际人权保护文件。它包括:1948年《世界人权宣言》,1966年两个国际人权公约即《经济、社会和文化权利国际公约》和《公民权利和政治权利国际公约》,以及以上公约的两项任择议定书即《公民权利和政治权利国际公约任择议定书》和《旨在废除死刑的〈公民权利和政治权利国际公约〉第二任择议定书》。国际人权宪章所保护的是人权内容中的核心权利,在国际社会,国际人权宪章为大多数国家所接受,因此,应当以《联合国宪章》和国际人权宪章为核心,结合其他国际公约和人权法律文件的内容来确立国际人权保护的共同标准。

第二节 国际人权与国际法

人权和国际人权保护以及国际人权法已经成为国际法的重要组成部分,国际人权保护是国际法的重要原则。国家实施人权保护,既是权利也是责任和义务,国家实施人权保护必须尊重他国主权,同样,国家行使主权,也必须尊重和保护人权。

一、人权与国家主权

近年来,西方一些国家有关人权保护的国家实践,使国家主权和人权之间的矛盾尖锐化,"主权高于人权"与"人权高于主权"的争论也甚为激烈。主权与人权的关系问题已经成为当代国际法所面临的重大理论问题。

(一)《联合国宪章》关于主权与人权的规定

《联合国宪章》是最基本的国际条约,有着特别重要的地位。《联合国宪章》第103条规定:"联合国会员国在本宪章下之义务与其依任何其他国际协定所负之义务有冲突时,其在本宪章下之义务应居优先。"《联合国宪章》对人权和主权都作了规定,这对于正确认识人权和主权的关系有着重要的意义。

1. 《联合国宪章》关于人权的规定

宪章是第一个对人权作出规定的国际法文件,其序言第一段就开宗明义:"欲免后世再遭今代人类两度身历惨不堪言之战祸","重申基本人权,人格尊严与价值以及男女与大小各国平等权利之信念","并为达此目的……"可见,宪章是将人权及其保护作为联合国的目的予以规定的。《联合国宪章》第一章第1条规定了联合国的宗旨,其中第3款规定:"促成国际合作,……增进并激励对于全体人类之人权及基本自由之尊重"。可见,宪章将人权规定为联合国的宗旨。在宪章中还有多处规定了人权和人权保护的内容。从宪章的规定看,宪章首次规定了人权原则,使人权国际化;宪章将人权原则上升为联合国的目的和宗旨;宪章还规定了会员国之间在促进人权问题上的国际合作义务,规定了会员国为促进人权所承担的义务范围。

2. 《联合国宪章》关于主权的规定

关于国家主权,《联合国宪章》第2条第1款作为联合国及其会员国应遵守的原则规定的:"各会员国主权平等"。应当指出,根据《联合国宪章》第2条的规定,包括国家主权在内的联合国及其会员国应遵守的七项原则,都是"为求得实现第一条所述各项宗旨"。

宪章关于主权的规定,扩展和引申到了主权的各个方面。该条第4款还规定:"各会员国在其国际关系上不得使用威胁或武力,或以与联合国宗旨不符之任何其他方法,侵害任何会员国或国家之领土完整或政治独立。"该条第7款规定:"本宪章不得认为授权联合国干涉在本质上属于任何国家国内管辖之事件……"以上规定都是国家主权原则的直接引申,也是国家主权原则的主要体现。

综上,《联合国宪章》对主权和人权的规定表明,主权和人权都是国际法的重要原则。人权及人权保护是联合国的目的和宗旨;为了实现联合国的目的和宗旨,联合国及其会员国应遵守国家主权等原则。二者之间是辩证统一的关系,不存在"主权高于人权",更不存在"人权高于主权"的问题。

(二)人权与主权的辩证关系

如上所述,主权原则和人权原则均为国际法的重要原则,尊重国家主权与保护国际人权是一致的。主权和人权的关系是辩证统一的关系。国家应当根据《联合国宪章》关于人权及其保护的目的和宗旨,增进并激励对于全体人类之人权及其基本自由的尊重,切实保护好人权;但是,国家不得借口"人权高于主权",以保护人权为由干涉别国主权。国家主权是平等的,应当相互尊重主权;主权本身包含了人权,保护人权是国家的首要责任。因此,国家也不得借口"主权高于人权",而忽视、克扣甚至压制人权。坚持国家主权,才能有效地保护人权;行使国家主权,必须尊重和保护人权;实现人权和保护人权是国家的根本目的。①

第一,坚持国家主权,才能有效保护人权。人权保护的主要和基本的主体是国

---

① 参见王虎华:《论国家主权与人权》,载《法学》1999年第6期。

家,实现人权和保护人权任何时候都离不开国家。国家不仅直接制定国内人权法,还参与制定国际人权法。同时,国家还承担着将国际人权法转化为国内法的义务。首先,国内人权法是由国家直接制定并由国家保证其实施的,国内人权的实现,是国家立法和司法实践的结果。其次,国际人权法同样也是由国家参与制定,并通过国家之间的合作保证其得以实现。国际人权条约,是国家之间以协议的方式制定的,人权条约规定的人权和国际人权保护,是国家之间通过国际合作履行国际法义务的结果。最后,国际人权法规定的基本人权和自由必须通过主权国家才能转化为国内立法,并通过主权国家来保证其在国内得以贯彻和实现。因此,没有主权国家的参与,任何个人或集体均不可能真正享受到国际人权保护。

可见,国际人权保护与国际法上的其他义务一样,是主权国家以公认的国际法原则和国际条约为行为规范,自觉承担国际义务的结果。国家之间签订的有关人权公约,是国际人权保护的法律依据;国家间相互承担这些条约的义务,是实现人权国际保护的基本方式。作为人权保护的基本主体,国家在没有主权或主权不完整的条件下,不可能有效地行使保护人权的国家职能。因此,没有国家主权,也就没有人权;保护人权,必须尊重国家主权。只有坚持国家主权,才能保护国际人权。①

第二,行使国家主权,必须尊重和保护人权。人权和人权保护,是国家的首要职责,因此,国家在行使主权时(对内最高权),首先必须保护好国内人民的人权,并应当逐步提高和完善国内人权状况。人权和人权保护,又是国家所必须遵守的国际法义务,因此,国家在行使主权时,应当遵守国际法关于人权保护的强制性规则,适时地将国际人权法规定的人权内容转化为国内立法。同时,国家在行使主权时(对外独立权),不得采取任何方式侵犯别国的内政和基本人权。

第三,人权或人权保护是国家主权的根本目的。当今世界绝大多数国家都是按照人民主权学说构筑其政治法律体制的。根据这一学说,国家的一切权力来自人民、属于人民。人民通过选举其代表的方式直接或者间接地管理国家,行使国家的一切权利和权力。诚如我国《宪法》第2条规定,中华人民共和国的一切权力属于人民,人民行使国家权力的机关是全国人民代表大会和地方各级人民代表大会。人民依照法律规定,通过各种途径和形式,管理国家事务,管理经济和文化事业,管理社会事务。我国《宪法》第3条规定,全国人民代表大会和地方各级人民代表大会都由民主选举产生,对人民负责,受人民监督。国家行政机关、审判机关、检察机关都由人民代表大会产生,对它负责,受它监督。

可见,国家主权实质上是组成这一国家的全体人民的意志和利益在政治和法律上的最高和最集中的体现,是以国家的名义体现的人民的集体权利,是个人权利的延伸和发展。促进和保护人民的人权,是国家主权概念本身的含义,也是国家主权的最终目标。国家主权的终极目的不仅要实现每个个人的基本权利和自由,而且也只有在对个人权利保障和尊重的基础上才具有实际意义;若个人权利得不到保障,主权也

---

① 参见王虎华:《论国家主权与国际人权的辩证关系》,载《华东政法学院学报》2002年第5期。

就失去了其存在的意义,国家的政治统治就将失去合法性的基础。

二、人权保护与人道主义干涉

"人道主义干涉",是指当一国的人权状况发生灾难时,不经联合国授权和该国同意,其他国家或国家集团以人道主义为由,对该国实施武力干涉的行为。"人道主义干涉"是武力的干涉,在近代国际法上未被明文禁止。1945年《联合国宪章》制定以后,由于宪章明确规定了不干涉内政和禁止使用武力的原则,因此,所谓的"人道主义干涉",实际上已经为国际法所禁止,其理论也被国际法所否定和摒弃。①

(一) 西方学者关于"人道主义干涉"的理论

关于"人道主义干涉"的合法性问题,在西方学者中存在着合法论和非法论两种不同的立场和观点。

其一,"人道主义干涉"合法论。英国国际法学家劳特派特认为,如果一个国家犯有对本国人民施行残暴或迫害的罪行,以至于否定他们的基本人权并且震骇人类的良知,那么,为人道而进行的干涉是法律所允许的。但是,劳特派特同时也认识到,"个别国家进行干涉时,很可能而且也曾经滥用干涉以达到自私目的的事实,也削弱了干涉作为国际法规则的地位"。"《联合国宪章》的体系,在涉及国际和平与安全的事项上,对于联合国会员国以及非会员国,都是以集体干涉为依据的。"②

可见,劳特派特虽然认为"人道主义干涉"是合法的,但是也指出了《联合国宪章》对传统的"人道主义干涉"的否定,并对个别国家滥用干涉的行为表示质疑。他主张在《联合国宪章》的体系内,以集体干涉为依据。但是,劳特派特的观点并没有指出"人道主义干涉"的合法性依据。

其二,"人道主义干涉"非法论。美国法学家路易斯·亨金认为,干涉是指用特殊手段对其他政府施加影响的一种努力。从定义上看,干涉本身就是非法的。许多条约和宣言以及在赫尔辛基签署的最后文件都禁止干涉(不仅仅指非法的干涉)。国际法禁止干涉那些属于某一个国家国内管辖的事务。亨金还指出,干涉,意味着用武力或武力相威胁而进行专横的干预,为国际法禁止的干涉指的是那种专横的干预。一般说来,单方面运用武力来对付违反人权义务的国家确为《联合国宪章》所禁止。③

从西方学者关于"人道主义干涉"及其理论的争论中可见,西方学者关于"人道主义干涉"的认识,无论是合法论还是非法论,均未形成统一的概念或定义,更没有形成理论体系。但是,有一点是共同的,即所谓的"人道主义干涉"是武力的干涉。西方学者主张"人道主义干涉"为合法的理论观点,总体上表现为两方面的特点:一方面,

---

① 参见王虎华:《"人道主义干涉"的国际法批判》,载《法制与社会发展》2002年第3期。
② [英]劳特派特修订:《奥本海国际法》上卷第一分册,王铁崖、陈体强译,商务印书馆1971年版,第235页。
③ 参见[美]路易斯·亨金:《权利的时代》,信春鹰等译,知识出版社1997年版,第65—69页、第77页。

上述理论存在着明显的错误和缺陷。因为《联合国宪章》明文规定不干涉内政和禁止使用武力,所以,合法论不可能指出也无法指出"人道主义干涉"的合法性依据;在没有国际法依据的前提下,阐述"人道主义干涉"的合法性是缺乏前提的。也正因为如此,在理论上,他们对所谓的"人道主义干涉"的理论概念及其条件就无法阐述清楚。另一方面,在这个错误的理论观点中,也有一些可取的观点。例如,主张在《联合国宪章》的体系内,以集体干涉为依据等。① 应当指出,西方学者提出的所谓"人道主义干涉"的理论概念,实际上是非法的、专横的武力干涉。虽然西方学者也提出了"人道主义干涉"应当在联合国体系内进行集体干涉,但是,其所谓的"人道主义干涉"在《联合国宪章》和国际习惯法上没有任何依据。同时,所谓"人道主义干涉"的理论观点本身模糊不清,最终还是成为西方国家武装入侵别国的借口或理论工具。

(二) 中国学者关于"人道主义干涉"的学说

我国学者对"人道主义干涉"的理论普遍持否定的态度。但是,在我国,也有部分学者对"人道主义干涉"存在着模糊的认识。有的学者认为,干涉有合法与非法之分。区分干涉是否合法的标准,主要看是否符合国际法的基本原则,特别是主权平等原则和不干涉内政原则,另外还要看干涉的目的和手段是否符合《联合国宪章》和其他有关国际公约的规定。② 也有的学者认为,对"人道主义干涉"的评价不能仅根据历史情况作出,也不应把滥用这一实践的行为视为该实践本身。在某些特定情况下,"人道主义干涉"可能是唯一的选择。该学说列举了联合国有关伊拉克、波黑及索马里人道主义问题的一系列决议和援助工作,认为对这些得到国际社会广泛拥护的人道主义干涉,是不应当加以指责的。③ 还有的学者认为,"人道主义干涉"的原则过去被极大地滥用了,并常常被用来作为对弱国占领和侵略的借口,它理所当然地要受到国际公正舆论的谴责。在当今国际社会事务中,必须最大限度地严格限制"人道主义干涉"的应用。但从现代国际法角度而言,"人道主义干涉"并没有完全被否定,在一定程度上还为联合国所运用。④

可见,我国有的学者并没有彻底否定"人道主义干涉",而是将它分为两种情况,即合法的运用和非法的滥用。

关于我国学者的合法论的观点,我们认为,将"人道主义干涉"分为合法的运用和非法的滥用两种情况,实际上是对"人道主义干涉"的肯定或部分肯定。我国学者所指的联合国的决议和行动,实际上均不属于人道主义干涉,而是《联合国宪章》第七章规定的由联合国安理会采取的"对于和平之威胁和平之破坏以及侵略行为之应付办法"。安理会采取的"应付办法"与西方国家和学者所谓的"人道主义干涉"的含义完全不同。可见,我国学者对"干涉"和"人道主义干涉"的否定和批评尚不够彻底。

---

① 参见王虎华:《"人道主义干涉"的国际法批判》,载《法制与社会发展》2002年第3期。
② 参见富学哲:《从国际法看人权》,新华出版社1998年版,第177—178页。
③ 参见万鄂湘、郭克强:《国际人权法》,武汉大学出版社1994年版,第81—82页。
④ 参见曹建明、周洪钧、王虎华主编:《国际公法学》,法律出版社1998年版,第530页。

综上所述,在现代国际法上,所谓"人道主义干涉",并没有一个公认的理论概念或确定的含义,国际习惯法和国际条约中也没有任何有关"人道主义干涉"的法律规定或定义。西方国家及其学者提出"人道主义干涉"概念的本意,就是以人权保护为理由,对别国进行武力干涉。这种"干涉",必然会侵犯别国主权或干涉别国内政。纵观当代国际法,没有任何一项国际条约或国际习惯规定,因为人权问题而可以干涉别国内政。相反,当代国际法却明文规定了国家主权原则和互不干涉内政原则以及禁止使用武力或武力威胁的原则。因此,保护人权不应成为"人道主义干涉"的理论依据,所谓"人权高于主权"和"人道主义干涉",不仅在理论上难以成立,而且也是违背当代国际法的。

三、保护的责任

2000年9月,在联合国千年大会上,加拿大总理让·克雷蒂安宣布,加拿大将成立一个独立的"干预和国家主权委员会",以响应联合国(前)秘书长科菲·安南提出的要求:国际社会应作出努力,就如何在大规模侵犯人权和违反国际法的行为面前作出反应的问题达成新的共识。该委员会于2001年12月发表了题为《保护的责任》的报告。2005年3月,时任联合国秘书长的安南在其联合国改革报告中,提出把"集体负有保护的责任"作为"新的规范",从而使"保护的责任"问题成为国际法学界关注的焦点。

(一)"保护的责任"的主要内容

加拿大"干预和国家主权委员会"在《保护的责任》报告中,将"保护的责任"(The Responsibility to Protect)的基本内涵概括为:国家主权意味着责任,而且保护本国人民的主要责任是国家本身的职责,一旦人民因内战、叛乱、镇压或国家陷于瘫痪且当事国不愿或无力制止或避免(这些灾难)而遭受严重伤害时,不干预原则要服从于国际保护责任。简而言之,所谓"保护的责任",是指主权国家有责任保护本国人民的人权,当该国陷于瘫痪而且不愿或不能保护本国人民的人权时,为了预防和制止发生大规模侵犯人权的情势,应当由国际社会来承担保护人权的责任。"保护的责任"强调,国家主权不仅是权力,而且是责任和义务。

《保护的责任》报告包括八个方面的内容:一是政策挑战;二是一个新方法——保护的责任;三是预防的责任;四是作出反应的责任;五是重建的责任;六是授权问题;七是行动范围;八是保护的责任——前进的道路。

"保护的责任"包括三项具体的责任:第一,"预防的责任",是指消除使当地人民处于危险境地的国内战乱和冲突等情势;第二,"作出反应的责任",是指采取措施对可能危急到当地人民生命安全的紧迫局势作出反应,其中可能包括禁运、国际诉讼以及在极端情况下进行军事干预等强制性措施;第三,"重建的责任",是指在军事干预之后提供恢复、重建和和解的全面援助,消除造成上述紧急局势的根本原因。

(二)"保护的责任"的依据和条件

首先,"保护的责任"是在肯定国家主权原则的前提下提出的。但是,主权不仅仅是国家的权力,还包含了国家的"责任"和"义务"。这实际上揭示了国家主权本身隐含的一项重要的责任,就是保护国内人民的人权。另外,也揭示了国家主权不仅要求相互尊重主权,而且当国家实施大规模侵犯人权的行动时,该国家主权就应当受到限制,国际社会就可以对此进行干预。

其次,"保护的责任"的逻辑体系建立在"对国际社会整体的义务"的基础上。"保护的责任"强调国家有责任和义务保障本国人民的基本人权;如果国家实施大规模侵犯人权的行动,就违反了这一义务。"保护的责任"认为,保护基本人权的责任是主权国家对于国际社会整体负有的义务,因此,当国家怠于行使或违背这一义务时,出于人道主义和保护人权的目的,国际社会应承担起该责任和义务。

再次,国内冲突或大规模侵犯人权的事实存在,可以被认定为已经构成了《联合国宪章》第七章规定的对国际和平与安全的威胁或破坏,因而可以采取或授权采取执行行动。

最后,"保护的责任"是在国家陷于瘫痪而且"不能"或"不愿"行使责任或义务时的补救办法,而该补救办法是由国际社会代替主权国家承担的"保护的责任"(即所谓"国际保护责任"),通过预防、反应和重建的形式,保护该国人民的基本人权。

(三)"保护的责任"与军事干预

在第五十九届联合国大会法律议题的审议中,加拿大政府法律顾问在介绍《保护的责任》报告时强调,当一国不愿或不能保护其国民免于人道主义灾难(如大规模屠杀)时,国际社会应当承担保护的责任,必要时可进行军事干预。[①] 根据"保护的责任"理论,当国内冲突或大规模侵犯人权的事实存在,而国家陷于瘫痪,且"不能"或"不愿"行使责任或义务时,国际社会对此等迫切需要保护的人类局势有作出反应的责任。如果预防措施不能解决或遏制这种局势,就可以在极端情况下进行军事干预。

承担"国际保护责任"的主体是整个国际社会,包括全球性和区域性国际组织、主权国家和若干重要的非政府组织。在需要进行军事干预时,"保护的责任"主张应首先由联合国安理会授权进行;在安理会不能形成决议时,应由联合国大会通过"联合一致共策和平"的方式或由区域组织利用"区域办法"进行干预;在上述办法均未实施时,则由个别国家或临时性的国家联盟进行军事干预。"保护的责任"在军事干预的授权问题上,虽然强调尊重联合国安理会的权威,但它关注的重点是安理会没有授权时,主张由联合国大会、区域组织甚至个别国家进行军事干预。显然,这是违背《联合国宪章》的。

首先,联合国大会无权决定采取军事干预行动。联合国大会虽然可以讨论涉

---

① 参见刘楠来、李兆杰主编:《中国国际法年刊》(2004),法律出版社2005年版,第300页。

国际和平与安全的议题,但无权决定采取军事行动。根据《联合国宪章》关于联合国大会和安理会职权的有关规定,联合国大会不能利用"联合一致共策和平"决议授权进行军事干预。

其次,《联合国宪章》中规定了区域组织可以制定某些办法以应付紧急局势(即《宪章》第八章"区域办法"),但区域组织采取军事行动必须同时符合两个条件:一是该区域组织自身拥有采取军事行动的权利,该权利一般应由该组织基本文件所规定;二是该军事行动得到联合国安理会的事先授权,任何未经安理会事先授权的区域组织军事干预行动均是违反国际法的。

最后,"保护的责任"认为,在大规模侵犯人权的紧急情势出现时,联合国安理会如果没有采取有效措施授权进行军事干预,那么,要求临时性的联盟或个别国家进行干预的压力必将增大。如果这种干预完全成功,就可能给联合国本身的形象和信誉带来持久的严重后果。可见,"保护的责任"有意支持在没有得到安理会授权情况下,由个别国家和临时联盟采取军事行动进行干预。但是,联合国安理会是对维护国际和平与安全负有主要责任并且唯一有权采取军事行动的机构,任何没有获得安理会授权的军事行动,都是违反国际法的。因此,"保护的责任"故意回避了军事干预行动的非法实质,甚至还称如果干预获得所谓的"成功",会给联合国的形象和信誉带来严重后果。这是为西方国家倡导的"人道主义干涉"制造舆论。

综上所述,"保护的责任"在强调主权国家对于国际社会整体负有保护人权的责任和义务方面,具有合理性和进步性。但是,它提出的由联合国大会、区域组织甚至个别国家进行军事干预的主张,显然是违背《联合国宪章》的。从这个意义上讲,"保护的责任"试图为"人道主义干涉"提供法律上和道义上的支持。据此,"保护的责任"及其理论值得质疑。

应当指出,"保护的责任"及其理论,仅仅是加拿大单方面提出的倡议,虽然这一理论得到了联合国(前)秘书长安南的支持,也引起了国际社会的强烈反响和广泛共识,但是,这种"保护的责任"能否成为国际法的规则或原则,仍取决于国际社会的认可程度。

2003年11月成立的联合国威胁、挑战和改革问题高级别名人小组于2004年12月向联合国(前)秘书长安南提交了一份题为《一个更安全的世界:我们的共同责任》的研究报告。该报告肯定了军事干预的可能性,但同时强调了安理会授权的极端重要性。2005年3月21日,安南在第五十九届联合国大会上作了题为《大自由:实现人人共享的发展、安全和人权》的报告,在军事干预问题上强调,我们的任务不是寻求取代安理会的权力来源,而是要安理会更好地发挥作用。2005年10月24日,第六十届联合国大会通过了《世界首脑会议成果》,将军事干预严格限定在《联合国宪章》第七章的范围之内,即置于联合国集体安全制度的框架下。

第三节 国际人权法的条约体系

国际人权法作为国际法的重要分支,同样有其自己的法律渊源。国际人权法的渊源主要包括有关人权问题的国际条约和国际习惯法规则。目前,普遍性人权条约和专门性人权条约以及区域性人权条约,已经构成了国际人权条约体系,在国际人权法中占据着重要的地位。

一、《联合国宪章》的人权条款

1945 年《联合国宪章》是第一个将人权作为宗旨之一加以规定的普遍性国际组织的组织文件。它标志着人权问题进入国际法领域,开始成为国际社会普遍关心的问题和合作的事项。宪章作为现代国际人权法的基石之一,共有七处提及"人权"与"基本自由"。

《联合国宪章》序言开宗明义地宣布:"欲免后世再遭今代人类两度身历惨不堪言之战祸,重申基本人权,人格尊严与价值,以及男女与大小各国平等权利之信念"。这表明,人权问题不再是绝对属于国内管辖的事项,而是国际社会共同关注的重要问题。宪章的这一规定成为此后国际人权法的立法基础。

《联合国宪章》第 1 条第 3 款规定,人权保护是联合国的宗旨之一:"促成国际合作,以解决国际间属于经济、社会、文化及人类福利性质之国际问题,且不分种族、性别、语言或宗教,增进并激励对于全体人类之人权及基本自由之尊重。"

《联合国宪章》第 13 条第 1 款规定,将保障人权作为联合国大会的职责之一:"大会应发动研究,并作成建议:……(丑)以促进经济、社会、文化、教育及卫生部门之国际合作,且不分种族、性别、语言或宗教,助成全体人类之人权及基本自由之实现。"

《联合国宪章》第 55 条和第 56 条分别规定:"为造成国际间以尊重人民平等权利及自决原则为根据之和平友好关系所必要之安定及福利条件起见,联合国应促进:……(寅)全体人类之人权及基本自由之普遍尊重与遵守,不分种族、性别、语言或宗教。""各会员国担允采取共同及个别行动与本组织合作以达成第五十五条所载之宗旨。"可见,宪章规定了各会员国与联合国合作的义务和促进普遍尊重与遵守人权及基本自由的义务。这对于保障人权具有重要的意义。

《联合国宪章》第 62 条和第 68 条规定了经社理事会的职权和程序,分别授权经社理事会就人权与基本自由的尊重和保护提供建议;设立以提倡人权为目的的各种委员会。这两条成为后来经社理事会下设人权委员会,以及由经社理事会及人权委员会拟定国际人权文件的法律基础。

尽管宪章仅对人权问题作了一般性的规定,对于"人权"和"基本自由"等基本概念缺乏明确的定义,但作为联合国的组织宪章,《联合国宪章》代表了全人类对和平、民主、正义的要求,至今对国际人权法的发展具有重要的现实意义。

二、国际人权宪章

国际人权宪章,是联合国体系中最基本的人权保护的法律文件,被称为国际人权法的核心条约。国际人权宪章包括:1948年的《世界人权宣言》,1966年的两个国际人权公约即《经济、社会和文化权利国际公约》和《公民权利和政治权利国际公约》及其两项任择议定书即《公民权利和政治权利国际公约任择议定书》和《旨在废除死刑的〈公民权利和政治权利国际公约〉第二任择议定书》。

(一) 1948年《世界人权宣言》

《联合国宪章》第一次通过规定重申尊重人权与基本自由的信念,并把增进和激励对于人权及基本自由的尊重列为联合国的宗旨之一,但宪章却没有界定"人权与基本自由"的具体内容和范围。1946年,经社理事会根据《联合国宪章》第68条的授权,成立了旨在以《联合国宪章》为基础构建国际人权宪章的人权委员会。人权委员会在起草过程中认为,在联合国范围内迅速起草并通过一个具有广泛法律约束力的条约是比较困难的,因而改为先起草一份建议性的宣言。经过了三年的努力,人权委员会起草了一份"国际人权法案",并在1948年12月10日的联合国大会上,以48票赞成、8票弃权、0票反对的结果通过,这就是著名的《世界人权宣言》(The Universal Declaration of Human Rights)。12月10日这一天因此被联合国定为国际人权日。

《世界人权宣言》(以下简称《宣言》)由序言部分和30个条文组成,其包含的内容相当丰富。

1.《宣言》的目的和指导思想

《宣言》的目的是使之成为所有人民和所有国家努力实现的共同标准。《宣言》有两个指导思想:第一,自由和平等思想。《宣言》第1条规定,人人生而自由,在尊严和权利上一律平等。第二,不歧视思想。《宣言》第2条规定,人人有资格享受本宣言所载的一切权利和自由,不分种族、肤色、性别、语言、宗教、政见或其他见解、国籍或社会出身、财产、出生或其他身份等任何区别。

2.《宣言》确定的人权内容

第一,《宣言》确定了公民权利和政治权利。《宣言》将公民的生命、自由和人身安全权放在各项权利之首。这是《宣言》的第一块基石,并以此作为享有其他权利的根本,由此导出了其他的公民权利和政治权利,包括:禁止奴隶或奴役;禁止酷刑;人格权;平等权;司法补救(救济)权;免受逮捕、拘禁或放逐权;公开审判权;无罪推定权;隐私权、家庭权、荣誉权;迁徙权;寻求庇护权;国籍权;婚姻家庭权;财产权;思想、良心与宗教自由;言论自由;和平集会、结社自由;参政权和选举权。

第二,《宣言》确定了经济、社会和文化权利。《宣言》第22条规定,每个人有权享受其个人尊重和人格的自由发展所必需的经济、社会和文化方面各种权利的实现。这是《宣言》的第二块基石,并由此导出了其他的经济、社会和文化权利,包括:工作权、同工同酬权、组织和参加工会权;休息权;健康水准权,社会保障权;教育权;参加文化生活权;环境权。

3.《宣言》的限制性条款

人权不是绝对的。人们在享受人权的同时,必须尊重他人的人权。为此,《宣言》第29条对人权作了限制性规定。第一,人人对社会负有义务;第二,人权的行使和享受应受法律的限制,要尊重他人的权利和自由;第三,人权的行使和享受不得违反《联合国宪章》的宗旨和原则。

4.《宣言》的历史意义

《宣言》作为第一个人权问题的国际性文件,为国际人权领域的立法和实践奠定了基础,是人权发展史上的一个重要里程碑,具有重大的历史意义。由于《联合国宪章》对人权的内容未作具体规定,因此,《宣言》被公认为是对《联合国宪章》有关人权问题的权威性解释;《宣言》是国际人权法领域的纲领性文件,为在联合国系统建立各种监督机制奠定了基础,并被作为衡量各国履行《联合国宪章》促进人权义务的尺度;《宣言》为1966年两个人权公约的制定和全面构建国际人权宪章,为联合国专门机构和一些区域性国际组织制定人权条约奠定了基础;《宣言》的精髓已渗入各国的政治、法律、道德之中,对国际关系产生了深远的影响,对各国宪法中的人权条款都产生了直接的影响。

应当指出,《宣言》本身不是条约,它不具有条约的拘束力。除了那些被载入国际条约或其他联合国人权文件以及国际法院判决加以确认的权利外,《宣言》中规定的人权是否已经上升为国际习惯法或强行法规则仍然是有争议的问题。

(二) 1966年《公民权利和政治权利国际公约》

1948年《宣言》通过后,人权委员会根据1952年第六届联大的决议,分别起草《经济、社会和文化权利国际公约》和《公民权利和政治权利国际公约》。1954年,人权委员会通过经社理事会将两个公约草案一并提交联大审议。1966年12月16日,两个公约草案获得第二十一届联大一致通过,并开放给各国签字、批准和加入。1976年3月23日,《公民权利和政治权利国际公约》正式生效。我国于1998年10月5日签署了该公约。

《公民权利和政治权利国际公约》(The International Covenant on Civil and Political Rights)共53条正文,包括一个序言和六个部分。第一部分仅一条,规定了民族自决权;第二部分,规定了当事国的一般义务;第三部分是公约的核心,规定了各项实质性的权利和自由;第四部分,规定了国际执行和监督机制,设立人权事务委员会;第五部分,规定了公约内容不得有损《联合国宪章》和各专门机构的责任,不得有损所有人民对自然资源的权利;第六部分,规定了关于公约的签字、批准、加入、修正及生效等最后条款。

1. 《公民权利和政治权利国际公约》与《宣言》对人权规定的区别

《公民权利和政治权利国际公约》对公民权利和政治权利作了具体的规定,并以保护个人享有的这些权利和基本自由为宗旨。但是,《公民权利和政治权利国际公约》与《宣言》对于人权内容的规定具有明显的区别。一方面,《公民权利和政治权利国际公约》规定了《宣言》并没有确认的人权内容。包括:民族自决权;被剥夺自由者享有人道及人格尊严的待遇;不因无力履行约定义务而被拘禁;儿童不受歧视权、姓名权和国籍权;少数者的权利。另一方面,《宣言》已经确认的人权内容,《公民权利和政治权利国际公约》对此没有规定,包括《宣言》第17条规定的财产权、第14条规定的寻求和享有庇护权。

2. 《公民权利和政治权利国际公约》的任择议定书

1966年,第二十一届联大在通过人权两公约的同时,还表决通过了《公民权利和政治权利国际公约任择议定书》(1976年3月23日生效)。1989年12月5日联大又通过了《旨在废除死刑的〈公民权利和政治权利国际公约〉第二任择议定书》(1991年7月11日生效)。

1966年《公民权利和政治权利国际公约任择议定书》规定了个人申诉制度,授权人权事务委员会接受并审查声称因为《公民权利和政治权利国际公约》所载任何权利遭受侵犯的受害者个人的申诉。该议定书作为一项条约,补充了《公民权利和政治权利国际公约》的实施措施。1989年《旨在废除死刑的〈公民权利和政治权利国际公约〉第二任择议定书》旨在废除死刑,以保证《宣言》第3条和《公民权利和政治权利国际公约》第6条共同规定的生命权。

(三) 1966年《经济、社会和文化权利国际公约》

《经济、社会和文化权利国际公约》(The International Covenant on Economic, Social and Cultural Rights),在1966年12月16日与《公民权利和政治权利国际公约》同时获得第二十一届联大一致通过,1976年1月3日生效。我国于1997年10月27日签署了该公约,2001年3月27日交存批准书,并对《公民权利和政治权利国际公约》第8条第1款第1项作了保留。

该公约第一次在世界范围内以法律的形式确定了个人的社会、经济、文化权利,并强调了这种权利与公民权利和政治权利的同等重要性和不可分别性。公约在序言中强调:"只有在创造了使人人可以享有其经济、社会及文化权利,正如享有公民和政治权利一样的条件的情况下,才能实现自由人类享有免于恐惧和匮乏的自由的理想。"

1. 《经济、社会和文化权利国际公约》的基本内容

《经济、社会和文化权利国际公约》共31条,分为序言和五个部分。第一部分仅一条,规定了民族自决权;第二部分,规定了当事国的一般义务;第三部分,规定了各项实质性的权利和自由,这是公约的核心;第四部分,规定了国际执行和监督机制;第五部分,规定了关于公约的签字、批准、加入、修正及生效等最后条款。

《经济、社会和文化权利国际公约》在《宣言》的基础上规定个人在经济、社会、文化方面的权利,包括:工作权;工作条件权;组织工会和罢工权;社会保障权;家庭受保护和协助权;相当生活水准权;身心健康权;受教育权;享受文化和科学进步利益权。

2.《经济、社会和文化权利国际公约》与《公民权利和政治权利国际公约》的联系和区别

《经济、社会和文化权利国际公约》和《公民权利和政治权利国际公约》的序言相同,对于某些人权内容的规定也相同:(1)均在第1条规定了民族(人民)自决权;(2)不歧视条款;(3)男女平等原则;(4)限制性条款;(5)克减条款。

两个公约对缔约国承担义务的规定存有很大的区别。在《经济、社会和文化权利国际公约》中,对缔约国义务的规定较有弹性,例如,"尽最大可能……采取步骤……用一切适当方法……逐渐达到本公约所承认的权利的充分实现"。在《公民权利和政治权利国际公约》中,对缔约国义务的规定显得比较硬性,例如,"人人有权享有……""任何人不得……"这种对缔约国义务规定上的差别,原因在于经济、社会和文化权利与公民权利、政治权利之间的区别。国家对经济、社会和文化权利所承担的是积极的义务,需要大量的投入和积极的行为才能保证这种人权的实现。由于各国发展不平衡,有些人权的实现尚需一个渐进的过程。而国家对公民权利和政治权利所承担的是消极的义务,只需尊重和保护即告完成,因此,公约要求缔约国"即刻"实现。应当指出,虽然《经济、社会和文化权利国际公约》与《公民权利和政治权利国际公约》之间在人权的实施方面存在区别,但是,它们的保护人权的目标是一致的。

三、专门性国际人权公约

除了上述普遍性国际人权公约外,联合国体系内还通过了若干保护专门领域人权的国际公约,这些公约由联合国大会、联合国经社理事会、联合国教科文组织等机构共同起草,是《联合国宪章》和国际人权宪章阐述的人权原则的具体体现。

(一) 废除奴隶制的国际公约

1926年国际联盟主持制定的《国际禁奴公约》;1949年联合国大会通过的《禁止贩卖人口及取缔意图营利使人卖淫的公约》;1953年联合国大会通过的《关于修订1926年国际禁奴公约的议定书》;1956年联合国经社理事会通过的《废止奴隶制、奴隶贩卖及类似奴隶制之制度与习俗补充公约》。

(二) 保护种族权利的国际条约

1948年联合国大会通过的《防止及惩治灭绝种族罪公约》;1958年国际劳工组织制定的《关于消除就业和职业歧视公约》;1960年联合国教科文组织大会通过的《取缔教育歧视公约》;1966年联合国大会通过的《消除一切形式种族歧视国际公约》;1974年联合国大会通过的《禁止并惩治种族隔离罪行国际公约》;1985年联合国大会通过的《反对体育领域种族隔离国际公约》等。

(三) 禁止强迫劳动的国际公约

1930年国际劳工组织大会制定的《关于强迫劳动公约》;1957年国际劳工组织大会通过的《废除强迫劳动公约》。

(四) 保护移民、难民和无国籍人权利的国际公约

1951年联合国大会通过的《关于难民地位的公约》;1954年联合国经社理事会通过的《关于无国籍人地位的公约》;1957年联合国大会通过的《已婚妇女国籍公约》;1961年联合国大会通过的《减少无国籍状态公约》;1985年联合国大会通过的《非居住国公民个人人权宣言》;1990年联合国大会通过的《保护所有迁徙工人及其家庭成员权利国际公约》。

(五) 保护妇女、儿童权利的国际公约

1951年国际劳工组织制定的《关于男女工人同工同酬的公约》;1952年联合国大会通过的《妇女政治权利公约》;1979年联合国大会通过的《消除对妇女一切形式歧视公约》;1981年联合国大会通过的《关于有家庭负担的男女工人的平等机会和平等待遇的公约》;1999年联合国大会通过的《〈消除对妇女一切形式歧视公约〉任择议定书》。

1959年联合国大会通过的《儿童权利宣言》;1964年联合国大会通过的《保护未成年人管辖权和法律适用公约》;1974年联合国大会通过的《在非常状态和武装冲突中保护妇女和儿童宣言》;1985年联合国大会通过的《联合国少年司法最低限度标准规则(北京规则)》;1989年联合国大会通过的《儿童权利公约》及在2000年通过的该公约的两个任择议定书。

(六) 保护被拘留或监禁者权利的国际公约

1955年联合国第一次防止犯罪和罪犯待遇大会通过的《囚犯待遇最低限度标准规则》;1975年联合国大会通过的《保护人人不受酷刑和其他残忍、不人道或有辱人格待遇或处罚宣言》;1984年联合国大会通过的《禁止酷刑和其他残忍、不人道或有辱人格的待遇或处罚公约》(简称《禁止酷刑公约》)。

四、区域性人权公约

区域性人权公约,是由区域性的政府间国际组织制定的,仅适用于该特定区域的关于人权保护的国际公约。在国际社会,《欧洲人权公约》及其监督实施机制堪称区域性人权公约的典范。

(一)《欧洲人权公约》

《欧洲人权公约》(The European Convention on Human Rights),其正式名称为《保护人权和基本自由公约》(The Convention for the Protection of Human Rights and Fundamental Freedoms),是欧洲理事会根据《宣言》并参照《公民权利和政治权利国际公约》

草案制定的,于1950年11月4日签署并于1953年9月3日生效。该公约系第一个区域性政府间国际组织制定的关于人权的国际公约,也是第一部规定监督实施机制的区域性人权公约,在国际人权保护的历史上具有重要的意义。

1.《欧洲人权公约》的主要内容

《欧洲人权公约》共5章66条,主要规定了下列权利:生命权;禁止酷刑;废止奴役、苦役或强制劳动;人身自由和安全的权利;公正审判权;法律和惩罚不溯及既往;隐私权和家庭生活权;思想、良心和宗教信仰自由;言论自由;和平集会自由;结婚和建立家庭权;有效救济权;禁止歧视。此外,截至2002年,《欧洲人权公约》还签署了12项附加议定书,补充、扩大和修改公约规定的权利。其中,值得一提的是公约的第11号议定书(1998年11月1日生效),它对《欧洲人权公约》的监督机构和监督措施作了重大修改。

2.《欧洲人权公约》的监督机构

《欧洲人权公约》规定的监督机构主要由欧洲人权委员会、欧洲人权法院和欧洲理事会部长委员会共同组成。

欧洲人权委员会于1955年建立,设立的目的在于保障公约缔约国对公约义务的遵守。委员会有权受理并审查来自国家间的指控或个人的申诉。针对这些指控或申诉,委员会有权进行调查,经过调查后排除无意义的或有害的指控或申诉,然后递交给欧洲人权法院。可见,国家间的指控或个人的申诉不能直接递交给欧洲人权法院。因此,欧洲人权委员会在公约的监督和实施机制中扮演着"过滤器"的角色。

欧洲人权法院于1959年建立,主要有两项职能:司法审判职能和咨询职能。具体而言,其一,审理人权委员会和缔约国提交的案件,并通过法院的判例对《欧洲人权公约》进行解释;其二,向欧洲理事会部长委员会提供咨询意见。1998年《欧洲人权公约》第11号议定书生效后,欧洲人权委员会结束了其公约规定的使命,与欧洲人权法院合并,组成为单一欧洲人权法院。根据公约的规定,欧洲人权委员会有权受理并审查来自国家间的指控或个人的申诉,这一职权修改为国家间的指控或个人的申诉直接递交单一欧洲人权法院。在法院人员构成、申诉处理程序及标准方面都进行了很大程度的改进,基本上解决了以往两个机构并存体制下的效率弊端。

欧洲理事会部长委员会并非依《欧洲人权公约》建立的机构,而是根据《欧洲理事会规约》的规定,于1949年建立的欧洲理事会的决策和执行机构。根据《欧洲理事会规约》,该部长委员会的主要职能在于监督成员国遵守《欧洲理事会规约》第3条规定的义务,即"成员国必须接受法治和在它们管辖范围内的所有人享有的人权及基本自由的基本原则"。1998年《欧洲人权公约》第11号议定书生效后,欧洲理事会部长委员会的职能发生了变化,其职能仅限于监督欧洲人权法院判决的执行。

(二)《美洲人权公约》

《美洲人权公约》(The American Convention on Human Rights),是在美洲国家组织主持下,于1969年11月22日在哥斯达黎加的圣约瑟通过的,又称《哥斯达黎加圣约瑟公约》。该公约于 1978 年 7 月 18 日生效,是继《欧洲人权公约》之后的第二个区域性人权公约。

《美洲人权公约》由序言和正文共 11 章 82 个条文组成。其人权内容主要是公民和政治权利的保障。包括:人格权;生命权;人道待遇权;不受奴役权;人身与安全权;公正审判权;不追溯既往权;有效赔偿权;隐私权;信仰和宗教自由;思想和言论自由;答辩权;集会自由;结社自由;婚姻家庭自由;姓名权;儿童权利;国籍权;财产权;迁徙和居住自由;参政权;平等权;司法保护权。

1988 年 11 月 7 日,在美洲国家组织会议上一致通过了《美洲人权公约补充议定书》,进一步扩大了公约规定的人权。议定书强调了对经济、社会和文化权利的保护。内容包括:工作权;工会权;罢工权;社会保障权;健康权;环境权;食物权;受教育权;教育自由权;文化福利权;组成和保护家庭权;儿童权利;老年保障权;残疾人特殊保护权。此外,1990 年,美洲国家组织还通过了旨在废除死刑的附加议定书。

《美洲人权公约》的监督机构及实施机制有两个:一是美洲国家间人权委员会。它成立于 1959 年,不仅是《美洲人权公约》的监督机构,而且是美洲国家组织的主要机关。二是美洲国家间人权法院。它是根据公约建立的司法监督机构。

(三)《非洲人权与民族权宪章》

1963 年成立的非洲统一组织及其通过的《非洲统一组织宪章》并没有将人权问题纳入其工作范围。但是,《非洲统一组织宪章》规定的宗旨之一是:"在对《联合国宪章》与《世界人权宣言》给予应有的尊重的情况下促进国际合作"。1981 年 6 月 28 日,非洲统一组织在肯尼亚首都内罗毕通过了《非洲人权与民族权宪章》(The African Charter on Human and People's Rights)。该宪章是发展中国家通过的第一个具有法律约束力的区域性国际人权公约。

《非洲人权与民族权宪章》包括序言和正文 4 章 68 个条文。根据该宪章第一部分第一章"人权与民族权"的规定,可以将宪章规定的人权内容分为三大类。第一类,公民权利和政治权利。包括:平等权,生命和人格权,禁止奴隶制度,人身自由和安全权,禁止非法拘禁或逮捕,听审权和诉权,无罪推定权,信仰、宗教自由,信息权,言论自由,结社自由,集会自由,迁徙和居留权,寻求庇护权,选举和参政权等。第二类,经济、社会和文化权利。包括:财产权、工作权、健康权、教育权和家庭权等。第三类,民族的权利。包括:平等权、生存权、自决权、对自然资源的主权、发展权等。

第四节 国际人权的基本内容及其实施制度

《联合国宪章》和国际人权宪章以及专门性人权条约等国际人权核心条约,不仅规定了国际人权保护的基本内容,而且规定了具体的国际人权保护的实施机构和制度。

一、国际人权的基本内容

根据《联合国宪章》、国际人权宪章和专门性人权条约等国际人权核心条约的规定,国际人权保护的基本内容可分为三大类:一是公民权利和政治权利,二是经济、社会和文化权利,三是民族、发展和环境等集体权利。

(一) 公民权利和政治权利

1. 生命权。在所有的人权中,生命被视为至高无上的权利。如果生命权没有保障,那么,其他的人权就没有了意义。1948年《宣言》在宣告了人人生而自由,在尊严和人格上一律平等的原则之后,将公民的生命、自由和人身安全权(第3条)放在各项具体的权利之首。1966年《公民权利和政治权利国际公约》第6条规定,人人拥有天赋之生命权,此种权利应受法律保障,任何人的生命不得无理被剥夺。据此,国际人权文件确定了一系列保护生命权的规则。例如,非犯情节最大之罪,不得处以死刑;非依管辖法院终局判决,不得执行死刑;未满18岁的儿童和少年犯罪,不得判处死刑;对孕妇不得判处死刑。

2. 免受酷刑权。酷刑,是过分严厉的、故意施加的、残忍的、不人道的或有辱人格的待遇或处罚。酷刑不仅会严重伤害人的健康,还会侮辱他人的人格,甚至会危及人的生命。1966年《公民权利和政治权利国际公约》第7条规定,任何人均不得加以酷刑或施以残忍的、不人道的或有辱人格的待遇或处罚。1984年《禁止酷刑和其他残忍、不人道或有辱人格的待遇或处罚公约》将酷刑规定为国际犯罪。国际人权公约禁止酷刑,强调人人享有免受酷刑权,也意味着保护了人的生命权、健康权和人格权。

3. 人身自由与安全权。自由权历来被认为是最古老和最基本的权利之一。1948年《宣言》第3条规定,人人有权享有生命、自由和人身安全;第9条还规定,任何人不得被施以任意的逮捕、拘禁或放逐。1966年《公民权利和政治权利国际公约》第9条和第10条,对人身自由与安全权作了详细的规定。根据国际人权公约,人身自由与安全权除了免受任意逮捕、拘禁或放逐等权利之外,还可以引申出其他的一系列人权权利。主要包括:有效赔偿的权利;隐私权;婚姻家庭权;住宅或通讯不受干涉的权利;迁徙权;居留权;寻求庇护权;宗教自由权;和平集会、结社自由权。

4. 平等权。国际人权公约中所确认的个人政治权利,主要是公民权利中的政治权利,其主要内容集中表现为平等的思想,即每个人在法律面前一律平等,平等地享有受法律保护的权利。1948年《宣言》第1条宣告,人人生而自由,在尊严和人格上一律平等。1966年《公民权利和政治权利国际公约》第26条规定,所有人在法律面前平等,并有权受法律的平等保护,无所歧视。该公约规定的平等权集中表现为以下方面:(1) 民族和种族平等。该公约第2条规定,公民"不分种族、肤色、性别、语言、宗教、政见或其他主张、国籍或社会阶层、财产、出生或其他身份等任何区别",一律享受公约所确认之权利。(2) 男女平等。该公约第3条规定,缔约各国确保男子和妇女在享受公约所载的一切公民和政治权利方面享有平等的权利。(3)政治权利平等。该公约第25条规定,每个公民应有下列权利和机会:参与公共事务的权利、选举和被选举的权利以及平等条件下参与本国公务的权利。

5. 公正审判权。公正和公开审判是司法公正的最基本要求。1948年《宣言》第10条规定,人人完全平等地有权由一个独立而无偏倚的法庭进行公正的和公开的审讯,以确定他的权利和义务并评定对他提出的任何刑事指控。1966年《公民权利和政治权利国际公约》第14条规定,所有人在法庭和裁判所前一律平等。人人有资格由一个依法设立的、合格的、独立的无偏倚的法庭进行公正的和公开的审讯。该公约对公正审判权的规定主要包括:公开判决(除了少年和婚姻案件);无罪推定;自己辩护或选择律师辩护;法律援助;证人证据当庭质证;沉默权;上诉权(复审);有效赔偿;一罪不二审;一罪不二罚。

(二)经济、社会和文化权利

1. 工作权。工作权不仅是获取物质保障所必需的权利,也是实现人的全面发展所必需的权利。工作权是经济、社会和文化权利的核心,是最基本的经济权利。1948年《宣言》第23条和第24条规定了公民的工作权,包括:有权工作;自由选择职业;公正、合理的工作条件;免于失业的保障;同工同酬的权利;公正、合理的报酬;参加工会的权利;休息和闲暇的权利;工作时间限制的权利;定期给薪和休假的权利。1966年《经济、社会和文化权利国际公约》除了确认《宣言》的规定之外,其第6条和第7条对公民的工作权规定得更加具体,包括:技术和职业的指导和训练;妇女和男子工作条件同等;妇女和男子同工同酬;保证公民及其家庭的基本生活;安全和卫生的工作条件;同等的提级机会。有的学者将广义上的工作权分为就业权、以就业为目标的权利和工作者的权利。[①]

2. 受教育权。受教育权是个人自身发展所必需的基本手段。确认受教育权并予以充分的保护,不仅可以提高公民个人的素质和水平,而且对人类社会的文明和进步都有重要的作用和意义。1948年《宣言》第26条规定,人人都有受教育的权利。其中包括:免费教育(至少在初级和基本阶段);义务初级教育;普遍设立技术和职业教育;高等教育平等开放。1966年《经济、社会和文化权利国际公约》第13条确认了《宣言》规定的受教育的权利,并进一步作了具体规定,包括:中等教育应当普及和逐渐免费;高等教育逐渐免费;设立奖学金制度;改善教师的物质条件;选择非公立学校的自由;接受宗教和道德教育自由。1989年《儿童权利公约》第28条还具体规定了儿童的受教育权,包括免费义务小学教育和所有儿童接受中等教育等。

3. 享受适当生活水准权。人人有权为自己和家庭获得相当的生活水准,享受适当生活水准权是社会权利的核心。所谓"适当生活水准",根据1948年《宣言》第25条的规定,是指足以维持本人和家庭的健康和福利所需要的生活水准,包括食物、衣

---

① 参见徐显明主编:《国际人权法》,法律出版社2004年版,第301页。

着、住房、医疗和必要的社会服务；当发生失业、患病、残废、寡居、衰老或因不可抗力情况下丧失生活能力时，有权享受保障。根据1966年《经济、社会和文化权利国际公约》第11条的规定，"适当生活水准"包括食物、衣着和住房，并能不断改进生活条件。公约将享受适当生活水准权的具体权利分散规定在不同的条款中，如公约第6条（工作权）、第7条（公正和良好的工作条件权）、第8条（工会权）、第9条（社会保障权）和第12条（健康权）等。应当指出，生存权是公民享受"适当生活水准"的前提和最低限度保障。在此意义上，享受适当生活水准权包含了生存权，其权利内容相比生存权更为广泛。

（三）民族、发展和环境的权利

1. 民族自决权。民族自决是指受到外国奴役和殖民统治的被压迫民族，有自主决定命运，摆脱殖民统治，建立本民族独立国家的权利。民族自决不仅是一项集体人权，而且是国际法的一项基本原则。1945年《联合国宪章》第1条规定，联合国的宗旨之一是发展国家间以尊重人民平等权利及"自决原则"为根据之友好关系。1966年《公民权利和政治权利国际公约》和《经济、社会和文化权利国际公约》两个人权公约在其共同第1条中首次规定："所有民族都有自决权。"同时，两个人权公约还规定了民族自决权的具体内容：(1) 所有人民①和民族有权自由决定其政治地位，并自由谋求经济、社会与文化的发展；(2) 所有人民和民族为自身的目的，可自由处置其天然财富和资源，无论在何种情形下，不容剥夺人民和民族的生存手段；(3) 各国均应遵照《联合国宪章》的规定，促进自决权的实现，并尊重此种权利。

2. 发展权。每一个人和所有民族都有权自由谋求他们的政治、经济、社会和文化的发展。发展权是一项集体人权。1945年《联合国宪章》序言强调，运用国际机构，以促进全球人民经济和社会的"发展"。可见，《联合国宪章》明文规定了世界人民的发展权利。1986年联大通过了《发展权利宣言》。宣言确认，发展权是一项不可剥夺的人权。由于这种权利，每个人和所有各国人民均有权参与、促进并享受经济、社会、文化和政治的发展。在这种发展中，所有人权和基本自由都能获得充分实现。根据《发展权利宣言》等人权文件，发展权至少应包括以下内容：(1) 人是发展进程的主体，因此，人应成为发展权的积极参与者和受益者；(2) 创造有利于各国人民和个人发展的条件是国家的主要责任，国家有权利和义务制定适当的国家发展政策；(3) 国际和平与安全是实现发展权利的必不可少的因素，各国有义务在确保发展和消除发展的障碍方面相互合作；(4) 发展是经济、社会、文化和政治的全面进程，其目的是不断改善全体人民和所有个人的福利。

3. 环境权。环境权是近年来国际社会普遍认可的一项集体人权，它是一种与人类生存权利密切相关的基本权利。1972年6月，在联合国人类环境会议上通过的《人

---

① 由于争取独立的民族尚未形成国家，所以，此处的"所有人民"是指人民集体或全体人民，而不是指个人。

类环境宣言》[①]宣布:"人类有权在一种具有尊严和福利的生活环境中,享有自由、平等和充足的生活条件的基本权利,并且负有保护和改善这一代和将来的世世代代环境的庄严责任。"1973年1月,国际社会在联合国框架内成立了"联合国环境规划署"。该署系政府间国际组织,是联合国的附属机构。联合国环境规划署的目的,是为了实施联合国环境会议所通过的各项行动计划,促进环境保护的国际合作。联合国环境规划署成立以后,主持召开了许多有关环境保护的国际会议,并主持制定了许多保护国际环境的公约。应当指出,环境是人类生存和发展的物质基础,环境污染等问题是对人类生存基础的破坏和威胁,因此,环境权也是其他人权得以实现的重要保障之一。

二、国际人权法的实施制度

为了有效地实施国际人权法,切实保护国际人权,《联合国宪章》和国际人权宪章以及区域性国际人权条约规定了专门从事国际人权保护的实施机构和制度,以此监督各国履行其人权保护的义务。

(一) 国际人权保护机构

1. 联合国框架内的人权机构

《联合国宪章》第68条规定:"经济及社会理事会应设立经济与社会部门及以提倡人权为目的的各种委员会,并得设立于行使职务所必需之其他委员会。"据此,经社理事会设立了一些联合国框架内的人权保护机构。

(1)联合国人权委员会。1946年,经社理事会依据《联合国宪章》第68条的规定,成立了联合国人权委员会。1947年,人权委员会召开第一次会议,当时的唯一职能是起草《宣言》,会议上还成立了"防止歧视和保护少数小组委员会"作为人权委员会的附属机构。人权委员会在最初的20年间(1947—1966年),主要致力于制定国际人权公约。直到1967年,在联合国大会的促进下,经社理事会才特别授权联合国人权委员会着手处理有关侵犯人权的事务。为此,联合国人权委员会建立了"特别报告员"和"工作组"等机制和程序,专门处理侵犯人权事务。人权委员会向世界各地派遣实地调查员,负责对国际人权法的执行情况进行监督,并对有关方面指控的侵犯人权的情势进行调查。长期以来,人权委员会是联合国体系内处理人权问题的主要机构,在国际人权保护领域,尤其是在起草国际人权公约等方面作出了重要的贡献。但是,人权委员会也存在很多固有的缺陷,如人权问题国别报告制度等。2006年6月,按照第六十届联大决议,国际人权委员会解散,从而结束了其历史使命,其职能由新的联合国人权理事会承担。

(2)联合国人权理事会。2006年3月15日,联合国大会第六十届会议通过决

[①] 1972年《人类环境宣言》,又称《斯德哥尔摩环境宣言》或《斯德哥尔摩宣言》。

议,决定成立联合国人权理事会,以取代原联合国人权委员会,专门负责有关人权事务。人权理事会在国际人权事务方面具有广泛的职权。其中主要包括:促进基本人权和自由的尊重与保护;加强国际合作和对话,以促进基本人权保护;落实和审查各国承担的人权义务和承诺;对危及基本人权的局势提出建议;协助预防侵犯人权行为;应对人权紧急状况。人权理事会的理事国席位由联大通过无记名投票产生。在2006年5月9日举行的人权理事会首届理事国选举中,包括中国在内的47个联合国会员国当选为人权理事会理事国。

(3) 防止歧视和保护少数小组委员会。防止歧视和保护少数小组委员会是在经社理事会授权之下,于1947年在人权委员会召开的首次会议上成立的。1999年,经社理事会将其更名为"联合国促进和保护人权小组委员会"。它是联合国人权委员会的附属机构。该委员会由26名人权问题专家组成,是一个专家工作机构,不是政府间的机构。该委员会设有四个工作组:来文工作组、当代形式的奴隶制问题工作组、土著人问题工作组和少数者问题工作组。其中,来文工作组专门受理个人和非政府组织关于严重侵犯人权的控告。

(4) 妇女地位委员会。妇女地位委员会成立于1946年2月,附属于联合国人权委员会,是政府间的机构。妇女地位委员会的职能包括:为了促进妇女在政治、经济、公民、社会及教育方面的权利,向经社理事会提出建议和报告;为了实施男女平等的权利,就妇女权利方面的迫切问题向经社理事会提出建议;审议致联合国的有关妇女地位问题的来文。

(5) 联合国环境规划署。联合国环境规划署成立于1973年1月,是联合国的附属机构。联合国环境规划署的目的,是为了实施联合国环境会议所通过的各项行动计划,促进环境保护的国际合作。联合国环境规划署成立以后,为国际环境保护和环境权的实施作出了重要贡献。其环境保护行动主要涉及六个方面:人类居住区、人类与环境卫生、陆地生态系统、海洋、环境与发展以及自然灾害。该署主持召开了许多有关环境保护的国际会议,并主持制定了一系列保护国际环境的公约。

2. 国际人权公约设立的人权机构

国际人权公约设立的人权机构,主要是为了监督和实施相关的国际人权公约而设置的。据此,它们都是有关国际人权公约的监督和实施机构。其主要职能包括:受理缔约国的报告,处理有关国家或个人指控违反公约义务的来文,提出意见或建议等。

(1) 人权事务委员会。人权事务委员会是根据1966年《公民权利和政治权利国际公约》第四部分条款的规定设立的。委员会共由18名委员组成,委员由缔约国从其国民中选举产生。委员会的主要职能包括:审议缔约国提交的报告;把它自己的报告以及它认为适当的一般建议送交各缔约国;接受和审议缔约国之间关于未履行公约义务的指控;为有关缔约国提供斡旋。

(2) 经济、社会和文化权利委员会。1966年《经济、社会和文化权利国际公约》本身并没有设立公约的监督和执行机构。1985年,由联合国经社理事会通过决议,设立了经济、社会和文化权利委员会，负责公约的监督和实施工作。其主要职责是审议缔约国所提交的报告，并向经社理事会提出建议。

（3）消除种族歧视委员会。消除种族歧视委员会是依据1965年《消除一切形式的种族歧视国际公约》第二部分条款的规定设立的。委员会共由18名委员组成，委员由缔约国从其国民中选举产生。其职能主要包括：审议缔约国提交的报告；当缔约国之间发生争端时，组成和解委员会，对争端当事国进行斡旋，和睦解决问题；受理缔约国和个人关于侵犯人权的来文。

（4）消除对妇女歧视委员会。消除对妇女歧视委员会是根据1979年《消除对妇女一切形式歧视公约》第五部分条款的规定设立的。其职能包括：审议缔约国就实施公约的各项规定所采取的立法、司法、行政或其他措施以及所取得的进展；通过经社理事会，向联合国大会提交委员会有关活动的报告；根据对缔约国的报告和资料的审查结果，提出意见和一般性建议。

（5）禁止酷刑委员会。禁止酷刑委员会是依据1984年《禁止酷刑和其他残忍、不人道或有辱人格的待遇或处罚公约》第二部分条款的规定设立的。委员会共由10名专家组成，专家由缔约国选举产生。其职能包括：审议缔约国提交的关于履行公约义务所采取的措施的报告；对缔约国境内施行酷刑的情况进行秘密调查；在缔约国声明承认的条件下，受理缔约国之间指控违反公约义务的来文。

（6）儿童权利委员会。儿童权利委员会是依据1989年《儿童权利公约》第二部分条款的规定设立的。委员会共由10名专家组成，专家由缔约国从其国民中选举产生。其职能是审议缔约国关于实现公约确认的权利所采取的措施及其进展的报告。

3. 区域性人权机构

区域性人权机构主要是依据区域性人权条约设立的，是区域性人权条约的监督和实施机构。

（1）欧洲人权法院。欧洲人权法院成立于1959年，是《欧洲人权公约》的监督和实施机构。1998年《欧洲人权公约》第11号议定书生效后，欧洲人权委员会结束了其公约规定的使命，与欧洲人权法院合并，组成为单一欧洲人权法院。法院有权直接受理并审查来自国家间的指控或个人的申诉。根据1998年第11号议定书的规定，单一欧洲人权法院受理两类侵犯人权的案件：第一，受理缔约国之间的控告案件。任何缔约国可将其他缔约国违反公约及其议定书的案件提交法院。单一欧洲人权法院对缔约国提交的控告案件具有强制管辖权。第二，受理个人、非政府组织或私人团体的申诉案件。单一欧洲人权法院受理此类申诉案件的前提是缔约国侵犯了个人、非政府组织或私人团体根据公约及其议定书所享有的人权和基本自由。此类申诉案件的受害者应当用尽当地救济办法，在此情况下，法院才能受理。另外，公约还规定了其他的受理标准，包括属人标准、属物标准、属地标准和属时标准。

（2）美洲国家间人权委员会和人权法院。美洲国家间人权委员会和人权法院是《美洲人权公约》的监督和实施机构。

美洲国家间人权委员会成立于1959年，它不仅是《美洲人权公约》的监督机构，而且是美洲国家组织的主要机关。该人权委员会的主要职责是促进尊重和保护人权。该人权委员会从1965年开始接受和处理个人的申诉,但是,其主要工作集中在提供咨询意见和建议方面。

美洲国家间人权法院是根据公约建立的司法监督机构,由7名法官组成。它的职能包括争议管辖权和咨询管辖权。其一,关于争议管辖权问题。争议管辖权包括两个方面,即对缔约国之间控告的管辖权和对个人申诉的管辖权。法院对缔约国的管辖权有三类:缔约国无条件接受法院的管辖、缔约国有条件接受法院的管辖以及缔约国在具体案件中接受法院的管辖。可见,法院的管辖权是一种选择性的管辖权。公约规定,只有公约的缔约国和美洲国家间人权委员会才有权向法院提交案件,个人在美洲国家间人权法院没有诉讼地位。其二,关于咨询管辖权问题。美洲国家组织的所有成员国,就任何国内法律与美洲地区人权文件是否一致的问题,要求法院提供咨询意见。

(3)非洲人权与民族权委员会和法院。非洲人权与民族权委员会是《非洲人权与民族权宪章》的监督和实施机构。非洲人权与民族权法院是《关于建立非洲人权与民族权法院的〈非洲人权与民族权宪章〉议定书》所设立的监督和实施机构。

非洲人权与民族权委员会是根据《非洲人权与民族权宪章》设立的,该宪章第31条规定,为了促进人权和民族权利,确保这些权利在非洲受到保护,特在非洲统一组织内部设立非洲人权与民族权委员会。该委员会的职能主要是:促进人权和民族权;保证人权和民族权在宪章拟定的条件下受到保护;与非洲以及国际上的有关人权机构合作;解释宪章的条款。

非洲人权与民族权法院是根据1998年非洲统一组织通过的《关于建立非洲人权与民族权法院的〈非洲人权与民族权宪章〉议定书》设立的。根据该议定书的规定,法院具有争议管辖权、调解管辖权和咨询管辖权。根据受理案件的条件,法院可以受理缔约国基于任何人权文件而提出的诉讼,可以受理非政府组织和个人的申诉。法院还可以针对与任何人权文件有关的法律问题提供咨询意见。

(二)国际人权保护的实施制度

国际人权保护的实施,是国际人权组织和国际人权机构根据人权条约规定的程序,监督各国履行其人权保护的义务,从而保证国际人权公约实施的制度。

1. 缔约国定期报告

缔约国定期报告,又称缔约国履约报告,是缔约国向人权公约设立的国际人权组织和机构定期报告其人权实施的措施和进展的制度。这是国际人权公约对缔约国规定的一项比较普遍的义务。

缔约国定期报告制度规定的具体程序包括:首先,在人权公约的实施过程中,缔约国有义务定期地回顾本国人权的状况,说明各项人权在国内得以实施所采取的措施以及实施人权方面取得的进展,同时还要说明影响人权公约实施的困难和因素。缔约国定期报告应当送交人权公约指定的国际人权组织和机构进行审议。其次,国际人权组织和机构接受了缔约国的定期报告后,应当研究缔约国的定期报告,并把自己的报告以及它认为适当的意见和建议反馈给缔约国。最后,根据国际人权组织和机构作出的意见和建议,缔约国可以向国际人权组织和机构提出意见。

国际人权组织和机构通过缔约国的定期报告,使得缔约国在人权公约实施过程中的问题,包括不遵守公约甚至违反公约的情况突现出来,并将此等情况提请联合国大会和各缔约国重视。

2. 缔约国来文指控

缔约国来文指控,是指一缔约国将指控另一缔约国不履行本公约义务的来文或通知,送交给国际人权组织和机构审议的制度。来文指控所涉及的指控国和被指控国必须声明,承认国际人权组织和机构有权接受并审议来文指控。如果一缔约国认为另一缔约国未执行公约规定的义务,可以直接书面通知该国注意。国际人权组织和机构在认定来文指控所涉人权事项已经用尽了国内救济措施之后,对缔约国来文指控进行审议和处理。在审议和处理中,国际人权组织和机构经有关缔约国同意,可采用斡旋和和解等方法。最后,国际人权组织和机构在详尽审议案件后提出报告书,并送交各有关缔约国。

可见,缔约国来文指控制度相比缔约国定期报告制度,引入了国际人权组织和机构在处理违反人权问题时的协调职能,但是其作用相当微弱。目前,规定缔约国来文指控制度的人权公约主要有1966年《公民权利和政治权利国际公约》和1984《禁止酷刑和其他残忍、不人道或有辱人格的待遇或处罚公约》。

3. 个人来文指控

个人来文指控,是指人权公约规定的权利受到侵害的个人或个人群体向国际人权组织和机构提请审议的制度。联合国成立以后,不断收到个人和非政府组织提交的关于侵犯人权和请求联合国干预的投诉。从1947年到1957年,联合国就收到大约六万五千件有关侵犯人权的来文。之后,联合国收到的这类报告不断上升,有时甚至在一年中就超过两万件。① 因此,人权公约建立个人来文指控制度,是为了通过国际人权组织和机构来维护个人的权利,促使有关国家履行国际人权公约规定的义务。

1966年《公民权利和政治权利国际公约任择议定书》对个人来文指控制度作了具体规定。首先,人权事务委员会有权接受并审查个人的来文指控。其次,人权事务委员会接受并审查个人的来文指控,须符合以下条件:(1) 个人来文所指控的缔约国必须是批准了该议定书和《公民权利和政治权利国际公约》的国家;(2) 来文指控的个人必须用尽国内救济办法;(3) 来文指控的个人必须署名;(4) 人权事务委员会不认为滥用此项来文指控权。再次,人权事务委员会有权根据个人来文指控,提请有关缔约国注意,有关缔约国应书面作出解释声明。最后,人权事务委员会审查个人的来

---

① 参见[美]托马斯·伯根索尔:《国际人权法概论》,潘维煌、顾世荣译,中国社会科学出版社1995年版,第41页。

文指控,并向有关缔约国及个人提出意见。目前,规定个人来文指控制度的人权公约还有1966年《消除一切形式种族歧视国际公约》和1984《禁止酷刑和其他残忍、不人道或有辱人格的待遇或处罚公约》。

4. 经社理事会"1503 程序"

1967年6月6日,经社理事会通过了第1235号决议,授权联合国人权委员会"审议所有国家与大规模侵犯人权和基本自由有关的情况"。人权委员会得在合适的情况下"对一贯的大规模侵犯人权的情势作出深入的研究……向经社理事会提交报告并提出建议"。人权委员会要求其"防止歧视和保护少数小组委员会"将在世界上任何地方发生的一贯的大规模侵犯人权情况提请人权委员会注意。

1970年5月27日,经社理事会通过了第1503号决议,题为"有关侵害人权及基本自由问题的来文处理程序"。因为该个人来文处理程序的根据是经社理事会通过的第1503号决议,故被称为"1503程序"。第1503号决议规定,"防止歧视和保护少数小组委员会"无须依据条约,在经证明确系一贯和严重地侵害基本人权的情形下,即有权受理个人的来文。该小组委员会可决定将具有一贯侵犯人权特点的情况提交人权委员会审议。人权委员会可以自行研究并向经社理事会提出报告和建议,也可以在征得有关国家同意的情况下任命一个特设委员会去进行调查。为了确定接受和审议来文的标准,小组委员会于1971年8月13日通过了第1号决议。决议规定,接受个人来文之前,必须对来文及有关政府所作的任何答复进行审查,必须有合理的根据表明,确实存在着大规模的、严重的和证据确凿的侵犯人权和基本自由的情势,包括在任何国家推行的种族歧视和种族隔离政策。

经社理事会第1503号决议规定的个人来文处理程序("1503程序")与《公民权利和政治权利国际公约任择议定书》规定的个人来文指控制度,有显著的区别。第一,前者的根据是经社理事会通过的第1503号决议,没有国际条约的依据和法律拘束力,实施该程序依靠国家之间的自愿履行;后者的根据是《公民权利和政治权利国际公约任择议定书》,缔约国必须承担实施该个人来文指控制度的条约义务。第二,前者所指的1503程序适用于所有国家,全世界所有个人、团体或非政府组织都可援用;后者的个人来文指控制度,被指控的国家必须是加入或批准了《公民权利和政治权利国际公约》及其议定书的缔约国。第三,前者适用的条件,包括了所有的人权范围;而后者只适用于《公民权利和政治权利国际公约》及其议定书所规定的公民权利和政治权利。第四,前者所指的1503程序中的个人不参与该程序任何阶段的工作,而且不被告知联合国所采取的任何行动,除非该行动被公开;后者的个人来文指控制度,个人可以充分参与来文的审议工作。①

---

① 参见国际人权法教程项目组编写:《国际人权法教程》第一卷,中国政法大学出版社2002年版,第509—510页;另参见黄瑶:《国际法关键词》,法律出版社2004年版,第145页。

第五节 中国在国际人权法领域的理论与实践

中国是联合国的创始会员国和安全理事会的常任理事国。在人权问题上，中国一贯尊重和支持《联合国宪章》促进和保护人权的宗旨，积极参与联合国保护和实施人权的活动。中国自觉履行国际人权公约的义务，努力保护和实施人权和基本自由，为国际人权事业作出了积极的贡献。

一、中国在国际人权领域的主要活动

（一）参加国际人权机构和会议

自1971年中国政府恢复了在联合国的合法席位后，中国逐步参加了联合国在人权领域的立法及其他活动，并参加了联合国大会和联合国经社理事会关于人权问题的实质性会议。从1979年起，中国连续三年作为观察员出席联合国人权委员会会议。1981年，中国在联合国经社理事会首届会议上当选为人权委员会成员国，并一直连任该委员会成员。1984年开始，中国向人权委员会推荐的人权事务专家连续当选为"防止歧视和保护少数小组委员会"的委员和候补委员。中国委员在该委员会中发挥了重要作用，先后担任了该委员会下属的"土著居民问题工作组"和"来文工作组"的成员。[①] 近年来，中国连续当选"联合国妇女地位委员会"的成员国，中国专家连续当选"联合国消除对妇女歧视委员会"和"联合国经社文权利委员会"的委员。中国参加了1993年在维也纳召开的世界人权大会及其筹备工作。在世界人权大会上，中国积极阐明自己的原则立场，努力促成了《维也纳宣言和行动纲领》的顺利通过；在亚洲区的筹备会上，中国为最终达成《曼谷宣言》作出了积极的努力。1995年9月，中国成功地承办了联合国第四届妇女大会。2006年5月9日，在联大举行的人权理事会理事国选举中，中国以146票当选为首批理事国。

（二）参与国际人权法律文件的起草和制定

中国还积极参与了联合国系统内国际人权法律文书的起草和制定工作。自1981年起，中国多次派代表参加了国际人权法律文书的起草工作组。这些国际人权法律文书包括：《发展权宣言》、《儿童权利公约》及其任择议定书、《保护所有迁徙工人及其家庭成员权利国际公约》、《禁止酷刑和其他残忍、不人道或有辱人格的待遇或处罚公约》及其任择议定书、《关于个人、群体和社会机构在促进和保护普遍公认的人权和

---

① 参见国务院新闻办公室编：《中国的人权状况》，中央文献出版社1991年版，第66页。

基本自由方面的权利和义务宣言》和《在民族、族裔、宗教和语言上属于少数群体的人的权利宣言》等。在工作会议上,中国提出的意见和修正案受到了各方面的重视。2004年,中国政府派团参加了联合国《关于保护所有人不遭受强迫失踪的具有法律拘束力的规范性文书》《残疾人权利公约》等国际法律文件的起草工作。

二、中国积极参加国际人权条约

(一) 中国参加国际人权核心公约

中国已经签署、批准并加入了包括《经济、社会和文化权利国际公约》在内的国际人权公约。中国已经参加的国际人权核心公约有:

1981年12月19日,加入《消除对妇女一切形式歧视公约》;1981年12月29日,加入《消除一切形式种族歧视公约》;1983年4月18日,加入《防止及惩治灭绝种族罪公约》;1983年4月18日,加入《禁止并惩治种族隔离罪行国际公约》;1986年12月12日,签署《禁止酷刑和其他残忍、不人道或有辱人格的待遇或处罚公约》(1988年10月4日批准);1990年8月29日,签署《儿童权利公约》(1992年1月31日批准);1997年10月27日,签署《经济、社会和文化权利国际公约》(2001年3月27日批准);1998年10月5日,签署《公民权利和政治权利国际公约》(待批准)。

(二) 中国提交缔约国定期报告

中国政府一贯重视国际人权公约和法律文书在促进和保护人权领域的重要作用,认为国际人权公约中规定的缔约国报告和审议制度,有助于国际社会了解各缔约国的履约情况,也有助于人权法律文书的有效执行。① 至2004年6月,按照有关人权公约规定的实施机制,中国作为有关人权公约的缔约国,积极提交履约报告(缔约国定期报告)。对《经济、社会和文化权利国际公约》,中国政府于2003年6月27日在日内瓦向联合国提交了首次缔约国报告;对《消除对妇女一切形式歧视公约》,中国提交了四次履约报告并接受了审议;对《消除一切形式种族歧视公约》,中国提交了五次履约报告并接受了审议;对《禁止酷刑和其他残忍、不人道或有辱人格的待遇或处罚公约》,中国提交了三次履约报告并接受了审议;中国还就《儿童权利公约》提交了两次履约报告。②

三、中国尊重和保障人权的进展

(一) 中国发表人权白皮书

自1991年11月发表第一个人权白皮书——《中国的人权状况》起,中国政府以国务院新闻办公室的名义发表了一系列有关人权的白皮书,包括:1992年的《中国改

---

① 王铁崖、李兆杰主编:《中国国际法年刊(2000/2001)》,法律出版社2005年版,第622页。
② 参见慕亚平:《国际学原理》,人民法院出版社2005年版,第386页。

造罪犯的状况》《西藏的主权归属和人权状况》和《中国社会福利事业发展报告》；1994年的《中国妇女的状况》《中国知识产权保护状况》；1995年的《中国的计划生育》和《中国人权事业的进展》；1996年的《中国的儿童状况》《中国的环境保护》和《中国的粮食问题》；1997年的《1996年中国人权事业的进展》和《中国的宗教信仰自由状况》；1998年的《西藏自治区人权事业的新进展》；1999年的《1998年中国人权事业的进展》和《中国的少数民族政策及其实践》；2000年的《中国人权发展50年》《西藏文化的发展》《中国的禁毒》和《中国二十一世纪人口与发展》；2001年的《2000年中国人权事业的进展》《中国的扶贫开发》和《西藏的现代化发展》；2002年的《中国的劳动和社会保障状况》；2003年的《新疆的历史与发展》；2004年的《2003年中国人权事业的进展》《中国的就业状况和政策》《西藏的民族自治区》和《中国的社会保障状况和政策》等。

另外，我国政府于2007年发布了《中国反对拐卖妇女儿童行动计划（2008—2012年）》，2011年发布了《中国妇女发展纲要（2011—2020年）》和《中国儿童发展纲要（2011—2020年）》。

中国政府发表的人权白皮书全面阐述了中国人权的理论和实践，系统地介绍了中国政府和中国人民为促进和保护人权所作的巨大努力及其取得的巨大成就，同时也阐明了中国政府在人权问题上的原则立场。1991年中国人权白皮书指出，人权状况的发展受到各国历史、社会、经济文化等条件的制约，人们对人权的认识也并不一致，在实施人权及对待国际人权公约的态度上也各有不同。中国人民从自己的历史和国情出发，根据长期实践的经验，对人权问题形成了自己的观点，并制定了相应的法律政策。中国人权的特点是具有广泛性、公平性和真实性。充分实现人权是中国社会的崇高目标，是中国人民和政府的长期历史任务。

中国政府坚持人权概念的完整性，认为人权是一个完整的概念，既包括公民权利和政治权利，也包括经济、社会和文化权利；既包括个人权利，也包括集体人权。它们是全面的、不可分割的有机整体。在保护人权的实践中，中国不仅倡导个人的权利，而且特别强调集体人权，对发展中国家而言，首要的任务是实现民族自决权、生存权和发展权。

第一，民族自决权是前提。首先，民族自决权是人权的重要组成部分，构成了国家和人民实现和享有其他各项人权的前提。当一个国家和人民尚未取得独立和解放，当一个主权国家受到外来侵略和占领，或者民族自决权被剥夺时，就谈不上国家的经济发展和繁荣，更谈不上尊重人民的人权和基本自由。其次，根据民族自决原则，各国人民有权按照自己的意愿选择本国的政治和社会制度、经济模式和发展道路，维护国家主权、独立和领土完整。最后，不能借"民族自决权"之名分裂主权国家。实现民族自决权不得被解释为授权或鼓励采取任何行动去全面或局部地侵犯主权和独立国家的领土完整或政治统一。

第二，生存权是首要的人权。1991年11月1日，中国政府发表的《中国的人权状况》白皮书首次正式提出了生存权这一新的人权概念。该白皮书指出："对于一个国家和民族来说,人权首先是人民的生存权,没有生存权,其他一切人权均无从谈起。"该白皮书认为,争取生存权,首先要争得国家的独立权,并在此基础上发展经济,使人民享有基本的生活保障。该白皮书还强调,对广大发展中国家人民来说,最紧迫的人权问题仍然是生存权利及经济、社会和文化发展的权利。

第三,发展权是基础。中国政府认为,在促进和保护人权方面,许多发展中国家面临的最大困难是受到经济发展水平的束缚。不解决发展权问题,就不能全面和充分地实现其他各项人权。① 1991年《中国的人权状况》白皮书指出,没有和平安定的国际环境,没有公正合理的国际经济秩序,就不可能实现普遍的人权。国际社会只有将促进人权同维护世界和平、促进人类发展联系起来,系统地加以推进,才能取得有效的进展。实现发展权需要国际社会和各国的共同努力,国际社会和各国政府均有责任为实现发展权创造适宜的条件,双方应当各自承担自己的责任。在实现发展权方面,国际社会的责任主要有:其一,创造一个和平和安全的国际环境;其二,尊重各国人民自由选择社会制度和发展道路的权利;其三,保障发展中国家平等参与制定国际规则的权利,改变不合理的国际经济和贸易秩序;其四,向发展中国家提供财政和技术援助,减免最不发达国家的债务。在这四个方面,发展中国家需要政治承诺,但更需要实际行动。

此外,中国政府积极倡导人权领域的国际合作,主张各国在平等与尊重的基础上加强交流,以增进理解,求同存异,共同发展。中国反对在人权问题上采用双重标准或将人权问题政治化。中国政府认为,国际人权保护的主旨和活动,应促进国际人权领域的正常合作和各国之间的和谐、相互理解和相互尊重;应该照顾到各种政治、经济、社会制度和不同历史、宗教、文化背景的国家对人权的观点,本着求同存异、互相尊重、增进了解、加强合作的精神来进行。②

(二) 人权行动计划与人权入宪

2009年4月13日,经我国国务院授权,国务院新闻办公室发布了《国家人权行动计划(2009—2010年)》。这是我国第一次制订以人权为主题的国家规划,是一个历史性的突破,堪称我国人权事业发展过程中的里程碑。该行动计划指出,根据我国宪法的基本原则,遵循《宣言》和国际人权条约的基本精神,完善保障人权的各项法律法规,依法、全面、务实推进中国人权事业的发展。

2011年7月14日,国务院新闻办公室公布了《〈国家人权行动计划(2009—2010年)〉评估报告》,对首期人权行动计划的执行情况作了全面评估。该报告认为,计划规定的各项措施得到了有效的实施,预定的各项目标如期实现,各项指标均已完成。

2012年6月11日,我国政府在认真总结首期人权行动计划的基础上,发布了第二个国家人权行动计划,即《国家人权行动计划(2012—2015年)》。该行动计划积极回应社会热点和民众需求,如环境权方面,要求改善大气质量,逐年降低重点区域可

---

① 参见王铁崖、李兆杰主编:《中国国际法年刊(2002/2003)》,法律出版社2006年版,第623页。
② 参见曹建明、周洪钧、王虎华主编:《国际公法学》,法律出版社1998年版,第553—554页。

吸入颗粒物的年平均浓度。到2015年,将细颗粒物(PM2.5)项目检测覆盖到地级以上城市。为了增加行动计划的可操作性和实效性,特别增加了"实施和监督"一章,强调尊重和发挥人民群众的主动性、积极性和创造性,发挥社会组织在人权保障中的建设性作用。①

2004年3月14日,我国第十届全国人民代表大会第二次会议通过了新的宪法修正案,将"国家尊重和保障人权"写入宪法。"人权入宪"说明,"尊重和保障人权"成为我国的宪法原则;标志着"尊重和保障人权"已上升为国家战略,成为立党立国之本;也体现了中国共产党和中国政府治国理政的基本理念。② 这是我国人权及其保护的崭新篇章,具有里程碑的意义。

应当指出,虽然中国在促进人权方面取得了显著成就,但是,受历史和发展水平的限制,中国的人权状况还存在着许多不尽如人意的地方。继续保护和促进人权,不断提高全体人民享受人权的水平,仍然是中国人民和政府的一项长期的历史任务。

【本章小结】 人权,是人的生存所必需的、基本的、固有的且不可剥夺的权利。国际人权保护是国际法的重要原则。国际人权法是国际法的一个特殊分支,是国际法体系中的重要组成部分。在国际人权法的渊源中,普遍性人权条约、专门性人权条约和区域性人权条约,已经构成了国际人权条约体系。在这个体系中,《联合国宪章》和国际人权宪章以及专门性人权条约是国际人权法中的核心条约。主权和人权都是国际法的重要原则,尊重国家主权与保护国际人权是一致的,主权和人权的关系是辩证统一的关系。人权及人权保护是联合国的目的和宗旨;为了实现此目的和宗旨,联合国及其会员国应遵守国家主权等原则。主权与人权二者之间不存在"主权高于人权"问题,更不存在"人权高于主权"的问题。西方学者提出的所谓"人道主义干涉"理论,实际上是非法的、专横的武力干涉,它违背了国家主权原则、互不干涉内政原则和禁止使用武力或武力威胁的原则。"保护的责任",在强调主权国家对国际社会整体负有保护人权的责任和义务方面,具有合理性和进步性。但是,该理论又试图为"人道主义干涉"提供法律上和道义上的支持,值得质疑。国际人权核心条约,不仅规定了国际人权保护的基本内容,而且规定了具体的国际人权保护监督机构和实施制度,以此监督各国履行其人权保护的义务。国际人权保护的基本内容可分为三大类:一是公民权利和政治权利,二是经济、社会和文化权利,三是民族、发展和环境等集体权利。中国人民和中国政府一贯尊重和支持《联合国宪章》促进和保护人权的宗旨,努力实现人权和基本自由的保护,为国际人权事业作出了积极的贡献。

思考题

1. 简述人权、人权的国际保护和国际人权法的概念。

---

① 参见柳华文:《为了人民生活得更有尊严更加幸福》,载《法制日报》2012年7月20日第7版。
② 同上。

2. 试论国际人权与国家主权的关系。
3. 评述"人道主义干涉"与"保护的责任"之间的异同。
4. 简述《联合国宪章》对国际人权保护的规定。
5. 简述国际人权保护的条约体系和核心公约。
6. 试论国际人权的基本内容及其实施制度。

第十六章
国际刑法

国际刑法的诞生,距今只有一个世纪的历史。国际刑法是国内刑法的国际方面与国际法的刑事方面相结合的产物。国际刑法起源和发展的历史,就是国际社会与国际犯罪作斗争的历史,国际刑法是国际社会与国际犯罪作斗争的有力武器。由于国际法上没有统一的立法机构和司法机构,国际刑法不是由超国家的立法机构制定的,它与国际法一样是国家之间通过协议的方式制定的。国际刑法的适用和执行也没有一个超国家的执法机构来实施,而是由缔约国按照国际条约规定的义务加以遵守和执行的。国际犯罪不断出现新的犯罪行为方式,对国际社会造成了严重危害,同时,国际犯罪也促使国家与国家之间进行司法协助,共同惩罚国际犯罪行为和犯罪人,以维护国际社会的和平与安全。国际刑法以严厉的刑罚方法作为后盾,并且通过直接处以刑罚的强制执行方式得以实现,这是国际刑法特有的功能。历史上的国际军事法庭对战争罪犯的审判,以及当今国际社会建立的国际法庭对反人道罪行的审判,都说明了国际刑法的强制力。然而,面对国际犯罪的新形态,临时性的国际刑事审判机构显然不能应对极其猖獗和残忍的国际犯罪,于是,一个永久性的国际刑事审判机构——国际刑事法院应运而生。它将对国家的刑事管辖权起到补充作用,因而国际犯罪在普遍管辖体系下必将难逃国际刑罚的惩罚。

第一节 国际刑法概述

国际刑法,原本是国际法的一部分。第二次世界大战后,特别是20世纪70年代以来,随着国际刑法规范的增多,一些学者遂把它分离出来,称之为国际刑法。国际刑法的诞生,距今只有一个世纪的历史,自20世纪中叶以后才初具规模。因此,国际刑法能否作为一个独立的法律部门和独立的法律科学,一直存有争议。

1998年7月17日,国际社会在意大利罗马召开的外交大会上通过了建立国际刑事法院的《国际刑事法院规约》,这是国际刑法史上的一个里程碑。它标志着国际刑法作为一个独立的法律体系和一门独立的学科已经形成。然而,国际刑法是以国际条约作为其法律的渊源,因此,国际刑法的形成和发展始终离不开国际法的范畴。①

一、国际刑法的概念和特征

国际刑法(International Criminal Law),是指国际社会在同国际犯罪的斗争中,各国通过国际条约确立起来的,规定国际犯罪及其刑事责任,调整国家之间刑事司法协助的实体规范和程序规范的总称。② 国际刑法的特征主要表现为:

(一) 国际刑法主要渊源于国际条约

国际刑法是国家之间通过国际条约而确立的国际刑事法律规范。国际刑法并不是由超国家的立法机构制定的,也不是由超国家的执法机构来执行的,而是由缔约国按照条约规定的义务加以遵守和执行。而国内刑法则是由单个主权国家的立法机关制定的,并且由其国内专门的司法机关负责执行。仅仅触犯国内刑法的涉外刑事犯罪,不属于严格意义上的国际刑法的范畴。

(二) 国际刑法是实体法和程序法的结合

国际刑法既包括实体法也包括程序法。在国际刑法条约中,一般都规定了国际犯罪及其构成,也规定了对该犯罪的管辖及其缔约国之间的司法协助。最为典型的国际刑法条约是1998年的《国际刑事法院规约》。

实体法部分,是指国际刑法条约规定的各种国际犯罪及其具体行为和刑事责任。例如,国际刑法上规定危害国际航空安全犯罪的四个国际条约是:1963年《东京公约》、1970年《海牙公约》、1971年《蒙特利尔公约》和1988年《蒙特利尔公约补充议定书》。这些国际条约都详细地规定了空中劫持和其他危害国际航空安全的罪行。

程序法部分,是指国际刑法条约规定的有关国际犯罪的管辖以及国家之间的司法协助。例如,上述公约中规定的对危害国际航空安全罪的普遍性管辖体系和"或引渡或起诉"的司法协助原则。

(三) 国际刑法的执行是通过国家之间的刑事司法协助来实现的

国际刑法具有强制性,其强制力是依靠国家间的刑事司法协助来实现的。国家之间通过刑事司法协助来执行国际刑法,共有两种途径:

其一是直接适用(或直接执行)模式,就是国家与国家之间缔结国际刑法条约,并通过国际刑事法院或法庭对国际犯罪直接定罪量刑。例如,1998年《国际刑事法院规约》第77条明文规定了其所适用的刑罚。又如,1945年设立的欧洲国际军事法庭和1946年设立的远东国际军事法庭,其宪章均规定,对有关被告人可以直接处以死刑或其他刑罚。

---

① 参见王虎华:《我国国际刑法的理论与实践进展》,载《华东政法学院学术文集(2001年卷)》,浙江人民出版社2002年版。
② 参见曹建明、周洪钧、王虎华主编:《国际公法学》,法律出版社1998年版,第561页。

其二是间接适用(或间接执行)模式,就是缔约国将国际条约中规定的国际犯罪及其管辖和处罚转化为国内立法,使其成为国内法上的规定;在实践中,依照其国内法进行起诉、审判和处罚;或者将罪犯引渡给具有管辖权的国家进行起诉、审判和处罚。

(四) 国际刑法的处罚对象是自然人

国家根据国际刑法条约的规定,通过刑事司法协助,对国际犯罪人处以刑罚,包括剥夺自由刑和剥夺生命刑。国际刑法以严厉的刑罚方法作为后盾,并且通过强制执行的方式得以实现。在国际刑法的执行中,国家只是国际法的主体,而不是国际刑事责任的主体,承担国际刑事责任并接受刑罚处罚的是犯有国际罪行的自然人。

二、国际刑法的渊源

国际刑法的渊源,在理论界颇有争论。有人认为,国际条约是国际刑法的唯一渊源。① 也有人认为,国际习惯、司法判例等也是国际刑法的渊源。②

应当指出,国际刑法是国家之间通过缔结国际条约而共同制定的,有关国际犯罪及其刑事责任以及国家之间刑事司法协助的规范。国际刑法并不是由超国家的立法机构制定的,也不是由超国家的执法机构来执行,而是由缔约国按照国际条约规定的义务加以遵守和执行。

"一般法律原则"是国际法的一项重要渊源,而"罪刑法定原则"是世界各大法律体系所共有的原则,作为一般法律原则,"罪刑法定原则"不仅是国内刑法上的一项重要原则,而且也是国际刑法和国际刑事司法必须遵循的原则。国际刑法作为国际性的刑事法律规范,也应当毫无例外地遵守罪刑法定主义原则。据此,国家之间签订的国际刑法条约当属国际刑法的渊源。

(一) 国际刑法条约

国际刑法条约是国家之间缔结的,规定国际犯罪及其构成、刑事责任及其刑罚以及国家之间刑事司法协助的书面协议。国际刑法条约作为国际刑法的渊源,根据其适用的范围和效力来划分,有以下五种类型:

其一,专门性国际刑法条约。这是指1998年7月17日国际社会在罗马缔结的《国际刑事法院规约》,该规约明确规定了几类最严重的国际犯罪及其构成要件和刑事责任及其处罚,还规定了刑事诉讼程序以及国家之间刑事司法协助的义务等等。

其二,特定性国际刑法条约。这是指由许多国家参加的,适用于特定国际犯罪的国际刑法条约。国际刑法中的绝大部分犯罪及其构成要件,均由这类条约规定。此外,这类条约还同时规定了国家之间刑事司法协助的义务。例如,1948年12月9日

---

① 参见张智辉:《国际刑法通论》,中国政法大学出版社1993年版,第23—25页。
② 参见赵永琛:《国际刑法与司法协助》,法律出版社1994年版,第17—28页。

联合国大会通过的《防止及惩治灭绝种族罪公约》规定了灭绝种族罪;1973年11月30日联合国大会通过的《禁止并惩治种族隔离罪行国际公约》规定了种族隔离罪。

其三,区域性国际刑法条约。这是指由一定区域内国家参加的,适用于区域性国际刑事法律关系的国际刑法条约。这类条约侧重于规定区域性国家之间的刑事司法协助,如1957年《欧洲引渡公约》、1959年《欧洲刑事司法协助公约》和1975年《美洲国家间关于委托书的公约》。

其四,双边性国际刑法条约。这是指由两个国家签订的,规定两国之间刑事司法协助或引渡等权利义务的双边条约,如1978年美国与日本签订的《引渡条约》、1993年我国与泰国签署的《中华人民共和国和泰王国引渡条约》。

其五,国际刑法条款。这是指有些国际条约,其整体并非是国际刑法条约,但是,其中有些条款规定了国际犯罪及其处罚,如1982年《联合国海洋法公约》第101条至107条规定的海盗行为及其惩处。这类国际刑法条款,也是国际刑法的渊源。

(二) 国际刑法习惯

国际刑法习惯,是指在国际刑法实践中形成的,为各国公认的具有法律拘束力的不成文的国际刑法规则。例如,对公海上的海盗行为的管辖,最早是通过国际习惯和国家的审判实践予以确认的。

应当指出,国际习惯是国际法的渊源之一,但是,现代国际法上,国际刑法习惯在适用时应当编纂成国际刑法条约。在国际刑法上,对国际犯罪定罪量刑,从未援用过国际习惯法规则。国际刑法的执行,都是在国际刑法条约明确规定的前提下,通过国家承担国际义务来实现的。国际刑法习惯只有在编纂为国际刑法条约的情况下才能被用来对国际犯罪定罪量刑。上述对公海上海盗行为的管辖规则,不仅在1958年的《公海公约》中作了明确规定,而且在1982年的《联合国海洋法公约》中规定得更为详细。

(三) 国际刑法判例

国际刑法判例,是指国际刑事法庭对国际犯罪所作出的判决。应当指出,国际刑事法庭的审判所依据的仍然是国际条约,或者是具有条约性质的法庭规约,其判决是在条约或法庭规约所规定的范围内作出的,仅对本案有拘束力。国际刑事法庭的职权只是适用条约的规定,而不是创立和规定国际刑法,其判决不能成为国际刑法的渊源。

1945年欧洲国际军事法庭和1946年远东国际军事法庭的建立及其审判,确立了反和平罪、战争罪和反人道罪作为国际刑法上的犯罪。但是,应当指出,这些罪名仅适用于特定历史背景下对特殊案件的审判,以后对这些罪名的适用仍需要有关国家的协议。上述国际军事法庭的审判确立的许多原则,并非因为判例本身的作用,而是由联合国决议及有关的条约加以确立的。可见,国际刑事司法判例也仅仅是用来确定和说明国际刑法规范的辅助资料。它的适用仅限于本案,而不能用来作为审判其他案件的依据。

三、国际刑法的历史发展

美国国际刑法学家巴西奥尼[①]认为,国际刑法是国内刑法的国际方面与国际法的刑事方面相结合的产物,要追溯国际刑法的起源和发展必须从这两个方面入手。所谓国内刑法的国际方面,是从各国通过国际努力来实施国内刑法的实践中产生的。这主要是因为个人违反国家内部的法律秩序而产生的各国之间的关系问题。因此,国内刑法的国际方面基本上属于国家间合作的性质,更多地表现为程序问题而非实体问题。例如,国际罪犯的引渡就是其表现形式之一。而国际法的刑事方面,作为国际刑法的另一个方面,是指用国际条约规定的方式将某种行为认定为犯罪。这是国际刑法的实体部分。

(一) 国内刑事立法与国际刑法的形成和发展

国内刑法中的涉外规范对于国际刑法的形成和发展起着重要作用。它是各国通过国际努力在实施国内刑法的实践中产生的。这部分规范基本上属于国家间的刑事司法协助,更多地体现为程序问题。

首先,国际刑法条约渊源于世界各国的一般法律原则。综观国际刑法条约的规定,国际刑法条约中的绝大部分概念和术语均源于国内刑法。国际刑法中规定的国际犯罪及其构成、刑事责任及其惩罚等一系列制度,也都参考和吸纳了国内刑法上的规定。国际刑法在形成和发展中的这一特色使国际刑法条约的规定更加明确,同时也有利于各国履行国际刑法条约。

其次,国际刑法条约所规定的犯罪及其惩罚,其绝大部分须依靠国内的刑事法律程序来定罪量刑并保证执行。具体表现为:其一,依照国内刑事诉讼程序起诉国际犯罪并且定罪量刑;其二,依照国内引渡法规定引渡国际罪犯;其三,依照国内刑法的规定选择并决定刑种和刑期;其四,在接受外国法院委托的情况下,依国内法程序进行调查、取证,对外国刑事判决承认和执行,等等。

最后,随着国际刑法实践的深入,各国国内刑事法也在不断地增加和补充新的内容。具体表现为:其一,在管辖上,各国刑法不仅规定了属地管辖和属人管辖原则,还规定了保护性管辖和普遍性管辖原则,使国际犯罪难以逃脱;其二,在实体上,各国为了履行国际刑法条约的义务,纷纷将国际犯罪规定为其国内法上的犯罪。

(二) 国际法刑事方面的规范与国际刑法的形成和发展

其一,战争与武装冲突规则的形成与发展。有关战争犯罪的规定是国际刑法中最为发达的部分。自国家产生以来,国家间不断发生的战争与武装冲突,强化着国际社会对于调整战争与武装冲突规则的需要,由此促进了战争与武装冲突法规的形成

[①] M. Cherif Bassiouni, International Criminal Law: A Draft International Criminal Code, Sijthoff & Noordhoff, 1980, pp. 2—4.

与发展。而战争与武装冲突法规的出现,必然要求运用包括刑罚在内的制裁手段来惩罚战争犯罪,以保证战争与武装冲突法得以遵守。国际刑法就是首先从调整战争与武装冲突的过程中形成和发展起来的。

其二,国际刑事诉讼制度的形成和发展。国际刑事诉讼主要是指对战争罪犯的起诉和审判。1945 年欧洲国际军事法庭在纽伦堡对德国战争罪犯的审判实践、1946 年远东国际军事法庭在东京对日本战争罪犯的审判实践,对于国际刑事诉讼制度的形成和发展起了重要作用,形成了一系列国际刑事诉讼制度和原则。例如,违反国际法的犯罪行为人承担个人责任并受惩罚;不违反所在国的国内法不能作为免除国际法责任的理由;被告的地位不能作为免除国际法责任的理由;政府或上级命令不能作为免除国际法责任的理由;被控有违反国际法罪行的人有权得到公平审判;不适用国内刑法上"法无明文规定不为罪"原则和"不溯及既往"原则;对战争犯罪适用"或引渡或起诉"原则,等等。

第二节　国际犯罪及其刑事责任

一、国际犯罪的概念和特征

国际犯罪(International Crimes),是指危害国际社会,触犯了国际刑法规范并应当追究刑事责任的行为。国际犯罪具有如下特征:

(一) 危害国际社会

国际危害性是国际犯罪的本质特征。国际犯罪是对国际社会秩序的犯罪,而不仅仅是对某个国家及其公民的犯罪,其危害具有国际性。具体表现为对国际社会和平与安全的严重危害、对人身权利的侵害,以及对其他国际社会公认的共同利益的危害等等。国际犯罪的这种国际危害性决定了它在本质上不同于国内犯罪,从而使世界各国能够超越国内刑法的界限将它公认为国际犯罪,同时也使世界各国能够相互协助以执行国际刑法。相反,不具有国际危害性的行为,就不可能被世界各国公认为犯罪,也不可能构成国际犯罪。

(二) 触犯国际刑法规范

国际犯罪的违法性是国际危害性在国际刑法上的体现。国际犯罪必须触犯了国际刑法条约或条款,这是国际犯罪区别于国内犯罪的外部特征。有许多刑事犯罪,在世界各国的国内刑法上均被规定为犯罪,但是在国际刑法条约或条款中并未被规定为国际犯罪,因此其仍然是国内刑法上的犯罪而不是国际犯罪。

(三) 应当追究国际刑事责任

国际犯罪的惩罚性作为国际犯罪的一个特征,体现为任何国际犯罪都应当追究其国际刑事责任并予以惩罚。对国际犯罪的惩罚在国际刑法上有两种方式:一种是直接执行模式,即国家根据国际刑法条约的规定,通过国际刑事法院或法庭直接对国际犯罪定罪量刑;另一种是间接执行模式,即国家根据国际刑法条约的规定将国际犯罪规定为国内法上的犯罪,依其国内法对国际犯罪定罪量刑。

以上三个特征结合起来,完整地说明了国际犯罪的危害性、违法性和应受惩罚性,三者缺一不可。

二、国际犯罪的构成

所谓国际犯罪的构成,是指国际刑法规范确定的,某一具体的国际犯罪所必须具备的客观要件和主观要件的总和。

国际犯罪构成与国际犯罪是两个既有密切联系又有明显区别的不同概念。国际犯罪的概念说明了什么是国际犯罪;而国际犯罪构成则是在国际犯罪概念的基础上,考察每一具体的国际危害行为在客观方面和主观方面是否具备了国际犯罪的构成要件,它说明了国际犯罪应当具备哪些要件才能成立。国际犯罪构成是国际犯罪概念的具体化。国际犯罪有四个方面的构成要件。

(一) 国际犯罪的客体

国际犯罪的客体,是指国际社会共同保护的而被国际犯罪行为侵害的国际社会的根本利益。综合所有的国际犯罪加以比较和分类,可以归纳出每一类国际犯罪的同类客体:第一类,破坏人类和平与安全的犯罪;第二类,危害国际社会秩序与安全的犯罪;第三类,危害人类生存与健康的犯罪。就具体的国际犯罪而言,每项犯罪都有其侵害的直接客体。

(二) 国际犯罪的客观方面

国际犯罪的客观方面,是指国际犯罪的行为、危害结果以及行为与结果之间的因果关系。

其一,国际犯罪行为,是指表现人的意识和意志,危害国际社会并为国际刑法规范所禁止的作为或不作为。没有犯罪行为就没有国际犯罪,犯罪行为是由国际刑法规范明文确定的。

其二,危害结果,是指国际犯罪行为侵害其直接客体所造成的损害。在特定的国际犯罪中,危害结果的发生是构成该犯罪的必要条件。在这类国际犯罪中,如果没有发生危害结果,就不构成国际犯罪。例如,酷刑罪的危害结果是使被害人在肉体或精神上遭受剧烈的疼痛或痛苦,没有造成他人疼痛或痛苦的,就不构成酷刑罪。

其三,因果关系,是指国际犯罪行为与危害结果之间具有必然的因果联系。在规定有危害结果发生的国际犯罪中,国际犯罪行为与危害结果之间的因果关系是该犯罪构成的必要要件。

(三) 国际犯罪的主体

国际犯罪的主体,是指实施了国际犯罪并依照国际刑法规范应当承担刑事责任的自然人。只有自然人才是国际犯罪的主体。因为只有自然人才能够既是实施国际犯罪的主体,又是承担国际刑事责任的主体。国家是国际法主体,但不是国际犯罪的主体。国家是抽象的实体,其本身没有意识。因代表国家的个人构成国际犯罪的,其个人的行为应归因于国家,据此,国家应当承担国家责任。所谓犯罪组织也不是国际犯罪的主体。犯罪组织如同国家一样,既没有意识又缺乏刑事责任能力,其行为是由该组织的成员策划并实施的。因此,犯罪组织本身并不能构成国际犯罪的主体。

(四) 国际犯罪的主观方面

国际犯罪的主观方面,是指犯罪人对其国际犯罪行为所引起的危害结果所持的心理状态。

国际犯罪的主观方面应当包括故意和过失。综观现有的国际犯罪,其主观方面几乎都是由故意构成,唯有损坏海底电缆、管道罪可以由过失构成。过失构成的国际犯罪,必须由国际刑法条约或条款明确规定。例如,1982年《联合国海洋法公约》第113条规定,每个国家均应制定必要的法律和规章,规定悬挂该国旗帜的船舶或受其管辖的人故意或因重大疏忽而破坏或损害公海海底电缆,致使电报或电话通信停顿或受阻的行为,以及类似的破坏或损害海底管道或高压电缆的行为,均为应予处罚的罪行。

应当指出,国际犯罪的构成,必须同时具备上述四个要件,缺一不可。

三、国际犯罪的分类

根据不同的划分标准,国际犯罪可以有不同的分类方法。常见的分类方法大致有如下几种:

(一) 根据国际犯罪的严重程度分类

根据国际犯罪的严重程度,可以将国际犯罪分为国际犯罪和国际性质犯罪两大类。前者是指性质严重的危害国际和平与安全的战争犯罪,主要指欧洲和远东国际军事法庭确立的战争罪、反人道罪和反和平罪;后者是指除上述国际犯罪以外的其他国际性质的犯罪。[①] 这种分类法主要代表了苏联学者的观点。

在我国,有些学者虽也采用两分法,但是,在分类时主要按照犯罪主体同时结合

---

① 参见[苏联]卡尔佩茨:《国际性质犯罪》,苏联法律出版社1979年版,第48页。

犯罪客体和手段,分为以国家为主体实施的国际犯罪和以个人为主体实施的国际犯罪。相比于上述的分类,这种分类在方法上更具科学性。①

(二) 根据国际犯罪的性质及其同类客体的相似性分类

根据国际犯罪的性质及其同类客体的相似性,日本学者山本草二将国际犯罪分为三类:其一是涉外犯罪,主要是指国内刑法所确认的具有涉外因素的犯罪;其二是国际法上的犯罪,是指违反国际法的犯罪和违反各国公共利益的犯罪;其三是国家的国际犯罪,是指那些因国家违反国际义务而构成的犯罪。②

(三) 根据国际犯罪侵害的客体分类

根据国际犯罪侵害的客体不同,有的学者将国际犯罪分为四类:其一是破坏人类和平罪;其二是危害人类生存与健康罪;其三是破坏国际秩序与安全罪;其四是国际上危害国家其他方面利益的犯罪。③ 有的学者则将国际犯罪分为五类:其一是危害人类和平与安全的犯罪;其二是破坏国际秩序的犯罪;其三是侵犯基本人权的犯罪;其四是危害人类健康的犯罪;其五是危害其他受国际保护利益的犯罪。④

我们认为,对国际犯罪的科学分类,其根据应该是国际犯罪侵害的客体,即国际社会的根本利益。因为,国际犯罪的本质特征是国际危害性,根据国际犯罪的客体来分类,不仅能够揭示国际犯罪的本质特征,而且还能体现国际犯罪的危害程度。根据现有的国际刑法规范,可以将国际犯罪分为如下三大类,共计23项罪名:

第一类,破坏人类和平与安全的犯罪,包括:灭绝种族罪;反人道罪;战争罪;反和平罪(侵略罪);非法使用禁用武器罪;非法获取和使用核材料罪。共计6个罪名。

第二类,危害国际秩序与安全的犯罪,包括:危害国际航空安全的犯罪;海盗罪;危害海上航行安全罪;危害大陆架固定平台安全罪;破坏海底电缆、管道罪;侵害应受国际保护人员罪;破坏国际邮政罪;破坏国家货币罪;盗运国家珍贵文物罪。共计9个罪名。

第三类,危害人类生存与健康的犯罪,包括:种族隔离罪;种族歧视罪;贩卖奴隶罪;劫持人质罪;酷刑罪;国际贩卖人口罪;发行和买卖淫秽出版物罪;毒品罪。共计8个罪名。

以上所列国际犯罪,均由国际刑法条约或条款明文规定。

---

① 参见黄肇炯:《国际刑法概论》,四川大学出版社1992年版,第101页。
② 参见〔日〕山本草二:《国际刑事法》,三省堂1991年版,第1—83页。
③ 参见刘亚平:《国际刑法学》,中国政法大学出版社1992年版,第178—179页。
④ 参见张智辉:《国际刑法通论》,中国政法大学出版社1993年版,第131页。

第三节 国际犯罪的种类

一、破坏人类和平与安全的犯罪

这类国际犯罪的特点是:其侵害的客体是整个人类的和平与安全;其客观方面表现为犯罪行为的规模特别大、影响的范围特别广、对国际社会的危害特别严重;其犯罪的主体往往是以国家及国家机构或某团体和组织的名义实施犯罪;其主观方面是故意并具有政治目的。

(一) 灭绝种族罪

灭绝种族罪,又称灭种罪。根据《国际刑事法院规约》第 6 条的规定,灭绝种族罪是指蓄意全部或局部消灭某一民族、族裔、种族或宗教团体而实施的行为。

灭绝种族罪的行为包括:杀害该团体的成员;致使该团体的成员在身体上或精神上遭受严重伤害;故意使该团体处于某种生活状况下,毁灭其全部或局部的生命;强制施行办法,意图防止该团体内的生育;强迫转移该团体的儿童至另一团体。

此外,根据 1951 年生效的《防止及惩治灭绝种族罪公约》的规定,下列行为也构成灭种罪并应予惩治:灭绝种族;预谋灭绝种族;直接公然煽动灭绝种族;意图灭绝种族;共谋灭绝种族。

(二) 反和平罪

根据 1945 年《欧洲国际军事法庭宪章》第 6 条和 1946 年《远东国际军事法庭宪章》第 5 条的规定,反和平罪是指计划、准备、发动或实施侵略战争,或违反国际条约、协定或诺言的战争,或参与为实现上述任何战争之一种的共同计划或同谋的行为。

第二次世界大战后,在上述两个国际军事法庭的审判中,反和平的国际犯罪第一次作为侵略战争的罪行而受到审判和惩罚。因为反和平罪的构成与侵略战争具有直接的联系,所以有些学者也将它称为侵略罪。1974 年 12 月 14 日,联合国大会通过了《关于侵略定义的决议》,该决议采用确定概念和具体列举的形式对侵略的定义和侵略行为作了详细规定。

(三) 战争罪

根据 1945 年和 1946 年两个国际军事法庭宪章的规定,战争罪是指违反战争法规或惯例,滥杀平民和毁灭非军事设施和建筑的行为。具体是指,为奴役或为其他目的而虐待战俘或海上人员、杀害人质、掠夺公私财产、毁灭城镇或乡村或非基于军事上必要之破坏,但不以此为限。可见,战争罪是在战争与武装冲突中违反战争与武装冲突法规则的行为。① 关于构成战争罪的具体犯罪行为，在1949年日内瓦四公约和日内瓦第一附加议定书中规定得更加详细。②

（四）反人道罪

根据1945年和1946年两个国际军事法庭宪章的规定，反人道罪是指战争发生前或战争进行中杀害、灭种、奴役、借暴力强迫迁居，以及其他不人道行为，或基于政治上或种族上的理由的虐害行为。反人道罪既适用于战争时期，也适用于和平时期。其犯罪对象是任何平民，而不包括对军人实施的行为。③

（五）非法使用禁用武器罪

非法使用禁用武器罪，是指在战争或武装冲突中，非法使用被禁用的武器，或者将核武器、大规模毁灭性武器及进攻性武器放置于被禁止放置武器的地区的行为。④

非法使用禁用武器罪的构成，包括两个方面的行为：其一，非法使用被禁止使用的武器，包括爆炸性和扩散性枪弹、窒息性毒气、化学和细菌武器；其二，非法将核武器、大规模毁灭性武器及进攻性武器放置于被禁止放置武器的地区。

（六）非法获取和使用核材料罪

非法获取和使用核材料罪，是指采用抢劫、盗窃、欺骗以及武力威胁等手段获取核材料，或非法使用核材料引起伤亡或重大财产损害的行为。核材料的开发和利用，可以为人类谋福利，但核材料如用于犯罪，将对人类和平与安全构成巨大的威胁。

1987年生效的《核材料实物保护公约》第7条具体地规定了该罪的行为，并要求缔约国对下述蓄意犯罪行为予以惩处：未经合法授权，收受、拥有、使用、转移、变更、处理或散布核材料，引起或可能引起任何人死亡或重大财产损害；偷窃或抢劫核材料；盗取或以欺骗手段取得核材料；以武力威胁或使用武力或任何其他恐吓手段勒索核材料；威胁使用核材料引起任何人死亡或重伤或重大财产损害，或实施偷窃或抢劫核材料行为以迫使一个自然人或法人、国际组织或国家作或不作某种行为；图谋或参与上述行为。

二、危害国际秩序与安全的犯罪

这类国际犯罪的特点是：其侵犯的客体是国际社会的正常秩序；其客观方面表现

---

① 参见王虎华：《战争罪》，载《刑法学全书（国际刑法）》，上海科学技术文献出版社1993年版，第776页。
② 所谓"日内瓦四公约"，是指1949年8月12日在日内瓦签订的四个保护战争受难者的国际公约。所谓"日内瓦第一附加议定书"，是指《1949年8月12日日内瓦四公约关于保护国际性武装冲突受难者的附加议定书》。
③ 参见王虎华：《反人道罪》，载《刑法学全书（国际刑法）》，上海科学技术文献出版社1993年版，第776页。
④ 参见王虎华：《非法使用禁用武器罪》，载《刑法学全书（国际刑法）》，上海科学技术文献出版社1993年版，第778页。

为恐怖主义的行为,并造成国际社会的重大财产损失和人员伤亡。

(一) 危害国际航空安全的犯罪

国际刑法上规定危害国际航空罪的国际公约主要有四个:1963年9月14日签订的《东京公约》、1970年12月16日签订的《海牙公约》、1971年9月23日签订的《蒙特利尔公约》以及1988年2月24日签订的《蒙特利尔公约补充议定书》。这四个条约并没有对危害国际航空安全的犯罪确定罪名,只是规定了某些行为为犯罪行为,且规定缔约国应当将这些犯罪行为规定为国内法上的犯罪并予以处罚。因此,各国在国内立法时,对于危害国际航空安全犯罪的定罪和分类各不相同,我国学术界的理论观点也莫衷一是。①

危害国际航空安全犯罪是类罪名,其构成特征是:其侵害的客体是国际航空运输的正常秩序;其侵害的对象是民用航空器,具体是指执行国际民用航空运输任务的航空器,而不是供军事、海关或警察用的航空器;其犯罪主体为一般主体;其主观方面必须是故意,过失不能构成本罪。

根据公约所规定的犯罪行为进行分类并确定如下罪名:其一,根据《东京公约》和《海牙公约》规定的犯罪行为,将该罪名确定为劫持航空器罪或劫机罪;其二,根据《蒙特利尔公约》规定的犯罪行为,将该罪名确定为危害国际民用航空器飞行安全罪;其三,根据《蒙特利尔公约补充议定书》规定的犯罪行为,将该罪名确定为破坏国际航空机场安全罪。

1. 劫持航空器罪及其构成。本罪的直接客体是飞行中的航空器的安全,犯罪对象是正在飞行中的航空器。其客观方面表现为:使用武力或武力威胁,非法干预、劫持或以其他不正当方式控制飞行中的航空器,或将采取此类行为;以武力或武力威胁,或者以任何其他精神胁迫方式,非法劫持或控制该航空器,或者从事这类行为的任何未遂行为。

2. 危害航空器飞行安全罪及其构成。本罪的直接客体是飞行中的航空器和正在使用中的航空器的安全。其犯罪对象:一是正在飞行中的航空器;二是正在使用中的航空器。"正在使用中"是指航空器从地面人员或机组人员为某一次飞行而进行航空器飞行前准备时起,到任何降落后24小时止,该使用期在任何情况下都应延长到航空器飞行中的整个期间。本罪的客观方面表现为:对飞行中航空器上的人实施暴力行为,危害该航空器安全的;破坏使用中的航空器,或者致使航空器损坏,使其无法飞行或危害其飞行安全的;在使用中的航空器上放置或指使别人放置具有破坏该航空器性质的装置或物质,造成其损坏使其无法飞行的,或者具有造成其损坏足以危害其飞行安全的;破坏或损坏航行设施,或扰乱其工作,危害飞行中航空器安全的;传送明知是虚假的消息,危害飞行中航空器安全的。上述行为的共犯包括未遂行为的共犯。

---

① 参见王虎华:《危害国际航空安全犯罪的理论与中国的实践》,载《犯罪研究》2002年第5期。

3. 破坏国际航空机场安全罪及其构成。本罪的直接客体是国际机场上服务的人员、设备及其未使用的航空器的安全。其犯罪对象：一是为国际航空服务的机场上的人员；二是为国际航空服务的机场上的设备；三是为国际航空服务停放在机场上未使用的航空器。

（二）海盗罪

所谓海盗罪，是指私人船舶或私人飞机的船员、机组人员或乘客为了私人目的，在公海上或任何国家管辖范围以外的地方，对另一船舶或飞机，或对另一船舶或飞机上的人或财物的掠夺行为。海盗，作为一项古老的国际犯罪，原属国际习惯法所规制的罪行。1958年4月29日，在日内瓦签署的《公海公约》确认了这一罪行，并具体规定了海盗行为。1982年《联合国海洋法公约》更为详细地规定了海盗行为及其处罚。

（三）危害海上航行安全罪

危害海上航行安全罪，是指非法从事暴力、暴力威胁或其他恐怖活动，危害海上航行安全，破坏海上航行秩序的行为。1988年3月10日，在罗马签订的《制止危及海上航行安全非法行为公约》将本罪规定为一项国际犯罪。

（四）危害大陆架固定平台安全罪

危害大陆架固定平台安全罪，是指以武力或武力威胁等手段夺取或控制大陆架固定平台，及其他毁坏或危害固定平台的行为。1988年3月10日，在罗马签订的《制止危及大陆架固定平台安全非法行为议定书》对其作了详细规定。

（五）破坏海底电缆、管道罪

破坏海底电缆、管道罪，是指故意破坏或因重大疏忽而损坏公海海底的电缆或管道的行为。《联合国海洋法公约》第113条明文规定，这是应予处罚的罪行。

本罪的客观方面表现为两种方式：一是故意破坏或重大疏忽地损坏，致使电报或电话通信停顿或受阻，或供气、供油、供水等管道停顿或受阻；二是虽未发生上述结果，但是可能造成这种破坏或损害的行为。本罪的主观方面，可以由过失构成。过失构成本罪时，其罪名应当是损坏海底电缆、管道罪。

（六）侵害应受国际保护人员罪

侵害应受国际保护人员罪，是指非法地对应受国际保护人员包括外交代表实施暴力或暴力威胁的行为。1973年12月14日，联合国大会通过的《关于防止和惩处侵害应受国际保护人员包括外交代表的罪行的公约》明文规定了这一项国际犯罪。[①]

根据该公约第2条的规定，本罪的构成要件为：其侵害的客体，是国际社会的正常交往秩序与应受国际保护人员包括外交代表的人身安全和人身自由，而其侵害的

[①] 参见王虎华：《侵害应受国际保护人员罪的理论与我国的实践》，载《河南省政法管理干部学院学报》2002年第3期。

对象是应受国际保护人员包括外交代表;其客观方面,表现为实施暴力或暴力威胁以侵害他人的人身安全和自由。

(七) 破坏国际邮政罪

破坏国际邮政罪,是指为了致死或伤害传递邮件或接受邮件者而非法使用邮政的行为。根据1984年7月修订的《万国邮政公约》和《邮政包裹协定》的规定,破坏国际邮政罪的客观方面表现为:利用国际邮政系统或国内邮政系统,邮寄易爆、易燃或危险物品或其他可能危及邮政安全的物品致死或伤害传递邮件或接受邮件者,危及邮政安全;其主观方面的目的在于:致死或伤害传递邮件或接受邮件者,而不考虑受害者为何人。

(八) 破坏国家货币罪

破坏国家货币罪,是指伪造、变造国家货币,或使伪币得以流通,或将伪币引进一个国家,或收取伪币的行为。1929年4月,中、英、意、法、德、美、苏等28国在日内瓦签订了《防止伪造货币公约》。根据该公约第2条的规定,所谓货币,是指纸币(钞票)、金属钱币和法定的通货。

《防止伪造货币公约》第3条规定了破坏国家货币罪的行为方式:伪造或变造货币,不论使用何种方法;用欺骗的方法使伪造货币得以流通;为供流通之用,将明知其为伪造的货币引进一个国家,或者收受或取得明知其为伪造的货币;上述行为的未遂罪和故意参与上述罪行。

(九) 盗运国家珍贵文物罪

盗运国家珍贵文物罪,是指盗运国家珍贵文物进口或出口的行为。1970年11月签订的《关于禁止和防止非法进出口文化财产和非法转让其所有权的方法的公约》规定,所谓文物,是指国家基于宗教的或世俗的理由,明确指定为国家重要文化遗产的一切财物。本罪的行为方式表现为:违背国家的法规,进口、出口文物或转移其所有权;外国直接或间接地强迫被占领国出口或转移文物;进口从一国的博物馆、宗教的或非宗教的公共纪念馆或一个国家的类似机构所偷窃的文物,且该文物被证明属于该馆所有的财产清单之列。

三、危害人类生存与健康的犯罪

这类犯罪的特点是:犯罪的客体是人类的生命权、生存权和健康权,包含了人的基本人权;客观方面的行为绝大部分表现为对基本人权的侵犯,包括侵害人的生命权利、生存权利和健康权利。

(一) 种族隔离罪

1973年11月30日,联合国大会通过的《禁止并惩治种族隔离罪行国际公约》第

1条规定,种族隔离是危害人类的罪行,凡是犯种族隔离罪行的组织、机构或个人均为犯罪。根据公约第2条的规定,所谓种族隔离的罪行,应包括与南非境内所推行的相类似的种族分离和种族歧视的政策和办法,是指为建立和维持一个种族团体对其他任何种族团体的主宰地位,并且有计划地压迫他们而作出的不人道行为。

(二) 种族歧视罪

所谓种族歧视罪,是指对其他种族实施强暴行为,或煽动、帮助种族歧视活动的行为。1966年《消除一切形式种族歧视国际公约》将种族歧视的行为规定为犯罪。该公约规定,种族歧视,是指基于种族、肤色、世系或原属国或民族本源的任何区别、排斥、限制或优惠,其目的或效果在于取消或损害政治、经济、社会、文化或公共生活任何其他方面人权及基本自由在平等地位上的承认、享受或行使。

(三) 贩卖奴隶罪

贩卖奴隶罪,是指通过掳获、取得或处置等行为,使人沦为奴隶,或取得奴隶及买卖奴隶的行为。贩卖奴隶,又称奴隶贸易,即把奴隶当作商品进行买卖、交换。为了废除奴隶制、禁止贩卖奴隶,国际社会曾进行了长期的努力和斗争,制定了一系列禁奴公约,详细地规定了废除奴隶制、禁止贩卖奴隶的行为规范。

(四) 劫持人质罪

1979年,联合国大会通过的《反对劫持人质国际公约》明确规定了劫持人质罪作为一项国际犯罪的概念、行为和管辖。根据公约第1条的规定,所谓劫持人质罪,是指非法劫持或扣押人质,并以杀死、伤害或继续扣押人质相威胁,强迫第三方作或不作某种行为,并以此作为释放人质的条件的行为。劫持人质的同谋或图谋劫持人质者及其同谋,也同样构成本罪。该公约所指的"第三方",是指某个国家、某个国际组织、某个自然人或法人或某一群人。

(五) 酷刑罪

1984年12月10日,联合国大会通过了《禁止酷刑和其他残忍、不人道或有辱人格的待遇或处罚公约》。该公约第1条规定,所谓酷刑,是指为了向某人或第三者取得情报或供状,为了他或者第三者所作或涉嫌的行为对他加以处罚,或为了恐吓或威胁他或第三者,或为了基于任何一种歧视的任何理由,蓄意使某人在肉体或精神上遭受剧烈疼痛或痛苦的任何行为,而这种疼痛或痛苦是由公职人员或以官方身份行使职权的其他人所造成或在其唆使、同意或默许下造成的。纯因法律制裁而引起或者法律制裁所固有或附带的疼痛或痛苦不包括在内。该公约还明确规定,每一缔约国应保证将一切酷刑行为规定为其国内法上的刑事罪行,并根据罪行的严重程度规定适当的惩罚。[①]

---

① 参见周洪钧、王虎华:《"禁止酷刑公约"评述》,载《法学》1989年第3期。

(六) 贩卖妇女、儿童罪

贩卖妇女、儿童罪,是指以营利为目的,贩卖妇女为娼或贩卖儿童的行为。1910年,巴西、法国、中国、英国、德国、意大利等32国在巴黎签订了《禁止贩卖白奴的国际公约》。公约将贩卖妇女为娼规定为一项可以引渡的国际犯罪。1921年,在国际联盟的倡议下,巴西、中国、英国、德国、意大利等28国在日内瓦又签订了一项《禁止贩卖妇女和儿童国际公约》,全面禁止贩卖妇女和儿童。之后,1933年的《禁止贩卖成年妇女国际公约》和1949年联合国大会通过的《禁止贩卖人口及取缔意图营利使人卖淫公约》,进一步加强了与贩卖妇女、儿童犯罪作斗争的立法。

贩卖妇女,表现为以营利为目的,招雇、拐骗、引诱,或暴力、威胁、滥用权利,或以其他强迫手段,迫使未成年女子和成年妇女从事猥亵行为或卖淫行为,以满足他人的情欲。贩卖儿童,表现为以营利为目的,招雇、拐骗、引诱,或暴力、威胁、滥用权利,或以其他强迫手段,买卖儿童的行为。

(七) 发行和买卖淫秽出版物罪

1923年9月12日,在国际联盟的倡议下,法国、中国、英国等37个国家在日内瓦会议上签署了《禁止发行和贩卖淫秽出版物公约》。公约第1条规定了发行和贩卖淫秽出版物罪的行为方式:为了贸易或散发或公开陈列而制造、生产或持有淫秽的著作、绘画、印刷画、印刷品、图画、广告、标志、相片、影片或其他淫秽物品;为了前款所载的目的而输入、运送、输出或者托人输入、运送、输出上述淫秽物品或以各种方式使之流行;将上述淫秽物品进行公开的或私下的交易,或以任何方式进行营业或散发或当众陈列,或者出租;为了帮助淫秽物品便于发行或交易,以广告或任何方式使人知晓某人从事任何上述应受惩罚的行为;或以广告或任何方式使人知晓如何或从何人之处可直接或间接地取得上述淫秽物品。

(八) 毒品罪

毒品罪,是指非法生产、贩卖和持有为国际条约管制的麻醉药品和精神药物的行为。

为国际条约所管制的麻醉药品和精神药物,是指经世界卫生组织认定的具有能够使人成瘾的依药性并能损害中枢神经系统之性能的天然或合成物质及其天然材料,包括:鸦片、海洛因、吗啡及其原植物罂粟;大麻、大麻脂及其原植物大麻植物;可卡因及其原植物古柯植物;以及其他能够使人成瘾的麻醉药品和精神药物。

根据《联合国禁止非法贩运麻醉药品和精神药物公约》第3条的规定,毒品犯罪的行为方式可归纳为以下几种:非法生产毒品,包括非法种植毒品的原材料,非法加工、制造、提炼、配制等等;非法贩卖毒品,包括兜售、分销、出售,以任何条件交付、经纪、发送、运输、进口或出口等等;非法持有毒品,包括非法拥有或购买毒品等等。

第四节 国际刑法的适用

一、国际刑法的执行模式

国际刑法的执行,是通过国家对国际刑法条约或条款的适用来实现的。对国际刑法的适用,实践中有两种执行模式。

(一) 直接执行模式

所谓直接执行模式(The Direct Enforcement Model),就是国家与国家之间缔结国际刑法条约,通过国际刑事法院或法庭对国际犯罪直接定罪量刑。根据国际刑法实践,直接执行模式可分为两种情况:

其一是永久性的直接执行模式。例如,1998年《国际刑事法院规约》第77条明文规定了其所适用的刑罚并予以执行。

其二是临时性的直接执行模式。例如,1945年欧洲国际军事法庭及其审判,1946年远东国际军事法庭及其审判;1993年6月和1994年11月,联合国安理会通过决议分别设立的前南国际法庭和卢旺达国际法庭。以上法庭可对有关被告人直接处以刑罚,但其于审判结束后即完成历史使命,不复存在。因此,这是对具体案件适用国际刑法的临时性的直接执行模式。

(二) 间接执行模式

所谓间接执行模式(The Indirect Enforcement Model),是指缔约国将国际条约或条款中规定的国际犯罪转化为国内立法,成为国内刑法上的犯罪,并依照其国内法进行起诉、审判和处罚,或者将罪犯引渡给具有管辖权的国家进行起诉、审判和处罚。

间接执行模式的基本要求是国际刑法在国内的适用以及国家之间进行司法协助,其实质内容是"或引渡或起诉"的原则。目前,国际刑法条约均明确规定了这一原则。缔约国之间,无论是否订有双边的引渡条约,根据"或引渡或起诉"原则,只要在其领土内发现国际犯罪人,如不予引渡,则不论该罪行是否发生在其领土内,必须毫无例外地将案件提交给主管当局进行起诉、审判和惩罚。

二、国际刑事司法协助

国际刑事司法协助(International Penal Judicial Assistance),是指国家之间为了追诉和惩罚国际犯罪,根据国际刑法条约的规定,进行相互协作和帮助的行为。国际刑事司法协助的形式包括四个方面:其一,引渡;其二,狭义的刑事司法协助,包括文书送达、调查取证和交换情报等;其三,刑事诉讼移管;其四,外国刑事判决的承认和执行。

(一) 引渡

引渡(Extradition),是指一国将处在该国境内而被他国追捕、通缉或判刑的人,根据他国的请求,移交给他国审判或处罚的行为。

1. 引渡的特点

其一,引渡的主体是国家,引渡是请求国和被请求国之间为了追捕和处罚逃亡罪犯而进行协助的行为,其主体只能是国家,具体指请求国和被请求国。由请求国指控为犯罪或判刑的人则是引渡的对象。其二,引渡是国家的主权行为,是国家主权范围内的事项,国家有权决定是否给予引渡或引渡给哪个请求国。其三,引渡的犯罪必须是请求国和被请求国双方法律都认为是犯罪的行为,而且罪犯被引渡回国以后,请求国必须以请求引渡时确定的罪名进行审判和惩处。其四,引渡的程序一般通过外交途径解决。

2. 引渡的法律依据

首先,根据国际条约进行引渡。国际条约中规定有"或引渡或起诉"原则的情况下,当事国可以此作为引渡的依据。例如,1970年《海牙公约》规定的"或引渡或起诉"原则。各缔约国间如签订有引渡条约的,则应把国际条约所规定的罪行列入引渡条约,并作为应该引渡的罪行;如果没有引渡条约,在决定引渡时,可将国际条约视为引渡的法律依据。另外,区域性引渡条约和双边引渡条约都是缔约国引渡犯罪的依据。其次,根据互惠原则进行引渡。当国家之间没有引渡条约时,甲国在同意将某特定罪犯引渡给乙国时,可要求乙国保证将来甲国也可向乙国请求引渡同类的罪犯。例如,1989年12月16日,我国公民张振海劫持了一架中国国际航空公司的民航班机逃亡日本,在我国作出同样的引渡承诺后,按照互惠原则,我国才于1990年4月28日将张振海引渡回国。最后,根据国际礼让进行引渡。国家既没有引渡条约,又无法按互惠原则进行引渡时,只能根据国际礼让引渡罪犯。例如,美国从埃及引渡刺杀林肯总统的凶手。

3. 政治犯不引渡原则

政治犯不引渡原则(Principle of Non-extradition of Political Offenders),是一项古老的国际法原则,在许多国际条约中均有明确规定。例如,1979年《反对劫持人质国际公约》第9条规定,如果提出引渡要求的目的在于某一人的种族、宗教、国籍、民族根源或政治见解而予以起诉或处罚,则引渡请求不得予以同意。关于政治犯的认定,国际社会没有统一的标准。根据有关国际条约的规定和国内立法实践,一般将政治犯分为纯粹政治犯和相对政治犯。前者是指以国家为对象,直接危害国家的存在以及安全的犯罪;后者是指某种普通犯罪因涉及政治因素,而将整个犯罪视为政治犯罪。被引渡的罪犯,其罪行是否属于政治犯,决定权属于被请求国。

应当指出,许多国际刑法条约在规定对某一国际犯罪的管辖时,都明确规定,缔约国之间进行引渡时,不得将该犯罪视为政治罪行或与政治罪行有关的罪行或出于政治动机的罪行。例如,1948年的《防止及惩治灭绝种族罪公约》规定的灭种罪,1973年的《禁止并惩治种族隔离罪行国际公约》规定的种族隔离罪等,均不适用政治犯不引渡原则。对于危害国际航空安全的犯罪,显然也是排除适用该原则的。1970年《海牙公约》和1971年《蒙特利尔公约》均在第7条规定,凡在其境内发现所称案犯的缔约国,如不将他引渡,则必须毫无例外地为起诉目的,将案件送交其主管当局。该当局应按本国法中任何严重性质的普通犯罪的同样方式作出决定。可见,公约特别注明应当按"普通犯罪"作出决定,就是将危害国际航空安全的犯罪人排除在"政治犯"之外,当然也就不能适用"政治犯不引渡原则"。

行刺条款(Assassination Clause),又称"暗杀条款",渊源于1854年法国向比利时请求引渡被控企图在铁路线上设置爆炸物谋杀拿破仑三世的犯罪人。当时,比利时因其引渡法禁止引渡政治犯而只能拒绝法国的引渡请求。为此,比利时于1856年修改引渡法,从而明确规定,行刺外国元首或其家属的罪行,不得视为政治犯。这一规定被称为行刺条款,或称暗杀条款。之后,这一条款为许多国家所接受。1957年《欧洲引渡条约》就对此作了明文规定,而1973年联合国大会通过的《关于防止和惩处侵害应受国际保护人员包括外交代表的罪行的公约》不仅确认了行刺条款,还进一步扩大了其保护的范围。[①]

(二)狭义的刑事司法协助

所谓狭义的刑事司法协助,主要是指文书送达、调查取证和交换情报等。这一类司法协助有三个层次:

其一,现有的国际刑法条约规定的缔约国之间的刑事司法协助。例如,《国际刑事法院规约》第九编专门详细地规定了缔约国之间的国际合作和司法协助。又如,《联合国禁止非法贩运麻醉药品和精神药物公约》第7条规定了缔约国之间的相互法律协助,其中包括:获取证据或个人证词;送达司法文件;提供情报和证物等等。

其二,区域性的国际刑法条约规定的缔约国之间的刑事司法协助。例如,1959年4月,在欧洲理事会主持下签订的《在刑事案件中互相协助的欧洲公约》规定了司法协助的三种形式:一是在另一缔约国送达司法文件;二是在另一缔约国搜集证据,特别是传唤证人和鉴定人;三是在另一缔约国的法院进行刑事诉讼。

其三,双边条约中规定的缔约国之间的刑事司法协助。例如,1987年《中华人民共和国和波兰人民共和国关于民事和刑事司法协助的协定》,其第四章规定了刑事方面的送达文书和调查取证,第五章第26条规定了交流法律情报。

(三)刑事诉讼移管

刑事诉讼移管(Transfer Jurisdiction of Criminal Procedure),全称为刑事诉讼移转

[①] 王虎华:《侵害应受国际保护人员罪的理论与我国的实践》,载《河南省政法管理干部学院学报》2002年第3期。

管辖,是指当请求国与被请求国的法律都规定应受惩罚的罪行发生时,请求国委托被请求国对该罪行进行刑事诉讼管辖的程序。

1972年欧洲共同体签订了一项《欧洲刑事诉讼移转管辖公约》,标志着这种新的刑事司法协助形式的诞生。该公约规定,刑事诉讼移转管辖必须具备以下一项或一项以上的条件:其一,被请求国正在或将要对该被告人判处有期徒刑;其二,被请求国正在以同样的罪行或其他罪行对该被告人提起刑事诉讼;其三,有关该犯罪行为的主要证据在被请求国;其四,在被请求国进行刑事诉讼,能够保证被告人出庭;其五,请求国无法执行刑事判决,而被请求国能够执行;其六,在被请求国执行判决,有助于该罪犯重新做人。

刑事诉讼移转管辖,实际上是请求国将刑事诉讼的管辖权移转给被请求国。其一,对请求国而言,请求国一旦将刑事诉讼的管辖权移转给被请求国,就应当尊重被请求国的司法独立,遵循"一事不再理"原则,不得对该罪行和被告人重复行使刑事管辖,同时,还应当提供必要的司法协助,将相关的证据材料移转给被请求国。但是,当被请求国无法接受或拒绝接受移转管辖的委托时,请求国应当恢复行使追诉权和执行判决的权利。其二,对于被请求国来讲,被请求国有权决定是否接受移转管辖的委托,有权撤销已经接受的委托。一旦接受委托则享有司法独立权,并适用本国法律审判案件,同时有权决定并采取一系列的强制措施。但是,被请求国在接受委托进行刑事诉讼移转管辖时,应保证司法公正并及时向请求国通报结果。

(四) 外国刑事判决的承认和执行

外国刑事判决的承认和执行(Recognition and Enforcement of Foreign Penal Judgements),源于1970年在欧洲理事会主持下签订的一项《关于刑事判决的国际效力的欧洲公约》。该公约规定,在符合公约规定的条件下,各缔约国之间,根据一个缔约国的请求,应承认和执行另一缔约国的终审刑事判决;对外国刑事判决的承认所指的判决范围包括:有关剥夺自由的制裁、罚金和没收财产以及取消资格的刑罚。

对外国刑事判决执行的前提是被制裁人的犯罪行为在请求国和被请求国都是应受惩罚的犯罪行为。《关于刑事判决的国际效力的欧洲公约》规定,一个缔约国要求另一缔约国执行它的终审刑事判决,必须具备以下一项或一项以上的条件:该罪犯是被请求国的常住居民;在被请求国执行判决,有助于该罪犯重新做人;在一个需要判决剥夺自由的案件中,其罪犯正在或将要在被请求国判处剥夺自由刑;被请求国是罪犯的本国,并愿意为执行判决而承担责任;即使依靠引渡,判决也无法在请求国执行,但却能够在被请求国执行。公约还规定了被请求国拒绝执行请求国的终审刑事判决的12项条件。

三、国际刑事管辖

国际刑事管辖(International Criminal Jurisdiction),是国家之间确立的对国际犯罪进行缉捕、起诉、审判和惩处的管辖体系,其目的是保证国际刑法的实施。

刑事管辖权是国家基于国家主权原则而派生的一项基本权利。国家在其主权所及的范围内,通过国内立法确立其刑事管辖权。国内刑法上确立的刑事管辖权,是国家对国际犯罪行使管辖权的基础。绝大部分国际犯罪都是在一定国家的领域内发生的,都是由一定国籍(或无国籍)的人实施的。对这类国际犯罪的刑事管辖,可以通过国家的属地管辖权和属人管辖权来实现。但是,国内立法上确立的刑事管辖权都是针对本国刑法中的犯罪而规定的,在对各种国际犯罪行使管辖时,远远不能满足同国际犯罪作斗争的需要。因此,为了保证国际刑法的适用,需要确立一套完整的国际刑事管辖体系。

(一) 属地管辖

属地管辖,又称领土管辖,指凡是发生在一国领土范围内的犯罪,均由该国法律管辖。国家的属地管辖权还及于处于国外的本国的船舶和飞机上。属地管辖权是从国家的领土主权派生出来的,国家对自己领土上的一切人、物、事享有管辖的权利。但是,应当指出,在一国享有外交特权与豁免的人、外国的国家财产以及外国的主权行为免于国家的属地司法管辖。

(二) 属人管辖

属人管辖,又称国籍管辖,是指国家对于具有本国国籍的国民的犯罪拥有刑事管辖权。国际刑法上属人管辖的真正目的,在于解决国家对于在国外犯罪的本国国民的刑事管辖权。在本国领土内行使领土管辖权,不发生属人管辖权问题。国籍是属人管辖权的依据,理论上将属人管辖称为被告人国籍管辖、积极的属人管辖或主动的属人管辖。

(三) 保护性管辖

保护性管辖,又称安全原则,是指国家对于外国人在该国领域外侵害该国国家和公民重大利益的犯罪所行使的刑事管辖权。这种管辖的适用范围一般都是各国刑法公认的犯罪行为。保护性管辖是国家为了保护本国国家和公民的重大利益而设定的一种刑事管辖权,专门针对外国人在外国实施侵犯本国国家和公民利益的犯罪,它是作为属地管辖和属人管辖的一种补充。在理论上,保护性管辖又称为消极的属人管辖或被动的属人管辖。因为它是国家为了保护本国侨民,基于被害人的国籍而设定的一种刑事管辖权。

1929年4月,在日内瓦签订的《防止伪造货币公约》明文确认了这种保护性管辖。公约规定,对于在外国犯罪而在本国发现的外国人,凡国内法承认可以起诉的,对该外国人的罪行,应像在本国领土内所犯那样予以惩罚。

(四) 普遍性管辖

普遍管辖,是指根据国际刑法的规定,各国对于特定的国际犯罪均有权行使的刑事管辖权。普遍管辖的范围是国际刑法条约或条款所规定的国际犯罪。国家依条约的规定承担管辖的权利和义务,而不问犯罪发生的地域和罪犯的国籍以及犯罪是否侵犯了行使管辖权的国家和公民的利益。

普遍管辖的目的是弥补属地管辖、属人管辖和保护性管辖的缺漏。当上述三种管辖无法实现时,可根据普遍管辖来实现对国际犯罪的惩处。例如,在本国领域内发现了国际犯罪人,而该国既不是犯罪地国,也不是犯罪人和被害人的国籍国。在此情况下,该国对犯罪人既不能行使属地管辖权,也不能行使属人管辖权和保护性管辖权,但可以行使普遍管辖权。

从各国国内刑事立法的实践看,属地管辖对于国内刑法中规定的犯罪一般都具有普遍适用的效力,属人管辖和保护性管辖一般具有选择适用的效力,而普遍管辖则具有补充适用的效力。可从国际刑法的适用看,普遍管辖则具有更高和更普遍的效力。首先,国际刑法的实现,有赖于普遍管辖权的确立。国际犯罪在普遍管辖体系下很难逃脱刑罚的惩罚。其次,普遍管辖实际上包容了其他种类的管辖。针对国际犯罪而言,属地管辖、属人管辖和保护性管辖,根据其管辖范围,均无法确立国际刑法对国际犯罪的普遍适用效力。唯有普遍管辖,基于它的管辖范围和特点,既可以包括属地管辖的场合,也可以包括属人管辖的场合,还可以包括保护性管辖的场合,以及上述三种管辖都无法实现的场合。因此,普遍管辖一方面不排除、不妨碍国家按照国家主权原则对国际犯罪所行使的刑事管辖权,另一方面又可以包容属地管辖、属人管辖和保护性管辖适用于国际犯罪时的各种情形,从而保障了国际刑法对国际犯罪的普遍适用效力,使国际犯罪无法逃脱刑事制裁。

第五节 国际刑事法院

1998年7月17日,国际社会在意大利罗马召开外交大会,包括中国在内的162个国家和一些国际组织、非政府组织的代表参加了这次会议。与会代表对建立国际刑事法院的《国际刑事法院规约》进行了表决,120个国家投了赞成票,21个国家弃权,中国、美国、以色列和菲律宾等7个国家投了反对票。①《国际刑事法院规约》以绝对的优势票数获得了通过。2002年4月11日,包括保加利亚、罗马尼亚、柬埔寨、玻利维亚在内的9个国家向联合国递交了《国际刑事法院规约》的批准书,共同成为该规约的第60个批准国。② 2002年7月1日,《国际刑事法院规约》正式生效。2003年2月4日至7日,缔约国大会在联合国总部举行法官选举,经过33轮投票,选出了

---

① 参见王虎华:《我国国际刑法的理论与实践进展》,载《华东政法学院学术文集(2001年卷)》,浙江人民出版社2002年版。
② 根据《国际刑事法院规约》第126条的规定,规约在第60份批准书、接受书、核准书或加入书交存联合国秘书长之后60天生效。

18名法官。3月11日,当选的法官在国际法院所在地荷兰海牙,在时任联合国秘书长安南的面前宣誓就职。至此,国际社会期待已久的永久性国际刑事法院终于设立并开始运作。

一、国际刑事法院的特点

国际刑事法院,是各缔约国通过签订《国际刑事法院规约》的方式建立的,由国家选举的独立的法官组成的,审判特定的国际罪行并对国际犯罪处以刑罚的永久性国际刑事审判机构。国际刑事法院具有其自身的特点。

其一,国际刑事法院是国家以协议的方式建立的。具体而言,是国家以签订《国际刑事法院规约》的方式设立的;国际刑事法院的职权是由国家赋予的,它既不是凌驾于主权国家之上的"超国家的"国际司法机构,也不是国家国内法院的上诉法院或者复审法院。

其二,国际刑事法院行使管辖权和审判职能的法律根据是国际法,而不是任何国家的国内法。其应当适用的法律依次为:首先,适用《国际刑事法院规约》《犯罪要件》和法院的《程序和证据规则》;其次,应视情况适用可适用的条约及国际法原则和规则,包括武装冲突法中已确定的原则;最后,无法适用上述法律时,应适用法院从世界各法系的国内法,包括通常对该犯罪行使管辖权的国家的国内法中得出的一般法律原则,但这些原则不得违反《国际刑事法院规约》、国际法和国际公认的规范和标准。另外,法院还可以适用其以前的判决所阐释的法律原则和规则。

其三,国际刑事法院所管辖的犯罪是特定的。国际刑事法院的管辖权仅限于整个国际社会关注的最严重犯罪,包括灭绝种族罪、反人道罪(又称危害人类罪)、战争罪和侵略罪(又称反和平罪)。

其四,国际刑事法院是由主权国家选举出来的独立的法官组成的。国际刑事法院及其法官是独立于任何国家或国家集团的,其立场是中立和公正的。法院的法官并非由国内的立法机关或行政首脑任命。

二、国际刑法的一般原则

1998年《国际刑事法院规约》第三编规定了国际刑法的一般原则。

(一) 法无明文规定不为罪、不处罚

规约规定,只有当某人的有关行为在发生时构成该法院管辖权内的犯罪,该人才根据规约负刑事责任;犯罪定义应予以严格解释,不得类推延伸,含义不明时,对定义作出的解释应有利于被调查、被起诉或被定罪的人。规约还规定,被国际刑事法院定罪的人,只可以依照该规约受处罚。

(二) 对人不溯及既往

规约规定,个人不对该规约生效以前发生的行为负该规约规定的刑事责任;如果在最终判决以前,适用于某一案件的法律发生改变,应当适用对被调查、被起诉或被定罪的人较为有利的法律。

(三) 个人刑事责任

规约规定,国际刑事法院根据规约的规定,对自然人具有管辖权;实施犯罪的个人应依照规约的规定负个人责任,并受到处罚。当然,个人承担刑事责任,并不影响国家依照国际法所负的国家责任。

(四) 对不满18周岁的人不具有管辖权

该规约规定,对于实施被控告犯罪时不满18周岁的人,国际刑事法院不具有管辖权。

(五) 官方身份的无关性

规约规定,规约对任何人的适用应一律平等,不得因官方身份而差别适用。特别是作为国家元首或政府首脑、政府成员或议会议员、选任代表或政府官员的官方身份,在任何情况下都不得免除个人根据规约所负的刑事责任,其本身也不得构成减轻刑罚的理由。根据国内法或国际法可能赋予某人官方身份的豁免或特别程序规则,不妨碍法院对该人行使管辖权。

(六) 指挥官和其他上级的责任

军事指挥官或以军事指挥官身份有效行事的人,在其知道或应当知道其部队正在实施或即将实施国际刑事法院管辖权内的犯罪,或者未对其有效指挥和控制下的部队适当行使控制以防止或制止这些犯罪的实施,则应对这些部队实施的这些犯罪负刑事责任。

(七) 不适用时效

规约规定,对于国际刑事法院管辖权内的犯罪不适用任何时效。

(八) 心理要件是故意和明知

除另有规定外,只有当某人在故意和明知的情况下实施犯罪,该人才对法院管辖权内的犯罪负刑事责任,并应受到处罚。有下列情形之一的,即可认定某人具有故意:就行为而言,该人有意从事该行为;就结果而言,该人有意造成该结果,或者意识到事态的一般发展会产生该结果。"明知"是指意识到存在某种情况,或者意识到事态的一般发展会发生某种结果。

三、国际刑事法院的管辖权

(一) 法院管辖权内的犯罪

国际刑事法院的管辖权仅限于整个国际社会关注的最严重犯罪,包括:灭绝种族罪、反人道罪、战争罪和侵略罪。《国际刑事法院规约》对灭绝种族罪、反人道罪和战争罪作出了详细的定义。对侵略罪的管辖,该规约规定,在界定了侵略罪的定义,以及规定了法院对这一犯罪行使管辖权的条件后,法院即对侵略罪行使管辖权。

(二) 属时管辖权

法院仅对规约生效后实施的犯罪具有管辖权;对于在规约生效后成为缔约国的国家,法院只能对在规约对该国生效后实施的犯罪行使管辖权。

(三) 行使管辖权的先决条件

首先,对于规约所规定犯罪的管辖,要求接受管辖的国家成为规约的缔约国,也即接受了法院对规约所规定犯罪的管辖,如此,法院才能对该国国内的犯罪(规约所规定的犯罪)行使管辖权。

其次,对国家的管辖,接受管辖的国家应当是规约的缔约国,或者虽非缔约国,但按照规约的规定提交声明接受法院管辖权,如此,法院才能对其行使管辖权。这些国家包括:第一,有关作为或不作为在其领土上发生的国家;如果犯罪发生在船舶或飞行器上,该船舶或飞行器的注册国。第二,犯罪被告人的国籍国。

(四) 行使管辖权的条件

法院行使管辖权还需要以下条件之一:其一,缔约国向检察官提交显示犯罪已经发生的情势;其二,安理会根据《联合国宪章》第七章的规定,向检察官提交显示犯罪已经发生的情势;其三,检察官按照规约的规定开始调查一项犯罪。

(五) 法院不受理的案件

其一,对案件具有管辖权的国家正在对该案进行调查或起诉,除非该国不愿意或不能够切实进行调查或起诉;其二,对案件具有管辖权的国家已经对该案进行调查,而且该国已决定不对有关的人进行起诉,除非作出这项决定是由于该国不愿意或不能够切实进行起诉;其三,有关的人已经由于作为控告理由的行为受到审判;其四,案件缺乏严重性,不应由法院采取进一步的行动。

(六) 法院管辖权的质疑

被告人或被传唤出庭的人,对案件具有管辖权的国家,或者需要接受法院管辖权的国家,可以对案件的可受理性提出质疑,或者对法院的管辖权提出质疑。

四、补充性原则

《国际刑事法院规约》序言规定,根据本规约设立的国际刑事法院对国内刑事管辖权起补充作用。规约第 1 条规定,国际刑事法院为常设机构,有权就规约所提到的受到国际关注的最严重犯罪对个人行使管辖权,并对国家刑事管辖权起补充作用。

对于严重违反国际刑法的国际犯罪行为,如果国际刑事法院和国内法院都具有普遍的管辖权,就会产生管辖权的冲突问题。根据该规约第 17 条第 1 款的规定,如果对案件具有管辖权的国家正在对该案件进行调查或起诉,只有该国不愿意或不能够切实进行调查或起诉,国际刑事法院才有管辖权;或者,对案件具有管辖权的国家对案件进行调查后决定不起诉有关人员时,只有这一不起诉决定是由于该国不愿意或不能够切实进行起诉而作出时,国际刑事法院才能受理该案件。

以上规约的规定表明,除非有证据证明国内法院不愿意或者不能够对该案件切实进行调查或起诉,否则,国际刑事法院就不能行使管辖权。国内法院的管辖权处于首要和优先的地位;而国际刑事法院的管辖权则是补充性的。只有在具有管辖权的国内法院放弃行使对案件的管辖权,或者不能够行使管辖权,或者事实上不愿意行使管辖权时,国际刑事法院才能获得该案件的管辖权。

可见,国际刑事法院的管辖权与国内法院的刑事管辖权的关系是,国内法院对于案件具有优先管辖的权利,而国际刑事法院对于案件的管辖权则是补充性的。

国际刑事法院对于案件的补充性管辖特点,被《国际刑事法院规约》规定为一项管辖的原则,故又称之为补充性原则。

第六节　中国国际刑法的理论与实践

一、中国国际刑法的研究概况

(一) 国际刑法学基础理论研究

我国对国际刑法的认识和研究,大致是从 20 世纪 80 年代开始的,或者可以说,是随着巴西奥尼[①]1980 年出版的《国际刑法:国际刑法典草案》[②]一书介绍到中国而开始的。因此,我国学者关于国际刑法的理论和观点,在一定程度上受到了巴西奥尼著作的影响。

---

① 巴西奥尼(M. Cherif. Bassiouni),美国德·保罗大学教授,国际刑法协会主席,国际刑事科学高级研究院院长,国际刑法学家。

② See M. Cherif Bassiouni, International Criminal Law: A Draft International Criminal Code, Sijthoff & Noordhoff, 1980.

在我国，最早的比较完整地介绍国际刑法的著作当属刘亚平于1986年出版的《国际刑法与国际犯罪》一书。该书详细地介绍了巴西奥尼的国际刑法学说、国际刑法学界的争论问题、国际刑法的溯源以及20种国际犯罪，还介绍了国际刑事诉讼的方式，最后还全文附录了由巴西奥尼起草的《国际刑法典草案》。1992年，黄肇炯教授出版了《国际刑法概论》一书。该书将一部国际刑法分为三编：第一编国际刑法导论；第二编国际刑法的实体法规范；第三编国际刑法的程序法规范。该书篇章结构简洁、独特，内容丰富，还专章阐述了国际刑法与我国刑事立法的完善。1993年，张智辉出版了《国际刑法通论》一书，1999年又出版了增补本。该书在介绍国际刑法规范的基础上系统地论述了国际刑法的基本理论，对各类国际犯罪作了全面的阐述，对中国参与国际刑事立法以及中国与外国签订的引渡条约和司法协助条约进行了比较深刻的分析，并提出了有益的立法建议。1993年，余叔通教授参与编撰的《刑法学全书·国际刑法学》比较详细地介绍了国际刑法和国际刑法学的概念，国际刑法学的研究对象，国际刑法的历史发展，国际刑法的原则、基本内容及其争论的问题。1995年，林欣、李琼英出版了《国际刑法新论》，阐述了国际刑法总论、国际犯罪罪名和国际司法协助等问题。2000年，林欣和刘楠来任主编和副主编，出版了《国际刑法问题研究》。该书详细地论述了国际刑法的管辖权；反映了国际刑法的新发展；论述了中国刑法与国际刑法的接轨问题。同年，张旭出版了《国际刑法论要》。2006年，赵秉志、王文华等翻译了巴西奥尼的新著《国际刑法导论》。该著作由巴西奥尼以往关于国际刑法论著的原始文本组成，其著述相当系统和完整。2007年，马呈元出版了《国际刑法论》，详细地论述了国际刑法的基本理论、国际刑法的实施、国际犯罪及其责任。该著作于2013年出版了增订本，增加了国际刑事合作的内容。

（二）国际刑法专题研究

我国对于国际刑法的专题研究已经相当广泛，涉及刑事管辖权、司法协助、国际刑事法院、国际罪行等国际刑法的方方面面。

关于国际刑事管辖权。1988年，林欣出版了《国际法中的刑事管辖权》一书。该书将国际法中的刑事管辖权分为两大类：其一，国际法承认的、根据国内法行使的刑事管辖权，该类管辖权的对象是国内的犯罪行为；其二，根据国际法和国际条约行使的刑事管辖权，该类管辖权的对象是国际犯罪。

关于国际刑事司法协助。1992年，由费宗祎、唐承元主编的《中国司法协助的理论与实践》一书出版。该书第三编专题论述了刑事司法协助的有关理论。1994年，赵永琛出版了《国际刑法与司法协助》一书。该书用很大的篇幅阐述了刑事司法协助问题。1997年，赵永琛出版了《国际刑事司法协助研究》一书。该书根据大量的国际刑事司法协助方面的国际公约、协定和案例，比较研究了各国现行司法协助制度，并积极探索建立和健全我国国际刑事司法协助制度的各种可能性和模式。1998年，司法部司法协助局编撰出版了《中外司法协助条约规则概览》一书。该书在第三编中详细列举了我国签订的双边条约中有关刑事司法协助的规则。1999年，马进保出版了

《国际犯罪与国际刑事司法协助》一书。该书探讨了世界各国之间强化刑事司法合作,共同打击跨越国(边)境犯罪的必要性和可行性;从我国的基本国情出发,指出了我国应当积极参与国际事务,在国际刑事司法协助中发挥更大的作用以及完善立法、健全机制、积极实施等多方面的问题。

关于引渡。1990年,黄风出版了《引渡制度》一书。该书详细地介绍了国际刑法上关于引渡的法律制度和英美等一些国家的引渡立法,提出了建立我国引渡制度的设想。1997年,黄风又出版了《引渡制度》的增订本。该书修正并完善了1990年版本中的理论观点。同年,黄风还出版了《中国引渡制度研究》一书。该书系统地介绍了我国与外国签订的双边引渡条约中的各项规范,以及我国的有关立法在借鉴和采纳国际引渡规则时的基本考虑和谈判背景,并提出了建立我国引渡制度的诸多设想。2006年,黄风又出版了《引渡问题研究》,进一步丰富了其之前关于引渡的理论与实践。2002年,马相哲翻译出版了韩国高级检察官李万熙的著作《引渡与国际法》。该书比较详细地阐述了引渡和司法协助的普遍规则和具体个案,剖析了以日美引渡条约为主的国家间的引渡条约。

关于国际刑事法院。1999年,高燕平出版了《国际刑事法院》一书。该书全面阐述和论证了国际刑事法院的历史发展,建立国际刑事法院的方式和重大意义,国际刑事法院的管辖权,国际刑事法院的组织机构、可适用的法律、诉讼程序和证据,以及国际合作、国际罪行、国际刑事责任和刑罚等各个方面,书中还提出了不少在理论上适当、现实中可行的独特见解。2002年,王秀梅出版了《国际刑事法院研究》一书。该书结合国际刑事法院的审判实践,对国际刑事法院及其规约作了全面的解读。2006年,黄芳翻译出版了加拿大威廉·A.夏巴斯的著作《国际刑事法院导论》第二版。该书从国际刑事法院的创建开始,阐述了国际刑事法院的原则、实体、程序、管辖等各个方面。2009年,朱文奇出版了《国际刑事法院与中国》,详细阐述了国际刑事法院机构本身、国际刑事法院与相关法律问题和法律原则的关系,以及国际刑事法院与中国的关系理论。

其他国际刑法专题研究。1998年1月,中国人民大学国际刑法研究所出版了由高铭暄主编的《刑法国际指导原则研究》一书。该书虽然是一本刑法学著作,但是,书中也有许多关于国际刑法的专题。2001年,该研究所又出版了由高铭暄、赵秉志主编的《当代国际刑法的理论与实践》一书,专题论述了国际刑法学领域的17个课题。值得一提的是,早在1985年,赵维田出版的《论三个反劫机公约》一书,专题论述了危害国际航空安全犯罪,引起了国际刑法学界的广泛关注。2002年,凌岩出版了《跨世纪的海牙审判》,详细阐述了联合国前南斯拉夫国际法庭的建立过程、法庭的组成、诉讼程序及其管辖权。2006年,由赵秉志、卢建平主编的《国际刑法评论》正式发刊。该书刊专门刊登国内外有关国际刑法的学术论文和案例精选,是我国国内国际刑法的重要论坛。

多年以来,我国学术界对国际刑法的教学和研究蓬勃展开,出现了一批高质量的论著。尽管有许多理论观点尚在争论中,但是,随着国际刑事法院的建立,国际刑法已经成为独立的法学学科,我国国际刑法的理论研究和司法实践方兴未艾。

二、中国国际刑法的实践

(一) 参加国际刑法条约的立法实践

中华人民共和国成立以后,特别是我国政府恢复了在联合国的合法代表权以来,我国参加和缔结了许多国际刑法条约以及含有国际刑法规范的条约。

1. 有关战争罪、反人道罪的条约

1952年7月13日,我国承认1949年8月12日签订的日内瓦四公约:《改善战地武装部队伤者病者境遇的日内瓦公约》(简称《日内瓦第一公约》)、《改善海上武装部队伤者病者及遇船难者境遇的日内瓦公约》(简称《日内瓦第二公约》)、《关于战俘待遇的日内瓦公约》(简称《日内瓦第三公约》),以及《关于战时保护平民的日内瓦公约》(简称《日内瓦第四公约》)。

1983年9月2日,我国加入了1949年日内瓦公约两项附加议定书:《1949年8月12日日内瓦四公约关于保护国际性武装冲突受难者的附加议定书》(第一议定书)和《1949年8月12日日内瓦四公约关于保护非国际性武装冲突受难者的附加议定书》(第二议定书)。

1952年7月13日,我国承认《关于禁用毒气或类似毒品及细菌方法作战议定书》。1981年9月14日,我国签署了《禁止或限制使用某些可被认为具有过分伤害力或滥杀滥伤作用的常规武器公约》,同时我国政府还发表了关于签署该公约的声明。

2. 有关非法使用武器罪的条约

1984年9月20日,我国加入了《禁止细菌(生物)及毒素武器的发展、生产及储存以及销毁此类武器的公约》。

1992年,我国加入《不扩散核武器条约》,全面承担了核武器国家所应承担的各项不扩散义务。

1993年1月13日,我国签署了《关于禁止发展、生产、储存和使用化学武器及销毁此种武器的公约》(简称《禁止化学武器公约》)。我国全国人大常委会于1996年12月30日批准了该公约。1997年4月25日,我国政府向联合国交存了批准书,我国成为该公约的原始缔约国。

1996年9月24日,我国作为首批国家之一签署了《全面禁止核试验条约》,并敦促各国应尽早签署和批准该条约。

3. 有关危害国际航空安全犯罪的条约

1978年11月14日,我国加入了《关于在航空器内的犯罪和其他某些行为的公约》(简称《东京公约》)。

1980年9月10日,我国加入了《关于制止非法劫持航空器的公约》(简称《海牙公约》)和《关于制止危害民用航空安全的非法行为的公约》(简称《蒙特利尔公约》)。

1988年2月24日,我国政府签署了《制止在用于国际民用航空的机场发生的非法暴力行为的议定书》(简称1988年《蒙特利尔议定书》)。

4. 有关种族歧视、种族隔离和灭绝种族犯罪的条约

1980年7月17日,我国政府签署了《消除对妇女一切形式歧视公约》,并作了保留。同年9月29日,我国全国人大常委会通过决议,决定批准该公约。

1981年12月29日,我国加入了《消除一切形式种族歧视国际公约》。

1983年4月18日,我国无保留地加入了《禁止并惩治种族隔离罪行国际公约》。

1983年3月5日,我国全国人大常委会决定批准《防止及惩治灭绝种族罪公约》。

5. 有关酷刑罪和侵害应受国际保护人员罪以及劫持人质罪的条约

1986年12月12日,我国政府签署了《禁止酷刑和其他残忍、不人道或有辱人格的待遇或处罚公约》。1988年9月5日,我国全国人大常委会作出决定,批准该公约。

1987年6月23日,我国全国人大常委会作出决定,加入《关于防止和惩处侵害应受国际保护人员包括外交代表的罪行的公约》。

1992年12月28日,我国全国人大常委会决定加入1979年12月17日联合国大会通过的《反对劫持人质国际公约》。

6. 有关毒品犯罪的条约

1985年6月18日,我国加入了《经〈修正1961年麻醉品单一公约的议定书〉修正的1961年麻醉品单一公约》和《1971年精神药物公约》,并分别作了保留。

1988年12月20日,我国签署了《联合国禁止非法贩运麻醉药品和精神药物公约》,并于1989年9月4日正式批准。

7. 有关非法使用邮件罪、非法获取和使用核材料罪的条约

1982年11月25日,我国加入了《万国邮政公约》。1984年7月27日,我国又签署了经万国邮政联盟第十九届代表大会修订的《万国邮政公约》,并于1987年1月22日提交了批准书。

1989年1月10日,我国加入了《核材料实物保护公约》。该公约第7条规定了非法获取和使用核材料罪。1996年3月1日,我国又加入了1994年6月17日签订的《核安全公约》。

8. 有关海盗罪和贩卖奴隶罪的条约

1982年12月10日,我国政府签署了《联合国海洋法公约》。1996年5月15日,我国全国人大常委会作出决定,批准了该公约,同时发表了4点声明。该公约规定了海盗罪和贩卖奴隶罪。

1991年6月29日,我国全国人大常委会决定批准《制止危及海上航行安全非法行为公约》和《制止危及大陆架固定平台安全非法行为议定书》。

9. 其他有关国际犯罪的条约

我国是1921年9月30日签订的《禁止贩卖妇女和儿童国际公约》和1926年9月25日签订的《废除奴隶制及奴隶贩卖之国际公约》的缔约国。

1990年8月29日,我国签署了1989年11月20日由联合国大会通过的《儿童权利公约》。1991年12月29日,我国全国人大常委会决定批准加入该公约。

2005年9月14日,我国签署了2005年4月13日由联合国大会通过的《制止核恐怖主义行为国际公约》。2010年8月28日,我国全国人大常委会决定批准该公约。

2000年12月12日,我国签署了《联合国打击跨国有组织犯罪公约关于预防、禁止和惩治贩运人口特别是妇女和儿童行为的补充议定书》,2009年12月26日,我国全国人大常委会决定批准该公约。

(二) 签订双边刑事司法协助条约

我国《刑事诉讼法》第17条规定,根据中华人民共和国缔结或者参加的国际条约,或者按照互惠原则,我国司法机关和外国司法机关可以相互请求刑事司法协助。自1987年我国与波兰签订了第一个民事和刑事司法协助协定以来,我国已经与二十多个国家签订了民事和刑事司法协助协定或条约,与三十多个国家签订了刑事司法协助条约。

1987年6月5日,我国与波兰签订了关于民事和刑事司法协助的协定,于1988年2月13日生效。这是我国与外国签订的第一个规定国际刑事司法协助的双边条约。之后,我国先后与世界各国签订了民事、商事、刑事司法协助条约,或者签订单独刑事司法协助条约,已经生效的有:

1989年8月31日,我国与蒙古签订了民事和刑事司法协助条约;1991年1月16日,我国与罗马尼亚签订了民事和刑事司法协助条约;1992年6月19日,我国与俄罗斯签订了民事和刑事司法协助条约;1992年9月28日,我国与土耳其签订了民事、商事和刑事司法协助协定;1992年10月31日,我国与乌克兰签订了民事和刑事司法协助条约;1992年11月24日,我国与古巴签订了民事和刑事司法协助协定;1993年1月11日,我国与白俄罗斯签订了民事和刑事司法协助条约;1993年1月14日,我国与哈萨克斯坦签订了民事和刑事司法协助条约;1994年4月21日,我国与埃及签订了民事、商事和刑事司法协助协定;1994年7月29日,我国与加拿大签署了刑事司法协助条约;1994年10月17日,我国与希腊签订了民事和刑事司法协助协定;1995年4月7日,我国与保加利亚签订了刑事司法协助条约;1995年4月26日,我国与塞浦路斯签订了民事、商事和刑事司法协助条约;1996年7月4日,我国与吉尔吉斯斯坦签订了民事和刑事司法协助条约;1996年9月16日,我国与塔吉克斯坦签订了民事和刑事司法协助条约;1997年12月11日,我国与乌兹别克斯坦签订了民事和刑事司法协助条约;1998年10月19日,我国与越南签订了民事和刑事司法协助条约;1998年11月12日,我国与韩国签订了刑事司法协助条约;1999年1月25日,我国与老挝签订了民事和刑事司法协助条约;1999年5月14日,我国与哥伦比亚签订了刑事司法协助条约;1999年11月30日,我国与突尼斯签订了刑事司法协助条约;2000年3月20日,我国与立陶宛签订了民事和刑事司法协助条约;2000年6月19日,我国与美国签订了刑事司法协助条约;2000年7月24日,我国与印度尼西亚签订了刑事司法协助条约;2000年10月16日,我国与菲律宾签订了刑事司法协助条约;2002年6月12日,我国与爱沙尼亚签订了刑事司法协助条约;2003年1月20日,我国与南非签订了刑事司法协助条约;2003年6月21日,我国与泰国签订了刑事司法协助条约;2003年11月19日,我国与朝鲜签订了民事和刑事司法协助条约;2004年4月15日,我国与拉脱维亚签订了刑事司法协助条约;2004年5月24日,我国与巴西签订了刑事司法协助条约;2005年1月24日,我国与墨西哥签订了刑事司法协助条约;2005年1月27日,我国与秘鲁签订了刑事司法协助条约;2005年4月18日,我国与法国签订了刑事司法协助条约;2005年7月21日,我国与西班牙签订了刑事司法协助条约;2005年12月9日,我国与葡萄牙签订了刑事司法协助条约;2006年4月3日,我国与澳大利亚签订了刑事司法协助条约;2006年4月6日,我国与新西兰签订了刑事司法协助条约;2006年5月26日,我国与纳米比亚签订了刑事司法协助条约;2006年11月6日,我国与阿尔及利亚签订了刑事司法协助条约;2007年4月17日,我国与巴基斯坦签订了刑事司法协助条约;2007年12月1日,我国与日本签订了刑事司法协助条约;2008年4月3日,我国与阿拉伯联合酋长国签订了刑事司法协助条约;2008年9月24日,我国与委内瑞拉玻利瓦尔共和国签订了刑事司法协助条约;2009年2月22日,我国与马耳他签订了刑事司法协助条约。

2010年10月7日,我国与意大利签订了刑事司法协助条约,于2011年12月31日经我国全国人大常委会批准;2012年6月25日,我国与阿根廷签订了刑事司法协助条约,于2014年4月24日经我国全国人大常委会批准;2012年12月18日,我国与波斯尼亚和黑塞哥维那签订了刑事司法协助条约,于2014年6月27日经我国全国人大常委会批准。另外,我国还与英国、比利时和斯里兰卡等国家签订了刑事司法协助条约。

(三) 签订双边引渡条约

1993年,我国与泰国签订了第一个双边引渡条约。迄今为止,我国已经与世界上近四十个国家签署了双边引渡条约,已经生效的有:

1993年8月26日,我国签署了《中华人民共和国和泰王国引渡条约》,这是我国签订的第一个引渡条约。1995年6月22日,我国签署了《中华人民共和国和白俄罗斯共和国引渡条约》。1995年6月26日,我国签署了《中华人民共和国和俄罗斯联邦引渡条约》。1996年5月20日,我国签署了《中华人民共和国和保加利亚共和国引渡条约》。1996年7月1日,我国签署了《中华人民共和国和罗马尼亚引渡条约》。1996年7月5日,我国签署了《中华人民共和国和哈萨克斯坦共和国引渡条约》。1997年8月19日,我国签署了《中华人民共和国和蒙古人民共和国引渡条约》。1998年4月27日,我国签署了《中华人民共和国和吉尔吉斯斯坦共和国引渡条约》。1998年12月10日,我国签署了《中华人民共和国和乌克兰引渡条约》。1999年2月9日,我国签署了《中华人民共和国和柬埔寨王国引渡条约》。1999年11月8日,我国签署了《中华人民共和国和乌兹别克斯坦共和国引渡条约》。2000年10月18日,我国签署了《中华人民共和国和大韩民国引渡条约》。2001年10月30日,我国签署了《中华人民共和国和菲律宾共和国引渡条约》。2001年11月5日,我国签署了《中华人民共和国和秘鲁共和国引渡条约》。2001年11月19日,我国签署了《中华人民共和国和突尼斯共和国引渡条约》。2001年12月10日,我国签署了《中华人民共和国和南非共和国引渡条约》。2002年2月4日,我国签署了《中华人民共和国和老挝人民民主共和国引渡条约》。2002年5月13日,我国签署了《中华人民共和国和阿拉伯联合酋长国引渡条约》。2002年6月17日,我国签署了《中华人民共和国和立陶宛共和国引渡条约》。2003年11月3日,我国签署了《中华人民共和国和巴基斯坦引渡条约》。2003年11月6日,我国签署了《中华人民共和国和莱索托引渡条约》。2004年11月12日,我国签署了《中华人民共和国和巴西联邦共和国引渡条约》。2005年3月17日,我国签署了《中华人民共和国和阿塞拜疆共和国引渡条约》。2005年11月14日,我国签署了《中华人民共和国和西班牙王国引渡条约》,这是我国与欧美发达国家之间签署的第一个双边引渡条约。2005年12月19日,我国签署了《中华人民共和国和纳米比亚共和国引渡条约》。2006年6月20日,我国签署了《中华人民共和国和安哥拉共和国引渡条约》。2006年11月6日签署了《中华人民共和国和阿尔及利亚民主人民共和国引渡条约》。2007年1月31日,我国签署了《中华人民共和国和葡萄牙共和国引渡条约》。2007年9月6日,我国签署了《中华人民共和国和澳大利亚引渡条约》。2008年7月11日,我国签署了《中华人民共和国和墨西哥合众国引渡条约》。2009年7月1日,我国签署了《中华人民共和国和印度尼西亚共和国引渡条约》。

另外,我国还与其他一些国家签署了双边引渡条约,并经过全国人大常委会批准。

2007年3月20日,我国签署了《中华人民共和国和法兰西共和国引渡条约》。2010年10月7日,我国签署了《中华人民共和国和意大利共和国引渡条约》。2012年9月10日,我国签署了《中华人民共和国和伊朗伊斯兰共和国引渡条约》。2012年12月20日,我国签署了《中华人民共和国和波斯尼亚和黑塞哥维那引渡条约》。2013年9月27日,我国签署了《中华人民共和国和阿富汗伊斯兰共和国引渡条约》。

此外,我国已经与阿根廷、埃塞俄比亚、塔吉克斯坦等国家签订了双边引渡条约。

三、中国对国际刑事法院的原则立场

1998年7月17日,在意大利罗马召开的外交大会通过了建立国际刑事法院的《国际刑事法院规约》,我国、美国、以色列和菲律宾等7个国家投了反对票。我国政府代表在会上发言时阐述了我国的立场,认为国际刑事法院应充分尊重有关国家的主权、安全等重大利益。[1] 我们认为,这样的法院可以对一个国家的司法系统和国际

---

[1] 参见袁锦林、刘儒庭:《设立国际刑事法院外交会议闭幕》,载《人民日报》1998年7月20日第6版。

刑事合作制度起到补充作用。事实上,我国政府对建立国际刑事法院持非常积极的态度。我国支持建立一个独立、公正、有效并具有普遍性的国际刑事法院。我国曾经积极参加了《国际刑事法院规约》的整个谈判过程,并且为规约的制定作出了重要的贡献。在谈判过程中,我国代表团提出了一些重要的主张,如国际刑事法院所管辖的罪行应该具有特殊性,应当与国家的司法主权密切相关;应该保证法院的独立性和公正性,避免法院成为政治斗争的工具,或者成为干涉一国内政的手段。此外,我国在谈判中还特别强调,规约应该充分体现补充性的原则,即国际刑事法院是对各个国家司法系统的补充,其管辖权应该建立在国家同意的基础之上,在法院的启动机制和调查手段等问题上也应该尽量避免不负责任的滥诉情况;法院的有效性和权威性,还要取决于法院在透明、平等、民主的基础上制定有关的规则以保证国际社会的普遍参与。然而,我国提出的主张并没有在规约中得到应有的反映,因此,我国没有签署《国际刑事法院规约》。具体而言,我国政府对《国际刑事法院规约》的原则立场体现为五个方面。

(一) 我国不能接受规约所规定的国际刑事法院的普遍管辖权

规约规定的这种管辖权不是以国家自愿接受法院管辖为基础的,而是在不经国家同意的情况下对非缔约国的义务作出规定,违背了国家主权原则,不符合《维也纳条约法公约》的规定。

(二) 我国对把国内武装冲突中的战争罪纳入法院的普遍管辖表示保留

首先,法制健全的国家有能力惩处国内武装冲突中的战争罪,在惩治这类犯罪方面比国际刑事法院占有更明显的优势;其次,规约有关国内武装冲突中的战争罪的定义,超出了国际习惯法,甚至超出了日内瓦公约第二附加议定书的规定。鉴于此,我国主张,国家应有权选择是否接受国际刑事法院对这一罪行的管辖。目前,规约的有关规定虽对选择接受管辖作了临时安排,但是,却从原则上否定了这一接受管辖的方式,这将会使许多国家对法院望而却步。

(三) 我国对规约中有关安理会作用的规定持保留意见

侵略罪是一种国家行为,尚没有法律上的定义,为了防止政治上的滥诉,在具体追究个人刑事责任之前由安理会首先判定是否存在侵略行为是必要的,也符合《联合国宪章》第39条的规定,但是,规约没有对此作出明确规定。另外,规约对安理会为履行维持国际和平与安全职能而要求法院中止运作,规定了12个月的期限,这明显不利于安理会履行《联合国宪章》所赋予的职能。

(四) 我国对检察官自行调查权持有保留

规约所规定的检察官自行调查权,不仅赋予个人、非政府组织、各种机构指控国家公务员和军人的权利,同时也使检察官或法院因权力过大而可能成为干涉国家内政的工具。此外,检察官的自行调查权不仅会使法院面临来自于个人或非政府组织过多的指控,无法使其集中人力或物力来对付国际上最严重的犯罪,同时也会使检察官面对大量指控而需不断作出是否调查与起诉的政治决策,以至于不得不置身于政治的漩涡,从而根本无法做到真正的独立与公正。

(五) 我国对反人类罪的定义持保留立场

我国政府认为,根据国际习惯法,反人类罪应发生在战时或与战时有关的非常时期。从目前已有的成文法看,纽伦堡国际军事法庭宪章、前南国际法庭规约均明确规定,此罪适用于战时。但规约在反人类罪定义中删去了战时这一重要标准。此外,在反人类罪具体犯罪行为的列举上,规约也远远超出了国际习惯法和现有成文法的规定,许多列举的行为实际上是人权法的内容。我国认为,国际社会要建立的不是人权法院,而是惩治国际上最严重犯罪的刑事法院,因此,增加人权的内容,背离了建立国际刑事法院的真正目的。[①]

【本章小结】 国际刑法是指国际社会在同国际犯罪的斗争中,各国通过国际条约确立起来的,规定国际犯罪及其刑事责任,调整国家之间刑事司法协助的实体规范和程序规范的总称。国际刑法既包括实体法也包括程序法。国际刑法的执行是通过国家之间的刑事司法协助来完成的。在国际刑法的执行中,国家是国际法的主体,但不是国际刑事责任的主体,承担国际刑事责任并接受刑罚处罚的是自然人。国际刑法的制定,是国家之间签订国际条约的结果,因此,国际刑法的渊源是国际条约。国际犯罪是危害国际社会、触犯了国际刑法规范并应当追究刑事责任的行为;国际犯罪的构成是国际刑法规范所确定的某一具体的国际犯罪所必须具备的客观要件和主观要件的总和;国际犯罪是根据国际犯罪的客体,即国际社会的根本利益进行科学分类的,这不仅能够揭示国际犯罪的本质特征,而且还能够体现国际犯罪的危害程度;国际犯罪的本质特征是危害国际社会。国际刑事司法协助是国家之间为了追诉和惩罚国际犯罪,根据国际刑法条约的规定,进行相互协作和帮助的行为。国际刑事管辖是国家之间确立的对国际犯罪进行缉捕、起诉、审判和惩处的管辖体系,其目的是保证国际刑法的实施。国际刑事管辖权是国家基于国家主权原则而派生的一项基本权利。国际刑事法院是国家以签订《国际刑事法院规约》的方式,由国家选举出来的独立的法官组成的、审判特定的国际罪行并对国际犯罪处以法定刑罚的永久性国际刑事审判机构。我国积极参与国际刑法的立法实践,签订了多个双边国际刑法司法协助条约和引渡条约。

思考题

1. 简述国际刑法的概念、特征和渊源。
2. 简述破坏人类和平与安全的犯罪。

[①] 参见王虎华:《论我国国际刑法的理论与实践进展》,载《华东政法学院学术文集(2001卷)》,浙江人民出版社2002年版。

3. 简述危害国际航空安全的犯罪。
4. 试述国际刑法的执行模式。
5. 试述国际刑法的普遍性管辖权。
6. 简述补充性原则。
7. 简述国际刑事法院的特点。
8. 试述国际刑事法院管辖权的特点。
9. 论述国际刑事法院的补充性原则。

第十七章
国际争端法

国际争端是国际法主体之间,主要是国家之间关于法律上或事实上的主张不一致,或者是政治利益和特定权利上的矛盾对立。国际争端直接影响国家之间、整个地区之间乃至世界范围内的利害关系,甚至会导致战争的发生,因此,如何解决国际争端的问题在国际法上显得特别重要。国际争端的解决要受到国际关系力量对比的制约,同样的争端,在不同的情况下,其解决的方法和结果也可能有所不同;而解决国际争端的方法和程序也是随着历史的发展变化而不断发展变化的。传统国际法上解决国际争端的方法中包含有武力的使用,而武力的使用或武力的威胁是不符合《联合国宪章》的宗旨和原则的。和平解决国际争端是联合国的宗旨和国际法的基本原则。所谓和平解决国际争端原则,是指国家之间在交往和合作过程中,一旦发生争执或纠纷,当事国应当通过和平的政治方法或法律方法加以解决,禁止任何使用武力或武力威胁的方法。国际组织,尤其是联合国具体参与了国际争端的解决并起了积极的作用,而安全理事会是联合国解决国际争端的主要机构,对维护国际和平与安全负有主要责任。区域机关或区域办法在和平解决国际争端方面进行了大量工作,并取得了一定的成效。我国在国际事务中是一个负责任的大国,我国政府历来主张和平解决国际争端。作为联合国的常任理事国,我国为和平解决国际争端作出了巨大的努力和贡献。

第一节　国际争端法概述

一、国际争端的概念和特点

(一) 国际争端的概念

国际争端(International Disputes),是指国际法主体之间,主要是国家之间在法律上或事实上的主张不一致,或者是政治利益和特定权利上的矛盾对立。国际争端是随着国家的产生,在国际关系中形成的。国际争端既可能仅涉及两个国家之间,也可能涉及若干个国家或地区乃至全世界。

(二) 国际争端的特点

国际争端不同于其他任何种类的争端,它具有自身的特点。

其一,国际争端的主体是国际法主体,主要是国家。非国际法主体之间或者国际法主体与非国际法主体之间的争端不属于国际争端的范畴。当然,这种争端往往也会引发国际争端。

其二,国际争端的双方或多方当事者彼此平等。国际关系中不存在超国家的权力机关或裁判者来制定法律或裁判争端。除非矛盾和对立已经发展到非用战争或强制方法不可的程度,否则任何解决争端方法的适用,都必须取得当事者的同意和自愿接受,才具有法律效力,并得以执行。

其三,国际争端的原因复杂。国际社会中的各个国家,不仅大小不一、强弱有别,而且各有自己的民族、历史、宗教和文化习俗,社会性质和社会制度也各不相同,各个国家依据本国主权要求所反映的国家和民族利益也往往不一样,加上近百年来帝国主义侵略和殖民政策造成的后果,使国际争端具有远比其他争端更为复杂的特点。

其四,国际争端可能导致严重后果。国际争端的内容涉及国际法主体间重大的政治利益或根本权利关系,其重要性远非其他争端可比。国际争端直接影响国家之间、整个地区之间乃至世界范围的利害关系,甚至会导致战争的发生。因此,如何解决国际争端这一问题在国际法上显得特别重要,而和平解决国际争端也成了国际法的一项基本原则。

其五,国际争端的解决受到国际关系力量对比的制约。同样的争端,在不同的情况下,其解决的方法和结果也可能有所不同;而解决国际争端的方法和程序也是随着历史的进程而发展变化的。

二、国际争端的种类

传统的国际法将国际争端分为法律性质的争端和政治性质的争端两大类。

(一) 法律性质的争端

所谓法律性质的争端(Legal Disputes),是指争端当事者所提出的要求和论据是以国际法为根据的争端。法律性质的争端也被称为"可裁判的争端"(Justiciable Disputes),即可以通过法律方法解决的争端。

对于法律性质的争端究竟包括哪些方面,国际法并无明确规定,也没有一个国际法文件能全部列举出来。如《国际法院规约》第36条第2款所列的四项争端为法律性质的争端,即条约之解释;国际法之任何问题;任何事实之存在,如经确定即属违反国际义务者;因违反国际义务而应予赔偿之性质及其范围。以上列举的法律性质的争端,虽然在国际法实践中较为重要和常见,但也仅仅是法律性质争端的一部分,并非全部。不管怎样,传统的国际法认为,法律性质的争端是以国际法为依据的有关权利和义务的争端,因而这种争端可以通过裁判得以解决。

(二) 政治性质的争端

所谓政治性质的争端(Political Disputes),是指起因于政治利益的冲突而发生的争端。政治性质的争端,因为涉及国家或民族的政治利益,所以不能用法律的方法来解决,而应当通过外交的方法来解决。因此,政治性质的争端又被称为"不可裁判的争端"(Non-justiciable Disputes)。

(三) 混合型争端

区分国际争端的种类,对于用不同的方法来解决不同性质的争端是有重要意义的。例如,法律性质的争端可以用裁判的方法来解决,而政治性质的争端则需要用外交的方法来解决。但是,在国际关系和国际法实践中,由于国际争端的性质、内容和产生原因错综复杂,因此,法律性质的争端和政治性质的争端也往往相互交错,很难截然分开。例如,国家间的领土争端,可能因为起因于对划界条约解释的分歧,而被归入法律性质的争端;但同时又可能因涉及国家的领土主权和根本利益而被归入政治性质的争端。对于这一类国际争端,在国际法实践中,既有通过裁判解决的,也有通过外交方式解决的。因此,不能以国际争端的最终解决方式来确定争端的性质。例如,20世纪70年代的英法两国大陆架划界争端案,在1977年6月仲裁法庭作出裁决之前,其部分问题已经通过外交谈判得以解决。这一类争端既涉及国家的法律权利,又涉及国家的政治利益;既可以采用法律的解决方法,也可以采用政治的解决方法,还可以采用法律方法和政治方法并用的解决方法。有的学者将这一类争端称为"混合型争端"。①

此外,在国际法实践中,还有一种事实性质的争端。它起因于当事者对某项事实的认识不一致,因而可以采用调查、和解等方式予以解决。例如,1904年的"多格滩事件"(Dogger Bank Incident)。在日俄战争时期,俄国波罗的海舰队在开赴远东途中,于北海多格滩附近发现一支英国渔船队,误认为渔船队中藏有日本的水雷艇而对之炮击,造成英方损失,两国由此发生争端。为此,两国通过协议设立了调查委员会,针对英国渔船队里是否藏有日本水雷艇的事实进行调查。经调查委员会调查,证明俄方判断错误,为此俄国向英国赔偿了损失。

三、解决国际争端的方法

传统的国际法将解决国际争端的方法分为两大类,即强制的方法和非强制的方法(又称和平解决方式)。

(一) 强制方法

所谓强制方法,是指一个国家为了使另一个国家同意它所提出的对争端的解决方法而采取的某些带有强制性的解决措施。这些强制方法一般认为应包括报复、报

---

① 参见曹建明、周洪钧、王虎华主编:《国际公法学》,法律出版社1998年版,第629页。

仇、平时封锁和武装干涉等等。

1. 报复。报复，是指受害国采取同样或类似性质的措施来回应另一国的不礼貌、不公平或不友好的行为，使加害国停止其加害行为或迫使其接受和解，以此求得争端的解决。因此，报复也称为还报或反报。

报复是不使用武力的强制措施。在传统国际法上，报复是解决国际争端的强制方法。一国可能因违背条约义务而遭到报复，也可能并未违背条约义务，而仅是因为对他国实施了不礼貌、不公平或不友好的行为而遭受报复。从国际实践看，报复常常发生于征收过高的进口税，禁止移民入境，对外国侨民实行歧视政策，对外国法院拒绝给予司法协助以及对外交代表或领事官员驱逐出境等情况中。报复的事例在国际社会经常发生：例如，1981年7月，伊朗政府由于对韩国与伊拉克建立领事关系不满，而要求韩国缩减驻伊朗的外交官人数；[①]1985年，英国和苏联以间谍嫌疑为由相互驱逐了数十名外交代表、领事官员和新闻记者。

2. 报仇。报仇，是指受到不法行为损害的国家，为了维护本国的合法权益，对加害国采取类似非法的强制手段，以迫使对方接受解决争端的条件。报仇，既可能使用武力，也可能采取非武力方法。报仇行为虽然是违反国际法的行为，但由于它是针对他国在前发生的不法行为而采取的，因而传统国际法承认报仇是一种解决国际争端的强制方法。

传统国际法认为，报仇既不得无节制，也不得滥用，而必须具备一定的条件。早在1928年7月31日"瑙里拉仲裁案"中，就已明确了传统的报仇行为的要件。1914年10月，西南非洲德国殖民地的3名德国军人来到葡萄牙的殖民地瑙里拉，由于语言不通发生误会而被当地人杀害；为了报仇，德国立即派遣军队攻击了瑙里拉要塞。最终，为解决争端，德国与葡萄牙组成了仲裁法庭负责审理这一案件。

在仲裁程序中，仲裁法庭提出了构成报仇合法性的要件：其一，作为报仇对象的国家违反了国际法；其二，采取报仇行为之前，为恢复不法行为造成的损害须采取其他适当的措施；其三，其他措施均无任何效果，即除报仇以外的其他方法不能够使损害得到补偿；其四，与不法行为相比，报仇行为没有过度。[②] 应当指出，报仇作为解决国际争端的一种强制方法，常常被一些国家作为实行侵略的借口。另外，现代国际法明确禁止使用武力作为解决国际争端的手段。因此，在现代国际法上，武力报仇是非法的。

3. 平时封锁。平时封锁，是指一国在和平时期以其海军力量阻止船舶进出另一国的港口或海岸，以迫使被封锁国接受其提出的条件。平时封锁实际上是使用或威胁使用武力的一种方式，是海上强国对弱小国家领土主权的侵犯，为现代国际法所废弃和禁止。

4. 武装干涉。武装干涉，是指一国采用武力手段介入他国处理的事务，强制他国服从本国意志的行为。武装干涉同样为《联合国宪章》所禁止。《联合国宪章》第2

---

① 1981年7月，伊朗与伊拉克正处于敌对状态。
② 参见联邦德国马克斯·普朗克比较公法及国际法研究所主编：《国际公法百科全书》第二专辑《国际法院、国际法庭和国际仲裁的案例》，陈致中、李斐南译，中山大学出版社1989年版，第379—381页。

条第 4 款规定,各会员国不得使用威胁或武力,或以与联合国宗旨不符合的任何其他方法,侵犯任何国家的领土完整或政治独立。同时,该条第 7 款规定,不得干涉在本质上属于国家国内管辖的事件。但是,在国际社会,武装干涉事件却时有发生。例如,苏联于 1956 年侵略匈牙利、1968 年侵略捷克、20 世纪 80 年代侵略阿富汗和干涉波兰团结工会,以及 20 世纪 80 年代美国干涉尼加拉瓜,1999 年 5 月以美国为首的北约轰炸南联盟,2003 年美英联军武装入侵伊拉克等等。在这种现实情况下,联合国大会从 1965 年开始数次通过决议,重新确立和强调禁止武装干涉的原则。1976 年 12 月 14 日,联合国大会通过决议,重新确认所有国家有权自行决定与其他国家或国际组织的关系,谴责任何形式的干涉,特别是派遣军队或采取其他造成别国不安定的任何手段。

(二) 非强制方法

所谓非强制方法,也就是和平解决方法,是指用武力以外的方法解决国际争端。和平解决方法包括政治方法和法律方法。

1. 政治方法,又称外交方法。解决国际争端的政治方法一般包括:谈判与协商、斡旋与调停以及国际调查与和解(调解)等方法。

政治方法的特点是:其一,适用于各种不同类型的争端。只要争端当事国同意,无论是政治争端还是法律争端,无论是混合型争端还是事实争端,都可以通过政治方法予以解决。其二,争端当事国的主权得到了充分的尊重。政治方法都是在争端当事国享有充分自由的情况下提出和采用的,争端当事国可任意选择。其三,不影响争端当事国于同时或今后采用其他的争端解决方法。争端当事国可以在一种政治方法解决争端不成功的情况下,随时采用另一种政治方法或另行采用法律方法。

2. 法律方法。法律的解决方法是指通过国际仲裁或国际法院、法庭的司法判决来解决国际争端。

法律方法的特点是:其一,适用于解决法律性质的争端和部分混合型争端。其二,用以解决国际争端的裁判适用国际法。其三,具有相对比较完善的组织机构及比较固定的程序规则。其四,仲裁裁决和司法判决对于争端当事国具有拘束力,争端当事国有义务诚实执行裁决或判决。其五,它是解决争端的最后方法,争端当事国一般不再诉诸其他任何争端的解决方法。

四、和平解决国际争端是国际法基本原则

所谓和平解决国际争端原则,是指国家之间在交往和合作过程中,一旦发生争执或纠纷,当事国应当通过和平的政治方法或法律方法加以解决,禁止任何使用武力或武力威胁的方法。和平解决国际争端的原则是互不侵犯原则的直接引申。

在解决国际争端问题上,现代国际法与传统国际法相比,其主要区别就在于现代国际法确立了和平解决国际争端的原则。《联合国宪章》对这一原则作为国际法基本原则的最终确立起了主要的作用。

首先,《联合国宪章》将实现该原则作为联合国的宗旨之一。《联合国宪章》第1条第1款规定了联合国的宗旨,即"以和平方法且依正义及国际法之原则,调整或解决足以破坏和平之国际争端或情势"。

其次,和平解决国际争端又是一项国际法的基本原则。《联合国宪章》第2条明文规定了联合国及其会员国应当遵守的国际法原则,其中第3款规定:"各会员国应以和平方法解决其国际争端,避免危及国际和平、安全及正义。"为此,《联合国宪章》设立了国际法院作为司法解决的主要途径。

再次,《联合国宪章》不但禁止战争,而且明确禁止以武力或武力威胁的方法解决国际争端。

最后,《联合国宪章》特别强调了和平解决国际争端方法的重要地位,并确立了广泛的和平解决国际争端的方法,其第33条规定:"任何争端之当事国,于争端之继续存在足以危及国际和平与安全之维持时,应尽先以谈判、调查、调停、和解、公断、司法解决、区域机关或区域办法之利用,或各国自行选择之其他和平方法,求得解决。"

应当指出,传统国际法上解决国际争端的强制方法中包含有武力的使用,而武力的使用或武力的威胁是不符合《联合国宪章》的宗旨和原则的。尽管现代国际法也不完全排除使用强制方法解决国际争端,但是,这种强制方法与传统国际法的强制方法是完全不同的。首先,国家有权单独或集体地进行自卫;其次,安全理事会可以采取必要的陆、海、空军事行动;最后,民族解放运动可以使用武力。

第二节　解决国际争端的政治方法

一、谈判与协商

谈判与协商是指争端双方或各方为了解决争端而进行的国际交涉。在国际法实践中,谈判和协商是和平解决国际争端的初级的、一般的和基本的方法,可以适用于一切类型的国际争端,其他几种政治解决国际争端的方法都包含有谈判的程序。

谈判(Negotiation),作为解决国际争端的方法,在历史上很早就出现并被列为其他诸多方法的首位。例如,1899年和1907年制定的海牙《和平解决国际争端公约》、1919年《国际联盟盟约》、1928年《和平解决国际争端的日内瓦总议定书》、1945年《联合国宪章》、1948年《美洲国家组织宪章》、1963年《非洲统一组织宪章》以及1982年《联合国海洋法公约》等重要的国际条约,对谈判作为解决国际争端的方法和程序都作了比较具体和详细的规定。

协商(Consultation),作为解决国际争端的方法,到20世纪50年代才出现并流行。到了60年代以后,协商的方法无论是作为谈判的一种形式,还是作为解决争端的一种单独方法,都得到更加广泛的应用,并越来越多地被国际条约作为争端解决的方法予以规定。例如,1977年《禁止为军事或任何其他敌对目的使用改变环境的技术的公约》、1978年《保护南极生物资源公约草案》等等。1978年《关于国家在条约方面的继承的维也纳公约》第41条规定:"如果本公约两个或两个以上当事国对公约的解释或适用发生争端,它们应经其中任何一国要求,设法以协商和谈判的方式解决争端。"1982年《联合国海洋法公约》第283条规定:"如果缔约国之间对本公约的解释或适用发生争端,争端各方应迅速就以谈判或其他和平方法解决争端一事交换意见。如果解决这种争端的程序已经终止,而争端仍未得到解决,或如已达成解决办法,而情况要求就解决办法的实施方式进行协商时,争端各方也应迅速着手交换意见。"

应当指出,在国际法实践中,谈判和协商往往是紧密相连、交叉运用的。在协商的基础上谈判,在谈判的过程中协商,二者很难分开。谈判和协商的形式是多种多样的,可以是双边的,也可以是多边的;可以是口头的,也可以是书面的。谈判一般由争端当事国直接交涉,但有时也可以是间接谈判,例如,1982年,巴基斯坦和阿富汗两国之间所举行的多轮谈判,双方代表团并未直接见面交涉,而是在每次举行谈判时,双方代表在万国宫同一层楼房的不同房间里,由联合国秘书长的代表穿梭于两个房间之间转达对方的意见。除非条约明确规定,一般来讲,谈判和协商的性质都是一种任意的行为。当事国可以同意谈判和协商,也可以拒绝。即使参加了谈判和协商,也无义务必须达成协议。

谈判和协商的结果一般有三种:通过谈判和协商达成协议,争端得以解决;未能通过谈判和协商达成协议,但双方或各方一致接受其所选择的其他政治解决方法;谈判和协商破裂。

二、斡旋与调停

斡旋(Good Office),是指第三方为争端当事者创造有利于谈判和协商的条件,促使争端当事者进行谈判或协商。

调停(Mediation),是指第三方不仅为争端当事者创造有利于谈判和协商的条件,促使其进行谈判或协商,并且第三方本身也参加谈判和协商,并提出解决争端的具体建议。

早在1899年签订的《和平解决国际争端公约》(1907年修订)中就对斡旋和调停作了详细的规定。在国际法实践中,斡旋和调停成功的事例不胜枚举。例如,1965年印巴冲突时,双方经苏联政府建议,在塔什干举行谈判,结果,在苏联政府的斡旋和调停下双方发表了《塔什干宣言》,从而解决了争端;又如,1904年日俄战争,美国总统以个人身份进行斡旋,日俄双方于1905年9月5日缔结了《朴次茅斯和约》,从而结束了战争。

据此,斡旋与调停具有以下共同的特点:其一,斡旋者和调停者不能将自己的意志强加给争端当事者中的任何一方;其二,斡旋者和调停者可以是国家、国际组织,也可以是国家、国际组织的首脑个人,还可以是国际著名人士;其三,其目的都是促使争端当事者进行谈判,并通过谈判解决争端;其四,其性质都是任意的行为,对争端当事者不具有法律上的拘束力。

斡旋与调停在理论上的区别在于:斡旋的方法仅限于为争端当事者提供和建立接触的便利条件,或者转达对方的意见,以促使双方或各方直接谈判;而在调停的方法中,调停者还直接参加或主持谈判,并提出建议,以促使争端当事方达成协议。不过,在国际法实践中,二者则并无严格的界限,调停者首先就是一个斡旋者,而斡旋者又常常会转化为调停者。因此,《联合国宪章》所规定的和平解决国际争端的方法中,并没有涉及斡旋。

1965年印巴冲突时,苏联不仅是斡旋者,而且还是调停者。苏联不仅给双方提供了在塔什干会晤的条件,促使双方进行直接谈判,而且又以调停者的身份,向双方提出了实质性的建议,促使双方签署了《塔什干宣言》,苏联政府代表还出席了该宣言的签署仪式。2002年10月,朝鲜核计划问题公开之后,美朝两国就此问题发生争端。在中国政府的大力斡旋下,2003年4月23日到25日,促成了由中美朝参加的三方会谈。2003年8月27日,也是在中国政府的积极斡旋下,在北京举行了由朝、美、韩、中、日、俄参加的六方会谈。2004年的2月27日和6月23日,在北京又分别进行了第二和第三轮的六方会谈。在这几轮的谈判中,中国政府不但为当事国创造了有利于谈判的环境,还积极参加到朝核问题的谈判与协商中,为和平解决朝核问题提出了具体的建议,发挥了积极的调停作用。截至2009年4月,六方会谈共进行了六轮。

三、国际调查与和解(调解)

国际调查(International Inquiry),有时简称调查,是指由争端当事方通过协议成立调查委员会,对其争端的事实进行调查,提出调查报告并作出断定,为解决争端准备条件。

在国际争端中,对于那些基本事实不清而使争端当事方无法统一认识和无法通过谈判来解决的争端,就需要对事实加以公正的调查。这种形式是解决事实性质争端的一种有效方法。调查委员会所提出的调查报告,仅限于查明事实,其本身不具有法律拘束力。争端当事方就对于调查结果给予何种效力,享有完全的自由。

国际调查作为解决国际争端的一种方法,最早确立于1899年的《和平解决国际争端公约》中。1907年10月18日修订的《和平解决国际争端公约》更详尽地规定了国际调查委员会的组成、国际调查的规则及其性质和效力。

1904年英俄之间关于北海渔船事件的解决是第一次运用国际调查的方法解决国际争端的著名实例:英俄两国针对英国渔船队伍里是否藏有日本水雷艇的事实,协议设立了调查委员会。通过国际调查,证明了争端的发生是由俄方舰队司令官的判断错误引起的,于是俄国向英国赔偿了损失。而1961年英国与丹麦之间的"红色战斗者号"事件,则是通过国际调查解决争端的一个现代实例:"红色战斗者号"是英国的一艘渔船,与一艘丹麦渔船的保护艇发生了冲突。双方船长对冲突事实存在争议,并且都提出了控告。后经两国协议,成立了调查委员会,该委员会由比利时的德维斯契尔教授、法国的格罗教授和荷兰的穆伦堡舰长组成。调查委员会举行了调查事实真相的听证会,并于1962年3月提出了调查报告。最终,英国和丹麦两国达成协议,通过互相放弃在诉讼中提出的全部要求而使争端获得解决。①

和解(Conciliation),又称调解,是指争端当事者通过协议将争端提交给一个由若干人组成的委员会,由委员会查明事实,提出报告和解决争端的建议,促使争端当事者达成协议,以解决国际争端。由此,和解作为解决国际争端的一种方法,相比国际调查更进一步——和解的方法不仅要调查争端的事实,而且还要提出解决争端的建议。

1928年在日内瓦签订的《和平解决国际争端总议定书》以及1949年修订的《和平解决国际争端总议定书》,详细地规定了和解的方法的适用对象,和解机构、委员会的组成和任务,以及和解的程序。

从1913年至1914年,美国为了解决与其他国家间的争端,经国务卿布赖恩的建议,分别与英国等一些国家签订了一系列和平条约,称为《布赖恩和平条约》(Bryan Peace Treaties)。这些条约对推广国际调查与和解起了重要作用。《布赖恩和平条约》共有48个,其内容大致相同,即规定,将一切为外交方法所不能调整的争端提交给一个常设委员会进行调查,并提出一个包含着解决争端建议的报告。在报告提出之前,缔约国彼此不得诉诸武力。可见,《布赖恩和平条约》的作用是延缓战争,因此,它又被称为"冷却条约"。

和解与国际调查是两种既有联系又有区别的解决争端的方法:和解本身包含了国际调查程序,而国际调查是和解的前提,和解可以在国际调查的基础上进行;但是,和解的方法还要提出解决争端的建议或方案,且和解委员会是常设性的机构,而国际调查委员会是临时组成的。

第三节 解决国际争端的法律方法

一、国际仲裁

(一)国际仲裁的概念和特点

国际仲裁(International Arbitration),又称国际公断,是指争端当事国依据协议,将争端提交给自己选任的仲裁人来裁决,并且承诺遵守其裁决,从而解决国际争端的一种法律方法。国际仲裁既是解决国际争端的一种法律方法,也是解决国际争端的一

---

① 参见〔英〕戈尔-布思主编:《萨道义外交实践指南》,杨立义等译,上海译文出版社1984年版,第497—498页。

种程序。

国际仲裁的特点是:其一,争端当事国以协议的方式自愿接受管辖;其二,争端当事国可自行选定仲裁人,仲裁法庭只是为特定的案件而设立的;其三,争端当事国可协议选择其所适用的法律,仲裁人依据当事国选择的法律作出裁决;其四,当事国在协议中承诺服从仲裁裁决,该仲裁裁决对当事国具有法律拘束力;其五,国际仲裁的裁决不具有法律制裁的强制力,依靠当事国自觉遵守和履行。

国际仲裁作为一种解决国际争端的法律方法,其仲裁裁决对于自愿提交仲裁的争端当事国具有法律拘束力,争端当事国应当善意、诚实地遵守和执行。据此,它区别于其他政治解决的方法。

(二) 国际仲裁的历史发展

国际仲裁是一项古老的制度,早在古希腊和古罗马等奴隶制国家就已出现。在罗马教皇的权威至高无上的时代,欧洲国家间曾有不少争端请教皇仲裁。中国春秋战国时期,各诸侯国家之间也有过类似于国际仲裁的历史事件。

近代仲裁制度的产生和发展,始于1794年英美两国缔结的"杰伊条约"(Jay Treaty)。1794年,美国总统华盛顿指派首席法官约翰·杰伊为特使赴英国伦敦,以解决两国之间的紧张关系和分歧。同年11月19日,双方签订了《美英友好、商务和航海总条约》,又称为"杰伊条约"。该条约对两国间自1776年美国独立以来在条约谈判中无法解决的各种争端,规定设立三个混合委员会进行仲裁。这三个混合委员会分别负责解决边界争端、英国债权人对美国的清偿要求,以及研究美国公民因在英法海战中受到损失而提出的控告。条约规定,委员会必须依公正、公平和国际法来裁判案件,其裁决具有法律拘束力。因此,条约规定的混合委员会仲裁制度具有现代国际仲裁的一般特点,而"杰伊条约"则被认为是现代国际仲裁制度产生的标志。在此之后,英美之间、美国与南美国家之间签订了大量的类似条约,使国际仲裁成为这些国家之间解决争端的一种经常的方式。

1872年美英两国的"阿拉巴马号仲裁案"(The Alabama Case),使仲裁制度得到了进一步发展。"阿拉巴马号"是在美国内战期间美国南方叛乱同盟在英国私人船厂订购和建造的船舶,之后装备成军舰,用来袭击美国联邦船舶,并先后击沉了70艘美国联邦船舶。内战结束后,美国抗议英国违反中立义务,并提出了赔偿要求。1871年5月,两国签订了《华盛顿条约》,将争端提交仲裁。1872年,根据仲裁裁决,英国赔偿美国1550万美元。之后,其他一系列仲裁案件也成功解决,这不仅显示了国际仲裁在解决国际争端方面的重要作用,同时也进一步促进了仲裁制度的发展。

1899年和1907年两次海牙和平会议对仲裁规则加以编纂,签订了《和平解决国际争端公约》。1900年,常设仲裁法院成立。1928年,国际联盟通过了《和平解决国际争端总议定书》。1949年,联合国大会通过了修订的《和平解决国际争端总议定书》。以上公约不仅将国际仲裁真正确立为一项解决国际争端的方法和制度,而且对仲裁的原则、规则和程序作了详细的规定。1953年,联合国国际法委员会拟订了一项

《仲裁程序示范规则草案》。1958年11月,联合国大会通过了这项草案文本。该草案虽然没有条约的法律效力,但是,它对国际仲裁作了详细的说明,为各国缔结双边仲裁条约提供了示范规则。

(三) 常设仲裁法院

常设仲裁法院(Permanent Court of Arbitration),是根据1899年在海牙签订的《和平解决国际争端公约》的规定,于1900年在荷兰海牙正式建立的。根据1907年修订的《和平解决国际争端公约》,设立常设仲裁法院的目的和任务是:"为了便利将不能用外交方法解决的国际争端立即提交仲裁起见,各缔约国承允保留第一次和平会议所设立的常设仲裁法院。该法院随时受理案件,除当事国另有约定外,按照本公约所载的程序规则办事。"公约还规定:"除非当事国协议成立特别法庭,常设仲裁法院有权受理一切仲裁案件。"

常设仲裁法院下设一个国际事务局和一个常设行政理事会。国际事务局是常设仲裁法院的书记处,负责该院的联系事项和保管档案并处理行政事务。常设行政理事会由各缔约国驻荷兰的代表组成,由荷兰外交大臣担任主席。其任务是指导和监督国际事务局的工作,制定理事会的议事规则和其他必要的规章,决定仲裁法院的一切行政问题,并就法院的日常工作、行政工作、经费情况等向缔约国提出年度报告等。常设仲裁法院由每一缔约国至多选定4名公认为精通国际法问题并享有最高道德声誉而且愿意担任仲裁员职务的人,作为仲裁法院的仲裁员,列入该院仲裁员名单,并由国际事务局通告各缔约国。仲裁员任期为6年,可连选连任。遇有缔约国将特定的案件提交仲裁法院解决时,仲裁法院并不是作为一个整体来裁决案件,而是由争端当事国双方从法院的仲裁员名单中各选定2名仲裁员,再由被选定的4名仲裁员共同选定第5名仲裁员组成仲裁法庭,审理和裁决争端案件。因此,常设仲裁法院并不像它的名称那样能直接进行仲裁活动,它只是一个促使国际争端诉诸仲裁的组织机构,其本身不是一个仲裁法庭。就其职能而言,它只是在常设仲裁法院体系内按照一定的原则组成单独仲裁法庭以裁决国际争端。

常设仲裁法院从1902年10月14日作出第一个裁决开始,其仲裁法庭共审理了25件案件,作出了24项裁决;其中有一起案件由于当事国之间的协议而解决,常设仲裁法院因此放弃了其管辖权。上述裁决中,有14项裁决是在第一次世界大战前作出的,有10项裁决是从1920年至1970年间作出的,以后就再没有案件提交常设仲裁法院了。

常设仲裁法院在第一次世界大战期间发挥了重要作用,作出了许多重要的裁决,并发表了许多咨询意见,推动并促进了国际仲裁作为和平解决国际争端方法的发展。但是,常设仲裁法院的作用却在第二次世界大战期间明显下降,战后更是降到了最小程度。这是因为常设国际法院和国际法院以及其他区域性国际法院及国际法庭的出现,致使案件分散;同时,各国不愿意将争端诉诸仲裁或司法解决的情绪也有所增长。然而,近年来,常设仲裁法院重新受到国际社会的重视。1993年9月10日至11日,常设仲裁法院在海牙召开了法院历史上第一次世界性的全体仲裁员大会。会议集中讨论了常设仲裁法院的未来以及制定第三个海牙《和平解决国际争端公约》的建议。1994年,第四十九届联合国大会一致同意接纳常设仲裁法院为联合国大会观察员。这样,常设仲裁法院在重新确立其在和平解决国际争端方面的地位迈出了重要的一步。

二、现行仲裁制度的主要内容

(一) 仲裁的法律根据

仲裁具有自愿管辖的性质。争端当事国之间订立的仲裁协议是仲裁法庭对案件行使管辖权的依据,表明当事国同意将争端提交仲裁,并且愿意遵守和执行仲裁裁决。

仲裁协议,是争端当事国提交仲裁的书面约定。仲裁协议必须采取书面的形式。仲裁协议可以是两国间的双边条约,也可以是多边的国际公约。在国际法实践中,仲裁协议有以下三种形式:

其一,仲裁条约,是指国家间就仲裁问题所订立的永久性条约。这类仲裁条约,可以详细地规定仲裁法庭的建立、权限和程序。如1903年的《英法仲裁条约》、1921年的《德国与瑞士仲裁及和解条约》。这类条约一般于争端发生前,为解决以后可能发生的争端而订立。

其二,仲裁协定,是指争端当事国就现存的争端而订立的特别协定,旨在通过仲裁解决已经发生的争端。譬如,"阿拉巴马号仲裁案"中,英美两国于争端发生后,协议签订了《华盛顿条约》作为仲裁的依据。

其三,仲裁条款,是指国际条约或公约中旨在规定缔约国于某种条件下应以仲裁方法解决争端的条款。这类条款主要涉及有关国际条约或公约的解释及适用所发生的争端。例如,《关于防止和惩处侵害应受国际保护人员包括外交代表的罪行的公约》第13条规定,缔约国之间因对公约的解释或适用发生争端的,经缔约国一方要求,应交付仲裁。又如,《联合国海洋法公约》第十五部分有关条款和附件七所规定的仲裁条款则更为详细。

(二) 仲裁的目的与审理范围

根据1907年《和平解决国际争端公约》第37条的规定,国际仲裁的目的在于由各国自行选择仲裁员,并在尊重法律的基础上解决各国间的争端。提交仲裁就意味着诚实遵从裁决的义务。

根据上述公约第38条的规定,关于法律性质的问题,特别是关于国际公约的解释或适用问题,各缔约国承认,仲裁是解决外交手段所不能解决之争端的最有效且最公平的方法。因此,遇有法律性质的争端发生时,各缔约国最好在情况许可的范围内将争端提交仲裁。应当指出,公约只是要求缔约国将法律性质的争端在情况许可的范围内提交仲裁,并非要求将一切争端在任何情况下都提交仲裁。

1949年修订的《和平解决国际争端总议定书》第39条规定,缔约国在加入议定书时,可以就下列争端提出保留:引起争端的事实发生在缔约国加入本议定书以前;依国际法纯属国内管辖事项的争端;某些具体案件或某些特别指明的事项的争端,如领土的地位问题等。上述争端均不适用该议定书规定的仲裁程序。

可见,在国际公约中,涉及国内管辖的事项、过去发生的争端、领土地位和政治利益等争端,一般规定不属于仲裁审理的范围。例如,1903年英法两国的双边仲裁条约,规定将涉及国家重要利益、独立、荣誉和第三国利益的争端除外。但是,综观各国的双边仲裁条约,也有例外情况,即在仲裁条约中既没有任何除外的规定,也不区分法律性质的争端和政治性质的争端,凡是不能用外交方法解决的争端都可提交仲裁,例如,1915年中国与荷兰的仲裁条约,1924年意大利与瑞士的仲裁条约,以及1926年芬兰与挪威的仲裁条约。

(三) 仲裁法庭的组成及其法律适用

常设仲裁法院体系内的仲裁法庭,是根据具体案件的需要临时组成的,它不是常设的,也不是固定的。根据《仲裁程序示范规则草案》的规定,经当事国一方请求将争端提交仲裁后,提交仲裁约定的双方应通过仲裁协定组成仲裁法庭。如果法庭在争端提请仲裁之日起3个月内未组成,国际法院院长应在任何一方请求之下,指派仲裁员。仲裁员的人数必须是奇数,并以5名为宜。仲裁员一般应具有公认的国际法资历。法庭一旦组成,在作出裁决之前应保持不变。若仲裁程序尚未开始,当事国可以更换其所指派的仲裁员;程序一旦开始,一方指派的仲裁员的替换必须经双方协议才能进行。但是,双方协议共同指派的仲裁员在程序开始后一般不得更换。此外,因仲裁员死亡、丧失能力、辞职等原因导致席位空缺时,应当按照原来的委派程序补充。

仲裁法庭所适用的法律,一般由争端当事国在仲裁协议中明确规定。例如,"阿拉巴马号仲裁案"中,仲裁法庭所适用的法律是英美两国于争端发生以后签订的仲裁协定《华盛顿条约》,该条约规定了关于海战中中立国义务的三项规则。争端当事国双方就法律的适用没有任何协议的,根据《仲裁程序示范规则草案》第10条第1款的规定和《国际法院规约》第38条的规定,相比较而言,仲裁法庭在仲裁争端时所适用的法律与国际法院所适用的法律基本一致。

(四) 仲裁程序

仲裁程序,一般由争端当事国在协议中确定。如果在仲裁协议中没有制定程序规则,或是程序规则订得不充分、不具体,仲裁法庭可以规定全部或部分程序规则,仲裁员也可以决定在仲裁过程中出现的程序问题。仲裁程序一般分为书面阶段和口头辩论阶段。

书面阶段,又称书面程序,是指法庭进行书面审理。各方代理人将案件或反诉案件的诉状和答辩状提交仲裁法庭和对方当事国,并将案件所依据的一切文件和公文书附于诉状内一并提交,以便法庭进行书面审理。

书面程序以提出仲裁协定开始;当诉讼由争端当事国一方根据强制管辖提出时,

则以请求国提出其诉讼要求开始。而后,提交辩诉状;必要时,提交答辩状。书面阶段在双方最后一次提出支持其诉讼的证据之后便告结束。

口头辩论阶段,是指当事国在法庭上进行的辩论。口头辩论由仲裁庭庭长主持,一般秘密进行,至双方最后一次提出其诉讼证据后正式结束。但是,口头辩论不是必经程序。在口头辩论基础上,由仲裁法庭进行秘密评议,然后作出裁决。裁决应在法庭上公开宣读,并立即将裁决副本送达双方的代理人,并将此事记入笔录,作为裁决生效的开始。

为了使仲裁便于进行,1907年海牙《和平解决国际争端公约》第86条至第90条规定了简易仲裁程序。该公约规定,简易法庭由争端当事国各选派一名仲裁员,再由选出的两名仲裁员选定一位仲裁员组成。简易程序只适用于书面程序。但是,每一当事国有权要求传唤证人和鉴定人,法庭则有权要求当事国双方的代理人以及法庭认为有必要出庭的鉴定人和证人提供口头解释。

(五) 仲裁裁决的效力和裁决的修正

国际仲裁的裁决是终局裁决,不得上诉。因为,当事国诉诸仲裁法庭时就已经包含有遵守仲裁裁决的承诺和义务。仲裁裁决一经正式宣布并通知争端当事国或代理人后,即发生效力。仲裁裁决对争端当事国具有法律拘束力,当事国应当真诚履行。然而,仲裁裁决不具有法律制裁的性质,也没有强制执行的效力。

当事国在仲裁协议中往往保留有要求原法庭对裁决进行修正的权利。这样做的理由只能是发现了可能对裁决造成决定性影响的新事实,并且这种新事实是在诉讼结束时要求修改裁决的一方并非因自己的过错而不知道的(1907年《和平解决国际争端公约》第83条)。除了这种发现新证据的情况之外,《和平解决国际争端公约》对于修正裁决没有任何规定,对裁决时违反规则的法律后果也只字未提。

国际法学会在其1875年的"修正国际仲裁程序计划"的第27条中提出,在下列四种情况下裁决无效:仲裁协议无效;法庭成员受贿;法庭超越管辖权;裁决中存在严重的法律错误。事实上,在实践中,即使发生上述情况,仲裁裁决也并不能视为无效,而只是通过双方的协议进行修改罢了。"美国与加拿大东北部边界仲裁案"和1909—1910年"玻利维亚与秘鲁边界仲裁案"中的裁决,就是由双方通过协议加以更改的,其理由是法庭超越了管辖权,以及法官作为和解人的行为。[①]

在"奥里诺科轮船公司仲裁案"(Orinoco Steamship Co. Arbitration)中,美国以仲裁裁决犯有法律上和事实上的基本错误为理由,通过缔结新协议,将争端提交给一个由常设仲裁法院的3名成员组成的仲裁法庭,由其复审此案并裁定原裁决的效力。新的仲裁法庭宣布原裁决部分无效。新仲裁庭认为,原则上,国际裁决应作为终审裁

---

① 参见联邦德国马克斯·普朗克比较公法及国际法研究所编著:《国际公法百科全书》第一专辑《争端的解决》,陈致中、李斐南译,中山大学出版社1988年版,第302页。

决接受,但双方当事者可以通过协议就裁决的确定性再行提交进一步的仲裁。①

根据 1958 年联合国大会通过的《仲裁程序示范规则草案》第 35 条的规定,以下几种情况导致裁决无效:法庭超越权限;法庭成员受贿;裁决违反程序规则,或对裁决的理由未作充分解释;仲裁协议无效。如出现上述情况之一,当事国应通过协议将争端交付新的仲裁法庭解决。如果在对仲裁裁决的效力提出异议后 3 个月内未能就设立新的法庭达成协议,国际法院有权在任何一方当事国的申请下宣布裁决全部或部分无效,并将争端提交双方新设立的法庭。如果没有这方面的协议,则应由国际法院院长经与各当事国磋商后决定成立新的法庭。

三、司法解决

司法解决(Judicial Settlement),是指争端当事国在自愿的基础上,将争端提交给联合国国际法院或专门的国际法庭进行审理,并根据国际法作出具有法律拘束力的判决,以解决国际争端的法律方法。

司法解决与国际仲裁,都是基于争端当事国的自愿;其裁决都是终局性的,不得上诉,并具有法律拘束力。但是,两者各有其特点:第一,法院或法庭是固定的和事先组成的;而仲裁法庭是临时组成的。第二,法院或法庭的法官是选举产生的,在一定时间内保持不变,法官不能由争端当事国自行选择;而仲裁法庭的仲裁员则是由争端当事国依照特定案件选择的。第三,法院或法庭审判案件适用国际法;而仲裁法庭则依据当事国选择的法律作出裁决。第四,国际法院除了诉讼的职能外,还有咨询的职能;而仲裁的职能则是单一的。第五,国际仲裁的裁决不具有法律制裁的性质,要依靠当事国的自觉履行;而国际法院的判决,如经联合国安理会建议或决定,则具有一定的法律制裁性质。

(一) 常设国际法院

常设国际法院(The Permanent Court of International Justice),是人类历史上第一个严格意义上的司法解决国际争端的机构。第一次世界大战以后,依照 1919 年《国际联盟盟约》和 1920 年《常设国际法院规约》的规定,国际联盟大会和行政院于 1921 年分别投票选举了 11 名法官和 4 名候补法官(1929 年以后,法官增为 15 名,并取消了候补法官),任期为 9 年。1922 年 2 月 15 日,常设国际法院在海牙正式成立。

常设国际法院并非是国际联盟的主要机关,它是一个以法律方式解决国际争端的司法机关,只有国际联盟行政院和大会才可请求法院发表咨询意见。法院的经费由国际联盟负担,作为国际联盟预算的一部分,法官也由国际联盟大会及行政院选举产生。常设国际法院的创立并没有取代既存的常设仲裁法院,前者从事审判,后者从

---

① 参见联邦德国马克斯·普朗克比较公法及国际法研究所主编:《国际公法百科全书》第二专辑《国际法院、国际法庭和国际仲裁的案例》,陈致中、李斐南译,中山大学出版社 1989 年版,第 33—34 页。

事仲裁,各司其职。

常设国际法院成立之初,主要是开展咨询活动。它判决的第一个争端案件是1923年8月,法国、英国、意大利、日本和波兰诉德国的"温勃登号案"(Wimbledon Case)。法院自1922年成立至1942年的20年中,共受理了争端案件65个,其中作出判决的有32个;另外,还发表了28项咨询意见。由于第二次世界大战爆发,法院被迫停止工作。1945年,在筹建联合国组织的旧金山会议上,决定结束常设国际法院,代以建立一个新的国际法院。1945年10月,常设国际法院开庭解决行政事宜。1946年1月30日,全体法官宣布辞职。1946年4月18日,常设国际法院与国际联盟同时宣告正式解散。而同一天,国际法院宣告成立。根据《联合国宪章》第92条的规定,《国际法院规约》以《常设国际法院规约》为根据,承袭了常设国际法院的管辖权。从国际法来讲,国际法院不是常设国际法院的继承者,而是一个全新的司法机关。但是,《常设国际法院规约》未作重大修改而成为国际法院的规约,并且常设国际法院的判例和国际法院的判例一起构成统一的国际判例,因此,从这个角度看,国际法院未尝不是常设国际法院的延续或继承者。

(二) 国际法院

国际法院(International Court of Justice),是根据《联合国宪章》第十四章的规定而设立的联合国的主要司法机关。《联合国宪章》第92条规定,国际法院作为联合国的主要司法机关,应依照所附的规约执行其职务。《国际法院规约》以《常设国际法院规约》为根据,并作为《联合国宪章》的构成部分。因此,根据《联合国宪章》第93条的规定,联合国会员国是《国际法院规约》的当然成员国。《联合国宪章》为国际法院的建立和地位确立了法律根据,而《国际法院规约》又为它的组织、管辖权及其程序作了具体规定。这些规定在很大程度上承袭了《常设国际法院规约》。在联合国成立大会上,《国际法院规约》随同《联合国宪章》一起于1945年6月26日通过,并于1945年10月24日生效。根据《联合国宪章》和《国际法院规约》的规定,联合国大会和安全理事会于1946年2月6日分别进行了法官选举,选出15名法官。1946年4月18日,于国际联盟和常设国际法院解散的同一天,国际法院在海牙的和平宫正式宣告成立。

1. 国际法院的组织

国际法院由15名法官组成。国际法院法官应为品格高尚并在其本国具有最高司法职位的任命资格或为公认的国际法学家;其中,不得有两名法官为同一国家的国民。法官作为整体应能代表世界各大文化及各主要法系。法官由常设仲裁法院的各国团体提名,每个团体最多能提4名(属其本国国籍的法官提名不能超过2人),并拟定一份经由上述方式提名的候选人名单。在常设仲裁法院中没有代表的联合国会员国也有同样的提名权利。法官由联合国大会和安全理事会分别选举,在大会和安全理事会同时获得绝对多数票者即当选为国际法院法官;其间,安全理事会进行投票时,常任理事国和非常任理事国并无区别,常任理事国不得行使否决权。

法官任期9年，并可连选连任。但是，法院并不是每9年改选一次，而是每3年改选1/3的法官。由于这种选举上的循环性，1946年第一次选举时，只有5名法官具有完整的9年任期，而5名法官在3年任期届满时解任，5名法官在6年任期届满时解任。

法官是专职的、独立的。法官不是其国籍国的代表，不接受任何指示，不得担任任何政治或行政的职务，或执行其他任何职业性质的任务。法官除由其余法官一致认为不再符合任职条件外，不得免职。法官在执行法院职务时，享受外交特权与豁免。

2．国际法院的机构

国际法院包括院长、副院长、合议庭、简易分庭、书记官长和书记官处。

法院院长和副院长由法院秘密投票选举产生，获多数票即可当选，并立即就职，任期3年，连选连任。院长主持法院的工作和一切会议，并监督法院的行政事务。院长职位空缺或不能执行职务时，由副院长代行其职。

合议庭是法院行使其职能的正常机构，法定人数是法官9人。国际法院审理案件，一般由全体法官出席开庭。但是，国际法院为了迅速处理案件，经争端当事国的请求，可以组织设立分庭。分庭由3名或3名以上的法官组成。分庭处理特种类型的争端，诸如劳工、过境和交通运输的案件。分庭在审理和裁判案件时适用简易程序。

书记官长和副书记官长由法院从法院成员提出的候选人中以秘密方式选出。其任期为7年，连选连任。书记官长是法院所设的书记官处的首长。书记官长的职务由《国际法院规则》及其自身的业务规章和书记官处的守则所规定。

3．国际法院适用的法律

根据《国际法院规约》第38条第1款的规定，国际法院应依国际法审判案件。其适用的法律有四类：第一，国际条约。无论是双边条约，还是国际公约，只要是诉讼当事国明确承认有效的即可适用。第二，国际习惯。只要是已经为国际社会普遍接受的国际习惯法即可适用。第三，为世界各国所普遍承认的一般法律原则。第四，司法判例和各国权威最高的国际公法学家学说。这一类是作为确定法律原则的辅助资料而适用的。此外，《国际法院规约》第38条第2款还规定，国际法院经诉讼当事国同意，可依照"公允及善良"原则裁判案件。然而，司法解决国际争端的主要方式是适用现行国际法，包括国际条约和国际习惯。在国际法院审判实践中，国际法院从未采用过"公允及善良"原则来审判案件。

（三）国际法院的管辖权

国际法院的管辖权包括：各当事国提交的一切案件及《联合国宪章》或现行条约及协约中所特定的一切案件；法院对于任何法律问题如经任何团体由《联合国宪章》授权而请求或依照《联合国宪章》而请求时，得发表咨询意见。可见，法院可行使的管辖权有：诉讼管辖权和咨询管辖权。

1. 诉讼管辖权(Contentious Jurisdiction)

(1) 关于诉讼主体的管辖。根据《国际法院规约》第 34 条第 1 款的规定,国际法院的诉讼主体仅限于国家。国际法院行使管辖权的诉讼主体(或当事国)有三类:

其一是联合国会员国。由于《国际法院规约》是《联合国宪章》的一部分,所以,联合国会员国是该规约当然的当事国(《联合国宪章》第 93 条第 1 款)。

其二是非联合国会员国。非联合国会员国可根据《联合国宪章》第 93 条第 2 款规定的条件,经安全理事会建议并由联合国大会决定而成为《国际法院规约》的当事国,从而取得诉讼主体资格。

其三是既非联合国会员国,又非规约当事国。根据《联合国宪章》第 35 条和 1946 年 10 月 15 日安全理事会通过的决议,凡事先向国际法院书记官处交存一份声明,表明该国愿意根据《联合国宪章》和《国际法院规约》及其规则接受国际法院的管辖,保证认真执行法院的判决,并承担《联合国宪章》第 94 条规定的各会员国的一切义务,也可以成为国际法院的诉讼当事国。

以上三种不同的诉讼当事国,在国际法院诉讼过程中处于完全平等的地位。除此之外,其他国家、国际组织和个人(包括自然人和法人)均不能成为国际法院的诉讼主体。

(2) 关于诉讼案件的管辖。根据《国际法院规约》第 36 条的规定,国际法院通过三种方式实现对诉讼案件的管辖权,即国际法院对诉讼案件的管辖有以下三种形式:

一是自愿管辖。当事国之间于争端发生后达成协议自愿向国际法院院长提交一切案件,国际法院基于当事国的上述自愿而取得对当事国及其争端案件的管辖权。由于这类案件是当事国在自愿的基础上提交的,故称"自愿管辖"。

二是协定管辖。实践中较多的是在现行条约中规定把将来可能发生的争端提交国际法院。当条约规定的争端发生时,当事国一方的提交即可使国际法院取得管辖权。因为,另一方已通过事先的条约或协定表示了同意。由于这种管辖是以条约和协定为依据的,故称"协定管辖"。

三是强制管辖。根据《国际法院规约》第 36 条第 2 款的规定,规约当事国可随时作出声明,对于接受同样义务的任何其他国家所发生的一切法律争端,承认国际法院的强制管辖权,而无须另行订立特别协议。这类强制管辖的法律争端包括:其一,条约的解释;其二,国际法的任何问题;其三,任何事实的存在,如经确定即属违反国际义务者;其四,因违反国际义务而应予赔偿的性质及其范围。一国对上述条款的接受与否,由其自行决定,具有"任意性"。因此,该条款称为"任择条款"(有的称为"任选条款")。但是,一经声明承认这种管辖,就具有"强制性"。因此,依据该条款所行使的管辖也称为"任意强制管辖"(Optional Compulsory Jurisdiction)。

"任意强制管辖"既不是当事国于争端发生后提交的,也不是条约特别约定的。这种管辖的根据是当事国所作的承认国际法院强制管辖权的声明。因此,这种管辖权的基础仍然是当事国的自愿。当事国在事先选择这种管辖时具有任意性(可选可不选),但是当事国一旦作出了选择,即作出了声明,则在该声明的有效时间内,就必须接受国际法院的管辖,具有强制性。国家对于国际法院的强制管辖权,可以是无条件的接受,也可以是以其他国家接受同样的义务为条件而接受,或限于一段时间内接受。所有曾经发表声明的国家,遇有彼此间关于上述任何一类争端时,一方无须征求他方的同意,便可以单独并直接地向国际法院提起诉讼,请求国际法院判决。

在实践中,真正无保留地声明接受强制管辖权的国家并不多。许多国家的声明附有保留,不承认国际法院对于其国内管辖范围内的事务进行管辖。例如,美国的"康纳利保留条款"(Connally Reservation)。美国于1946年8月14日提出声明,把"经美国确定认为主要属于美国国内管辖范围内的事项的争端"排除在国际法院的管辖范围之外。因该项保留以美国得克萨斯州议员汤姆·康纳利命名,故称"康纳利保留条款"。此后,许多国家也效仿美国,提出此类保留。

又如,"挪威公债案"(Norwegian Loans Case)。1885年至1909年间,挪威政府和挪威两家银行在外国市场(包括法国市场)发行了各种不同的公债。根据法国政府的规定,所有这些公债都载有一个黄金条款,这样,这些公债到期兑换时,应当用黄金或用可兑换黄金的货币来支付。挪威政府认为,公债的偿还只能由挪威法律来调整,据此,这些公债便只能用挪威的克朗(钞票)偿还。为此,法国政府对其国民行使外交保护,出面支持本国公债持有人的要求,即公债应当用黄金或用可兑换黄金的货币来支付。两国在谈判中未能达成协议,1955年7月6日,法国向国际法院提出请求书,请求国际法院作出有利于法国公债持有人的判决。法国政府援引《国际法院规约》第36条第2款,以及挪威和法国分别于1946年12月16日和1949年3月1日发表的接受国际法院强制管辖的声明,作为国际法院对本案的当事国挪威有管辖权的法律依据。但是,法国政府在其接受国际法院强制管辖的声明中宣布,在它与接受同样义务的其他国家之间,即以义务对等为条件,根据《国际法院规约》第36条第2款的规定,对在本声明批准后涉及事实和情势之任何争端,除当事国已经协议或可能协议诉诸其他和平解决方法之外,接受国际法院的强制管辖。但是,该声明不适用于法国政府认为在本质上属于其国内管辖之事项。1946年12月16日,挪威政府发表声明:以接受同样义务对等为条件,挪威接受《国际法院规约》第36条第2款规定的强制管辖,无须特别协定。该声明自1946年10月3日起生效,为期10年。由此,挪威是无保留接受强制管辖权的国家,而法国则是附有上述保留而接受强制管辖权,故挪威根据相互原则,利用法国的保留,认为该公债争端系国内法管辖的范围而反对国际法院的管辖权。最后,国际法院判定对此案无管辖权。

2. 咨询管辖权(Advisory Jurisdiction)

国际法院的咨询管辖权,是指国际法院作为联合国的司法机关,对于法律问题提供权威性的意见。

(1)关于提请咨询的机关及其范围。根据《联合国宪章》第96条的规定和《国际法院规约》第65条的规定,联合国大会或安全理事会对于任何法律问题可提请国际法院发表咨询意见;联合国其他机关及各种专门机关,对于其工作范围内的任何法律问题,可经联合国大会的授权,请求国际法院发表咨询意见,国际法院应当发表咨询意见。可见,联合国大会和安全理事会可直接向国际法院提出请求,其请求咨询的范围是任何法律问题;而联合国其他机关及各种专门机关须经联合国大会授权才能向国际法院提出请求,其请求咨询的范围是其工作范围内的任何法律问题。在上述情况下,国际法院通常应当发表咨询意见;但是,国际法院在咨询程序中,也有权确定自己的管辖权,其有权对纯属国内管辖的事项拒绝发表咨询意见。

(2)关于咨询意见的法律效力。国际法院发表的咨询意见不具有法律拘束力。但是,国际法院的咨询意见具有权威性,常常会对争端的解决产生决定性的影响和效果,并对国际法的发展起着重要作用。

1948年9月17日,联合国负责调解巴勒斯坦纠纷的官员在以色列控制地区,被以色列恐怖分子杀害,罪犯未能查明。同年12月3日,联合国大会通过决议,请求国际法院就以下问题发表咨询意见:联合国作为一个国际组织,一旦其人员在涉及一个国家责任的情况下因执行职务而受到损害时,能否向该国提出国际赔偿要求。国际法院作了肯定的答复,确认了联合国的国际法律人格和提出国际求偿的能力。1949年12月1日,联合国大会根据国际法院的咨询意见作出决议,授权联合国秘书长采取必要步骤执行联合国的损害赔偿要求。秘书长遂要求以色列正式道歉,采取进一步的措施逮捕凶手,并赔偿54,624美元。以色列政府于1950年6月接受了这个要求。秘书长认为,他的要求已得到实质上的依从。

(四)国际法院的诉讼程序

1. 诉讼的提出

当事国向国际法院提起诉讼的方式有两种:

(1)以请求书的方式提出。请求书应当叙明请求当事国、被告当事国和争端事由及其性质,并尽可能指明国际法院管辖权的法律根据以及诉讼请求的事实和理由。请求书原件应由请求当事国的代理人或该国驻法院所在地国(荷兰)的外交代表或其他经正式授权的人签署。一方以请求书方式提出的诉讼,在他方同样声明接受了国际法院的强制管辖权时,或者他方以明示或默示的方式参加该诉讼时,国际法院才能审理和判决。

(2)以特别协定通知书的方式提出。这类特别协定,或是于争端发生后由争端当事国临时缔结的,或者是根据当事国之间的现行国际条约中有关解决争端并把争端提交法院的规定而达成的。通知书可以由各当事国共同提出,也可由其中一国或几国提出。通知书应附有特别协定。在特别协定无明文规定的情况下,通知书还应叙明争端的确切事由以及争端的各当事国。

无论以何种方式起诉,书记官长均应将请求书或特别协定通知书的副本送交联合国秘书长、联合国各会员国以及其他有权在法院出庭的国家。

2. 书面程序和口头程序

书面程序和口头程序是国际法院审理案件的两个重要阶段,也是判决的依据。

(1)在书面程序中,争端当事国向法院提交诉状和辩诉状。诉状应包括有关事实的陈述、关于法律的陈述和诉讼主张。辩诉状应包括：对诉讼中所述事实的承认和否认；必要时所提出的补充事实；对诉讼中关于法律陈述的意见；答辩的法律陈述和诉讼主张。在此期间，争端当事国各方应提交一切相关的文件和证据。书面程序终结后，除非当事国另一方同意或法院认为必要，当事国任何一方均不得再向法院提出文件。

（2）在口头程序中，法院对证人、鉴定人、代理人、律师及辅佐人进行口头讯问。当事国可针对双方仍有分歧意见的争议发表口头陈述。法院为了阐明争执事项的任一方面，可随时要求当事国双方提出法院认为必要的证据或作出法院认为必要的解释，或法院为此目的而自己收集其他情报。争端当事国各方在口头程序中所作的最后一次陈述，应宣读该当事国的最后诉讼主张。

3. 国际法院的判决

国际法院在口头程序结束以后，经合议庭秘密评议后作出判决。判决应以出席开庭的法官过半数票作出。在票数相等时，法院院长或代理院长投决定票。任何法官对判决持有异议时，可发表个别意见，附于判决之后。法院应将宣判日期通知各当事国，判决应在法院的公开庭上宣读，并从宣读之日起对各当事国发生约束力。

国际法院的判决是终局判决，不得上诉。但是，经当事国的请求，法院可对判决进行解释或复核。所谓判决的解释，是指法院的判决在执行之前或执行过程中，当事国之间就判决的意义和范围发生争议时，可根据当事国之间的特别协定或一方提出的请求书，由法院作出解释。判决的解释以原判决的范围及当事国请求的事项为限。法院对判决的解释以判决的方式作出，对当事国有拘束力。所谓判决的复核，是指国际法院对争端案件作出判决以后，发现了具有决定性的事实，而该事实在判决宣告时为法院及请求复核的当事国非因过失而不知，从而对原判决进行复核，作出裁决。当事国的请求书应于发现新事实后的6个月内提出，并且至迟不得超出判决作出后10年。

国际法院的判决对于争端当事国具有法律拘束力。虽然法院本身并没有强制执行判决的能力，但是《联合国宪章》为判决的执行提供了有力的法律依据。《联合国宪章》第94条规定，联合国会员国作为案件的当事国应当承诺遵守国际法院的判决。这一规定同样也适用于作为《国际法院规约》当事国的非会员国或获准成为诉讼当事国的非会员国。遇有一方不履行法院判决中所应负的义务时，他方可诉诸安全理事会。安全理事会认为必要时，得作出建议或决定应采取的办法以执行判决。从这一条款看，法院的判决具有一定的制裁性质。

第四节　国际组织与国际争端的解决

和平解决国际争端是联合国的宗旨之一。《联合国宪章》第1条规定了联合国的宗旨，其第1款规定，维持国际和平及安全；并为此目的：采取有效的集体办法，以防止并消除对于和平的威胁,制止侵略行为或其他对和平的破坏;并以和平方法且依正义及国际法的原则,调整或解决足以破坏和平的国际争端或情势。宪章规定的有关联合国大会、安全理事会和秘书处的条款中,都明确而且具体地规定了这些机构在和平解决国际争端方面的职能和作用。该宪章第六章还专门规定了联合国在和平解决国际争端方面的具体方法和程序。同时,联合国作为国际组织,也具体地参与了一些国际争端的解决。

一、联合国大会与国际争端的解决

联合国大会在和平解决国际争端方面的职权是进行讨论和提出建议。联合国大会可以讨论《联合国宪章》范围内的任何问题或事项,包括有关解决国际争端的问题,并且可以向联合国会员国或向安全理事会或兼向二者提出对任何问题或事项的建议,包括有关解决争端的建议。因此,联合国大会不仅可以直接向争端当事国发出和平解决争端的呼吁,而且还可以协调联合国各机构为防止争端发生及和平解决争端所进行的活动。

联合国大会可以讨论联合国任何会员国向其提出的关于维持国际和平与安全的任何问题,可以向有关国家和安全理事会提出任何关于这种问题的建议。大会对于足以危及国际和平与安全的情势,可以提请安全理事会注意。大会对于其认为足以妨害国际公共福利或友好关系的任何情势,不论其起源如何,包括由于违反《联合国宪章》所规定的联合国宗旨及原则而引起的情势,可以建议和平调整办法。

《联合国宪章》第12条对于联合国大会在行使其和平解决国际争端方面的职责和权力范围作了限制:安全理事会正在处理的争端或情势,非经安全理事会请求,大会不得提出任何建议。

联合国大会通过对国际争端或情势的讨论和审议,最终以大会决议的形式提出关于争端或情势的解决方法或解决条件的建议。但是,这种建议对争端当事国没有法律拘束力,仅是一种政治和道义上的约束。

二、安全理事会与国际争端的解决

根据《联合国宪章》第24条的规定,安全理事会是联合国解决国际争端的主要机构,对维护国际和平与安全负有主要责任。安全理事会在和平解决国际争端中的主要职权有以下几个方面:

安全理事会对任何争端或可能引起国际摩擦或惹起争端的任何情势可以进行调查,以断定该争端或情势的继续存在是否足以危及国际和平与安全。安全理事会如认为该项争端的继续存在,在事实上足以危及国际和平与安全的维持时,应当决定是否按照《联合国宪章》的规定采取行动或建议其认为适当的解决条件。为了行使调查权力和职责,安全理事会可以设立常设或临时的调查委员会,对争端或情势进行调查。

安全理事会如认为国际争端及其相似的情势继续存在足以危及国际和平与安全时,不仅可以促使当事国以和平方法解决争端,而且在任何阶段都应当建议采取适当程序或调整方法。

当安全理事会断定存在有对和平的威胁、破坏或侵略行为时,对于这类严重情势的国际争端,根据《联合国宪章》第七章的规定,安全理事会可以提出建议或作出决议,并促请联合国会员国执行。安全理事会也可以采取武力行动以维持或恢复国际和平及安全。

三、区域机关和区域办法与国际争端的解决

(一) 区域机关和区域办法的概念

区域机关(Regional Agency)或区域办法(Regional Arrangement)作为一种和平解决国际争端的方法和途径,《联合国宪章》在第33条和第八章中作了明确规定。根据《联合国宪章》第八章的规定,联合国在解决区域性争端方面与区域性组织协调,并利用区域办法解决区域争端。安全理事会应当鼓励利用区域机关或区域办法来解决地方性争端。缔结的条约中有区域办法或设立有区域机关的联合国会员国在将地方争端提交安全理事会以前,应依照区域办法或由区域机关和平解决争端。但是,《联合国宪章》没有对区域机关或区域办法作出定义。根据加利秘书长在《和平纲领》中的解释,区域机关或区域办法是指在联合国成立前或成立后根据条约建立的组织,包括为共同安全和防务而设立的区域组织,为一般区域发展或为特定经济问题或职能进行合作而设立的组织,以及为应付当前所共同关注的某个政治、经济或社会问题而成立的团体。[①]

这类区域机关或区域办法以地理上的接近为基础,以区域性国际条约为建立的根据,设有共同的机关,以合作和互助为目的。《联合国宪章》不仅确认了区域组织(即区域机关)的法律地位,而且还将它们纳入联合国维护国际和平与安全的体制之中。

(二) 区域机关和区域办法的特点

区域机关和区域办法在适用中是有限制的。区域机关和区域办法只能适用于区域性或地方性的国际争端,而不能解决世界性的国际争端,因为利用区域机关或区域办法的目的是"用以应付关于维持国际和平及安全而宜于区域行动之事件者"(《联合国宪章》第52条第1款)。

作为某一区域机关或区域办法成员的联合国会员国,在把区域性或地方性国际争端提交安全理事会之前,应按照该区域办法或由该区域机关争取和平解决(《联合

---

① 参见王铁崖主编:《国际法》,法律出版社1995年版,第438页。

国宪章》第52条第2款)。在这里,争端当事国有义务把区域性或地方性争端先提交区域机关或区域办法解决,在争端不能解决的情况下,才可以把争端提交安全理事会。但是,这并不影响安全理事会根据《联合国宪章》第34条和第35条调查任何争端或情势,以断定其是否危及国际和平与安全的职权,也不影响联合国会员国可以向安全理事会或大会提请注意该争端或情势的权利。

区域机关或区域办法可以在安全理事会的授权下,采取执行行动。非经安全理事会授权,不得由区域机关或依区域办法采取执行行动。区域机关或区域办法有义务为维持国际和平与安全的目的,依区域办法或由区域机关所已经采取或正在考虑采取的行动,随时向安全理事会作出充分的报告(《联合国宪章》第54条)。

应当指出,区域机关或区域办法在和平解决国际争端方面进行了大量的工作,并取得了一定的成效。

(三) 重要的区域机关和区域办法介绍

1. 阿拉伯国家联盟。阿拉伯国家联盟成立于1945年3月,其赖以建立的法律基础是《阿拉伯国家联盟公约》。该公约规定,解决会员国之间的争端不得诉之于武力。争端当事国双方可请求该联盟的理事会解决争端。理事会可对争端当事国作出仲裁和调解的决议,理事会决议应为有效并必须遵守。对于会员国之间可能导致战争的争端,理事会应当调解,使当事国取得和解而解决争端。

2. 美洲国家组织。美洲国家组织成立于1889年,是世界上现存的历史最悠久的区域性组织。根据该组织的《美洲国家组织章程》(又称为《波哥大宪章》)的规定,美洲国家之间可能发生的一切国际争端,在提交联合国安全理事会之前,必须交由本章程所规定的和平方法来处理。同时,该章程还规定了和平解决国际争端的方法,即直接交涉、斡旋、调停、调查与和解、仲裁、司法解决以及争端当事国在任何时期所特别同意的其他程序。

3. 非洲统一组织。非洲统一组织成立于1963年。根据《非洲统一组织宪章》的规定,通过谈判、调解、和解或仲裁,和平解决争端是该组织的原则之一。为了保证和平解决争端,非洲统一组织还依据该宪章规定建立了调解、和解与仲裁委员会。

4. 欧洲安全和合作会议。欧洲安全和合作会议(以下简称"欧安会")建立之初的参加国有除阿尔巴尼亚以外的欧洲各国以及美国和加拿大,现已发展到53个参加国,主要讨论欧洲安全、经济合作、人员与文化交流以及续会这四方面的问题。根据欧安会通过的1975年《赫尔辛基文件》、1990年《建立新欧洲巴黎宪章》和1991年欧安会和平解决争端问题专家会议的报告,欧安会各国承诺将根据国际法,利用谈判、调查、调停、和解、仲裁、司法解决或它们自己选择的其他和平方法,包括它们在发生争端之前商定的任何解决争端的方法,和平地、迅速地和平等地解决它们之间的争端。如果在一段合理的时间内,争端各方不能通过直接谈判或协商解决争端或商定适当的争端解决程序,争端任何一方可以要求设立欧安会争端解决机构。该机构可对解决争端的程序问题和实质问题提出一般性或具体评论或意见。此外,欧安会还规定了在某些特定情况下由高级官员委员会参与解决争端的制度。[①]

5. 东南亚国家联盟。东南亚国家联盟成立于1967年8月。根据其1967年的《东南亚国家联盟成立宣言》、1971年的《东南亚中立化宣言》、1976年的《东南亚友好合作条约》和《东南亚国家联盟协调一致宣言》,东盟各国主张和坚持以协商方法解决其会员国之间的争端,并要求各成员国根据国际法和《联合国宪章》,以和平方法解决它们与其他国家之间的国际争端。

第五节 中国和平解决国际争端的理论与实践

中华人民共和国成立以来,一贯奉行和平外交政策,主张和平解决国际争端,并历来以和平方式处理与其他国家的关系和历史遗留问题及现实问题。我国作为联合国安理会的常任理事国,为和平解决国际争端作出了很大的努力和贡献。

一、中国以政治方法解决国际争端的实践

(一) 用谈判和协商的方法解决国际争端

在对外关系中,我国历来主张以谈判和协商的方式解决区域争端或国家之间的争端。1953年8月,我国政府在关于和平解决朝鲜问题的政治会议的声明中建议,为了使政治会议能够和谐进行,以便在国际事务中给和平协商解决争端树立典范,政治会议应当采取圆桌会议的形式,即朝鲜停战双方在其他有关国家参加之下共同协商的形式,而不应采取朝鲜停战双方单独谈判的形式。我国建议,在争端当事国单独谈判不方便的情况下,邀请其他有关国家在中立的立场上参加协商,这是创设了一种新的外交方法。最终,朝鲜的停战谈判取得了成功。1954年5月12日,我国政府总理周恩来在日内瓦会议上关于印度支那问题的发言中声明,中华人民共和国认为亚洲国家应该以和平协商方法解决各国之间的争端,而不应使用武力或以武力相威胁。1955年4月,周恩来总理在亚非会议全体会议上发言指出,在保证实施和平共处五项原则的基础上,国际争端没有理由不能够协商解决。[②]

我国政府通过与有关国家直接谈判和协商的方法,解决了重大的国籍和边界等问题。1954年4月29日,通过谈判和协商,我国与印度政府达成了《关于中国西藏地

---

① 参见王铁崖主编:《国际法》,法律出版社1995年版,第439—440页。
② 参见王虎华:《论我国和平解决国际争端的理论与实践》,载《河南师范大学学报(哲学社会科学版)》2002年第4期。

方和印度之间的通商和交通协定》,解决了取消原英国遗留下来的印度在我国西藏地方的特权问题以及印度与我国西藏地方的通商和交通问题。1955年4月22日,我国和印度尼西亚通过谈判发表了《中华人民共和国和印度尼西亚共和国关于双重国籍问题谈判的公报》,解决了同时具有中国国籍和印尼国籍的人的双重国籍问题。1960年1月28日,我国和缅甸通过外交谈判方式签订了《中华人民共和国和缅甸联邦政府关于两国边界问题的协定》,彻底解决了我国与缅甸之间的边界问题。此后,我国又先后通过谈判和协商的方法,分别与尼泊尔、巴基斯坦、蒙古、阿富汗、老挝、哈萨克斯坦、俄罗斯等邻国全部或部分地解决了边界问题。1984年12月19日,我国与英国通过谈判,签订了《中英关于香港问题的联合声明》。1987年4月13日,我国与葡萄牙通过谈判,签订了《中葡关于澳门问题的联合声明》。这解决了历史遗留下来的中英和中葡两国的领土问题,为和平解决国际争端,特别是解决国与国之间的历史遗留问题,提供了新的经验。我国恢复行使在香港和澳门的主权,实现国家的统一和富强,这是我国的根本利益所在;同时,英国和葡萄牙及其他一些国家则要维护它们的既得利益,香港和澳门地区也要继续保持稳定和繁荣。而由于历史上的不平等条约以及各种现实的因素,香港问题和澳门问题涉及政治、法律、经济及社会等许多复杂的问题。对此,我国提出了"一国两制"的方针,经过长期的谈判和协商,使香港问题和澳门问题获得了圆满的解决,关于香港和澳门问题的两个"联合声明"也获得了国际社会的高度评价。

(二) 用斡旋和调停的方法解决国际争端

从20世纪90年代开始,我国直接以斡旋者和调停者的身份促成了一些纠纷或争端的解决,尤其是在解决亚洲地区国际争端中起了重要作用。例如,日本与朝鲜之间有关嫁给朝鲜人的日本妇女回国省亲的问题,就是在我国的调停下,于1997年7月至9月,在北京经多次会谈和协商后初步解决的;1997年5月和7月,韩国与朝鲜关于韩国向朝鲜提供粮食援助的问题,也是在我国调停下,在北京举行了多次会谈。①

2002年10月,朝鲜核计划问题公开化之后,作为当事国的美国和朝鲜两国就此问题发生争端。由于朝鲜宣布退出1994年《核不扩散条约》,朝鲜与美国的矛盾曾一度十分尖锐。我国政府的立场一直是朝鲜半岛无核化前景必须得到保障,主张以谈判的方式解决矛盾。在我国政府的大力斡旋下,2003年4月23日到25日,促成了由我国、美国和朝鲜参加的三方会谈。这是朝核危机发生以来,两个最主要的当事国美国和朝鲜的官方代表在正式场合举行的首次会晤。在这次会谈中,各方阐明了立场,同意通过外交渠道,就继续会谈的进程保持联系。这次的北京会谈不仅向和平解决朝核危机迈出了第一步,也为以后的六方会谈奠定了基础。2003年8月27日,也是在我国政府的积极斡旋下,在北京举行了由朝、美、韩、中、日、俄参加的六方会谈。

---

① 参见王虎华:《论我国和平解决国际争端的理论与实践》,载《河南师范大学学报(哲学社会科学版)》2002年第4期。

2004年的2月27日和6月23日,在北京又分别进行了第二和第三轮的六方会谈。在这几轮的谈判中,我国政府不但为当事国创造有利于谈判的环境,并且积极参加到朝核问题的谈判与协商中,为和平解决朝核问题提出了具体的建议,发挥了积极的斡旋作用。截至2009年4月,我国政府共成功地促成了六轮六方会谈。

调停曾经作为一种解决我国与有关国家之间争端的方法而为我国政府所接受。1962年10月,我国与印度发生边界争端以后,亚非六个国家于同年12月在科伦坡会议上提出了关于调停中印边界争端的科伦坡建议。我国政府接到建议后,由周恩来总理给锡兰总理复信,表示在原则上同意接受六国的建议作为中印谈判的基础。但是,由于印度无理要求我国无保留地接受六国偏袒印度的建议,致使科伦坡的六国调停没有成功。此外,我国还积极参与了在联合国主持下,由安理会五个常任理事国和其他国家参加的集体调停活动。例如,在1992年10月,关于柬埔寨问题的巴黎会议的召开和柬埔寨和平条约的签订,最终解决了长达13年之久的柬埔寨问题。

二、中国对国际仲裁和国际法院的原则立场和实践

(一) 我国对国际仲裁的原则立场及其实践

对于以仲裁的方法解决国际争端,新中国成立以来一直坚持非常慎重的态度。新中国成立初期,在我国与外国缔结的国际条约中,除了一些贸易议定书外,几乎都没有载入任何仲裁条款。在我国签署、批准或加入的多边条约或国际公约中,对以仲裁作为解决争端的仲裁条款,我国几乎都作出了保留。

实践中,我国对与邻国之间的领土争端,坚持谈判与协商、不接受仲裁的立场。例如,1962年我国与印度边界争端发生以后,印度政府曾提议,通过两国同意的方式提名一个人或一些人进行某种国际仲裁,以作出对两国政府都具有拘束力的裁决。我国政府拒绝了印度方面的提议,并认为,中印边界争端是涉及两国主权的重大问题,而且涉及的领土面积又有十几万平方公里,只能通过双方直接谈判求得解决,而不能通过任何形式的国际仲裁解决。又如,2014年1月,菲律宾就中菲之间有关南海争端问题单方面提起强制仲裁程序。国际海洋法法庭接受菲律宾的仲裁请求后组成了仲裁庭,并要求我国提交答辩状。为此,2014年12月7日,我国外交部发表了《中华人民共和国政府关于菲律宾共和国所提南海仲裁案管辖权问题的立场文件》,重申了我国不接受、不参与该仲裁的严正立场。该文件还全面阐述了仲裁庭不具有管辖权的法律依据,指出了菲律宾单方面将中菲南海问题争端提交强制仲裁的违法性。我国坚持中菲当事国之间直接谈判。①

关于我国与其他国家有关国际经济贸易等商事方面的争端,从20世纪80年代后期,我国对于以仲裁方式解决国际争端的政策有所调整。在我国与外国签订的专

---

① 参见《重申不接受不参与该仲裁严正立场》,载《法制日报》2014年12月8日第1—2版。

业性的贸易、商业、经济、科学技术、文化等非政治性的政府间或国家间的协定中,开始同意载入仲裁条款或在争端条款中包括仲裁的方法。在我国签署、批准或加入国际公约时,也开始对一些规定有仲裁解决争端的条款不再保留,但仅限于有关经济、贸易、科技、交通运输、航空、航海、环境、卫生、文化等专业性和技术性的国际公约。在实践中,也开始有一些经济、贸易、海运等方面的争端通过提交国际仲裁得到了解决。1996年,我国批准了《联合国海洋法公约》,并作为缔约国,接受了公约规定的商业仲裁程序。

(二) 我国对国际法院的原则立场及其实践

中华人民共和国成立初期,由于国民党政府仍然占据着中国在联合国的合法地位,我国与国际法院没有任何联系。1971年,我国政府恢复了在联合国的合法代表权。1972年9月5日,我国政府宣布,不承认过去国民党政府于1946年10月26日关于接受国际法院强制管辖权的声明。同时,我国从未与其他任何国家订立过将争端提交国际法院的特别协议,对我国签署、批准或加入的国际公约中带有提交国际法院解决争端的争端解决条款,我国也几乎毫无例外地作出了保留。事实上,我国拒绝通过国际法院解决我国与其他国家之间的争端。

20世纪80年代以来,联合国在维持国际和平与安全方面的作用有所加强,作为联合国主要司法机关的国际法院在和平解决国际争端方面的作用也受到了重视。特别是国际法院的组成发生了变化,来自发展中国家的法官有所增加。在国际法院审理的一些案件中,法院能够主持正义,并作出公正的判决。这些变化使包括我国在内的一些国家开始改变对国际法院的不信任态度。

1984年,我国法学家倪征燠当选为国际法院法官(任期为1985年至1994年)。接着,1993年,我国又有一位法学家史久镛当选为国际法院法官(任期为1994年至2003年)。2002年2月,史久镛当选为国际法院副院长。2003年2月又当选为国际法院院长,任期3年。同时,我国对由国际法院解决国际争端的态度也发生了变化。在我国签署、批准或加入的国际公约中,除了对一些涉及我国重大国家利益的国际争端仍然坚持通过谈判和协商解决之外,对有关经济、贸易、科技、航空、环境、交通运输、文化等专业性和技术性的公约所规定的由国际法院解决争端的条款一般不作保留,改变了过去对提交国际法院解决国际争端的条款一概保留的做法。但迄今为止,我国尚未向国际法院提交任何争端案件。

【**本章小结**】 国际争端法是指和平解决国际争端的国际法原则、规则和制度的总称。和平解决国际争端是国际法的一项基本原则,它包括政治方法和法律方法。解决国际争端的政治方法,又称外交方法,一般包括:谈判与协商、斡旋与调停以及国际调查与和解(调解)。解决国际争端的法律方法包括:国际仲裁和司法解决。在司法解决中,国际法院是根据《联合国宪章》的规定而设立的联合国的主要司法机关,《国际法院规约》是《联合国宪章》的一个组成部分。国际法院的管辖权包括诉讼管辖权和咨询管辖权。国际组织尤其是联合国具体参与了国际争端的解决并起了积极的作用。安全理事会是联合国解决国际争端的主要机构,对维护国际和平与安全负有主要责任。区域机关或区域办法在和平解决国际争端方面进行了大量的工作,并取得了一定的成效。我国自1949年新政府成立以来,一贯奉行和平外交政策,主张和平解决国际争端,并历来以和平方式处理与其他国家的关系和历史遗留问题及现实问题。我国作为联合国安理会的常任理事国,为和平解决国际争端作出了很大的努力和贡献。

思考题

1. 试论解决国际争端的政治方法在国际法实践中的运用。
2. 阐明国际仲裁与政治方法在解决国际争端中的区别。
3. 试论国际仲裁的法律根据及其国际法实践。
4. 简述国际仲裁与司法解决在处理国际争端中的区别。
5. 试述国际法院管辖权的特点及其判决的效力。
6. 论我国和平解决国际争端的理论与实践。

…

第十八章
战 争 法

自从人类社会划分阶级而产生国家以后,国家之间的武装争斗从未间断过。20世纪的两次世界大战,使人类社会遭受了极其残酷的灾难。为此,《联合国宪章》规定,为了避免后世再遭今代人类两度身历惨不堪言之战祸等目的,集中力量以维护国际和平及安全,除非为公共利益,不得使用武力。然而,在国际社会的现实中,战争与武装冲突时有发生。据此,首先,为了降低战争的残酷性,减轻战争的灾难程度,战争法中绝大部分的条约和习惯用来规定禁止和限制作战手段和作战方法;其次,从人道主义出发,国际人道法详细地规定了对战争受难者,包括武装部队伤病员、战俘和平民的战时保护,使国际人道法迅速形成和发展起来;再次,惩办战争罪犯也是战争法义不容辞的职责。虽然在错综复杂的国际关系中,战争与武装冲突不可避免,但是各国人民对和平的呼声越来越高涨,战争与武装冲突法,特别是国际人道法的丰富和发展,正是世界人民爱好和平、反对战争的体现。战争法规范的目的正是为了限制和禁止战争,最终消灭战争。

第一节 战争与战争法

一、战争法和武装冲突法的概念和特征

国际法上的战争,是指交战国为了击败敌国,并使敌国接受自己的和平条件而引起的大规模的、长时间的和范围广泛的武装冲突,并由此产生的法律状态。

战争法(Law of War),是指在战争或武装冲突中,以条约或国际习惯的形式,调整各交战国之间、交战国与非交战国之间和交战国与中立国之间的关系以及规范其交战行为的原则、规则和制度的总称。

国际法上的武装冲突,是指国家与国家之间、政府与敌对武装团体之间或敌对武装团体相互之间的武装争斗,并由此产生的法律状态。武装冲突法(Law of Armed Conflict),是指在战争或武装冲突中,以条约或国际习惯的形式,调整国家与国家之

间、政府与敌对武装团体之间或敌对武装团体相互之间以及武装冲突各方与中立国之间的关系,并规范其交战行为的原则、规则和制度的总称。

在传统国际法上,战争与战争法具有严格的条件和具体的国际法规范。但是,在战争法实践中,不具备战争要件的武装冲突时有发生,这对传统的战争与战争法提出了挑战。而现代国际法对这类武装冲突规定了详细的规则。无论是"敌对行动",还是武装冲突或战争,只要是发生了大规模的、长时间的、范围广泛的武装冲突,都必须适用战争与武装冲突法的规范。因此,我国国际法学界普遍认为,"武装冲突法"这一概念正在取代"战争法"。但是,传统意义上的战争和战争法的概念和制度依然存在,所以,有的学者认为,战争法和武装冲突法可以结合成为战争与武装冲突法。但是,我们认为,从广义上讲,武装冲突及武装冲突法仍然是战争和战争法的组成部分。

相比传统的国际法,现代国际法意义上的战争与武装冲突具有其自身的特征。

(一) 战争与武装冲突的主体主要是国家但不限于国家

传统国际法认为,只有国家间的战争才是国际法上的战争。战争是敌对国家之间相互使用武力造成的冲突。1907年10月18日《关于战争开始的公约》(海牙第三公约)第1条规定,"缔约各国"承认,除非有预先的和明确无误的警告,彼此间不应开始敌对行为。警告的形式应是说明理由的宣战声明或是有条件宣战的最后通牒。该公约第3条还规定,本公约第1条在两个或几个"缔约国"之间发生战争的情况下发生效力。从公约的规定看,很显然,战争的主体仅指国家。

现代国际法规定的关于"武装冲突"的法律概念,使传统国际法上的战争概念发生了变化。根据国际社会于1977年在日内瓦签订的两个附加议定书的规定,①属于战争法范畴的国际人道法既适用于国际性武装冲突,也适用于非国际性武装冲突。所谓非国际性武装冲突,主要是指发生在一国内部的武装冲突。既然非国际性武装冲突也同样适用国际人道法,那么,这就表明战争与武装冲突的主体不限于国家,还应当包括民族解放组织和非国际性武装冲突中的交战各方,如内战中的叛乱团体。

(二) 战争与武装冲突是一种法律状态

传统国际法上的战争,除了大规模的、长时间的武装冲突的事实以外,还需要交战各方的交战意向表示。所谓交战意向(Animo Belligerendi),是指交战各方对于已经发生或即将发生的武装冲突,具有意识或者认识,认为这是战争的一种表示。交战意向,可以通过宣战声明或者最后通牒来明确表示。法律意义上的战争主要看交战各方是否具有交战意向,只有具有交战意向,才能构成战争的法律状态。可见,传统国际法上的战争,是指具有交战意向的武装冲突的法律状态。

---

① 1977年6月8日在日内瓦签订的两个附加议定书是指:《1949年8月12日日内瓦四公约关于保护国际性武装冲突受难者的附加议定书》(第一议定书)和《1949年8月12日日内瓦四公约关于保护非国际性武装冲突受难者的附加议定书》(第二议定书)。

不仅如此，传统国际法还要求战争必须经过宣战。如上所述，1907年《关于战争开始的公约》第1条明确规定："缔约各国承认，除非有预先的和明确无误的警告，彼此间不应开始敌对行为。警告的形式应是说明理由的宣战声明或是有条件宣战的最后通牒。"

在现实国际关系中，在战争与武装冲突法实践中，仅有武装冲突的事实状态而未经宣战的战争时有发生。有的国家为了规避本国法律上关于战争的程序性规定，或为了能在战争一开始就取得军事上的优势，往往采取突袭的办法，不宣而战。例如，1941年日本偷袭珍珠港美军基地，1990年伊拉克进攻科威特等，都是未经宣战而进行的战争。此外，第一次世界大战后，随着《国际联盟盟约》的签订，尤其是1928年8月27日在巴黎签订的《关于废弃战争作为国家政策工具的一般条约》，使战争从理论上和法律上被废弃，致使国家在诉诸武力时尽量回避"战争"的提法。

因此，现代国际法注重于武装冲突的事实状态，无论是不宣而战，还是回避"战争"的提法，只要是发生了大规模的、长时间的、范围广泛的武装冲突，以及由此产生的法律状态，就必须适用战争与武装冲突法的规范。1949年8月12日在日内瓦签订的四个保护战争受难者的国际公约（以下简称《日内瓦四公约》），它们在共同条款第2条均明确规定："本公约适用于两个或两个以上缔约国间所发生之一切经过宣战的战争或任何其他武装冲突，即使其中一国不承认有战争状态。"

对于未经宣战的战争，非交战国和国际组织的态度和反应，对构成战争的法律状态也具有重要的作用。例如，非交战国宣告中立，国际组织作出决议甚至采取行动，都具有战争宣告的作用。由此，交战各方对于上述宣告中立的非交战国和国际组织，应当遵守战争与武装冲突法的约束，并承担因此而引起的法律后果。可见，战争与武装冲突又是一种事实状态，主要是指武装敌对行为的事实。

（三）战争是大规模的、长时间的、范围广泛的武装冲突

战争与武装冲突是紧密相连的，武装冲突是构成战争的前提条件。但是，并非一切武装冲突都是国际法意义上的战争。如果武装冲突只是一般性的"敌对行动"，[①]如偶然发生的、地方性的、短暂的边界冲突等，冲突各方还不认为是和平状态的结束，此类冲突的目的只是为制服对方接受自己要求的条件，并且敌对行动是在小规模、短时间内进行的，这只能属一般性的武装争斗，并不构成国际法上的战争。

如果武装冲突各方进行的敌对行动已经超出了一般的规模，而各方又都以为和平状态已经结束，战争状态已经开始，并发生了大规模的、持续时间较长的、范围广泛的武装冲突，则该武装冲突即成为战争。非冲突方和国际组织的态度及其反应，对武装冲突是否已发展到战争规模起到证实的作用，并决定自己在战争中的地位。可见，战争是大规模的、长时间的、涉及范围广泛的武装冲突。

但是，无论是"敌对行动"，还是武装冲突或战争，只要是大规模的、长时间的、范

---

① 1969年的《维也纳条约法公约》和1977年《禁止为军事或任何其他敌对目的使用改变环境的技术的公约》等，使用"敌对行为"。

围广泛的武装冲突,都必须适用战争与武装冲突法规范。

二、战争在国际法上的地位

(一) 战争的限制

传统的国际法承认战争是国家推行政策的工具,是解决国际争端的合法手段,并认为"诉诸战争权"(Jus ad Bellum)是主权国家的合法权利。只要不违反战争法规定的作战手段和方法,战争即被认为是合法的。

1899年编纂的《和平解决国际争端公约》和1907年在海牙和平会议上修订的《和平解决国际争端公约》(海牙第一公约),第一次对"诉诸战争权"作了限制。公约规定,为了尽可能避免在国际关系上使用武力,各缔约国同意尽其最大努力保证国际争端之和平解决。遇有严重争议或争端时,各缔约国同意在诉诸战争以前,在情况许可范围内,应请求一个或数个友好国家出面斡旋或调停。即使在战争进行当中,与争端无关的国家也有权向争端当事国提供斡旋或调停。

1907年《限制用兵索取契约债务公约》(海牙第二公约)更明确规定,缔约一方的政府不得动用武力要求缔约另一方政府向本国国民偿还契约上的债务。

《国际联盟盟约》则进一步限制了"诉诸战争权"。盟约在序言中称,为增进国际合作,并保持其和平与安全,特允承受不从事战争之义务。该盟约第12条规定,在仲裁员裁决或法庭判决或行政院报告后3个月届满以前,各会员国不得从事战争。可见,《国际联盟盟约》并没有全面禁止战争,而只是禁止某些战争,对其他战争则仅仅是作了限制,即规定在一定时间内、一定条件下不得从事战争。《国际联盟盟约》只规定某些战争是非法的,结果是间接地承认了其他战争的合法性。

(二) 战争的废弃

国际法上第一个全面禁止战争行为的公约是1928年8月27日在巴黎签订的《关于废弃战争作为国家政策工具的一般条约》(又称《巴黎非战公约》或《白里安—凯洛格公约》)。[①] 公约在序言中宣称,为了国际社会的永久和平与友好关系,断然地废弃战争作为推行国家政策工具的时机已经到来。该公约第1条规定,缔约各方以它们各国人民的名义郑重声明,它们斥责用战争来解决国际纠纷,并在它们的国际关系上,废弃战争作为推行国家政策的工具。该公约第2条还规定,缔约各方同意,它们之间可能发生的一切争端或冲突,不论其性质或起因如何,只能用和平的方法加以处理或解决。

《巴黎非战公约》从法律上宣布了在国际社会除了自卫战争以外的所有战争都是非法的战争,因而是一个全面禁止战争的公约。第二次世界大战后,欧洲国际军事法庭和远东国际军事法庭对战争罪犯的审判,都确认了《巴黎非战公约》所宣示的原则,

---

① 因为签订该公约的发起人为当时的法国外交部长白里安和美国国务卿凯洛格,故该公约又称为《白里安—凯洛格公约》。

并以此作为其法律依据。可见,公约是制止侵略战争的一个重要的法律依据。但是,公约对废弃战争的规定比较原则,不够明确和具体,对武力报复也未作任何禁止性规定。

1945年6月26日通过的《联合国宪章》虽然没有采用"战争"一词,但是,宪章明确禁止非法地使用武力。宪章在序言中宣示了联合国为了避免后世再遭今代人类两度身历惨不堪言之战祸等目的,集中力量以维护国际和平及安全,除非为公共利益,不得使用武力。宪章规定的联合国的宗旨第1项规定,维护国际和平及安全,并为此目的,采取有效集体办法,以防止且消除对于和平之威胁,制止侵略行为或其他对和平之破坏。该宪章第2条在联合国及其会员国应遵行的原则中规定,会员国在其国际关系上不得使用武力或武力威胁,或以与联合国宗旨不符的任何其他方法,侵害任何会员国或国家的领土完整或政治独立。宪章的上述规定,虽然是泛指所有的使用武力或武力威胁,但战争与武装冲突显然是更大规模地使用武力或武力威胁。因此,《联合国宪章》全面地禁止使用武力和武力威胁,当然也包括禁止战争与武装冲突。

与禁止使用武力有关的还有1974年12月14日由联合国大会通过的关于侵略定义的第3314号决议。该决议宣示了侵略的定义,即侵略是指一个国家使用武力侵犯另一个国家的主权、领土完整或政治独立,或以与《联合国宪章》不符的任何其他方式使用武力。该决议还列举了构成侵略的具体行为。决议所宣示的侵略的定义及其侵略行为更加明确了使用武力的含义。

(三) 禁止使用武力的例外

《联合国宪章》禁止使用武力或武力威胁,是禁止与宪章规定的联合国宗旨不符的使用武力或武力威胁;而符合联合国宗旨的使用武力是不违背宪章规定的,即符合联合国的宗旨是例外地允许使用武力的标准。《联合国宪章》规定合法使用武力的情况有以下三种:

第一,武装自卫。《联合国宪章》第51条规定,联合国任何会员国受到武力攻击时,在安全理事会采取必要办法,以维持国际和平及安全以前,本宪章不得认为禁止行使单独或集体自卫的自然权利。可见,宪章允许国家为了行使单独或集体的自卫权利而使用武力。

第二,联合国安全理事会授权或直接采取军事行动。《联合国宪章》第42条规定,安全理事会如认为第41条所规定的办法为不足或已经证明为不足时,得采取必要之海陆空军行动,以维持或恢复国际和平及安全。《联合国宪章》第24条第1款为了在制度上保证迅速和有效地采取行动,赋予了安全理事会维护国际和平与安全的主要责任。为此,宪章第六章详细地规定了和平解决争端的安全理事会的职权,第七章则规定了在发生对和平的威胁、破坏和侵略行为时,安全理事会可以采取的强制措施的内容和程序。可见,联合国安全理事会可以按宪章规定使用武力。

第三,为了民族解放运动而使用武力。《联合国宪章》明确承认民族自决为国际法的基本原则。1952年联合国大会通过的《关于人民与民族自决权的决议》、1960年联合国大会通过的《给殖民地国家和人民独立宣言》，以及1970年联合国大会通过的《关于各国依联合国宪章建立友好关系及合作之国际法原则之宣言》，均敦促国际社会承认并支援为反对殖民统治、外国压迫及种族歧视而进行的武装斗争。为争取民族自决权而进行的反对殖民地或外国统治的民族独立或民族解放运动得到了国际社会的承认和支援，从而也肯定了为民族独立或民族解放运动而使用武力的合法性。

三、战争法的编纂

战争法是国际法中最古老的一个部分。早在公元前4世纪，我国古代军事家孙武就著有关于战争和战争规则的《孙子兵法》一书。在古代印度、埃及、巴比伦、希腊和罗马也都有作战规则的记载，提出过战争合法性的规范。而战争法的编纂，始于19世纪中叶，并在19世纪末20世纪初进入高潮。

（一）战争法的基本规范

战争法的基本规范包括如下五个方面：其一，确定战争的法律状态和法律后果。战争从宣战开始，表明交战国之间的战争状态。战争的开始和结束都将引起一系列的法律后果。其二，限制作战手段和作战方法。战争的需要应当符合人道主义的原则，尽可能降低战争的残酷性，减轻战争的灾难。战争法对于作战手段和作战方法作了各种限制。其三，国际人道法。这是从人道主义原则出发，给予战争受难者（包括武装部队的伤病员、战俘和平民）的必要保护。其四，战时中立法。主要规定战时中立国的权利和义务。其五，惩办战争罪犯。规定战争犯罪的罪名和构成要件以及对战争罪犯的审判程序。

具体而言，有关战争法的国际条约、决议和宣言，主要包括如下几个方面：

其一，确定战争的法律状态和法律后果的规范。

主要是1907年10月18日《关于战争开始的公约》。该公约的主要内容包括：

（1）为了确保和平关系的维持，不应在没有预先警告的情况下开始敌对行为。根据公约第1条的规定，公约要求各缔约国承认，除非有预先的明确无误的警告，否则，彼此间不应开始敌对行为。警告的形式应是说明理由的宣战声明或是有条件宣战的最后通牒。

（2）战争状态的存在应毫不延迟地通知各中立国，并且只有在中立国接到通知之后，对它们才发生效力。

其二，限制和禁止作战手段和作战方法的规范。

（1）1856年4月16日《巴黎会议关于海上若干原则的宣言》。

（2）1868年12月11日《关于在战争中放弃使用某些爆炸性弹丸的宣言》（《圣彼得堡宣言》）。

（3）1899年7月29日《陆战法规和惯例公约》（1899年海牙第二公约）和1907年10月18日《陆战法规和惯例公约》（1907年海牙第四公约）。海牙第四公约是为了修订战争法规和惯例签订的,并取代了上述的海牙第二公约。两个公约均有附件:《陆战法规和惯例的章程》。

(4) 1899年7月29日海牙第一次和平会议上的三个宣言:《禁止从气球上或用其他新的类似方法投掷投射物和爆炸物宣言》(海牙第一宣言);《禁止使用专用于散布窒息性或有毒气体的投射物的宣言》(海牙第二宣言);《禁止使用在人体内易于膨胀或变形的投射物,如外壳坚硬而未完全包住弹心或外壳上刻有裂纹的子弹的宣言》(海牙第三宣言)。

(5) 1907年10月18日海牙第二次和平会议的公约和宣言:《关于商船改装为军舰公约》(海牙第七公约);《关于敷设自动触发水雷公约》(海牙第八公约);《关于战时海军轰击公约》(海牙第九公约);《关于海战中限制行使捕获权公约》(海牙第十一公约);《禁止从气球上投掷投射物和爆炸物宣言》(海牙第十四公约)。

(6) 1922年2月6日《关于在战争中使用潜水艇和有毒气体的条约》。

(7) 1925年6月17日《禁止在战争中使用窒息性、毒性或其他气体和细菌作战方法的议定书》。

(8) 1930年4月22日《限制和裁减海军军备的国际条约第四部分关于潜艇作战的规则》。

(9) 1936年11月6日《1930年4月22日伦敦条约第四部分关于潜艇作战规则的议定书》。

(10) 1937年9月14日《尼翁协定》及其1937年9月17日《尼翁协定的补充协定》。

(11) 1961年11月24日《禁止使用核及热核武器宣言》。

(12) 1963年8月5日《禁止在大气层、外层空间和水下进行核武器试验条约》。

(13) 1967年1月27日《关于各国探索和利用包括月球和其他天体在内外层空间活动的原则条约》。

(14) 1967年2月14日《拉丁美洲禁止核武器条约》及其附件1《第一号附加议定书》和附件2《第二号附加议定书》。

(15) 1968年7月1日《不扩散核武器条约》。

(16) 1971年2月11日《禁止在海床洋底及其底土安置核武器和其他大规模毁灭性武器公约》。

(17) 1972年4月10日《禁止细菌(生物)及毒素武器的发展、生产及储存以及销毁此类武器的公约》。

(18) 1977年5月18日《禁止为军事或任何其他敌对目的使用改变环境的技术的公约》。

(19) 1980年10月10日《禁止或限制使用某些可被认为具有过分伤害力或滥杀滥伤作用的常规武器公约》及其附件:《关于无法检测的碎片的议定书》;《禁止或限制使用地雷(水雷)、饵雷和其他装置的议定书》;《禁止或限制使用燃烧武器议定书》;《关于小口径武器系统的决议》。

(20) 1987年12月8日《苏美两国消除中程和中短程导弹条约》。
(21) 1992年9月10日《禁止研制、生产、贮存和使用化学武器以及销毁此种武器的公约》。
(22) 1993年1月13日《禁止化学武器公约》。
(23) 1996年9月10日《全面禁止核试验条约》。

其三,国际人道法规范。
(1) 1904年12月21日《关于战时医院船免税公约》。
(2) 1906年7月6日《改善战地武装部队伤者病者境遇的日内瓦公约》。
(3) 1907年10月18日《关于战争开始时敌国商船地位公约》(海牙第六公约)。
(4) 1907年10月18日《关于1906年7月6日日内瓦公约原则适用于海战的公约》(海牙第十公约)。
(5) 1929年7月29日的日内瓦公约:《改善战地武装部队伤者病者境遇的日内瓦公约》;《关于战俘待遇的日内瓦公约》。
(6) 1949年8月12日的日内瓦公约:《改善战地武装部队伤者病者境遇的日内瓦公约》(日内瓦第一公约);《改善海上武装部队伤者病者及遇船难者境遇的公约》(日内瓦第二公约);《关于战俘待遇的日内瓦公约》(日内瓦第三公约);《关于战时保护平民的日内瓦公约》(日内瓦第四公约)。
(7) 1954年5月14日《关于发生武装冲突时保护文化财产的公约》。
(8) 1974年12月4日《在非常状态和武装冲突中保护妇女儿童宣言》。
(9) 1974年12月14日《武装冲突中对人权的尊重》。
(10) 1977年6月8日关于1949年8月12日日内瓦四公约的议定书:《1949年8月12日日内瓦四公约关于保护国际性武装冲突受难者的附加议定书》(第一议定书);《1949年8月12日日内瓦四公约关于保护非国际性武装冲突受难者的附加议定书》(第二议定书)。

其四,战时中立法。
(1) 1907年10月18日《中立国和人民在陆战中的权利和义务公约》(海牙第五公约)。
(2) 1907年10月18日《关于中立国在海战中的权利和义务公约》(海牙第十三公约)。

其五,惩办战争罪犯的规范。
(1) 1945年8月8日《关于控诉和惩处欧洲轴心国主要战犯的协定》及其附件《欧洲国际军事法庭宪章》。
(2) 1946年1月19日《远东盟军最高统帅总部宣布成立远东国际军事法庭的特别通告》及其附件《远东国际军事法庭宪章》。
(3) 1946年12月11日《联合国大会确认纽伦堡宪章承认的国际法原则的决议》。
(4) 1968年11月26日《战争罪及危害人类罪不适用法定时效公约》。

(5) 1973年12月3日《关于侦察、逮捕、引渡和惩治战争罪犯和危害人类罪犯的国际合作原则》。

此外,1907年10月18日《关于建立国际捕获法院公约》(海牙第十二公约)、1922年—1923年2月的《空战规则草案》等,对于战争法的发展也具有重要意义。今后,随着科学技术的发展,还将制定出新的条约,以禁止或限制利用新的科学技术制造和使用大规模滥伤滥杀武器。

(二) 日内瓦条约体系

所谓"日内瓦条约体系",是指关于保护那些不直接参加战争或已退出战争的人员的人道主义规则,即保护战争受难者的规则。"日内瓦条约体系"被归属于国际人道法,以此区别于上述传统战争法上的"海牙条约体系"。它具体是指1949年日内瓦四个公约和1977年日内瓦两个附加议定书。在我国国际法学界,"日内瓦条约体系"又被称为"国际人道法"条约体系,并认为"日内瓦条约体系"构成了"国际人道法"的法律渊源。①

1. 1949年日内瓦四公约

所谓"日内瓦四公约",是指1949年8月12日在日内瓦签订的四个保护战争受难者的国际公约。公约的制定背景可以追溯到1859年的意大利战争,这场战争使人们开始关心作战部队中伤病员的境遇。1862年,瑞士人亨利·杜南特和居斯塔夫·木凡尼埃描述了意大利战争中索尔弗利诺战役(1859年6月24日)的惨状。在这场战役中,很多伤兵因得不到治疗而死亡。为此,他们建议每个国家应当设立一个全国性的救护机构,以从事战时救护工作。② 在他们的影响下,瑞士随即发起了红十字组织运动。1863年10月,瑞士的日内瓦公益会举行会议,成立了红十字国际法委员会。这是一个公正、中立和独立的组织,其唯一人道主义使命是保护战争受害者的生命和尊严,并向他们提供援助。1864年,瑞士联邦政府召集外交会议,签订了《改善战地武装部队伤者境遇的公约》,这是最早的日内瓦第一公约。公约第一次在战争法中规定了有关伤兵待遇的原则。截至2001年,已经有190个国家参加了1949年日内瓦公约。我国全国人大常委会于1956年11月5日分别作出决定,批准了1949年日内瓦四公约,并同时附有保留。

"日内瓦第一公约"(《改善战地武装部队伤者病者境遇的日内瓦公约》)是关于改善战地武装部队伤者病者境遇的规范,制定于1864年。在瑞士联邦政府召集的外交会议上,来自世界各地的12个国家聚集在日内瓦,为了减轻战争的痛苦,抑制战争的苦难和改善战地受伤军人的命运,③于同年8月22日签订了《改善战地武装部队伤

---

① 参见王虎华:《简论国际人道法条约体系》,载《华东政法学院学术文集(2004年卷)》,浙江人民出版社2005年版。
② 参见〔法〕夏尔·卢梭:《武装冲突法》,张凝等译,中国对外翻译出版公司1987年版,第79页。瑞士人亨利·杜南特(1828—1910)和居斯塔夫·木凡尼埃(1826—1910)发表的《沙斐利洛的回忆》,描述了此次战役的惨状(有的学者将该书翻译为《梭鲁菲林格战役回忆录》)。
③ 1864年8月22日《改善战地武装部队伤者境遇的公约》第一段。

者境遇的公约》。1906年7月6日,为了改进和补充1864年8月22日在日内瓦议定的关于改善战地武装部队伤者境遇的条款,①国际社会又签订了《改善战地武装部队伤者病者境遇的日内瓦公约》。1929年7月27日,为了改进和补充1864年8月22日和1906年7月6日在日内瓦议定的关于改善战地武装部队伤者和病者境遇的条款,②国际社会又签订了《改善战地武装部队伤者病者境遇的日内瓦公约》。1949年8月12日,为了修订1929年7月27日在日内瓦订立的关于改善战地武装部队伤者病者境遇的条款,③国际社会签订了《改善战地武装部队伤者病者境遇的日内瓦公约》。可见,日内瓦第一公约从1864年制定后,经历了三次修订和补充,最终于1949年形成了完整的日内瓦第一公约。

"日内瓦第二公约"(《改善海上武装部队伤者病者及遇船难者境遇的日内瓦公约》)是关于改善海上武装部队伤者病者及遇船难者境遇的规范,与上述"日内瓦第一公约"同时于1949年8月12日在日内瓦签订。它是对1907年10月18日签订的"海牙第十公约"(《关于1906年7月6日日内瓦公约原则适用于海战的公约》)的修改,以便使1906年7月6日签订的《改善战地武装部队伤者病者境遇的日内瓦公约》中规定的原则适用于海战。④ "日内瓦第二公约"与"日内瓦第一公约"相比,增加了保护在海上受伤、患病或遇船难的战争受难者的规定。这在公约的名称中就能明显地看出来,公约在"武装部队伤者和病者"之前特别规定了在"海上",而且还增加了对"遇船难者"的保护。根据公约第12条的规定,"船难"一词,应理解为任何原因的船难,包括飞机被迫降落海面或被迫自飞机上跳海者在内。

早在1929年7月27日,国际社会已经在日内瓦签订了《关于战俘待遇的日内瓦公约》。1949年8月12日,为了修订上述公约,出席日内瓦外交会议的各国政府代表议定了这个《关于战俘待遇的日内瓦公约》即"日内瓦第三公约",最终代替了上述公约。⑤ 在各缔约国之间的关系上,"日内瓦第三公约"第135条规定,凡是接受1899年7月29日或1907年10月18日海牙陆战法规和惯例公约拘束的缔约国之间,本公约则成为上述海牙陆战法规和惯例公约所附之规则第二编的补充。⑥

如上所述,1899年7月29日和1907年10月18日,国际社会在海牙分别签订了《陆战法规和惯例公约》(1899年海牙第二公约)和《陆战法规和惯例公约》(1907年海牙第四公约)。"海牙第四公约"是为了修订战争法规和惯例签订的,并取代了上述"海牙第二公约"。两个公约均有附件:《陆战法规和惯例的章程》。在公约附件的共同第二章中,均规定了有关战俘的待遇。1949年《关于战俘待遇的日内瓦公约》既

---

① 1906年7月6日《改善战地武装部队伤者病者境遇的日内瓦公约》第一段。
② 1929年7月27日《改善战地武装部队伤者病者境遇的日内瓦公约》第二段。
③ 1949年8月12日《改善战地武装部队伤者病者境遇的日内瓦公约》第一段。
④ 1949年8月12日《改善海上武装部队伤者病者及遇船难者境遇的日内瓦公约》第一段。
⑤ 1949年8月12日《关于战俘待遇的日内瓦公约》第134条规定。
⑥ 1899年7月29日或1907年10月18日海牙陆战法规和惯例公约,是指1899年7月29日在海牙签订的《陆战法规和惯例公约》(1899年海牙第二公约),公约附件为《陆战法规和惯例的章程》;1907年10月18日,为了修订战争法规和惯例而在海牙签订的《陆战法规和惯例公约》(1907年海牙第四公约),公约取代了上述海牙第二公约,公约附件为《陆战法规和惯例的章程》。

是一个独立适用的公约,同时公约本身又规定,作为上述《陆战法规和惯例公约》附件《陆战法规和惯例的章程》的补充。所谓"补充",是针对那些未批准或未加入《关于战俘待遇的日内瓦公约》的国家而言的。因为,一旦"日内瓦第三公约"成了《陆战法规和惯例公约》(1899年海牙第二公约)和《陆战法规和惯例公约》(1907年海牙第四公约)的补充规定,那么,即使有的国家没有批准或加入该公约,其作为《陆战法规和惯例公约》的缔约国,也仍然要接受该公约的约束。

"日内瓦第四公约"(《关于战时保护平民的日内瓦公约》)是关于战时保护平民的规范,与上述在日内瓦签订的三个公约同时签订。这是战争法上第一个也是第一次专门规定保护平民的全新的公约。尽管如此,该公约只是补充而不是替代之前的海牙公约中有关保护平民的规定。在各缔约国之间的关系上,公约第154条规定,凡是接受1899年7月29日或1907年10月18日海牙《陆战法规和惯例公约》拘束的缔约国之间,本公约则成为上述海牙陆战法规和惯例公约所附之规则第二编及第三编的补充。这里的"补充",与上述"日内瓦第三公约"的情况一样,即《关于战时保护平民的日内瓦公约》既是一个独立适用的公约,同时又作为海牙《陆战法规和惯例公约》附件《陆战法规和惯例的章程》的补充。作为《陆战法规和惯例公约》的缔约国,无论是否批准或加入《关于战时保护平民的日内瓦公约》,均要接受该公约的约束。

2. 1977年日内瓦两个附加议定书

所谓"日内瓦两个附加议定书",是指1977年6月8日在日内瓦签订的两个附加议定书,具体包括《1949年8月12日日内瓦四公约关于保护国际性武装冲突受难者的附加议定书》(第一议定书)和《1949年8月12日日内瓦四公约关于保护非国际性武装冲突受难者的附加议定书》(第二议定书),它们是对1949年8月12日在日内瓦签订的四个日内瓦公约的补充。需要强调的是,这两个附加议定书并没有使1949年的日内瓦四公约失去效力,而是加强了1949年日内瓦四公约的原有规则并引进了新的保护性条款对原有的公约加以补充。我国全国人大常委会于1983年9月2日作出决定,加入上述两个附加议定书,并同时附有保留。

(1)日内瓦第一附加议定书。为了重申和发展关于保护武装冲突受难者的规定,并补充旨在加强适用这些规定的措施,本议定书或1949年8月12日日内瓦四公约的内容,均不能解释为使任何侵略行为或任何与联合国宪章不符的武力使用为合法或予以认可,并重申,1949年8月12日日内瓦四公约和本议定书的规定必须在一切情况下充分适用于受这些文件保护的一切人,不得以武装冲突的性质或起因为依据,或以冲突各方所赞助的或据称为各方所致力的目标为依据而加以不利区别。

(2)日内瓦第二附加议定书。在日内瓦第二附加议定书之前,关于非国际性武装冲突,只有在1949年日内瓦四公约的共同第3条中有最低限度的规定。1977年日内瓦第二附加议定书是规范国内武装冲突(非国际性武装冲突)的第一个专门性的公约。公约规定,国际人道法既适用于国际性武装冲突,也适用于非国际性武装冲突。在国际法实践中,国际人道法适用于非国际性武装冲突的情形有民族解放运动和内战。

第二节 战争的法律状态

一、战争的开始

战争的开始是一种法律状态,它意味着交战国之间从和平状态进入战争状态。

传统国际法认为,战争的开始必须通过宣战。宣战,是国家之间的关系由和平状态进入战争状态的一个重要的和必要的程序。宣战程序是一项古老的国际法习惯。在古希腊、古罗马时代,国家之间经常以宣战的方式表明敌对关系的开始。国际法之父格劳秀斯认为,宣战是战争开始的必要方式。有的学者甚至把是否经过宣战作为判断战争是否正义的标准。同时,宣战还是一项国际法规则。1907年《关于战争开始的公约》第1条规定,除非有预先的和明确无误的警告,彼此间不应开始敌对行为。警告的形式应是说明理由的宣战声明或是有条件宣战的最后通牒。其第2条规定,战争状态的存在必须毫不延迟地通知各中立国,并且只有在中立国接到通知之后,对它们才发生效力。

宣战,作为一种法律程序,其作用在于宣告国家进入战争状态,并使对方和其他国家获悉这种战争状态已经开始存在,从而有所准备,必要时可以撤退平民等。第一次世界大战以前,各国比较诚实地遵守宣战程序。交战国一般在宣战书中声明作战的理由和决心,或提出最后通牒。最后通牒是一种有条件的宣战书,向对方提出最后的要求,限期答复,如对方不如期接受要求,即采取战争手段。

在第二次世界大战前后,德国、日本和意大利等国家都不遵守宣战规则。德国在1939年9月1日直接进攻波兰时,事前未发表过宣战声明。1940年5月10日,德国侵入荷兰,事后才发出最后通牒。1941年6月22日,德国进攻苏联,3个小时之后才发表宣战声明。日本于1931年9月18日未经战前警告和宣战而悍然侵略我国。1941年12月7日,日本偷袭珍珠港。意大利于1935年10月3日对埃塞俄比亚不宣而战,1934年4月7日又对阿尔巴尼亚发动进攻。1980年9月22日发生的两伊战争以及1982年英国和阿根廷的战争均未经宣战。

第二次世界大战爆发以后,包括我国在内的许多国家都对德国、日本等国宣布战争。目前,各国的宪法几乎都有关于宣战的规定。我国1982年《宪法》第67条第18项规定,在全国人民代表大会闭会期间,如果遇到国家遭受武装侵犯或者必须履行国际共同防止侵略的条约的情况,全国人民代表大会常务委员会有权决定战争状态的宣布;第80条规定,中华人民共和国主席根据全国人民代表大会的决定和全国人民代表大会常务委员会的决定,宣布战争状态。

由于国际法禁止战争,所以各国都寻找借口,以其他名义使用武力,不宣而战,既可规避国际法关于宣战的规则,也可回避国内法上关于宣战的规定。此外,不宣而战可以在战争一开始就获得有利的形势。国际法上对于大规模的、持续时间较长的敌对行为,不管是否发表宣战声明,均认定为战争。1949年8月12日《关于战俘待遇的日内瓦公约》第2条规定,本公约适用于两个或两个以上缔约国间所发生的一切经过宣战的战争或任何其他武装冲突,即使其中一国不承认有战争状态。

在战争法实践中,另有一种情况是宣而不战。战争状态的出现意味着战争正式开始,但并不意味着有关国家之间一定发生武装敌对行动。国家之间在成立战争状态后,可以不发生武装冲突。例如,第二次世界大战期间,一些拉丁美洲国家与轴心国之间的关系就是如此。

二、战争开始的法律后果

战争开始后,交战国之间的关系由和平关系转为战争关系,并由此产生一系列的法律后果。这些法律后果主要包括以下几个方面:

(一) 外交和领事关系断绝

战争开始后,交战国之间的外交关系和领事关系完全断绝。双方关闭在敌国的使领馆,外交代表和领事官员以及其他使领馆工作人员返回派遣国。外交代表和领事官员在离境前仍享受各自的外交特权与豁免。作为敌国的接受国仍有义务协助外交代表和领事官员安全离境并保护使领馆的馆舍、财产和公文档案。派遣国可以委托接受国认可的第三国来保管馆舍、财产和公文档案,并保护本国侨民。

(二) 条约关系发生变化

首先,有关战争和中立的条约立即生效。

其次,双边的政治性条约因战争而废止,如友好同盟条约、外交和领事条约以及引渡条约等,因战争而终止;其他经济性条约、商务条约、贸易协定等,可根据条约的性质,在战时暂停施行。

再次,在战争状态下,多边条约一般只是在交战国之间暂停施行。例如,政治性和经济性的多边条约,一般应当暂停施行,待战后由缔约国决定是否恢复效力。又如,1944年《芝加哥国际民用航空公约》明确规定,该公约于战时停止效力。

最后,对于永久性的双边条约,如边界条约、领土条约等均应继续有效,不因战争而停止执行。

(三) 对交战国人民及其财产的影响

战争开始,处于敌国领土上的交战国人民或被允许在适当期限内撤退,或被允许继续居留。但是,交战国对居留在其境内的敌国公民往往实行各种限制。例如,就地进行登记,或强制集中居住在一定地区,甚至予以拘留。

关于财产,敌国的财产可分为国家财产和私人财产、动产和不动产,还可以划分为军事性质的财产和非军事性质的财产。凡敌国的国家财产,除了使领馆外,均可以没收,也可以使用,但不得变卖。对敌国的私人财产,原则上不得侵犯,但可以加以限制,禁止转移、冻结和征用。对于军事性质的财产,可以没收或破坏。对于公海上的敌国商船可以扣押,也可以征用,待战后予以交还或赔偿,但必须保证船上人员的安全。船上的货物则可以扣留,也可以征用,但在战后,如果是扣留的货物应当归还,是征用的货物则应当赔偿;但商船改装成军舰的除外。

三、战争的结束及其法律后果

战争的结束一般分为两个步骤,即停止敌对行动和结束战争状态。敌对行动的停止不同于战争状态的结束。停止敌对行动只是一种临时的为实现最终和平而作出的过渡性的安排。战争状态的结束,是一种法律状态的变化,必须经过一定的法律程序或手续,它意味着所有问题的最终解决和恢复彼此间的和平关系。

(一)停止敌对行动

停止敌对行动,一般有停战和投降两种方式。

1. 停战(Suspension of Arms)。根据1907年10月18日《陆战法规和惯例公约》附件《陆战法规和惯例的章程》第36条的规定,停战是交战双方通过相互协议停止战争行动。第37条规定,停战可以是全面的或局部的。全面的停战是交战国间军事行动的全面停止,而局部的停战只是交战国的部分军队之间在一定范围内军事行动的停止。

停战协定,是指交战国之间为了暂时停止敌对行动而缔结的双边条约。即使是多个交战国组成的两个集团,其停战协定仍是双边性质的。停战可以规定停战的期限,也可以不定期限。规定期限的停战,只有期限过后才可再行开战;不定期限的停战,交战各方可以随时恢复战斗,但是,应当遵照停战的条件,在设定的时间内通知敌方。交战一方严重违反停战协定的,另一方有权废除停战协定,并有权在紧急情况下立即恢复敌对行动。

传统国际法认为,战争的结束是在签订停战协议后,接着缔结和约。停战及其停战协议并不能说明结束了战争状态,而仅仅是战争状态的暂时中断,只有交战各方签订了和约才是战争的结束。但是,第二次世界大战以后发生的战争,交战双方在签订了停战协议后不再签订和平条约成了普遍现象,主要是因为无法解决引起战争的根本原因问题。长期持续的停战状态,事实上恢复了正常关系。例如,1953年7月23日签订的朝鲜停战协定,虽然在该协定签订之后再没有签订和约,但事实上,朝鲜停战了五十多年,实际上已结束了战争状态。

停火和休战,是指暂时停止敌对行动,基本上属于停战的范畴。停火和休战类似于局部的停战,只是时间更为短暂,地区更为有限。但是,停火和休战与停战又不同,停火和休战一般是联合国安全理事会采取维持和平行动的结果。停火和休战不如停战具有终局性。

2. 投降(Surrender)。投降是指交战一方承认自己战败而要求对方停止战争行为。第二次世界大战中,出现了无条件投降的形式。无条件投降的用语,是由美国总统罗斯福在1943年1月24日的记者招待会上第一次使用的。其后,在1943年10月30日的《莫斯科宣言》、1943年12月1日的《开罗宣言》和1945年2月11日的《雅尔塔宣言》等文件中又被多次使用。适用无条件投降的实例是德国和日本。根据1945年5月7日的兰斯投降书和5月8日的柏林投降协定,德国无条件投降;根据1945年9月2日的投降协定,日本无条件投降。

所谓无条件投降,是指战败国按照战胜国规定的条件而自己不得附加任何条件的投降。无条件投降的协定,是战胜国依据军事优势,将自己单方面的意志和条件强加给战败国的协定。

德国的无条件投降书被1945年6月5日《战败德国及行使德国最高权力的宣言》所补充,其主要内容是:(1) 停止一切军事行动;(2) 完全解除法西斯军队的武装;(3) 遣返联合国家的战俘;(4) 交出纳粹党魁及负有战争罪行的人员;(5) 四大国政府有权在必要时继续向德国提出政治、军事和其他要求。

日本无条件投降书的主要内容是:(1) 无论在何处的日本军队均接受无条件投降;(2) 停止军事行动并交出各种船舶、飞机及军事物资;(3) 释放盟国的一切战俘及被拘禁的公民;(4) 所有日本公民、陆海军及其他公职人员均应固守其岗位,而日本天皇及日本政府管理国家的权力则隶属于盟国最高统帅。

应当指出,投降或无条件投降虽然排除了有关战争结束的谈判和条约缔结程序,但它仍然是停止敌对行动的步骤,而不是战争状态的结束。事实上,1945年德国和日本无条件投降以后,战胜国与日本、意大利等战败国仍然依据传统程序缔结了和约。

(二) 战争状态的结束

战争状态的结束,是指停止战争行动,并对一切政治、经济、领土和其他问题作出全面的最终的解决,以恢复和平状态。战争状态的结束,将产生一系列的法律后果。它意味着交战国之间的关系从战争状态恢复到战前的和平关系,涉及恢复相互之间的外交关系和领事关系,互派外交代表和领事官员,恢复因战争而中断的条约关系,恢复国家间正常的政治、经济、文化和军事等方面的关系和往来以及人民之间的往来等等。所以,战争状态的结束,必须通过一定的法律程序和手续。结束战争状态通常有三种方式。

1. 单方面宣布结束战争。这是由战胜国单方面宣布结束战争状态。例如,1955年4月7日,中华人民共和国主席发布《关于结束中华人民共和国同德国之间的战争状态的命令》,宣布结束与德国之间的战争状态。

2. 联合声明。这是由交战国双方以发表联合声明的方式结束战争状态。例如,1956年10月19日,苏联与日本发表联合声明,宣布结束相互之间的战争状态。又如,1972年9月29日,中日两国发表联合声明,宣布结束两国间的战争状态。

3. 缔结和平条约。缔结和平条约是结束战争状态的最通常的方式。和平条约的缔结,意味着战争状态的彻底结束。

和平条约一般都详细规定与交战国之间相关的全部未决事项。它的内容一般包括:完全停止军事行动;释放和遣返战俘;部分或全部恢复战前条约的效力;恢复外交、贸易等关系。有些和约还包括赔款或赔偿、割让领土、惩办战犯等条款。

1947年2月10日,在巴黎签订的由中、法、英、美、苏五国外长会议草拟的对意大利、匈牙利、罗马尼亚、保加利亚和芬兰的和约,主要包括以下组成部分:(1)关于国界的划定;(2)关于政治方面的安排;(3)关于惩办战犯的规定;(4)关于限制军队及遣返战俘的规定;(5)关于赔偿、恢复原状的规定;(6)关于盟军撤退的规定;(7)关于联合国家权益的规定;(8)关于经济方面的规定;(9)关于解决争端的规定。

在特定场合,停战协定事实上成了结束战争的法律文件。停战协定是交战国为了暂时停止敌对行动而缔结的双边条约。停战协定签订以后,交战国长时期地全面地停止敌对行动,实际上结束了战争状态。例如,1953年签订的朝鲜停战协定,1973年1月27日在巴黎签订的关于在越南停火的协议,实际上就是结束战争的双边条约。

第三节 限制和禁止作战手段和方法的规范

战争与武装冲突法规范中,对作战的手段和方法作了许多的限制和禁止,以尽量减少战争的残酷性,这是战争与武装冲突规范的一项重要内容。早在1868年的《圣彼得堡宣言》就宣布,战争的需要应服从人道主义的要求,尽可能减轻战争的灾难程度。1899年和1907年的海牙第二公约和第四公约的附件《陆战法规和惯例的章程》各在第22条规定,交战者在损害敌人的手段方面,并不拥有无限制的权利。第23条又分别规定了特别禁止的手段和方法。1980年10月10日,联合国通过的《禁止或限制使用某些可被认为具有过分伤害力或滥杀滥伤作用的常规武器公约》重申了选择战争方法和手段的权利并非毫无限制的原则,以及禁止在武装冲突中使用可能引起过分杀伤或不必要痛苦的武器、弹药或材料和作战方法的原则。有关作战手段和方法的限制和禁止性规范不仅适用于陆战,也适用于海战和空战。1907年海牙会议文件中指出,在任何情况下,国家在海战范围内应尽可能适用陆战法规与惯例的原则。从法理上讲,陆战法规与惯例也应该同样适用于空战。但是,由于海战和空战的手段和方法具有其自身的特点,所以,其作战手段和方法的限制和禁止规范尚有其特殊之处。

纵观战争法的规定,有关作战手段和方法的限制和禁止规范体现在如下几个方面:

一、陆战手段和方法的限制和禁止

(一) 禁止或限制使用极度残酷的武器

极度残酷的武器,一般是指超越了使战斗员丧失战斗力的程度,给战斗员造成极度痛苦后死亡的武器。1868 年 12 月 11 日的《圣彼得堡宣言》宣布,缔约国在发生战争时,放弃使用任何轻于 400 克的爆炸性弹丸或是装有爆炸性或易燃物质的弹丸。因为这种弹丸无疑加剧了失去战斗力的人员的痛苦或使其死亡不可避免。1899 年 7 月 29 日海牙第三宣言禁止使用在人体内易于膨胀或变形的投射物,如外壳坚硬而未全部包住弹心或外壳上刻有裂纹的子弹。1980 年 10 月 10 日,联合国通过了《禁止或限制使用某些可被认为具有过分伤害力或滥杀滥伤作用的常规武器公约》及其三个议定书,明确规定,禁止使用任何其主要作用在于以碎片伤人而该碎片在人体内无法用 X 射线检测的武器;禁止或限制使用地雷(水雷)、饵雷和其他装置以及禁止或限制使用燃烧武器。

(二) 禁止使用有毒、化学和生物武器

1899 年 7 月 29 日《禁止使用专用于散布窒息性或有毒气体的投射物的宣言》宣告,禁止使用专用于散布窒息性或有毒气体的投射物。1899 年和 1907 年海牙第二公约和第四公约的附件《陆战法规和惯例的章程》各在第 23 条规定,特别禁止使用毒物或有毒武器。1925 年 6 月 17 日《禁止在战争中使用窒息性、毒性或其他气体和细菌作战方法的议定书》不仅重申了上述规定,而且还规定了禁止使用细菌作战方法。1972 年 4 月 10 日签订的《禁止细菌(生物)及毒素武器的发展、生产及储存以及销毁此类武器的公约》,不仅规定禁止使用细菌和毒素武器,而且还规定永远禁止在任何情况下发展、生产、贮存、取得和保留这类武器。

禁止化学武器是世界各国十分关注的问题。联合国经过 24 年的谈判,终于在 1992 年 9 月召开的裁军谈判会议上通过了《禁止研制、生产、贮存和使用化学武器以及销毁此种武器的公约》(以下简称《禁止化学武器公约》)。1993 年 1 月在法国巴黎的大会上,有 140 多个国家签署了该公约。公约不仅在世界范围内禁止使用化学武器,还禁止研制、生产、贮存和转让化学武器,而且要求销毁这类化学武器及其生产设施。1997 年 5 月,在荷兰海牙召开的缔约国大会第一届会议上,还成立了负责监督实施《禁止化学武器公约》的世界禁止化学武器组织。

(三) 禁止使用核武器

1961 年联合国通过的《禁止使用核及热核武器宣言》宣称,任何国家使用核及热核武器,一概作为破坏《联合国宪章》、违反人道法则及触犯摧残人类及其文化罪论。此后,国际社会还于 1963 年 8 月 5 日签署了《禁止在大气层、外层空间和水下进行核武器试验条约》,1968 年 7 月 1 日签署了《不扩散核武器条约》,1971 年 2 月 11 日签署了《禁止在海床洋底及其底土安置核武器和其他大规模毁灭性武器公约》,在 1985

年8月6日南太平洋论坛第16次年会上通过并签署了《南太平洋无核区条约》。此外,拉丁美洲国家于1967年签署的《拉丁美洲禁止核武器条约》序言宣称,由于核武器无法估量的破坏力,如果文明和人类本身的生存要得到保证,就必须在实践中严格遵守在法律上对战争的禁止。该条约规定了缔约国的义务:禁止和防止用任何方法试验、使用、制造、生产或取得任何核武器;禁止和防止接受、储存、安装、部署和以任何形式拥有任何核武器;禁止和防止从事、鼓励或授权,或以任何方式参加任何核武器的试验、使用、制造、生产、拥有或控制。1996年9月10日,联合国大会通过了《全面禁止核试验条约》。这是一项旨在促进全面防止核武器扩散、促进核裁军进程,从而增进国际和平与安全的条约。

我国已于1992年3月加入《不扩散核武器条约》。1996年7月,我国政府发表声明停止核试验。1996年9月24日,我国成为首批国家签署了《全面禁止核试验条约》,并敦促各国应尽早签署和批准该条约,使其按规定早日生效。

(四) 禁止不分皂白的作战手段和方法

为了保护平民的安全和民用物体免遭破坏,战争法禁止不分皂白的作战手段和方法。

1907年海牙第四公约附件第25条规定,禁止以任何手段攻击或轰击不设防的城镇、村庄、住所和建筑物。第27条还规定,在包围和轰击中,应采取一切必要的措施,尽可能保全专用于宗教、艺术、科学和慈善事业的建筑物、历史纪念物、医院以及病者、伤者的集中场所。

1949年关于战时保护平民的日内瓦第四公约规定,不得攻击医院和安全地带。任何冲突的一方,得直接或通过一中立国或人道主义组织,向其敌方建议在作战区域内设立中立化地带,以保护伤病员、非战斗员和平民免受战争的影响。

1977年日内瓦四公约第一附加议定书更明确规定,禁止不分皂白的攻击,并列举了不分皂白的攻击行为:不以特定军事目标为对象的攻击;使用不能以特定军事目标为对象的作战方法和手段;使用其效果不能按照本议定书的要求加以限制的作战方法或手段。以上情况,都是属于无区别地打击军事目标和平民或民用物体的性质。此外,该议定书还规定,以下情况也视为不分皂白的攻击:使用任何将平民或民用物体集中的城镇、乡村或其他地区内许多分散而独立的军事目标视为单一的军事目标的方法或手段进行轰击的攻击;可能附带使平民的生命受损失、平民受伤害、平民物体受损害或三种情形均有而且与预期的具体和直接军事目标相比损害过分的攻击。

(五) 禁止背信弃义的作战手段和方法

早在1899年7月29日签订的海牙第二公约附件和1907年10月18日签订的海牙第四公约附件中,在其共同第23条中规定,特别禁止以背信弃义的方式杀、伤属于敌国或敌军的人员。但也规定,采用战争诈术和使用必要的取得有关敌人和地形的情报的手段应视为许可。

1977年6月8日签订的日内瓦四公约第一附加议定书第37条规定了对"背信弃

义行为"的禁止。该议定书规定,禁止诉诸背信弃义行为以杀死、伤害或俘获敌人。以背弃敌人的信任为目的而诱取敌人的信任,使敌人相信其有权享受或有义务给予适用于武装冲突的国际法规则所规定的保护的行为,应构成背信弃义行为。该议定书规定的背信弃义行为的事例有:假装有在休战旗下谈判或投降的意图;假装因伤或因病而无能力;假装具有平民、非战斗员的身份;使用联合国或中立国家或其他非冲突各方的国家的记号、标志或制服而假装享有被保护的地位。该议定书还规定不禁止战争诈术。这种诈术是指旨在迷惑敌人或诱使敌人作出轻率行为,但不违犯任何适用于武装冲突的国际法规则,而且由于并不诱取敌人在该法所规定的保护方面的信任而不构成背信弃义行为的行为。这种诈术的事例有:使用伪装、假目标、假行动和假情报。

(六) 禁止改变环境的作战手段和方法

改变环境的作战手段和方法,主要是指在战争中使用改变环境的技术,人为地破坏自然环境,使自然环境发生广泛、持久的严重后果的作战手段和方法。

1977年5月18日签署的《禁止为军事或任何其他敌对目的使用改变环境的技术的公约》首次规定了禁止使用改变环境的作战手段和方法。公约第1条规定,各缔约国承诺不为军事或任何其他敌对目的使用具有广泛、持久或严重后果的改变环境的技术作为摧毁、破坏或伤害任何其他缔约国的手段;第2条规定,"改变环境的技术"一词是指通过蓄意操纵自然过程改变地球(包括其生物群、岩石圈、地水层和大气层)或外层空间的动态、组成或结构的技术。1977年6月8日日内瓦四公约第一附加议定书第35条第3款规定,禁止使用旨在或可能对自然环境引起广泛、长期而严重损害的作战方法或手段。

二、海战手段和方法的限制和禁止

(一) 海战的战场和战斗员

关于战场。陆战战场仅限于交战国的领土,而海战则不限于交战国的领水范围,还可以在公海上交战。以公海为战场的海战,交战国不得妨碍正常的国际航运,不得侵犯中立国的合法权益。

关于战斗员。在海战中,海军部队的战斗员与非战斗员的确定取决于参加战斗的船舶地位。1949年8月12日签订的《改善海上武装部队伤者病者及遇船难者境遇的日内瓦公约》第4条规定,遇有冲突各方之陆海军作战时,本公约之规定仅适用于在舰上之部队。登陆之部队,应立即受1949年8月12日《改善战地武装部队伤者病者境遇的日内瓦公约》的规定之拘束。在实践中,海战的战斗员包括各种类型舰艇的战斗员和编入海岸或要塞防卫部队的战斗员。这些战斗员都具有与陆战武装部队相同的权利和义务。

(二) 海军作战的主要工具

海军作战的主要工具包括:军舰、潜水艇、商船改装的军舰以及水雷、鱼雷。

1. 军舰。在海战中,军舰是作战的主要工具,也是被攻击的目标。军舰,属于一国海军,具有辨别军舰国籍的外部标志,由一国政府正式委任或列入海军名册的军官指挥,配备有服从海军纪律的船员。在海战中,军舰作为海上的武装力量,具有交战者资格,可以采取作战行动,受战争法规的拘束。船上人员被敌方俘获后,享受战俘待遇。

2. 潜水艇。潜水艇的法律地位与军舰几乎相同。1922年签订的《关于在战争中使用潜水艇和有毒气体的公约》虽然没有生效,但仍包含有一些适当的规则。潜水艇不得对遇到的商船立即攻击,在拿捕商船前应先命令它接受临检,以便确定它的性质;对于拒绝临检或拿捕后不遵守指定的路线行驶的商船可以进行攻击;在确有必要的情况下可以破坏商船,但应先将商船上的船员及旅客安置于安全的地方。

由于上述1922年签订的公约没有生效,1930年又签订了关于海军作战的《伦敦条约》。该条约重申了1922年公约的规定,还强调了对于拒绝停驶或反抗临检以外的商船,潜艇不得予以击沉或破坏;在将船上人员和船舶文件安置于安全地方之前不得将该船击沉或使其不能航行。1936年签订的《1930年4月22日伦敦条约第四部分关于潜艇作战规则的议定书》和1937年签订的《关于把潜艇作战规则推行于水面船只和飞机的尼翁协定》都确认并重申了上述规定。

3. 商船改装的军舰。商船改装的军舰具有与军舰相同的地位,不同于武装商船。为了防御的目的,武装商船是允许的。但是,武装商船如果主动攻击敌国军舰或商船,将失去国际法的保护。

1907年《关于商船改装为军舰公约》规定了商船改装为军舰的条件:(1)任何改装为军舰的商船,除非被置于船旗国的直接管辖、控制和负责之下,不能取得军舰的权利和义务。(2)改装为军舰的商船必须具备本国军舰特有的外部标志。(3)舰长应为国家服役并由主管机关正式任命,他的姓名必须列入战斗舰队军官名册。(4)船员应受军队纪律的约束。(5)任何改装为军舰的商船必须在作战中遵守战争法规和惯例。(6)把商船改装为军舰的交战国应尽速宣布此项改装,并载入军舰名单中。

4. 水雷和鱼雷。使用水雷和鱼雷严重地威胁到国际航运和中立国的利益。1907年签订的《关于敷设自动触发水雷公约》对水雷和鱼雷的使用作了限制和禁止规定:(1)禁止敷设无锚的自动触发水雷,但其构造使它们于敷设者对其失去控制后至多1小时后即为无害的水雷的除外。(2)禁止敷设在脱锚后不立即成为无害的有锚自动触发水雷。(3)禁止使用在未击中目标后仍不成为无害的鱼雷。(4)禁止以截断商业航运为唯一目的而在敌国海岸和港口敷设自动触发水雷。(5)在使用有锚的自动触发水雷时,应对和平航运的安全采取一切可能的预防措施。交战国保证竭力使此种水雷在一定时间内成为无害。(6)中立国如在其海岸外敷设自动触发水雷,必须遵守强加给交战国的同样规则并采取同样的预防措施。

(三) 海军轰击

1907年10月18日签订的《关于战时海军轰击公约》对海军轰击作了限制和禁止性规定。

1. 禁止海军对不设防的港口、城镇、村庄、居民区或建筑物进行轰击：(1) 禁止海军轰击不设防的港口、城镇、村庄、居民区和建筑物。一个地方不能仅仅由于其港口外敷设了自动触发水雷而遭到轰击。(2) 可以轰击处在不设防地点的军事设施，但在轰击前应通知有关地方当局限期毁坏上述目标，在发出警告的合理期限后，可用炮轰摧毁之。但在轰击时应采取一切必要措施，尽可能减少对该城市的损害。(3) 如地方当局经正式警告后，拒绝为停泊在该地的海军征集其急需的粮食和供应，则经正式通知后，海军可对该不设防的港口、城镇、村庄、居住区或建筑物进行炮轰。此项征收须与当地的资源成比例，并且只有以有关海军指挥官的名义才能提出，并应尽可能用现金偿付；否则，须给收据以资证明。(4) 禁止由于未支付现金捐献而对不设防的港口、城镇、村庄、居住区或建筑物进行轰击。

2. 其他一般条款：(1) 在海军轰击时，指挥官必须采取一切必要的措施，尽可能保全宗教、艺术、科学和慈善事业的建筑物、历史纪念碑、医院和伤病员集合场所，但上述建筑物不得同时充作军事用途。居民应将这些纪念碑、建筑物或集合场所，用明显的记号标出。(2) 如军事情势许可，海军进攻部队指挥官在进行轰击之前应尽力向当局发出警告。(3) 禁止对即使以突击攻克的城市或地方进行抢劫。

三、空战手段和方法的限制和禁止

目前，国际社会尚无关于空战规则的专门条约。1922年12月至1923年2月，法学家委员会在海牙起草的《空战规则草案》，因未经各国签署而不具有法律效力，但是，该草案对以后制定国际条约和指导实践具有参考意义。此外，尚有一些国际条约和宣言有可以适用于空战的规则。

(一)《空战规则草案》

《空战规则草案》共8章62条，对空战的手段和方法作了详细的限制和禁止规定。

1. 只有军事航空器才有权行使交战权利；其他航空器不得从事任何形式的敌对行动。

2. 禁止使用虚假的外部标志；机上人员跳伞逃生时，在其降落过程中不得对其攻击。

3. 为使平民发生恐怖、破坏或损坏非军事性质的私人财产或伤害非战斗员的目的而进行的空中轰炸，应予禁止；为迫使遵从实物征用或缴付现金捐款的目的而进行的空中轰炸，应予禁止；对不在陆战部队行动附近的城镇、乡村、住宅或建筑物的轰炸,应予禁止。

4. 在航空器进行轰炸时,司令官必须采取一切必要步骤以尽量避免轰炸并未用于军事目的的从事宗教、艺术、科学或慈善事业的建筑物、历史纪念物、医院船、医院及收容伤病者的其他场所,等等。

(二) 关于空战的其他国际条约和宣言

目前,尚有一些国际条约和宣言,存在可以适用于空战的规则。

1. 1899年7月29日《禁止从气球上或用其他新的类似方法投掷投射物和爆炸物宣言》宣告,禁止从气球上或用其他新的类似方法投掷投射物和爆炸物。1907年10月18日《禁止从气球上投掷投射物和爆炸物宣言》重申了上述原则。

2. 1937年9月17日的《尼翁协定的补充协定》规定将海战的一些规则适用于航空器。

3. 1977年6月8日签订的日内瓦四公约第一附加议定书第49条规定了攻击的定义和适用范围。其第3款规定,本段的规定,适用于可能影响平民居民、平民个人或民用物体的任何陆战、空战或海战。这些规定还适用于从海上或空中对陆地目标的任何攻击,但不影响适用于海上或空中武装冲突的国际法规则。

第四节 国际人道法

一、国际人道法的名称和概念

国际人道法(International Humanitarian Law),在我国国际法学界通常被称为"国际人道主义法"或"人道主义法"。近年来,随着我国学者对国际人道法研究的不断深入,有的学者提出,英文中的"International Humanitarian Law"应当翻译为"国际人道法"。因为,"主义"一词不属于法律用语,而是属于道德规范的用词,"主义"与"法"是矛盾的,不能既是"主义"又是"法"。"国际人道法"一词,最早出现于1974—1977年在日内瓦举行的"关于重申和发展适用武装冲突的国际人道法的外交会议"所形成的最后文件(即第四次外交会议通过的法律文件)中,而在中文中所称的"国际人道主义法"或"人道主义法",都是从英语、法语或西班牙语翻译而来的。从国际人道法的规则和规定看,都是基于人道的考虑,为减少战争或武装冲突造成的破坏而制定的,而"国际人道法"的名称明确地反映了这一法律规范的基本原则和特点。纵观国际立法和司法实践,国际法上所规定的国际罪行有"违反人道罪"(Crimes against Humanity),而没有"违反人道主义罪"或"违反国际人道主义罪"的提法。因此,将"International Humanitarian Law"翻译和理解为"国际人道法"显然更为贴切和合理。但是,也应当指出,无论我国学界对"国际人道法"的翻译和表述如何不同,其概念与法律含义都应当是一致的。①

综上，所谓国际人道法，是指在战争或武装冲突中形成和发展起来的，基于国际人道主义，专门规定给予战争受难者（包括但不限于武装部队的伤病员、战俘和平民）以必要保护的国际法规范。②

二、国际人道法的特征

（一）国际人道法是战时法

国际人道法是适用于战争与武装冲突时期的国际法规范。1949年日内瓦四个公约"共同条款"第2条规定，公约适用于两个或两个以上缔约国之间所发生的一切经过宣战的战争或任何其他武装冲突，即使其中一国不承认有战争状态。凡是在一缔约国的领土一部或全部被占领的场合，即使此项占领未遇武装抵抗，也适用本公约。"共同条款"第3条规定，在一缔约国的领土内发生非国际性武装冲突的场合，冲突的各方也同样应当遵守公约的最低限度规定。

（二）国际人道法的渊源主要是日内瓦四个公约和两个附加议定书

国际人道法的渊源，主要包括但不限于1949年日内瓦四个公约和1977年日内瓦两个附加议定书。在构成传统战争法的"海牙条约体系"中，也规定了有关国际人道法的内容。例如，1899年在海牙签订的《陆战法规和惯例公约》（1899年海牙第二公约）和1907年在海牙签订的《陆战法规和惯例公约》（1907年海牙第四公约），其附件《陆战法规和惯例的章程》就规定了有关战俘的人道待遇和"病员和伤员"的条款以及"在中立国拘留交战者和护理伤病员"的规则。

（三）国际人道法的核心是保护战争受难者

国际人道法的核心是保护战争受难者，包括但不限于武装部队的伤病员、战俘和平民。根据"日内瓦条约体系"的规定，国际人道法的保护对象还包括：（1）从人员的保护看，包括了对"遇船难者"的保护、对"医务人员"和"宗教人员"的保护、对"新闻记者"的保护，以及对妇女和儿童的保护；（2）从物体的保护看，包括了对"民用物体"的保护、对文物和礼拜场所的保护、对含有危险力量的工程和装置的保护，以及对各国的文化财产的保护；（3）对自然环境的保护。③

（四）国际人道法适用于国际性武装冲突以及非国际性武装冲突

在国际法实践中，国际人道法适用于非国际性武装冲突的情形有两种：其一是民族解放运动。现代国际法根据第二次世界大战后的《联合国宪章》和民族自决的国际法基本原则，承认民族自决和民族解放运动的合法性。殖民地的国家和人民通过武

---

① 参见王虎华：《国际人道法定义》，载《政法论坛》2005年第2期。
② 同上。
③ 同上。

装斗争的手段进行的民族解放运动,因其武装斗争的范围通常局限于一国的境内,故属于非国际性武装冲突,它具体是指各国人民在行使民族自决权过程中,对殖民统治和外国占领以及对种族主义政权作战的武装冲突。① 其二是内战。由于内战纯属一国国内管辖的事项,所以传统国际法认为,内战只有在交战一方被本国政府或其他国家承认为交战团体或叛乱团体时,才取得国际法上的地位而适用国际法。但是,1977 年日内瓦四公约第二附加议定书第 1 条第 1 款规定,在缔约一方领土上的武装部队,如果对一部分领土行使了控制权,从而使其能够进行持久而协调的军事行为,其武装部队与其他有组织的武装集团之间的一切武装冲突也适用公约规定的国际人道法规则。这就说明,内战只要发展到一定规模,持续较长的时间,也就被纳入战争的范围。

(五) 国际人道法条约适用于非缔约国

根据 1949 年日内瓦四个公约"共同条款"第 2 条的规定,冲突一方虽非缔约国,其他曾签订本公约的国家在与该非缔约国的相互关系上,仍然应当受公约的拘束。如果上述非缔约国接受并援用本公约的规定时,则各缔约国与该非缔约国的关系,也应当受本公约的约束。1977 年日内瓦四公约第一附加议定书第 96 条又重申了这项规定。

三、国际人道法的主要内容

国际人道法是专门规定给予战争受难者以必要保护的国际法规范。在我国国际法学界,"日内瓦条约体系"又被称为"国际人道法"条约体系,并认为,"日内瓦条约体系"构成了"国际人道法"的法律渊源。国际人道法的主要内容包括以下方面:

(一) 伤病员待遇

规定伤病员待遇的公约主要有以下四个:1864 年 8 月 22 日的《改善战地武装部队伤者境遇的公约》、1906 年 7 月 6 日的《改善战地武装部队伤者病者境遇的日内瓦公约》、1929 年 7 月 29 日的《改善战地武装部队伤者病者境遇的日内瓦公约》、1949 年 8 月 12 日的《改善战地武装部队伤者病者境遇的日内瓦公约》(日内瓦第一公约)。以上公约的主要内容包括:

1. 陆战中的伤病员待遇

敌我伤病员在一切情况下应无区别地予以人道的待遇和照顾,不得基于性别、种族、国籍、宗教、政治意见或其他类似标准而有所歧视。对其生命的任何危害或对其人身的暴行均应严格禁止,尤其不得加以谋杀或消灭、施以酷刑或供生物学的试验,不得故意不给予医疗救助及照顾,也不得造成使其冒传染病危险的情况。当冲突之

---

① 参见 1977 年 6 月 8 日日内瓦四公约第一附加议定书第 1 条第 4 款的规定。

一方被迫委弃伤者、病者于敌人时,在军事的考虑许可范围内,应留下一部分医疗人员与器材。冲突各方的伤者、病者落于敌手时,除应得到上述待遇外,应视为战俘,适用战俘待遇。

每次战斗后,冲突各方应立即采取一切可能的措施搜寻伤者、病者,并对其加以保护以免遭抢劫和虐待,且给予适当的照顾。环境许可时,应商定停战或停火办法,以便搬移、交换或运送战场上遗落的受伤者。冲突各方应尽速登记落于其手中的每一敌方伤病员或死者的任何可以证明其身份的事项,并相互通知对方。

军事当局,即使在入侵或占领地区后,也应准许居民或救济团体自动搜寻和照顾任何国籍的伤者、病者。任何人不得因看护伤者、病者而被侵扰或定罪。

2. 海战和空战中的伤病员待遇

以上伤病员的待遇也同样适用于海战和空战。在海战中,对伤病者的待遇有一些特殊规则。

在海上受伤、患病或遇船难的武装部队人员或其他人员,在一切情况下,应受尊重与保护。"船难"一词应理解为任何原因的船难,包括飞机被迫降落海面或被迫从飞机上跳海者在内。

交战者的一切军舰应有权要求交出医院船上的伤者、病者或遇难船者,而不论其国籍,但必须是在伤者、病者处于适合移动的状况下,而且该军舰具有必要和适当的医疗设备。如伤者、病者落入敌方军舰,则应享受战俘的待遇。

(二) 战俘的待遇

规定战俘待遇的公约有:1929年7月29日和1949年8月12日分别签订的《关于战俘待遇的日内瓦公约》以及1977年6月8日签订的《1949年8月12日日内瓦四公约关于保护国际性武装冲突受难者的附加议定书》(第一议定书)。上述公约规定,战俘自其被俘至丧失战俘身份前,在任何时候应受人道主义待遇。战俘在一切情况下应享受人身及荣誉之尊重。

交战方应将战俘拘留所设在比较安全的地带,不得把战俘送往或拘留在战斗地带或炮火所及的地方,也不得为使某地点或某地区免受军事攻击而在这些地区安置战俘。

不得将战俘扣为人质,禁止对战俘施以暴行或恫吓及公众好奇的烦扰;不得对战俘实行报复、进行人身残害或肢体伤残,或将战俘供任何医学或科学实验;不得侮辱战俘的人格和尊严。

战俘应保有被俘时所享有的民事权利。战俘的个人财物除武器、马匹、军事装备和军事文件以外的自用物品一律归其个人所有;战俘的金钱和贵重物品可由拘留国保存,但不得没收。

对战俘的衣、食、住要能维持其健康水平,不得以生活上的苛求作为处罚措施;保障战俘的医疗和医药卫生。

尊重战俘的风俗习惯和宗教信仰,允许他们从事宗教、文化和体育活动。准许战俘与其家庭通讯和收寄邮件。

战俘享有司法保障,受审时享有辩护权和上诉权。拘留国对战俘判处刑罚,不得超出对其本国武装部队之人员犯同样行为所规定的刑罚。禁止因个人行为而对战俘实行集体处罚、体刑和酷刑。对战俘判处死刑应特别慎重。对战俘宣判死刑,应在保护国指定的地址接获通知后至少满6个月始得执行。

战俘除因其军职等级、性别、健康、年龄及职业资格外,一律享有平等待遇;不得因种族、民族、宗教、国籍或政治观点不同而加以歧视。

禁止战俘在任何情况下放弃公约规定的权利的一部或全部。因为,在敌方控制下的战俘不能自由地表示其意志。战事停止后,对战俘应立即予以释放并遣返,不得迟延。

(三) 战时平民的保护

军事行动应限于针对武装部队和战斗人员,不得攻击和屠杀平民,应当保护平民和民用物体。较为系统和详细规定战时平民保护的公约是1949年8月12日签订的《关于战时保护平民的日内瓦公约》。此外,1899年7月29日海牙第二公约和1907年10月18日海牙第四公约等也作了类似规定。根据已有的公约规定,战时平民的保护包括对本国领土内敌国侨民的保护、对敌国平民的保护以及对占领区内平民的保护。

1. 战时平民的一般保护

在战争或武装冲突发生时,一般应允许在交战国境内的敌国平民离境,而对继续居留者应给予以下人道主义的待遇以保障其基本权利,并且只有在绝对必要时才能加以拘禁或安置于指定居所:

(1) 平民居民本身及平民个人不得成为被攻击的对象。禁止在平民中散布以恐怖为主要目的的暴力行为或暴力威胁;除了平民在直接参加敌对行动时外,应享受公约给予的保护;禁止对平民的攻击实施报复;禁止对平民不分皂白的攻击和应视为不分皂白的攻击。

(2) 不得把平民安置在某一地点或地区,以使该地点或地区免受军事攻击。平民的存在和移动不得用于使某些地点或地区名胜免受军事攻击。冲突各方不得指使平民移动,以便企图掩护军事目标不受攻击或掩护军事行动。

(3) 不得在身体上和精神上对平民施加压力,强迫其提供情报;禁止对平民施以体罚和酷刑,特别禁止非为医疗的医学和科学实验;禁止实行集体刑罚和扣为人质;应给予平民以维持生活的机会,但不得强迫他们从事与军事行动直接相关的工作。

(4) 对平民个人或其家族荣誉和权利以及宗教信仰应予尊重;对平民不得基于种族、肤色、宗教或信仰、性别、出身或财力或其类似标准而有所歧视。对平民生命应予尊重,未经合法审理,不得进行判决或执行死刑。

2. 对妇女和儿童予以特殊保护

应防止强奸、强迫卖淫和对妇女采取任何其他形式的非法侵犯,并应在最大可能范围内努力避免使孕妇或抚育儿童的母亲因犯有与武装冲突有关的罪行而被宣判死刑。应向儿童提供其所需要的照顾和援助,尤其是应采取一切可能的措施,使15岁以下的儿童不直接参加敌对行动。

3. 军事占领下的平民保护

在军事占领下,占领当局只能在国际法许可的范围内行使军事管辖权,不得剥夺平民的生存权。占领当局在行使权力的同时,有义务维持社会秩序和平民生活。对平民的人格、尊荣、家庭、宗教信仰应给予尊重;不得对平民施以暴行、恐吓和侮辱,不得把平民扣为人质,或进行集体惩罚,或谋杀、残害及用作实验;不得用武力驱逐平民;不得为获取情报而对平民采取强制手段;不得强迫平民为其武装部队或辅助部队服务或加入其军队;不得侵犯平民正常需要的粮食和医药供应;不得废除被占领国的现行法律,必须维持当地原有法院和法官的地位并尊重现行法律。

4. 对民用物体应予尊重和保护

禁止掠夺和集体惩罚,不得没收私有财产。对占领地平民的利益不得在任何情形下以任何方式加以剥夺。民用物体不应成为攻击和报复的对象。对平民生存所不可缺少的物体、对自然环境、对含有危险力量的工程和装置应加以保护。在进行军事行动时,应注意不损害平民和民用物体,应采取一切可能的预防措施,并保证对被占领土内的平民提供其生存所必需的救济。在分配救济物资时,应给予儿童、孕妇、产妇和婴儿的母亲优先地位。

第五节 战时中立法

一、战时中立法的概念和特征

(一) 中立与战时中立

中立是指国家在交战国进行的战争中采取一种不偏不倚的态度。中立国不仅不参加交战国间的敌对的武装行动,而且也不支持或援助交战国的任何一方。中立国在法律上具有一定的权利和义务,而交战国对于中立国也有一定的权利和义务。

按照中立关系存在的时机不同,中立可分为平时中立和战时中立。但是,自两次海牙会议以来,"战时中立"这个概念已经具有特定含义,通常不再作为平时中立的对称。而"平时中立"则不像战时中立那样具有特定含义,它泛指协议中立、永久中立、不结盟、非军事化等各种形式的中立,实际上,它包括了战时中立以外的所有形式的中立。

一个国家在战争中是否宣布中立,不是法律问题,而是政治问题,但在其宣布中立后,则引起交战国和中立国的权利和义务关系,并要接受战争法关于中立的原则、规则和制度的制约。一个国家选择中立地位的方式,可以通过发表中立宣言或声明,也可以不发表宣言或声明而采取事实上遵守中立义务的方式。如果一个国家事先承担了中立义务,它的中立地位就在事先已经确定。国家可以事先缔结条约,规定中立地位。

战时中立(Wartime Neutrality),是指在战争或武装冲突实际发生的情况下,非交战国与交战国之间的中立状态或中立关系。战时中立是一种现实状态,以战争或武装冲突的实际发生为前提。战争或武装冲突尚未发生时,无论其发生的可能性有多大,战时中立都不可能发生;一旦战争或武装冲突终止,战时中立也就随之消失。战时中立是一种客观状态,并不需要中立国的明确宣告,也不需要交战国的明示承认,当然也不排除中立国的宣告或交战国的承认。战时中立关系至少由三方组成,其中两方为互相对立的交战国,另一方为中立国。战时中立关系把三方密切地联系在一起。

应当指出,战时中立还不同于政治意义上的中立、中立主义和不结盟。政治意义上的中立是指不参加联盟,拒绝在其本国领土上设置外国军事基地或驻扎外国军队,不歧视任何国家等。政治意义上的中立不产生法律后果,没有法定的权利和义务。中立主义主要是指不参加和不卷入大国或集团之间的纠纷和冲突。结盟是指国家与国家之间进行安全合作和互助,而不结盟就是不与他国进行安全合作和互助的政策措施。不结盟作为国家的政策,属于广义中立的一种表现形式,而不是战时中立。

(二) 战时中立法的概念和特征

战时中立法(War Neutrality Law),是指规定交战国与战时中立国之间权利和义务关系的原则、规则和制度的总称。

根据战争法的一般原则,不愿意参加战争的非交战国有权宣布战时中立。作为战时中立国,不仅不能参加战争的任何一方,还必须对交战各方采取不偏不倚、同等对待的立场,并因此产生一系列的法律后果,享受和承担战时中立国的权利和义务。传统的战时中立法具有其自身的特征。

其一,国家宣布战时中立,首先是基于政治上的目的;同时,宣布战时中立,又是一种法律行为,将会引起战时中立国和交战国之间的权利和义务关系,必须受战时中立法的制约。

其二,一个国家选择战时中立的地位,可以事先通过条约而确定;或者在战争开始或战争期间临时发表中立宣言或声明;也可以事实上遵守战时中立国的义务而不发表宣言或声明。事先通过条约确立战时中立地位的又有两种情况:一是根据国家与别国平时缔结的条约,规定如果一方与第三国发生了战争,应遵守战时中立的规定;二是根据条约,宣布为永久中立国。

其三,国家在宣布战时中立以后,也可以改变立场,放弃中立而参加战争。

(三) 永久中立国

永久中立国(Permanent Neutralized State),又称中立化国家,它是以国际条约和国际承认为根据,在对外关系中享受和承担永久中立的权利和义务的国家。永久中立国在战争期间,必须依据条约的规定,对任何地区、任何国家所发生的任何战争信守中立的义务。永久中立国不仅在战时保持中立,而且在平时也要遵守中立,其中立的地位不得随意放弃和改变。

可见,永久中立国与战时中立国之间是有区别的。其一,战时中立国是在战争开始后,由国家自由选择和决定的,这种决定,可以发表中立宣言或声明,也可以采取事实上遵守中立义务的方式;而永久中立国则是在战前通过缔结国际条约和国际承认的方式来确定的。其二,战时中立国可以改变立场,放弃中立而参加战争;永久中立国的地位则不得随意放弃和改变。

历史上曾出现过不少永久中立国:瑞士(1815年)、比利时(1831—1919年)、卢森堡(1867—1919年)、奥地利(1955年)、老挝(1962年)等。但至今仍保持永久中立国地位的一般认为只有瑞士和奥地利,其中,瑞士被普遍认为是永久中立国的典型。

瑞士是根据1815年《维也纳公会宣言》而成为永久中立国的。英国、俄国、法国、奥地利、普鲁士、葡萄牙、西班牙、瑞典等国作为该宣言的签字国,承认并集体保障瑞士的永久中立。从此,瑞士一直保持其永久中立国的地位,虽经两次世界大战,其地位始终没有改变。

奥地利的永久中立是通过另一种方式确定的。1955年5月15日,奥地利与美国、苏联、英国和法国签订了《重建独立和民主的奥地利国家条约》。条约规定,奥地利今后不得同德国结成任何形式的政治和经济联盟。同年10月26日,奥地利国民议会通过联邦宪法,宣布永久中立。其后,奥地利政府照会美、英、法和其他与奥地利建交的国家,请它们承认奥地利的中立,各国政府先后复照予以承认。

比利时通过1831年的《伦敦协议》,卢森堡通过1867年的《伦敦协议》曾经都成为永久中立国。但这两个国家的中立于1914年第一世界大战开始时被德国破坏后,由1919年《凡尔赛和约》废除。老挝的中立地位是在1961年5月至1962年7月召开的扩大的日内瓦会议上确定的。会议期间,老挝王国政府提出了《中立声明》,老挝以外的13个与会国签署了一项《关于老挝中立的宣言》,从而确立了老挝的中立地位。

二、战时中立国的权利和义务

中立法是调整中立国与交战国之间关系的法律规范。中立国与交战国之间的权利和义务关系是相互的,中立国的义务就是交战国的权利,而交战国的义务就是中立国的权利。

(一) 战时中立国的义务

其一,自我约束的义务。战时中立国对交战国不应给予援助。战时中立国不能直接参加战斗;不能向交战国提供军队,供给武器、弹药、军舰、军用飞机及其他军用器材,不得给予补助金、贷款、承购公债;不得用军舰和公船等为交战国进行军事运输,给予情报的方便等。此种援助即使是平等地给予交战国双方,也是禁止的。

其二,防止的义务。战时中立国应采取措施,防止交战国为了战争而利用其领土或其管辖范围内的区域。例如,交战国在战时中立国的领土、领海或领空进行作战,或捕获船只、建立作战基地、通讯设备,或运输军队和军需品等行为。对此,战时中立国应以一切手段加以防止和阻止。

其三,容忍的义务。战时中立国对于交战国因进行战争而依据战争法所采取的行动,应在一定范围内予以容忍。对于交战国的封锁和战时禁制品的规定,战时中立国有义务严格执行。所谓封锁,是指交战国为了切断敌国在海上的对外联系,削弱敌国经济,用军舰阻挡一切国家的船舶和飞机进入敌国的港口和海岸。"一切国家"也包括战时中立国。所谓战时禁制品,是指交战国禁止运送给敌国的货物。禁制品的清单,可事先由国家以条约确定,或由交战国在战争开始时用法令或宣言公布。

(二) 交战国的义务

其一,自我约束的义务。交战国必须尊重战时中立国的主权,不得侵犯战时中立国领土。交战国不得在战时中立国领土或在其管辖区域内进行战争,或将战时中立国领土及其管辖区域作为作战的基地。交战国军队或供应品运输不得通过战时中立国领土。交战国不得在战时中立国领土或领水内改装商船为军舰或武装商船,不得建立通讯设施或捕获法庭。

其二,防止的义务。交战国有义务采取一切措施,防止虐待其占领地内的战时中立国使节和人民;防止其军队和人民从事任何侵犯战时中立国及其人民的合法权益的行为。

其三,容忍的义务。交战国应容忍战时中立国与其敌国保持正常的外交和商务关系,以及其他不违背战时中立法的行为。

三、传统战时中立法的局限性

现代国际法实践证明,传统的战时中立法受到了冲击,发生了很大的变化。战时中立法的局限性表现在如下几个方面:

其一,军事技术和武器的发展,特别是航空器的出现,使战时中立国不能完全脱离交战国的作战区域。同时,由于现代战争往往是全面战争,特别需要对敌国的经济予以打击,因此,交战国战时禁制品的范围不断扩大,封锁区域也日益扩大,从而使战时中立国处于十分被动的地位,传统的战时中立法受到很大的挑战。

其二,国家间签订的互助条约,使缔约国为了遵守条约的义务而援助遭受侵略的国家。在此情况下,经常出现缔约国仅仅提供援助而并不直接参加战争的现象。例如,在第二次世界大战中,有些国家虽然没有直接参加战争,但实际上支持了交战国一方。1940年6月至1941年2月,美国宣布处于非交战状态,但是,美国于1940年9月向英国转让了50艘超龄驱逐舰;1941年1月又修订了著名的《加强美国防卫法》(又称《租赁法案》),同年3月获得国会通过,该法规定,美国总统可以向交战国任何一方供应防卫物资,包括武器。

其三,由于现代国际法废弃战争,使不宣而战的武装冲突日益增多。当武装冲突尚不构成战争时,处于武装冲突以外的国家就无法确立传统的战时中立地位,因此也就无法享受和承担战时中立国的权利和义务。

其四,《联合国宪章》规定的集体安全体制,使战时中立无法实现。该宪章第2条第5项规定,各会员国对于联合国依照宪章规定而采取的行动,应尽力予以协助,联合国对于任何国家正在采取防止或执行行动时,各会员国对该国不得给予协助。因此,联合国安理会作出的任何决定对各会员国均有法律拘束力,各会员国有义务参加强制行动,而不得保持中立。该宪章第103条规定,联合国会员国在本宪章下之义务与其依任何其他国际协定所负之义务有冲突时,其在本宪章下之义务应居优先。可见,会员国在安理会决定采取强制行动时,不仅不能因为与其他国家的协议而保持中立,而且还应当参加强制行动。该宪章第2条第6项规定,本组织在维持国际和平及安全之必要范围内,应保证非联合国会员国遵行上述原则。可见,当安理会作出有关强制措施时,即使是非联合国会员国也不能保持中立。

第六节 战争犯罪及其责任

一、战争犯罪的概念

战争犯罪(War Crimes),不是一个具体的罪名,而是一类犯罪的总称。战争犯罪包括:反和平罪(侵略罪)、战争罪和反人道罪。战争犯罪,是发动侵略战争的国家违反战争法的规定,侵害整个人类和平与安全的严重国际罪行。战争犯罪的主体往往是犯罪人以国家及国家机构或某团体和组织的名义实施犯罪。

1974年12月14日,联合国大会通过了《关于侵略定义的决议》。该决议第1条规定:侵略,是指一个国家使用武力侵犯另一个国家的主权、领土完整或政治独立,或以本定义所宣示的与《联合国宪章》不符的任何其他方式使用武力。该决议还规定了构成侵略的七种行为方式。其中,"一个国家的武装部队轰炸另一国家的领土;或一个国家对另一国家的领土使用任何武器",也是侵略的行为之一。决议还规定,不得以任何性质的理由,不论是政治性、经济性、军事性或其他性质的理由,为侵略行为作辩护。虽然侵略的定义是以联合国大会决议的形式通过的,对国际社会尚无普遍的法律拘束力,而对于侵略行为的断定权属于联合国安理会,但是大多数国家和学者普遍认为,侵略犯罪以非法使用武力为主要手段,入侵或攻击他国领土,侵犯他国主权、领土完整或政治独立,严重破坏了国家之间的正常关系,严重地危害了世界和平与安全,甚至威胁到整个人类的生存和基本利益,是最严重的国际犯罪之一。侵略战争是破坏国际和平的罪行,并产生相应的国际责任。对侵略行为和侵略战争的惩罚,在国际法上有过成功的司法实践。第二次世界大战以后,盟军对发动侵略战争的德国和日本实施了军事占领,并对战争罪犯进行了庄严的国际审判。

1945年8月8日,英国、美国、法国、苏联四国政府在伦敦签订了《关于控诉和惩处欧洲轴心国主要战犯的协定》,规定对发动侵略战争的德国战争罪犯进行审判。该协定的附件《欧洲国际军事法庭宪章》规定了具体的战争犯罪及其构成。1946年12月11日,联合国大会作出决议,一致确认了《欧洲国际军事法庭宪章》所包括的国际法原则。1946年1月19日,盟军最高统帅总部特别通告宣布成立远东国际军事法庭,决定对日本的战争罪犯进行审判,并制定《远东国际军事法庭宪章》,规定了具体的战争犯罪及其构成。以上两个国际军事法庭宪章规定了三种涉嫌侵略战争的犯罪行为和构成要件。

(一) 反和平罪(侵略罪)

反和平罪(又称侵略罪),是指悍然发动侵略战争。具体是指,计划、准备、发动或从事一种侵略战争或一种违反国际条约、约定或保证之战争,或参加为完成上述任何一种战争之共同计划或阴谋。

(二) 战争罪

战争罪,是指违反战争法规或惯例,滥杀平民和毁灭非军事设施和建筑。具体是指,为奴役或为其他目的而虐待战俘或海上人员、杀害人质、掠夺公私财产、毁灭城镇或乡村或非基于军事上必要之破坏,但不以此为限。

(三) 反人道罪

反人道罪,是指在战前或战时谋杀无辜的平民。具体是指对平民施行谋杀、歼灭、奴役、放逐及其他任何非人道行为;或基于政治的、种族的或宗教的理由,而为执行或有关于本法庭裁判权内之任何犯罪而作出的迫害行为,至于其是否违反犯罪地之国内法则在所不问。

《欧洲国际军事法庭宪章》和《远东国际军事法庭宪章》还规定,凡参与规划或实行旨在完成上述罪行的共同计划或阴谋之领导者、组织者、教唆者与共谋者,对于任何人为实现此种计划而作出的一切行为,均应负责。

1998年6月17日,国际社会在意大利罗马召开的外交大会上,成功地通过了《国际刑事法院规约》,该规约将以上最严重的战争犯罪均列为由国际刑事法院管辖的"核心罪行"。

二、战争犯罪的责任

虽然国家和个人都是国际犯罪的主体,然而,无论是国际法实践还是国际法立法均已证实,国家不能承担国际刑事责任,只有个人才能承担国际刑事责任,因为,只有个人才有能力承受刑罚处罚。国家作为国际法主体,因代表国家的个人构成战争犯罪的,其个人的行为应当归因于国家。据此,国家应当承担国家责任(也称国际责任,或国际法律责任)。

(一) 个人承担国际刑事责任原则的确立

最早关于个人承担国际刑事责任的国际法规范和实践,可以追溯到《凡尔赛和约》。1919年1月,五个第一次世界大战的战胜国,美国、英国、法国、意大利和日本的外交部长在凡尔赛召开会议,准备起草对德和约(《凡尔赛和约》),与此同时,任命了若干个委员会以处理亟待解决的问题。其中,第二委员会负责处理战争发动者的责任和刑法问题。该委员会建议对战争负有责任的任何个人,无论其官居何位,包括国家元首,都应该承担刑事责任。

根据《凡尔赛和约》第227条的规定,协约国及参战各国公开控诉德国皇帝威廉二世破坏国际道义和条约尊严的严重罪行,并成立了一个由美国、英国、法国、意大利和日本五国组成的特别法庭。特别法庭有权决定应当适用的刑罚。《凡尔赛和约》第228条和第229条还规定,德国承认协约国有权以战争罪审判德国国民并承担将罪犯交给由协约国组成的军事法庭的义务。然而,由于威廉二世逃亡荷兰,并得到荷兰政府的庇护,最终没有实现对战争罪犯的审判。但是,《凡尔赛和约》正式确立了个人承担国际刑事责任的国际法原则,即个人作为国际罪行的实施者,在实施国际犯罪行为时,无论其身份如何,也无论是以国家的名义或以国家代表的名义,都应当承担与其犯罪行为相适应的刑事责任。

个人承担国际刑事责任原则,在战争法实践中得到了充分体现。欧洲国际军事法庭和远东国际军事法庭的建立和审判实践,重申并证实了个人承担国际刑事责任的国际法原则。当代国际法及其审判实践再一次重申了个人承担国际刑事责任的国际法原则。《前南斯拉夫问题国际法庭规约》第7条第1款和《卢旺达问题国际法庭规约》第6条第1款都明确规定,凡计划、教唆、命令、犯有或协助或煽动他人计划、准备或进行规约所涉犯罪的个人,应该为其犯罪行为承担个人责任。[①]

(二) 国家承担国家责任

国际犯罪由个人承担刑事责任,国家不承担刑事责任。但是,国际法并不免除国家的一般国际责任。国家承担国际责任的国际法规则,从19世纪后期开始,通过许多国际仲裁裁决而形成了国际习惯法,但是,至今仍然处于习惯法的支配之下。当然,国家的国际责任,作为国际法上的一项制度,也是一种国际法律责任。但是,国家的国际责任与国际刑事责任完全不同。国家不是国际犯罪的主体,国家是抽象的实体,其本身并没有意识,无法具备犯罪构成要件。同时,国家没有刑事责任能力。刑事责任的表现形式是刑罚处罚,具体主要表现为剥夺自由刑和死刑。作为国家而言,

---

① 参见王虎华:《国家刑事责任的国际法批判》,载《学术季刊》2002年第4期。

是无法承受这种刑事责任的。国家的行为总是由其代表人物策划并具体实施的，在国家发动侵略战争的情况下也是如此。但是，国家作为国际法主体，因代表国家的个人构成战争犯罪的，其个人的行为应当归因于国家。据此，国家应当承担国家责任。

综上所述，国际法发展到今天，在国家刑事责任与国家责任的问题上，已经形成了世界各国所公认的国际法规则：国家及其代表国家的个人，在实施了国际犯罪的场合，均可成为国际犯罪的主体。代表国家的个人对其国际犯罪行为直接承担国际刑事责任，具体表现为死刑、无期徒刑、有期徒刑和罚金等刑罚处罚；同时，该个人的国际犯罪行为还因可以归因于国家，而被视为是国家的行为，使国家承担国家责任。但是，国家不能承担国际刑事责任。国家承担国家责任的方式，具体表现为限制主权、恢复原状、赔偿损失和道歉等责任形式。

三、国际军事法庭及其审判

纽伦堡审判和东京审判，是第二次世界大战结束以后，由战胜国对德国和日本法西斯侵略者的战争罪行进行的审判。当第二次世界大战还在激烈进行时，同盟国对于战后惩处战争犯罪已经开始做准备工作了。

（一）纽伦堡审判

1942年九国《共同宣言》发表，1943年联合国家"战争罪调查委员会"成立，同年，美、苏、英三国外长在莫斯科发表了宣言。1945年8月8日，苏、美、英、法四国为了执行莫斯科宣言的规定，在伦敦签订了《关于控诉和惩处欧洲轴心国主要战犯的协定》，规定设立国际军事法庭，并附有《欧洲国际军事法庭宪章》。宪章规定了法庭的权限和一般准则、法庭的权利和审判程序、判决和刑罚方法等内容，并决定组成检察起诉委员会，负责检察事宜。欧洲国际军事法庭从1945年10月18日起在纽伦堡开庭，10月29日公布了《国际军事法庭程序规则》，1946年9月30日至10月1日进行了宣判。法庭共审判了战争罪犯戈林、里宾特洛甫、凯特尔等24人。其中，除1人自杀、1人丧失责任能力外，戈林等12人被判绞刑，赫斯等3人被判无期徒刑，德尼茨等4人被判10年至20年有期徒刑，沙赫特等3人被判无罪。此外，法庭还宣判纳粹领导集团、秘密警察组织、保安勤务处、党卫队为犯罪组织。

（二）东京审判

1945年7月26日，中国、美国和英国发布了《促使日本投降的波茨坦公告》。随后，苏联也作了附署。《波茨坦公告》规定了日本投降时必须接受的各项条件，并决定对日本战争罪犯处以严厉的法律制裁。1946年1月19日，盟军最高统帅总部发布了《成立远东国际军事法庭特别通告》及其附件《远东国际军事法庭宪章》，4月26日又颁布了《远东国际军事法庭程序规则》，并在日本东京设立了远东国际军事法庭，以对日本法西斯战争罪犯进行审判。上述特别通告和宪章是在盟国的授权下拟定的，其国际军事法庭由中国、苏联、美国、英国、法国、荷兰、印度、加拿大、新西兰、菲律宾和澳大利亚共11个国家的法官组成。实际上,这是盟国之间的国际协定,具有条约的效力。根据上述宪章第5条的规定,法庭有权审判及惩罚以个人身份或团体成员身份犯有的各种罪行,犯罪个人应单独承担责任。

1946年4月29日,远东国际军事法庭正式受理了对东条英机等28名战犯的起诉,审判从1946年5月3日开始至1948年11月12日结束。结果,在受审的28人中,除2人在审判期间死亡、1人丧失行为能力外,其余25人中,有7人被判处绞刑,16人被判处无期徒刑,2人被分别判处20年和7年有期徒刑。①

上述欧洲国际军事法庭和远东国际军事法庭在其判决书中认为,个人因违反国际法而受到惩罚。违反国际法的罪行是由个人而不是由抽象的实体实施的,因此,只有惩罚实施这些犯罪的个人,才能使国际法的规定得到执行。国际军事法庭的审判确立了许多原则。之后,这些原则由联合国决议及有关的条约加以确认。1946年12月1日,联合国大会通过第95(1)号决议,确认了《欧洲国际军事法庭宪章》所包括的国际法原则。根据联合国大会的决议,联合国国际法委员会于1950年编纂了《欧洲国际军事法庭宪章》及其判决书中所包含的原则。

四、前南国际法庭和卢旺达国际法庭

前南斯拉夫国际法庭和卢旺达国际法庭,是联合国安理会通过决议分别于1993年6月和1994年11月设立的。其目的是起诉和惩处在前南斯拉夫境内和卢旺达境内的武装冲突中犯有严重违反国际人道法罪行的人。由于卢旺达国际法庭是参照前南国际法庭而设立的,所以,这两个法庭的性质是相同的。

(一) 前南斯拉夫国际法庭

在前南斯拉夫境内发生武装冲突后,联合国安理会对于连续不断收到的关于在前南境内,特别是波斯尼亚—黑塞哥维那境内发生的违反国际人道法的情势的报道极为震惊。安理会于1992年10月通过第780号决议,请联合国秘书长设立一个专家委员会,就前南境内发生的严重违反日内瓦公约和国际人道法的行为进行调查。1993年2月,联合国秘书长向安理会主席提交了专家委员会的临时报告,其结论是:前南境内确实发生了严重违反国际人道法的行为,包括蓄意杀人、种族清洗、大规模屠杀、强奸、破坏文化和宗教财产以及任意逮捕。委员会在其报告中建议成立一个国际法庭对有关责任人员进行国际审判,并认为应由安理会或其他合格的机构成立此法庭。据此,安理会通过了第808号决议。该决议表示,深信在前南斯拉夫的特殊情况下,设立一个国际法庭,制止严重违反国际人道主义法的行为,并对负有罪行的人绳之以法,有助于恢复与维持和平。不久,安理会通过了附有《前南斯拉夫问题国际法庭规约》的第827号决议,成立前南国际法庭。

---

① 参见王虎华:《国家主权不容侵犯 国际犯罪罪责难逃》,载《解放日报》1999年5月14日第3版。

前南国际法庭成立的法律根据,是《联合国宪章》第七章及第29条。《联合国宪章》第七章规定了对于和平之威胁、和平之破坏及侵略行为之应付办法。根据该章规定,安理会有权断定,任何对和平之威胁、和平之破坏或侵略行为是否存在,也有权作成建议或选择,以维持或恢复国际和平及安全。《联合国宪章》第29条规定,安理会得设立其认为行使职务所必需的辅助机关。安理会根据不断收到的有关前南境内普遍发生违反国际人道法的报道,断定这一局势已经构成了对国际和平与安全的威胁,并深信在前南设立一个国际法庭将有助于和平的恢复与维持。安理会依据《联合国宪章》第29条的规定,设立一个司法性质的附属机关,作为根据宪章而采取的一项强制性执行措施。

(二) 卢旺达国际法庭

1962年7月1日卢旺达宣告独立后,图西族和胡图族多次发生民族冲突,卢旺达国内爆发了全面内战。在这场内战中共有50多万人死亡,200多万人逃亡国外。1994年11月8日,安理会通过决议,决定设立一个国际法庭,负责起诉1994年1月1日至1994年12月31日期间,卢旺达境内灭绝种族和其他严重违反国际人道法的行为责任者,以及对这一期间邻国境内灭绝种族和其他这类犯罪行为负责的卢旺达公民。该法庭简称"卢旺达国际法庭"。根据法庭规约的规定,对人的管辖权范围是自然人,即卢旺达公民;个人承担犯罪行为的刑事责任。

第七节 中国关于战争法的理论与实践

中国政府和中国人民坚决反对一切侵略战争,反对非法使用武力;坚决支持一切反对侵略的自卫战争和争取民族独立的民族解放战争。中国在历次自卫反击战中严格遵守了战争法的规定。

一、中国反对侵略的自卫战争

中国一贯坚持自卫原则,从不非法使用武力。中国历来主张用和平方法解决国际争端,但也从来不屈服于任何外国的武装侵略。新中国成立以后,曾四次在被迫的情况下行使了《联合国宪章》规定的自卫权利。

(一) 1950年抗美援朝

1950年10月25日,中国人民志愿军开赴朝鲜抗击美国的侵略。在朝鲜战争爆发的第三天,即1950年6月27日上午,美国总统杜鲁门命令美国军队直接参加侵略战争,并派遣第七舰队进驻台湾海峡。自同年8月27日起,美国侵朝的军用飞机不断侵犯中国东北领空,进行侦察活动,扫射和轰炸中国的城镇和村庄,使中国人民的生命和财产受到了极大的损失。在公海上,美国海军悍然侵犯中国商船的航行权利;而在山东沿海,美国海军公然袭击中国的渔船。美国军队甚至还把战火烧到了中国的东北边疆,迫使中国政府和人民组织志愿军赴朝抗击美国的侵略。

(二) 1962 年对印度自卫反击战

1950 年印度企图阻止中国西藏和平解放未获成功后,在 1951 年至 1953 年逐步侵占了中印边界东段传统习惯线以北和非法的"麦克马洪线"以南的中国领土约九万平方公里。1954 年又侵占了中印边界中段的中国领土 2000 平方公里和西段的巴里加斯。此后,印度正式向中国提出了大片领土要求,不仅要中国承认印度已占领的中国领土是合法的,还企图占领中印边界西段的 3.3 万多平方公里的中国领土。1962 年 10 月中旬,当印度军队向中国发动大规模的武装进攻时,中国军队被迫进行了自卫还击。

(三) 1969 年珍宝岛事件

珍宝岛位于中苏边境河流乌苏里江主航道中心线的中国一侧,属于中国黑龙江省虎林县管辖,历来就是中国的领土。长期有中国边防部队巡逻。1969 年 3 月 2 日,苏联边防当局出动大批武装军人,在装甲车和汽车的掩护下入侵珍宝岛,对正在执行巡逻任务的中国边防人员进行突然袭击,首先开枪开炮,并打死打伤中国边防战士多名。中国边防人员被迫进行自卫还击。3 月 15 日,苏联竟不顾中国的多次警告,又出动几十辆坦克、装甲车和大批武装部队入侵珍宝岛,并向中国岸上纵深炮击。中国边防部队再次进行自卫还击,将入侵之敌击退。

(四) 1979 年对越自卫反击战

1978 年,越共四届四中全会确立中国作为越南最直接、最危险的敌人。同时,越南在中国边境制造了一系列武装挑衅事件,使中国边境军民的生命和财产受到了重大损失。中国对越南当局一再发出警告,但是,越南当局反而变本加厉地侵犯中国边境。1979 年 2 月 17 日,中国边防部队被迫进行自卫还击。

二、中国的裁军与核裁军

中国以积极、合作的精神参加裁军谈判会议。1980 年 2 月,中国政府正式参加了日内瓦裁军会议。1981 年和 1982 年,中国代表相继在裁军谈判委员会上和裁军特别联大会议上阐述了中国在裁军问题上的原则立场,并提出了立即停止军备竞赛和进行裁军的主要措施。1985 年 6 月,中国政府宣布两年内裁减军队 100 万员额。在百万大裁军完成七年之后的三年内,中国又裁减军队 50 万员额。

停止核军备竞赛、实现核裁军是世界人民的共同愿望。中国一贯反对核军备竞赛,主张全面禁止和彻底销毁核武器。中国政府认为,核军备竞赛构成对世界和平与安全的严重威胁。制止核军备竞赛、实现核裁军是世界人民的重要任务。核裁军的最终目的是全面禁止和彻底销毁核武器。一切核裁军的措施都应有利于实现这一最终目标。

中国从拥有核武器的第一天起就郑重声明,中国在任何时候、任何情况下都不首先使用核武器。中国还无条件地承诺不对无核武器国家和无核武器区使用或威胁使用核武器。中国是世界上唯一作出并恪守这一承诺的核武器国家。中国从未在境外部署过核武器,也从未对别国使用或威胁使用核武器。

三、中国参与防止核扩散国际合作

2004年1月26日,中国政府代表致函核供应国集团轮值主席,正式提出了中国加入核供应国集团的申请。核供应国集团成立于1975年,是一个由拥有核供应能力的国家组成的对核出口实行控制的非正式组织,目标是防止核武器扩散。该组织在国际防核扩散及核出口控制领域发挥着重要作用。2004年5月28日,在瑞典哥德堡举行的核供应国集团年会上,经全会审议通过,正式接纳中国加入核供应国集团。近年来,中国与核供应国集团开展了磋商与交流,在核出口控制方面采取了与该集团相似的政策和做法。加入核供应国集团是中国为支持国际防扩散努力所采取的重要步骤,有利于中国在防止核扩散与和平利用核能领域的国际合作。

中国历来坚决反对大规模杀伤性武器及其运载工具的扩散。作为《不扩散核武器条约》的缔约国,中国严格履行不扩散核武器的国际义务,不支持、不鼓励、不帮助任何国家发展核武器。中国在核军备控制问题上,也一贯主张全面禁止和彻底销毁核武器。1984年,中国加入"国际原子能机构",支持该机构旨在防止核武器扩散的保障监督体系和措施,并于1988年与该机构签订了保障监督协定,自愿将本国的有关民用核设施置于该机构的保障监督之下。

在核材料实物保护方面,中国在1989年就签署了《核材料实物保护公约》,并按照公约的要求,对境内的核材料实行严格管理。中国还与国际原子能机构合作,先后举办了数次核材料核算和核材料、核设施实物保护地区培训班,并积极支持和参与了《核材料实物保护公约》的修订与谈判工作。

1992年,中国加入《不扩散核武器条约》,全面承担了核武器国家所应承担的各项不扩散义务。1996年9月24日,中国作为首批签字国签署了《全面禁止核试验条约》。1997年,中国加入了旨在协调国际核出口控制原则与条件的"桑戈委员会"。1998年,中国签署了《关于加强国际原子能机构保障监督的附加议定书》,该议定书于2002年3月率先在中国等五个核武器国中生效。

中国坚定不移地奉行核不扩散政策,主张全面禁止和彻底销毁核武器,坚决反对任何形式的核武器扩散,积极参与防扩散的国际合作,为防止核扩散作出了重要贡献。

【本章小结】 战争法,是指在战争或武装冲突中,以条约或惯例的形式,调整各交战国之间、交战国与非交战国之间和交战国与中立国之间的关系以及规范其交战行为的原则、规则和制度的总称。在传统国际法上,战争具有严格的条件和具体的国际法规范,战争法和武装冲突法可以结合成为战争与武装冲突法。但是,从广义上讲,武装冲突及其武装冲突法仍然是战争和战争法的组成部分。相比传统的国际法,现代国际法上的战争与武装冲突具有其自身的特征。现代国际法禁止战争,禁止使用武力或武力威胁,对作战的手段和方法作了许多的限制和禁止。国际人道法,是在战争或武装冲突中形成和发展起来的,基于国际人道主义原则,专门规定给予战争受难者(包括但不限于武装部队的伤病员、战俘和平民)以必要保护的国际法规范。战时中立法,是规定交战国与战时中立国之间权利和义务关系的原则、规则和制度的总称。战争犯罪,是发动侵略战争的国家违反战争法的规定,侵害整个人类和平与安全的严重国际罪行。国际法实践证明,发动侵略战争的罪犯终将得到审判。战争犯罪的主体是国家和个人,而由个人承担战争犯罪的国际刑事责任,国家承担由此产生的相应的国家责任。纽伦堡审判和东京审判,以及前南斯拉夫国际法庭和卢旺达国际法庭,是第二次世界大战后和当代国际社会审判和严惩战争犯罪的实例。中国政府和中国人民坚决反对一切侵略战争,坚持贯彻自卫原则,反对非法使用武力,并通过裁军和积极参与防止核扩散的国际合作,以维护国际社会的和平。

思考题

1. 战争与武装冲突有何区别?
2. 简述禁止战争的国际法规范。
3. 试述日内瓦条约体系及其内容。
4. 简述限制和禁止作战手段和方法的国际法规范。
5. 试论国际人道法的概念、特征和内容。
6. 简论战时中立与战时中立国的权利和义务。
7. 试论战争犯罪及其个人的刑事责任。